오라클 성능 고도화 원리와 해법 I

아키텍처 및
트랜잭션
동시성 제어

효율적이고 신뢰할 수 있는
데이터베이스 구축을 위한 실증적 방법론

조시형 지음

공식참고도서

공식참고도서

오라클 성능 고도화 원리와 해법 I

저자 소개

조시형

現) 주식회사 디비안 대표이사 /
친절한 SQL 튜닝 저자 /
오라클 성능 고도화 원리와 해법 1, 2 저자 /
국가공인 SQLP 자격검정 핵심노트 1, 2 저자 /
국가공인 SQLP, DAP 자격검정 전문위원
前) 이랜드, 인슈넷, 디엠에스랩, 엔코아, 비투엔

대용량 데이터 처리가 필수인 eCRM 솔루션 개발 업무를 담당하면서 DB 전문가의 길로 들어서게 되었다. 2010년에 한국데이터진흥원과 한국DB산업협의회가 공동 주관하는 제1회 우수DB人상을 수상하였고, 2016년 1월에 주식회사 디비안을 설립하였다. 20년 가까이 컨설팅을 수행하면서 터득한 성능관리 방법론을 솔루션화하는 일에 관심이 많고, DB 전문서적을 꾸준히 집필하면서 교육과 후배 양성에도 더 매진하려고 노력한다. 요즘은 인터넷 카페 디비안 포럼(www.dbian.net)을 통한 지식공유 활동에도 열심이다.

오라클 성능 고도화 원리와 해법 I

초판 3쇄 발행 2025년 2월 12일
※ 양장본 초판 1쇄 발행 2009년 5월 31일
※ 양장본 초판 10쇄 발행 2022년 3월 5일

지은이 | 조시형
펴낸이 | 조시형
펴낸곳 | 주식회사 디비안
디자인 | 이정숙
출판등록 | 2018년 4월 5일 제2018-000041호
주소 | 서울특별시 영등포구 당산로31길 16-1, 201호 (당산동3가, JUM빌딩)
전화 | 02-2662-8246
팩스 | 050-4394-8246
홈페이지 | www.dbian.co.kr
인터넷카페 | www.dbian.net, www.sqlp.co.kr

ISBN 979-11-91941-04-3
ISBN 979-11-91941-03-6(세트)

값 39,000원

오라클 성능 고도화

원리와 해법 I

효율적이고 신뢰할 수 있는

데이터베이스 구축을 위한 실증적 방법론

조시형 지음

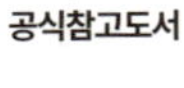

공식참고도서

목차

세부 목차

CHAPTER 03 오라클 성능관리

CHAPTER 04 라이브러리 캐시 최적화 원리

CHAPTER 05 데이터베이스 Call 최소화 원리

CHAPTER 06 I/O 효율화 원리

부록

저자 서문

2007년 11월, 미국 샌프란시스코에서 열린 Oracle OpenWorld에 참가해 유명한 톰 카이트(Tom Kyte)의 강연을 들었다. 강연 제목은 'DBA 2.0'. 그날 그곳에서 DBA 1.0과 DBA 2.0 간의 배틀(Battle)이 벌어졌다.

가슴에 'DBA 1.0'이라고 쓴 티셔츠를 입은 선수가 먼저 입장했고, 그에게 데이터베이스 장애 상황을 5분 안에 진단하고 해결하라는 과제가 주어졌다. DBA 1.0은 자신만의 스크립트를 이용해 문제를 해결하려고 열심히 애써보지만 끝내 머리를 긁적이며 퇴장해야만 했다. 곧이어 등장한 'DBA 2.0'. 효과적인 최신의 도구와 방법론을 활용해 똑같이 주어진 짧은 시간 내에 능숙하게 문제를 해결하고는 손을 흔들며 자기 자리로 돌아갔다. DBA 2.0의 보기 좋은 승리였다. 그 강연에서 카이트는 "지금의 DBA는 10년 전 20년 전과 달라야 한다"며 DBA의 새로운 역할을 강조했다.

그럼 Developer 2.0은 어떤가? 지금의 개발자는 10년 전과 비교해 어떤 능력과 역할이 중요시되는가? 아마 대부분 Web 2.0, SOA, EDA 같은 새로운 개념을 토대로 관련 애플리케이션 개발 기술을 선도할 고급 개발자를 떠올릴 것이다. 하지만 요즘 같은 초대용량 데이터베이스 환경에서 그보다 절실히 요구되는 것은 다름 아닌 데이터베이스 응용 기술이라고 필자는 생각한다.

새삼스레 데이터베이스 응용 기술력을 강조하는 것은 진부하다고 느끼는가? Web 2.0 시대에 걸맞은 Developer 2.0의 모습은 뭔가 새로운 것이어야 한다고 생각하는가? 하지만 누구나 중요성을 인식하는 것치고는 개발자들의 데이터베이스 기술력은 예나 지금이나 초보적인 수준에 머물러 있다. 과거보다 고도의 전문가 그룹이 형성되기는 했지만 소수에 불과하고 여전히 저변이 부족한 실정이다.

업무용 애플리케이션은 정보 즉, 데이터베이스를 기본으로 하므로 개발팀의 데이터베이스 활용 능력이 애플리케이션의 품질을 좌우한다고 해도 과언이 아니다. 그런데 실상은 어떤가? 데이터베이스 프로그래밍을 하면서 SQL 실행계획을 해석할 줄 모르고, 심지어 Outer 조인의 정확한 활용법을 모르는 경우도 허다하다.

본서는 개발자는 넘쳐나지만 진정한 데이터베이스 프로그래머는 절대적으로 부족하다는 안타까움에서 출발하여, 많은 프로젝트를 통해 여러 개발팀과 동고동락하며 적용한 사례들을 엮어 체계적으로 설명하였다. 책을 읽는 동안 느끼겠지만 고성능 데이터베이스를 구축하는 데 있어 개발팀 역할이 얼마나 중요한지를 끊임없이 강조한다. 데이터베이스 성능 튜닝이라고 하면 혹자는 DBA팀 역할이라고 생각하기 쉽지만, 데이터베이스 성능에 영향을 미치는 가장 핵심적인 요소는 모두 애플리케이션에 집중돼 있다.

인덱스 · 조인 · 옵티마이저 원리의 이해를 바탕으로 한 I/O 튜닝, 라이브러리 캐시 최적화, 데이터베이스 Call 최소화, Lock 튜닝까지 핵심적인 성능 요소들은 모두 개발팀 역량에 달렸다. 아울러, 성능보다 중요한 데이터 정합성 역시 개발팀의 역할이 매우 중요하므로 트랜잭션 동시성 제어 원리와 오라클만의 독특한 읽기 일관성에 대해서도 별도의 장을 통해 강조하였다.

본서는 제목에서 나타내듯 "오라클로 개발하는 데이터베이스 애플리케이션의 성능을 고도화하기 위해 필수적으로 이해하고 적용해야 할 원리와 해법들"을 다룬다. 특히, 핵심적인 내용인 라이브러리 캐시 최적화, 데이터베이스 Call 최소화, I/O 효율화 원리는 오라클에만 국한된 내용은 아니나 오라클을 중심으로 설명하고 있다. 본서의 내용은 오라클 9i, 10g, 11g 기능을 포함하며, 테스트는 주로 10g에서 수행하였다.

힘든 여정을 통해 1권을 마무리하였으나 이제 반환점을 돌았을 뿐이다. 1권에서 미처 못다 한 인덱스, 조인, 옵티마이저의 원리를 설명하기 위해 2권 집필에 박차를 가하고 있다. 현재 구상하고 있는 2권 내용은 다음과 같다.

- 인덱스 원리와 활용
- 조인 원리와 활용
- 옵티마이저 원리
- 쿼리 변환
- 소트 튜닝
- 파티션과 병렬처리
- 고급 SQL 활용

뼈와 살이 모여 한 몸을 이루듯 1권과 2권을 모두 소화했을 때 내부 아키텍처부터 실제 적용 가능한 효과적인 해법까지 도출하는 전문가의 모습으로 거듭날 수 있다고 믿는다. 1권을 너무 서둘지 말고 차근차근 읽어 나가길 바란다. 1권을 섭렵할 때쯤 2권을 곧이어 만날 수 있도록 최선의 노력을 다할 것이다.

바쁜 회사 일정 속에서도 집필에만 매진할 수 있도록 특별히 시간을 배려해 준 조광원 사장님과 임원진께 감사를 전한다. 아울러, 프로젝트를 수행하면서도 수고를 마다하지 않고 기술검토에 힘을 보태준 여러 동료 컨설턴트에게 감사한다. 특히 11g 신기능을 정리하는 데 도움을 준 김창배, 김익서 두 후배 컨설턴트에게 감사의 뜻을 표한다. 그리고 전 장에 걸쳐 세심하게 검토하면서 틀린 내용을 바로잡아 준 정재우 수석 컨설턴트와 오픈베이스의 박원배 책임께 특별한 감사의 마음을 전하고 싶다.

토요일과 일요일, 밤낮없이 컴퓨터 앞에 앉아 작업에만 몰두해야 했던 필자를 이해하며 가끔 어깨를 주물러 주던 아내와 두 딸, 그리고 고생하는 아들을 위해 늘 기도로 후원해 주신 부모님께도 감사의 마음을 전한다.

마지막으로, 책이 나오기까지 동행하면서 끝까지 완주할 수 있도록 건강을 허락하신 하나님께 감사드린다.

2009년 5월 1일 조시형

내용 문의 | oraking@gmail.com
예제 스크립트 다운로드 | www.dbian.net

Chapter 01

오라클 아키텍처

01 기본 아키텍처
02 DB 버퍼 캐시
03 버퍼 Lock
04 Redo
05 Undo
06 문장수준 읽기 일관성
07 Consistent vs. Current 모드 읽기
08 블록 클린아웃
09 Snapshot too old
10 대기 이벤트
11 Shared Pool

쿼리를 수행할 때 DBMS 내부적으로 어떤 처리과정을 거치는지 전혀 관심을 두지 않는 사용자들이 대부분이다.

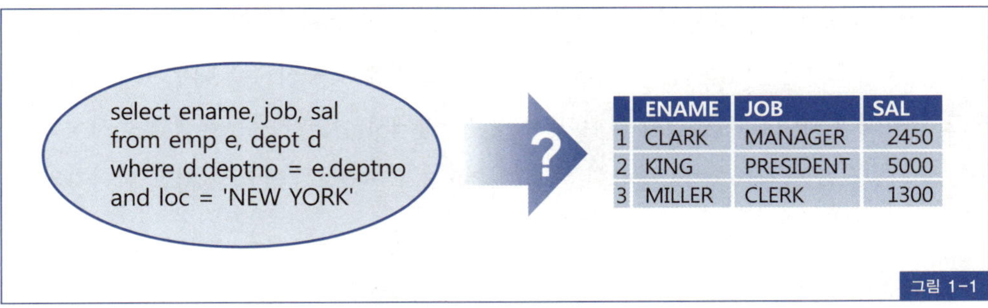

	ENAME	JOB	SAL
1	CLARK	MANAGER	2450
2	KING	PRESIDENT	5000
3	MILLER	CLERK	1300

그림 1-1

물론 RDBMS를 처음 주창한 E.F.Codd 박사의 사상에 비추어 보면 사용자가 굳이 내부 원리를 알 필요는 없다. 하지만 현실적으로 DBMS 내부 아키텍처와 SQL 옵티마이저의 원리를 이해하지 않고서는 고성능의 DB 애플리케이션을 구축하기 어렵다. 인터넷의 급속한 팽창과 그에 따른 데이터양의 증가 속도가 워낙 빨라 소프트웨어, 하드웨어가 그 발전속도를 따라가지 못하기 때문일 것이다.

의사가 환자를 치료하려면 당연히 사람의 장기구조와 내부 순환 원리를 정확히 이해하고 있어야 한다. 수술을 전문으로 하는 외과의사는 물론이거니와 수술을 하지 않는 내과의사도 마찬가지다. 같은 이치로, 데이터베이스 튜닝 전문가를 꿈꾼다면 DBMS 내부 아키텍처에 대한 지식은 필수다. 전문 튜너가 아니더라도 데이터베이스 프로그램 개발자라면 기본적으로 실행계획 정도는 확인할 수 있어야 하고, 그러려면 기본적인 아키텍처에 대한 이해는 꼭 필요하다고 하겠다.

아무튼, 지금껏 DBMS 내부 수행원리와 처리 메커니즘을 막연하고 어렵게 느꼈던 독자들이 본 장을 통해 쉽게 이해하고, 데이터베이스 성능 문제에 깊은 관심을 갖는 계기가 되기를 바란다.

오라클 아키텍처를 자세히 설명하려면 이 책의 모든 지면을 할애해도 부족하다. 본서는 오라클 아키텍처를 위한 책도 아니다. 따라서 성능 튜닝 원리를 이해하는 데 도움이 되는 수준까지만 설명하려고 한다. 오라클 각 구성요소별로 어떻게 조정하고 튜닝하는지에 대한 세부내용은 다루지 않으며, 중요한 요소에 대해서만 각각 어떤 역할을 담당하는지 이해할 수 있도록 원리를 설명하는 데에만 집중하도록 하겠다.

참고로, 본 장에서 설명하는 핵심 내용은 6절(문장수준 읽기 일관성)과 7절(Consistent vs. Current 모드 읽기)에 있다. 오라클만의 독특한 Consistent 모드 읽기를 집중적으로 해부하고, Current 모드 읽기와의 차이점을 명확히 밝힌다. 이것은 2장에서 설명하는 트랜잭션 동시성 제어와 Lock 원리를 이해하는 데 필요한 핵심 이론이기도 하므로, 반드시 읽고 넘어가기 바란다.

01 기본 아키텍처

오라클 기본 아키텍처를 개념적으로 간단히 그려보면, 그림 1-2처럼 우리가 흔히 사용하는 워드프로세서(Word Processor)와 매우 흡사하다.

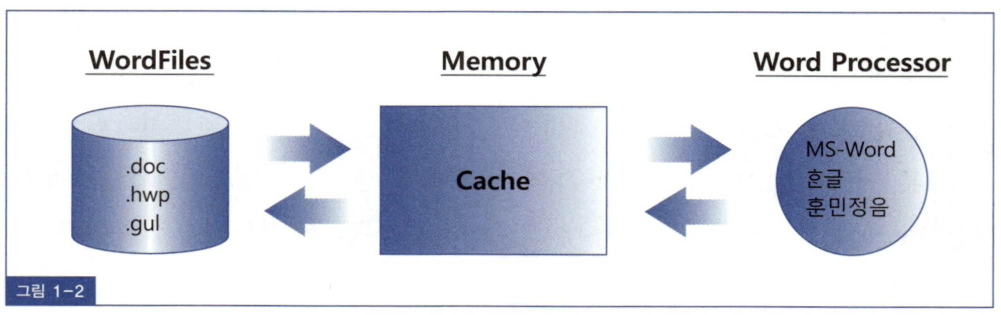

그림 1-2

워드프로세서를 통해 사용자가 입력하는 내용을 파일에 직접 I/O한다면 수 메가바이트의 작은 파일을 편집하더라도 속도 때문에 큰 불편을 느끼게 된다. 당연히 메모리 캐시의 도움이 필요하다.

같은 원리로 오라클은 데이터베이스(데이터를 저장하는 파일 집합)와 이를 액세스하는 프로세스 사이에 SGA라고 하는 메모리 캐시 영역을 두고 있다(그림 1-3).

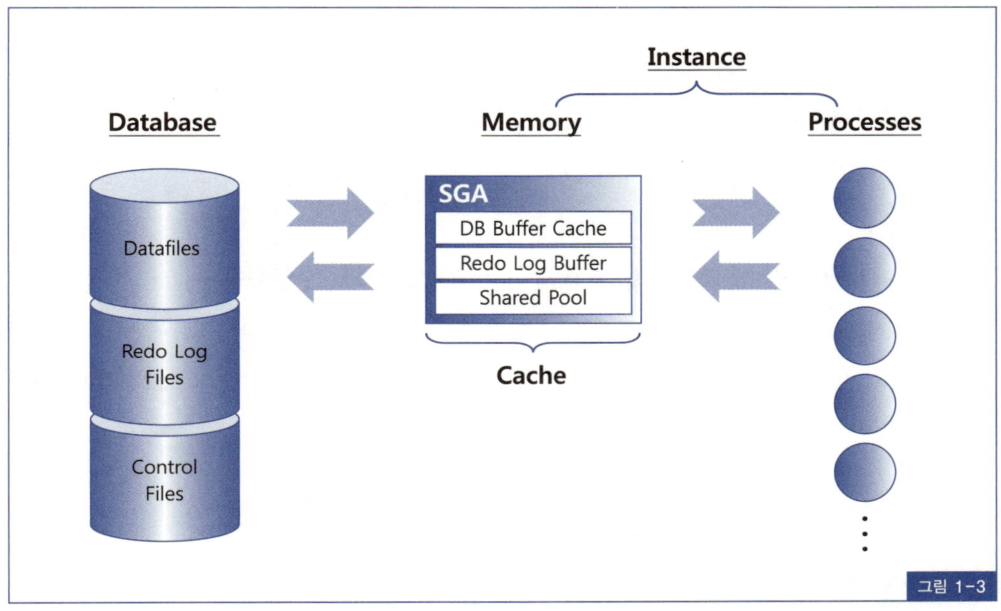

그림 1-3

디스크를 경유한 입출력은 물리적으로 액세스 암(Arm)이 움직이면서 헤드를 통해 데이터를 읽고 쓰는 반면 메모리 캐시를 통한 입출력은 전기적 신호에 불과하기 때문에 디스크 I/O에 비교할 수 없이 빠르다.

워드 프로세서와의 가장 큰 차이점은, 많은 프로세스가 동시에 데이터를 액세스한다는 사실이다. 이 때문에 사용자 데이터를 보호하는 Lock은 물론 공유 메모리 영역인 SGA(System Global Area 또는 Shared Global Area)상에 위치한 데이터 구조에 대한 액세스를 직렬화하기 위한 LOCK 메커니즘(=래치, Latch)도 필요해진다.

워드 프로세서는 파일 단위로 읽고 쓰지만, 오라클은 블록 단위로 읽고, 저장할 때도 변경이 발생한 블록만 찾아 블록 단위로 저장한다. 수십 MB에 이르는 큰 워드파일을 열거나 저장할 때 오랜 시간이 소요되는 것을 경험하게 되는데, GB~TB급 데이터를 관리하는 DBMS가 그런 식으로 데이터를 읽고 쓴다는 것은 상상하기 어려운 일이다.

최신 워드 프로세서는 캐시와 파일 간에 주기적으로 동기화를 수행해 주는 자동저장 기능이 있는 것처럼 오라클도 백그라운드에서 DBWR와 CKPT 프로세스가 캐시와 데이터파일 간 동기화를 주기적으로 수행해 준다.

DBMS마다 데이터베이스에 대한 정의가 조금씩 다른데, 오라클에서는 디스크에 저장된 데이터 집합(Datafile, Redo Log File, Control File 등)을 데이터베이스(Database)라고 부른다. 그리고 SGA 공유 메모리 영역과 이를 액세스하는 프로세스 집합을 합쳐서 인스턴스(Instance)라고 부른다(그림 1-3 참조).

그림 1-4는 오라클 인스턴스를 표현한 것인데, 그림에서 보듯 프로세스 집합을 다시 서버 프로세스와 백그라운드 프로세스 집합으로 나눌 수 있다. 서버 프로세스는 전면에서 사용자가 던지는 명령을 처리하고, 백그라운드 프로세스는 보이지 않지만 뒤에서 묵묵히 주어진 역할을 수행한다.

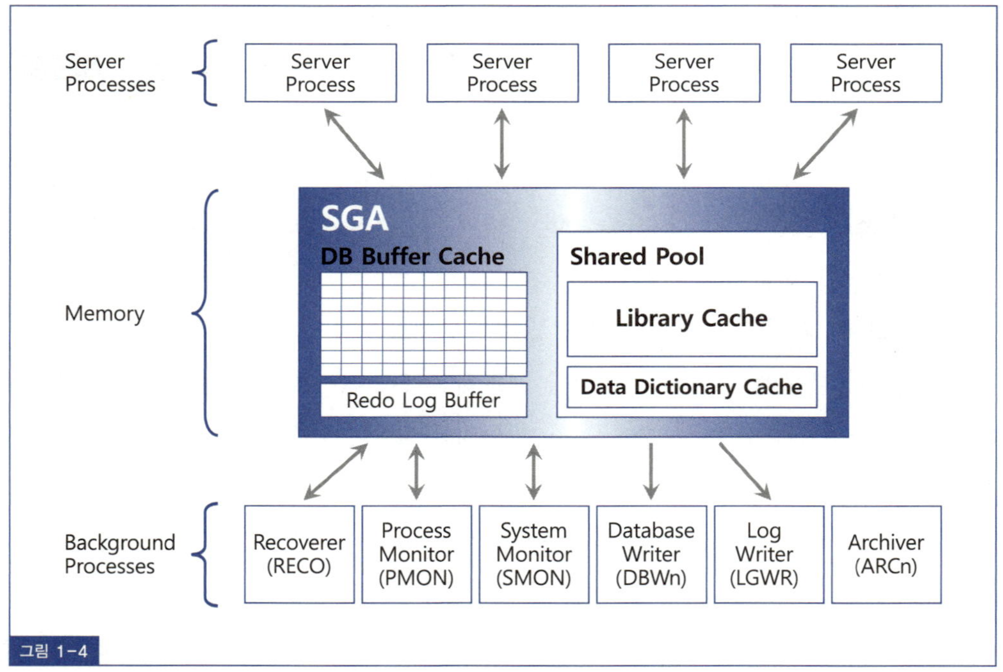

그림 1-4

오라클에 접속하면 각 클라이언트를 위한 전용 서버 프로세스가 떠서(Shared Server로 구성하지 않는다면) 사용자에게 필요한 서비스를 제공한다. SQL을 파싱하고 필요하면 최적화를 수행하며, 커서를 열어 SQL을 실행하면서 블록을 읽고, 읽은 데이터를 정렬해서 클라이언트가 요청한 결과집합을 만들어 네트워크를 통해 전송하는 일련의 작업들을 모두 서버 프로세스가 처리해 준다. 일하는 도중에 스스로 처리하지 못하는 일들(데이터파일로부터 DB 버퍼 캐시로 블록을 적재하거나 Dirty 블록을 캐시에서 밀어냄으로써 Free 블록을 확보하는 일, 그리고 Redo 로그 버퍼를 비우는 일 등)을 만나면 OS, I/O 서브시스템, 백그라운드 프로세스 등에 신호를 보내 대신 일을 처리하도록 요청한다.

아래는 SQL*Plus에서 오라클에 접속하는 화면을 캡처한 것이다.

```
$ sqlplus /nolog

SQL*Plus: Release 10.2.0.1.0 - Production on 일 1월 11 17:26:01 2009

Copyright (c) 1982, 2005, Oracle.  All rights reserved.

SQL> connect oraking@ora10g
암호 입력:
연결되었습니다.

SQL>
```

그림 1-5는 오라클에 접속할 때 내부적으로 어떤 과정을 거쳐 세션이 수립되는지를 잘 보여준다[1].

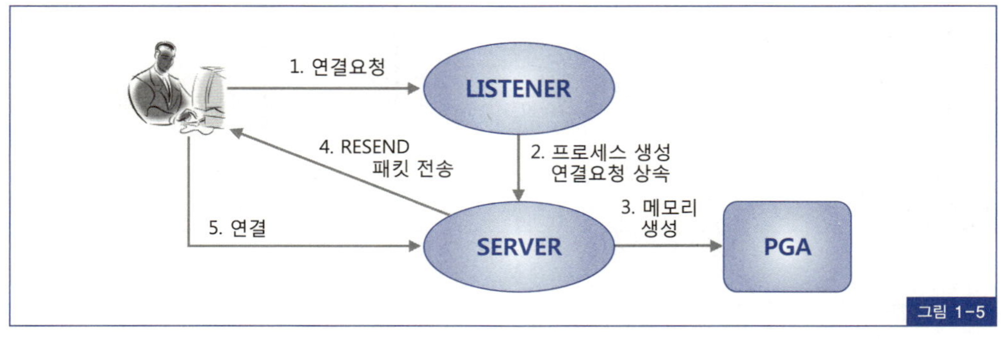

그림 1-5

[1] Bequeath(=Direct Hand-Off) Connection 방식을 표현한 것이며, Redirect Connection 방식도 있다.

주목할 점은, 리스너(Listener)에 연결요청을 하는 순간 하나의 프로세스를 띄우고(fork) PGA[2] 메모리를 할당한다는 사실이다. 이는 비용이 매우 큰 작업이므로 하나 또는 일련의 SQL문을 수행하기 위해 매번 연결요청을 한다면 결코 성능이 좋을 리 없다. 오라클에 접속하는 애플리케이션을 구축할 때 반드시 커넥션 풀(Connection Pool) 기능이 필요한 이유가 여기에 있다(그림 1-6). 한번 커넥션을 맺으면 작업을 완료하더라도 이를 해제하지 않고 애플리케이션 서버에 Pooling 하고 있다가 반복 재사용한다. 뒤에서 라이브러리 캐시 최적화 원리, DB 버퍼 캐시 최적화 원리를 공부하면서 느끼겠지만 그 모든 것이 재사용성과 관련 있다. 소프트웨어 세계에서 가장 중요한 화두인 재사용성은 데이터베이스 성능 튜닝의 핵심 원리이기도 하다.

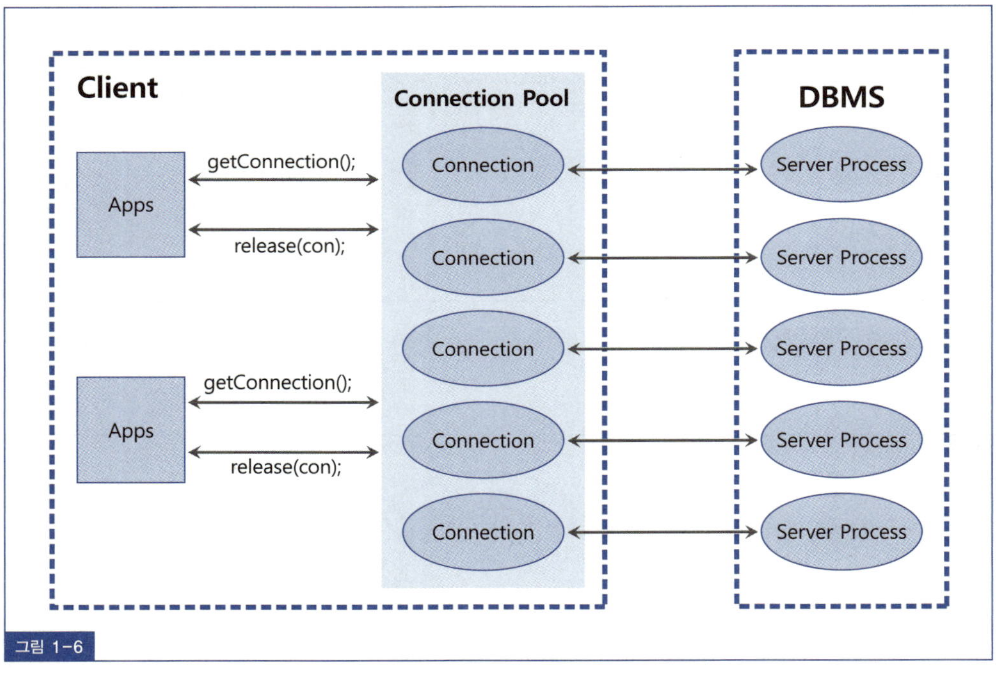

그림 1-6

2) Process(=Program=Private) Global Area의 약어로서, 서버 프로세스만을 위한 독립적인 메모리 공간이다. SGA(System Global Area)는 서버 프로세스와 백그라운드 프로세스가 공통으로 액세스하는 데이터와 제어 구조를 담는다.

기본적인 구성으로 오라클을 설치하면 하나의 데이터베이스에 접근하는 하나의 인스턴스(메모리와 프로세스 집합)가 생성되지만 RAC(Real Application Cluster) 환경에서는 하나의 데이터베이스를 액세스하는 다중 인스턴스로 구성된다(그림 1-7). 그뿐만 아니라 RAC 모델은 데이터파일만 공유하는 과거의 공유 디스크(Shared Disk) 방식에서 한층 더 진일보한 공유 캐시(Shared Cache) 방식을 지원한다. 글로벌 캐시(Global Cache) 개념을 사용하므로 로컬 캐시(Local Cache)에 없는 데이터 블록을 이웃 노드에서 전송받아 서비스할 수 있다. 각 인스턴스를 고속의 전용 네트워크로 연결하기 때문에 가능한 일이다.

심지어 다른 인스턴스에서 갱신하고 아직 커밋하지 않은 Active 상태의 블록까지도 디스크를 경유하지 않고 Dirty 버퍼(메모리와 디스크 간에 동기화되지 않은 버퍼) 상태에서 네트워크를 통해 서로 주고받으며 갱신을 수행한다. Lock을 포함한 데이터 직렬화 메커니즘에 익숙한 독자라면 이것이 얼마나 놀라운 기술인지 이해할 것이다. RAC 이전 OPS 환경에서는 타 노드에 캐싱된 Dirty 버퍼를 읽고자 할 때 디스크로의 쓰기 작업이 선행되어야만 했고, 이처럼 디스크를 거치는 동기화 과정을 '핑(ping)'이라고 불렀다.

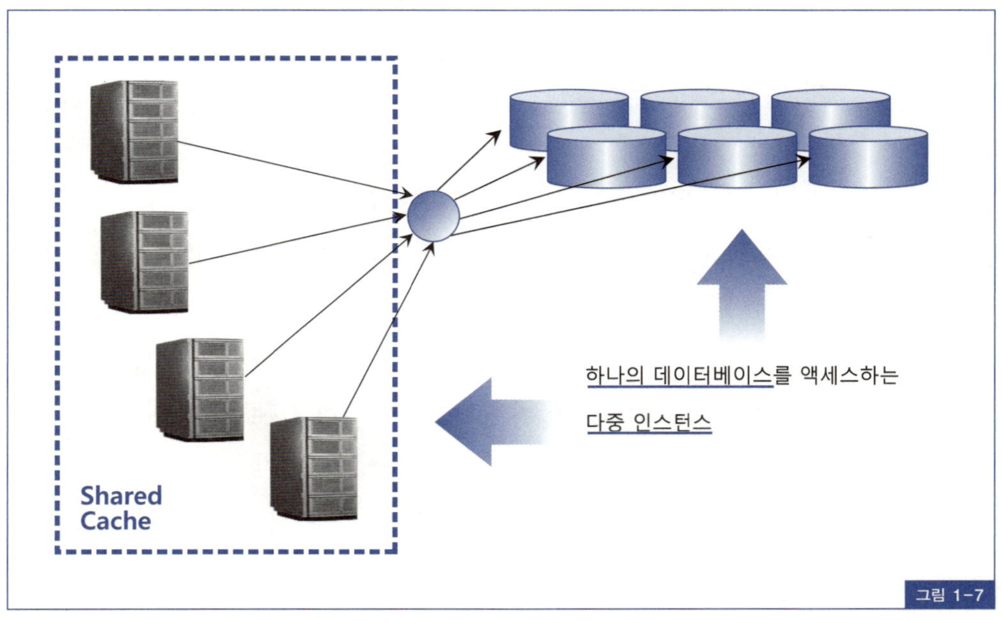

그림 1-7

RAC 아키텍처를 표현한 그림 1-7에서 보듯이, 여러 개 인스턴스가 하나의 데이터베이스를 액세스하는 것은 가능하지만, 어떤 환경에서도 하나의 인스턴스가 여러 개 데이터베이스를 액세스하는 것은 불가능하다. DB Link는 일반 클라이언트 세션과 동일하게 Oracle Net을 이용해 SQL 기반으로 데이터를 읽고 쓰는 구조이므로 인스턴스와 데이터베이스 관계를 설명하는 아키텍처와는 별개로 이해해야 한다.

참고로, 'Federated (=Distributed) Database' 라고 해서 아직 DB Link로 연결하는 수준의 클러스터링 기술만을 갖고 있는 데이터베이스 제품이 대부분이다. 여기서 RAC에 대한 내용을 깊이 있게 다루려는 것은 아니며 데이터베이스와 인스턴스에 대한 개념을 설명하기 위해 잠시 살펴보았다. (RAC에서 인스턴스 간에 블록을 전송하는 메커니즘에 대해서는 6장에서 자세히 설명한다.)

지금까지 오라클의 가장 기초적인 아키텍처를 살펴보았고, 이제 좀 더 깊이 있는 아키텍처의 세계로 들어가려고 한다. 먼저 아래 표를 살펴보자.

```
call     count       cpu    elapsed       disk      query    current        rows
------- ------  -------- ---------- ---------- ---------- ----------  ----------
Parse        1      0.00       0.00          0          0          0           0
Execute 1000000    42.22      40.65        129       8381    4074523     1000000
Fetch        0      0.00       0.00          0          0          0           0
------- ------  -------- ---------- ---------- ---------- ----------  ----------
total   1000001    42.22      40.65        129       8381    4074523     1000000
```

SQL을 튜닝할 때 가장 많이 사용하는 툴킷(Toolkit)은 뭐니뭐니해도 SQL 트레이스라고 할 수 있는데, 위 표는 SQL 트레이스를 통해 수집된 SQL 수행정보를 TKProf 유틸리티를 이용해 포맷했을 때 볼 수 있는 Call 통계(Statistics)다. (SQL 트레이스에 대해 생소한 독자라면 3장 3절을 먼저 학습하기 바란다.)

이 중 query(여섯 번째 컬럼)와 current(일곱 번째 컬럼) 항목의 의미와 차이점을 정확히 이해하는 개발자와 DBA를 거의 본 적이 없으며, SQL 튜닝을 전문적으로 하는 튜닝 전문가들조차도 예외는 아닌 것 같다. 특히 current에 대해서는 update 할 때 주로 나타난다는 사실만 아는 경우가 대부분이며, 심지어 어떤 책에서는 Dirty 블록을 읽은 횟수라고 잘못 설명하는 것을 본 적이 있다.

오라클 아키텍처를 설명하다 query와 current 항목에 대한 얘기를 끄집어 내는 이유가 궁금할 텐데, 이 항목들에 대해 설명하다 보면 자연스럽게 오라클만의 독특하고 핵심적인 아키텍처 대부분을 다루게 되기 때문이다. 다음 절부터 계속 설명할 내용을 여기서 간단히 요약해 보자.

- 2절과 3절에서 DB 버퍼 캐시를 경유한 블록 I/O 원리를 설명한다.
- 4절과 5절에서는 Redo와 Undo 메커니즘을 설명하는데, 이는 6절과 7절에서 설명하는 Consistent 모드 읽기 원리를 이해하는 데 필요한 기초 원리라고 할 수 있다.
- 6절과 7절에서는 Consistent 모드 읽기를 집중적으로 해부하고, Current 모드 읽기와의 차이점을 명확히 밝힌다.
- 8절과 9절에서 설명되는 블록 클린아웃과 Snapshot too old는 Consistent 모드 읽기 원리 때문에 부수적으로 발생하는 내부 처리방식과 현상이다.
- 10절과 11절은 대기 이벤트와 Shared Pool의 대략을 설명한다.

데이터베이스 아키텍처를 처음 접하는 독자에게 본 장은 이해하기 쉽지 않은 내용으로 구성되었다. 하지만 앞에서도 언급했듯이 6절과 7절이 본 장에서 설명하려는 핵심 주제고, 이를 통해 오라클만의 독특한 읽기 일관성(Read Consistency) 모델을 이해하게 된다면 그것으로 성공이다. 나머지 내용은 대충 의미만 파악하더라도 다른 장을 이해하는 데 별 지장이 없으므로 가볍게 읽어나가기 바란다.

02 DB 버퍼 캐시

빠른 데이터 입출력을 위해 SGA 공유 메모리를 이용한다고 설명했는데, 좀 더 구체적으로 말해 사용자가 입력한 데이터를 데이터파일에 저장하고 이를 다시 읽는 과정에서 거쳐 가는 캐시 영역은 SGA 구성요소 중 하나인 DB 버퍼 캐시(DB Buffer Cache)다.

(1) 블록 단위 I/O

오라클에서 I/O는 블록(Block)[3] 단위로 이루어지는데, 메모리 버퍼 캐시에서 버퍼 블록을 액세스할 때뿐만 아니라 데이터파일에 저장된 데이터 블록을 DB 버퍼 캐시로 적재하거나 캐시에서 변경된 블록을 다시 데이터파일에 저장할 때도 블록 단위로 처리한다. 데이터파일에서 버퍼 캐시로 블록을 적재할 때, 인덱스를 경유한 테이블 액세스 시에는 한 번에 한 블록씩(single block read) 읽어들이지만, Full Scan 시에는 성능 향상을 위해 한 번에 여러 개 블록(multiblock read)을 읽어들인다. DBWR 프로세스는 버퍼 캐시로부터 변경된 블록(Dirty 버퍼 블록)을 주기적으로 데이터파일에 기록하는 작업을 수행하는데, 이때도 성능향상을 위해 한 번에 여러 블록을 처리한다.

블록 단위로 읽는다는 의미는, 하나의 레코드에서 하나의 컬럼만을 읽고자 하더라도 레코드가 속한 블록 전체를 읽게 됨을 의미한다. 6장에서 자세히 설명하겠지만, 이는 데이터베이스 I/O 성능과 튜닝 원리를 이해하는 데 있어 아주 중요한 의미를 갖는다. SQL 성능을 좌우하는 가장 중요한 성능지표는 액세스하는 블록 개수이며, 옵티마이저의 판단에 가장 큰 영향을 미치는 것도 액세스해야 할 블록 개수다. 예를 들어, 옵티마이저가 인덱스를 이용해 테이블을 액세스할지 아니면 Full Table Scan 할지를 결정하는 데 있어 가장 중요한 판단 기준은, 읽어야 할 레코드 수가 아니라 블록 개수다.

(2) 버퍼 캐시 구조

DB 버퍼 캐시를 설명할 때 흔히 그림 1-8처럼 바둑판 모양으로 표현하는데, 가장 직관적이면서 이해하기 쉬운 그림임이 틀림없다. 그러면 바둑판처럼 생긴 버퍼 캐시에서 읽고자 하는 데이터 블록이 담긴 버퍼 블록을 어떻게 찾아내는 것일까?

---

[3] 다른 DBMS에서는 주로 페이지(page)라는 용어를 사용함

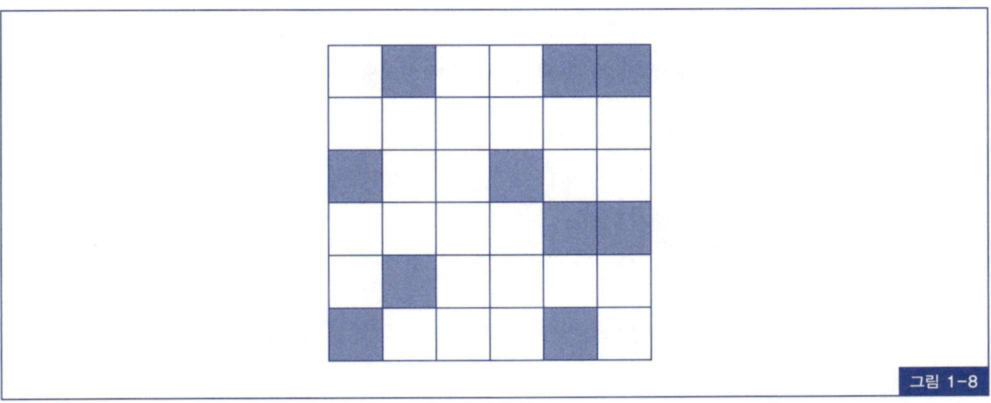

그림 1-8

SGA 내에는 수없이 많은 자료구조(Data Structure)가 사용되고 있으며 그 중 가장 많이 사용되는 것이 해시 테이블(또는 해시 맵)이고, DB 버퍼 캐시도 해시 테이블 구조로 관리된다. 해싱(Hasing) 알고리즘을 설명할 때 흔히 주소록에 비유하곤 하는데, 고객의 주소와 전화번호를 관리하는 주소록에서 성씨가 같은 고객은 같은 페이지(=해시 버킷)에 묶어서 관리한다. 고객정보가 입수되는 시점이 다르므로 같은 성씨 안에서는 대개 정렬된 상태를 유지하지 않는다. 이 때문에 해시 버킷 내에서는 스캔 방식으로 값을 찾는다. 그렇더라도 키 값을 해시 값으로 변환해 해시 버킷을 찾아가는 속도가 워낙 빨라서 각 버킷에 기록되는 엔트리 개수를 일정 수준으로 유지할 수만 있다면 해싱에 의한 검색 속도가 가장 빠르다고 알려져 있다.

DB 버퍼 캐시 내에서 데이터 블록을 해싱하기 위해 사용되는 키 값은 데이터 블록 주소(DBA, Data Block Address)다. 즉, 해시 함수[4)]에 데이터 블록 주소를 입력해 리턴받은 해시 값(Hash Value)이 같은 블록들을 같은 해시 버킷(Bucket)에 연결 리스트(Linked List) 구조로 연결하는 것이다. 각각의 연결 리스트를 해시 체인(Hash Chain)이라고 한다. 찾고자 하는 데이터 블록 주소를 해시 값으로 변환해서 해당 해시 버킷에서 체인을 따라 스캔하다가 거기서 찾아지면 바로 읽고, 찾지 못하면 디스크에서 읽어 해시 체인에 연결한 후 읽으면 된다. 자신만 읽고 버리는 게 아니라 다른 사용자들도 사용할 수 있도록 캐싱해 두는 것이다.

---

4) 해시함수를 구현하는 기법에 여러 가지가 있지만 가장 쉬운 나눗셈 법을 예로 들면, 키 값을 해시 버킷 개수로 나누었을 때의 나머지 값을 리턴한다.

지금까지 버퍼 블록이 통째로 해시 구조로 관리되는 것처럼 설명했지만, 정확히 표현하면 버퍼 헤더(Buffer Header)만 해시 체인에 연결되며, 실제의 데이터 값이 필요해지면 버퍼 헤더에 있는 포인터를 이용해 다시 버퍼 블록을 찾아가는 구조다. 그림 1-9를 보면 쉽게 이해가 될 것이다[5].

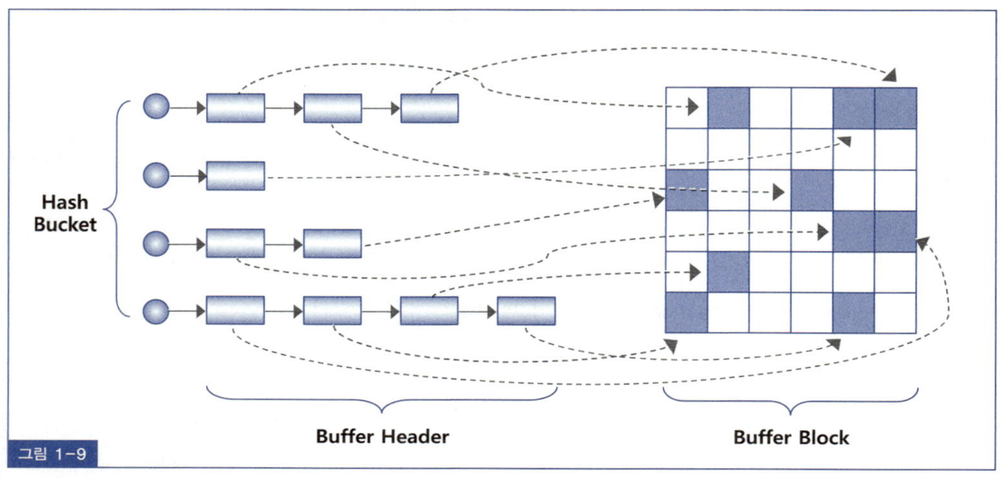

그림 1-9

(3) 캐시 버퍼 체인

그림 1-9에는 표현하지 않았지만 각 해시 체인은 래치(Latch)에 의해 보호된다. DB 버퍼 캐시는 공유 메모리 영역인 SGA 내에 존재하므로 여러 프로세스에 의한 동시 액세스가 일어날 가능성이 크다. 따라서 같은 리소스에 대한 액세스를 반드시 직렬화(serialization)해야 하고, 이를 위해 구현된 일종의 Lock 메커니즘을 래치(Latch)라고 부른다.

래치를 획득한 프로세스만이 그 래치에 의해 보호되는 자료구조로의 진입이 허용된다. 예를 들어, 그림 1-9에서 두 개 이상의 프로세스가 같은 해시 체인으로 진입해 새로운 버퍼 블록을 연결하고 해제하는 작업을 동시에 진행한다면 문제가 발생할 수 있고, 이를 방

---

5) Oracle Wait Interface: A Practical Guide to Performance Diagnostics & Tuning(Richmond Shee, Kirtikumar Deshpande and K Gopalakrishnan, McGraw-Hill/Osborne)에 있는 그림을 참조해서 그렸음을 밝힌다.

지하기 위해 사용하는 것이 *cache buffers chains* 래치다. 이 외에도 래치 종류는 9i 기준 241개, 10g 기준 394개, 11g 기준 496개나 된다. (같은 버전이더라도 Release에 따라 개수에 차이가 있다.)

```
SQL> select count(*) from v$latchname;

  COUNT(*)
----------
       394
```

하나의 *cache buffers chains* 래치가 여러 개 해시 체인을 동시에 관리한다는 사실도 기억할 필요가 있다. 필자가 현재 접속해 있는 시스템에는 해시 버킷 개수가 2,097,152개(하나의 해시 버킷과 해시 체인은 1:1 관계)이고, 해시 체인을 관리하는 래치 개수는 65,536개다. 따라서 하나의 래치가 32개의 버킷을 관리하고 있음을 알 수 있으며, 이는 버퍼 캐시 크기와 버전에 따라 달라진다. (해시 버킷과 래치 개수는 각각 _db_block_hash_buckets과 _db_block_hash_latches 파라미터 값을 통해 확인 가능하다.)

그림 1-9에는 하나의 체인에 여러 개의 버퍼가 연결되도록 그렸지만 실제로는 하나의 체인에 하나의 버퍼만 달리는 것을 목표로 삼아야 하며, 그래야 목표한 해시 체인을 찾고서 추가적으로 스캔하는 비용을 최소화할 수 있다. 그러려면 해시 버킷 개수가 충분히 많아야 하고, 현재 필자가 접속한 시스템에서도 블록 버퍼가 836,684개(_db_block_buffers)이므로 해시 버킷 개수가 2.5배가량 많다.

참고로, 오라클 9i부터 읽기전용 작업일 때는 *cache buffers chains* 래치를 Share 모드로 획득할 수 있다고 한다[6]. 주의할 것은, 여기서 읽기전용 작업이란 select문을 의미하는 것이 아니라 해시 체인을 스캔하면서 필요한 블록을 찾는 작업을 말한다. 그러므로 9i 이후 버전에서 Share 모드 래치를 사용하는 것과 상관없이, select 문장을 동시에 수행하면 여전히 *cache buffers chains* 래치 경합이 발견된다. 다시 얘기하지만, 래치는 데이터 자체를 보호하는 게 아니라 SGA에 공유돼 있는 자료구조를 보호하는 것이며, 그

[6] Oracle Wait Interface: A Practical Guide to Performance Diagnostics & Tuning(Richmond Shee, Kirtikumar Deshpande and K Gopalakrishnan, McGraw-Hill/Osborne)

중 *cache buffers chains* 래치는 버퍼 캐시에 연결된 체인구조를 보호한다. 즉, 해시 체인을 스캔하거나 거기에 블록을 추가, 제거할 때 래치가 요구된다.

cache buffers chains 래치의 중요한 용도가 한 가지 더 있는데, 버퍼 헤더에 Pin을 설정할 때다. 이는 다음 절에서 자세히 다룬다. 오라클이 공식적으로 설명하지 않는 한 확인이 불가능한 사항이지만, 9i부터 해시 체인을 스캔할 때는 Share 모드로 래치를 획득했다가 체인 구조를 변경(블록을 찾지 못해 디스크로부터 읽은 블록을 추가)하거나 버퍼 헤더에 Pin을 설정할 때만 Exclusive 모드로 올리도록 커널 코드가 변경된 것 같다.

(4) 캐시 버퍼 LRU 체인

버퍼 헤더는 해시 체인 뿐 아니라 LRU 체인에 의해서도 연결돼 있다. DB 버퍼 캐시는 한번 읽은 데이터 블록을 캐싱해 두는 메모리 공간이지만 메모리는 유한한 자원이어서 모든 데이터를 캐싱할 수는 없는 일이다. 따라서 버퍼 캐시가 사용빈도가 높은 데이터 블록들 위주로 구성될 수 있도록 LRU(least recently used) 알고리즘을 사용해 관리된다. 즉, 모든 버퍼 블록 헤더를 LRU 체인에 연결해 사용빈도 순으로 위치를 옮겨가다가, Free 버퍼가 필요해질 때마다 액세스 빈도가 낮은 데이터 블록들을 우선하여 밀어냄으로써 자주 액세스되는 블록들이 캐시에 더 오래 남아 있도록 관리하는 것이다. 그림 1-10과 같은 컨베이어 벨트를 연상하면 LRU 알고리즘을 쉽게 이해할 수 있다.

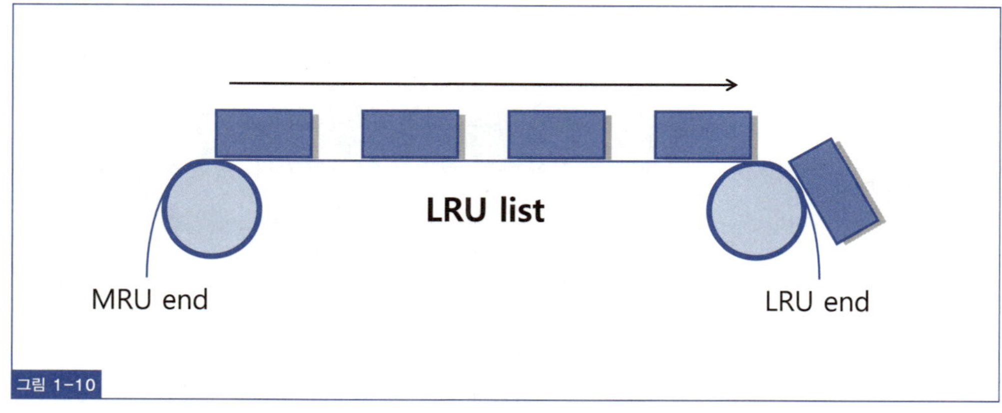

그림 1-10

정확히 얘기하면, LRU 리스트에는 내부적으로 두 개의 리스트를 갖는다.

- Dirty 리스트 : 캐시 내에서 변경됐지만, 아직 디스크에 기록되지 않은 Dirty 버퍼 블록들을 관리하며, 'LRUW(LRU Write) 리스트' 라고도 한다.
- LRU 리스트 : 아직 Dirty 리스트로 옮겨지지 않은 나머지 버퍼 블록들을 관리한다.

모든 버퍼 블록은 이 둘 중 하나에 반드시 속하지만 읽기 또는 쓰기 작업을 위해 액세스되는 동안에는 리스트에서 잠시 풀려나왔다가 다시 원래의 리스트로 연결되거나, 최초 변경이 발생하였을 때는 Dirty 리스트로 옮겨간다. 참고로, LRU 리스트를 보호하기 위해 사용하는 래치를 *cache buffers lru chain* 래치라고 한다.

버퍼 상태

모든 캐시 버퍼는 아래 세 가지 중 하나의 상태에 놓이게 된다.

Free 버퍼 : 인스턴스 기동 후 아직 데이터가 읽히지 않아 비어 있는 상태(Clean 버퍼)이거나, 데이터가 담겼지만 데이터파일과 서로 동기화돼 있는 상태여서 언제든지 덮어 써도 무방한 버퍼 블록을 말한다. 오라클이 데이터 파일로부터 새로운 데이터 블록을 로딩하려면 먼저 Free 버퍼를 확보해야 한다. Free 상태인 버퍼에 변경이 발생하면 그 순간 Dirty 버퍼로 상태가 바뀐다.

Dirty 버퍼 : 버퍼에 캐시된 이후 변경이 발생했지만, 아직 디스크에 기록되지 않아 데이터 파일 블록과 동기화가 필요한 버퍼 블록을 말한다. 이 버퍼 블록들이 다른 데이터 블록을 위해 재사용되려면 디스크에 먼저 기록되어야 하며, 디스크에 기록되는 순간 Free 버퍼로 상태가 바뀐다.

Pinned 버퍼 : 읽기 또는 쓰기 작업을 위해 현재 액세스되고 있는 버퍼 블록을 말한다.

03 버퍼 Lock

(1) 버퍼 Lock이란?

DB 버퍼 캐시 내에서 버퍼 블록을 찾았으면 가급적 빨리 쥐고 있던 래치를 해제해야 한다. 그러지 않으면 하나의 *cache buffers chains* 래치에 여러 개의 해시 체인이 달렸으므로 래치에 대한 경합 발생 가능성이 증가하게 된다. 그런데 그 버퍼에 먼저 접근한 선행 프로세스가 아직 버퍼를 사용 중이라면 어떻게 해야 할까? 데이터 정합성(Intergrity)에 대한 고민이 또 생긴다.

아주 짧은 순간일지라도 두 개 이상의 프로세스가 동시에 버퍼 내용을 읽고 쓴다면 문제가 생길 수 있는 것이다. 이를 막기 위해 캐시된 버퍼 블록을 읽거나 변경하려는 프로세스는 먼저 버퍼 헤더로부터 버퍼 Lock을 획득해야 한다. 버퍼 Lock을 획득했다면 래치를 곧바로 해제한다. 또 다른 안전장치를 마련해 두었으므로 이제 안심하고 블록을 읽고 쓸 수 있다. 버퍼 내용을 읽기만 할 때는 Share 모드, 변경할 때는 Exclusive 모드로 Lock을 설정한다. 액세스를 직렬화하기 위한 메커니즘이므로 당연히 Exclusive 모드 Lock은 한 시점에 하나의 프로세스만 얻을 수 있다. select문이더라도 블록 클린아웃(Cleanout)이 필요할 때는 버퍼 내용을 변경하는 작업이므로 Exclusive 모드 Lock을 요구한다. 블록 클린아웃에 대해서는 뒤에서(8절) 설명한다.

만약 해시 체인 래치를 획득하고 목적한 버퍼를 찾았는데 다른 프로세스가 버퍼 Lock을 Exclusive 모드로 점유한 채 내용을 갱신 중이라면 래치를 쥔 채 기다릴 수는 없다. 그럴 때는 버퍼 헤더에 있는 버퍼 Lock 대기자 목록(Waiter List)에 자신을 등록하고 일단 래치는 해제한다. 이때, 버퍼 Lock 대기자 목록에 등록돼 있는 동안 *buffer busy waits* 대기 이벤트가 발생한다[7]. ('대기 이벤트'라는 용어를 여기서 처음 사용했는데, 앞으로 계속 사용하게 되므로 용어의 의미를 모르는 독자라면 10절을 참조하기 바란다.)

---

7) The causes and sures of Buffer Busy Waits(Jonathan Lewis, www.jlcomp.demon.co.uk) 참조

대기자 목록에서 기다리다가 버퍼 Lock이 해제되면 버퍼 Lock을 획득하고, 원했던 작업을 진행한다. 목적한 읽기/쓰기 작업을 완료하면 버퍼 헤더에서 버퍼 Lock을 해제해야 하는데, 이때도 버퍼 헤더를 액세스하려는 다른 프로세스와 충돌이 생길 수 있으므로 해당 버퍼가 속한 체인 래치를 다시 한번 획득한다. 버퍼 Lock을 해제하고 래치를 해제해야 비로소 버퍼 블록 읽기가 완료된다. 읽으려는 블록이 버퍼 캐시에 없을 때는 디스크 I/O까지 수반되므로 하나의 블록 읽기가 얼마나 고비용인지 실감케 한다.

참고로, 유명한 조나단 루이스(Jonathan Lewis)의 설명에 의하면, 버퍼 블록을 읽을 때 대부분 두 번의 래치 획득을 요하지만(버퍼를 찾고 Pin할 때 한 번, Pin을 해제할 때 한 번) 몇몇 오퍼레이션에서는 래치를 쥔 채 버퍼 블록을 읽기 때문에 래치 획득이 한 번만 일어난다고 한다. 이것은 v$sysstat 뷰에서 *consistent gets – examination* 통계항목으로 측정된다.

(2) 버퍼 핸들

버퍼 Lock을 설정하는 것은 자신이 현재 그 버퍼를 사용 중임을 표시해 두는 것으로서, 그 버퍼 헤더에 Pin을 걸었다고도 표현한다. 버퍼 Lock을 다른 말로 '버퍼 Pin'이라고 표현하기도 하며, 앞에서 말한 Pinned 버퍼가 여기에 해당한다. 변경 시에는 하나의 프로세스만 Pin을 설정할 수 있지만 읽기작업을 위해서라면 여러 개 프로세스가 동시에 Pin을 설정할 수 있다.

버퍼 헤더에 Pin을 설정하려고 사용하는 오브젝트를 '버퍼 핸들(Buffer Handle)'이라고 부르며, 버퍼 핸들을 얻어 버퍼 헤더에 있는 소유자 목록(Holder List)에 연결시키는 방식으로 Pin을 설정한다[8]. 버퍼 핸들도 공유된 리소스이므로 버퍼 핸들을 얻으려면 또 다른 래치가 필요해지는데, 바로 *cache buffer handles* 래치가 그것이다. 버퍼를 Pin하는 오퍼레이션이 많을수록 오히려 *cache buffer handles* 래치가 경합지점이 될 것이므로 오라클

[8] What is a buffer handle?(Jonathan Lewis, www.jlcomp.demon.co.uk) 참조

은 각 프로세스마다 *_db_handles_cached* 개수만큼의 버퍼 핸들을 미리 할당해 주며, 기본 값은 5개다. 각 세션은 이를 캐싱하고 있다가 버퍼를 Pin 할 때마다 사용하며, 그 이상의 버퍼 핸들이 필요할 때만 *cache buffer handles* 래치를 얻고 추가로 버퍼 핸들을 할당받는다. 시스템 전체적으로 사용할 수 있는 총 버퍼 핸들 개수는 *_db_handles* 파라미터에 의해 결정되며, 이는 *processes* 파라미터와 *_db_handles_cached* 파라미터를 곱한 값으로 설정된다.

(3) 버퍼 Lock의 필요성

사용자 데이터를 변경할 때는 DML Lock을 통해 보호하도록 돼 있는데, 그것을 담는 블록에 또 다른 Lock을 획득해야 하는 이유가 궁금할 수 있다. 이유는, 오라클이 하나의 레코드를 갱신하더라도 블록 단위로 I/O를 수행하기 때문이다. 예를 들어, 블록 안에 저장된 10개의 레코드를 읽는 짧은 순간 동안 다른 프로세스에 의해 변경이 발생하면 잘못된 결과를 얻게 된다. (Consistent 모드 읽기를 이미 아는 독자라면 변경된 값을 Undo에서 읽으면 된다고 생각할지 모르지만 그렇지 않다. Consistent 모드 읽기는, 쿼리 SCN과 블록 SCN을 비교해 읽어도 되는 블록인지 확인하면서 읽는 것을 말한다. 읽을 수 있는 버전임을 확인하고 읽기 작업을 시작했는데 동시에 다른 프로세스에 의해 값이 변경될 수 있기 때문에 버퍼 Lock이 필요한 것이다. Consistent 모드 읽기에 대해서는 뒤에서 자세히 설명한다.)

그리고 값을 변경하기 전에 레코드에 로우 단위 Lock을 설정하는 일 자체도 레코드의 속성을 변경하는 작업이므로 두 개의 프로세스가 동시에 로우 단위 Lock을 설정하려고 시도한다면 (대상 로우가 서로 다르더라도) 문제가 된다. 블록 SCN을 변경하거나 ITL 슬롯에 변경을 가하는 등 블록 헤더 내용을 변경하는 작업도 동시에 일어날 수 있는데, 이런 동시 액세스가 실제로 발생한다면 Lost Update 문제가 생겨 블록 자체의 정합성(Intergrity)이 깨지게 된다. 따라서 블록 자체로의 진입을 직렬화해야 하는 것이다. (Consistent, SCN, ITL 등 오라클 아키텍처에 익숙지 않은 독자에게는 모두 생소한 용어겠지만 잠시 후에 아주 자세히 다루므로 조금만 참고 견디기 바란다.)

Pin된 버퍼 블록은, 버퍼 캐시 전체를 비우려고 아래 시스템 명령어를 날리더라도 밀려나지 않는다.

```
SQL> alter system flush buffer_cache ;
```

참고로, 9i에서는 비공식적이지만 아래 명령을 통해 버퍼 캐시를 비울 수 있다.

```
SQL> alter system set events 'immediate trace name flush_cache' ;
```

(4) 버퍼 Pinning

버퍼 Pin과 관련해서 꼭 알아야 할 기능이 있는데, '버퍼 Pinning'이 그것이다. 이는 버퍼를 읽고 나서 버퍼 Pin을 즉각 해제하지 않고 데이터베이스 Call이 진행되는 동안 유지하는 기능을 말한다. 같은 블록을 반복적으로 읽을 때 버퍼 Pinning을 통해 래치 획득 과정을 생략한다면 논리적인 블록 읽기(Logical Reads) 횟수를 획기적으로 줄일 수 있다. 모든 버퍼 블록을 이 방식으로 읽는 것은 아니며, 같은 블록을 재방문할 가능성이 큰 몇몇 오퍼레이션을 수행할 때만 사용한다.

v$sysstat, v$sesstat, v$mystat 등을 조회해 보면, 래치 획득 과정을 통해 블록을 액세스할 때는 *session logical reads* 항목이 증가하고, 래치 획득 과정 없이 버퍼 Pinning을 통해 블록을 곧바로 액세스할 때는 *buffer is pinned count* 항목의 수치가 증가한다.

버퍼 Pinning은 하나의 데이터베이스 Call(Parse Call, Execute Call, Fetch Call) 내에서만 유효하다. 즉, Call이 끝나고 사용자에게 결과를 반환하고 나면 Pin은 해제되어야 한다. 따라서 첫 번째 Fetch Call에서 Pin된 블록은 두 번째 Fetch Call에서 다시 래치 획득 과정을 거쳐 Pin 되어야 한다.

전통적으로 버퍼 Pinning이 적용되던 지점은 인덱스를 스캔하면서 테이블을 액세스할 때의 인덱스 리프 블록이다. Index Range Scan 하면서 인덱스와 테이블 블록을 교차 방문할 때 블록 I/O를 체크해 보면, 테이블 블록에 대한 I/O만 계속 증가하는 이유가 여기에 있다.

그리고 인덱스를 경유해 테이블을 액세스할 때 인덱스 클러스터링 팩터가 좋다면(=인덱스 레코드가 가리키는 테이블 rowid 정렬 순서가 인덱스 키 값 정렬 순서와 거의 일치한다면) 같은 테이블 블록을 반복 액세스할 가능성이 그만큼 커진다. 그래서 오라클 8i부터, 인덱스로부터 액세스되는 하나의 테이블 블록을 Pinning하기 시작했다. 실제 클러스터링 팩터가 좋은 인덱스를 경유해 테이블을 액세스해 보면 논리적 블록 읽기 횟수가 매우 적게 나타나는 것을 관찰할 수 있다.

이처럼 오라클은 버전이 올라갈수록 버퍼 Pinning을 적용하는 지점을 점차 확대시켜 나가고 있다. 9i부터는 NL 조인 시 Inner 테이블[9]을 룩업(Lookup)하기 위해 사용되는 인덱스 루트 블록을 Pinning하기 시작했다. 그리고 9i에 도입된 Index Skip Scan에서 브랜치 블록을 거쳐 리프 블록을 액세스하는 동안에도 브랜치 블록을 계속 Pinning 하고 있다가 그 다음 방문할 리프 블록을 찾으려 할 때 추가적인 래치 획득과정 없이 브랜치 블록을 곧바로 읽는다. 11g부터는 NL 조인 시 Inner 테이블의 인덱스 루트 블록 뿐 아니라 다른 인덱스 블록에 대해서도 Pinning을 함으로써 논리적 블록 읽기(Logical Reads)를 획기적으로 감소시키고 있다. 이 외에도 DML 수행 시 Undo 레코드를 기록하는 Undo 블록에 대해서도 Pinning을 적용한다.

버퍼 Lock은 매우 Internal 한 메커니즘이어서 이해하기 쉽지 않을 뿐 아니라 굳이 몰라도 상관없는 내용들이다. 다만, 버퍼 Pinning을 통한 블록 I/O 감소효과는 SQL을 튜닝하는 데 있어 워낙 중요한 내용이므로 이 원리만큼은 기억할 필요가 있다. 인덱스를 통해 얼마 안 되는 테이블 레코드를 읽는데도 성능이 매우 안 좋을 때가 있는가 하면 다량의 데이터를 읽는데도 빠를 때가 있는데, 인덱스 클러스터링 팩터와 관련이 있고 그 이면에는 버퍼 Pinning 원리가 숨어 있다. 실제로 도저히 튜닝 방안을 찾을 수 없을 때 버퍼 Pinning 효과를 노려 가장 액세스 빈도가 높은 인덱스 키 순서대로 테이블 레코드를 재정렬함으로써 성능을 획기적으로 개선한 사례가 두 번 있는데, 이에 대해서는 2권에서 소개한다.

---

9) NL 조인은 기준 테이블을 읽으면서 두 번째 테이블을 건건이 액세스하는 방식으로 수행되는데, 이때의 두 번째 테이블을 'Inner 테이블' 이라고 한다. 기준 테이블은 'Outer 테이블' 또는 'Driving 테이블' 이라고 한다.

04 Redo

오라클은 데이터파일과 컨트롤 파일에 가해지는 모든 변경사항을 하나의 Redo 로그 엔트리로서 Redo 로그에 기록한다. (물론 데이터파일에 대한 변경은 캐시된 블록 버퍼를 통해 이루어진다.) Redo 로그는 Online Redo와 Archived(=Offline) Redo 로그로 구성된다.

Online Redo 로그는 Redo 로그 버퍼에 버퍼링된 로그 엔트리를 기록하는 파일로서, 최소 두 개 이상의 파일로 구성된다. 현재 사용 중인 Redo 로그 파일이 꽉 차면 다음 Redo 로그 파일로 로그 스위칭(log switching)이 발생하며, 계속 Redo 로그를 써 나가다가 모든 Redo 로그 파일이 꽉 차면 다시 첫 번째 Redo 로그 파일부터 재사용하는 라운드 로빈(round-robin) 방식을 사용한다.

Archived Redo 로그는 Online Redo 로그가 재사용되기 전에 다른 위치로 백업해 둔 파일을 말한다.

Redo 로그는 아래 3가지 목적을 위해 사용된다.

① Database Recovery
② Cache Recovery (Instance Recovery 시 roll forward 단계)
③ Fast Commit

첫째, Redo 로그는 물리적으로 디스크가 깨지는 등의 Media Fail 발생 시 데이터베이스를 복구하기 위해 사용되며, 이때는 Archived Redo 로그를 이용하게 된다. 'Media Recovery' 라고도 한다.

둘째, Redo 로그는 Cache Recovery를 위해 사용되며 다른 말로 'Instance Recovery' 라고도 한다. 모든 데이터베이스 시스템이 버퍼 캐시를 도입하는 것은 I/O 성능을 향상시키기 위함이지만, 버퍼 캐시는 휘발성이다. 따라서 캐시에 저장된 변경사항이 디스크 상의 데이터 블록에 아직 기록되지 않은 상태에서 정전 등이 발생해 인스턴스가 비정상적으로 종료되면, 그때까지의 작업내용을 모두 잃게 된다. 이러한 트랜잭션 데이터의 유실에 대비하기 위해 Redo 로그를 사용한다.

Instance Crash 발생 후 시스템을 재기동하면 우선 Online Redo 로그에 저장된 기록사항들을 읽어들여 마지막 체크포인트(Checkpoint) 이후부터 사고 발생 직전까지 수행되었던 트랜잭션들을 재현한다(→ roll forward 단계). 그러면 버퍼 캐시에만 수정하고 데이터파일에는 반영되지 않았던 변경사항들이 복구되며, 이는 트랜잭션의 커밋여부를 불문하고 일단 버퍼 캐시를 시스템이 셧다운 되기 이전 상태로 되돌리는 것이다.

Cache Recovery가 완료되면 뒤에서 설명할 Undo 데이터를 이용해 시스템이 셧다운되는 시점에 아직 커밋되지 않았던 트랜잭션들을 모두 롤백하는, 이른바 'Transaction Recovery'가 진행된다(→ rollback 단계). 이렇게 roll forward와 rollback 단계를 모두 완료하고 나면 커밋되지 않은 기록사항들은 모두 제거되어 데이터파일에는 커밋에 성공한 데이터만 남게 되며, 데이터베이스는 완전히 동기화된 상태가 된다.

마지막으로, Redo 로그는 Fast Commit을 위해 사용된다. 변경된 메모리 버퍼 블록을 디스크 상의 데이터 블록에 기록하는 작업은 Random 액세스 방식으로 이루어지기 때문에 느리기 마련이다. 반면 로그는 Append 방식으로 기록하므로 상대적으로 매우 빠르다. 따라서 트랜잭션 발생 시 건건이 데이터 파일에 기록하기보다 우선 변경사항을 Append 방식으로 빠르게 로그 파일에 기록하고 메모리 데이터 블록과 데이터 파일 간 동기화는 적절한 수단(DBWR, Checkpoint)을 이용해 나중에 배치(Batch) 방식으로 일괄 수행한다.

사용자의 갱신내용이 메모리상의 버퍼 블록에만 기록된 채 아직 디스크에 기록되지 않았지만 Redo 로그를 믿고 빠르게 커밋을 완료한다는 의미에서, 이런 메커니즘을 'Fast Commit'이라고 부른다. 적어도 커밋 정보가 로그에 기록돼 있기만 하다면 인스턴스 Crash가 발생하더라도 Redo 로그를 이용해 언제든 Recovery가 가능한 상태가 되므로 오라클은 안심하고 커밋을 완료할 수 있는 것이다.

Fast Commit은 오라클에만 있는 기능이 아니며, 빠르게 트랜잭션을 처리해야 하는 모든 DBMS의 공통적인 메커니즘이다. 그런데 Fast Commit을 구현하는 데 있어 오라클만의 특징적인 기능이 있는데, 'Delayed 블록 클린아웃(Cleanout)'이 바로 그것이다. 완전한 커밋을 위해서는 Lock을 해제하는 일까지 완료해야 하는데, 다른 DBMS는 Lock 매니저를 통해 로우 Lock을 관리하기 때문에 커밋 시점에 빠르게 Lock 리소스를 해제할 수 있다.

반면 오라클은 별도의 Lock 매니저 없이 레코드의 속성으로서 로우 Lock을 구현(다음 절에서 설명하는 Lock Byte 참조)했기 때문에 Lock을 해제하려면 갱신했던 블록들을 일일이 찾아다녀야 한다. 따라서 Redo 로그에 기록하는 것만으로는 도저히 커밋을 빠르게 처리할 수 없는 구조다. 그래서 오라클은 'Delayed 블록 클린아웃(Cleanout)'이라는 추가적인 메커니즘을 사용한다. 커밋 시점에는 Undo 세그먼트 헤더의 트랜잭션 테이블에만 커밋 정보를 기록하고, 블록 클린아웃(갱신된 블록에 커밋 정보를 기록하고 Lock을 해제하는 작업)은 나중에 수행하도록 하는 것을 말하며, 이에 대해서는 8절에서 자세히 다룬다.

Redo 레코드를 기록할 때도 곧바로 Redo 로그 파일에 저장하는 것은 아니며 먼저 Redo 로그 버퍼에 기록한다. 즉, 데이터 블록 버퍼를 변경하기 전에 항상 Redo 로그 버퍼에 먼저 기록하고 일정 시점마다 LGWR 프로세스에 의해 Redo 로그 버퍼에 있는 내용을 Redo 로그 파일에 기록하는 것이다. LGWR가 Redo 로그 버퍼를 Redo 로그에 기록하는 시점은 다음과 같다.

① 3초마다 DBWR 프로세스로부터 신호를 받을 때(DBWR는 Dirty 버퍼를 데이터 파일에 기록하기 전에 로그 버퍼 내용을 Redo 로그 파일에 기록하도록 LGWR에게 신호를 보냄)
② 로그 버퍼의 1/3이 차거나 기록된 Redo 레코드량이 1MB를 넘을 때
③ 사용자가 커밋 또는 롤백 명령을 날릴 때

Fast Commit 메커니즘의 핵심은 ③번이라고 할 수 있는데, 다시 말하지만 트랜잭션이 영속성을 보장받으려면 최소한 커밋 시점에는 Redo 정보가 메모리가 아닌 디스크 상에 안전하게 저장되었음이 확인되어야 한다(Log Force at Commit).

①과 ②는 대량의 트랜잭션이 발생해 이를 메모리에서 파일로 일괄 반영하려고 할 때

작업량이 한꺼번에 몰리는 것에 대비해 주기적으로 Dirty 버퍼를 해소하고 로그 버퍼를 비우도록 구현된 부차적인 기능이다. 부차적이라고는 하지만 그렇게 하지 않으면 '느린 Fast Commit'이 될 수 있기 때문에 중요하다.

①에서 DBWR가 Dirty 버퍼를 데이터파일에 기록하기 전에 로그 버퍼를 먼저 Redo 로그에 기록하도록 하는 이유는 무엇일까? 앞서 얘기했듯이 Instance Crash 발생 시 Redo 로그에 기록된 내용을 재현해 캐시 블록을 복구하고 최종적으로 커밋되지 않은 트랜잭션은 롤백하게 되는데, Redo 로그에는 없는 변경내역이 이미 데이터 파일에 기록돼 있으면 사용자가 최종 커밋하지 않은 트랜잭션이 커밋되는 결과를 초래하기 때문이다.

정리해 보면, 버퍼 캐시에 있는 블록 버퍼를 갱신하기 전에 먼저 Redo 엔트리를 로그 버퍼에 기록해야 하며, DBWR가 버퍼 캐시로부터 Dirty 블록들을 디스크에 기록하기 전에 먼저 LGWR가 해당 Redo 엔트리를 모두 Redo 로그 파일에 기록했음이 보장되어야 한다. 이를 'Write Ahead Logging'이라고 한다.

Fast Commit 메커니즘을 그림 1-11을 보면서 정리해 보자.

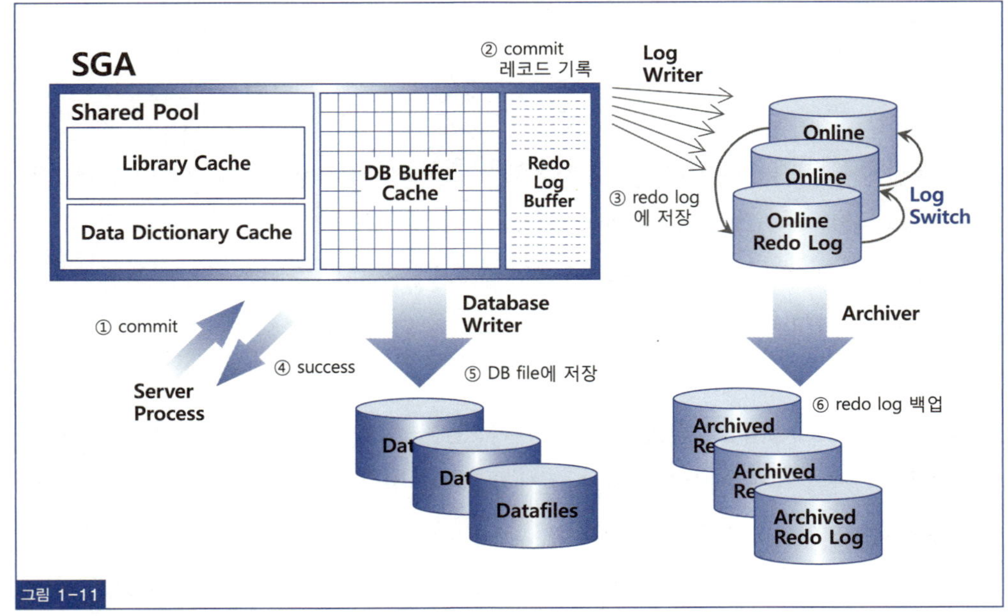

그림 1-11

① 사용자가 커밋을 날리면 ② 서버 프로세스는 커밋 레코드를 Redo 로그 버퍼에 기록하며, ③ LGWR는 이것을 즉시 트랜잭션 로그 엔트리와 함께 redo 로그파일에 저장한 후 ④ 커밋을 수행한 서버 프로세스에 "success code"를 리턴한다. 여기까지 완료되면 아직 사용자의 갱신내용이 메모리상의 데이터 버퍼에만 기록된 채 디스크에 기록되지 않았지만 Instance Crash가 발생하더라도 Redo 로그를 이용해 언제든 복구 가능한 상태가 되었으므로 오라클은 안심하고 커밋을 완료할 수 있는 것이다(Log Force at Commit).

시스템을 모니터링 해 보면 사용자가 커밋 또는 롤백할 때마다 *log file sync* 라는 대기(wait) 이벤트가 발생하는 것을 볼 수 있는데, 이는 LGWR 프로세스가 로그 버퍼 내용을 Redo 로그 파일에 기록할 때까지 서버 프로세스가 대기하는 현상 때문에 발생한다.

05 Undo

과거에는 롤백(Rollback)이라는 용어를 주로 사용했지만, 9i부터 오라클 사(社)는 공식 문서에 Undo라는 용어를 사용하고 있다. 8i 버전까지는 롤백 세그먼트를 생성하고, ONLINE/OFFLINE 상태를 변경하는 등의 작업을 DB 관리자가 직접 했다. 또한, 대용량 트랜잭션 처리를 위해 사용할 롤백 세그먼트를 가끔 수동으로 변경해 주는 등의 작업을 하기도 했다.

9i부터 AUM(Automatic Undo Management) 기능이 도입되면서 그런 수동 작업이 불필요해져 Undo 세그먼트 개념을 많이 생소하게 느끼는 것 같다. Undo 세그먼트가 일반 세그먼트와 많이 다르다고 생각할 수 있지만, Undo 세그먼트는 구조적으로 볼 때 데이터를 저장하는 일반 테이블 세그먼트와 별반 다르지 않다. 테이블 세그먼트와 마찬가지로 익스텐트(Extent) 단위로 확장되고, 빠른 읽기/쓰기를 위해 Undo 블록들을 버퍼 캐시에 캐싱하며, 데이터 유실을 방지하기 위해 그 변경사항을 Redo 로그에 로깅하는 점도 같다.

다른 점이라면 Undo 세그먼트에 저장하는 내용인데, 각 트랜잭션 별로 Undo 세그먼트를 할당해 주고(두 개 이상의 트랜잭션이 하나의 Undo 세그먼트를 할당받아 같이 사용할 수 있음) 그 트랜잭션이 발생시킨 테이블과 인덱스에 대한 변경사항들을 Undo 레코드 단위로 Undo 세그먼트 블록에 차곡차곡 기록한다.

Automatic Undo Management

오라클 8i 이전에는 Undo 세그먼트를 데이터베이스 관리자가 수동으로 관리했고, *rollback_segments* 파라미터에 의해 그 개수도 고정적이었다.

9i에서는 AUM(Automatic Undo Management)이 도입되어 Undo 세그먼트마다 하나의 트랜잭션이 할당되는 것을 목표로 세그먼트 개수를 오라클이 자동 관리한다. 트랜잭션에 독립적으로 할당해 줄 Undo 세그먼트가 없을 때는(Online으로 전환할 수 있는 Offline 세그먼트가 없고 새로운 Undo 세그먼트를 생성할 공간도 부족할 때) 8i에서처럼 가장 적게 사용되는 Undo 세그먼트 중 하나를 할당한다.

그리고 예전에는 할당받은 Undo 세그먼트를 더 이상 확장할 수 없을 때 곧바로 ORA-01562 에러를 만났지만 AUM에서는 다른 Undo 세그먼트로부터 Free Undo Space를 가져올 수 있으며(Dynamic Extent Transfer), Undo 테이블스페이스 내에 있는 모든 Undo Space를 소진했을 때 비로소 에러를 발생시킨다.

Undo 세그먼트에 저장된 정보는 아래 3가지 목적을 위해 사용한다.

① Transaction Rollback

② Transaction Recovery (Instance Recovery 시 rollback 단계)

③ Read Consistency

첫째, 트랜잭션에 의한 변경사항을 최종 커밋하지 않고 롤백하고자 할 때 Undo 데이터를 이용한다.

둘째, 앞서 Redo에서 설명했듯이 Instance Crash 발생 후 Redo를 이용해 Roll forward 단계가 완료되면 최종 커밋되지 않은 변경사항까지 모두 복구된다. 따라서 시스템이 셧다운된 시점에 아직 커밋되지 않았던 트랜잭션들을 모두 롤백해야 하는데, 이때 Undo 세그먼트에 저장된 Undo 데이터를 사용한다.

마지막으로, Undo 데이터는 읽기 일관성(Read Consistency)을 위해 사용되는데, 본서는 SQL 튜닝 원리를 설명하는 책이므로 이 부분이 가장 중요한 관심사항이다. DB2, SQL Server, Sybase 등은 Lock을 통해 읽기 일관성을 구현하지만, 오라클은 Undo 데이터를 이용해 읽기 일관성을 구현한다. 다음 절 이하에서 아주 자세히 다룰 텐데, 오라클만의 독특한 읽기 일관성을 이해하려면 지금부터 설명하는 Undo 메커니즘에 대한 이해가 필수적이다.

(1) Undo 세그먼트 트랜잭션 테이블 슬롯

그림 1-12는 Undo 세그먼트를 간략히 표현한 것인데, Undo 세그먼트 중 첫 번째 익스텐트, 그중에서도 첫 번째 블록에는 Undo 세그먼트 헤더(Header) 정보가 담긴다.

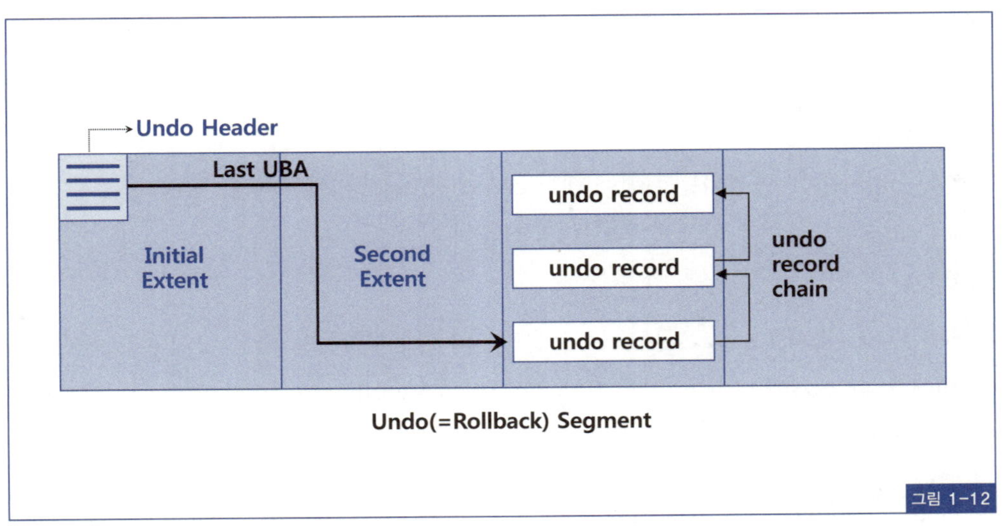

그림 1-12

Undo 세그먼트 헤더에는 트랜잭션 테이블 슬롯(Transaction Table Slot)이 위치하는데, 각 슬롯에 기록되는 사항들은 아래와 같다.

① 트랜잭션 ID
② 트랜잭션 상태정보 (Transaction Status)
③ 커밋 SCN (→ 트랜잭션이 커밋된 경우)
④ Last UBA (Undo Block Address)
⑤ 기타

트랜잭션 ID는 [USN# + Slot# + Wrap#]으로 구성된다. USN은 Undo Segment Number의 약자다. 트랜잭션 ID 구성을 보면 알 수 있듯이, 트랜잭션을 시작하려면 먼저 Undo 세그먼트에 있는 트랜잭션 테이블로부터 슬롯(Slot)을 할당받아야 하며, 할당받은 슬롯에 자신이 현재 Active 상태임을 표시하고서 갱신을 시작한다. 참고로, 트랜잭션 슬롯을 곧바로 얻지 못해 이용 가능한 슬롯이 생기기를 기다릴 때 발생하는 대기 이벤트가 *undo segment tx slot* 이다.

이제부터 트랜잭션이 발생시키는 데이터 또는 인덱스 블록에 대한 변경사항은 Undo 블록에 Undo 레코드로서 하나씩 차례대로 기록된다. 각 DML 오퍼레이션 별로 Undo 레코드에 기록되는 내용은 아래와 같다.

- Insert : 추가된 레코드의 rowid
- Update : 변경되는 컬럼에 대한 before image
- Delete : 지워지는 로우의 모든 컬럼에 대한 before image

④번 Last UBA(Undo Block Address)는 트랜잭션의 기록사항들을 가장 마지막 Undo 레코드 뒤에 계속 추가해 나가려고 유지하는 일종의 포인터다. 그리고 각 Undo 레코드 간에는 체인 형태로 연결돼 있어 데이터를 롤백하고자 할 때 이 체인을 따라 거슬러 올라가며 작업을 수행하게 된다(그림 1-12). 하나의 Undo 블록에 쓰기가 완료되면 새로운 Undo 블

록을 할당받아 쓰기 작업을 계속해 나간다. v$transaction 뷰에 있는 used_ublk와 used_urec 컬럼을 통해 현재 사용 중인 Undo 블록 개수와 현재까지 기록한 Undo 레코드 양을 확인할 수 있다.

```
SQL> select s.sid, s.serial#, t.xidusn, t.used_ublk, t.used_urec
  2  from   v$session s, v$transaction t
  3  where  t.addr = s.taddr
  4  and    s.sid = 144;

   SID    SERIAL#     XIDUSN  USED_UBLK  USED_UREC
------- ---------- ---------- ---------- ----------
   144          8          8          1         14

1 개의 행이 선택되었습니다.
```

인덱스가 전혀 없는 테이블이라면 한 건을 갱신할 때마다 used_urec 값이 하나씩 증가하지만 인덱스가 딸려 있다면 인덱스 엔트리에 대한 갱신 내용까지 값에 포함된다는 사실을 기억할 필요가 있다. 예를 들어, insert 또는 delete 시에는 인덱스 하나당 하나의 Undo 레코드가 추가되고, update 시에는 인덱스 하나당 두 개의 Undo 레코드가 추가된다. 인덱스 엔트리를 update 할 때는 내부적으로 delete & insert 방식으로 수행되기 때문이다.

아직 커밋되지 않은, Active 상태의 트랜잭션이 사용하는 Undo 블록과 트랜잭션 테이블 슬롯은 절대 다른 트랜잭션에 의해 재사용되지 않는다. 사용자가 커밋해 트랜잭션이 완료되면 트랜잭션 상태정보를 'committed' 로 변경하고 그 시점의 커밋 SCN을 트랜잭션 슬롯에 저장해 둔다. 이제 이 트랜잭션 슬롯과 Undo 블록들은 다른 트랜잭션에 의해 재사용될 수 있다. 하지만 가장 먼저 커밋된 트랜잭션 슬롯부터 순차적으로(in a circular fashion) 재사용되기 때문에 Undo 데이터는 커밋 후에도 상당기간 남아있게 된다.

Undo Retention

9i에서 AUM이 도입되면서 새롭게 생긴 파라미터가 *undo_retention*인데, 이는 트랜잭션이 완료되었어도 지정한 시간 동안은 "가급적" Undo 데이터를 재사용하지 말라고 오라클에 힌트를 주는 것이다. 오라클은 Undo Extent에 대한 상태정보(active, unexpired, expired)를 주기적으로 관리하며, 이를 위해 Undo 테이블스페이스에 할당된 모든 Extent의 Commit Time을 목록(List)으로 관리한다. *undo_retention*으로 지정된 시간을 기준으로 unexpired 상태의 Extent들을 expired 상태로 변경하며, Undo Extent가 필요할 때면 expired 상태의 Extent부터 재사용한다. 하지만 *undo_retention*은 강제성을 갖지 않기 때문에 expired Extent가 없고 새로 할당할 공간까지 부족해지면 unexpired 상태의 Extent라도 언제든 재사용할 수 있다. 그래서 10g부터 새롭게 도입된 것이 retention guarantee 기능이다.

```
alter tablespace undotbs1 retention guarantee;
```

Undo 테이블스페이스에 guarantee 옵션을 설정하면, 공간이 부족해 에러를 발생시키는 한이 있더라도 undo_retention으로 지정된 시간 이내에 커밋된 Undo 정보는 재사용하지 않는다.

10g에서 guarantee 기능과 함께 도입된 것이 Automatic Undo Retention Tuning 기능인데, 시스템 상황에 따라 tuned_undo_retention 값을 오라클이 자동으로 계산하며(내부적으로 수집한 통계정보 이용), 이를 기준으로 Undo Extent의 상태정보를 관리한다.

이때 사용자가 설정한 *undo_retention*은, tuned_undo_retention이 그 수치 이하로 내려오지 못하도록 최소값(low threshold)을 지정하는 역할을 한다. 다만, Undo 공간이 충분할 때 가급적 그렇게 하도록 요청하는 것이고, guarantee 옵션을 주지 않는 한 공간이 부족하면 언제든 재사용될 수 있다. (10gR1과 R2 사이에 Automatic Undo Retention Tuning 기능이 작동하는 기준이 약간 다르므로 주의하기 바란다. 예를 들어, R1에서는 *undo_retention*을 0으로 설정해야 Automatic Undo Retention Tuning 기능이 작동한다.)

(2) 블록 헤더 ITL 슬롯

지금까지 Undo 세그먼트에 대해 살펴보았고, 이제 블록에 저장되는 ITL 슬롯과 Lock Byte에 대해 알아보자.

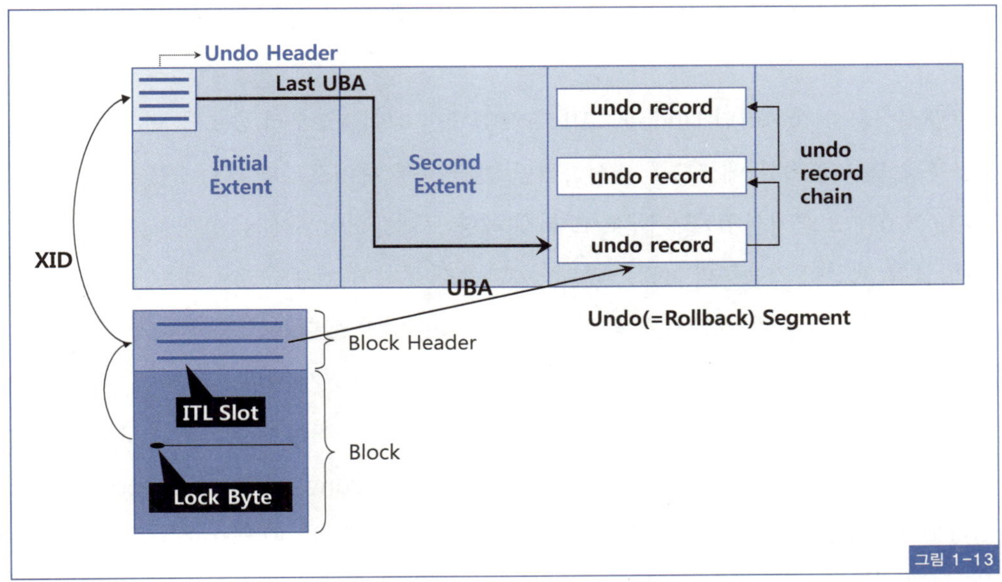

그림 1-13

Undo 세그먼트 헤더에 트랜잭션 테이블 슬롯이 있다면 각 데이터 블록과 인덱스 블록 헤더에는 ITL(Interested Transaction List) 슬롯이 있다(그림 1-13). ITL 슬롯에 기록되는 내용은 다음과 같다.

① ITL 슬롯 번호

② 트랜잭션 ID

③ UBA (Undo Block Address)

④ 커밋 Flag

⑤ Locking 정보

⑥ 커밋 SCN (→ 트랜잭션이 커밋된 경우)

아래는 블록 Dump를 통해 ITL에 실제 어떤 정보들이 담기는지 들여다본 것이다.

```
Itl   Xid                    Uba                   Flag  Lck  Scn/Fsc
0x01  0x0004.00c.000035c3   0x008005a2.042f.1c    --U-    1  fsc 0x0003.03536d7f
0x02  0xffff.000.00000000   0x00000000.0000.00    C---    0  scn 0x0000.0353689e
0x03  0x0005.00d.000003c4   0x00801a0b.01d1.1d    C-U-    0  scn 0x0000.006770c0
```

트랜잭션을 시작하려면 Undo 세그먼트 트랜잭션 테이블로부터 슬롯을 먼저 확보하듯이, 특정 블록에 속한 레코드를 갱신하려면 먼저 블록 헤더로부터 ITL 슬롯을 확보해야 한다. 거기에 트랜잭션 ID를 기록하고 현재 해당 트랜잭션이 Active 상태임을 표시한 후라야 블록 갱신이 가능하다. ITL 슬롯을 할당받지 못하면 트랜잭션은 계속 진행하지 못하고 블로킹(Blocking) 되었다가, 해당 블록을 갱신하던 앞선 트랜잭션 중 하나가 커밋 또는 롤백될 때 비로소 ITL 슬롯을 얻어 작업을 계속 진행할 수 있게 된다.

오라클은 ITL 슬롯 부족 때문에 트랜잭션이 블로킹 되는 현상을 최소화할 수 있도록 3가지 옵션을 제공한다. 테이블과 인덱스를 생성할 때 initrans, maxtrans, pctfree 파라미터를 지정하는데, initrans는 블록을 사용하려고 처음 포맷할 때 블록 헤더에 ITL 슬롯을 몇 개 할당할지를 결정하는 파라미터다. 블록 헤더에 미리 할당해 둔 ITL 슬롯이 모두 사용 중이라면 maxtrans로 지정된 개수만큼 데이터 영역에 추가 ITL 슬롯을 할당할 수 있다. 단, pctfree에 의해 예약된 공간이 update(인덱스는 insert)에 의해 모두 사용되고 없다면 ITL을 할당받지 못해 Lock 경합이 발생하게 된다. 참고로, ITL 슬롯이 부족할 때 발생하는 대기 이벤트(wait event)가 *enq: TX - allocate ITL entry*며, ITL 슬롯 부족 현상에 대해서는 2장에서 좀 더 자세히 다룬다.

(3) Lock Byte

이제 블록헤더에서 블록으로 내려와서 Lock Byte에 대해 살펴보자(그림1-13 참조). 오라클은 레코드가 저장되는 로우마다 그 헤더에 Lock Byte를 할당해 해당 로우를 갱신 중인 트랜잭션의 ITL 슬롯 번호를 기록해 둔다. 이것이 로우 단위(row-level) Lock이며, 오라클은 로우 단위 Lock과 트랜잭션 Lock(=TX Lock)을 조합해서 로우 Lock을 구현하였다. 요컨대, 레코드를 갱신하려고 할 때 대상 레코드의 Lock Byte가 활성화(turn-on)돼 있으면 ITL 슬롯을 찾아가고, 다시 그 ITL 슬롯이 가리키는 트랜잭션 테이블 슬롯을 찾아가 그 트랜잭션이 아직 active 상태면 트랜잭션이 완료될 때까지 대기(→ 트랜잭션 Lock)한다. 오라클 Lock 원리에 대해서는 2장에서 자세히 설명한다.

다른 DBMS는 Lock 매니저를 통해 현재 갱신 중인 레코드 정보를 관리하는데, Lock 매니저가 사용할 수 있는 리소스가 유한하기 때문에 대량의 갱신이 발생할 때는 로우 단위 Lock 정보를 모두 관리할 수 없어 블록 단위 또는 테이블 단위로 Lock 에스컬레이션(Escalation)이 발생하기도 하며, 그 순간 동시성이 현저히 저하된다. 하지만 오라클은 로우 단위 Lock을 별도의 Lock 리소스 사용 없이 레코드의 속성으로서 관리하기 때문에 Lock 에스컬레이션 메커니즘이 전혀 불필요하다.

앞에서 ITL 슬롯을 설명할 때, ITL 슬롯에 기록되는 내용 중 UBA(Undo Block Address)가 있었다. 이는 트랜잭션에 의해 발생한 변경 이전 데이터(before image)가 저장된 Undo 블록 주소를 가리키는 포인터 정보다. 읽기 일관성을 위해 CR Copy를 생성해서 과거 버전으로 되돌리려 할 때 사용하며, 이를 이해하려면 좀 더 부가적인 설명이 필요하다. 다음 절에서 계속 살펴보자

06 문장수준 읽기 일관성

단일 SQL문이 수행되는 도중에, 또는 트랜잭션 내에서 일련의 SQL문이 차례로 수행되는 도중에 다른 트랜잭션에 의해 데이터가 변경, 추가, 삭제된다면 일관성 없는 결과집합을 리턴하거나 값을 잘못 갱신하는 문제가 발생할 수 있다. 이런 현상을 방지하고 읽기

일관성(Read Consistency)을 보장하기 위해 DBMS마다 나름대로의 장치들을 마련하고 있는데, 트랜잭션 수준 읽기 일관성(Transaction-Level Read Consistency)에 대해서는 다음 장에서 설명하기로 하고 여기서는 문장수준 읽기 일관성(Statement-Level Read Consistency)에 대해서만 언급할 것이다.

(1) 문장수준 읽기 일관성이란?

문장수준 읽기 일관성은, 단일 SQL문이 수행되는 도중에 다른 트랜잭션에 의해 데이터의 추가, 변경, 삭제가 발생하더라도 일관성 있는 결과집합을 리턴하는 것을 말한다.

예를 들어, 변경이 진행 중인 값, 즉 아직 커밋되지 않은 값을 다른 트랜잭션이 읽도록 Dirty Read를 허용한다면 읽기 일관성이 보장되지 않는다. 오라클을 제외한 다른 DBMS는 모두 로우 Lock을 사용해 Dirty Read를 방지한다. 즉, 읽기 작업에 대해 Shared Lock을 사용함으로써, Exclusive Lock이 걸린 로우를 읽지 못하도록 한다.

하지만 테이블 단위 Lock을 사용하지 않는 한 Dirty Read를 방지하는 것만으로는 문장수준 읽기 일관성이 완벽하게 보장되지 않는다. 예를 들어, 아래와 같이 트랜잭션 TX1이 계좌 테이블을 읽어 모든 계좌의 잔고 총합계를 구하는 쿼리를 수행한다고 가정하자.

TX1 : select sum(잔고) from 계좌

계좌번호	1	2	3	4	5	6	7	8	9	10
잔고	1,000	1,000	1,000	1,000	1,000	1,000	1,000	1,000	1,000	1,000

〈 사례1 〉

위 쿼리가 진행되는 동안 다른 트랜잭션 TX2에서 아래 insert문을 통해 새로운 계좌의 잔고 데이터를 추가하고, 커밋하였다.

```
TX2> insert into 계좌(계좌번호, 잔고) values ( 11, 1000 ) ;
TX2> commit;
```

만약 새 레코드가 맨 뒤쪽에 추가되면 잔고 총합계에 포함되겠지만 이미 읽고 지나간 위치에 삽입되면 총합계에서 누락된다[10]. 레코드가 입력되는 위치에 따라 총합계가 달라진다면 읽기 일관성이 없는 것이다. 이런 현상을 방지하려면 2장에서 설명하는 트랜잭션 고립화 수준(Transaction Isolation Level)을 높이거나 테이블 Lock을 사용해야 한다. 뒤에서 설명하겠지만, 오라클은 Shared Lock을 사용하지 않고 Undo 세그먼트에 저장해 둔 Undo 데이터를 활용하므로 그런 조치 없이도 완벽한 문장수준 읽기 일관성을 보장한다.

〈 사례2 〉

또 다른 예로서, TX1에서 잔고 총합을 구하는 쿼리가 진행 중일 때 다른 트랜잭션 TX2가 TX1에서 이미 읽고 지나간 레코드에서 잔고를 차감해 앞으로 읽을 레코드에 잔고를 더하거나 반대로, TX1이 앞으로 읽을 레코드에서 잔고를 차감해 이미 읽고 지나간 레코드에 잔고를 더한다면 잔고 총합계가 다르게 구해질 수 있다. 이런 현상을 방지하려면 트랜잭션 고립화 수준을 올리거나 테이블 Lock을 사용해야 한다. 하지만 오라클에서는 절대 이런 현상이 발생하지 않는다.

사례1과 사례2를 설명하는 중에 오라클의 읽기 일관성을 강조했는데, 다른 DBMS에서는 실제 위와 같은 현상이 발생할 수 있다는 뜻일까? 답은 "그렇다"이다. insert하는 〈사례1〉은 Sybase, SQL Server 등에서 쉽게 재현 가능하므로 생략하기로 하고, update하는 〈사례2〉를 같이 시뮬레이션해 보자.

잔고 총합을 구하는 쿼리가 TX1 트랜잭션에서 수행 중이고, 계좌이체를 처리하는 아래 트랜잭션 TX2가 동시에 진행 중이라고 가정하자.

```
TX2> update 계좌 set 잔고 = 잔고 + 100 where 계좌번호 = 7;    -- ①
TX2> update 계좌 set 잔고 = 잔고 - 100 where 계좌번호 = 3;    -- ②
TX2> commit;
```

10) 그림에는 계좌번호가 1부터 10까지 차례로 입력된 것처럼 표시했지만, 순서를 유지하는 인덱스와 달리 테이블에는 어디로든 레코드 삽입이 이루어질 수 있다.

1. TX1 : 2번 계좌까지 읽는다. (sum = 2,000)
2. TX2 : ①번 update를 실행한다. (7번 계좌 잔고 = 1100, uncommitted 상태)
3. TX1 : 6번 계좌까지 읽어 내려간다. (sum = 6,000)
4. TX2 : ②번 update를 실행하고, 커밋한다.

   (3번 계좌 잔고 = 900, 7번 계좌 잔고 = 1100, committed 상태)
5. TX1 : 10번 계좌까지 읽어 내려간다. 7번 계좌 잔고를 1,100으로 바꾼 TX2 트랜잭션이 커밋되었으므로 이 값을 읽어 잔고 총합은 10,100으로 계산된다. 계좌 잔고 총합계는, TX2 트랜잭션이 진행되기 전에도 10,000이었고, TX2 트랜잭션이 완료된 후에도 10,000이므로 TX1은 일관성 없게 잔고 총합계를 구한 것이 된다.

말도 안 된다고 생각할지 모르겠지만 Sybase나 SQL Server에서 테스트해 보면 실제로 위와 같은 현상이 발생하는 것을 눈으로 확인할 수 있다. 테스트할 때, TX1 트랜잭션이 계좌 테이블을 너무 빨리 읽고 지나가면 안 되므로 그 전에 제3의 트랜잭션에서 2번 레코드에 Lock을 걸었다가(TX1이 이 레코드를 읽으려는 순간 Shared Lock을 얻지 못해 대기하게 됨) TX2가 ①번 update를 실행한 직후에 롤백을 통해 Lock을 풀어주면 쉽게 재현할 수 있다.

테이블 레벨 Lock을 통한 읽기 일관성 확보

위와 같은 비일관성 읽기 문제를 해결하기 위한 일반적인 해법은 트랜잭션 고립화 수준(다음 장에서 설명함)을 상향 조정하는 것이다. SQL Server, Sybase 등은 Lock을 사용해 읽기 일관성을 구현하는데, 기본 트랜잭션 고립화 수준(Level 1, Read Committed)에서는 값을 읽는 순간에만 Shared Lock을 걸었다가 다음 레코드로 이동할 때 Lock을 해제한다. Shared Lock이 해제되기 때문에 이미 읽고 지나간 레코드를 다른 트랜잭션이 변경할 수 있게 되고, 이 때문에 문장수준 읽기 일관성이 보장되지 않는 문제가 생긴다. 트랜잭션 고립화 수준을 레벨 2(=Repeatable Read)로 조정하면 TX1 쿼리가 진행되는 동안 읽은 레코드는 Shared Lock이 계속 유지되며 심지어 쿼리가 끝나고 다음 쿼리가 진행되는 동안에도 Lock을 풀지 않는다. 커밋 또는 롤백을 통해 트랜잭션이 완료될 때 비로소 Lock이 해제되므로 더 높은 수준의 읽기 일관성이 보장된다.

하지만 트랜잭션 고립화 수준을 상향 조정하면 Lock이 발생하는 범위가 넓어지고 더 오래 유지되기 때문에 동시성 저하를 초래함은 물론이고 교착상태(Deadlock)가 발생할 가능성이 높아진다. 바로 위 사례가 대표적인 케이스다. TX2가 ①번 update를 통해 7번 레코드에 Exclusive Lock을 설정하고 TX1은 3번 레코드에 Shared Lock을 설정한다. TX2는 ②번 update를 실행하는 단계에서 3번 레코드에 걸린 Shared Lock을 대기하게 되고, TX1이 7번 레코드를 읽으려는 순간 영원히 Lock이 풀릴 수 없는 교착상태에 빠진다. (테스트해 보면 실제 교착상태가 발생한다.) 이 때문에 테이블 전체 Lock을 사용해야만 할 수도 있고, 이는 동시성을 더 급격히 떨어뜨리게 된다.

오라클 데이터베이스를 사용하고 있다면 위와 같은 상황을 우려하지 않아도 된다. 오라클은 높은 수준의 동시성을 유지하면서도 완벽한 문장수준 읽기 일관성을 보장하기 때문이다. 지금부터 오라클이 어떤 방식으로 문장수준 읽기 일관성을 보장하는지 자세히 살펴보자.

(2) Consistent 모드 블록 읽기

그림 1-14에 도식화한 것처럼, 오라클은 쿼리가 시작된 시점을 기준으로 데이터를 읽어 들인다. 쿼리가 시작되기 전에 이미 커밋된 데이터만 읽고, 쿼리 시작 이후에 커밋된 변경사항은 읽어들이지 않는다. 변경이 발생한 블록을 읽을 때는 현재의 Current 블록으로부터 CR 블록을 생성해서 쿼리가 시작된 시점으로 되돌린 후 그것을 읽는다.

Current 블록은 디스크로부터 읽혀진 후 사용자의 갱신사항이 반영된 최종 상태의 원본 블록을 말하며, CR 블록은 Current 블록에 대한 복사본이다. CR 블록은 여러 버전이 존재할 수 있지만 Current 블록은 오직 한 개뿐이다. 이처럼 Current 블록을 여러 개의

CR Copy 블록으로 복사해 읽기 일관성을 지원하는 오라클만의 독특한 메커니즘을 '다중 버전 읽기 일관성 모델(Multi-Version Read Consistency Model)' 이라고 한다.

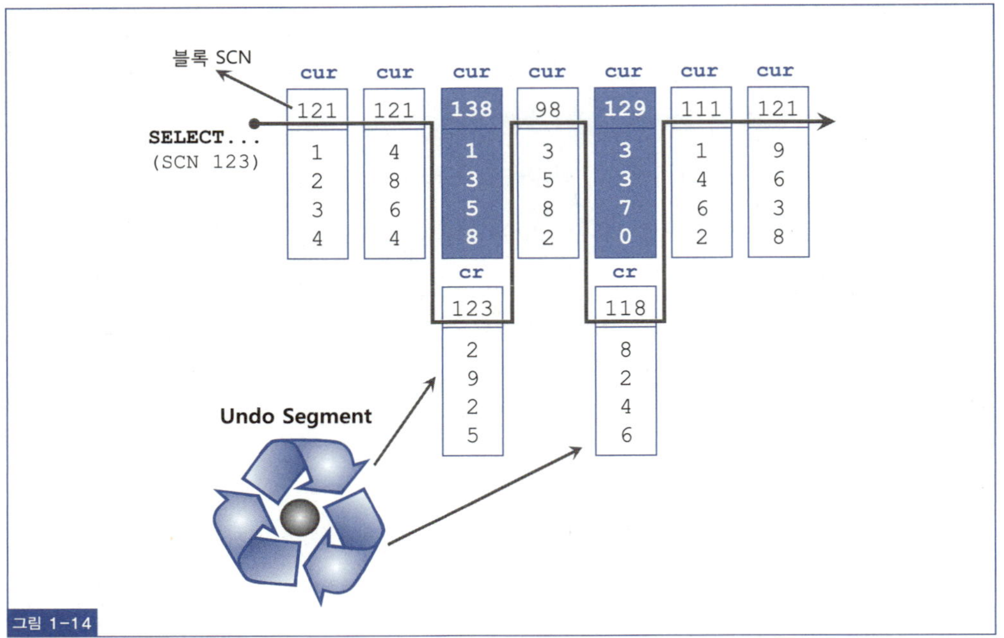

그림 1-14

RAC 환경에서의 Current 블록

단일 인스턴스 환경이라면 캐싱된 Current 블록은 오직 한 개뿐이지만 RAC 환경이라면 Share 모드의 Current 블록이 여러 노드에 동시에 캐싱돼 있을 수 있다. 로컬 캐시 관점에서는 여전히 하나지만 글로벌 캐시 관점에서 보면 Current 블록이 여러 개인 셈이다. 하지만 Share 모드와 달리 Exclusive 모드의 Current 블록은 오직 한 노드에만 존재할 수 있다. 예를 들어, Share 모드의 Current 블록이 여러 노드에 공유된 상태에서 특정 노드가 Exclusive 모드로 업그레이드(upgrade)하면 나머지 노드에 캐싱된 Current 블록들은 전부 Null 모드로 다운그레이드(downgrade) 된다. Null 모드로 다운그레이드 된 블록을 읽을 때는 다른 노드 또는 디스크로부터 블록을 다시 읽어야 한다. 따라서 RAC 환경에서도 Share 모드이든 Exclusive 모드이든 Current 블록의 SCN이 쿼리 SCN보다 작다면 쿼리가 시작된 이후에 변경이 없었던 블록임을 보장받을 수 있다. RAC 캐시 퓨전 메커니즘에 대해서는 6장에서 자세히 설명한다.

쿼리가 시작된 시점을 기준으로 데이터를 읽는다고 했는데, 때로는 시작 시점이 아닌, 데이터를 찾아간 바로 그 시점의 최종 값을 읽어야 할 때도 있다. 전자를 'Consistent 모드 읽기', 후자를 'Current 모드 읽기' 라고 하는데, 두 읽기 모드의 차이점에 대해서는 바로 다음 절에서 설명할 것이다.

그렇다면 Consistent 모드로 데이터를 읽을 때, 쿼리 시작 시점과 블록의 마지막 변경 시점을 어떻게 확인할까? 오라클은 SCN(System **Commit** Number)이라고 하는 시간정보를 이용해 데이터베이스의 일관성 있는 상태를 식별하는데, 이는 시스템 전체적으로 공유되는 Global 변수라고 이해하면 쉽다. 이름이 의미하듯이 이 값은 기본적으로 사용자가 커밋할 때마다 1씩 증가한다. 또는 커밋이 없더라도 오라클 백그라운드 프로세스에 의해 조금씩 증가한다.

```
SQL> SELECT CURRENT_SCN
  2       , SCN_TO_TIMESTAMP(CURRENT_SCN)
  3  FROM   V$DATABASE;

CURRENT_SCN SCN_TO_TIMESTAMP(CURRENT_SCN)
----------- -----------------------------------
     455718 08/06/05 01:44:58.000000000

1 row selected.
```

SCN은 읽기 일관성과 동시성 제어를 위해 사용되고, 생성된 Redo 로그 정보의 순서를 식별하는 데에도 사용되며, 마지막으로 데이터 복구를 위해서도 사용된다.

Consistent 모드 읽기를 이해하기 위해 알아야 할 또 한가지 개념은 '블록 SCN' 이다.

오라클은 블록이 마지막으로 변경된 시점 정보를 식별하기 위해 모든 블록 헤더에 SCN(System **Change** Number) 정보를 관리하는데, 이를 '블록 SCN'이라고 한다. 앞 절에서 설명했던, 블록 ITL 엔트리에 저장되는 트랜잭션별 커밋 SCN과는 별도로 관리된다.

(3) Consistent 모드 블록 읽기의 세부원리

오라클에서 수행되는 모든 쿼리는 Global 변수인 SCN(System Commit Number) 값을 먼저 확인하고 나서 읽기 작업을 시작하는데, 이를 '쿼리 SCN' 또는 '스냅샷 SCN'이라고 한다. 쿼리 SCN을 들고 다니면서 읽는 블록마다 블록 SCN과 비교해 읽을 수 있는 버전인지를 판단하는 것이다.

쿼리 SCN을 가지고 Consistent 모드로 읽을 때, 읽는 블록 상태에 따라 어떻게 일관성을 유지하면서 데이터를 읽는지 아래 3가지 경우로 나누어 살펴보자.

- 「Current 블록SCN <= 쿼리SCN」이고, committed 상태
- 「Current 블록SCN > 쿼리SCN」이고, committed 상태
- 「Current 블록이 Active 상태, 즉 갱신이 진행 중인 것으로 표시」돼 있을 때

A. 「Current 블록SCN <= 쿼리SCN」이고, committed 상태

Consistent 모드에서 데이터를 읽을 때는 블록 SCN(System Change Number)이 쿼리 SCN(System Commit Number)보다 작거나 같은 블록만 읽을 수 있다. 이때의 블록은 Current 블록을 의미하며, Current 블록은 오직 한 개뿐이다. 데이터 갱신은 항상 Current 블록에만 발생하므로, Current 블록의 SCN이 쿼리 SCN보다 작고 committed 상태라면 쿼리가 시작된 이후에 해당 블록에 변경이 가해지지 않았다는 것을 의미한다. 이때는 CR 블록을 생성하지 않고 Current 블록을 그대로 읽으면 된다.

B. 「Current 블록SCN > 쿼리SCN」이고, committed 상태

Current 블록이 committed 상태지만 블록 SCN이 쿼리 SCN보다 크다면 쿼리가 시작

된 이후 해당 블록에 변경이 가해지고 커밋되었다는 것을 의미한다. 이때는 어떻게 일관성 있게 블록을 읽는지 그림 1-15를 보면서 이해해보자.

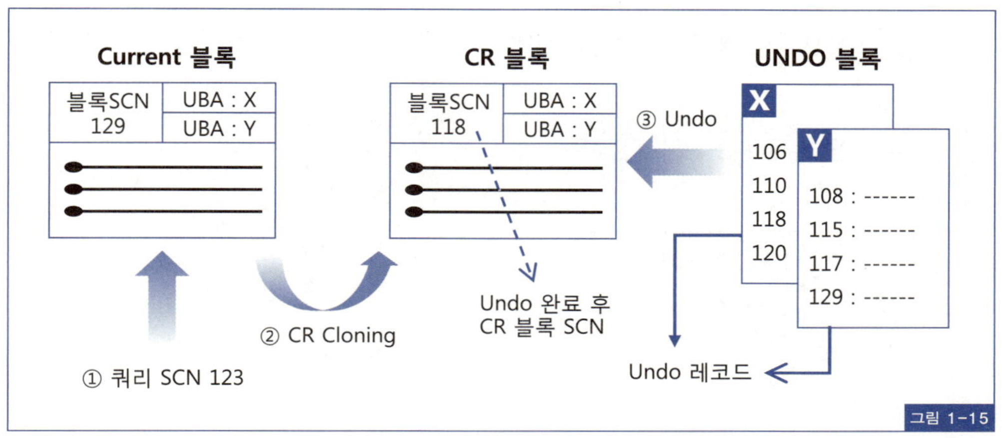

그림 1-15

블록 원본에 해당하는 Current 블록의 SCN이 쿼리 SCN보다 크면 블록 복사본에 해당하는 CR 블록을 먼저 생성(CR Cloning)한다. 그림 1-15는 Current 블록 내용을 CR 블록에 그대로 복제하고(②) 이를 자신이 읽을 수 있는 과거 버전(쿼리 SCN보다 낮은 마지막 committed 시점)으로 되돌리는 과정(③)을 표현하고 있다. CR 블록을 과거 상태로 되돌릴 때 사용하려고 Undo 정보가 필요한 것이며, ITL 슬롯에서 UBA(Undo Block Address)가 가리키는 Undo 블록을 찾아가 변경 이전 값을 읽는다.

Undo 레코드를 읽어 CR 블록을 한 단계 이전 상태로 되돌렸는데, 거기에 커밋되지 않은 변경사항이 포함돼 있거나 여전히 블록 SCN이 쿼리 SCN보다 높다면 다시 ITL 슬롯에 있는 UBA가 가리키는 Undo 레코드를 찾아 블록을 이전 상태로 되돌리는 작업을 계속한다. 따라서 최종적으로 완성된 버전의 CR 블록은, 블록 SCN(그림 1-15에서 118)이 쿼리 SCN(그림 1-15에서 123)보다 작거나 같으면서 커밋되지 않은 내용은 전혀 포함하지 않은 상태가 된다.

참고로, UBA을 통해 계속적인 롤백(Rollback)이 가능한 것은 ITL에 대한 변경내역까지도 Undo 레코드에 기록되기 때문이다. 같은 레코드를 계속 변경할 때, 그 레코드를 조회하는 다른 세션에서의 CR 블록 읽기 횟수도 계속 증가하는 것을 통해 이 사실을 쉽게 확인해 볼 수 있다.

```
TX1> update emp set sal = sal + 1 where empno = 7900;
```

위 update 문을 한번씩 반복 수행할 때마다 다른 세션에서 아래 쿼리를 수행해 보자.

```
TX2> set autotrace on statistics
TX2> select * from emp where empno = 7900;

Statistics
----------------------------------------------------------
          0  recursive calls
          0  db block gets
          4  consistent gets  → 이 값이 계속 증가
          0  physical reads
          ......
```

update 횟수가 증가할 때마다 consistent gets도 하나씩 계속 증가하는 것을 관찰할 수 있을 것이다. 단, 10g부터는 IMU(In-Memory Undo) 메커니즘이 작동하므로 update를 수행하는 세션에서 아래처럼 파라미터를 변경하고 나서 테스트해야 한다.

```
alter session set "_in_memory_undo" = false;
```

IMU 기능이 작동하면 CR 롤백을 위해 Undo를 참조하지 않고 Shared Pool 내의 IMU Pool에 저장된 값을 이용(IMU CR rollbacks)하므로 update를 일정 횟수 반복하기 전까지는 consistent gets이 증가하지 않는다.

파라미터를 변경할 수 있는 권한이 없을 때는 아래처럼 update문을 1,000번쯤 수행하면 중간에 IMU Flush가 발생하게 되므로, 이후부터 정상적으로 consistent gets이 증가하는 것을 확인할 수 있다.

```
declare
  l_cnt number;
begin
  for l_cnt in 1..1000
  loop
    update emp set sal = sal + 1 where empno = 7900;
  end loop;
end;
/
```

IMU(In-Memory Undo)

오라클 10g에 추가된 기능으로서 Hidden 파라미터 '*_in_memory_undo*'와 '*_imu_pools*'에 의해 제어된다. 이 파라미터가 TRUE면 오라클은 Undo 데이터를 Undo 세그먼트가 아닌 Shared Pool 내의 미리 할당된 IMU Pool(KTI-Undo)에 생성한다. 각 Pool은 하나의 트랜잭션에 전용으로 할당되며 *In memory undo latch* 에 의해 보호된다.

IMU pool이 다 차면 그때까지 저장해 둔 Undo 데이터를 Undo 세그먼트로 일괄 기록하며(IMU Flush), 이후 계속 발생하는 Undo 데이터는 예전처럼 Undo 세그먼트에 저장된다. IMU는 작은 트랜잭션을 위해 고안된 기능이라고 할 수 있으며, 이 기능을 통해 Undo 세그먼트 헤더 블록과 Undo 세그먼트 블록 버퍼에 대한 래치 경합 및 Pinning을 줄일 수 있다.

만약 CR 블록을 과거 상태로 되돌리는 과정에서 필요한 Undo 정보가 덮어 쓰여져 계속 롤백을 진행할 수 없을 때 악명높은 Snapshot too old 에러가 발생한다. 또는 8절에서 설명할 'Delayed 블록 클린아웃(Cleanout)' 과정에서 트랜잭션 테이블 슬롯이 이미 다른 트랜잭션에 의해 재사용되는 바람에 현재 읽고자 하는 클린아웃되지 않은 블록의 정확한 커밋 시점 정보를 확인할 수 없을 때도 Snapshot too old가 발생한다. Snapshot too old 발생원인과 해결책에 대해서는 9절에서 자세히 다룬다.

C. 「Current 블록이 Active 상태, 즉 갱신이 진행 중인 것으로 표시」돼 있을 때

읽으려는 레코드에 Lock Byte가 설정돼 있는데, ITL에 아직 커밋 정보가 기록되지 않았다면 현재 갱신이 진행 중(Active 상태)인 것으로 인식할 수 있다. 하지만 오라클은 커밋 시 항상 곧바로 블록을 클린아웃(트랜잭션에 의해 설정된 로우 Lock을 해제하고 블록 헤더에 커밋 정보를 기록)하지는 않기 때문에 ITL 상태만 보고 갱신이 진행 중이라고 단정할 수 없다. 따라서 Active 상태의 블록일 때는 일단 트랜잭션 테이블로부터 커밋정보를 가져와 블록 클린아웃을 시도한다. 그 결과, 쿼리 SCN 이전에 이미 커밋된 블록으로 확인된다면 A 경우처럼 그 블록을 그대로 읽으면 된다. 쿼리 SCN 이후에 커밋된 블록으로 확인되거나, 커밋되지 않아 아직 클린아웃할 수 없다면 B 경우처럼 CR Copy를 만들어 쿼리 SCN보다 낮은 마지막 committed 상태로 되돌린 후 읽어야 한다.

A, B, C 세 가지 경우에 대한 이해를 돕기 위해 몇 가지 상황으로 나누어 그림을 보면서 자세히 살펴보자.

〈 상황 1 〉

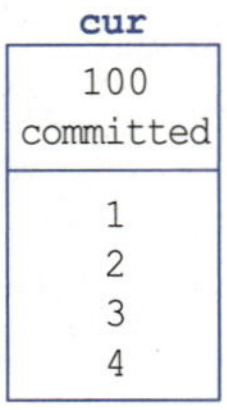

```
   cur
+---------+
|   100   |
|committed|
+---------+
|    1    |
|    2    |
|    3    |
|    4    |
+---------+
```

쿼리 SCN 105를 가진 쿼리문이 위 블록을 만나면 Current 블록 SCN이 105보다 작고 committed 상태이므로 그대로 읽어들이면 된다. 다시 말하지만, Current 블록은 오직 한 개뿐이고 데이터 갱신은 항상 Current 블록에만 발생하므로 Current 블록의 SCN이 쿼리 SCN보다 작고 committed 상태라면 쿼리가 시작된 이후에 해당 블록에 변경이 가해지지 않았다는 것을 의미한다.

〈 상황 2 〉

아래에서 위쪽 5개 블록은 〈상황 1〉에서의 Current 블록이 4번의 갱신 과정을 거쳐 Current 블록의 SCN이 135로 증가한 상황을 표현한 것이다. (5개의 블록이 캐싱된 상황을 표현한 것이 아니며 현재 캐시에는 맨 우측에 있는 Current 블록만 있다.)

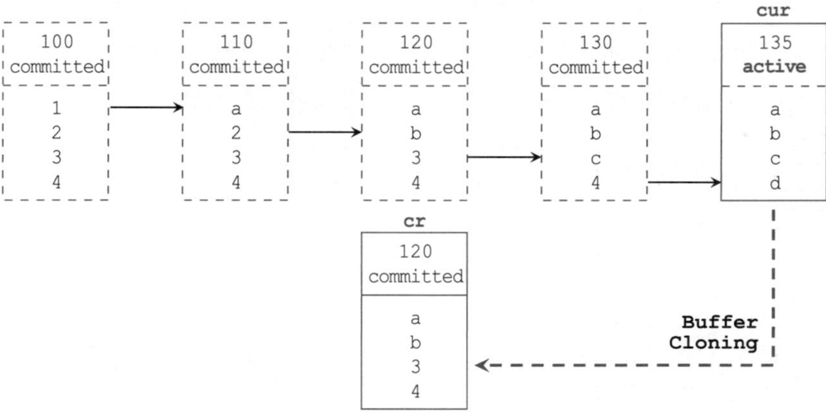

이 상태에서 쿼리 SCN 125를 가진 쿼리문이 이 블록을 읽으려고 하면 Current 블록이 active 상태일 뿐 아니라 블록 SCN이 135이므로 이 블록을 cloning해서 CR Copy를 만든다. 이를 한번 롤백하면 130 시점의 블록이 되고 여전히 쿼리 SCN 125보다 높기 때문에 한번 더 롤백한다. 이제 CR 블록이 쿼리 SCN보다 낮은 120 시점에 커밋된 상태로 확인되었으므로 롤백을 멈추고 그것을 읽는다.

〈 상황 3 〉

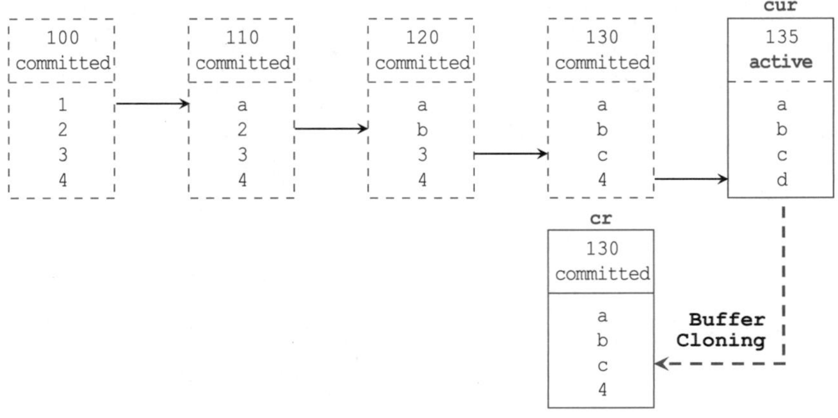

〈상황 3〉은 〈상황 2〉와 똑같은 상황이지만, 이번에는 Current 블록 SCN보다 큰 쿼리

SCN을 가진 쿼리가 수행되는 경우를 보고자 한다. 예를 들어, 쿼리 SCN 145를 가진 쿼리문이라면 Current 블록 SCN이 자신보다 낮지만 active 상태이므로 이 블록을 cloning 해서 자신보다 낮은 마지막 committed 상태인 130 상태로 롤백하고 나서 읽게 된다.

〈 상황 4 〉

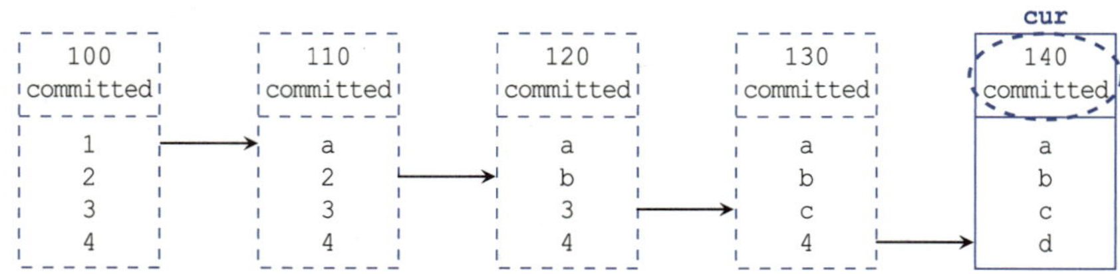

이제 active 상태의 Current 블록이 커밋되고 블록 SCN이 140으로 변경되었다고 하자(상황 4). 이후에 SCN 150를 가진 쿼리문이 수행된다면 Current 블록 SCN이 150보다 작고 committed 상태이므로 〈상황 1〉처럼 그대로 읽어들이면 된다.

〈 상황 5 〉

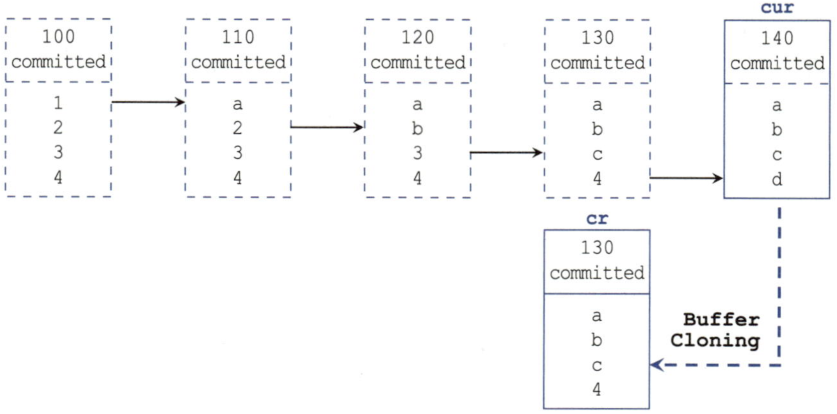

〈상황 5〉에서는 쿼리 SCN 135를 가진 세션이 이 블록을 읽으려고 한다.

Current 블록이 committed 상태이지만 SCN이 140이므로 이 블록을 cloning해서 130 시점으로 롤백한 CR 블록을 읽는다.

DBA당 CR 개수 제한

자주 갱신되는 특정 테이블에 조회까지 많이 발생하면, 심한 경우 버퍼 캐시가 같은 블록에 대한 CR Copy(=Cloned Buffer)로 가득 차는 일이 발생할지도 모른다. 이를 방지하려고 오라클은 기본적으로 하나의 데이터 블록마다 6개까지만 CR Copy를 허용하며, 이를 제어하는 파라미터가 *_db_block_max_cr_dba*다.

그리고 CR Copy는 LRU 리스트 상에서 항상 LRU end 쪽에 위치하기 때문에 Free 버퍼가 필요할 때 1순위로 밀려난다.

이제 오라클만의 독특한 개념인 다중 버전 읽기 일관성 모델에 대해 어느 정도 이해했으리라 믿는다.

07 Consistent vs. Current 모드 읽기

SQL 튜닝할 때 트레이스를 통해 항상 접하게 되는 이 두 가지 블록 읽기 모드의 차이점을 설명하려고 지금까지 먼 길을 돌아왔다고 해도 과언이 아니다. 본 절에서 설명하는 내용은 다음과 같다.

(1) Consistent 모드 읽기와 Current 모드 읽기의 차이점
(2) Consistent 모드로 갱신할 때 생기는 현상

(3) Current 모드로 갱신할 때 생기는 현상

(4) Consistent 모드로 읽고, Current 모드로 갱신할 때 생기는 현상

(5) Consistent 모드로 갱신대상을 식별하고, Current 모드로 갱신

(6) 오라클에서 일관성 없게 값을 갱신하는 사례

우선, 지금까지 설명한 내용을 바탕으로 Consistent 모드 읽기와 Current 모드 읽기의 차이점을 살펴보자.

(1) Consistent 모드 읽기와 Current 모드 읽기의 차이점

먼저 Consistent 모드 읽기(gets in consistent mode)는, SCN 확인 과정을 거치며 쿼리가 시작된 시점을 기준으로 일관성 있는 상태로 블록을 액세스하는 것을 말한다. 이 모드로 데이터를 읽을 때는 쿼리가 1시간 걸리든 10시간 걸리든 항상 쿼리가 시작된 시점의 데이터를 가져온다.

SQL 트레이스 Call 통계에서 볼 수 있는 'query' 항목과 AutoTrace에서의 'consistent gets' 항목이 지금 설명한 Consistent 모드에서 읽은 블록 수를 의미한다. 읽는 중에 CR copy를 생성할 필요가 없어 Current 블럭을 읽더라도 Consistent 모드에서 읽었다면 'query' 항목에 집계된다. select문에서 읽은 블록은 대부분 여기에 해당하며, 여기에는 CR 블록을 생성하려고 Undo 세그먼트로부터 읽어들이는 블록 수까지 더해진다.

```
[ SQL Trace 결과 ]

call     count       cpu    elapsed       disk      query    current        rows
------- ------  -------- ---------- ---------- ---------- ----------  ----------
Parse        1      0.00       0.00          0          0          0           0
Execute      1      0.41       1.15         66      28691       7235        7071
Fetch        0      0.00       0.00          0          0          0           0
------- ------  -------- ---------- ---------- ---------- ----------  ----------
total        2      0.41       1.16         66      28691       7235        7071


[ AutoTrace 결과 ]

Statistics
```

```
--------------------------------------------------
          0  recursive calls
       7235  db block gets
      28691  consistent gets
         66  physical reads
     663872  redo size
        935  bytes sent via SQL*Net to client
        979  bytes received via SQL*Net from client
          6  SQL*Net roundtrips to/from client
          1  sorts (memory)
          0  sorts (disk)
       7071  rows processed
```

Current 모드 읽기(gets in current mode)는, SQL문이 시작된 시점이 아니라 데이터를 찾아간 바로 그 시점의 최종 값을 읽으려고 블록을 액세스하는 것을 말한다. 블록SCN이 쿼리SCN보다 높고 낮음을 따지지 않으며, 그 시점에 이미 커밋된 값이라면 그대로 받아들이고 읽는다.

SQL 트레이스에서 Call 통계 레포트를 통해 볼 수 있는 'current' 항목과 AutoTrace에서의 'db block gets' 항목이 Current 모드에서 읽은 블록 수를 의미하며, 주로 다음과 같은 상황에서 나타난다.

- DML문을 수행할 때 주로 나타난다.
- select for update문을 수행할 때도 Current 모드 읽기를 발견할 수 있다.
- 8i 이전 버전에서는 Full 스캔을 포함하는 select문에서도 Current 모드 읽기가 나타났는데, Full Scan 할 익스텐트 맵(Extent Map) 정보를 읽으려고 세그먼트 헤더에 접근할 때 익스텐트에 대한 바로 현재 시점의 정보가 필요하기 때문이다. Locally Managed 테이블스페이스를 주로 사용하기 시작한 9i 이상부터는 Full Table Scan을 하더라도 Current 모드 읽기가 발생하지 않는다. Index rowid를 이용한 테이블 액세스 시에는 테이블 익스텐트 정보가 불필요하므로 버전에 상관없이 Current 모드 읽기가 발생하지 않는다.
- 디스크 소트가 필요할 정도로 대량의 데이터를 정렬할 때도 Current 모드 읽기가 나타난다.

Consistent 모드 읽기에 대한 원리는 지금껏 상세히 설명해 왔지만 Current 모드 읽기는 여기서 처음 소개하므로 좀 더 자세히 설명하려고 한다. (사실 이에 대해 자세히 설명한 책이 없어 궁금한 독자들이 많으리라 생각한다.)

(2) Consistent 모드로 갱신할 때 생기는 현상

EMP 테이블 7788번 사원의 SAL 값이 현재 1,000인 상황에서 아래 TX1, TX2 두 개의 트랜잭션이 동시에 수행되었다. 양쪽 트랜잭션이 모두 완료된 시점에 7788번 사원의 SAL 값은 얼마이어야 할까?

〈 상황 1 〉

<TX1>		<TX2>
update emp set sal = sal + 100 where empno = 7788;	t1	
	t2	update emp set sal = sal + 200 where empno = 7788;
commit;	t3	
	t4	commit;

물론 TX2 update는 t2 시점에 시작하지만 TX1에 의해 걸린 Lock을 대기하다가 t3 시점에 TX1이 커밋된 후에 진행을 계속한다. 아주 쉬운 문제처럼 보이지만 여러 사람에게 물어보면 확신하면서 선뜻 정답을 맞히는 경우는 흔치 않다. 분명히 답은 1,200과 1,300 둘 중 하나인데, 설명은 제각각이다. 재미있는 것은, 오라클만의 독특한 읽기 일관성 모드에 익숙한 사람들이 더 시간을 끌면서 고민하고 심지어 틀린 답을 내기도 한다는 사실이다.

그 이유를 곰곰이 생각해 보면 오라클이 특이하게도 두 가지 읽기 모드를 제공하는 데에서 비롯된다. 앞 절에서 Consistent 모드 읽기 원리에 대해서 집중적으로 설명해 왔는데, 지금까지 설명한 세세한 내부 원리를 잘 모르더라도 오라클 매뉴얼에 간단히 언급된 기본적인 내용, 즉 쿼리 시작 시점을 기준으로 값을 읽는다는 사실은 대부분 알고 있다.

그러다 보니 오라클 사용자들은 항상 Consistent 모드 읽기 중심으로 생각한다.

만약 위에서 예시한 두 개의 update문이 Consistent 모드로 값을 읽고 갱신한다면 어떤 일이 발생할까? Dirty Read를 허용하지 않는 한 t1과 t2 시점에 SAL 값은 1,000이었으므로 둘 다 1,000을 읽고 각각 100과 200을 더해 갱신을 완료한다. 최종 값은 1,200이 될 것이며, 트랜잭션 TX1의 처리 결과는 사라졌으므로 소위 말하는 Lost Update가 발생하는 결과를 초래한다.

이런 Lost Update 문제를 회피하려면 갱신 작업만큼은 Current 모드를 사용해야 한다. 정리하면, 〈상황1〉에서 TX2 update는 Exclusive Lock 때문에 대기했다가 TX1 트랜잭션이 커밋한 후 Current 모드로 그 값을 읽어 진행을 계속한다. 그럼으로써 Lost Update 문제를 피할 수 있다.

(3) Current 모드로 갱신할 때 생기는 현상

Current 모드로 갱신해야 Lost Update를 회피할 수 있다고 했는데, Current 모드로만 처리했을 때 아래 두 트랜잭션이 모두 완료되고 나서 7788번 사원의 SAL 값은 얼마일지 예측해 보기 바란다. t1 직전 시점에 7788번 사원의 SAL 값이 1,000이었다. (오라클에서의 실제 처리 결과가 아니라 Current 모드로 처리했을 때의 결과를 묻는 것이다.)

〈 상황2 〉

<TX1>		<TX2>
update emp set sal = 2000 where empno = 7788 and sal = 1000 ;	t1	
	t2	update emp set sal = 3000 where empno = 7788 and sal = 2000 ;
commit;	t3	
	t4	commit;

Current 모드로 처리한다면, TX2 트랜잭션은 TX1 트랜잭션이 커밋되기를 기다렸다

가 SAL 값이 2,000으로 갱신되는 것을 확인하고 정상적으로 update를 수행한다. 따라서 최종 값은 3,000이 된다.

항상 Current 모드로만 작동하는 Sybase, SQL Server 같은 DBMS에서 수행해 보면 실제 위와 같은 결과가 나온다. 이렇게 처리해도 문제가 없는 것일까? 이에 대한 판단에 앞서 한가지 경우를 더 살펴보자.

〈 상황3 〉

<TX1>		<TX2>
`update t set no = no + 1` `where no > 50000 ;`	t1	
	t2	`insert into t values(100001, 100001);`
	t3	`commit;`
`commit;`	t4	

TX1이 1~100,000까지의 Unique한 번호(no)를 가진 테이블에서 no 〉 50000 조건에 해당하는 50,000개 레코드에 대해 인덱스를 경유해 순차적으로 갱신 작업을 진행하고 있다고 하자. 그런데 도중에 TX2 트랜잭션에서 no 값이 100,001인 레코드를 새로 추가하면 update되는 최종 결과건수는 50,000 이어야 할까? 아니면 50,001 이어야 할까?

실제 SQL Server에서 테스트 해 보면, 50,001건이 갱신된다. 즉, update가 진행되는 동안 새로 추가된 레코드까지도 값이 변경된 것이다. 만약, 인덱스를 이용해 no 값을 순차적으로 읽지 않고 Full Table Scan 방식으로 update를 진행한다면 insert 되는 100,001번째 레코드가 삽입되는 위치에 따라 update 결과 건수가 그때그때 달라진다. 즉, update가 이미 진행된 블록(=페이지)에 insert된 레코드는 갱신 대상에서 제외되고, 아직 update 되지 않은 블록(=페이지)에 insert된 레코드는 갱신 대상에 포함된다.

같은 이치로, 100,001번째 레코드를 insert 하는 대신 TX2가 아래 update문을 수행하면 변경된 레코드가 TX1의 update 대상 건에서 제외되므로 최종적으로 49,999건만 갱신된다.

```
TX2> update t set no = 0 where no = 100000 ;
TX2> commit;
```

또 다른 예로서, "delete from 로그" 문장이 수행되는 도중에 다른 트랜잭션에 의해 새로 추가된 로그 데이터까지 지워질 수도 있는데, update/delete 도중에 갱신/삭제 대상이 그때그때 변할 수 있다는 것은 오라클 사용자 입장에서는 참 놀라운 사실이 아닐 수 없다.

(4) Consistent 모드로 읽고, Current 모드로 갱신할 때 생기는 현상

Current 모드로 갱신을 수행할 때 어떤 현상이 생기는지 살펴보았다. 이 문제를 피하려고 오라클은 Consistent 모드로 읽고, Current 모드로 갱신한다. 오라클을 설명하는 자료에서 다음과 같은 내용을 흔히 접할 수 있다.

〈설명1〉

오라클에서 update문을 수행하면, 대상 레코드를 읽을 때는 Consistent 모드로 읽고 실제 값을 변경할 때는 Current 모드로 읽는다. 따라서 대상 레코드를 읽기 위한 블록 액세스는 SQL 트레이스에서 query 항목으로 계산되고, 값을 변경하기 위한 블록 액세스는 current 항목에 계산된다.

하지만 이 의미를 단순하게 이해한다면 또 다른 오류에 빠질 수 있다. 위 내용을 읽은 후 아래와 같은 상황에서 어떤 결과가 나올지 예측해 보기 바란다.

〈 상황4 〉

<TX1>		<TX2>
update emp set sal = sal + 100 where empno = 7788 **and sal = 1000 ;**	t1	

```
                                   t2   update emp set sal = sal + 200
                                        where empno = 7788
                                        and    sal = 1000 ;
commit;                            t3

                                   t4   commit;
```

TX2는 TX1이 커밋되기를 기다렸다가 TX1이 끝나면 계속 진행한다. 하지만 이 때 7788번 사원의 SAL 값은 이미 1,100으로 바뀐 상태이므로 TX2의 update는 실패하게 된다.

오라클 외 다른 DBMS는 항상 Current 모드 읽기만 지원하기 때문에 헷갈릴 이유가 없으며 너무 자연스럽게 이해가 된다. 하지만 〈설명1〉을 접했다면 오라클에서 위 update가 실패하는 이유를 쉽게 이해하지 못할 수 있다. TX2가 실제 값을 갱신할 때는 이미 1,100으로 바뀐 값을 읽겠지만 갱신 대상 레코드를 찾아갈 때는 Consistent 모드를 사용하기 때문이다. 즉, "empno = 7788이고 sal = 1000"인 레코드를 TX1이 변경하기 이전 값을 이용해 찾아가기 때문에 update를 실패할 이유가 없다고 생각한다.

아래 ①번 update문을 ②번 문장처럼 바꿔서 표현할 수 있는데, 〈설명1〉을 문장 그대로 받아들인다면 ②번 update문에서 굵은 글씨체로 표시된 부분은 Consistent 모드로 읽고, 나머지 부분(→ sal = sal + 200에서 sal 값)은 Current 모드로 읽는다는 믿음을 갖게 된다.

```
① update emp set sal = sal + 200
   where empno = 7788
   and sal = 1000 ;

② update
   (
     select sal from emp
     where  empno = 7788
     and    sal = 1000
   )
   set sal = sal + 200 ;
```

실제 그런 식으로 처리한다면 〈상황4〉의 TX2 update문은 'sal = 1000'인 레코드를 갱신하는 문장인데도, 이미 1,100으로 바뀐 레코드를 갱신하는 결과를 초래하게 된다. 하지만 다른 DBMS와 마찬가지로 오라클에서도 TX2의 갱신은 실패한다(갱신 레코드 건수 = 0).

(5) Consistent 모드로 갱신대상을 식별하고, Current 모드로 갱신

그럼 실제 오라클은 어떻게 두 개의 읽기 모드가 공존하면서 update를 처리하는 것일까? 이해를 돕기 위해 pseudo 코드로 표현해 보면 다음과 같다.

```
for c in
  (
      select rowid rid, empno, sal from emp   }
      where empno = 7788 and sal = 1000        } Consistent
  )
loop
      update emp set sal = sal + 200    }
      where  empno = c.empno            }
      and    sal   = c.sal              } Current
      and    rowid = c.rid ;            }
end loop;
```

위 pseudo 코드가 앞에서 인라인 뷰를 사용한 ②번 update문과 다른 점은 무엇일까? Consistent 모드에서 수행한 조건 체크를, Current 모드로 액세스하는 시점에 한 번 더 수행한다는 점이다.

pseudo 코드 내용을 두 단계로 나누어 설명해 보자.

> **단계1)** where절에 기술된 조건에 따라 수정/삭제할 대상 레코드의 rowid를 Consistent 모드로 찾는다(→ DML문이 시작된 시점 기준).
>
> **단계2)** 앞에서 읽은 rowid가 가리키는 레코드를 찾아가 로우 Lock을 설정한 후에 Current 모드로 실제 update/delete를 수행한다(→ 값이 변경되는 시점 기준). 이 단계에서 Current 모드로 다시 한번 조건을 체크하고, 갱신할 값을 읽어 수정/삭제한다.

단계1을 수행해 update/delete 대상 건을 '모두' 추출하고 나서 단계2를 수행한다고 생각하면 안 된다. 위 pseudo 코드에서 보이고 있듯이 단계1에서 커서를 열어 Fetch하면서 단계2를 건건이 반복 수행한다.

단계1은 update/delete가 시작된 시점 기준으로 수정/삭제할 대상을 식별하려고 Consistent 모드 읽기를 사용할 뿐이며 거기서 읽은 값을 단계2에서 갱신하는 데 사용하지는 않는다. 단계1이 필요한 이유는, 갱신이 진행되는 동안 추가되거나 변경을 통해 범위 안에 새로 들어오는 레코드를 제외하고자 하는 것이다. 이미 범위 안에 포함돼 있던 레코드는, 단계2에서 변경이 이루어지는 바로 그 시점 기준으로 값을 읽고 갱신한다. 이때는 블록 SCN이 쿼리 SCN보다 높고 낮음을 따지지 않으며, 그 시점에 이미 커밋된 값이라면 그대로 받아들이고 읽는다. 이 때문에(update문이 시작된 이후에 1,000에서 1,100으로 값이 변경되었기 때문에) 〈상황4〉에서 TX2의 update가 실패하는 것이다.

복잡하다고 느끼는 독자를 위해 짧게 요약하면, 설명2와 같다.

〈설명2〉

1. select는 Consistent 모드로 읽는다.
2. insert, update, delete, merge는 Current 모드로 읽고 쓴다. 다만, 갱신할 대상 레코드를 식별하는 작업만큼은 Consistent 모드로 이루어진다.

이 두 가지 사실만 기억하면 그다지 어렵지 않게 동시 트랜잭션의 최종 결과를 예측할 수 있다. 정리하는 차원에서 앞서 본 〈상황2〉와 〈상황3〉을 다시 살펴보기 바란다. 처음엔 자신 없었을지 몰라도, 지금 보면 쉽게 처리 결과를 예측할 수 있을 것이다.

Write Consistency

앞선 사례(상황 4)에서, Consistent 모드와 Current 모드에서 읽은 값이 서로 달라 TX2의 update는 실패했다. TX2가 update를 시작한 t2 시점 기준으로는 empno = 7788 사원 레코드가 분명히 갱신 대상이었는데, 값이 달라졌다고 아무런 처리 없이 지나가도 상관없는 걸까? 그렇지 않다. 데이터 정합성에 문제가 생기는 경우가 있고, 이를 방지하려고 오라클은 'Restart 메커니즘'을 사용한다. 그때까지의 갱신을 롤백하고 update를 처음부터 다시 실행하는 것이며, Thomas Kyte는 그의 저서에서 이것을 'Write Consistency'라고 명명하고 있다.

이 기능은 데이터베이스 일관성을 유지하려고 오라클이 사용하는 아주 내부적인 메커니즘이므로 중요하게 다룰 내용은 아니다. Consistent 모드로 찾은 레코드를 Current 모드로 읽어 갱신한다는 기본 컨셉만 이해해도 충분하다. 갱신 대상 레코드의 값이 중간에 바뀌었다고 항상 Restart 메커니즘이 작동하는 것도 아니다. where절에 사용된 컬럼 값이 바뀌었을 때만 작동한다.

그리고 Restart 메커니즘이 작동하더라도 대개는 처리 결과가 달라지지 않는다. 위 사례(상황 4)만 보더라도 그렇다. 데이터베이스 일관성에 문제가 생기는 사례를 찾기가 오히려 어렵다. 이것은 동시 트랜잭션 유형, 데이터 저장 위치, 그리고 갱신 시점의 미묘한 차이 때문에 일관성 없게 값이 갱신되는 현상을 방지하려고 구현된 기능인데, 어떨 때 그런 현상이 발생하는지 비교적 쉬운 예를 하나 들어 보자. 아래와 같은 t 테이블이 있다.

```
id   col1   col2
------------------
 1     4      A
 2     5      B
 3     6      C
```

먼저 트랜잭션 TX1에서 아래 update문을 실행하였다.

```
TX1> update t set col2 = 'X' where col1 <= 5;
```

1번(id = 1) 레코드를 갱신하고 아직 2번(id = 2)으로 진입하지 않은 상황에서 두 번째 트랜잭션 TX2가 아래 update문을 실행하고 커밋까지 성공하였다. (이미 update를 진행한 영역은 Lock이 설정돼 있으므로 문제가 생기지 않는다. 문제는 항상 앞으로 진행할, Lock이 설정되지 않은 영역에서 발생한다.)

```
TX2> update t set col1 = (case when col1 = 5 then 6 else 5 end) where id in (2, 3);
TX2> commit;
```

이후 TX1이 처리를 계속할 때 2번과 3번 레코드는 갱신 대상에서 제외된다. Restart가 작동하지 않는다면 말이다. 3번 레코드는 원래 갱신 대상이 아니었다. 2번은 대상이었으나 갱신하기 직전에 col1 값이 6으로 바뀌어 대상에서 제외된다.

Restart 없이 처리했을 때, 일관성에 문제가 있다고 느끼는가? 읽기 작업이 쿼리 시작 시점 기준으로 일관성 있게 진행하는 것처럼, 쓰기 작업도 기준 시점이 존재해야 한다. 그런데 조금 전 트랜잭션 처리 결과는 그렇지가 못하다. 2번과 3번 두 레코드가 모두 갱신 대상에서 제외되었는데, 어느 시점으로 보더라도 이 두 레코드가 동시에 'col1 <= 5' 조건을 만족하지 않았던 적이 없었기 때문이다. "TX1의 시작 시점"으로 보면, 2번은 TX1의 갱신 대상이었고 3번은 대상이 아니었다. "TX1의 완료 시점" 또는 "TX2의 완료 시점"으로 보면, 3번은 TX1의 갱신 대상이었고 2번은 대상이 아니었다.

이 문제를 해결하려고 오라클은 Restart 방식을 선택하였고, Restart 시점이 일관성 기준 시점이 된다. 물론, 기준 시점이 바뀌었으므로 처음 update 시작 시점과 Restart 시점 사이에 제3의 트랜잭션이 레코드를 추가/변경/삭제했다면 그것도 최종 update 결과에 반영된다. 그리고 상당히 많은 갱신 작업이 이루어진 이후에 이 기능이 작동함으로써 겪는 성능상 불이익은 사용자가 감내해야 할 몫이다.

참고로, 이후 update 과정에서 Restart가 또다시 발생하는 불상사를 막기 위해 오라클은 조건에 부합하는 레코드를 모두 SELECT FOR UPDATE 모드로 Lock을 설정하고 나서 update를 재시작한다.

데이터를 일관성 있게 갱신하려면 처음부터 SELECT FOR UPDATE 모드로 Lock을 설정하고 나서 진행해야 안전하지만(→ 비관적 동시성 제어) 대상 범위를 두 번 액세스하는 부하 및 동시성 저하가 발생한다. 따라서 오라클은 일단 update를 진행해 보고(→ 낙관적 동시성 제어) 일관성을 해칠만한 사유가 발생(→ 조건절 컬럼 값이 변경됐음을 발견)한 때만, 그때까지의 처리를 롤백하고 원안대로 다시 시작하는 것이라고 이해하면 쉽다.

결과적으로 t 테이블의 최종 상태는 아래 좌측과 같다. Write Consistency 개념을 설명하기 직전까지만 이해한 독자라면 아래 우측과 같이 예상했을 것이다.

```
  id   col1   col2             id   col1   col2
  ------------------           ------------------
   1    4      X                1    4      X
   2    6      B                2    6      B
   3    5      X                3    5      C
```

Restart 메커니즘이 필요한 예를 한 가지 더 들어 보겠다. 이번에는 emp 레코드에 갱신이 발생할 때마다 로그 테이블에 기록을 남기는 before update each row 트리거가 활성화돼 있다고 하자. 그러면 상황 4에서, t3 시점에 TX2에 대한 블로킹이 해제되면서 로그 테이블에 insert가 진행되지만 정작 emp 레코드에 대한 갱신은 실패해 데이터베이스가 비일관된 상태에 놓이게 된다. 이때 Restart 메커니즘이 작동해 이제까지의 갱신(로깅 데이터도 포함)을 롤백하고 update를 다시 진행한다면 그런 비일관성을 해결할 수 있다.

이 기능을 좀 더 연구하고 싶다면, Thomas Kyte가 저술한 Expert Oracle Database Architecture 7장을 참조하기 바란다. 그의 블로그에서도 같은 내용을 열람할 수 있다.

(6) 오라클에서 일관성 없게 값을 갱신하는 사례

오라클만의 독특한 Consistency 모델을 이해하지 못한 채 프로그램을 작성하고 그로 말미암아 종종 일관성 없는 상태로 값이 갱신되는 오류(주로 사용자 정의 함수/프로시저, 트리거 등을 사용할 때 발생)가 발견되곤 하는데, 여기서 그런 사례 중 하나를 소개하려고 한다.

```
update 계좌2
set    총잔고 = 계좌2.잔고 +
              (select 잔고 from 계좌1 where 계좌번호 = 계좌2.계좌번호)
where  계좌번호 = 7788 ;

update 계좌2
set    총잔고 = (select 계좌2.잔고 + 잔고 from 계좌1
                 where 계좌번호 = 계좌2.계좌번호)
where  계좌번호 = 7788 ;
```

스칼라 서브쿼리는 특별한 이유가 없는 한 항상 Consistent 모드로 읽기를 수행한다. 따라서 첫 번째 문장에서 계좌2.잔고는 Current 모드로 읽는 반면 계좌1.잔고는 Consistent 모드로 읽는다. 위 update 문장이 진행되는 도중에 계좌1에서 변경이 발생했더라도 update문이 시작되는 시점의 값을 찾아 읽고, delete가 발생했더라도 지워지기 이전 값을 찾아 읽는다.

반면 두 번째 문장은, Current 모드로 읽어야 할 계좌2의 잔고 값을 스칼라 서브쿼리 내에서 참조하기 때문에 스칼라 서브쿼리까지도 Current 모드로 작동하게 된다. 따라서 위 update 문장이 진행되는 도중에 계좌1에서 변경이 발생했다면 그 새로운 값을 읽고, delete가 발생했다면 조인에 실패해 NULL 값으로 update 될 것이다.

따라서 update문이 수행되는 동안 두 테이블로부터 잔고를 변경하는 트랜잭션이 동시에 진행할 수 있는 상황이라면 업무 특성에 맞게 SQL을 작성해야만 한다. 코딩 스타일에 따라 실제 미묘한 차이가 발생할 수 있다는 사실을 테스트를 통해 확인해 보자.

```
TX1> create table 계좌1
  2  nologging
  3  as
  4  select empno 계좌번호, ename 계좌명, 1000 잔고 from emp;

TX1> create table 계좌2
  2  nologging
  3  as
  4  select empno 계좌번호, ename 계좌명, 1000 잔고, 2000 총잔고 from emp;

TX1> alter table 계좌1 add constraint 계좌1_pk primary key(계좌번호);

TX1> alter table 계좌2 add constraint 계좌2_pk primary key(계좌번호);

TX1> select 계좌1.잔고, 계좌2.잔고, 계좌2.총잔고
  2       , 계좌1.잔고+계좌2.잔고 총잔고2
  3  from   계좌1, 계좌2
  4  where  계좌1.계좌번호 = 7788
  5  and    계좌2.계좌번호 = 계좌1.계좌번호 ;

      잔고       잔고     총잔고    총잔고2
---------- ---------- ---------- ----------
      1000       1000       2000       2000
```

테스트용 데이터를 만들었고, 계좌2 테이블에 미리 구해 둔 총잔고와 실시간 쿼리해서

얻은 총잔고(→ 총잔고2)가 같음을 확인하였다. 이제 TX1에서 아래처럼 계좌1에 100원을 입금하고 계좌2에 200원을 입금하는 트랜잭션이 시작되었다.

```
TX1> update 계좌1 set 잔고 = 잔고 + 100 where 계좌번호 = 7788;

1 행이 갱신되었습니다.

TX1> update 계좌2 set 잔고 = 잔고 + 200 where 계좌번호 = 7788;

1 행이 갱신되었습니다.
```

그런데 TX1 트랜잭션이 진행되는 동안 문제가 생겼다. TX1이 두 테이블 잔고를 변경하는 도중에 계좌1과 계좌2의 잔고를 더해 계좌2 테이블 총잔고 컬럼에 값을 갱신해 주는 배치 프로그램이 두 번째 트랜잭션(TX2)에서 돌기 시작했다(아래 update문). 잠시 Lock이 걸려 대기하겠지만 첫 번째 트랜잭션(TX1)이 곧이어 커밋을 하므로 Lock은 금방 풀린다.

```
TX2> update 계좌2 set 총잔고 = 계좌2.잔고
               + (select 잔고 from 계좌1 where 계좌번호 = 계좌2.계좌번호)
     where 계좌번호 = 7788;

TX1> commit;

TX2> commit;

TX1> select 계좌1.잔고, 계좌2.잔고, 계좌2.총잔고
          , 계좌1.잔고+계좌2.잔고 총잔고2
     from   계좌1, 계좌2
     where  계좌1.계좌번호 = 7788
     and    계좌2.계좌번호 = 계좌1.계좌번호 ;

      잔고       잔고     총잔고    총잔고2
---------- ---------- ---------- ----------
      1100       1200       2200       2300
```

어떤 일이 발생했는지 확인해 보자. TX1 트랜잭션이 시작되기 전 시점에 7788번 계좌의 총잔고는 2,000이었고, 트랜잭션이 끝난 시점의 총잔고는 2,300이어야 한다. 그런데 배치 프로그램을 통해 총잔고 컬럼에 저장된 것은 2,200이라는 엉뚱한 값이다. 왜 이런 일이 발생하는 걸까? 계좌2.잔고를 읽을 때는 Current 모드에서 읽지만 계좌1.잔고를 읽을 때는 Consistent 모드에서 읽었기 때문이다.

계좌1과 계좌2 테이블을 다시 만들고 같은 테스트를 진행해 보자. 대신 이번에는 TX2 트랜잭션의 update문을 아래와 같이 수행해 보았다.

```
TX2> update 계좌2 set 총잔고 =
  2      (select 잔고 + 계좌2.잔고 from 계좌1 where 계좌번호 = 계좌2.계좌번호)
  3  where 계좌번호 = 7788;
```

update 결과를 확인해 보자.

```
TX1> select 계좌1.잔고, 계좌2.잔고, 계좌2.총잔고
 2         , 계좌1.잔고+계좌2.잔고 총잔고2
  3  from    계좌1, 계좌2
  4  where   계좌1.계좌번호 = 7788
  5  and     계좌2.계좌번호 = 계좌1.계좌번호 ;

      잔고        잔고      총잔고      총잔고2
---------- ---------- ---------- ----------
      1100       1200       2300       2300
```

계좌1.잔고와 계좌2.잔고를 모두 Current 모드로 읽었기 때문에 일관성 있게 갱신된 것을 알 수 있다. 이처럼 오라클에서도 일관성 없게 값을 갱신할 가능성은 존재한다. 하지만 사용자가 오라클만의 독특한 읽기 모드를 정확히 이해하고 주의 깊게 SQL을 작성한다면 피해갈 수 있는 문제다.

평소 DBMS마다 다른 Lock 메커니즘과 Consistency 모델에 대한 이해가 부족했던 독자에게는 지금까지의 설명과 예시가 다소 어렵고 생소하게 느껴질 수 있다. 하지만 본 절에서 설명하고자 한 핵심 내용은 Consistent 모드와 Current 모드 읽기의 차이점을 밝히는 데에 있으므로 이에 대한 어느 정도의 이해가 생겼다면 계속 책을 읽어 내려가는 데에 전혀 지장이 없으므로 안심해도 된다. 그렇더라도 향후 고급 데이터베이스 프로그래머로 성장하려면 Lock과 이를 지원하는 내부 메커니즘, 그리고 트랜잭션이 동시에 진행되는 상황에서 발생할 수 있는 미묘한 차이점들을 이해하는 것이 필수적이므로, 앞으로 이에 대한 개인적인 고민과 연구가 계속 뒤따라야 할 것이다.

08 블록 클린아웃

블록 클린아웃(Block Cleanout)은 트랜잭션에 의해 설정된 로우 Lock을 해제하고 블록 헤더에 커밋 정보를 기록하는 오퍼레이션이다. 앞에서 설명했듯이 오라클에서 로우 단위 Lock은 레코드의 속성(Lock Byte)으로 관리되며, 이는 로우 헤더로부터 블록 헤더에 있는 ITL 엔트리를 가리키는 포인터다.

사용자가 트랜잭션을 커밋하면 블록 클린아웃까지 완료해야 완전한 커밋이라고 할 수 있는데, 대량의 갱신 작업이 있고 나서 커밋을 위해 해당 블록들을 일일이 찾아다니며 클린아웃을 수행하려면 시간이 오래 걸릴 수밖에 없다. 오라클은 그래서 대량의 갱신 작업이 있고 나서는 커밋 정보를 트랜잭션 테이블에만 기록하고 빠르게 커밋을 끝내 버린다.

그렇다면, 블록을 클린아웃하는 시점은 언제일까? 나중에 해당 블록이 처음 액세스되는 시점이다. 항상 이 방식으로 작동하는 것은 아니며, 오라클은 (1)Delayed 블록 클린아웃과 (2)커밋 클린아웃(=Fast 블록 클린아웃) 두 가지 메커니즘을 사용한다.

(1) Delayed 블록 클린아웃

트랜잭션이 갱신한 블록 개수가 총 버퍼 캐시 블록 개수의 1/10을 초과할 때[11] 사용하는 방식이다. 커밋 이후 해당 블록을 액세스하는 첫 번째 쿼리에 의해 클린아웃이 이루어지며, 이때 아래와 같은 작업을 수행한다.

① ITL 슬롯에 커밋 정보 저장

② 레코드에 기록된 Lock Byte 해제

③ Online Redo에 Logging

---

11) Expert One-On-One Oracle(Thomas Kyte, APress) 참조

블록을 읽는 과정에서 Active 상태의 블록, 즉 다른 트랜잭션이 발생시킨 변경사항에 대한 커밋 정보가 아직 ITL에 기록되지 않았다면 읽기 전에 먼저 블록 클린아웃을 시도한다. ITL 슬롯에 기록된 트랜잭션 ID를 이용해 Undo 세그먼트 헤더에 있는 트랜잭션 테이블 슬롯을 찾아가 트랜잭션의 현재 상태를 확인하고 커밋된 트랜잭션이라면 이를 ITL 슬롯에 반영하고 로우 Lock 정보를 해제해 블록을 클린아웃시킨다. 블록 클린아웃을 위한 갱신내용도 Redo에 로깅(logging)하며, 블록 SCN도 변경한다.

(2) 커밋 클린아웃(= Fast 블록 클린아웃)

만약 모든 클린아웃을 Delayed 블록 클린아웃 방식으로 처리한다면 select 시에 블록을 클린아웃하는 일이 빈번히 발생한다. 블록 클린아웃도 쓰기 작업이므로 Current 블록에 작업을 수행해야 하며, RAC 또는 OPS 환경에서는 이를 위해 Exclusive 모드의 Current 블록을 요청하게 된다. RAC에서는 Dirty 상태의 버퍼 블록을 디스크 쓰기 작업 없이 인스턴스끼리 주고받는 것이 가능하지만, 과거 OPS 환경에서는 일단 Dirty 블록을 디스크에 기록하면 그것을 디스크에서 읽어가는 방식을 사용했다. 이처럼 디스크를 거쳐 인스턴스간에 블록을 주고받는 과정을 '핑(ping)'이라고 한다. (RAC 캐시 퓨전 메커니즘에 대해서는 6장에서 자세히 설명한다.)

과거 OPS 환경에서 이렇듯 과도한 ping이 발생하는 문제를 해결하기 위해 버전 7.3에서 커밋 클린아웃 방식이 도입되었다. 즉, 트랜잭션이 갱신한 블록 개수가 버퍼 캐시 블록 개수의 1/10을 초과하지 않을 때는 커밋 시점에 곧바로 블록 클린아웃을 수행한다(버퍼 캐시에서 밀려나면서 데이터파일에 기록되었거나 다른 트랜잭션에 의해 사용 중인 블록은 놔둠으로써 Delayed 블록 클린아웃 방식을 따르도록 함). 다만, 이 경우에도 커밋 시점에는 '불완전한 형태의 클린아웃'을 수행하며 해당 블록을 '갱신하는' 다음 트랜잭션에 의해 완전한 클린아웃이 이루어진다.

자세히 설명하면, 커밋 시점에는 ITL 슬롯에 커밋 정보만 저장하고 로우 헤더에 기록된 Lock Byte는 해제하지 않는다. 커밋 시점에 이미 완전한 커밋 정보가 ITL에 기록돼 있기 때문에 이후 CR 모드 읽기 시 커밋 여부와 커밋 SCN을 확인하려고 트랜잭션 테이블을 조회하지 않아도 되며, Lock Byte를 무시하고 그대로 블록을 읽는다.

ITL 슬롯에 커밋 정보를 저장하면서 Lock Byte를 해제하지 않고 그대로 두는 이유는 로깅을 수행하지 않기 위해서다. 즉, 커밋 클린아웃 시에는 Online Redo에 로그를 남기지 않는다. 로깅 시점을 뒤로 미루는 것이다. 그러고 나서 해당 블록을 갱신하려고 Current 모드로 읽는 시점에 (ITL 슬롯이 필요해지므로) 비로소 Lock Byte를 해제하고 완전한 클린아웃을 수행한다. 그리고 그 내역을 Online Redo에 로깅(logging)한다. 블록 클린아웃 정보를 나중에 로깅한다는 의미에서 이를 'Delayed 로깅 블록 클린아웃(Delayed Logging Block Cleanout)' 이라고 부른다.(Delayed 블록 클린아웃과 헷갈리지 말기 바란다.)

(3) ITL과 블록 클린아웃

앞에서 ITL에 실제 어떤 정보들이 담기는지를 설명하기 위해 블록 Dump 내용을 추출해 보인 것을 기억할 것이다(5절 Undo).

```
Itl   Xid                  Uba                  Flag  Lck  Scn/Fsc
0x01  0x0004.00c.000035c3  0x008005a2.042f.1c   --U-    1  fsc 0x0003.03536d7f
0x02  0xffff.000.00000000  0x00000000.0000.00   C---    0  scn 0x0000.0353689e
0x03  0x0005.00d.000003c4  0x00801a0b.01d1.1d   C-U-    0  scn 0x0000.006770c0
```

여기서 1번 슬롯(0x01)은 Fast 클린아웃한 상태임을 알 수 있다. 로우 헤더에 Lock Byte가 해제되지 않은 상태(Lck=1)에서 ITL 슬롯에 커밋 SCN이 찍혀 있지만 Fast 클린아웃 상태임을 표시하기 위해 Scn wrap 대신 fsc라고 표시돼 있고, 커밋 Flag에는 U가 표시돼 있기 때문이다.

1번 슬롯과 같은 상태의 ITL 슬롯은 곧바로 재사용될 수 없다. 쓰기 작업을 위해 블록이 읽히는 순간 Lock Byte를 해제하고 나서야 재사용 가능하다. 그러면 2번 슬롯(0x02)과 같은 상태로 바뀌며, 표시되는 내용이 Delayed 블록 클린아웃에 의해 클린아웃된 경우와 같다. 커밋 Flag가 C로 표시돼 있어 ITL이 언제든 재사용 가능하며, 로우 헤더로부터 Lock Byte가 해제된 상태다. 그리고 여기 찍힌 커밋 SCN은 정확한 커밋 시점 정보다.

참고로 3번 슬롯(0x03)도 Lock Byte가 완전히 해제된, 완전히 클린아웃된 상태고 ITL도 언제든 재사용 가능하지만, 여기에 찍힌 커밋 SCN은 '추정된 커밋 SCN(upper bound commit number)' 정보다. 이는 커밋 Flag가 C-U- 인 것을 통해 알 수 있다. '추정된 커밋 SCN' 에 대해서는 다음 절 Snapshot too old에서 설명한다.

09 Snapshot too old

Snaptshot too old(ORA-01555)에 대한 정보를 조회해 보면 그 발생원인을 여러 가지로 나누어 설명하고 있는데, 요약하면 두 가지로 정리할 수 있다(Undo 세그먼트가 손상되는 등의 물리적인 원인은 제외).

첫째, 데이터를 읽어 내려가다가 쿼리 SCN 이후에 변경된 블록을 만나(이미 앞서 읽었던 블록을 다시 방문하는 경우일 수도 있음) 과거 시점으로 롤백한 'Read Consistent' 이미지를 얻으려고 하는데, Undo 블록이 다른 트랜잭션에 의해 이미 재사용돼 필요한 Undo 정보를 얻을 수 없는 경우(그림 1-16)다. 프로그램 코딩 패턴에 문제가 없다면 Undo 세그먼트가 너무 작다는 신호일 수 있다.

둘째, 커밋된 트랜잭션 테이블 슬롯이 다른 트랜잭션에 의해 재사용돼 커밋 정보를 확인할 수 없는 경우(그림 1-17)로서, Undo 세그먼트 개수가 적다는 신호일 수 있다.

(1) Undo 실패

Undo 블록을 찾을 수 없어 에러가 발생하는 경우부터 살펴보자. 고객별 미납금액을 계산하는 아래 쿼리가 1시간쯤 걸린다고 가정하자.

```
SELECT /*+ ordered use_nl(b) */ A.고객ID
     , NVL(SUM(과금액), 0) 과금액
     , NVL(SUM(수납액), 0) 수납액
     , NVL(SUM(과금액), 0) -  NVL(SUM(수납액), 0) 미납액
FROM   과금 A, 수납 B
WHERE  A.과금년월 = :과금년월
AND    A.과금유형 = :과금유형
AND    A.고객ID   = B.고객ID(+)
AND    A.과금년월 = B.수납년월(+)
GROUP BY A.고객ID
```

① SCN 123 시점에 이 쿼리가 시작되었다.

② 쿼리가 진행되는 동안 은행으로부터 고객의 입금내역을 전송받아 일괄 처리하는 배치 프로그램이 수행되었는데, 프로그램은 각 건별로 커밋하도록 작성되었다. 이 프로그램이 돌기 시작한지 얼마 지나지 않아 홍길동 고객의 수납액을 10,000원에서 20,000원으로 변경하고 나서 커밋하였다. 이때, 블록 SCN은 129로 변경되었다.

③ 시간이 흘러 홍길동 고객의 수납액 변경내역(수납액 10,000 → 20,000원)을 담은 Undo 블록이 다른 트랜잭션에 의해 재사용되었다.

④ 위 쿼리를 수행 중인 프로세스가 홍길동 고객의 수납액이 담긴 블록에 도달했을 때, 블록 SCN이 자신의 쿼리 SCN 123보다 큰 129임을 확인하고, 변경된 undo 레코드를 찾으려고 ITL 엔트리에 기록된 UBA를 읽어 Undo 세그먼트 블록을 찾아간다(그림 1-16).

⑤ 하지만 Undo 블록은 이미 다른 트랜잭션에 의해 재사용된 상태이므로 ORA-01555 에러를 발생시키며 진행을 멈춘다.

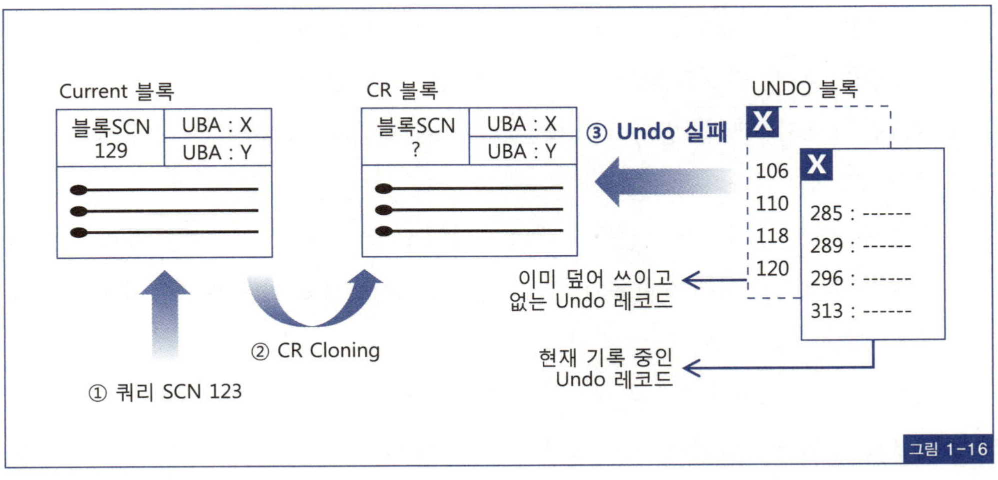

그림 1-16

쿼리문에 ordered와 use_nl 힌트를 사용한 것에 주목하자. 대량의 데이터를 기준(driving 테이블. 여기서는 과금 테이블)으로 Nested Loop 조인을 하면 쿼리 수행시간이 오래 걸릴 뿐 아니라 inner 테이블(여기서는 수납 테이블)에 대해 같은 블록을 반복해서 방문할 가능성이 커진다.

여러 세션에서 동시에 트랜잭션이 몰리지 않더라도 아래와 같은 프로그램이 한 세션에서 독립적으로 수행되는 도중에 Snapshot too old 에러가 발생할 수도 있다.

```
 1  for C in (select /*+ ordered use_nl(b) */ A.고객ID, A.입금액, B.수납액
 2             from   은행입금 A, 수납 B
 3             where  A.입금일자 = trunc(sysdate)
 4             and    B.수납년월(+) = to_char(sysdate, 'yyyymm')
 5             and    B.고객ID(+) = A.고객ID )
 6  loop
 7     if C.수납액 IS NULL then
 8        insert into 수납(고객ID, 수납년월, 수납액)
 9              values (C.고객ID, to_char(sysdate, 'yyyymm'), C.입금액) ;
10     else
11        update 수납 set 수납액 = 수납액 + C.입금액
12        where  고객ID = C.고객ID
13        and 수납년월 = to_char(sysdate, 'yyyymm') ;
14     end if;
15     commit;
16  end loop;
```

① SCN 100 시점에 커서 C를 오픈한다.

② 11~13번 라인 update 문에 의해 홍길동 고객의 수납액이 변경되고 15번 라인에서 커밋된다. 이때, 변경된 레코드가 담긴 500번 블록 SCN이 120으로 변경되었다. 프로그램 내에서 커밋을 반복하기 때문에 위 insert문과 update문은 모두 개별 트랜잭션으로 처리된다.

③ 트랜잭션이 반복되다가 홍길동 고객의 수납액 Before Image가 담긴 Undo 블록이 다른 트랜잭션에 의해 재사용되었다. 물론 이 트랜잭션도 위 프로그램 내에서 수행된 update 또는 insert 문일 것이다.

④ 커서 C가 Fetch하다가 고객 홍길동의 수납정보와 같이 500번 블록에 저장된 김철수 수납정보에 도달한다. 커서 C가 Nested Loop 방식으로 수행된다면 쿼리 수행 도중 같은 블록을 여러 차례 재방문하는 일은 흔히 발생한다. 500번 블록 SCN이 120임을 확인하고 자신의 쿼리 SCN 100 시점으로 롤백하려고 Undo 블록을 찾아간다.

⑤ 하지만 Undo 블록은 이미 앞선 트랜잭션에 의해 재사용된 상태이므로 ORA-01555 에러를 발생시키며 진행을 멈춘다.

위와 같은 코딩 패턴을 'fetch across commit'이라고 한다. 명시적으로 커서를 열어 로우를 하나씩 Fetch하면서 값을 변경하고 루프 내에서 계속해서 커밋을 날리는 방식이다. ANSI 표준에 따르면 열려 있던 커서는 커밋하는 시점에 무효화되어야 하므로 사용자는 계속해서 Fetch 해서는 안 된다. 오라클은 ANSI 표준에도 불구하고 사용자가 fetch across commit을 할 수 있도록 허용하고 있지만, 그렇게 할 경우 에러가 발생할 수 있다는 사실을 인지한 상태에서 프로그램을 작성해야 한다.

(2) 블록 클린아웃 실패

트랜잭션 테이블 슬롯이 재사용돼 에러가 발생하는 경우를 살펴보자.

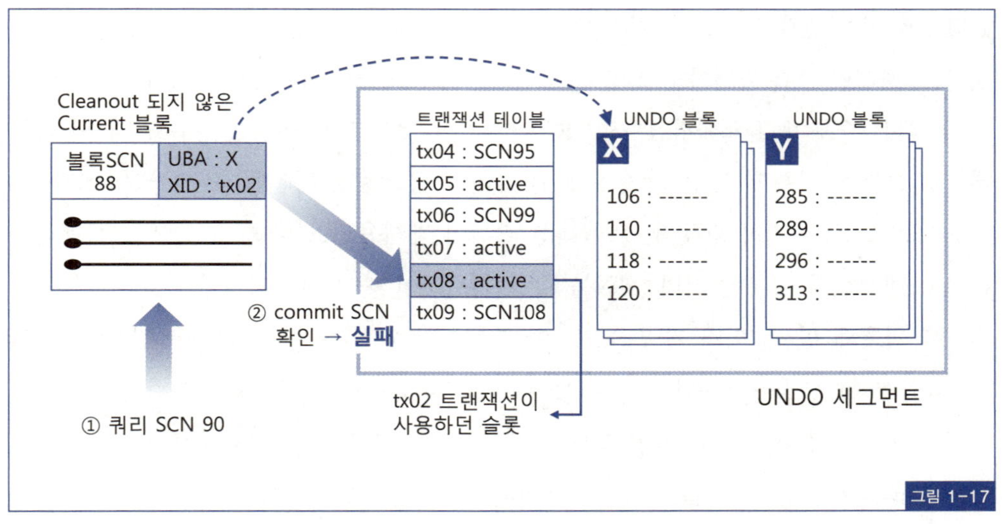

그림 1-17

대량 업데이트 후에 커밋된 트랜잭션은 변경했던 블록들을 모두 클린아웃하지 않은 상태에서 자신이 사용하던 트랜잭션 테이블 슬롯을 Free 상태로 변경하고 트랜잭션을 완료한다. 이때부터 그 트랜잭션 테이블 슬롯은 다른 트랜잭션에 의해 재사용될 수 있다. 시간이 흘러 그 변경된 블록들이 읽혀야 하는 시점에 Delayed 블록 클린아웃을 위해 트랜잭션 테이블 슬롯을 찾아갔는데, 해당 슬롯이 다른 트랜잭션에 의해 이미 재사용되고 없다면 정상적인 블록 클린아웃과 일관성 모드(Consistent Mode) 읽기가 불가능해질 수 있다(그림 1-17 참조).

오라클은 일반 데이터 블록과 마찬가지로 Undo 세그먼트 헤더 블록을 갱신한 내용도 Undo 레코드로서 기록한다. 따라서 트랜잭션 테이블 슬롯이 덮어 쓰인 것을 발견하면 우선 Undo 세그먼트 헤더 블록에 가해진 변경사항을 롤백하려고 시도한다. 다행히 찾고자 하는 트랜잭션에 대한 커밋 정보가 Undo 블록에 남아있다면 현재 읽고자 하는 블록의 정확한 커밋 SCN을 가지고 블록 클린아웃을 수행할 수 있다. 하지만 Undo 레코드를 뒤졌는데 그마저도 덮어 쓰이고 없는 상태라면 어떻게 해야 할까?

Delayed 블록 클린아웃에 의한 Snapshot too old 문제를 잘못 이해하면 이 처리 프로세스에 치명적인 결함이 있다고 오해하기 쉽다. 클린아웃에 필요한 트랜잭션 테이블과 Undo 정보는 언젠가 필연적으로 덮어 쓰이기 마련인데, 갱신 후에 오랫동안 읽히지 않았던 블록이 언젠가 읽히면서 예외 없이 Snapshot too old가 발생한다고 생각할 수 있는 것이다. 하지만 블록 클린아웃에 의한 Snapshot too old 에러는 거의 발생하지 않는다.

트랜잭션 슬롯이 필요해지면 커밋 SCN이 가장 낮은 트랜잭션 슬롯부터 재사용하는데, 그 슬롯에 기록돼 있던 커밋 SCN을 Undo 세그먼트 헤더에 '최저 커밋 SCN(low commit SCN)'으로서 기록해 둔다. 트랜잭션 슬롯이 재사용되고 나면 그 슬롯을 사용하던 이전 트랜잭션의 정확한 커밋 SCN을 확인하는 것이 불가능해 지지만 Undo 세그먼트 헤더에 기록돼 있는 '최저 커밋 SCN' 이전에 커밋 되었다는 사실만큼은 짐작할 수 있다. 따라서 아직 클린아웃되지 않은 블록을 클린아웃하려고 ITL이 가리키는 트랜잭션 테이블 슬롯을 찾아갔을 때 커밋 정보가 이미 지워지고 없으면, Undo 세그먼트 헤더에 있는 '최저 커밋 SCN'을 블록 ITL 엔트리에 커밋 SCN으로서 기록('추정된 커밋 SCN'임을 표시하기 위해 ITL 슬롯 커밋 Flag에 C--- 대신 C-U-라고 기록)함으로써 블록 클린아웃을 마무리하고, 블록 SCN도 변경한다.

문제는 클린아웃 시점에 일관성(Consistent) 모드 읽기가 가능한지 여부일 텐데, 쿼리가 진행되는 동안에 많은 트랜잭션이 한꺼번에 몰리지만 않는다면 '최저 커밋 SCN'이 갑자기 많이 증가하지는 않을 것이므로 '최저 커밋 SCN'에 의해 추정된 블록 SCN은 대개 쿼리 SCN보다 작다. 따라서 쿼리가 시작된 이후에 해당 블록에 변경이 가해지지 않았음이 확인되므로 정상적인 일관성 모드 읽기도 가능하다.

결론적으로 Delayed 블록 클린아웃에 의해 Snapshot too old가 발생하는 원인은, '최저 커밋 SCN'이 쿼리 SCN보다 높아질 정도로 갑자기 트랜잭션이 몰리는 데에 있으며, 이때는 추정에 의한 블록 SCN이 쿼리 SCN보다 높아지게 된다. 실제로 이 에러를 발생시킨 블록은 훨씬 오래전 시점(1년 또는 10년 전)에 커밋된 것일 수 있지만 이를 확인할 방법이 없으며, 그동안 한 번도 읽히지 않다가 불행하게도 트랜잭션이 몰리는 시점에 읽히다 보니 문제를 유발하게 되는 것이다.

(3) Snapshot too old 회피 방법

Snapshot too old 에러를 만나면 난감하기 그지없다. 사실상 이 에러는 재현이 어려워 문제의 발생 원인을 찾는 것부터 쉽지 않다. 같은 환경에서 같은 프로그램을 돌려도 어떤 때는 에러가 발생하고 어떤 때는 발생하지 않는다. 잘 알려진 조치방법들도 확률을 낮출 뿐이며 그 가능성을 0%로 만드는 것은 아니다. Undo 메커니즘을 도입한 배경으로 거슬러 올라가면 결국 Lock에 의한 동시성 저하를 방지하려는 것인데, 동시성을 높인 대신 얻은 부작용(side effect) 정도로 이해해야 할 것이다.

과거 버전에서는 Undo 세그먼트를 수동으로 관리했기 때문에 Snapshot too old 에러 발생을 최소화하기 위해 시스템과 애플리케이션 특성에 맞는 Undo 튜닝을 DB 관리자가 직접 해야만 했다. 9i부터는 AUM(Automatic Undo Management)이 도입돼 트랜잭션 발생 상황에 따라 Undo 세그먼트 크기와 개수를 오라클이 동적으로 자동 조절해 주기 때문에 DBA의 수고가 많이 줄었고 Snapshot too old 에러가 발생할 가능성도 확실히 줄었다. DBA가 할 일이라고는 커밋된 Undo 정보가 충분히 오랫동안 보존될 수 있을 정도(가장 오랜 시간 수행되는 쿼리 기준으로 판단)의 큰 Undo Space를 준비해 주는 것이 고작이다. 9i에서 도입된 undo_retention 기능까지도 10g부터는 오라클이 알아서 스스로 튜닝해 주고 있다.

컨설팅을 하다 보면 AUM이 못 미더워 여전히 8i에서처럼 수동 방식으로 Undo를 관리하는 DBA를 가끔 만난다. 그리고 실제 DB를 운영하다 보면 여전히 다양한 이유 때문에 Undo와 관련한 성능 저하 및 장애 상황이 발생하기도 한다(이 중 상당수는 버그임). 하지만 과거에 DBA들이 Snapshot too old 방지를 위해 Undo 개수와 크기를 조정하는 등의 방법들은 거의 불필요한 것이 돼 버렸다.

그런데 AUM 하에서 충분한 크기의 Undo Space를 할당하는 것만으로 Snapshot too old 에러가 완전히 해결된 것은 아니다. DB 관리자 측면에서의 Undo 튜닝 노력은 많이 해소되었지만, 애플리케이션 구현 측면에서의 노력은 여전히 필요하다. 이 에러가 종종 발생한다면 프로그램 로직을 분석해서 가능성 있는 부분들을 고쳐 주어야 한다. 이를 위해 지금까지 설명한 오라클만의 독특한 읽기 일관성 모델과 Undo 메커니즘을 이해하는 것이 필수적이다.

Snapshot too old 에러 발생 가능성을 줄이기 위한 애플리케이션 측면에서의 솔루션들을 몇 가지 소개하겠다.

1. 불필요하게 커밋을 자주 수행하지 않는다.
2. fetch across commit 형태의 프로그램 작성을 피해 다른 방식으로 구현한다. ANSI 표준에 따르면 커밋 이전에 열려 있던 커서는 더는 Fetch 하면 안 된다. 다른 방식으로 구현하기 어렵다면 커밋 횟수를 줄여본다.
3. 트랜잭션이 몰리는 시간대에 오래 걸리는 쿼리가 같이 수행되지 않도록 시간을 조정한다.
4. 큰 테이블을 일정 범위로 나누어 읽고 단계적으로 실행할 수 있도록 코딩한다. Snapshot too old 발생 가능성을 줄일 뿐 아니라 문제가 발생했을 때 특정 부분부터 다시 시작할 수도 있어 유리하다. 물론 그렇게 해도 읽기 일관성에 문제가 없을 때에만 적용해야 한다.
5. 오랜 시간에 걸쳐 같은 블록을 여러 번 방문하는 Nested Loop 형태의 조인문 또는 인덱스를 경유한 테이블 액세스를 수반하는 프로그램이 있는지 체크하고, 이를 회피할 수 있는 방법(조인 메소드 변경, Full Table Scan 등)을 찾는다.
6. 소트 부하를 감수하더라도 order by 등을 강제로 삽입해 소트연산이 발생하도록 한다. 많은 데이터를 오랜 시간에 걸쳐 Fetch 하는 동안 Undo 정보를 지속적으로 참조하기 때문에 문제가 발생하는 것이므로, 서버 내에서 빠르게 데이터를 읽어 Temp

세그먼트에 저장하는 데에만 성공하면 이후에는 같은 블록을 아무리 재방문하더라도 더는 에러가 발생할까 걱정하지 않아도 된다.

7. 만약 delayed 블록 클린아웃에 의해 Snapshot too old가 발생하는 것으로 의심되면 대량 업데이트 후에 곧바로 해당 테이블에 대해 Full Scan 하도록 쿼리를 날리는 것도 하나의 해결방법이 될 수 있다.

```
select /*+ full(t) */ count(*) from table_name t
```

만약 인덱스 블록에서 문제가 발생한다고 판단되면 인덱스 리프 블록을 모두 스캔하도록 쿼리한다. 예를 들어, index_column이 숫자형 컬럼이고 0보다 큰 값을 갖는다면 대량 업데이트 후에 아래와 같은 쿼리를 날린다.

```
select count(*) from table_name where index_column > 0
```

10 대기 이벤트

(1) 대기 이벤트란?

앞에서 이미 대기 이벤트 중 일부를 소개했고, 앞으로도 튜닝 원리를 설명하는 과정에서 이를 언급할 기회가 많을 것이다. 그래서 이쯤에서 대기 이벤트가 무엇인지 그 개념을 설명하려고 한다. 이를 어떻게 활용하는지는 3장에서 다룬다.

우리 사회는 매우 분업화된 조직사회다. 분업해서 일을 진행하다 보면 내가 계속 일을 진행하기에 앞서 다른 사람이 일을 마치기를 기다려야만 할 때가 많다. 콘베이어 벨트에 나란히 서서 자동차를 조립할 때도 앞사람이 문짝 다는데 시간이 오래 걸린다고 해서 내가 먼저 사이드 미러(Side-Mirror)를 달 수는 없는 노릇이다. 만약 앞사람의 작업이 오래 걸릴 것 같으면 눈 빠지게 기다리는 것보다 잠시 잠을 청하는 게 나을지도 모른다. 앞사람이 일을 마치고 나를 깨우면 그때 일어나 작업을 계속 하면 된다. (물론 현실 세계에서 자동차를 조립하다 말고 앞사람 작업이 지연된다고 잠을 청하지는 않는다.)

오라클 인스턴스도 조직화된 분업사회처럼 많은 프로세스(또는 쓰레드)들이 역할을 분담해서 각자 맡은 바 임무를 수행한다. 함께 일을 하는 동안 프로세스 간 커뮤니케이션과 상호작용이 필요하고 때로는 다른 프로세스가 일을 마칠 때까지 기다려야만 하는 상황이 자주 발생한다. 그러면 오라클 프로세스는 일을 계속 진행할 수 있는 조건이 충족될 때까지 수면(sleep) 상태에 빠지는데, 이런 현상이 발생하는 것을 **'대기 이벤트(Wait Event)'** 라고 부른다. 그리고 그때마다 오라클은 그 상태정보를 파일 또는 SGA 메모리 내에 저장해 둔다.

대기 이벤트는 원래 오라클 개발자들이 디버깅 용도로 개발한 것이라고 한다. 프로그래머라면 누구나 자신이 개발한 소프트웨어에 문제가 생겼을 때 원인을 쉽게 파악하려고 내부적으로 로깅하는 기능을 심어 놓는다. 옵션을 활성화하면 콘솔에 프로그램 진행상황을 출력하거나 별도 파일에 로그를 남기도록 한다. 오라클 개발자들도 공유 자원에 대한 경합이나 기타 원인에 의한 대기가 발생할 때마다 관련 로그를 생성하도록 커널 코드에 기능을 추가했던 것이고, 그것이 오늘에 이르러 OWI(Oracle Wait Interface)라는 이름을 덧입으면서 성능관리 분야에 일대 변혁을 가져오게 되었다. 처음 7.0 버전에서 100여 개 남짓하던 것이 10g에서 890여 개, 11g에는 960개가 넘는 방대한 양의 대기 이벤트가 정의돼 사용되고 있다.

본서가 대기 이벤트를 중심 주제로 다루지는 않기 때문에 어느 장에서도 대기 이벤트만을 모아 일목요연하게 정리하지는 않는다. 대신 각 장의 내용을 이해하는 데 도움이 되는 대기 이벤트는 필요한 만큼 중간중간 설명이 이루어질 것이다. 몇몇 대기 이벤트는 이미 앞에서 소개하였다. 참고로, 오라클은 대기 이벤트(Wait Event)라고 부르지만 SQL Server에서는 '대기 유형(Wait Type)' 이라고 부른다.

대기 이벤트를 시스템 커널 레벨에서 설명하면, 프로세스가 할 일을 모두 마쳤거나 다른 프로세스를 기다려야 하는 상황에서 CPU를 쥔 채 대기하면 불필요하게 CPU 자원을 낭비하는 것이므로 CPU를 OS에 반환하고 수면(Sleep) 상태로 빠지는 것을 말한다. 수면에 빠진다는 것은 프로세스가 wait queue로 옮겨지는 것을 말하며, wait queue에 놓인 프로세스에게는 CPU를 할당해 줄 필요가 없으므로 OS는 해당 프로세스를 스케쥴링 대상에서 제외시킨다.

선행 프로세스가 일을 마치면 OS에게 그 사실을 알려 자신을 기다리던 수면 상태의 프로세스를 깨우도록 신호를 보낸다(interrupted). 그러면 OS는 그 프로세스를 runnable queue에 옮김으로써 가능한 한 빨리 CPU를 할당 받아 일을 재개할 수 있도록 스케쥴링 한다.

아래는 유닉스에서 vmstat 유틸리티를 통해 시스템 상황을 모니터링한 것이다.

```
Virtual Memory Statistics: (pagesize = 8192)
  procs    memory          pages                              intr        cpu
  r  w  u  act  free wire fault cow zero react pin  pout  in   sy  cs  us  sy  id
 26 554 32  481K 1848  29K 9392  896 4979    0 1100    0 523  96K 10K  53  43   5
 16 554 36  482K 1508  29K 6569  483 3879 4681  527   59 674  95K 12K  59  38   3
 24 556 38  482K 1526  29K 4375   41 2902 4351  126    5 756 105K 11K  57  40   3
 30 557 36  482K 1531  29K 3586   26 2569 1444  228   28 793  83K 10K  65  33   2
 30 548 35  482K 1546  29K 4829  105 2803 1344  304    0 674 102K 12K  51  39  10
 11 561 33  482K 1554  29K 4674   28 2838    0  137    0 348 113K 10K  42  37  21
 17 548 34  482K 1512  29K 4893  123 3028    0  257   18 618  98K 11K  51  38  11
  7 579 32  482K 1541  29K 4080   64 2711 8355  245   94 698  79K 13K  55  37   8
 16 565 35  482K 1507  29K 4483   25 2994 6038  152   32 763  61K 15K  66  31   3
 17 558 36  482K 1530  29K 4005    3 2864 1207    9   17 727  40K 15K  61  26  13
  9 587 38  482K 1472  29K 4792   60 3012 1858  197   18  1K  47K 16K  63  31   6
```

맨 왼쪽에 보이는 'r'은 현재 일을 수행 중이거나 runnable queue에서 CPU 리소스를 기다리는 프로세스 개수다. 이 수치가 CPU 개수를 초과하고 CPU 사용률이 100%에 근접한다면 CPU 병목현상이 발생한 것으로서, 할 일이 산적해 있는데 프로세스들이 빨리빨리 CPU를 할당 받지 못해 runnable queue에서 오래 대기하고 있음을 의미한다.

'w'는 wait queue에 놓인 프로세스 개수를 의미한다. 즉, Sleep 상태의 프로세스 개수로서 이 값이 큰 것도 병목일 수 있다. 특히, 오라클 입장에서는 대기 이벤트가 많이 발생한 것이므로 어떤 종류의 대기 이벤트가 발생 중인지 뷰를 통해 확인해 봐야 한다. 참고로, 위 vmstat 결과 화면에는 idle cpu %(맨 오른쪽)가 낮을 뿐 아니라 paging(pin, pout)도 많이 발생하고 있어 시스템 부하가 매우 극심한 상황임을 알 수 있다.

(2) 대기 이벤트는 언제 발생할까?

다른 프로세스가 일을 끝마치기를 기다릴 때 발생하는 대기 이벤트가 지속적으로 많이 발생하면 데이터베이스에 병목이 있음을 알리는 신호지만 모든 대기 이벤트가 그렇지는 않다. 예를 들어, *SQL*Net message from client*와 *SQL*Net more data from client* 이벤트는 서버 프로세스가 사용자의 명령이나 신호를 기다릴 때 나타나므로 병목이 발생했다고 볼 수 없다. 그 외에도 pmon timer, smon timer, px idle 대기 등은 서버 프로세스가 할 일이 없기 때문에 발생하는 idle 대기 이벤트이기 때문에 데이터베이스 튜닝 시 무시해도 된다.

대기 이벤트가 발생하게 되는 상황을 아래와 같이 크게 3가지로 요약할 수 있다.

1. 자신이 필요로 하는 특정 리소스가 다른 프로세스에 의해 사용 중일 때 : 예를 들어, 자신이 읽으려는 버퍼에 다른 프로세스가 쓰기 작업을 진행 중이라면 선행 프로세스가 일을 마칠 때까지 기다려야 한다. *buffer busy waits*, *latch free*, enqueue 관련 대기 이벤트 등이 여기에 속한다.
2. 다른 프로세스에 의해 선행작업이 완료되기를 기다릴 때 : 예를 들어, DBWR가 Dirty 버퍼를 디스크에 기록할 때는 먼저 LGWR가 로그 버퍼에 있는 Redo entry를 Redo Log 파일에 기록하는 작업이 선행되어야 한다(4절에서 설명한 'Write Ahead Logging' 참조). 따라서 DBWR는 LGWR를 깨워 로그 버퍼를 비우라는 신호(signal, post)를 보내고 LGWR가 일을 마칠 때까지 수면 상태에서 휴식을 취한다. LGWR가 일을 마치면 DBWR를 깨우고 자신은 다시 대기 상태로 빠진다.
   write complete waits, checkpoint completed, log file sync, log file switch 이벤트 등이 여기에 속한다.
3. 할 일이 없을 때(→ idle 대기 이벤트) : 예를 들어, 서버 프로세스는 쿼리 결과를 사용자에

게 전송하는 동안 Array 단위로 일을 처리하는데, Array 크기만큼 데이터를 전송하면 다음 Fetch Call을 받을 때까지 기다린다. 쿼리 결과집합을 모두 전송(End Of Fetch)하고 나서도 다음 Parse Call 또는 Execute Call을 받을 때까지 기다린다. 또 다른 예로서, 병렬 쿼리를 수행하면 자신이 맡은 일을 먼저 끝마치는 병렬 Slave 프로세스가 생기는데 그럴 때면 다른 Slave들이 일을 마칠 때까지 대기 상태에서 기다린다. *SQL*Net message from client, PX Deq: Execution Msg* 등이 여기에 속한다.

(3) 대기 이벤트는 언제 사라질까?

우리가 야간에 취침할 때면 아침에 늦지 않게 일어나려고 알람을 켜 놓는 것처럼 오라클 프로세스도 수면 상태로 들어갈 때 타이머를 설정한다. 선행 프로세스가 자신을 흔들어 깨우지 않더라도 타이머에 설정된 시간이 도래(timeout)할 때마다 한번씩 깨어나 자신이 기다리던 리소스가 사용 가능해졌거나 해야 할 일이 생겼는지 확인한다. 타임아웃(timeout) 설정 값은 대기 이벤트마다 모두 다르다. 예를 들어, 앞에서 설명한 DBWR와 LGWR간 상호작용에 의한 대기 이벤트 발생 시 타임아웃은 둘 다 3초로 설정된다. 커밋할 때마다 LGWR를 깨워 Redo 버퍼를 비우도록 할 때 발생하는 *log file sync* 대기 이벤트의 타임아웃은 1초, *buffer busy wait* 대기 이벤트도 1초다. enqueue 관련 Lock 대기 이벤트의 타임아웃은 3초다. 알람(timeout)에 의해 깨어났는데 리소스가 아직 사용 중이거나 선행 프로세스가 일을 마치지 못했다면 다시 수면 상태로 빠진다. 대기가 자주 발생하는 것도 문제지만 타임아웃이 자주 발생한다면 대기 이벤트에 의한 지연(latency) 시간이 길어지는 것이므로 더 큰 적신호로 받아 들여야 한다.

앞에서 대기(wait) 이벤트가 발생할 수 있는 3가지 경우를 설명했는데, 반대로 대기 중이던 프로세스가 활동을 재개하는 시점은 다음과 같다.

1. 대기 상태에 빠진 프로세스가 기다리던 리소스가 사용 가능해 지거나
2. 작업을 계속 진행하기 위한 선행작업이 완료되거나

3. 해야 할 일이 생겼을 때

대기 이벤트를 이용한 분석과 활용법에 대해서는 3장 3절과 6~9절에서 상세히 다룬다.

(4) 래치와 대기 이벤트 개념 명확화

대기 이벤트가 무엇인지에 대한 설명을 마치기 전에 이에 대한 개념을 좀더 명확히 하기 위해 래치에 대한 얘기를 잠시 하려고 한다. 래치가 무엇인지에 대해서는 앞서 DB 버퍼 캐시구조를 설명하면서 간단히 다루었다. 그런데 OWI(Oracle Wait Interface)를 따로 공부한 사람들조차도 래치와 대기 이벤트를 명확히 구분 못하는 경우를 종종 보는데, 래치와 대기 이벤트는 구별되어야 한다.

래치를 얻는 과정 자체가 경합을 의미하지는 않는다. 공유된 자원을 읽으려면 래치를 얻는 것이 당연한 일이므로 v$latch 뷰에서 gets 횟수가 증가한다고 해서 문제될 것은 없다. 그저 공유자원에 대한 접근 요청이 많았던 것으로 이해하면 된다. 다만, 그 과정에서 다른 프로세스와 경합이 발생하는지를 관심 있게 살펴봐야 하며, 만약 그렇다면 시스템의 동시성이 저하되므로 문제다.

v$latch 뷰를 조회해 보면, 각 래치 종류별로 gets, misses, spin_gets, sleeps 항목들이 집계돼 있는데, 간단히 살펴보자. 참고로, 여기서는 willing-to-wait 모드 래치 요청에 대해서만 설명하며, immediate(=no-wait) 모드 래치 요청을 포함해 래치에 대한 좀더 깊이 있는 학습을 원한다면 오라클 매뉴얼이나 OWI 전문서적을 참고하기 바란다.

- **gets** : 래치 요청 횟수를 말한다.

- **misses** : 래치를 요청했는데 다른 프로세스에 의해 자원이 사용 중이어서 첫 번째 시도에서 곧바로 래치를 얻지 못한 횟수다.
  래치 miss를 만난 프로세스는, 이후 spin[12] 과정에서 래치 획득에 성공하거나 (spin_gets) 정해진 횟수만큼의 spin 후에도 래치획득에 실패해 대기 상태(sleep)에 들어가는, 둘 중 하나의 길을 걷게 된다.

gets에서 misses 횟수를 빼면 다른 프로세스의 래치 해제를 기다리지 않고 곧바로 래치 획득에 성공한 횟수(simple_gets)가 구해진다.

simple_gets = gets – misses

- spin_gets : 래치를 요청한 첫 번째 시도에서 곧바로 래치를 얻지는 못했지만 이후 spin하는 과정에서 래치 획득에 성공한 횟수다. misses에서 sleeps을 뺀 횟수와 일치한다. 즉, 첫 번째 시도에서 래치를 얻지는 못했지만 다행히 Sleep 전에 래치를 얻게 되는 경우다.

- sleeps : 래치를 요청했는데 자원이 사용 중이어서 곧바로 래치를 얻지 못했고 정해진 횟수만큼[13] 계속 spin 했는데도 결국 래치를 얻지 못해 대기 상태로 빠진 횟수다. 이 때 발생하는 것이 *latch free* 대기 이벤트다. 잠시 후에 깨어나 다시 spin을 했는데도 래치 획득에 실패하면 또다시 *latch free* 대기 상태로 빠지게 된다. 래치는 Lock처럼 큐잉(queueing) 메커니즘이 작동하지 않기 때문에 래치 획득에 성공할 때까지 반복적인 액세스 시도가 있을 뿐, 우선권을 부여 받지는 못한다. 따라서 가장 먼저 래치를 요구했던 프로세스가 가장 늦게 래치를 얻을 수도 있다.

  오라클 9i까지는 모든 래치에 대한 대기 이벤트를 *latch free* 하나로 통합해서 보여주었기 때문에 분석이 쉽지 않았는데, 10g부터는 이를 세분화해 자주 발생하는 래치에 대해서는 예를 들면, '*latch: cache buffers chains*', '*latch: library cache lock*' 처럼 별도의 이벤트 명을 부여했다. 상대적으로 중요도가 떨어지는 래치에 대한 대기 이벤트는 기존 *latch free* 이벤트로 집계된다.

---

12) CPU를 점유한 상태로, 해당 리소스에 대한 래치가 해제될 때까지 액세스 시도를 반복하는 것을 말함

13) _spin_count = 2000 (default)

11 Shared Pool

지금까지 데이터 블록 I/O 중심으로 설명하다 보니 DB 버퍼 캐시와 Redo 로그 버퍼에 대해 자연스럽게 설명이 이루어졌는데, 이제 SGA의 가장 중요한 구성요소 중 하나인 Shared Pool에 대해 간단히 살펴보도록 하자. (간단히 설명하는 이유는 중요성이 떨어지기 때문이 아니라 너무 중요한 내용이어서 뒤에서 더 자세히 다루려는 것이다.)

(1) 딕셔너리 캐시

Shared Pool은 크게 딕셔너리 캐시(Dictionary Cache)와 라이브러리 캐시(Library Cache)로 나뉜다. 우선 딕셔너리 캐시에 대해 설명하면, 말 그대로 오라클 딕셔너리 정보를 저장해 두는 캐시영역으로서 Row 단위로 읽고 쓰기 때문에 '로우 캐시(Row Cache)' 라고도 불린다. 테이블, 인덱스 같은 오브젝트는 물론 테이블스페이스, 데이터파일, 세그먼트, 익스텐트, 사용자, 제약, Sequence, DB Link에 관한 정보들을 캐싱한다. 예를 들어, 사용자가 Sequence 객체를 하나 만들면 오라클 딕셔너리에 저장되고, 로우 캐시를 거쳐 읽고 쓰기가 이루어진다. 사용자가 Sequence로부터 새로운 값을 인출하기 위해 nextval을 호출할 때마다 로우 캐시를 통해 update가 이루어진다.

Sequence Cache 옵션

잦은 채번은 로우 캐시에 경합을 발생시키게 된다. 이를 해소하기 위해 필수적으로 Cache 옵션을 사용해야 하며, Cache 크기가 10이면 Nocache 일 때보다 로우 캐시를 갱신하는 횟수가 1/10으로 준다. 동시에 채번이 많이 발생하는 Sequence 일수록 cache 사이즈를 크게 설정하는 것은 매우 중요한 튜닝 요소 중 하나이며, 기본 설정값은 20이다.

딕셔너리 캐시의 활동성에 대한 통계를 조회해 볼 수 있는 뷰가 v$rowcache인데, 여기서 히트율(Hit Ratio)를 조사했을 때 수치가 낮게 나오면 Shared Pool 사이즈를 늘리는 것을 고려해 볼 필요가 있다.

```
SQL> COLUMN HIT_RATIO FORMAT 990.99
SQL> SELECT ROUND((SUM(GETS - GETMISSES)) / SUM(GETS) * 100, 2) HIT_RATIO
  2  FROM   V$ROWCACHE;

HIT_RATIO
---------
    93.07

1 개의 행이 선택되었습니다.

SQL> select PARAMETER
  2         , GETS
  3         , GETMISSES
  4         , round((GETS-GETMISSES) / GETS * 100, 2) HIT_RATIO
  5         , MODIFICATIONS
  6  FROM   V$ROWCACHE
  7  WHERE  GETS > 0
  8  ORDER BY HIT_RATIO DESC ;

PARAMETER                              GETS  GETMISSES HIT_RATIO MODIFICATIONS
-------------------------------- ---------- ---------- --------- -------------
dc_tablespaces                        34802          7     99.98             0
dc_awr_control                         1059          1     99.91            39
dc_users                              40416         37     99.91             0
dc_profiles                            1013          1     99.90             0
dc_rollback_segments                  10876         21     99.81            31
dc_usernames                           2047         18     99.12             0
dc_global_oids                         2669         48     98.20             0
dc_histogram_data                      4921        130     97.36            42
dc_object_ids                         33451        941     97.19            70
dc_users                                918         28     96.95             0
dc_tablespace_quotas                     20          1     95.00             0
dc_object_grants                       1734        112     93.54             0
dc_objects                            13259       1257     90.52           201
outstanding_alerts                     1775        192     89.18           358
dc_segments                            6682        728     89.11           103
dc_files                                 30          5     83.33             0
dc_histogram_data                     14387       2833     80.31          1604
dc_sequences                             40          8     80.00            40
dc_histogram_defs                     26626       7227     72.86          1692
dc_constraints                           56         20     64.29            56
dc_table_scns                             7          7      0.00             0

21 개의 행이 선택되었습니다.
```

v$rowcache에서 TYPE = 'PARENT' 인 엔트리와 v$latch_children에서 이름이

'row cache objects' 인 래치 개수를 조회해 보면, 항상 값이 일치하는 것을 알 수 있다. 즉, 로우 캐시에 관리되는 엔트리 각각에 대해 하나의 래치가 할당돼 있음을 짐작할 수 있다.

```
SQL> select *
  2  from   (select count(*) from v$rowcache where type = 'PARENT'),
  3         (select count(*) from v$latch_children where name = 'row cache objects')
  4  ;

  COUNT(*)   COUNT(*)
---------- ----------
        34         34
```

(2) 라이브러리 캐시

Shared Pool을 구성하는 두 번째 캐시 영역은 라이브러리 캐시인데, 이것은 지금까지 설명한 캐시 영역과는 조금 다른 역할을 맡고 있다. DB 버퍼 캐시, Redo 로그 버퍼 캐시, 딕셔너리 캐시 등은 데이터의 입출력을 빠르게 하기 위한 캐시영역인 반면 라이브러리 캐시는 사용자가 던진 SQL과 그 실행계획을 저장해 두는 캐시영역이다. 사용자가 SQL이라는 명령어를 통해 결과집합을 요청하면 이를 최적으로(→ 가장 적은 리소스를 사용하면서 가장 빠르게) 수행하기 위한 처리 루틴이 필요한데, 이를 실행계획(execution plan)이라고 한다. 빠른 쿼리 수행을 위해 내부적으로 생성한 일종의 프로시저와 같은 것이라고 이해하면 쉽다.

쿼리 구문을 분석해서 문법 오류 및 실행 권한 등을 체크하고, 최적화 과정을 거쳐 실행계획을 만들고, SQL 실행엔진이 이해할 수 있는 형태로 포맷팅하는 전 과정을 하드 파싱(Hard Parsing)이라고 한다. 특히 최적화(Optimization)는 하드 파싱을 무겁게 만드는 가장 결정적 요인인데, 같은 SQL을 처리하려고 이런 무거운 작업을 반복 수행하는 것은 매우 비효율적이다. 그래서 같은 SQL에 대한 반복적인 하드파싱을 최소화하기 위한 새로운 캐시 공간을 두게 되었고, 그것이 바로 라이브러리 캐시 영역이다. 당연히 라이브러리 캐시 최적화 원리는 캐싱된 SQL과 그 실행계획의 재사용성을 높이는 데에 있다.

라이브러리 캐시 최적화 원리에 대해서는 뒤에서 아주 자세히 다루므로 여기서는 이 정도 개념만 이해하고 넘어가도록 하자.

Chapter 02

트랜잭션과 Lock

1장에서 아키텍처를 설명하면서 오라클만의 독특한 읽기 일관성 모델을 비교적 자세히 설명하였다. DB2, SQL Server, Sybase 등은 Lock을 통해 읽기 일관성을 구현하지만, 오라클은 Undo 데이터를 이용해 읽기 일관성을 구현한다는 게 핵심이다. 즉, Undo에 저장된 정보를 이용해 쿼리가 시작된 시점을 기준으로 일관성 있는 결과집합을 생성해 낸다.

오라클은 데이터를 읽을 때 Lock을 사용하지 않다 보니 확실히 동시성 측면에서는 다른 DBMS보다 우월하다고 평가할 수 있다. SQL Server도 최근 버전에서 Snapshot 모드로 설정하면 오라클과 비슷한 읽기 일관성 모델로 데이터베이스를 운영할 수 있는 기능을 지원하기 시작했는데, 동시성과 읽기 일관성 측면에서 오라클이 우월한 모델임을 반증한 것이 아닌가 싶다.

그래서일까? 오라클 환경의 개발자들은 다른 DBMS를 사용하는 개발자들에 비해 Lock과 트랜잭션 동시성 제어(Concurrency Control)에 대한 개념이 상당히 부족하다는 것을 현장에서 많이 느낀다. 다른 DBMS를 다루는 튜닝 관련 서적과 교육강좌들을 보면 Lock과 트랜잭션 동시성 제어를 항상 첫 번째 주제로 다루는 데 반해 오라클 측에서는 아예 다루지 않거나 짧게 소개하는 데에 그친다.

오라클이 동시성 측면에서 우월하다지만 DBA들은 Lock 때문에 긴장을 늦추지 못한다. 특히, 새로 개발된 시스템을 가동하고 안정화되는 시기까지는 Lock과의 전쟁을 벌이는 일이 다반사다. 오라클도 Lock으로부터 자유롭지 못하다는 얘기다.

오라클은 10g부터 대기 이벤트(Wait Event)를 아래와 같이 분류해 놓았다.

```
SQL> select wait_class, count(*)
  2  from   v$event_name
  3  group by wait_class
  4  order by 1 ;

WAIT_CLASS                  COUNT(*)
------------------------ ----------
Administrative                    46
Application                       12
Cluster                           47
Commit                             1
Concurrency                       24
Configuration                     23
```

```
Idle                                 62
Network                              26
Other                               588
Scheduler                             2
System I/O                           24
User I/O                             17

12 개의 행이 선택되었습니다.
```

주목할 것은, 오라클에서 발생하는 Lock 경합의 대부분을 차지하는 *enq: TM - contention* 이벤트[14]와 *enq: TX - row lock contention* 이벤트[15]가 Concurrency가 아닌 Application으로 분류돼 있다는 사실이다.

```
SQL> select event#, name, wait_class from v$event_name
  2  where name in ( 'enq: TM - contention'
  3                , 'enq: TX - row lock contention' ) ;

    EVENT# NAME                           WAIT_CLASS
---------- ------------------------------ -------------------
       175 enq: TM - contention           Application
       183 enq: TX - row lock contention  Application

2개의 행이 선택되었습니다.
```

같이 Application으로 분류된 대기 이벤트 중 *SQL*Net break/reset to client* 가 있다. 이 이벤트는 사용자가 수행한 SQL문이, 존재하지 않는 테이블을 참조하거나 사용자 정의 함수/프로시저에서 처리(catch)하지 않은 예외상황(Exception)을 만났을 때 나타난다. 테이블 Lock과 로우 Lock 관련 이벤트를 이런 유형의 프로그램 오류와 같이 분류한 것은 이들 문제가 DBA 이슈가 아니라 개발자 이슈임을 분명히 밝히고 있는 것이다. Lock이 해제되지 않는 상황이 지속될 때 DBA가 할 수 있는 일은, Lock을 소유한 세션을 찾아 프로세스를 강제로 중지시키는 일뿐이다. 근본적인 해법은 애플리케이션 로직에서 찾아야 한다.

---

14) DML 테이블 Lock 경합 시 발생한다.

15) DML 로우 Lock 경합 시 발생한다.

Lock은 각 데이터베이스의 특징을 결정짓는 가장 핵심적인 원리다. 따라서 사용하는 데이터베이스만의 독특한 Lock 메커니즘을 이해하지 못한다면 고품질 · 고성능의 애플리케이션을 구축하기 어렵다. 트랜잭션과 동시성 제어에 대한 개념 또한 데이터베이스 프로그래머의 필수 과목이다.

본 장은 성능을 논하기에 앞서, 기본적인 트랜잭션 개념을 상기시키고, 개발자 및 설계자가 반드시 알아야 할 동시성 제어 기법들을 설명한다. 그와 함께 일관성과 동시성을 같이 높이는 방안들을 제시하려고 한다. 마지막으로, 개발자 · DBA가 반드시 알아야 할 오라클만의 독특한 Lock 메커니즘에 대해서도 비교적 자세히 설명한다.

01 트랜잭션 동시성 제어

(1) 동시성 제어

오랜 기간 시스템을 운영하다 보면 데이터 구조가 점점 복잡해지고 데이터 정합성도 많이 흐트러져 새로운 업무요건에 빠르게 대응할 수 없는 상황에 직면하게 된다. 결국, 엄청난 예산을 들여 신시스템 구축에 착수하게 되고 대규모 인력이 오랜 기간 휴일 밤낮을 잊은 채 고생하면서 우여곡절 끝에 시스템 오픈을 맞이한다. 그런데 시스템 오픈 후 한두 달 시간이 지나고 나서 데이터를 조회해 보면 또다시 곳곳에서 이해할 수 없는 데이터들이 쌓이는 것을 발견하게 된다. 밤을 새워가며 프로그램 로직에 구멍이 있었는지 확인해 보지만 끝까지 원인이 밝혀지지 않는 경우도 있다. 왜 이런 일이 발생하는 걸까?

사용자의 잘못된 조작, 프로그램 버그가 원인이겠지만 보다 근본적으로는 다중 사용자 환경에서 발생할 수 있는 갖가지 동시성 문제에 대한 충분한 고려 없이 시스템 개발이 이루어지는 데에 그 원인이 있다고 생각한다.

주로 상담원을 통해 온라인 주문을 받던 시절에는 시스템 사용법을 교육받은 숙련된 사용자에 의해 데이터 조작이 이루어졌지만, 지금처럼 인터넷으로 사용자가 직접 자신의 주문을 처리하는 환경에서는 미처 생각지 못했던 일들이 이전보다 훨씬 자주 발생한다. 더군다나 동시 접속자 수도 이전과는 비교할 수 없을 정도로 많아졌기 때문에 동시성에 대한 이슈는 훨씬 더 중요해졌다. 하지만 필자가 여기저기 컨설팅하러 다니면서 경험한 바로는 동시성을 신중하게 고려하면서 개발이 이루어지는 경우는 많지 않았다. 동시성 제어에 대한 기본적인 개념조차 없는 설계자와 개발자들도 많이 만나게 된다.

지금 당장 자신이 회원으로 가입해 있는 아무 사이트나 방문해서 브라우저를 좌우로 두 개 띄우고 회원정보 변경 화면으로 각각 이동해 보자. 그리고 좌측 화면에서는 전화번호를 바꾸고 커밋, 우측 화면에서는 생년월일을 고치고 커밋한 후에 다시 회원정보를 조회해 보면 전화번호가 이전으로 롤백되어 있는 것을 확인할 수 있을 것이다. 대부분 사이트에서 사용자가 갱신한 필드값만 업데이트하지 않고 화면에 뿌려진 전체 필드를 업데이트하도록 구현하기 때문에 생기는 현상이며 동시 트랜잭션에 의해 일부 갱신정보가 유실될 수 있음을 간과한 채 프로그래밍했기 때문에 발생하는 문제점이다.

물론 동시에 고객정보를 갱신할 가능성이 전혀 없거나 그렇게 처리되는 것이 업무적으로 맞는 것이라고 한다면 전혀 문제 삼을 일이 아니다. 하지만 그렇게 처리하면 안 되는 경우인데도 동시성 제어를 제대로 구현하지 않아 고객 정보가 잘못 갱신돼 고객으로부터 강한 클레임을 받는 사례도 분명히 있을 것이다.

동시성 제어(Concurrency Control)란, 동시에 실행되는 트랜잭션 수를 최대화하면서도 입력, 수정, 삭제, 검색 시 데이터의 무결성이 유지될 수 있도록 노력하는 것을 말한다. 여러 개 트랜잭션이 동시에 수행될 때, 데이터베이스 애플리케이션은 이들 트랜잭션이 서로 간섭을 일으키는 현상을 최소화하면서 데이터의 일관성과 무결성이 보장되도록 개발되어야 하는 것이다.

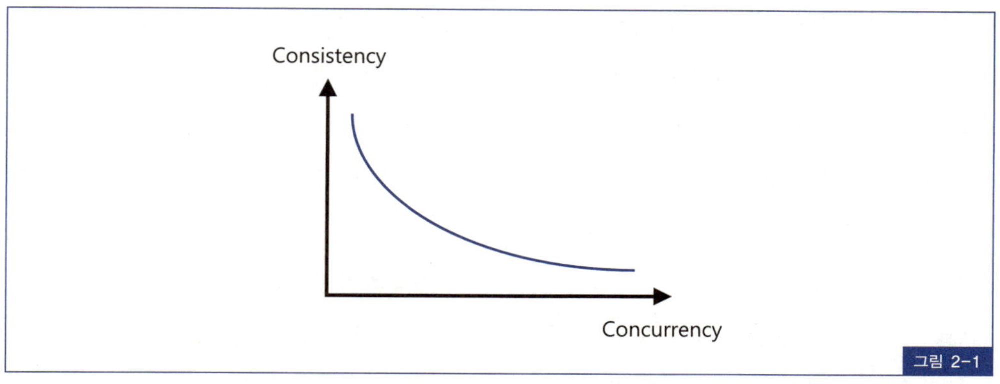

그림 2-1

- **동시성**(Concurrency) : 다중 사용자가 같은 데이터를 동시에 액세스
- **일관성**(Consistency) : 자신이 발생시킨 변경 사항과 다른 트랜잭션의 변경 사항(읽을 수 있는 버전만 허용)을 포함해 일관성 있는 상태로 데이터를 제공

그런데 동시성 제어가 어려운 이유는 동시성과 일관성이 트레이드 오프(Trade-off) 관계에 있다는 데에 있다. 즉, 동시성을 높이려고 Lock의 사용을 최소화하면 읽기 일관성을 유지하기 어렵고, 데이터의 일관성을 높이려고 Lock을 많이 사용하면 동시성이 떨어지게 된다. 따라서 동시성과 일관성이라는 두 마리 토끼를 한꺼번에 잡으려면 매우 세심한 주의가 필요하다.

동시성 제어를 구현하는 방법을 본격적으로 설명하기에 앞서 트랜잭션의 기본 개념부터 살펴 보자.

(2) 트랜잭션이란?

일관성 있게 데이터가 처리되려면 두 개 이상의 갱신연산이 동시에 실행될 수 있어야 하는데, 불행히도 이는 불가능한 일이다. 따라서 트랜잭션 관리능력을 갖춘 DBMS는 차선책을 사용해서 동시 실행을 구현한다. 즉, 여러 개의 수정작업이 하나의 작업처럼 전부 처리되거나 아예 전부 처리가 안 되도록(All or Nothing) 하는 것인데, 이러한 일의 최소 단위를 트랜잭션이라고 한다(→ 트랜잭션의 '원자성'). 예를 들어, 은행 업무의 "계좌이체" 트랜잭션은 하나의 예금 계좌에서 인출하여 다른 예금 계좌에 입금하는데, 이 두 작업은 하나의 단위로 함께 수행되어야 한다.

트랜잭션은 업무 처리의 기본 단위를 정의하는 것이므로 실제 애플리케이션 설계단계에서는 업무적인 관점에서 좀 더 포괄적으로 정의하게 된다. 예컨대, "계좌이체"라는 트랜잭션을 정의할 때 최초에 현금잔고를 확인하고 이체비밀번호와 보안카드 코드값을 입력받아 최종 이체가 완료되는 순간까지를 포함해서 넓게 정의할 수도 있다.

실제 있었던 사례인데, 필자가 회사 근처 ATM기에서 잔고가 충분한 것을 확인하고 인출을 시도했는데 "잔고가 부족합니다"라는 메시지를 받은 적이 있다. 순간 당황했지만, IT 직종에 근무하는 덕에 금방 원인을 짐작할 수 있었다. 아내에게 전화를 걸어 확인해보니 아내도 역시 같은 시각에 집 근처 은행에서 현금을 인출하고 있었던 것이다. 뒤에서 설명하겠지만 하나의 레코드를 읽고 트랜잭션이 계속 진행되는 동안 다른 트랜잭션에 의해 앞서 읽은 데이터가 다른 값으로 변경되는 Non-Repeatable Read 현상이 발생했던 사례다. 이런 현상 때문에 사용자가 당황하는 일을 미연에 방지하려면 현금잔고 조회부터 하나의 트랜잭션으로 묶어서 정의하고 그에 따라 출력 메시지도 바뀌었어야 옳지 않을까 라는 생각을 했다. 값이 잘못 갱신되지는 않았으므로 데이터 조작 측면에서의 트랜잭션은 완벽했다고 볼 수 있지만, 업무적인 관점에서의 좀 더 세밀한 트랜잭션 제어가 필요하다는 뜻이다.

온라인 쇼핑몰에서 이루어지는 "주문" 트랜잭션은 어떨까? 상품정보를 확인하고 각종 주문정보를 입력하고 나서 최종 결제를 완료하는 순간까지를 하나의 트랜잭션으로 정의하는 것이 타당하다. 결제는 완료되었는데 적립금 누적 처리가 누락되거나 배송지 입력이 실패하는 일이 발생해서는 안 되며, 모든 처리가 성공 또는 실패로 매듭지어져야 한다. 뿐만 아니라 적어도 수분 이상 소요되는 주문처리가 진행되는 동안 다른 트랜잭션에 의해 상품가격이 바뀌거나 재고량이 변경될 때는 어떻게 처리할지에 대한 세심한 고려가 있어야 한다. 프로세스 설계 및 구현 과정에서 이를 간과함으로 인해 일 마감 또는 월 마감 시점마다 데이터를 일일이 수작업으로 보정해서 맞추는 회사를 여러 번 경험했다.

(3) 트랜잭션의 특징(ACID)

데이터베이스 갱신과 관련하여 트랜잭션은 4가지 중요한 특징을 갖는다.

원자성(Atomicity) : 앞서 트랜잭션의 정의 부분에서 이미 설명한 바와 같고 더 이상 분해가 불가능한 업무의 최소단위를 말한다.

일관성(Consistency) : 트랜잭션이 그 실행을 성공적으로 완료하면 언제나 일관성 있는 데이터베이스 상태로 변환한다. 즉 트랜잭션 실행의 결과로 데이터베이스 상태가 모순되지 않는다.

격리성(Isolation) : 트랜잭션이 실행 중에 생성하는 연산의 중간 결과는 다른 트랜잭션이 접근할 수 없다.

영속성(Durability) : 트랜잭션이 일단 그 실행을 성공적으로 완료하면 그 결과는 데이터베이스에 영속적으로 저장된다.

우리가 고가의 DBMS를 사용하는 이유로는 성능, 관리의 편이성 등 여러 가지 측면이 있지만, 무엇보다도 트랜잭션 처리 능력이 가장 기본적이고 핵심적인 요소라 할 수 있다. 트랜잭션의 처리결과가 데이터의 일관성을 해치지 않도록 하려면 트랜잭션의 순차적 진행을 보장할 수 있는 직렬화 장치가 필요하다. 이를 위해 DBMS가 공통적으로 사용하는 메커니즘이 Lock이다. 그뿐만 아니라 오라클은 더 높은 수준의 읽기 일관성을 보장하기 위해 Undo 데이터를 활용한 독특한 읽기 일관성 모델을 사용하고 있다.

02 트랜잭션 수준 읽기 일관성

(1) 트랜잭션 수준 읽기 일관성이란?

문장수준 읽기 일관성(Statement-Level Read Consistency)은 쿼리가 시작된 시점을 기준으로 데이터를 일관성 있게 읽어들이는 것을 말하며, 앞장에서 충분히 설명하였다. 트랜잭션 수준 읽기 일관성(Transaction-Level Read Consistency)은 트랜잭션이 시작된 시점을 기준으로 일관성 있게 데이터를 읽어들이는 것을 말한다. 트랜잭션이 진행되는 동안 다른 트랜잭션에 의해 변경사항이 발생하더라도 이를 무시하고 계속해서 일관성 있는 데이터를 보고자 하는 업무요건이 있을 수 있다. 물론 트랜잭션이 진행되는 동안 자신이 발생시킨 변경사항은 읽을 수 있어야 한다.

오라클은 완벽한 문장수준의 읽기 일관성을 보장하지만, 트랜잭션에 대해서는 기본적으로 보장하지 않는다. 다른 DBMS도 트랜잭션 수준의 읽기 일관성은 보장하지 않는다. 트랜잭션 수준으로 읽기 일관성을 강화하려면 트랜잭션 고립화 수준을 높여 주어야 한다.

(2) 트랜잭션 고립화 수준

트랜잭션 고립화 수준(Transaction Isolation Level)은 다분히 학술적인 내용인데다 DBMS마다 구현방식이 달라 본서에서 자세히 다루는 것은 적절치 않다고 생각한다. 따라서 ANSI/ISO SQL standard(SQL92)에서 정의하고 있는 아래 네 가지 트랜잭션 고립화 수준을 간단히 요약하는 것으로 설명을 대신 하겠다.

□ 레벨 0 (= Read Uncommitted)

- 트랜잭션에서 처리 중인, 아직 커밋되지 않은 데이터를 다른 트랜잭션이 읽는 것을 허용
- Dirty Read, Non-Repeatable Read, Phantom Read 현상 발생

- Oracle은 이 레벨을 지원하지 않음

□ 레벨 1 (= Read Committed)

- Dirty Read 방지 : 트랜잭션이 커밋되어 확정된 데이터만 읽는 것을 허용
- 대부분의 DBMS가 기본모드로 채택하고 있는 일관성 모드
- Non-Repeatable Read, Phantom Read 현상은 여전히 발생
- DB2, SQL Server, Sybase의 경우 읽기 공유 Lock을 이용해서 구현. 하나의 레코드를 읽을 때 Lock을 설정하고 해당 레코드를 빠져 나가는 순간 Lock 해제
- Oracle은 Lock을 사용하지 않고 쿼리시작 시점의 Undo 데이터를 제공하는 방식으로 구현

□ 레벨 2 (= Repeatable Read)

- 선행 트랜잭션이 읽은 데이터는 트랜잭션이 종료될 때까지 후행 트랜잭션이 갱신하거나 삭제하는 것을 불허함으로써 같은 데이터를 두 번 쿼리했을 때 일관성 있는 결과를 리턴
- Phantom Read 현상은 여전히 발생
- DB2, SQL Server의 경우 트랜잭션 고립화 수준을 Repeatable Read로 변경하면 읽은 데이터에 걸린 공유 Lock을 커밋할 때까지 유지하는 방식으로 구현
- Oracle은 이 레벨을 명시적으로 지원하지 않지만 for update절을 이용해 구현가능. SQL Server 등에서도 for update절을 사용할 수 있지만 커서를 명시적으로 선언할 때만 사용 가능함

□ 레벨 3 (= Serializable)

- 선행 트랜잭션이 읽은 데이터를 후행 트랜잭션이 갱신하거나 삭제하지 못할 뿐만 아니라 중간에 새로운 레코드를 삽입하는 것도 막아줌
- 완벽한 읽기 일관성 모드를 제공

DBMS에서 제공하는 트랜잭션 고립화 수준 조정기능을 이용해 트랜잭션 레벨 읽기 일관성을 확보하려면 아래 문장 하나만 수행해 주면 된다.

```
set transaction isolation level serializable;
```

낮은 단계의 트랜잭션 고립화 수준을 사용할 때 발생하는 아래 세 가지 현상에 대해 살펴보자.

- Dirty Read(= Uncommitted Dependency)
- Non-Repeatable Read(= Inconsistent Analysis)
- Phantom Read

(3) Dirty Read(= Uncommitted Dependency)

아직 커밋되지 않은 수정 중인 데이터를 다른 트랜잭션에서 읽을 수 있도록 허용할 때 발생한다. 만약 Dirty Read를 허용하는 상황에서 아래 문장이 수행되는 도중에 다른 트랜잭션에 의해 특정 계좌의 잔고가 변경된다면 쿼리의 최종 결과 값이 비일관성(inconsistency) 상태에 놓이게 될 수 있다. 왜냐하면, 그 트랜잭션이 어떤 이유에서건 롤백될 수 있기 때문이다.

```
select sum(잔고) from 계좌;
```

대부분 DBMS가 기본 트랜잭션 고립화 수준을 레벨 1(= Read Committed)로 설정하고 있기 때문에 Dirty Read 현상은 발생하지 않는다. 즉, 커밋된 데이터만 읽을 수 있도록 허용한다. SQL Server, Sybase 등은 이를 구현하기 위해 데이터를 읽을 때 공유 Lock을 사용한다. 갱신 중인 레코드에는 배타적 Lock이 걸리는데, 이는 공유 Lock과 호환되지 않으므로 갱신 중인 레코드를 읽지 못한다. 그런 DBMS에서는 Lock에 의한 동시성 저하가 자주 문제시되므로 쿼리에 옵션을 사용해서 Dirty Read를 허용하도록 프로그래밍하는 경우를 종종 보게 된다. 즉, 트랜잭션 고립화 수준을 레벨 0(=Read Uncommitted)으로 낮추는 것이다. 하지만 오라클은 다중 버전 읽기 일관성 모델을 채택함으로써 Lock을 사용하지 않고도 Dirty Read를 피해 일관성 있는 데이터 읽기가 가능하고, 따라서 레벨 0 수준으로 트랜잭션 고립화 수준을 낮추는 방법을 아예 제공하지 않고 있다.

(4) Non-Repeatable Read(= Inconsistent Analysis)

한 트랜잭션 내에서 같은 쿼리를 두 번 수행할 때, 그 사이에 다른 트랜잭션이 값을 수정 또는 삭제함으로써 두 쿼리의 결과가 상이하게 나타나는 비일관성(inconsistency)이 발생하는 것을 말한다.

Non-Repeatable Read 때문에 데이터가 불일치 상태에 놓이게 되는 사례를 살펴보자.

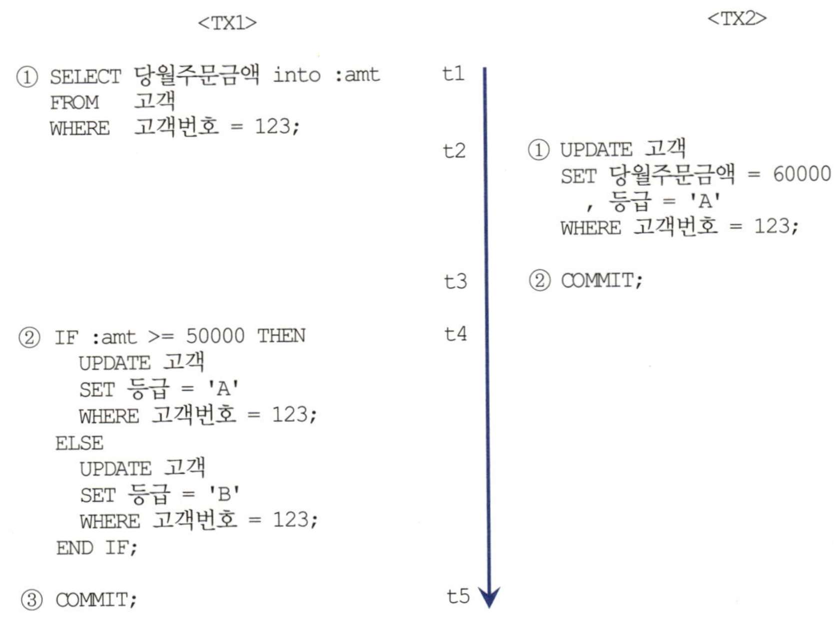

t1 시점에 123번 고객의 당월주문금액은 40,000원이었다고 가정하자. 즉, ①번 쿼리를

통해 :amt 변수에 40000이 저장된다. 두 트랜잭션이 수행을 종료하고 나면, TX2 트랜잭션에 의해 이 고객의 당월주문금액이 60,000원으로 변경되었음에도 t4 시점에 고객등급이 'B'로 하향 조정되는 결과를 가져온다. Non-Repeatable Read 현상 때문에 TX2 트랜잭션의 등급 조정(B → A)이 상실되는 Lost Update가 발생한 것이다.

Non-Repeatable Read 현상을 방지하려면 TX1이 ①번 문장을 수행할 때 for update 절을 추가해 주어야 한다. 그러면 123번 고객 레코드에 Lock이 걸리므로 TX2 트랜잭션은 블로킹 됐다가 TX1이 커밋하는 t5 시점 이후에 진행을 계속한다.

Non-Repeatable Read 사례를 하나 더 살펴보자.

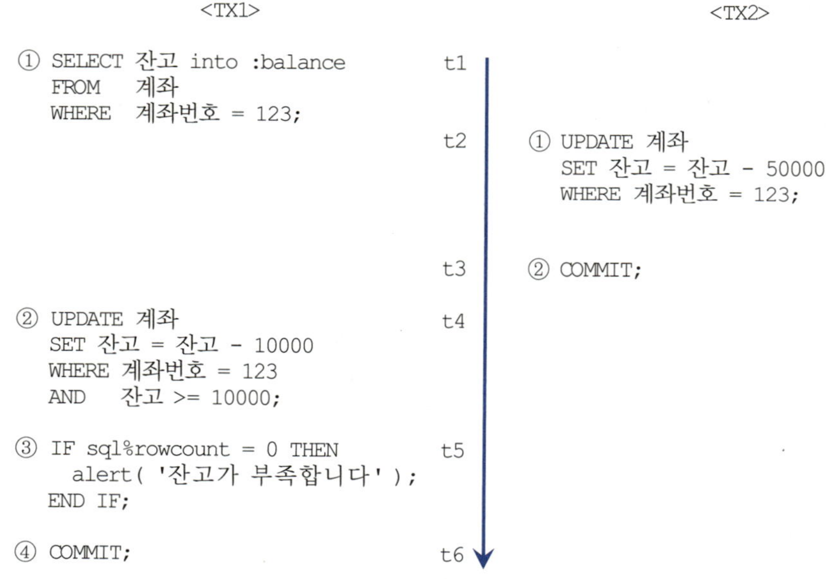

t1 시점에 123번 계좌번호의 잔고는 55,000원이었다고 가정하자. ①번 쿼리를 통해 자신의 계좌에 55,000원이 남아 있음을 확인하고 t4 시점에 10,000원을 인출하려고 시도했으나 TX2 트랜잭션에 의해 이 계좌의 잔고가 5,000원으로 변경되었다. 따라서, 잔고가 충분한 것을 확인하고 인출을 시도했음에도 불구하고 잔고가 부족하다는 메시지를 받게 된다. TX1 트랜잭션이 ①번 쿼리에서 읽은 값을 이용해 ②번에서 값을 갱신하는 데 사

용하지는 않았으므로 데이터가 잘못 갱신되는 문제는 발생하지 않았지만, 예금 인출을 시도한 고객은 영문도 모르고 순간 당황하게 된다. 만약, TX1의 ②번 update가 ①번 쿼리에서 읽은 값(:balance)을 이용하도록 아래와 같이 구현했다면 TX2의 갱신이 사라지는 결과를 가져올 수도 있다.

```
UPDATE 계좌 SET 잔고 = :balance - 10000
WHERE  계좌번호 = 123
AND    :balance >= 10000
```

(5) Phantom Read

한 트랜잭션 안에서 일정범위의 레코드들을 두 번 이상 읽을 때, 첫 번째 쿼리에서 없던 유령(Phantom) 레코드가 두 번째 쿼리에서 나타나는 현상을 말한다. 트랜잭션 도중에 새로운 레코드가 삽입되는 것을 허용하기 때문에 나타나는 현상이다. 초등학교 야외수업을 나가서 선생님이 도시락을 나누어 주는 상황에 비유하자면, 학생 수를 정확히 세고 정확한 개수의 도시락을 가져 왔는데, 도시락 개수가 부족한 경우가 발생할 수 있다. 알고 보니 선생님이 도시락을 가지러 간 사이에 늦게 도착한 학생이 있었던 것이다.

Phantom Read 현상에 의해 데이터가 불일치 상태에 놓이게 되는 사례를 살펴보자.

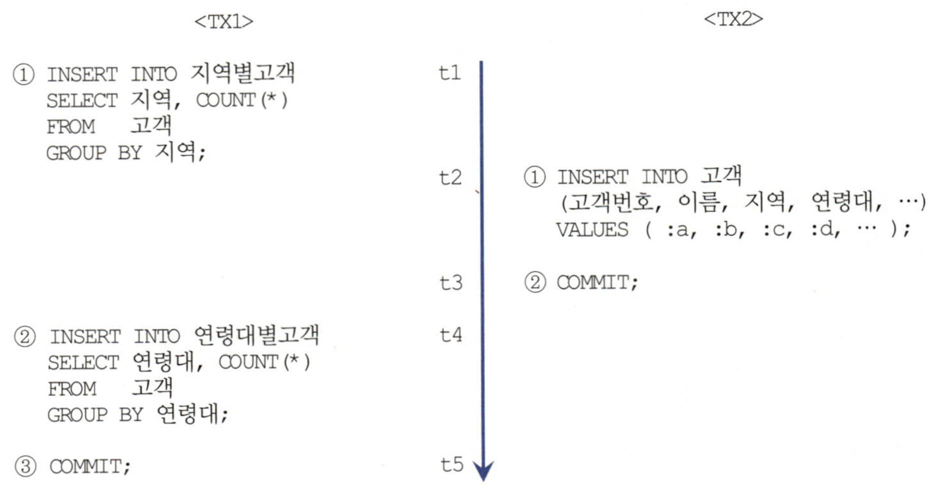

TX1 트랜잭션이 지역별고객과 연령대별고객을 연속해서 집계하는 도중에 새로운 고객이 TX2 트랜잭션에 의해 등록되었다. 그 결과, 지역별고객과 연령대별고객 두 집계 테이블을 통해 총고객수를 조회하면 서로 결과 값이 다른 불일치 상태에 놓이게 된다. 이런 Phantom Read 현상을 방지하려면 TX1이 ①번 문장을 수행하기 전에 아래 문장을 통해 트랜잭션 고립화 수준을 레벨 3으로 올려주어야 한다.

```
set transaction isolation level serializable;
```

고립화 수준을 레벨 3으로 높이면 SQL Server에서는 Lock을 통해 t2 시점에 새로운 고객이 추가되는 것을 막아 버린다. 따라서 고립화 수준을 높이면 데이터 일관성은 확보되지만 동시성이 현격히 저하되는 결과를 초래한다. 반면, 오라클은 Lock을 전혀 사용하지 않은 상태에서 ①번과 ②번 쿼리 모두 SCN 확인 과정을 통해 t1 시점에 존재했던 고객만을 대상으로 집계를 수행하므로 동시성을 저하시키지 않으면서 일관성을 유지한다.

Phantom Read에 의해 데이터 일관성이 훼손되는 사례를 하나 더 살펴보자.

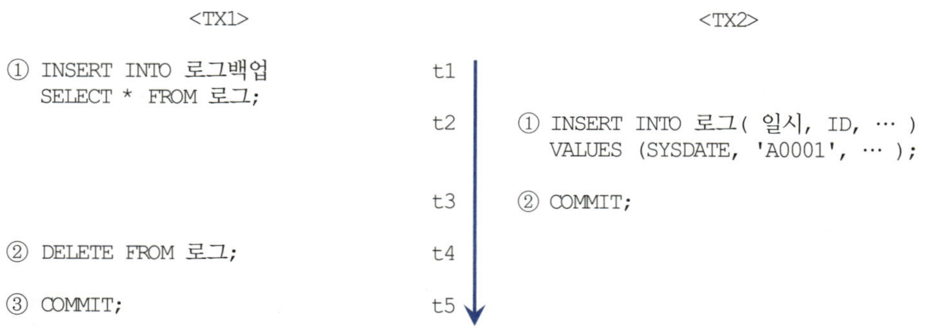

TX1 트랜잭션이 로그 테이블을 로그백업 테이블로 백업하고, 전체 로그 데이터를 지운 후에 커밋을 수행하였다. TX1의 ①~③ 세 개 명령을 하나의 트랜잭션으로 일관성 있게 처리하려면, t1 시점에 존재했던 로그 데이터만 백업하고 지워야 한다. 하지만 기본 트랜잭션 고립화 수준(레벨 1)에서는 TX2 트랜잭션에 의해 t2~t3 시점에 추가된 로그 데이터까

지 TX1 트랜잭션에 의해 지워진다.

TX1이 ①번 문장을 수행하기 전에 트랜잭션 고립화 수준을 레벨 3으로 올려주면 이를 방지할 수 있다. 그러면 SQL Server에서는 Lock을 통해 t2 시점에 새로운 로그가 추가되는 것을 막아 버린다. 오라클은 TX1 트랜잭션이 t4 시점에 delete 문장을 수행하더라도 t1 시점에 존재했던 레코드만 찾아서 지우기 때문에 Lock을 사용하지 않고도 TX2 트랜잭션에 의해 새로 추가된 로그 데이터를 안전하게 보호한다.

물론 트랜잭션 고립화 수준을 상향 조정하지 않더라도 TX1의 ①번과 ②번 문장에 '일시' 조건을 추가해 줌으로써 일관성 있게 트랜잭션을 처리할 수 있다.

지금까지 낮은 단계의 트랜잭션 고립화 수준에서 어떤 문제들이 발생할 수 있는지, 그리고 트랜잭션 내에서 일관성 있게 데이터를 조회, 추가, 수정, 삭제하기 위해 트랜잭션 고립화 수준을 조정하는 방법에 대해 살펴보았다.

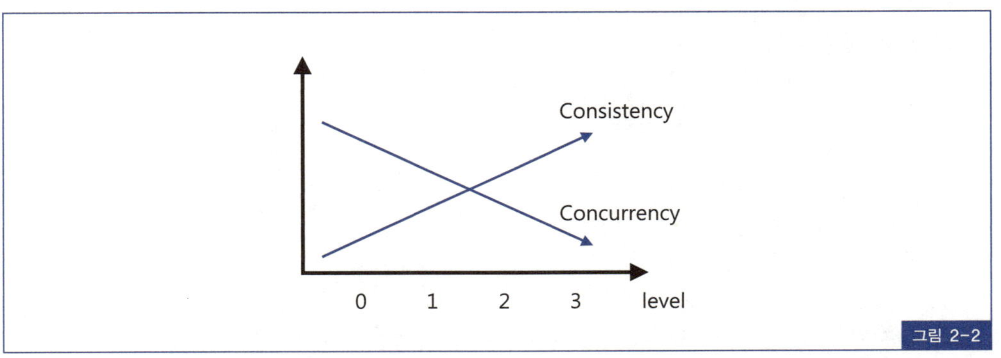

그림 2-2

트랜잭션 고립화 수준을 높이면 일관성(Consistency)은 향상되지만, 더 넓은 범위의 Lock을 더 오랫동안 유지하는 방식을 사용하므로 동시성(Concurrency)은 저하된다. 그림 2-2는 그것을 표현하고 있다. 하지만 **오라클은 트랜잭션 고립화 수준을 높이더라도 Lock을 사용하지 않으므로 동시성이 저하되지는 않는다.**

SERIALIZABLE_ABORTS

다른 DBMS는 트랜잭션 고립화 수준을 구현하기 위해 Lock을 이용하지만, 오라클은 for update절을 사용하지 않는 한 절대 select문에 Lock을 사용하지 않기 때문에 레벨을 상향 조정하더라도 이전과 동일한 동시성을 보장한다. 높은 일관성 수준에서도 높은 동시성을 제공할 수 있는 이유는, Undo 데이터를 활용하기 때문이다. 그렇지만 세상만사에 공짜는 없는 법이어서 만일 트랜잭션 레벨에서 일관성 있는 데이터를 제공할 수 없는 상황이 발생하면 다른 DBMS에는 없는 아래와 같은 에러를 던지게 된다.

```
--------------------------------+----+------------------------------------------
  트랜잭션 A                    |    | 트랜잭션 B
--------------------------------+----+------------------------------------------
set transaction isolation       | t1 |
level serializable;             |    |
                                | t2 | UPDATE 계좌
                                |    | SET 잔고 = 잔고 + 1000
                                |    | WHERE 고객번호 = 5;
                                |    |
                                | t3 | COMMIT;
SELECT 잔고 FROM 계좌           | t4 |
WHERE 고객번호 = 5;             |    |
                                |    |
UPDATE 계좌                     | t5 |
SET 잔고 = 잔고 + 500           |    |
WHERE 고객번호 = 5;             |    |
                                |    |
ERROR at line 1:                |    |
ORA-08177: can't serialize      |    |
access for this transaction     |    |
```

5번 고객의 최초 잔고가 1,000원인 상태에서 만약 t1 시점에 트랜잭션 고립화 수준을 조정하지 않고 트랜잭션을 진행한다면 두 트랜잭션이 완료된 후 최종 잔고는 2,500원이 될 것이다.

위처럼 트랜잭션 고립화 수준을 Serializable로 바꾸고 나서 트랜잭션을 수행하면 이제는 트랜잭션이 시작한 시점, 즉 t1 시점을 기준으로 값을 읽어야 한다. t2~t3 시점에 값이 변경되더라도 t4 시점의 select문은 Undo 데이터를 이용해 t1 시점의 데이터를 재현해 내면 되므로 전혀 문제가 없다. 하지만 t5 시점의 update문은 사정이 다르다. 5번 고객의 잔고가 이미 2,000원으로 변경된 상태에서 트랜잭션 A가 t1 시점의 값을 기준으로 update를 수행하면,

갱신이 완료된 시점에는 잔고가 1,500원이 된다. Lost Update가 발생하는 것이며, 오라클은 이를 방지하기 위해 ORA-08177 에러를 던진다. Undo 데이터를 활용함으로써 높은 수준의 동시성과 읽기 일관성을 유지하는 대신 다른 DBMS에 없는 Snapshot too old(ORA-01555)를 얻게 된 것과 같은 현상이라고 이해하면 된다.

참고로, v$sql에서 serializable_aborts > 0 인 레코드를 조회하면 이 에러를 만났던 SQL들을 확인할 수 있다.

03 비관적 vs. 낙관적 동시성 제어

동시성 제어를 위해, 앞에서 설명한 트랜잭션 고립화 수준을 변경하는 DBMS 기능을 사용할 수 없는 경우가 있다. 특히, n-Tier 구조가 지배적인 요즘 같은 개발 환경에서 더욱 그렇고, 그럴 때는 트랜잭션의 동시성 제어를 개발자가 직접 구현해야만 한다.

동시성 제어는 비관적 동시성 제어와 낙관적 동시성 제어로 나뉜다.

비관적 동시성 제어(Pessimistic Concurrency Control)는 사용자들이 같은 데이터를 동시에 수정할 것이라고 가정한다. 따라서 한 사용자가 데이터를 읽는 시점에 Lock을 걸고 조회 또는 갱신처리가 완료될 때까지 이를 유지한다. Locking은 첫 번째 사용자가 트랜잭션을 완료하기 전까지 다른 사용자들이 그 데이터를 수정할 수 없게 만들기 때문에 비관적 동시성 제어를 잘못 사용하면 동시성을 저해 받게 된다. "잘못 사용하면"이라고 한 데에 주목하자. 잘 사용하면 약이 될 수도 있다는 뜻이며 글을 계속 읽다 보면 이해하게 될 것이다.

반면, 낙관적 동시성 제어(Optimistic Concurrency Control)는 사용자들이 같은 데이터를 동시에 수정하지 않을 것이라고 가정한다. 따라서 데이터를 읽을 때는 Lock을 설정하지 않는다. 그런데 낙관적 입장에 섰다고 해서 동시 트랜잭션에 의한 데이터의 잘못된 갱신을 신경 쓰지 않아도 된다는 것은 절대 아니다. 읽는 시점에 Lock을 사용하지 않았지만, 데이터를 수정하고자 하는 시점에 앞서 읽은 데이터가 다른 사용자에 의해 변경되었는지를 반드시 검사해야 한다.

낙관적 동시성 제어를 사용하면 Lock이 유지되는 시간이 매우 짧아져 동시성을 높이는 데에 유리하다. 하지만 다른 사용자가 같은 데이터를 변경했는지 검사하고 그에 따라 분기해 나가야 하는 귀찮은 처리절차가 뒤따른다. 정말 귀찮아서일까, 아니면 동시성 제어의 필요성을 몰라서일까? 튜닝을 다니면서 개발팀에서 작성한 SQL들을 많이 분석하게 되는데, '낙관적 동시성 제어' 를 해야 하는 상황에서 대부분 '동시성 제어 없는 낙관적 프로그래밍' 을 하고 있다.

예를 들어, 온라인 쇼핑몰에서 특정 상품을 조회해서 주문을 시작하고 결제를 완료하는 순간까지를 하나의 트랜잭션으로 정의했다고 가정하자. 상품 조회 시에는 1,000원이었던 상품이 주문을 진행하는 동안 가격이 수정돼서 결제를 완료하는 순간에는 1,200원일 수 있다. 따라서 최종 결제 버튼을 클릭하는 순간 상품 가격의 변경 여부를 체크하고, 변경되었다면 해당 주문을 취소시키거나 사용자에게 변경사실을 알리고 처리방향을 확인받는 프로세스를 거쳐야만 한다. 물론 업무적으로 '주문' 을 시작하는 시점의 가격을 기준으로 주문을 처리하는 것이 옳다면 그에 맞는 단계에서 일관성 체크를 해서 처리하면 된다.

```
insert into 주문
select :상품코드, :고객ID, :주문일시, :상점번호, ...
from   상품
where  상품코드 = :상품코드
and    가격 = :가격 ;        -- 주문을 시작한 시점 가격

if sql%rowcount = 0 then
  alert('상품가격이 변경되었습니다.');
end if;
```

(1) 비관적 동시성 제어

구체적으로 동시성을 제어하기 위해 어떻게 코딩해야 하는지 구현예시를 살펴보자. 먼저, 비관적 동시성 제어를 위한 기본적인 구현 패턴이다.

우수 고객을 대상으로 적립포인트를 추가시켜주는 이벤트를 실시한다고 가정하자. 고객의 다양한 실적정보를 읽고 복잡한 산출공식을 이용해 적립포인트를 계산하는 동안(아래 select문 이후, update문 이전) 다른 트랜잭션이 같은 고객 레코드를 변경한다면 문제가 발생할 수 있다.

```
select 적립포인트, 방문횟수, 최근방문일시, 구매실적 from 고객
where  고객번호 = :cust_num for update;

-- 새로운 적립포인트 계산

update 고객 set 적립포인트 = :적립포인트 where 고객번호 = :cust_num
```

하지만 위에서와 같이 select문에 for update를 사용해서 해당 고객 레코드에 Lock을 걸어둔다면 데이터가 잘못 갱신되는 문제를 방지할 수 있다.

select 시점에 Lock을 거는 비관적 동시성 제어는 자칫 시스템 동시성을 심각하게 떨어뜨릴 우려가 있다. 그러므로 wait 또는 nowait 옵션을 함께 사용하면 Lock을 얻기 위해 무한정 기다리지 않아도 된다.

```
for update nowait --> 대기없이 Exception(ORA-00054)을 던짐
for update wait 3 --> 3초 대기 후 Exception(ORA-30006)을 던짐
```

wait 또는 nowait 옵션을 사용하면, 다른 트랜잭션에 의해 Lock이 걸렸을 때 Exception을 만나게 되므로 "다른 사용자에 의해 변경 중이므로 다시 시도하십시오"라는 메시지를 출력하면서 트랜잭션을 종료할 수 있다. 따라서 오히려 동시성을 증가시키게 된다.

금융권에서 개발하는 프로그래머들은 for update문을 자주 사용한다. 금전을 다루는 업무가 아니더라도 면밀하게 분석해 보면 이런 식으로 동시성 제어를 해야만 하는 경우가 부지기수다. 독자가 맡은 업무에 이를 적용할 부분이 있는지 꼼꼼히 따져 보기 바란다.

(2) 낙관적 동시성 제어

이제 낙관적 동시성 제어 패턴을 살펴 볼 차례다. 아래는 고객번호를 제외하고 4개 컬럼을 참조했을 때의 예시다.

```
select 적립포인트, 방문횟수, 최근방문일시, 구매실적 into :a, :b, :c, :d
from   고객
where  고객번호 = :cust_num;

-- 새로운 적립포인트 계산

update 고객 set 적립포인트 = :적립포인트
where  고객번호      = :cust_num
and    적립포인트    = :a
and    방문횟수      = :b
and    최근방문일시  = :c
and    구매실적      = :d ;

if sql%rowcount = 0 then
  alert('다른 사용자에 의해 변경되었습니다.');
end if;
```

앞선 select문에서 읽은 컬럼들이 매우 많다면 update문에 조건절을 일일이 기술하는 것이 여간 귀찮은 일이 아닐 것이다. 만약 update 대상 테이블에 최종변경일시를 관리하는 컬럼이 있다면 이를 조건절에 넣어 간단히 해당 레코드의 갱신여부를 판단할 수 있다.

```
select 적립포인트, 방문횟수, 최근방문일시, 구매실적, 변경일시
into   :a, :b, :c, :d, :mod_dt
from   고객
where  고객번호 = :cust_num;

-- 새로운 적립포인트 계산

update 고객 set 적립포인트 = :적립포인트, 변경일시 = SYSDATE
where  고객번호 = :cust_num
and    변경일시 = :mod_dt ; → 최종 변경일시가 앞서 읽은 값과 같은지 비교

if sql%rowcount = 0 then
  alert('다른 사용자에 의해 변경되었습니다.');
end if;
```

낙관적 동시성 제어에서도 update 전에 아래 select문(nowait 옵션을 사용한 것에 주목)을 한번 더 수행한다면 다른 트랜잭션에 의해 설정된 Lock 때문에 동시성이 저하되는 것을 예방

할 수 있다.

```
select 고객번호
from   고객
where  고객번호 = :cust_num
and    변경일시 = :mod_dt
for update nowait;
```

오라클 10g부터 낙관적 동시성 제어를 위해 활용할 수 있는 기능을 한가지 소개하려고 한다. 위에서처럼 별도의 Timestamp 컬럼을 두고 동시성 제어를 하려면 테이블 레코드를 insert/update/delete 할 때마다 변경일시 컬럼을 변경하도록 빠짐없이 구현해야만 한다. 그런데 애플리케이션을 통하지 않고 사용자가 직접 값을 바꾸는 일이 생긴다면, 변경일시 컬럼까지 변경하는 규칙을 지키지 않았을 때 Lost Update 문제가 다시 재발하게 된다.

오라클 10g부터 제공되는 Pseudo 컬럼 ora_rowscn을 활용한다면 Timestamp를 오라클이 직접 관리해 주므로 쉽고 완벽하게 동시성을 제어할 수 있다.

```
SQL> select e.empno, e.ename, ORA_ROWSCN, SCN_TO_TIMESTAMP(ORA_ROWSCN)
  2  from   emp e;

EMPNO ENAME          ORA_ROWSCN SCN_TO_TIMESTAMP(ORA_ROWSCN)
----- -------- ---------------- ------------------------------
 7369 SMITH       5934737784420 07/03/20 15:25:49.000000000
 7499 ALLEN       5934737785756 07/03/20 15:50:04.000000000
 7521 WARD        5934737784394 07/03/20 15:25:28.000000000
 7566 JONES       5934737784394 07/03/20 15:25:28.000000000
 ...  ...         ...           ...
```

ora_rowscn Pseudo 컬럼을 이용하면 특정 레코드가 변경 후 커밋된 시점을 추적할 수 있다. 따라서 변경일시 같은 컬럼을 따로 디자인하지 않더라도 동시성 제어에 활용할 수 있다. 단, 이 값을 이용해 정확한 동시성 제어를 하려면 테이블을 생성할 때 아래와 같은 옵션을 사용해야 한다. 이 옵션을 사용해야 로우 단위로 SCN을 기록하기 때문이다.

```
create table t
ROWDEPENDENCIES
as
select * from scott.emp;
```

기본 값은 NoRowDependencies 인데, 이때는 ora_rowscn 컬럼에 블록 SCN이 출력된다. 따라서 기본 값을 사용할 때는 한 레코드만 변경해도 블록 내 모든 레코드의 ora_rowscn이 변경되는 셈이 된다.

앞에서 보았던 낙관적 동시성 제어 예제를 ora_rowscn을 이용하도록 바꿔보면 아래와 같다.

```
select 적립포인트, 방문횟수, 최근방문일시, 구매실적, ora_rowscn
into   :a, :b, :c, :d, :rowscn
from   고객
where  고객번호 = :cust_num;

-- 새로운 적립포인트 계산

update 고객 set 적립포인트 = :적립포인트
where  고객번호 = :cust_num
and    ora_rowscn = :rowscn ;

if sql%rowcount = 0 then
  alert('다른 사용자에 의해 변경되었습니다.');
end if;
```

ora_rowscn과 scn_to_timestamp 함수를 이용하면 특정 레코드의 갱신시점을 알 수 있으므로 앞으로 테이블을 설계할 때 변경일시 컬럼을 두지 않아도 되겠다고 생각할 수 있다. 하지만 기억해야 할 중요한 사실이 하나 있다. ora_rowscn은 영구히 저장되는 값이지만 이를 시간정보로 변환하는 데에는 정해진 기한이 있다는 점이다.

SMON 프로세스는 내부적으로 SCN과 Timestamp 간 매핑 정보를 관리하며, 오라클은 이 매핑 정보(sys.smon_scn_time 테이블)를 이용해 scn_to_timestamp 함수를 구현했다. 그리고 이 매핑 테이블의 보관주기는 5일이다. 따라서 5일 이전에 갱신된 레코드의 rowscn을 가지고 Timestamp 값을 찾으려고 하면 매핑 테이블에서 값을 찾을 수 없어 에러(ORA-08181)가 발생하게 된다.

결론적으로 말해, 변경일시 컬럼을 단순히 동시성 제어를 위해서만 사용한다면 ora_rowscn을 활용하는 것이 효과적이지만, 변경일시 정보를 다른 용도로도 활용해야 한다면 기존 방식대로 구현해야 한다.

참고로, RowDependencies 옵션을 주고 테이블을 생성한 후에 Block Dump를 떠 보면 아래처럼 각 Row마다 SCN이 찍혀 있는 것을 확인할 수 있다.

```
## Block Dump ##################################################
tab 0, row 0, @0x1f54
tl: 44 fb: --H-FL-- lb: 0x0  cc: 8
dscn 0x0000.0b1b5f31
col  0: [ 3]  c2 4a 46
col  1: [ 5]  53 4d 49 54 48
col  2: [ 5]  43 4c 45 52 4b
col  3: [ 3]  c2 50 03
col  4: [ 7]  77 b4 0c 11 01 01 01
col  5: [ 2]  c2 09
col  6: *NULL*
col  7: [ 2]  c1 15
################################################################
```

중대한 버그

본서가 출간되고 2쇄를 시작하기 직전, 방금 설명한 기능(ora_rowscn을 이용한 동시성 제어)에 중대한 버그(Bug 5270479)가 있음을 발견하였다. 트랜잭션이 아래 패턴 1과 같을 때는 정상적인 결과에 이르지만, 패턴 2(→ 두 트랜잭션이 update를 동시에 진행)와 같을 때는 TX1이 TX2의 갱신을 덮어써 Lost Update가 발생하는 버그다.

〈 패턴 1 〉

TX1		TX2
select ... ;	t1	
	t2	update ... ;
	t3	commit;
update ... ;	t4	

〈 패턴 2 〉

TX1		TX2
select ... ;	t1	
	t2	update ... ;
update ... ;	t3	
	t4	commit;

안타까운 것은, 11gR2(11.2.0.1)에서도 Bug Fix가 되지 않았다는 사실(Bug 7338384)이다. 결론적으로, (언제일지 모르지만) 버그가 고쳐질 때까지 이 기능을 이용한 동시성 제어를 할 수 없게 되었다. 버그 리포트(Bug 5270479)에서 오라클이 제시하는 대안은 다음과 같다. 즉, 기존 방식대로 동시성 제어를 하라는 뜻이다.

"Include a sequence column in the table and increment that on every UPDATE then use that in predicates to ensure that the row has not been modified."

04 동시성 구현 사례

지금까지 동시성 제어의 개념과 기본적인 구현 패턴을 살펴 보았고, 이들 개념을 실제 프로젝트에 적용해서 효과적으로 동시성 문제를 해결했던 사례를 2가지만 소개하고자 한다.

(1) 일련번호 채번 동시성 높이기

첫 번째는, Locking을 최소화하면서 채번 테이블로부터 일련번호를 채번하고자 할 때 사용할 수 있는 사례이다. 일련번호를 채번하고자 할 때 가장 좋은 선택은 DBMS가 제공하는 Sequence 기능을 이용하는 것이다. 하지만 어떤 상황에서는 이런 기능을 사용할 수 없는 경우가 존재하고 그럴 때 주로 사용되는 방법이, ①데이터가 삽입되는 시점에 실시간으로 현재의 MAX 값을 취해 1만큼 증가시킨 값을 이용하거나, ②MAX 값을 관리하는 별도의 채번 테이블에서 값을 가져오는 방식이다.

①실시간으로 MAX 값을 얻어 처리할 때는 두 개의 트랜잭션이 동시에 같은 값을 읽었을 경우, insert 하려는 순간 PK 제약에 위배되므로 예외(Exception) 처리를 통해 그다지 어렵지 않게 동시성을 제어할 수 있다. 하지만 ②채번 테이블을 사용할 때는 채번 후 다음 처리로 진행하기 전에 채번 테이블 값을 1만큼 증가시키는 갱신을 수행해야 하는 어려움이 있다. 예를 들어, 아래와 같은 채번 테이블이 있다.

```
create table seq_tab (
   gubun varchar2(1)
 , seq   number
 , constraint pk_seq_tab primary key(gubun, seq)
)
organization index;
```

그리고 이 테이블에서 현재 값을 1만큼 증가시키고 그 값을 읽어 리턴하는 사용자 정의 함수를 아래와 같이 정의하였다.

```
 1 create or replace function seq_nextval(l_gubun number) return number
 2 as
 3    /** pragma autonomous_transaction; **/
 4    l_new_seq seq_tab.seq%type;
 5 begin
 6    update seq_tab
 7    set    seq = seq + 1
 8    where  gubun = l_gubun;
 9
10    select seq into l_new_seq
11    from   seq_tab
12    where  gubun = l_gubun;
13
14    commit;
15    return l_new_seq;
16 end;
17 /
```

아래는 위에서 정의한 함수를 사용하는 트랜잭션 예시다.

```
 1 begin
 2    update tab1 set col1 = :x where col2 = :y ;
 3
 4    Insert into tab2 values
 5        ( seq_nextval(123), :x, :y, :z  );
 6
 7    loop
 8      -- do anything ...
 9    end loop;
10
11    commit;
12
13 exception
14    when others then
15       rollback;
16 end;
17 /
```

문제는 커밋 시점인데, 만약 앞서 정의한 seq_nextval 함수처럼 라인 14에서 커밋을 한다면, 어떤 이유에서 메인 트랜잭션(바로 위 소스 코드)이 라인 4 insert 이후에 롤백될 경우 문제가 생긴다. 라인 2에서의 update는 이미 커밋된 된 상태가 되어 데이터의 일관성이 깨지기 때문이다.

그렇다고 seq_nextval 함수 라인 14에서 커밋을 안하고 함수를 빠져나오면 어떻게 될까? 아래 메인 트랜잭션이 모두 종료될 때까지 채번 테이블에 Lock이 걸린 상태가 유지되므로 동시 채번이 빈번히 발생하는 상황에서 심각한 성능저하를 일으키게 될 것이다. 메인 트랜잭션 7~9번 라인에서 어떤 이유에서건 지연이 발생하는 상황을 상상해 보라.

다행히 오라클은, 메인 트랜잭션에 영향을 주지 않고 서브 트랜잭션만 따로 커밋하는 기능을 제공하는데, 이를 'autonomous 트랜잭션'이라고 한다. 위에서 정의한 seq_nextval 함수에서 3번 라인에 사용된 주석을 제거해 주면 된다. 직접 테스트를 통해 사용방법을 익히고 실제 업무에 적용한다면 트랜잭션 동시성을 향상시키는 데에 큰 효과를 거둘 수 있다.

(2) 선분이력 정합성 유지

두 번째는, 선분이력을 추가하고 갱신할 때 발생할 수 있는 동시성 이슈를 해결한 사례다.

선분이력모델은 여러 측면에서 장점이 있지만 잘못하면 데이터 정합성이 쉽게 깨질 수 있다는 단점이 있다. 선분이력을 모델로 채택하면서 이를 정확히 핸들링하는 방법들을 개발 초기에 미리 교육하지 않아 문제가 발생하는 프로젝트를 자주 본다. 아래 모델을 예로 들면서, 선분이력이 동시성과 관련해 어떤 문제를 일으킬 수 있고 어떻게 해결할 수 있는지 살펴보기로 하자.

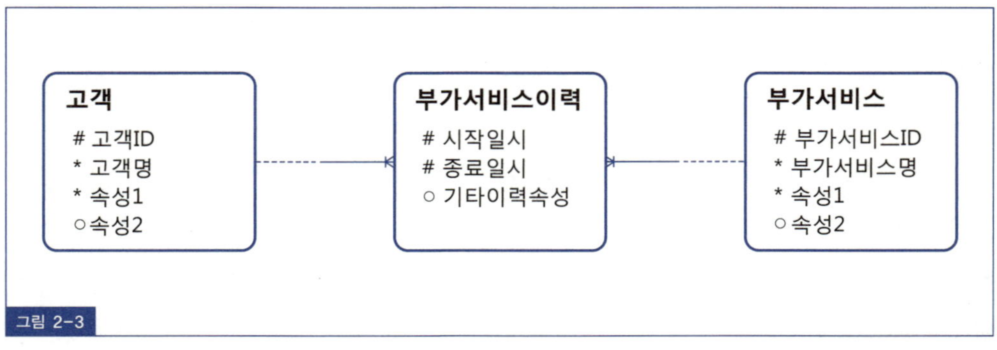

그림 2-3

```
   declare
     cur_dt varchar2(14);
   begin
①   cur_dt := to_char(sysdate, 'yyyymmddhh24miss');

②   update 부가서비스이력
     set    종료일시 = to_date(:cur_dt, 'yyyymmddhh24miss') - 1/24/60/60
     where  고객ID = 1
     and    부가서비스ID  = 'A'
     and    종료일시  = to_date( '99991231235959', 'yyyymmddhh24miss' ) ;

③   insert into 부가서비스이력(고객ID, 부가서비스ID, 시작일시, 종료일시)
     values ( 1, 'A' , to_date(:cur_dt, 'yyyymmddhh24miss')
            , to_date('99991231235959', 'yyyymmddhh24miss') ) ;

④   commit;
   end;
```

위 트랜잭션은 기존 최종 선분이력을 끊고 새로운 이력 레코드를 추가하는 전형적인 처리 루틴이며, 신규 등록 건이면 ②번 update문에서 실패하고 ③번에서 한 건이 insert 될 것이다.

만일 첫 번째 트랜잭션이 ①을 수행하고 ②로 진입하기 직전에 어떤 이유에서건 두 번째 트랜잭션이 동일 이력에 대해 ①~④를 먼저 진행해 버린다면 선분이력이 깨지게 된다. 따라서 트랜잭션이 순차적으로 진행할 수 있도록 직렬화 장치를 마련해야 하는데, ①번 문장을 수행하기 직전에 select for update문을 이용해 해당 레코드에 Lock을 설정하면 된다.

그런데 아래처럼 부가서비스이력에 Lock을 걸어 동시성을 관리하려 한다면 기존에 부가서비스이력이 전혀 없던 고객일 경우 Lock이 걸리지 않는다. 그러면 동시에 두 개 트랜잭션이 ③번 insert문으로 진입할 수 있고, 결과적으로 시작일시는 다르면서 종료일시가 같은 두 개의 이력 레코드가 생긴다.

```
select 고객ID from 부가서비스이력
where  고객ID = 1
and    부가서비스ID = 'A'
and    종료일시 = to_date( '99991231235959', 'yyyymmddhh24miss' )
FOR UPDATE NOWAIT ;
```

따라서 부가서비스이력의 상위 엔터티인 고객 테이블에 Lock을 걸면 완벽하게 동시성 제어를 할 수 있다.

```
select 고객ID from 고객 where 고객ID = 1
FOR UPDATE NOWAIT ;
```

또 다른 상위 엔터티인 부가서비스는 여러 사용자가 동시에 접근할 가능성이 커 여기에 Lock을 설정하면 동시성에 나빠질 수 있지만, 고객 테이블은 그럴 가능성이 희박하기 때문에 동시성에 미치는 영향은 거의 0에 가깝다.

이 외에도 선분이력의 정합성을 유지하기 위해 사용할 수 있는 몇 가지 솔루션이 더 있지만, 지면을 통해 설명하기에는 다소 복잡한데다 본서는 성능 문제를 다루는 책이므로 데이터 정합성을 위해 너무 많은 지면을 할애할 수 없는 한계가 있다. 다 소개하지 못하는 게 아쉽지만 다른 저서나 강좌를 통해 소개할 것을 약속한다.

05 오라클 Lock

오라클은 공유 리소스와 사용자 데이터를 보호할 목적으로 DML Lock, DDL Lock, 래치(Latch), 버퍼 Lock, 라이브러리 캐시 Lock/Pin 등 다양한 종류의 Lock을 사용한다. 미처 다 열거하지 못했지만, 이 외에도 내부적으로 더 많은 종류의 Lock이 존재한다.

이 중 래치와 버퍼 Lock에 대해서는 1장에서 다루었다.

- 래치 : SGA에 공유돼 있는 갖가지 자료구조를 보호할 목적으로 사용하는 가벼운 Lock

- 버퍼 Lock : 버퍼 블록에 대한 액세스를 직렬화

라이브러리 캐시 Lock과 라이브러리 캐시 Pin에 대해서는 4장과 부록에서 자세히 다루지만 간단히 설명하면 라이브러리 캐시에 공유된 오브젝트 정의, 커서 · PL/SQL 프로그램 같은 실행가능 오브젝트에 대한 정의 및 실행계획을 보호하는 Lock이다.

- 라이브러리 캐시 Lock : 라이브러리 캐시 오브젝트에 대한 핸들을 보호
- 라이브러리 캐시 Pin : 라이브러리 캐시 오브젝트의 실제 내용이 담긴 힙(Heap)을 보호

애플리케이션 개발 측면에서 가장 중요하게 다루어야 할 Lock은 무엇보다 DML Lock이다. 본 절에서 집중적으로 설명하려고 하는 DML Lock은, 다중 사용자에 의해 동시에 액세스되는 사용자 데이터의 무결성을 보호해 준다. DML Lock에는 테이블 Lock과 로우 Lock이 있다.

- DML 테이블 Lock : Enqueue Lock으로 구현함
- DML 로우 Lock : 로우 단위 Lock과 트랜잭션 Lock을 조합해서 구현함(트랜잭션 Lock은 Enqueue Lock으로 구현)

DML Lock을 이해하려면 Enqueue Lock 구조와 트랜잭션 Lock(TX Lock) 개념을 먼저 이해해야 한다. 본 절에서 설명할 내용을 미리 열거하면 다음과 같다.

(1) Enqueue Lock
(2) TX Lock (=트랜잭션 Lock)
(3) TX Lock ▶ 무결성 제약 위배 가능성 또는 비트맵 인덱스 엔트리 갱신
(4) TX Lock ▶ ITL 슬롯 부족
(5) TX Lock ▶ 인덱스 분할
(6) TX Lock ▶ 기타 트랜잭션 Lock

(7) TX Lock ▶ DML 로우 Lock

(8) TM Lock ▶ DML 테이블 Lock

(9) Lock을 푸는 열쇠, 커밋

(1) Enqueue Lock

Enqueue는 공유 리소스에 대한 액세스를 관리하는 Lock 메커니즘이다. Enqueue에 의해 보호되는 공유 리소스로는 테이블, 트랜잭션, 테이블스페이스, 시퀀스, Temp 세그먼트 같은 것들이 있다. Enqueue Lock은 래치와 달리 순서가 보장되는 큐(Queue) 구조를 사용한다. 따라서 대기자 큐(Queue)에 가장 먼저 Lock 요청을 등록한 세션이 가장 먼저 Lock을 획득한다.

Enqueue Lock으로 관리되는 공유 리소스에 대해 Lock을 획득하려면 먼저 'Enqueue 리소스'를 할당받아야[16] 한다. Enqueue 리소스는 소유자(owner), 대기자(waiter) 목록을 관리할 수 있는 구조체(Structure)를 말한다. 각 Enqueue 리소스에는 고유한 식별자가 부여되며, 식별자는 〈Type-ID1-ID2〉로 구성된다. Type은 'TX', 'TM', 'TS' 처럼 2개 문자열로 이루어지며, ID1, ID2에는 Lock 종류에 따라 다른 정보를 갖는다. 예를 들어, TM Lock 식별자에는 다음과 같은 정보를 포함한다.

- TYPE : TM
- ID1 : 오브젝트 ID
- ID2 : 0

TX Lock 식별자에는 다음과 같은 정보를 포함한다.

- TYPE : TX

---

16) 현재 할당된 Enqueue 리소스는 v$resource 뷰를 통해 확인할 수 있다.

- ID1 : Undo 세그먼트 번호 + 트랜잭션 슬롯번호
- ID2 : 트랜잭션 슬롯 Sequence 번호

오라클은 Enqueue 리소스 구조체를 통합 관리하는[17] 리소스 테이블(일종의 Array)을 갖고 있으며, 리소스 테이블에서 관리되는 각 리소스를 찾을 때는 해싱 알고리즘을 사용한다. 물론, 해싱을 위한 해시 키(Hash Key)로는 리소스 식별자가 사용된다. 각 해시 버킷에는 연결 리스트(Linked List)로 연결된 해시 체인을 가지며, 여기에 리소스 구조체가 연결된다(그림2-4).

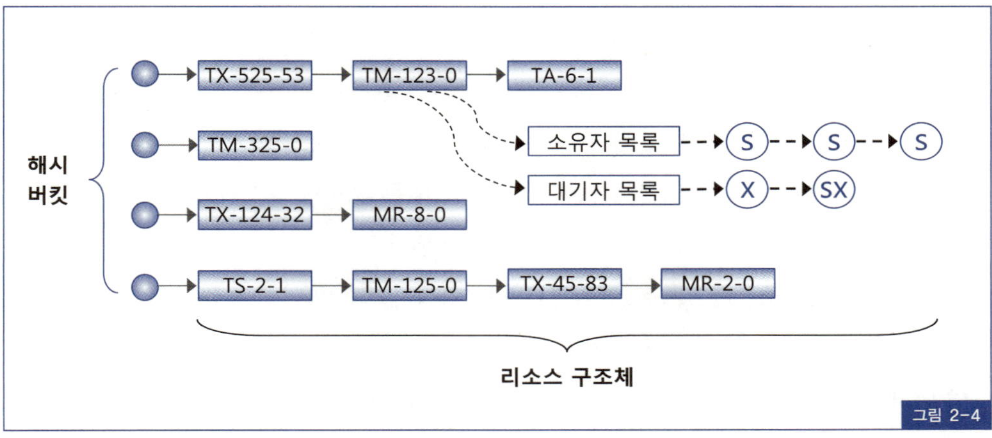

그림 2-4

Enqueue 방식으로 관리되는 특정 리소스(테이블, 트랜잭션)에 대해 Lock을 획득하려면, 먼저 리소스 테이블에서 해당 리소스 구조체를 찾는다. 리소스 구조체를 찾지 못하면, 새로운 리소스 구조체를 할당 받아 해시 체인 연결 리스트에 연결한다. 그런 후, 리소스 구조체의 소유자 목록에 자신을 등록하면 된다. 호환되지 않는 모드로 먼저 Lock을 획득한(즉, 소유자 목록에 등록된) 세션이 있다면 Lock 요청을 대기자 목록에 등록하고 대기해야 한다. (또는 작업을 포기하는 선택을 할 수도 있다.)

소유자가 Exclusive 모드일 때는 한 순간에 하나의 세션만 Lock을 획득할 수 있지만, Shared 모드일 때는 여러 세션이 동시에 Lock을 획득할 수 있다. 즉, 여러 세션이 동시

[17] 통합 관리하지 않고 버퍼 Lock이나 라이브러리 캐시 오브젝트처럼 개별 공유 리소스에서 소유자, 대기자 목록을 관리하는 경우도 있다.

에 소유자 목록에 등록될 수 있다. 소유자 목록에 Shared 또는 Exclusive 모드 Lock이 등록된 상태에서 Exclusive 모드로 Lock을 획득하려는 세션은 대기자 목록에서 대기해야 하며, 하나의 리소스 구조체 대기자 목록에 동시에 여러 세션이 등록된 상태로 대기할 수도 있다. Enqueue Lock의 작동 메커니즘은 아래와 같다.

1. A 세션이 Shared 모드로 Lock을 획득한다.
2. B 세션이 Shared 모드로 Lock을 획득하려고 한다. 먼저 Lock을 소유한 A 세션과 호환되므로 정상적으로 Lock을 획득한다. 이제 소유자 목록에는 두 개 세션이 달려 있다.
3. C 세션이 Exclusive 모드로 Lock을 획득하려고 한다. Shared 모드와 Exclusive 모드 간에 호환성이 없으므로 대기자 목록에 자신을 등록하고 대기한다.
4. 소유자 목록에 Shared 모드로 달려 있던 A, B 두 세션이 모두 Lock을 해제하면 C 세션이 Exclusive 모드로 소유자 목록에 등록된다.
5. A 세션이 Exclusive 모드로 다시 Lock을 획득하려고 하면, Exclusive 모드와 호환되지 않으므로 대기자 목록에 자신을 등록하고 대기한다.
6. B 세션이 다시 Shared 모드로 Lock을 획득하려고 할 때도 Exclusive 모드와 호환되지 않으므로 대기자 목록에 자신을 등록하고 대기한다.
7. Enqueue Lock은 순서가 보장되므로 C 세션이 Lock을 해제하면 A 세션이 가장 먼저 Exclusive 모드로 Lock을 획득한다.

(2) TX Lock (=트랜잭션 Lock)

트랜잭션을 시작하려면 먼저 Undo 세그먼트 헤더에 위치한 트랜잭션 테이블로부터 슬롯(Slot)을 하나 할당받아야 한다고 1장에서 설명했다. 이 트랜잭션이 변경을 가한 블록에 대한 Consistent 버전을 얻으려는 다른 트랜잭션은, 트랜잭션 슬롯에 기록된 상태 정보를 확인하고, 필요하다면 CR 블록을 생성해서 읽는다. 그렇게 함으로써 오라클은, 레코드가 갱신 중이더라도 읽기 작업에 대해서는 블로킹 없이 작업을 진행할 수 있도록 구현하였다.

하지만 변경 중인 레코드(또는 기타 리소스)를 동시에 변경하려는 트랜잭션에 대해서는 액세스를 직렬화해야 하며, 그 목적으로 사용하는 Lock 메커니즘이 트랜잭션 Lock(이하 TX Lock)이다. TX Lock은 트랜잭션이 첫 번째 변경을 시작할 때 얻고, 커밋 또는 롤백할 때 해제한다.

TX Lock도 Enqueue Lock으로 구현되었다. 앞에서 설명했듯이 TX Lock을 위한 Enqueue 리소스 구조체의 식별자는 다음과 같은 정보를 포함한다.

- TYPE : TX
- ID1 : Undo 세그먼트 + 트랜잭션 슬롯번호
- ID2 : 트랜잭션 슬롯 Sequence 번호

이 식별자를 갖는 리소스 구조체를 Enqueue 리소스 테이블 해시 체인에 연결하고, 소유자 목록에 트랜잭션을 등록함으로써 Lock을 획득한다. 이제 TX Lock을 획득했으므로 트랜잭션을 위한 일련의 작업들을 수행할 수 있다.

TX Lock 메커니즘을 그림 2-5를 보면서 이해해보자.

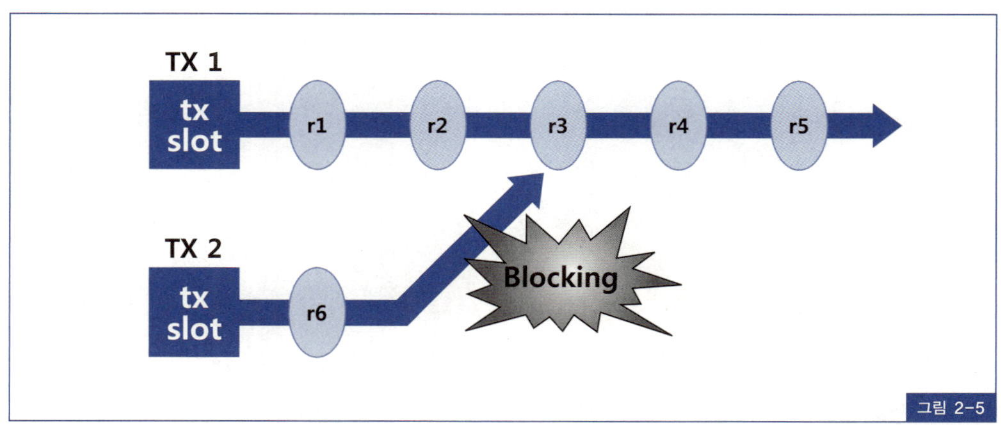

그림 2-5

1. TX1 트랜잭션은 Undo 세그먼트에서 트랜잭션 슬롯을 할당 받고, Enqueue 리소스

를 통해 TX Lock을 설정한다. 이 상태에서 r1부터 r5까지 5개 레코드를 변경하고, 아직 커밋은 하지 않았다.

2. TX2 트랜잭션도 트랜잭션 테이블에서 하나의 슬롯을 할당 받고, Enqueue 리소스를 통해 TX Lock을 설정한 후 r6 레코드를 변경한다.
3. 이제 TX2가 r3 레코드를 액세스하려는 순간 호환되지 않는 모드로 Lock이 걸려 있음을 인지하고 TX1의 트랜잭션 슬롯 상태를 확인한다.
4. TX1이 아직 커밋되지 않은 Active 상태이므로 TX2는, TX1이 Lock을 설정한 Enqueue 리소스 구조체 대기자 목록에 자신을 등록하고, 대기 상태로 들어간다.
4. TX2는 대기하면서 3초마다 한번씩 TX1이 설정한 TX Lock의 상태를 확인한다. 교착상태(Deadlock) 발생 여부를 확인하기 위함이다.
5. TX1이 커밋 또는 롤백하면, TX1이 설정한 TX Lock의 대기자 목록에서 가장 우선순위가 높은 TX2 트랜잭션을 깨워 트랜잭션을 재개하도록 한다.
6. TX2는 r3 레코드를 변경한다.

v$lock을 통해 TX Lock을 조회할 수 있다.

```
SQL> select sid, type, id1, id2, lmode, request, block
  2       , to_char(trunc(id1/power(2,16))) USN
  3       , bitand(id1, to_number('ffff', 'xxxx')) + 0 SLOT
  4       , id2 SQN
  5  from   v$lock
  6  where  TYPE = 'TX' ;

  SID TY      ID1    ID2  LMODE    REQUEST    BLOCK USN    SLOT     SQN
----- -- -------- ------ ------- ---------- -------- --- ------- -------
  145 TX   655401   1601       0          6        0 10       41    1601
  150 TX   655401   1601       6          0        1 10       41    1601
```

현재 150번 세션이 145번 세션의 진행을 블로킹하고 있다(block=1). 145번 세션은 150번 세션이 Exclusive 모드(lmode = 6)로 획득한 TX Lock을 Exclusive 모드(request = 6)로 요청한 채 대기하고 있다. 현재 경합이 발생한 TX Lock 식별자는 〈TX-655401-1601〉이고, id1과 id2 값을 이용해 TX Lock을 소유한 트랜잭션의 Undo 세그먼트와 트랜잭션 슬롯번호, 시퀀스 번호까지 식별해 낼 수 있다.

v$lock 뷰를 이용해 TX Lock 경합 상황을 모니터링 할 수 있지만, 발생 원인까지 알 수는 없다. 원인을 파악하려면 v$session_wait 또는 이벤트 트레이스(레벨 8)를 통해 대기 이벤트 발생 현황을 관찰해야 한다.

```
SQL> select sid, seq#, event, state, seconds_in_wait, p1, p2, p3
  2  from   v$session_wait
  3  where  event like 'enq: TX%';

                                                     SECONDS
SID SEQ# EVENT                          STATE    _IN_WAIT         P1     P2    P3
--- ---- ------------------------------ ------- -------- ---------- ------ -----
158  137 enq: TX - row lock contention  WAITING      108 1415053318 589824  7754
```

관찰된 대기 이벤트명[18]에 따라 TX Lock을 아래와 같이 구분할 수 있다.

대기 이벤트명	Lock 모드	원인
enq: TX - row lock contention	Exclusive(6)	DML 로우 Lock
	Shared(4)	무결성 제약 위배 가능성
	Shared(4)	비트맵 인덱스 엔트리 갱신
enq: TX - allocate ITL entry	Shared(4)	ITL 부족
enq: TX - index contention	Shared(4)	인덱스 분할
enq: TX - contention	Shared(4)	읽기 전용 테이블스페이스, PREPARED TxN(2PC), Free Lists 등등

특히, 이벤트명이 *enq: TX - row lock contention* 일 때는 Lock 모드에 따라 그 발생원인을 판단해야 한다. Lock 모드는 이벤트 발생 시 함께 기록되는 p1 파라미터를 통해 확인할 수 있다.

18) 오라클 9i까지는 TX Lock을 포함해 Enqueue Lock 대기가 발생하면 무조건 enqueue 대기 이벤트 하나로 표시해 주었기 때문에 원인을 분석하는 데에 어려움이 많았었다.

```
# Lock 타입 - TM, TX, TS, SQ, HW, HV 등
  chr(bitand(:p1, -16777216)/16777215) || chr(bitand(:p1, 16711680)/65535)

# Lock 모드
  decode(to_char(bitand(:p1, 65535)), 0, 'None'
                                     , 1, 'Null'
                                     , 2, 'RS'    -- Row-Shared
                                     , 3, 'RX'    -- Row-Exclusive
                                     , 4, 'S'     -- Shared
                                     , 5, 'SRX'   -- Shared-Row-Exclusive
                                     , 6, 'X'     -- Exclusive
        )
```

참고로, p2, p3 파라미터를 통해 Undo 세그먼트, 트랜잭션 슬롯번호, 그리고 Wrap 시퀀스 번호를 식별해 낼 수 있다.

```
# Undo 세그먼트 번호
  trunc(:p2/power(2,16))

# 트랜잭션 테이블 슬롯번호
  bitand(:p2, to_number('ffff', 'xxxx')) + 0

# 트랜잭션 슬롯 Wrap 시퀀스
  :p3
```

지금부터 아래 6가지 TX Lock 발생원인에 대해 자세히 살펴보자.

- DML 로우 Lock
- 무결성 제약 위배 가능성
- 비트맵 인덱스 엔트리 갱신
- ITL 슬롯 부족
- 인덱스 분할
- 기타

이 중 가장 중요한 DML 로우 Lock은 맨 뒤에서 테이블 Lock과 함께 설명한다.

(3) TX Lock ▶ 무결성 제약 위배 가능성 또는 비트맵 인덱스 엔트리 갱신

로우 Lock 경합은 일반적으로 update나 delete 시에만 발생한다. insert는 새로운 레코드를 삽입하는 것이므로 로우 Lock 경합이 발생하지 않는다. 하지만 테이블에 Unique 인덱스가 정의되어 있을 때는 insert에 의한 로우 Lock 경합이 생길 수 있다. 두 개 이상 트랜잭션이 같은 값을 입력하려 할 때, 선행 트랜잭션이 아직 진행 중이라면 값의 중복 여부가 확정되지 않았으므로 후행 트랜잭션은 진행을 멈추고 대기해야만 하는 것이다.

dept 테이블 deptno 컬럼에 PK 인덱스가 생성돼 있는 상황에서 두 트랜잭션이 다음과 같이 진행하면, *enq: TX - row lock contention* 대기 이벤트가 Shared 모드로 발생한다.

1. 트랜잭션 TX1이 dept 테이블에 deptno = 40인 레코드를 입력한다.
2. 트랜잭션 TX2도 dept 테이블에 deptno = 40인 레코드를 입력하면, TX1이 커밋 또는 롤백할 때까지 Shared 모드로 *enq: TX - row lock contention* 대기 이벤트가 발생한다.
3. TX1이 커밋하면 TX2는 ORA-00001 에러를 만나게 된다.
   "ORA-00001: 무결성 제약 조건(PK_DEPT)에 위배됩니다"
4. TX1이 롤백하면 TX2는 정상적으로 입력이 완료된다.

이번에는 dept와 emp 테이블이 1:M 관계고, deptno 컬럼으로 dept.deptno를 참조하도록 emp 테이블에 FK 제약이 설정돼 있다고 가정하자. 이런 상황에서 두 트랜잭션이 아래와 같이 진행하면, 마찬가지로 *enq: TX - row lock contention* 대기 이벤트가 Shared 모드로 발생한다.

1. 트랜잭션 TX1이 dept 테이블에 deptno = 40인 레코드를 지운다.
2. 트랜잭션 TX2가 emp 테이블에 deptno = 40인 레코드를 입력하면, TX1이 커밋 또는 롤백할 때까지 Shared 모드로 *enq: TX - row lock contention* 대기 이벤트가 발생한다.

3. TX1이 커밋하면 TX2는 ORA-02291 에러를 만나게 된다.
   "ORA-02291: 무결성 제약조건(FK_EMP_DEPT)이 위배되었습니다- 부모 키가 없습니다"
4. TX1이 롤백하면 TX2는 정상적으로 입력이 완료된다.

비트맵 인덱스 엔트리에 대한 갱신을 수행할 때도 Shared 모드로 *enq: TX - row lock contention* 이벤트가 발생할 수 있다. 비트맵 인덱스는 그 구조상 하나의 엔트리가 여러 개 레코드와 매핑된다. 하나의 엔트리에 Lock을 설정하면 매핑되는 레코드 전체에 Lock이 설정되므로, 비트맵 인덱스 엔트리를 두 개 이상 트랜잭션이 동시에 갱신할 때 이 이벤트가 자주 발생한다.

예를 들어, TX1 트랜잭션이 1번 레코드를 갱신하는 동안 TX2 트랜잭션이 2번 레코드를 갱신하려고 할 수 있는데, 이 때 Shared 모드로 *enq: TX - row lock contention* 대기 이벤트가 발생한다.

(4) TX Lock ▶ ITL 슬롯 부족

블록에 레코드를 추가/갱신/삭제하려면, ITL 슬롯을 먼저 할당 받고 그 곳에 트랜잭션 ID를 먼저 기록해야 한다. 비어 있는 ITL 슬롯이 없다면, ITL 슬롯을 사용 중인 트랜잭션 중 하나가 커밋 또는 롤백할 때까지 기다려야 하며, 이때 Shared 모드 *enq: TX - allocate ITL entry* 대기 이벤트가 발생한다. 결국, 한 블록을 동시에 갱신할 수 있는 트랜잭션 개수는 ITL 슬롯에 의해 결정된다. 참고로, ITL 슬롯당 24 바이트 공간을 차지한다.

블록에 기본적으로 할당할 ITL 슬롯 개수는 INITRANS 파라미터로 설정한다.

```
create table t ( ... ) INITRANS 5 MAXTRANS 255 PCTFREE 30;
```

PCTFREE는 원래 컬럼 update를 위해 예약된 공간이다. 하지만 INITRANS에 의해 미리 할당된 ITL 슬롯이 모두 사용 중일 때, 새로운 트랜잭션이 ITL 슬롯을 요청하면 PCTFREE 설정에 의해 비워둔 공간을 활용하게 된다. 이 공간까지 활용해 최대한 생성할 수 있는 ITL 슬롯 개수는 MAXTRANS에 의해 결정된다. ITL 슬롯 부족에 의한 대기 현상이 발생했다면, 아래 둘 중 하나에 해당한다.

- 동시에 블록을 갱신하려는 트랜잭션 개수가 MAXTRANS 값을 초과
- PCTFREE를 0으로 지정했거나 PCTFREE 예약 공간을 모두 사용한 상태에서, 새로운 트랜잭션을 위한 ITL 슬롯이 부족

테이블에 insert 할 때는, ITL 슬롯이 부족하더라도 굳이 그 블록에 insert 하려고 대기할 필요가 없다. 새 블록을 할당해 그 곳에 insert하면 되기 때문이며, 오라클 9i부터 그렇게 동작하기 시작했다. 따라서 9i부터는 insert 시 테이블 블록에 대한 ITL 경합이 발생하지 않는다. 하지만 인덱스에 값을 삽입할 때는 정렬 상태를 유지해야 하므로 여전히 ITL 경합이 발생한다. update, delete 일 때는 테이블, 인덱스를 불문하고 ITL 경합이 나타날 수 있다.

INITRANS, MAXTRANS 설정과 관련해, 오라클 버전이 올라가면서 조금씩 변화가 있었다. 9i부터는, 테이블에 INITRANS를 3보다 작게 설정하더라도 오라클이 기본적으로 3개의 ITL 슬롯을 할당한다. 10g에서는 MAXTRANS를 위해 사용자가 지정한 값은 무시되며 항상 255개로 고정된다. 이 값이 255이므로 ITL 경합을 더는 염려하지 않아도 된다고 생각하면 오산이다. PCTFREE에 의해 예약된 공간이 update에 의해 모두 사용되고 나면 여전히 ITL 경합이 발생할 수 있기 때문이다.

ITL 경합에 의한 대기 현상이 자주 발생하는 세그먼트(테이블, 인덱스, 파티션)에 대해서는 INITRANS를 늘려주어야 하며, 그런 세그먼트 목록은 v$segstat(10g 이상)을 통해 확인할 수 있다.

```
select ts#, obj#, dataobj#, sum(value) itl_waits
from   v$segstat
where  statistic_name = 'ITL waits'
```

```
group by ts#, obj#, dataobj#
having sum(value) > 0
order by sum(value) desc
```

INITRANS 값을 변경하더라도 기존에 할당된 블록의 ITL 슬롯 개수에는 변함이 없고, 새로 할당되는 블록에만 적용된다. 따라서 기존 블록에서 ITL 경합이 빈번하게 발생한다면, 테이블 또는 인덱스 전체를 재생성해 줘야만 한다.

```
alter table t move INITRANS 5;  → 인덱스가 모두 unusable 되므로 주의!!
alter index t_idx rebuild INITRANS  5;
```

(5) TX Lock ▶ 인덱스 분할

테이블은 레코드 간 정렬 상태를 유지하지 않기 때문에 입력할 공간이 부족할 때 새로운 블록을 할당 받아 입력하면 된다. 하지만 인덱스는 정렬된 상태를 유지해야 하므로 아무 블록에나 값을 입력할 수 없다. 따라서 값을 입력할 위치에 빈 공간이 없으면 인덱스 분할(Split)을 실시해 새 값을 입력할 공간을 확보하게 되며, 이 과정에서 Lock 경합이 발생할 수 있다.

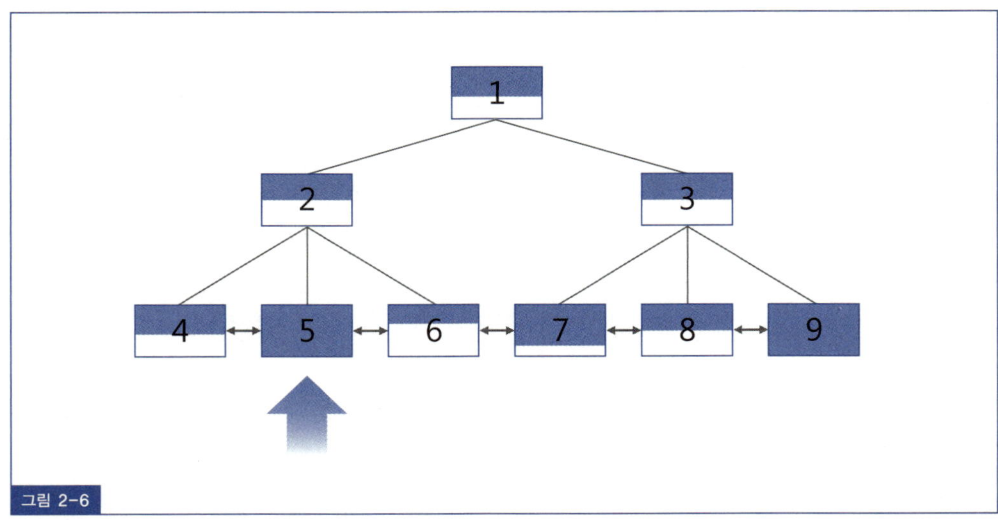

그림 2-6

그림 2-6에서 현재 5번과 9번 리프 블록이 꽉 찬 모습을 볼 수 있다. 이때 5번 블록에 새로운 값을 입력하려는 트랜잭션은, 먼저 인덱스 분할을 실시해야 한다.

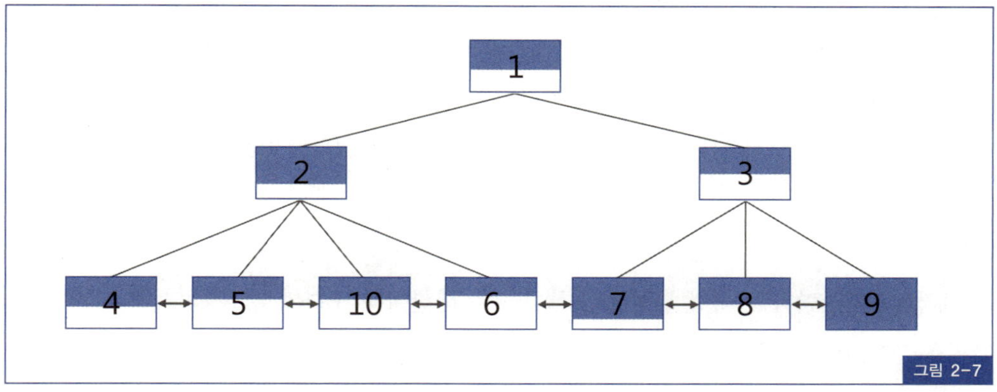

그림 2-7

그림 2-7은 인덱스 분할이 완료된 후 모습이다. 5번과 6번 블록 사이에 10번 블록이 삽입되었고, 5번 블록에 있던 레코드 절반이 10번 블록으로 이동하였다. 이제 값을 입력하고, 계속 트랜잭션을 진행할 수 있다.

이번에는 9번 블록에 새로운 값을 추가하려는 트랜잭션이 생겼다. 9번 블록도 꽉 찬 상태이므로 먼저 입력할 공간을 확보해야 한다. 맨 우측에 값을 추가하려는 것이므로 레코드가 이동할 필요는 없으며, 새 블록을 추가해 주기만 하면 된다.

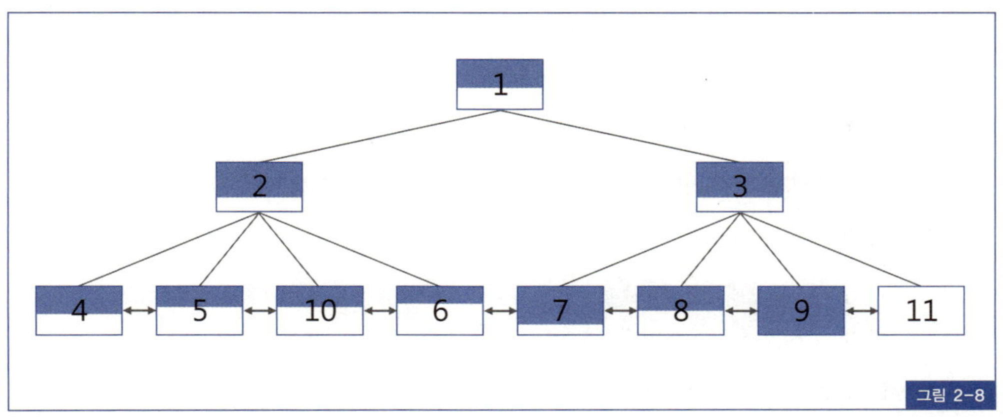

그림 2-8

그림 2-8은 인덱스 분할이 완료된 후 모습이며, 9번 블록 뒤쪽에 11번 블록이 추가된 것을 볼 수 있다.

문제는, 인덱스 분할이 진행되는 동안 그 블록에 새로운 값을 입력하려는 또 다른 트랜잭션이 생길 수 있다는 점이다. 그러면 두 번째 트랜잭션은 선행 트랜잭션이 인덱스 분할을 완료할 때까지 대기해야 하며, Shared 모드에서 *enq: TX - index contention* 이벤트를 만나게 된다.

여기서 한 가지 의문이 생긴다. TX Lock은 선행 트랜잭션이 커밋 또는 롤백할 때 비로소 해제되는데, 만약 인덱스 분할을 진행한 트랜잭션이 커밋하지 않은 채 계속 다른 갱신 작업을 진행한다면 TX Lock을 대기하던 트랜잭션은 어떻게 될까? 계속 대기해야만 하는 것일까?

오라클은 이 문제를 해결하려고 autonomous 트랜잭션을 사용하며, 이에 대한 개념은 4절 동시성 구현 사례에서 이미 살펴보았다.

1. TX1 트랜잭션이 인덱스에 로우를 삽입하려는 순간 빈 공간을 찾지 못했다. 인덱스 분할이 필요하다.
2. TX1 트랜잭션은 autonomous 트랜잭션 TX2를 생성해 인덱스 분할을 진행토록 한다.
3. 인덱스 분할이 진행 중인 블록에 TX3 트랜잭션이 로우를 삽입하려고 한다. 이 트랜잭션은 *enq: TX - index contention* 이벤트를 만나게 되고, TX2 트랜잭션이 커밋할 때까지 대기한다.
5. 인덱스 분할이 완료되면 TX2 트랜잭션은 커밋한다. autonomous 트랜잭션이므로 TX1은 커밋되지 않은 상태로 계속 트랜잭션을 진행할 수 있다.
6. TX3 트랜잭션도 작업을 재개한다.

인덱스 분할을 최소화하는 방안으로, PCTFREE를 증가시키면 된다고 흔히 알려졌다. 그런데 이 방법은 대개 효과가 없거나[19] 일시적이라고 할 수 있다. 인덱스에서의

PCTFREE 설정은 인덱스를 처음 생성하거나 재생성하는 시점에만 적용되기 때문이다. 인덱스를 생성하는 시점에, 나중에 발생할 insert를 위해 공간을 남겨두는 것이므로 인덱스 분할을 최소화할 목적으로 제공되는 기능임은 틀림없다. 하지만 공간을 남겨두더라도 언젠가 다시 채워지므로, 인덱스를 주기적으로 재생성하지 않는 한 근본적인 해결책이 되지는 못한다.

테이블에서의 PCTFREE 공간이 나중에 발생할 update를 위해 남겨두는 공간인데 반해, 인덱스에서의 PCTFREE는 insert를 위해 남겨두는 공간임을 기억할 필요가 있다. 인덱스에는 update 개념이 없기 때문에[20] 테이블처럼 update를 위해 공간을 남겨둔다면 영영 사용되지 않는 죽은 공간이 될 것이다.

참고로, 우측 맨 끝으로만 값이 입력되는 Right Growing[21] 인덱스라면, PCTFREE를 0으로 설정하는 것이 인덱스 크기를 줄이는 데에 도움이 된다.

(6) TX Lock ▶ 기타 트랜잭션 Lock

Shared 모드 *enq: TX - contention* 대기 이벤트에 대해 오라클 매뉴얼을 찾아보면, 분산 트랜잭션에서 2-Phase 커밋을 위한 PREPARED TX Lock을 대기할 때 발생한다고 설명돼 있을 뿐 더 자세한 설명을 얻을 수 없다. 추측건대, 앞에서 열거한 중요한 TX Lock 이외의 트랜잭션 대기 상황을 모두 여기에 포함한 것 같다.

매뉴얼에는 없지만 필자의 경험에 의하면 읽기 전용 테이블스페이스로 전환할 때도, 이 TX Lock 경합이 발견된다. 예를 들어, USERS 테이블스페이스에 DML을 수행하는 트랜잭션이 아직 남아있는 상태에서 아래 명령을 수행하면 Shared Mode로 TX Lock을 대기한다.

```
alter tablespace USERS read only;
```

---

19) 데이터가 없는 상태에서 인덱스를 만들면서 PCTFREE를 크게 설정한 경우

20) 인덱스 레코드는 정렬된 상태를 유지해야 하기 때문에 update 시 delete & insert 방식으로 작동한다.

21) 예를 들어, 순차적으로 증가하는 일련번호 컬럼에 인덱스를 생성하는 경우

(7) TX Lock ▶ DML 로우 Lock

DML Lock은, 다중 사용자에 의해 동시에 액세스되는 사용자 데이터의 무결성을 보호해 준다. DML 수행 중에 호환되지 않는 다른 DML 또는 DDL 오퍼레이션의 수행을 방지시켜 주는 것이다.

그 중 로우 Lock은, 두 개의 동시 트랜잭션이 같은 로우를 변경하는 것을 방지한다. 하나의 로우를 변경하려면 로우 Lock을 먼저 획득해야 한다. 오라클은 로우 Lock을, ①로우 단위(row-level) Lock과 ②TX Lock을 조합해서 구현하였다. 즉, 로우를 갱신하려면 Undo 세그먼트에서 트랜잭션 슬롯을 먼저 할당받고, Enqueue 리소스를 통해 TX Lock을 획득한다. 그런 후 insert, update, delete, merge 문장을 통해 갱신하는 각 로우마다 Exclusive 모드로 로우 단위 Lock을 획득한다. TX Lock은 트랜잭션을 시작할 때 한 번만 획득한다.

①로우 단위 Lock에 대해서는 1장에서 아주 자세히 설명하였다. 간단히 요약하면, TX1 트랜잭션이 로우 정보를 갱신할 때는, 블록 헤더 ITL 슬롯에 트랜잭션ID를 기록하고, 로우 헤더에 이를 가리키는 Lock Byte를 설정한다. 이 레코드를 액세스하려는 다른 트랜잭션은, 로우 헤더에 설정한 Lock Byte를 통해 ITL 슬롯을 찾고, ITL 슬롯이 가리키는 Undo 세그먼트 헤더의 트랜잭션 슬롯에서 트랜잭션 상태 정보를 확인함으로써 해당 레코드에 대한 액세스 가능 여부를 결정한다.

TX1 트랜잭션이 진행 중일 때, 이 레코드를 읽으려는 TX2 트랜잭션은 TX1 트랜잭션의 상태를 확인하고 CR 블록을 생성해서 읽기 작업을 완료한다. 오라클은 이처럼 로우 단위 Lock과 다중 버전 읽기 일관성 메커니즘을 이용함으로써 (select for update 문이 아닌 한) 읽기 작업에 대해서는 절대[22] Lock에 의한 대기 현상이 발생하지 않도록 구현하였다.

②TX Lock에 대해 계속 이어서 설명하면, TX1이 갱신 중인 레코드를 같이 갱신하려는 TX2 트랜잭션은 TX1 트랜잭션이 완료될 때까지 대기해야 한다. 이를 위해 TX Lock이 필요하며, 이에 대해서는 앞에서 자세히 설명하였다.

로우 Lock을 로우 단위 Lock과 TX Lock을 조합해서 구현했다는 의미를 여기서 정확

---

[22] 분산트랜잭션에서는 예외가 존재한다.

히 이해하기 바란다.

- 로우 단위 Lock : 블록 헤더 ITL과 로우 헤더 Lock Byte 설정을 의미함. 이를 통해 로우를 갱신 중인 트랜잭션 상태를 확인하고 액세스 가능 여부를 결정함
- TX Lock : Enqueue 리소스를 통해 TX Lock을 설정하는 것을 의미함. Lock이 설정된 레코드를 갱신하고자 할 때 Enqueue 리소스에서 대기함

DML 로우 Lock에 의한 TX Lock 때문에 블로킹된 세션을 관찰해 보면, Exclusive 모드의 *enq: TX - row lock contention* 대기 이벤트가 지속적으로 나타난다.

(8) TM Lock ▶ DML 테이블 Lock

오라클은 로우 Lock 획득 시, 해당 테이블에 대한 테이블 Lock도 동시에 획득한다. 그럼으로써 현재 트랜잭션이 갱신 중인 테이블에 대한 호환되지 않는 DDL 오퍼레이션을 방지한다. 테이블 구조를 변경하지 못하도록 막는 것이다. 테이블 Lock은 주로 DDL과 관련 있지만 DML문 간에도 테이블 Lock을 이용해 동시성을 제어할 때가 있으며, 뒤에서 살펴볼 것이다.

테이블 Lock을 걸려면 아래처럼 명시적으로 Lock Table 명령어를 이용할 수도 있다.

- lock table emp in row share mode
- lock table emp in row exclusive mode
- lock table emp in share mode
- lock table emp in share row exclusive mode
- lock table emp in exclusive mode

하지만 지금 설명하려는 DML 테이블 Lock은, DML 문장 수행 시 자동으로 테이블

Lock까지 함께 획득하는 메커니즘을 말한다.

오라클은 변경 작업에만 로우 Lock을 사용하므로, 로우 Lock은 항상 Exclusive 모드다. 하지만 테이블 Lock에는 여러 가지 Lock 모드가 사용되며, Lock 모드간 호환성(Compatibility)을 정리하면 아래 표와 같다. ('O' 표시는 두 모드 간에 호환성이 있음을 의미한다.)

	Null	RS	RX	S	SRX	X
Null	O	O	O	O	O	O
RS	O	O	O	O	O	
RX	O	O	O			
S	O	O		O		
SRX	O	O				
X	O					

- RS : row share (또는 SS : sub share)
- RX : row exclusive (또는 SX : sub exclusive)
- S : share
- SRX : share row exclusive (또는 SSX : share/sub exclusive)
- X : exclusive

선행 트랜잭션과 호환되지 않는 모드로 테이블 Lock을 설정하려는 후행 트랜잭션은 대기하거나 작업을 포기해야 한다.

insert, update, delete, merge 문을 위해 로우 Lock을 설정하려면 해당 테이블에 RX(=SX) 모드 테이블 Lock을 먼저 획득해야 한다. select for update 문을 위해 로우 Lock을 설정하려면 RS(=SS) 모드 테이블 Lock을 먼저 획득해야 한다. RS, RX 간에는 어떤 조합으로도 호환이 되므로 select for update나 DML문 수행 시 이들 간에 테이블 Lock에 의한 경합은 절대 발생하지 않는다. 다만, 같은 로우를 갱신하려 할 때 로우 Lock에 의한 경합은 발생한다.

오라클은 테이블 Lock도 Enqueue로 구현하였으며, 'TM Enqueue' 라고 부른다. TM

Enqueue를 이용하기 때문에 테이블 Lock을 'TM Lock' 이라고 부르기도 한다. 앞에서 설명했듯이 TM Enqueue 리소스 구조체의 식별자는 아래와 같은 정보를 포함한다.

- TYPE : TM
- ID1 : 오브젝트 ID
- ID2 : 0

선행 트랜잭션이 TM Lock을 해제하기를 기다리는 트랜잭션에서 발생하는 대기 이벤트를 모니터링해 보면, *enq: TM – contention* 이벤트가 지속적으로 나타난다.

'테이블 Lock' 이라고 하면, 테이블 전체에 Lock이 걸린다고 생각하기 쉽다. 그래서 다른 트랜잭션이 더는 레코드를 추가하거나 갱신하지 못하도록 막는다고 생각하는 분들이 많다. 하지만 앞서 설명했듯이 DML 수행 시 항상 테이블 Lock이 함께 설정되므로 그렇게 이해하는 것은 맞지 않는 개념이다.

오라클에서 말하는 테이블 Lock은, Lock을 획득한 선행 트랜잭션이 해당 테이블에서 현재 어떤 작업을 수행 중인지를 알리는 일종의 푯말(Flag)이다.[23] 그리고 위에서 본 것처럼 테이블 Lock에는 여러 가지 모드가 있고, 각 모드에 따라 후행 트랜잭션이 수행할 수 있는 작업의 범위가 결정된다. 그 푯말에 기록된 Lock 모드와 후행 트랜잭션이 현재 하려는 작업 내용에 따라 진행 여부가 결정된다. 진행할 수 없다면 기다릴지, 아니면 작업을 포기할지 진로를 결정(내부적으로 하드코딩 돼 있거나 사용자가 지정한 옵션에 따라 결정)해야 한다. 기다려야 한다면, TM Enqueue 리소스 대기자 목록에 Lock 요청을 등록하고 대기한다.

---

23) 참고로, SQL Server에서는 이런 종류의 테이블 Lock을 'Intent Lock' 이라고 부른다.

대상 리소스가 사용 중일 때, 진로 선택

Lock을 얻고자 하는 리소스가 사용 중일 때, 프로세스는 아래 3가지 방법 중 하나를 택한다. 보통은 내부적으로 진로가 결정돼 있지만, 사용자가 선택할 수 있는 경우도 있다. 사용자가 이 3가지 옵션을 모두 선택할 수 있는 문장이 select for update 문이다.

1. Lock이 해제될 때까지 기다린다.(예 : select * from t for update)
2. 일정 시간만 기다리다 포기한다. (예 : select * from t for update wait 3)
3. 기다리지 않고 작업을 포기한다. (예 : select * from t for update nowait)

DML문을 수행할 때 묵시적으로 테이블 Lock을 얻게 되는데 이때는 1번, 기다리는 방법을 선택한다. Lock Table 명령을 이용해 명시적으로 테이블 Lock을 얻을 때도 기본적으로 기다리는 방법을 택하지만, NOWAIT 옵션을 이용해 곧바로 작업을 포기하도록 사용자가 지정해 줄 수 있다.

```
lock table emp in exclusive mode NOWAIT;
```

DDL문을 수행할 때도 내부적으로 테이블 Lock을 얻는데, 이때는 NOWAIT 옵션이 자동으로 지정된다.

오라클은 2번 옵션(→ wait)에 의해 작업을 포기할 때, 아래 메시지를 던진다.

~~~~~~

ORA-30006: resource busy; acquire with WAIT timeout expired

~~~~~~

3번 옵션(→ nowait)에 의해 작업을 포기할 때는 아래 메시지를 던진다.

~~~~~~

ORA-00054: resource busy and acquire with NOWAIT specified

~~~~~~

예를 들어, DDL문을 이용해 테이블 구조를 변경하려는 세션은 해당 테이블에 TM Lock이 설정돼 있는지를 먼저 확인한다. TM Lock을 Row Exclusive(=SX) 모드로 설정한 트랜잭션이 하나라도 있으면, 현재 테이블을 갱신 중인 트랜잭션이 있다는 신호다. 따라서 ORA-00054 메시지를 던지고 작업을 멈춘다.

DDL문이 먼저 수행 중일 때는, DML문을 수행하려는 세션이 TX Lock을 얻으려고 대기할 것이다. 이때, *enq: TM – contention* 이벤트가 발생한다.

테이블 Lock은 DDL과의 동시 진행을 막으려고 사용될 뿐만 아니라 DML 간 동시성을 제어하려고 사용되기도 한다. 병렬 DML 또는 Direct Path Insert 방식으로 작업을 수행할 때가 그렇다. 직접 테스트하기에 앞서 아래 스크립트 내용을 먼저 확인하기 바란다. 필자가 Lock을 모니터링할 때 주로 사용하는 스크립트다.

```
select l.session_id SID
     ,(case when lock_type = 'Transaction' then 'TX'
            when lock_type = 'DML' then 'TM' end) TYPE
     , mode_held
     , mode_requested mode_reqd
     ,(case when lock_type = 'Transaction' then
                 to_char(trunc(lock_id1/power(2,16)))
            when lock_type = 'DML' then
                (select object_name from dba_objects
                 where object_id = l.lock_id1)
       end) "USN/Table"
     ,(case when lock_type = 'Transaction' then
                 bitand(lock_id1, to_number('ffff', 'xxxx')) + 0
       end) "SLOT"
     ,(case when lock_type = 'Transaction' then
                to_number(lock_id2) end) "SQN"
     ,(case when blocking_others = 'Blocking' then ' <<<<<' end) Blocking
from   dba_lock l
where  lock_type in ('Transaction', 'DML' )
order by session_id, lock_type, lock_id1, lock_id2
```

이제 테스트를 시작하기 전에 모든 트랜잭션을 완료(커밋 또는 롤백)하고, 1번 세션(SID=144)에서 아래처럼 T 테이블에 Append 모드로 Insert를 수행해 보자.

```
insert /*+ append */ into t select … from …
```

이 상황에서 Lock을 모니터링 해 보면 아래와 같은 내용을 볼 수 있다.

```
  SID TY MODE_HELD      MODE_REQD  USN/Table   SLOT    SQN BLOCKING
----- -- -------------- ---------- ---------- ------ ------ --------
  144 TM Exclusive      None       T
  144 TX Exclusive      None       7              28   1661
```

앞에서 설명했다시피 DML문을 수행하니까 TX Lock과 TM Lock을 동시에 획득했다. 일반적인 DML문에서는 테이블 Lock(=TM Lock)을 Row Exclusive(=SX) 모드로 설정하지만 여기서는 Append 모드 Insert를 수행했기 때문에 Exclusive 모드인 것을 볼 수 있다.

이제 2번 세션(SID=149)에서 T 테이블에 있는 레코드 하나를 갱신하는 update문을 수행해 보자.

```
  SID TY MODE_HELD      MODE_REQD  USN/Table   SLOT    SQN BLOCKING
----- -- -------------- ---------- ---------- ------ ------ --------
  144 TM Exclusive      None       T                          <<<<<
  144 TX Exclusive      None       7              28   1661
  149 TM None           Row-X (SX) T
```

일반 DML문을 사용했으므로 Row Exclusive(=SX) 모드로 테이블 Lock을 요청했음을 알 수 있다. Row Exclusive 모드 Lock은 Exclusive 모드와 호환성이 없으므로 2번 세션(SID=149)은 블로킹된다. 로우 Lock이 아니라 테이블 Lock 때문에 블로킹된 점을 주목하기 바란다. 로우 Lock 호환성을 확인하기 전에 테이블 Lock 호환성을 먼저 확인한다는 사실을 알 수 있다.

이 상황에서, v$session_wait 뷰를 통해 149번 세션의 이벤트 발생 상황을 조회해 보면, 아래와 같이 *enq: TM - contention* 대기 이벤트가 발생 중인 것을 관찰할 수 있다.

```
SQL> select event, wait_time, seconds_in_wait, state
  2  from   v$session_wait
  3  where  sid = 149 ;

EVENT                    WAIT_TIME   SECONDS_IN_WAIT STATE
--------------------- ----------- ----------------- ---------
enq: TM - contention            0                48 WAITING
```

이제, Exclusive 모드 테이블 Lock을 먼저 획득한 144번 세션을 커밋하고, 다시 Lock을 모니터링 해 보자.

```
  SID TY MODE_HELD      MODE_REQD  USN/Table    SLOT    SQN BLOCKING
----- -- ------------- ---------- ---------- ------ ------ --------
  149 TM Row-X (SX)     None       T
  149 TX Exclusive      None       10             32   1607
```

144번 세션은 Lock을 모두 해제했으므로 쿼리 결과에서 사라졌다. 그 대신, 149번 세션이 TX Lock과 TM Lock을 동시에 획득한 것을 볼 수 있다.

이번에는, 149번 세션이 현재 Lock을 걸고 있는 레코드를 다른 세션에서 변경하도록 해 보자.

```
  SID TY MODE_HELD      MODE_REQD  USN/Table    SLOT    SQN BLOCKING
----- -- ------------- ---------- ---------- ------ ------ --------
  149 TM Row-X (SX)     None       T
  149 TX Exclusive      None       10             44   1607  <<<<<
  144 TM Row-X (SX)     None       T
  144 TX None           Exclusive  10             44   1607
```

이번에는 테이블 Lock에 의한 블록킹이 아니라 로우 Lock 때문에 블로킹이 발생했음을 알 수 있다. Exclusive 모드 로우 Lock 간에는 호환성이 없기 때문이다. Row-Exclusive 모드 테이블 Lock 간에는 호환성이 있으므로 Lock 경합이 발생하지 않았다.

마지막으로 한가지 기억할 것은, TX Lock은 트랜잭션마다 오직 한 개씩 획득하는 반면, TM Lock은 트랜잭션에 의해 변경이 가해진 오브젝트 수만큼 획득한다. 톰 카이트(Thomas Kyte)가 오래 전에 저술한 'Expert One-On-One Oracle'에 나오는 아래 예시를 통해 위 사실을 쉽게 확인해 볼 수 있다.

```
SQL> set feedback off
SQL> create table t1 ( x int );
SQL> create table t2 ( x int );
SQL> insert into t1 values(1);
```

```
SQL> insert into t2 values(1);
SQL> select username, v$lock.sid, id1, id2
  2        , lmode, request, block, v$lock.type
  3  from   v$lock, v$session
  4  where  v$lock.sid = v$session.sid
  5  and    v$session.username = USER ;

USERNAME     SID        ID1     ID2    LMODE    REQUEST     BLOCK TY
---------- ----- ---------- ------- -------- ---------- --------- --
ORAKING        8      32230       0        3          0         0 TM
ORAKING        8      32231       0        3          0         0 TM
ORAKING        8     524291     558        6          0         0 TX

SQL> select object_name, object_id from user_objects;

OBJECT_NAME                     OBJECT_ID
------------------------------ ----------
T1                                  32230
T2                                  32231
```

(9) Lock을 푸는 열쇠, 커밋

가끔 블로킹과 교착상태를 구분 못하는 분들을 만난다. 블로킹(Blocking)은, 우리가 흔히 알고 있는 Lock 경합이 발생해 특정 세션이 작업을 진행하지 못하고 멈춰 선 경우를 말한다. 이것을 해소하는 방법은 커밋(또는 롤백)뿐이다.

교착상태(Deadlock)는, 두 세션이 각각 Lock을 설정한 리소스를, 서로 액세스하려고 마주 보고 진행하는 상황을 말하며, 둘 중 하나가 뒤로 물러나지 않으면 영영 풀릴 수 없다. 흔히 좁은 골목길에 두 대의 차량이 마주 선 것에 비유하곤 한다.

오라클에서 교착상태가 발생하면, 이를 먼저 인지[24]한 세션이 문장 수준 롤백을 진행한 후에 아래 에러 메시지를 던진다. 교착상태를 발생시킨 문장 하나만 롤백하는 것이다.

```
ORA-00060: deadlock detected while waiting for resource
```

이제 교착상태는 해소됐지만 블로킹 상태에 놓이게 된다. 따라서 이 메시지를 받은 세

---

24) Lock 경합 때문에 대기 상태에 빠질 때, 3초의 타임아웃(timeout)을 설정하는 이유가 여기에 있다.

션은 커밋 또는 롤백을 결정해야만 한다. 만약 프로그램 내에서 이 에러에 대한 예외 처리(커밋 또는 롤백)를 하지 않는다면 대기 상태를 지속하게 되므로 주의가 필요하다.

오라클은 데이터를 읽을 때 Lock을 사용하지 않으므로 다른 DBMS에 비해 상대적으로 Lock 경합이 적게 발생한다. 읽는 세션의 진행을 막는 부담감이 없으므로 필요한 만큼 트랜잭션을 충분히 길게 가져갈 수 있다.

그렇더라도 '불필요하게' 트랜잭션을 길게 정의하지 않도록 주의해야 한다. 트랜잭션이 너무 길면, 트랜잭션을 롤백해야 할 때 너무 많은 시간이 걸려 고생할 수 있다. Undo 세그먼트가 고갈되거나 Undo 세그먼트 경합을 유발할 수도 있다.

같은 데이터를 갱신하는 트랜잭션이 동시에 수행되지 않도록 설계해야 하고, DML Lock 때문에 동시성이 저하되지 않도록 적절한 시점에 커밋해야 한다.

반대로, 불필요하게 커밋을 너무 자주 수행하면 Snapshot too old(ORA-01555) 에러를 유발할 가능성이 높아지고, 그에 앞서 LGWR가 로그 버퍼를 비우는 동안 발생하는 *log file sync* 대기 이벤트 때문에 성능 저하 현상을 겪을 수 있다.

잦은 커밋 때문에 성능이 매우 느리다면, 오라클 10gR2부터 제공되는 비동기식 커밋 기능을 활용하는 방안을 검토할 수 있다.

- WAIT(Defualt) : LGWR가 로그버퍼를 파일에 기록했다는 완료 메시지를 받을 때까지 대기하며, 그 동안 *log file sync* 대기 이벤트가 발생한다(동기식 커밋).
- NOWAIT : LGWR의 완료 메시지를 기다리지 않고 바로 다음 트랜잭션을 진행하므로, *log file sync* 대기 이벤트가 발생하지 않는다(비동기식 커밋).
- IMMEDIATE(Defualt) : 커밋 명령을 받을 때마다 LGWR가 로그 버퍼를 파일에 기록한다.
- BATCH : 세션 내부에 트랜잭션 데이터를 일정량 버퍼링했다가 일괄 처리한다.

이들 옵션을 조합해 아래 4가지 커밋 명령을 사용할 수 있게 되었다.

```
SQL> COMMIT WRITE IMMEDIATE WAIT ;      ........... ①
SQL> COMMIT WRITE IMMEDIATE NOWAIT ;    ........... ②
SQL> COMMIT WRITE BATCH WAIT ;          ........... ③
SQL> COMMIT WRITE BATCH NOWAIT ;        ........... ④
```

아래 스크립트를 가지고 ①에서 ④까지 테스트해 본 결과, 각각 68초, 9초, 66초, 6초의 수행 속도를 보였다.

```
create table t ( a number );

begin
  for item in 1..100000
  loop
    insert into t values(item);
    commit write [immediate | batch] [wait | nowait];
  end loop;
end;
/
```

Nowait 옵션에 의한 성능 개선 효과(②,④)는 크게 두드러지지만 Batch 옵션의 영향력은 미미해 보인다. 현재 이 옵션에 대한 정확한 설명을 찾을 수 없는데[25], 아래 표를 통해 1장에서 설명한 IMU(In-Memory Undo) 기능과 관련 있음을 추정해 볼 수 있다. 아래 표는 위 테스트를 수행하는 도중에 v$sesstat 각 항목의 변화량(Delta)을 측정한 후, 그 중 가장 큰 차이를 보인 항목만 선별한 것이다.

Statistics Name	immediate (wait, nowait)	batch (wait, nowait)
commit immediate requested	100,000	0
commit immediate performed	100,000	0
commit batch requested	0	100,000
commit batch performed	0	100,000
session pga memory	0	262,144
IMU Flushes	94,005	435
IMU commits	0	93,892
IMU Redo allocation size	36,605,152	118,440
IMU undo allocation size	34,549,388	34,667,516

IMU commit에 대한 설명을 찾을 수 없지만 Batch 옵션을 사용했을 때 PGA 메모리 할당량이 늘어나는 것을 통해, PGA 영역에 트랜잭션 데이터를 일정량 버퍼링했다가 일괄 처리한다는 것을 추정해 볼 수 있다.

지금까지 사용해 오던 커밋(immediate wait)은, 트랜잭션 데이터가 데이터베이스에 안전하게 저장됨을 보장한다. 하지만 비동기식 커밋 옵션을 사용하면, 트랜잭션 커밋 직후 인스턴스에 문제가 생기거나, Redo 로그가 위치한 파일 시스템에 문제가 생겨 쓰기 작업을 진행할 수 없게 되면 커밋이 정상적으로 완료되지 못할 수도 있다. 트랜잭션에 의해 생성되는 데이터 중요도에 따라 이 신기능의 활용 여부를 결정해야 한다.

참고로, *commit_write* 파라미터를 이용해 시스템 또는 세션 레벨에서 기본 설정을 변경할 수 있다.

---

25) 9i 버전부터 있던 'group 커밋' 개념을 가지고 설명하는 문서를 볼 수 있는데, 정확한 설명은 아닌 것 같다.

Chapter 03

오라클 성능 관리

프로젝트에 참여할 때마다 기본적인 튜닝 교육을 실시해 보지만 교육에 열의를 보이던 개발자조차도 실제 성능 문제에 맞닥뜨렸을 때 스스로 문제를 해결하지 못하는 경우가 대부분이다. 교육 내용이 실질적인 성과로 연결되지 못하는 이유를 따져보니 튜닝 절차와 방법론에 대한 언급 없이 쿼리 수행 원리만을 설명한 데에 원인이 있었다. 배운 대로 직접 해 보려니 어디서부터 어떻게 접근해야 할지 몰라 포기하게 된다는 얘기를 들은 적이 있다.

그래서 아주 상세하지는 않더라도 기본적인 도구와 유틸리티 사용법, 그리고 실제 튜닝업무에 종사하는 전문가들이 어떤 절차와 방법론에 따라 일을 진행하는지 간단하게나마 설명해야 할 필요성을 느꼈다. 이제 막 데이터베이스 성능 튜닝에 입문하려는 독자라면, 본 장에서 가장 유익하고 실질적인 도움을 얻었다고 느낄 것 같다.

데이터베이스 튜닝을 업(業)으로 하는 사람은 환자를 치료하는 의사와 매우 비슷한 프로세스로 일을 처리한다. SQL 튜닝을 예로 들자면, 쿼리 성능에 문제가 생기면 Explain Plan을 통해 실행계획(→ X-Ray 촬영)을 먼저 확인한다. 그것만으로 문제점을 정확히 파악할 수 없을 때는 AutoTrace(→ CT 촬영)를 걸어 수행 시 실제 일량을 측정하거나 SQL 트레이스(→ MRI 촬영)를 걸어 내부 수행 절차상 어느 단계에서 부하를 일으키는지 눈으로 확인한다. 문제점이 파악되면 쿼리를 변환하거나 옵티마이저 힌트를 사용(→ 외용약 또는 내복약 처방)해 튜닝을 실시하고, 그것만으로 부족하다고 판단될 때는 인덱스 조정(→ 칼을 대지 않는 시술)을 병행한다. 그래도 고객이 성능에 만족하지 못할 때는 어쩔 수 없이 반정규화를 실시하거나 집계 테이블을 생성(→ 칼을 대는 절개수술)하도록 권고하지만 이것은 구조적 문제에 기인할 때만 사용하는 최후의 수단이다. SQL 외에 다른 데이터베이스 요소를 튜닝할 때도 비슷한 절차로 진행된다.

지금부터 위에서 열거한 진단 도구들을 포함해서 미처 언급하지 못한 것까지 하나씩 친절하게 설명해 나갈 것이다. 참고로, 진단 · 튜닝을 위한 도구 및 방법론도 시간의 흐름에 따라 진화해 왔는데, 정확히 일치하진 않더라도 그 진행 순서에 따라 설명을 전개하려고 한다.

01 Explain plan

SQL을 수행하기 전에 실행계획을 확인하고자 할 때, explain plan 명령를 사용한다. 이 명령어를 사용하려면 먼저 plan_table을 생성해야 하는데, 아래 스크립트를 실행하면 된다. 참고로, '?'는 $ORACLE_HOME 디렉토리를 대체하는 기호다.

```
SQL> @?/rdbms/admin/utlxplan.sql
```

오라클 10g 부터는 설치 시 기본적으로 sys.plan_table$ 테이블이 만들어진다. 그리고 이를 가리키는 public synonym을 기본적으로 생성해 두기 때문에 사용자가 별도로 plan_table을 만드는 수고를 하지 않아도 된다.

```
SQL> select owner, synonym_name, table_owner, table_name
  2  from   all_synonyms
  3  where  synonym_name = 'PLAN_TABLE';

OWNER   SYNONYM_NAME TABLE_OWNER  TABLE_NAME
------- ------------ ------------ ------------
PUBLIC  PLAN_TABLE   SYS          PLAN_TABLE$
```

이제부터 explain plan for 명령을 수행하고 나면 해당 SQL에 대한 실행계획이 plan_table에 저장된다. 아래 예시에서 'set statement_id=' 은 생략 가능하다.

```
SQL> explain plan set statement_id = 'query1' for
  2  select * from emp where empno = 7900;

해석되었습니다.
```

예전에는 plan_table에 저장된 정보를 포맷팅하려면 아래처럼 별도의 SQL을 작성해 그것을 이용해야만 했다. 물론 스크립트로 저장해 두고 간단히 호출하면 되므로 어려운 일은 아니다. 다음 절에서 설명할 AutoTrace 또는 TOAD 같은 쿼리 툴에서 실행계획을 보여줄 때도 내부적으로 지금 설명한 절차대로 명령을 수행하고 plan_table에서 읽은 데이터를 포맷팅해서 출력해 주는 것뿐이다.

```
SQL> SELECT lpad(id, 4, ' ') || nvl(lpad(parent_id, 6, ' '), '       ')
        || '  ' || lpad(' ', (level-1)*2, ' ')
        || operation || nvl2(options, ' (' || options || ')', '')
        || nvl2(object_name, ' OF '''
        || object_owner || '.' || object_name, NULL)
        || nvl2(object_name, '''', '')
        || decode(parent_id, null, ' Optimizer=' || optimizer)
        || (case
             when cost is null and cardinality is null and bytes is null
             then ''
             else  ' (' || nvl2(cost, 'Cost=' || cost, '')
                        || nvl2(cardinality, ' Card=' || cardinality, '')
                        || nvl2(bytes, ' Bytes=' || bytes, '')
                        || ')' end) "Execution Plan"
     FROM   plan_table p
     START WITH statement_id = 'query1' AND id = 0
     CONNECT BY prior id = parent_id AND prior statement_id = statement_id
     ORDER BY id ;

Execution Plan
--------------------------------------------------------------------------
 0        SELECT STATEMENT Optimizer=ALL_ROWS (Cost=1 Card=1 Bytes=32)
 1    0     TABLE ACCESS (BY INDEX ROWID) OF 'EMP' (Cost=1 Card=1 Bytes=32)
 2    1       INDEX (UNIQUE SCAN) OF 'EMP_PK' (Cost=0 Card=1)
```

오라클 9i부터는 개별적으로 쿼리를 작성할 필요없이 아래처럼 오라클이 제공해 주는 utlxpls.sql 또는 utlxplp.sql 스크립트를 이용하면 편리하다. linesize를 작게 설정하면 일부 정보들이 다음 행으로 밀려서 출력되므로 이 값을 넉넉히 설정하기 바란다.

```
SQL> SET LINESIZE 200
SQL> @?/rdbms/admin/utlxpls

PLAN_TABLE_OUTPUT
--------------------------------------------------------------------------
Plan hash value: 4024650034

---------------------------------------------------------------------------
| Id  | Operation                   | Name   | Rows  | Bytes | Cost  (%CPU)|
---------------------------------------------------------------------------
|   0 | SELECT STATEMENT            |        |     1 |    32 |     1   (0)|
|   1 |  TABLE ACCESS BY INDEX ROWID| EMP    |     1 |    32 |     1   (0)|
|*  2 |   INDEX UNIQUE SCAN         | EMP_PK |     1 |       |     0   (0)|
---------------------------------------------------------------------------
```

```
Predicate Information (identified by operation id):
---------------------------------------------------
   2 - access("EMPNO"=7900)
```

요즘은 대개 SQL을 프로그램 속에 하드코딩하지 않고 XML 포맷으로 별도 Repository에 저장해 둔다. SQL Repository에 저장된 모든 SQL에 대해 매일 explain plan 명령을 수행해 그 실행계획을 별도 테이블로 저장해 둔다면 이를 활용해 안정적인 시스템 운영 및 성능관리에 활용할 수 있다.

예를 들어, 인덱스 구조를 바꾸고자 할 때 해당 인덱스를 사용하는 쿼리 목록을 뽑아 사전점검을 실시할 수 있다. 또는 오브젝트 통계정보가 바뀌어 어느 날 갑자기 성능이 나빠진 쿼리가 생겼을 때 이전 실행계획을 빨리 확인하고 예전과 같은 방식으로 수행되도록 빠르게 튜닝할 수 있다. 아래는 sql_repository 테이블에 저장된 SQL을 모두 읽어 sql_plan_repository라고 명명된 plan table에 실행계획을 저장하는 스크립트 예시다.

(sql_repository 테이블은 쉽게 예시하려고 만든 것일 뿐이며, 실제 운영 환경에서 SQL 문장을 테이블에 담아두고 수행할 때마다 "매번 실시간으로" 읽어오는 방식을 사용하는 것은 금물이다.)

```
create table sql_repository( sql_id varchar2(30), sql_text varchar2(4000) ) ;

begin
  for c in (select sql_id, sql_text from sql_repository)
  loop
    execute immediate 'explain plan set statement_id = ''' || c.sql_id
          || ''' into sql_plan_repository'
          || ' for ' || c.sql_text;
    commit;
  end loop;
end;
/
```

02 AutoTrace

AutoTrace 결과에는 SQL을 튜닝하는데 유용한 정보들을 많이 포함하고 있어 가장 즐겨 사용되는 도구 중 하나다.

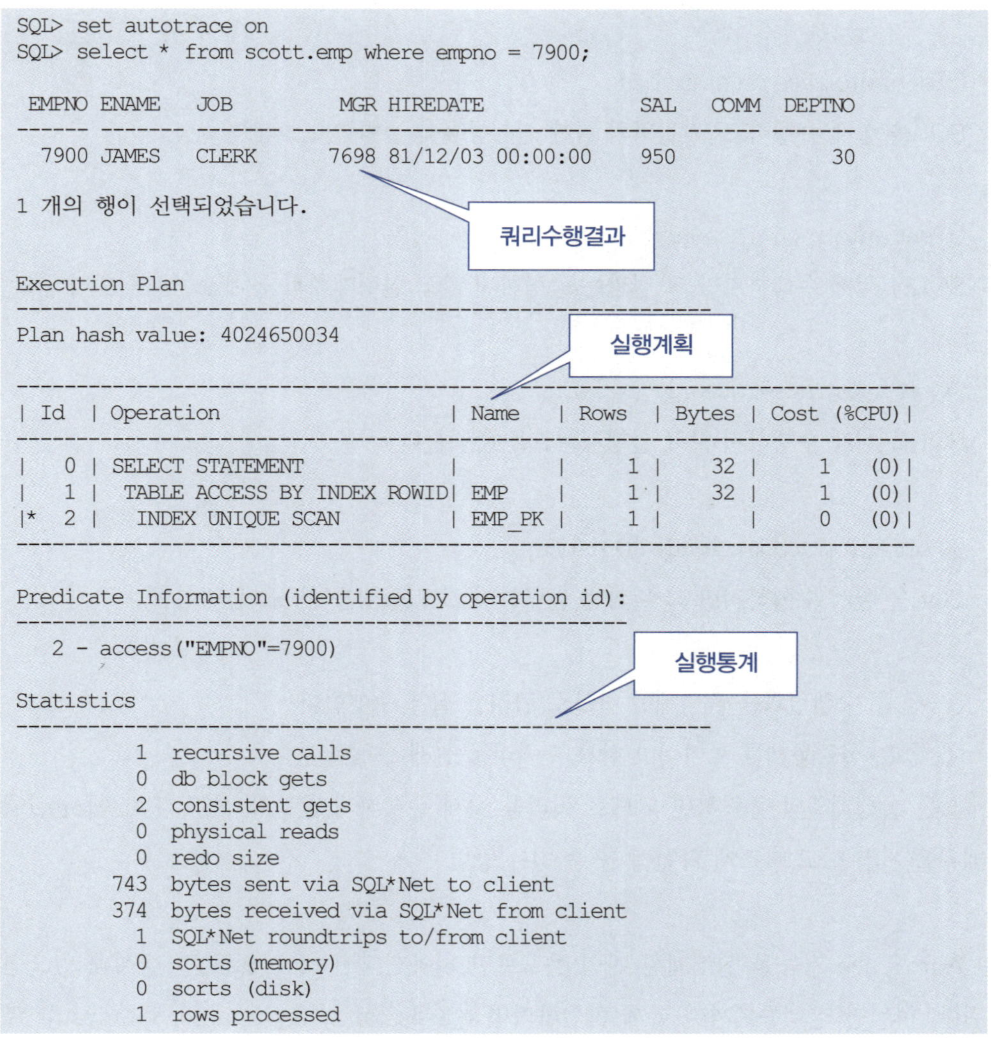

```
SQL> set autotrace on
SQL> select * from scott.emp where empno = 7900;

 EMPNO ENAME    JOB          MGR HIREDATE                 SAL    COMM  DEPTNO
------ ------- ------- -------- ----------------- ------- ------- --------
  7900 JAMES    CLERK       7698 81/12/03 00:00:00      950              30

1 개의 행이 선택되었습니다.

Execution Plan
----------------------------------------------------------
Plan hash value: 4024650034

---------------------------------------------------------------------------
| Id  | Operation                    | Name   | Rows  | Bytes | Cost (%CPU)|
---------------------------------------------------------------------------
|   0 | SELECT STATEMENT             |        |     1 |    32 |     1   (0)|
|   1 |  TABLE ACCESS BY INDEX ROWID| EMP    |     1 |    32 |     1   (0)|
|*  2 |   INDEX UNIQUE SCAN          | EMP_PK |     1 |       |     0   (0)|
---------------------------------------------------------------------------

Predicate Information (identified by operation id):
---------------------------------------------------

   2 - access("EMPNO"=7900)

Statistics
----------------------------------------------------------
          1  recursive calls
          0  db block gets
          2  consistent gets
          0  physical reads
          0  redo size
        743  bytes sent via SQL*Net to client
        374  bytes received via SQL*Net from client
          1  SQL*Net roundtrips to/from client
          0  sorts (memory)
          0  sorts (disk)
          1  rows processed
```

아래와 같은 옵션 조합에 따라 필요한 부분만 출력해 볼 수 있다.

① set autotrace on
SQL을 실제 수행하고 그 결과와 함께 실행계획 및 실행통계를 출력한다.

② set autotrace on explain
SQL을 실제 수행하고 그 결과와 함께 실행계획을 출력한다.

③ set autotrace on statistics
SQL을 실제 수행하고 그 결과와 함께 실행통계를 출력한다.

④ set autotrace traceonly
SQL을 실제 수행하지만 그 결과는 출력하지 않고 실행계획과 통계만을 출력한다.

⑤ set autotrace traceonly explain
SQL을 실제 수행하지 않고 실행계획만을 출력한다.

⑥ set autotrace traceonly statistics
SQL을 실제 수행하지만 그 결과는 출력하지 않고 실행통계만을 출력한다.

①~③은 수행결과를 출력해야 하므로 쿼리를 실제 수행한다.
④, ⑥는 실행통계를 보여줘야 하므로 쿼리를 실제 수행한다.
⑤는 실행계획만 출력하면 되므로 쿼리를 실제 수행하지 않는다. SQL*Plus에서 실행계획을 가장 쉽고 빠르게 확인해 볼 수 있는 방법이다.

AutoTrace 기능을 실행계획 확인 용도로만 사용한다면 plan_table만 생성돼 있으면 된다. 하지만 실행통계까지 함께 확인하려면 v_$sesstat, v_$statname, v_$mystat 뷰에 대한 읽기 권한이 필요하다. 따라서 dba, select_catalog_role 등의 롤(Role)을 부여받지 않은 일반사용자들에게는 별도의 권한 설정이 필요하다. 이들 뷰에 대한 읽기 권한을 일일이 부여해도 되지만 plustrace 롤(role)을 생성하고 필요한 사용자들에게 이 롤을 부여하는 것이 관리상 편리하다. 아래처럼 하면 된다.

```
SQL> @?/sqlplus/admin/plustrce.sql
SQL> grant plustrace to scott;
```

참고로, statistics 모드로 AutoTrace를 활성화시키면 새로운 세션이 하나 열리면서 현재 세션의 통계정보를 대신 쿼리해서 보여준다. 쿼리를 실행하기 전 현재 세션의 수행통계 정보를 어딘가에 저장했다가 쿼리 실행 후 수행통계와의 델타(Delta) 값을 계산해 보여주는 방식이다. 만약 같은 세션에서 수행한다면 세션통계를 쿼리할 때의 수행통계까지 뒤섞이기 때문에 별도의 세션을 사용하는 것이다.

```
SQL> @session

USERNAME OSUser@Terminal PROGRAM      STATUS   LoginTIM SID SERIAL# OSPID
-------- --------------- ------------ -------- -------- --- ------- -----
ORAKING  oraking@SHCHO   sqlplus.exe  ACTIVE   08:49:37 13     3309 11546
```

현재 위처럼 한 개 세션이 존재하는 상황에서 statistics 옵션을 활성화해 보자.

```
SQL> set autotrace on statistics

SQL> @session

USERNAME OSUser@Terminal PROGRAM      STATUS   LoginTIM SID SERIAL# OSPID
-------- --------------- ------------ -------- -------- --- ------- -----
ORAKING  oraking@SHCHO   sqlplus.exe  ACTIVE   08:49:37 13     3309 11546
ORAKING  oraking@SHCHO   sqlplus.exe  INACTIVE 09:32:30 22     1460 11592
```

statistics 모드로 AutoTrace를 활성화하니까 새로운 세션이 하나 추가되었음을 확인할 수 있다. 이번에는 explain 모드로 바꿔 보자.

```
SQL> set autotrace on explain

SQL> @session

USERNAME OSUser@Terminal PROGRAM      STATUS   LoginTIM SID SERIAL# OSPID
-------- --------------- ------------ -------- -------- --- ------- -----
ORAKING  oraking@SHCHO   sqlplus.exe  ACTIVE   08:49:37  13    3309 11546
```

아까 새롭게 열렸던 세션이 사라진 것을 확인하기 바란다. statistics 옵션을 활성화했을 때 내부적으로 수행되는 SQL문은 아래와 같다.

```
SELECT PT.VALUE FROM SYS.V_$SESSTAT PT
WHERE PT.SID=:1
-- AND PT.STATISTIC# IN (7,40,41,42,115,236,237,238,242,243)  -- 9i
AND PT.STATISTIC# IN (7,47,50,54,134,335,336,337,341,342)     -- 10g
ORDER BY PT.STATISTIC#
```

03 SQL 트레이스

SQL을 튜닝할 때 가장 많이 사용되는 강력한 도구는 뭐니뭐니 해도 SQL 트레이스다. 앞서 살펴 본 사전 실행계획과 AutoTrace 결과만으로 부하원인을 찾을 수 없을 때, SQL 트레이스를 통해 쉽게 찾아낼 수 있다. SQL 트레이스를 설정하는 여러 가지 방법이 있고, 각각 용도가 다르므로 잘 숙지했다가 적시적지에 잘 활용하기 바란다.

(1) 자기 세션에 트레이스 걸기

아래는 현재 자신이 접속해 있는 세션에만 트레이스를 설정하는 방법이다.

```
SQL> alter session set sql_trace = true;
SQL> select * from emp where empno = 7900;
SQL> select * from dual;
SQL> alter session set sql_trace = false;
```

위와 같이 트레이스를 설정하고 SQL을 수행한 후에는 user_dump_dest 파라미터로 지정된 서버 디렉토리 밑에 트레이스 파일(.trc)이 생성된다. 가장 최근에 생성되거나 수정된 파일을 찾아 분석하면 되는데, 파일 찾기에 어려움을 느끼는 분들은 아래 쿼리를 잘 활용하기 바란다. 스크립트로 저장해 두었다가 실행하면 편하다.

```
SQL> select r.value || '/' || lower(t.instance_name) || '_ora_'
  2       || ltrim(to_char(p.spid)) || '.trc' trace_file
  3  from   v$process p, v$session s, v$parameter r, v$instance t
  4  where  p.addr = s.paddr
  5  and    r.name = 'user_dump_dest'
  6  and    s.sid = (select sid from v$mystat where rownum = 1) ;

TRACE_FILE
---------------------------------------------------------------------------
/usr/local/oracle/admin/ORA10g/udump/ora10g_ora_22827.trc
```

위 스크립트에 사용된 뷰에 대한 읽기 권한이 없다면 트레이스를 설정하기 전에 아래 명령을 먼저 수행해 보라.

```
SQL> alter session set tracefile_identifier='oraking';
```

그러면 파일 뒤쪽에 식별자가 붙게 되므로 아래처럼 자신의 트레이스 파일을 쉽게 찾을 수 있다.

```
$ cd /usr/local/oracle/admin/ORA10g/udump
$ ls -lt *oraking.trc
-rw-r-----  1 oracle dba   4422 May 17  2008 ora10g_ora_14370_oraking.trc
```

TKProf 유틸리티

트레이스 파일을 직접 열어 본 독자라면 알겠지만 이 파일을 그대로 분석하기는 쉽지 않다. 물론 숙련된 전문가라면 아래 내용을 직접 확인하면서 더 많은 정보들을 얻어낼 수 있다. 하지만 일반적인 상황에서는 몇 가지 분석 팩터에 따라 좀더 보기 쉬운 형태로 포맷팅하는 것이 필요하다.

```
=====================
PARSING IN CURSOR #3 len=42 dep=0 uid=61 oct=3 lid=61 tim=108148061384
hv=3037064640 ad='27dd4dec'
select * from emp where empno = 7900
END OF STMT
PARSE #3:c=0,e=1739,p=0,cr=0,cu=0,mis=1,r=0,dep=0,og=1,tim=108148061375
EXEC #3:c=0,e=64,p=0,cr=0,cu=0,mis=0,r=0,dep=0,og=1,tim=108148073957
FETCH #3:c=0,e=85,p=0,cr=2,cu=0,mis=0,r=1,dep=0,og=1,tim=108148076537
FETCH #3:c=0,e=3,p=0,cr=0,cu=0,mis=0,r=0,dep=0,og=0,tim=108148079624
=====================
```

TKProf 유틸리티를 사용하면 트레이스 파일을 보기 쉽게 포맷팅해 준다. 아래처럼 유닉스 쉘(Shell)이나 도스 프롬프트 상에서 tkprof를 치면 사용법을 확인할 수 있다.

```
$ tkprof
Usage: tkprof tracefile outputfile [ explain= ] [ table= ]
              [ print= ] [ insert= ] [ sys= ] [ sort= ]
......
```

아래는 TKProf 유틸리티의 가장 일반적인 사용법이다. sys=no 옵션은 SQL을 파싱하는 과정에서 내부적으로 수행되는 SQL 문장을 제외시켜준다.

```
$ tkprof ora10g_ora_14370_oraking.trc report.prf sys=no
```

TKProf의 Full Name에 대해서는 여러 가지 설이 있는데, 아래 셋 중 하나로 요약된다.

- **T**race **K**ernel **PROF**ile
- **T**ransient **K**ernel **PROF**ile
- Tool**K**it **PROF**iler

이제 TKProf를 통해 생성된 report.prf 파일을 vi 에디터나 윈도우 노트패드로 열고 결과를 확인하면 된다.

트레이스 결과 분석

지금까지 설명한 내용은 자주 반복하다 보면 누구나 쉽게 할 수 있지만, 이제부터의 분석작업은 쉽지가 않다. 아마 제대로 분석할 만큼 숙련하려면 본서 1권은 물론 2권까지 모두 독파한 후에 가능한 일이다. 하지만 차근차근 따라오다 보면 뜻밖에 쉽고 재미있다고 느낄 것이므로 부담을 가질 필요는 없다.

```
$ vi report.prf

********************************************************************************
select *
from emp where empno = 7900

call     count       cpu    elapsed       disk      query    current        rows
------- ------  -------- ---------- ---------- ---------- ----------  ----------
Parse        1      0.00       0.00          0          0          0           0
Execute      1      0.00       0.00          0          0          0           0
Fetch        2      0.00       0.00          0          2          0           1
------- ------  -------- ---------- ---------- ---------- ----------  ----------
total        4      0.00       0.00          0          2          0           1

Misses in library cache during parse: 1
Optimizer mode: ALL_ROWS
Parsing user id: 61

Rows     Row Source Operation
-------  ---------------------------------------------------
      1  TABLE ACCESS BY INDEX ROWID EMP (cr=2 pr=0 pw=0 time=80 us)
      1   INDEX UNIQUE SCAN EMP_PK (cr=1 pr=0 pw=0 time=44 us)(object id 5278)
********************************************************************************
```

SQL문 바로 밑에 있는 Call 통계(Statistics) 컬럼들의 의미부터 간단히 살펴보자.

항목	설명
call	커서 상태에 따라 Parse, Execute, Fetch 세 개의 Call로 나누어 각각에 대한 통계정보를 보여준다. ● Parse : 커서를 파싱하고 실행계획을 생성하는 데 대한 통계 ● Execute : 커서의 실행 단계에 대한 통계 ● Fetch : 레코드를 실제로 Fetch하는 데 대한 통계
count	Parse, Execute, Fetch 각 단계가 수행된 횟수
cpu	현재 커서가 각 단계에서 사용한 cpu time

elapsed	현재 커서가 각 단계를 수행하는 데 소요된 시간
disk	디스크로부터 읽은 블록 수
query	Consistent 모드에서 읽은 블록 수
current	Current 모드에서 읽은 블록 수
rows	각 단계에서 읽거나 갱신한 처리 건수

좀 더 자세한 설명은 각 장에서 자연스럽게 이루어질 것이며, 2절에서 보았던 AutoTrace 결과와 일치하는 항목과 비교해 보면 다음과 같다.

```
* db block gets                      = current
* consistent gets                    = query
* physical reads                     = disk
* SQL*Net roundtrips to/from client  = fetch count
* rows processed                     = fetch rows
```

Call 통계 아래쪽에 보이는 Row Source Operation에 대해서도 각 장에서 더욱 상세한 분석 방법이 설명될 것이며, 여기서는 각 항목의 의미만을 간단히 살펴보자.

```
Rows  Row Source Operation
----  ---------------------------------------------------
   1  TABLE ACCESS BY INDEX ROWID EMP (cr=2 pr=0 pw=0 time=80 us)
   1   INDEX UNIQUE SCAN EMP_PK (cr=1 pr=0 pw=0 time=44 us)(object id 5278)
```

왼쪽에 보이는 Rows는 각 수행 단계에서 출력(Flow-Out)된 로우 수를 의미한다. 오라클 버전 7까지는 각 단계에서의 Processing Count를 보여주다가 8i부터 출력 건수로 바뀌기 시작해 9i부터는 확실히 그렇게 바뀌었다. 오라클은 Flow-Out 방식으로 바뀌면서 생긴 단점을 보완하려고 9.2.0.2 버전부터 각 수행 단계별로 cr, pr, pw, time 등을 표시하기 시작했는데, 각각 Consistent 모드 블록 읽기, 디스크 블록 읽기, 디스크 블록 쓰기, 소요시간(us=microsecond)을 의미한다. 9i에서는 pr, pw 대신 r, w로 표시했었다.

그리고 꼭 기억해야 할 중요한 사실은, 부모는 자식 노드의 값을 누적한 값을 갖는다는 점이다. 예를 들어, 위에서 EMP 테이블 액세스 단계는 cr=2이고, 그 자식 노드인 EMP_PK 인덱스 액세스 단계는 cr=1이므로, 인덱스를 읽고 난 후 테이블을 액세스하는 단계에서 순수하게 일어난 cr 개수는 1이다.

이벤트 트레이스

오라클은 오래 전부터 다양한 종류의 이벤트 트레이스를 제공해 왔고, 이를 통해서도 SQL 트레이스를 걸 수 있는데 방법은 다음과 같다.

```
alter session set events '10046 trace name context forever, level 1';
alter session set events '10046 trace name context off';
```

특히, 이 방식을 사용하면 레벨 설정을 통해 바인드 변수와 대기 이벤트 발생 현황까지 수집할 수 있다. 설정할 수 있는 레벨 값은 1, 4, 8, 12이며, 레벨 1은 지금까지 살펴본 일반적인 SQL 트레이스와 같다.

레벨을 4 또는 12로 설정했을 때 트레이스 파일을 열어보면 아래처럼 바인드 변수에 대한 정보를 확인할 수 있다.

```
Bind#0
  oacdty=02 mxl=22(22) mxlc=00 mal=00 scl=00 pre=00
  oacflg=03 fl2=1000000 frm=00 csi=00 siz=24 off=0
  kxsbbbfp=0844e9a0  bln=22  avl=02  flg=05
  value=7900
```

레벨을 8 또는 12로 설정하면, SQL 수행 도중 대기 이벤트가 발생할 때마다 트레이스 파일에 아래와 같은 정보들이 로그처럼 계속 기록된다.

```
WAIT #7: nam='SQL*Net message to client' ela= 4 driver id=1111838976 #bytes=1 p3=0
obj#=335 tim=114688871838
WAIT #7: nam='db file sequential read' ela= 7072 file#=4 block#=23772 blocks=1
obj#=53634 tim=114688913064
WAIT #7: nam='db file sequential read' ela= 11857 file#=4 block#=28782 blocks=1
obj#=53634 tim=114688925005
.........
.........
WAIT #7: nam='SQL*Net message from client' ela= 228 driver id=1111838976 #bytes=1
p3=0 obj#=53634 tim=114690037708
WAIT #7: nam='SQL*Net message to client' ela= 3 driver id=1111838976 #bytes=1 p3=0
obj#=53634 tim=114690037796
WAIT #7: nam='SQL*Net message from client' ela= 1486 driver id=1111838976 #bytes=1
```

```
p3=0 obj#=53634 tim=114690039314
```

그리고 이를 TKProf로 포맷팅하면 아래처럼 각 이벤트별로 집계된 정보를 볼 수 있다. 이벤트 분석을 통해 SQL이 빨리 수행되지 못하게 한 병목 요인을 쉽게 파악할 수 있다. 대기 이벤트가 무엇인지에 대해서는 1장에서 자세히 설명했다.

```
Elapsed times include waiting on following events:
  Event waited on                             Times   Max. Wait  Total Waited
  ----------------------------------------   Waited  ----------  ------------
  SQL*Net message to client                       4        0.00          0.00
  SQL*Net message from client                     4        0.00          0.00
  db file sequential read                      2510        0.01          0.85
```

10046 트레이스를 걸 때 레벨을 4 이상으로 설정하면 트레이스 파일이 매우 급격하게 커지므로 주의가 필요하다. 계속 모니터링하다가 적정 시점에 정지시키는 것을 잊지 말아야 한다.

Elapsed time = CPU time + Wait time

위 대기 이벤트 정보는 쿼리 병목 원인을 찾아내는데 결정적인 역할을 한다. 앞에서 Call 통계에서 CPU time과 Elapsed time을 간단히 설명했지만 DB 튜닝을 처음 시작하는 독자에게는 이 두 값의 의미가 혼란스러울 것이다. 대기 이벤트 개념을 이용해 그 의미를 좀 더 자세히 살펴보자.

오라클이 내부적으로 사용하는 측정 단위와 방법 때문에 생기는 오차가 있긴 하지만 Elapsed time은 CPU time과 Wait time의 합으로 정의할 수 있다.

- Elapsed time = CPU time + Wait time
  = Response시점 − Call시점

Elapsed time은 Call 단위로 측정이 이루어진다. 사용자(App 또는 WAS)로부터 데이터베이스 Call을 받은 순간부터 Response를 보내는 순간까지의 소요시간을 말하며, Response

시점에서 Call 시점을 차감해서 구한다. 예를 들어, 13초에 Call을 보냈는데 25초에 Response를 받았다면 Call Elapsed time은 12초가 된다.

또 한가지 알아야 할 것은, 애플리케이션 커서 캐싱[25] 기법을 사용하지 않는 한 하나의 SELECT문을 수행하는 동안 최소 3번의 Call이 발생하고, DML문은 단 2번의 Call이 발생한다는 사실이다.

- SELECT문 = Parse Call + Execute Call + Fetch Call(→ 1회 이상)
- DML문 = Parse Call + Execute Call

특히, SELECT문에서 다량의 데이터를 사용자에게 전송할 때는 Fetch Call이 '전송 레코드 건수 / ArraySize' 만큼 여러 번 발생한다. 따라서 하나의 SQL을 수행할 때의 Total Elapsed time은, 수행 시 발생하는 모든 Call의 Elapsed time을 더해서 구한다. 실제 예제를 통해 살펴보자.

```
SQL> set timing on
SQL> set arraysize 100
SQL> alter session set events '10046 trace name context forever, level 8';
SQL> select * from big_table where id <= 1000;
......

1000 개의 행이 선택되었습니다.

경   과: 00:00:08.71
```

위에서 경과시간을 보면 사용자가 느끼는 쿼리 총 소요시간은 8.71초다. 하지만 아래 SQL 트레이스에서 Call 통계를 보면 DB 구간에서의 총 소요시간은 0.07초에 불과하다.

[25] 애플리케이션 커서 캐싱에 대해서는 4장에서 설명한다.

```
call     count       cpu    elapsed       disk      query    current        rows
------- ------  -------- ---------- ---------- ---------- ----------  ----------
Parse        1      0.00       0.02          0          0          0           0
Execute      1      0.00       0.00          0          0          0           0
Fetch       11      0.03       0.05         18         39          0        1000
------- ------  -------- ---------- ---------- ---------- ----------  ----------
total       13      0.03       0.07         18         39          0        1000
```

1,000건을 읽는데 ArraySize를 100으로 설정했으므로 one-row fetch[26]까지 합쳐 11번의 Fetch Call이 발생했고, Parse Call과 Execute Call까지 합쳐 총 13번의 Call이 발생했다. 따라서 13번 발생한 Call 각각에 대한 소요시간을 더한 총 소요시간이 0.07초다. 데이터베이스 내부적으로는 0.07초 동안만 일을 했고, 나머지 시간은 애플리케이션으로부터 추가 Call을 기다리면서 Idle 상태로 대기한 시간이다.

또한, CPU time과 Elapsed time 간 시간 차는, 0.07초간 일하는 동안에도 실제로 프로세스가 CPU를 점유하고 원활하게 일을 진행한 시간은 0.03초에 불과하다는 사실을 말해 준다. 나머지 0.04초는 대기(Wait) 상태에 빠졌던 것으로 이해하면 된다. 지금까지 설명한 내용은 그림 3-1을 통해 쉽게 이해할 수 있다.

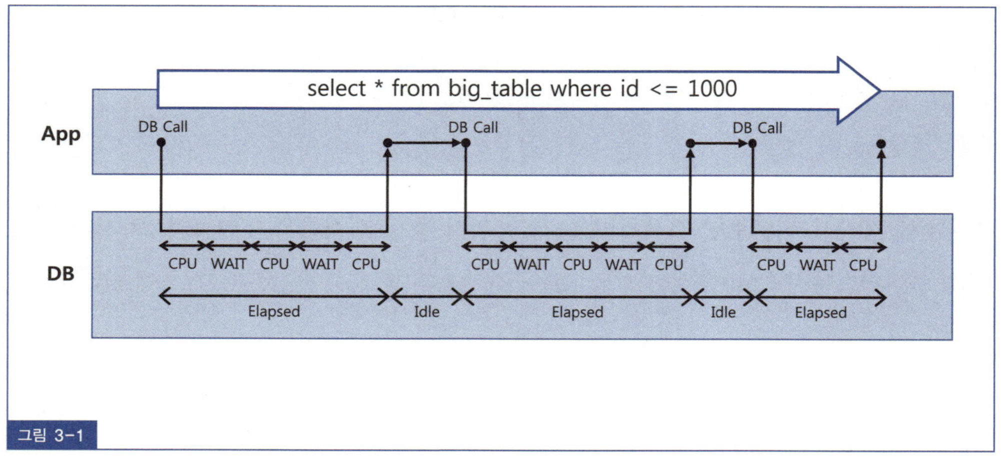

그림 3-1

26) SQL*Plus 등에서 첫 번째 Fetch는 ArraySize와 무관하게 한 건만 가져오는 것을 말하며, 5장 데이터베이스 Call 최소화 원리에서 설명한다.

SQL 수행 전 이벤트 트레이스 레벨을 8로 설정했으므로 다음과 같이 이벤트 발생 현황까지 확인할 수 있다. 이를 통해 CPU time과 Elapsed time 간의 갭(GAP), 그리고 사용자가 느낀 총 소요시간과의 갭이 발생했던 이유를 설명할 수 있다.

```
Elapsed times include waiting on following events:
  Event waited on                             Times   Max. Wait  Total Waited
  ----------------------------------------   Waited  ----------  ------------
  SQL*Net message to client                      11        0.00          0.00
  db file sequential read                        18        0.02          0.02
  SQL*Net message from client                    11        1.43          8.43
  SQL*Net more data to client                    20        0.00          0.00
```

가장 눈에 띄는 것은 *SQL*Net message from client* 이벤트다. 이 대기 이벤트는 Idle 이벤트로서 오라클 서버 프로세스가 사용자에게 결과를 전송하고 다음 Fetch Call이 올 때까지 대기한 시간을 더한 값이다. 11번 발생하는 동안 8.43초를 대기했으므로 사용자가 느낀 총 소요시간 8.71초의 대부분을 이 값이 차지한 것을 알 수 있다. 오라클 서버 입장에서는 할 일 없이 대기한 시간이고, App와 Network 구간에서 소모된 시간이다.

커넥션을 맺은 상태에서 쿼리와 쿼리 수행 사이 thinking time이 긴 애플리케이션이나, 서버로부터 데이터를 Fetch하고 클라이언트 내부적으로 많은 연산을 수행한 후에 다음 Fetch Call을 날리는 배치 프로그램에서 특히 이 값이 크게 나타난다. *SQL*Net message to client* 도 Idle 이벤트에 속한다. 클라이언트에게 메시지를 보냈는데, 클라이언트가 너무 바쁘거나 네트워크 부하 때문에 메시지를 잘 받았다는 신호가 정해진 시간보다 늦게 도착하는 경우다.

위 리포트에서 오라클이 일하는 Elapsed time 동안 발생한 대기 이벤트로는 *db file sequential read* 와 *SQL*Net more data to client* 두 개가 있다. *db file sequential read* 는 Single Block Read 방식으로 디스크 블록을 읽을 때 발생하는 대기 이벤트다.

*SQL*Net more data to client* 는 클라이언트에게 전송할 데이터가 남았는데 네트워크 부하 때문에 바로 전송하지 못할 때 발생하는 대기 이벤트다. 5장에서 설명하겠지만 오라클 서버는 내부적으로 SDU(Session Data Unit) 단위로 패킷을 나누어 전송한다. 하나의 SDU 단위 패킷을 전송했는데 잘 받았다는 신호가 정해진 시간보다 늦게 도착하면 대기가 발생하는데, 그때 발생하는 대기 이벤트가 *SQL*Net more data to client* 이다.

Elapsed time은 Response 시점에서 Call 시점을 차감해서 구한다고 했다. 반면, CPU time과 Wait time은 각 발생구간의 시간을 더해서 구하며, 내부 타이머의 측정 단위 때문에 반올림된 수치를 사용한다. 따라서 이론적으로는 Elapsed time이 CPU time과 Wait time을 더한 값이지만 둘 간에는 항상 오차가 발생한다. 심지어 CPU time이 Elapsed time을 초과하기도 한다.

지금까지 Call 통계에서의 CPU time과 Elapsed time이 어떻게 다른지, 그리고 10046 이벤트 트레이스 레벨을 8로 설정했을 때 나오는 이벤트 발생 현황에 대한 분석 방법을 비교적 자세히 설명하였다.

10046 이벤트 트레이스 다음으로 자주 사용하게 되는 것이 10053 트레이스다. 이는 실행계획을 생성하는 CBO의 의사결정 과정을 추적하는 것을 가능케 하며, 이를 통해 옵티마이저가 이상한 돌출 행동을 보이는 원인을 찾아낼 수 있는 경우가 종종 있다.

(2) 다른 세션에 트레이스 걸기

성능 문제가 발생한 튜닝 대상 SQL 목록을 이미 확보했다면 앞에서처럼 자신의 세션에 트레이스를 걸어 문제 SQL의 트레이스 정보를 수집해 분석을 진행하면 된다. 하지만 아직 튜닝 대상 SQL이 수집되지 않은 상황이라면 커넥션 Pool에 놓인 세션 또는 시스템 레벨로 트레이스를 걸어 SQL 수행 정보를 수집해야 한다. 또는 특정 세션에서 심한 성능 부하를 일으키고 있다면 이미 수행 중인 그 세션에 트레이스를 걸어야 하는데, 그럴 때 사용할 수 있는 방법들이 제공되며 버전에 따라 따르다.

오라클 9i에서 Serial 번호가 3인 145번 세션에 레벨 12로 10046 이벤트 트레이스를 걸려면 아래와 같이 하면 된다.

```
SQL> exec dbms_system.set_ev(145, 3, 10046, 12, '');
```

트레이스를 해제할 때는 레벨을 0으로 설정하면 된다.

```
SQL> exec dbms_system.set_ev(145, 3, 10046, 0, '');
```

dbms_system.set_sql_trace_in_session 프로시저를 이용하는 방법도 있으나 오라클은 이것을 사용하지 말 것을 권고하고 있다.

```
dbms_system.set_sql_trace_in_session(sid=>145,serial#=>3,sql_trace=>true);
```

오라클 10g 이후부터는 dbms_monitor 패키지를 사용하면 된다.

```
SQL> begin
    dbms_monitor.session_trace_enable (
        session_id => 145
      , serial_num => 3
      , waits => TRUE
      , binds => TRUE);
end;
/
```

트레이스를 해제할 때는 session_trace_disable 프로시저를 사용한다.

```
SQL> begin
    dbms_monitor.session_trace_disable (
       session_id => 145
     , serial_num => 3 );
end;
/
```

문제가 발생한 세션에 트레이스를 걸 때, 버전에 상관없이 오래 전부터 사용하던 명령어는 oradebug다. 자세한 사용법은 'oradebug help'를 입력하면 나오지만 기본 사용 패턴만 간단히 예시하면 아래와 같다. 트레이스를 설정하고자 하는 세션의 OSPID를 먼저 확인해야 하는데, 확인된 값이 3796이라고 가정하다.

```
sys@ORA10G> oradebug setospid 3796
명령문을 처리했습니다.
sys@ORA10G> oradebug unlimit   -- 트레이스 파일의 크기 제한을 없앰
명령문을 처리했습니다.
sys@ORA10G> oradebug event 10046 trace name context forever, level 8
명령문을 처리했습니다.
```

이제 해당 세션에 레벨 8로 트레이스가 설정되었다. 트레이스 파일명을 확인하려면 아래처럼 하면 된다.

```
sys@ORA10G> oradebug tracefile_name
d:\oracle\admin\ora10g\udump\ora10g_ora_3796.trc
```

트레이스를 해제하는 방법은 아래와 같다.

```
sys@ORA10G> oradebug event 10046 trace name context off
명령문을 처리했습니다.
sys@ORA10G> oradebug close_trace
명령문을 처리했습니다.
```

시스템 레벨로 전체 세션에 트레이스를 거는 방법은 아래와 같다.

```
SQL> alter system set sql_trace = true;
SQL> alter system set sql_trace = false;
```

물론, 시스템 전체에 트레이스를 걸 때도 10046 이벤트 트레이스를 이용하면 레벨 설정을 할 수 있지만 심각한 부하를 일으키므로 사용할 일이 없다. 부득이한 경우, 짧은 시간 동안만 걸었다가 해제하는 용도로 사용해야 한다.

(3) Service, Module, Action 단위로 트레이스 걸기

최근 개발된 n-Tier 구조의 애플리케이션은 WAS에서 DB와 미리 맺어놓은 커넥션 Pool에서 세션을 할당 받기 때문에 특정 프로그램 모듈이 어떤 세션에서 실행될지 알 수 없고, 한 모듈 내에서 여러 SQL을 수행할 때 각각 다른 세션을 통해 처리될 수도 있다. 이런 환경에서 성능 문제가 발생한 특정 모듈이나 SQL에 대해서만 트레이스를 거는 것은 매우 어려운 작업이다. WAS에서 맺은 세션에만 트레이스를 건 후에 트레이스 파일을 모두 뒤져 해당 모듈에서 수행한 SQL을 찾아내야 하므로 번거롭고 시간도 많이 소요된다. 게다가 커넥션 Pool에 유지되는 세션 개수는 동적으로 늘었다 줄었다 하는데 트레이스를 설정한 후에 새로 맺어진 세션에 대해서는 속수무책이다. 하는 수 없이 DB 트리거를 이용해 로그온 시점에 트레이스가 걸리도록 하거나 시스템 레벨로 전체 트레이스를 걸어야만 한다.

하지만 10g부터 service, module, action별로 트레이스를 설정하고 해제할 수 있는 dbms_monitor 패키지가 소개되면서 위와 같은 불편함이 모두 사라졌다.

```
SQL> show parameter service_name

NAME                                 TYPE        VALUE
------------------------------------ ----------- ---------
service_names                        string      eCRM

SQL> select sid, service_name, module, action
  2  from   v$session
  3  where  service_name <> 'SYS$BACKGROUND' ;

   SID SERVICE_NAME      MODULE                   ACTION
------ ----------------- ------------------------ --------------------
   135 SYS$USERS         SQL*Plus
   138 eCRM              SQL*Plus
   140 eCRM              PL/SQL Developer         Main session
   144 eCRM              TOAD 8.5.3.2
   145 eCRM              Orange for ORACLE DBA    3.1.5 (Build:5)

5 개의 행이 선택되었습니다.
```

위 쿼리 결과를 보면, 현재 접속해 있는 시스템의 service_name은 eCRM이고, 백그라운드 프로세스를 제외하면 5개 세션이 접속해 있다.

service_name이 eCRM인 세션에 모두 트레이스를 걸려면 아래처럼 하면 된다. 현재 접속해 있는 4개 세션 뿐 아니라 앞으로 새로 커넥션을 맺는 세션 중에서도 service_name이 eCRM이면 자동으로 트레이스가 설정된다.

```
SQL> begin
  2    dbms_monitor.serv_mod_act_trace_enable (
  3           service_name => 'eCRM'    --> 대소문자 구분하므로 주의 !!
  4         , module_name => dbms_monitor.all_modules
  5         , action_name => dbms_monitor.all_actions
  6         , waits => true
  7         , binds => true
  8    );
```

```
end;
/
```

트레이스가 제대로 설정됐는지 확인하려면 아래처럼 하면 된다.

```
SQL> select primary_id service_name
          , qualifier_id1 module
          , qualifier_id2 action
          , waits, binds
     from   dba_enabled_traces;

SERVICE_NAME         MODULE               ACTION                WAITS BINDS
-------------------- -------------------- --------------------- ----- -----
eCRM                                                            TRUE  TRUE
```

트레이스를 해제하려면 아래와 같이 하면 된다.

```
SQL> begin
       dbms_monitor.serv_mod_act_trace_disable (
              service_name => 'eCRM'
            , module_name => dbms_monitor.all_modules
            , action_name => dbms_monitor.all_actions
       );
     end;
     /
```

이제 특정 module에만 트레이스를 거는 방법을 알아보자. 우선 위에 접속한 세션들이 프로그램에 따라 module과 action이 각각 다르게 설정돼 있는 것을 확인하기 바란다. 프로그램에 의해 자동으로 설정된 값이며, 이를 사용자가 직접 변경할 수 있다.

```
SQL> begin
       dbms_application_info.set_module(
           module_name => 'emp manager'
         , action_name => 'select emp');
     end;
     /

PL/SQL 처리가 정상적으로 완료되었습니다.

SQL> select sid, service_name, module, action
     from   v$session
     where  service_name <> 'SYS$BACKGROUND' ;
```

```
   SID SERVICE_NAME       MODULE                   ACTION
------ ----------------- ------------------------ --------------------
   135 SYS$USERS          SQL*Plus
   138 eCRM               emp manager              select emp
   140 eCRM               PL/SQL Developer         Main session
   144 eCRM               TOAD 8.5.3.2
   145 eCRM               Orange for ORACLE DBA    3.1.5 (Build:5)
```

현재 접속한 세션의 module과 action이 변경됐다.

이제 module이 'emp manager' 인 세션에만 트레이스를 걸어보자.

```
SQL> begin
  2    dbms_monitor.serv_mod_act_trace_enable (
  3          service_name => 'eCRM'
  4        , module_name => 'emp manager'
  5        , action_name => dbms_monitor.all_actions
  6        , waits => true
  7        , binds => true
  8    );
  9  end;
 10  /

PL/SQL 처리가 정상적으로 완료되었습니다.

SQL> select primary_id service_name
  2  ……

SERVICE_NAME         MODULE               ACTION            WAITS BINDS
-------------------- -------------------- ----------------- ----- -----
eCRM                 emp manager                            TRUE  TRUE
```

지금은 현재 module명이 'emp manager' 인 세션에만 트레이스가 설정됐지만, 앞으로 새로 커넥션을 맺는 세션 중 module이 'emp manager' 인 세션에는 모두 트레이스가 자동 설정된다. 트레이스 해제 방법은 아래와 같다.

```
SQL> begin
  2    dbms_monitor.serv_mod_act_trace_disable(
  3          service_name => 'eCRM'
  4        , module_name => 'emp manager'
  5        , action_name => dbms_monitor.all_actions
  6    );
  7  end;
```

```
/

PL/SQL 처리가 정상적으로 완료되었습니다.
```

아래처럼 한 프로그램 모듈 내에서 각 SQL마다 action을 바꿔가며 실행한다면 v$session을 조회해 현재 어떤 action이 수행 중인지 쉽게 확인할 수 있다. 특히, 장시간 수행되는 배치 프로그램을 모니터링할 때 유용하다.

```
SQL> create or replace procedure emp_manager
    ( l_cnt out number, l_empno in number )
is
begin
  dbms_application_info.set_module(
         module_name => 'emp manager'
       , action_name => 'select emp');

  select count(*) into l_cnt from emp;

  dbms_application_info.set_action( 'update emp' );

  update emp set sal = sal * 1.1 where empno = l_empno;

  commit;

end;
/

PL/SQL 처리가 정상적으로 완료되었습니다.
```

위 프로그램을 수행하면서 모니터링한 결과 'update emp' action을 수행하는 단계에서 시간이 오래 걸리는 것이 확인되었다고 하자. 그래서 이 action에만 트레이스를 걸고 싶을 때, 아래와 같이 하면 된다.

```
SQL> begin
  dbms_monitor.serv_mod_act_trace_enable (
         service_name => 'eCRM'
       , module_name => 'emp manager'
       , action_name => 'update emp'
       , waits => true
       , binds => true
  );
end;
```

```
 10  /

PL/SQL 처리가 정상적으로 완료되었습니다.

SQL> select primary_id service_name
  2  ……

SERVICE_NAME         MODULE               ACTION            WAITS BINDS
-------------------- -------------------- ----------------- ----- -----
eCRM                 emp manager          update emp        TRUE  TRUE
```

이제 emp_manager 프로시저를 실행하면 update문에 대해서만 그 수행정보가 트레이스 파일에 수집된다. 트레이스 파일을 열어보면 아래와 같은 정보가 입력돼 있는 것을 볼 수 있다.

```
*** 2009-03-01 23:44:56.812
*** ACTION NAME:(update emp) 2009-03-01 23:44:56.781
*** MODULE NAME:(emp manager) 2009-03-01 23:44:56.781
*** SERVICE NAME:(eCRM) 2009-03-01 23:44:56.781
*** SESSION ID:(138.190) 2009-03-01 23:44:56.781
```

지금까지 설명한 기능을 효과적으로 사용하려면 모든 프로그램 모듈 수행 전에 dbms_application_info.set_module 프로시저를 한번씩 호출하도록 프로그램을 변경해야 한다. 데이터베이스 Call이 한번씩 더 발생하기는 하지만 I/O 작업이 전혀 없고 세션 Global 변수 값만 살짝 바꿔주기 때문에 부하가 거의 없다고 할 수 있다. SQL 단위로 set_action을 자주 수행하는 것은 시스템에 다소 부하를 줄 수 있으므로 SQL 수행이 빈번한 OLTP성 프로그램보다는 배치 프로그램에만 적용하는 게 좋겠다.

그리고 set_module 호출하는 부분을 개발자가 모듈마다 일일이 삽입하려면 귀찮거니와 빠뜨리기 쉬우므로 WAS에서 커넥션을 얻을 때마다 호출되는 공통 모듈 내에 추가시켜 주는 것이 좋다. 필요할 때만 이 프로시저가 호출되도록 옵션을 제공할 수도 있다.

필자는 이미 몇몇 개발 프로젝트에 이 방법을 적용해 세션 모니터링과 튜닝 작업을 효과적으로 진행한 경험이 있다. 독자가 속한 프로젝트에도 반드시 적용할 것을 권고한다.

참고로, v$session 뷰에서 client_identifier 컬럼이 특정 값으로 설정된 세션에만 트레이스를 걸 수도 있다. 현재 세션에 client_identifier를 설정하는 방법은 아래와 같다.

```
SQL> exec dbms_session.set_identifier('oraking');
```

그리고 client_identifier가 'oraking' 으로 설정된 세션에만 트레이스를 걸려면 아래와 같이 하면 된다.

```
SQL> begin
    dbms_monitor.client_id_trace_enable (
           client_id => 'oraking'
         , waits => false
         , binds => false );
  end;
  /
```

dbms_monitor 패키지를 이용해 row source operation과 대기 이벤트 발생현황만 수집할 수 있는 게 아니라 service, module, action 단위로 v$sesstat 통계정보를 수집하는 기능도 제공된다. dbms_monitor의 serv_mod_act_stat_enable과 serv_mod_act_stat_disable 프로시저를 이용하면 되고, 어떤 단위로 정보수집이 진행 중인지 확인하려면 dba_enabled_aggregations 뷰를 이용한다. service, module, action 별로 수집된 수행통계를 확인하려면 v$serv_mod_act_stats 뷰를 이용하면 된다. 활용방법은 트레이스 걸 때와 모두 동일하므로 따로 설명하지는 않겠다.

참고로, v$session에서 client_identifier 별로 수행통계를 수집할 때는 client_id_stat_enable과 client_id_stat_disable 프로시저를 이용하고, 수집된 수행통계를 확인하려면 v$client_stats 뷰를 이용하면 된다.

04 DBMS_XPLAN 패키지

오라클 9.2 버전에 소개된 dbms_xplan 패키지를 통해 plan_table에 저장된 실행계획을 좀 더 쉽게 출력해 볼 수 있게 되었다. 오라클은 9i부터 plan_table에 더 많은 정보들을 담기 시작했고, 이 패키지를 이용하지 않더라도 직접 쿼리해 보면 과거보다 더 많은 유용한 정보를 얻어낼 수 있다.

오라클 10g부터는 라이브러리 캐시에 캐싱돼 있는 SQL 커서에 대한 실행계획은 물론 Row Source별 수행통계까지 손쉽게 출력해 볼 수 있도록 기능이 확장되었다. AWR에 수집된 과거 수행됐던 SQL에 대한 실행계획을 확인하는 것도 가능하다.

(1) 예상 실행계획 출력

앞에서 @?/rdbms/admin/utlxpls 스크립트를 사용해 실행계획을 출력하는 방법을 이미 보았는데, 그 스크립트를 열어 보면 내부적으로 dbms_xplan 패키지를 호출하고 있는 것을 볼 수 있다.

```
select plan_table_output
from table(dbms_xplan.display('plan_table', null,'serial'));
```

첫 번째 인자에는 실행계획이 저장된 plan table명을 입력하고, 두 번째 인자에는 statement_id를 입력하면 된다. 두 번째 옵션이 NULL일 때는 가장 마지막 explain plan 명령에 사용했던 쿼리의 실행계획을 보여준다. 병렬 쿼리에 대한 실행계획을 수집했다면 @?/rdbms/admin/utlxplp 스크립트를 수행함으로써 병렬 항목에 대한 정보까지 볼 수 있다.

그 외에도 dbms_xplan.display 함수를 직접 쿼리하면 아래와 같이 세 번째 인자를 통해 다양한 포맷 옵션을 선택할 수 있다. 직접 해 보면 어떻게 다른지 쉽게 알 수 있으므로 일일이 설명하지는 않겠다.

```
explain plan set statement_id = 'SQL1' for
select *
from   emp e, dept d
where  d.deptno = e.deptno
and    e.sal >= 1000 ;

select * from table(dbms_xplan.display('PLAN_TABLE', 'SQL1', 'BASIC'));

select * from table(dbms_xplan.display('PLAN_TABLE', 'SQL1', 'TYPICAL'));

select * from table(dbms_xplan.display('PLAN_TABLE', 'SQL1', 'SERIAL'));
```

basic 옵션을 사용하면 ID, Operation, Name 컬럼만 보이는데, format 인자를 아래처럼 구사하면 Rows, Bytes, Cost 컬럼까지 출력해 준다.

```
select * from table(dbms_xplan.display('PLAN_TABLE', 'SQL1'
                                       ,'BASIC ROWS BYTES COST'));

-----------------------------------------------------------------------------
| Id  | Operation                     | Name       | Rows  | Bytes | Cost  (%CPU)|
-----------------------------------------------------------------------------
|   0 | SELECT STATEMENT              |            |    12 |   660 |     3    (0)|
|   1 |  TABLE ACCESS BY INDEX ROWID  | DEPT       |     1 |    18 |     1    (0)|
|   2 |   NESTED LOOPS                |            |    12 |   660 |     3    (0)|
|   3 |    TABLE ACCESS BY INDEX ROWID| EMP        |    12 |   444 |     2    (0)|
|   4 |     INDEX RANGE SCAN          | EMP_SAL_IDX |   12 |       |     1    (0)|
|   5 |    INDEX RANGE SCAN           | DEPT_PK    |     1 |       |     0    (0)|
-----------------------------------------------------------------------------
```

ROWS, BYTES, COST 이외에 추가로 사용할 수 있는 옵션으로는 다음과 같은 것들이 있다.

- PARTITION
- PARALLEL
- PREDICATE
- PROJECTION
- ALIAS
- REMOTE

● NOTE

위 모든 항목들을 다 출력해 보이려면 일일이 나열할 필요없이 all 옵션을 사용하면 된다.

```
select * from table(dbms_xplan.display('PLAN_TABLE', 'SQL1', 'ALL'));
```

그리고 아래처럼 outline 옵션을 사용하면 같은 실행계획을 수립하는 데 필요한 힌트 목록을 보여준다.

```
select * from table(dbms_xplan.display('PLAN_TABLE', 'SQL1', 'OUTLINE'));

Outline Data
-------------

  /*+
      BEGIN_OUTLINE_DATA
      USE_NL(@"SEL$1" "D"@"SEL$1")
      LEADING(@"SEL$1" "E"@"SEL$1" "D"@"SEL$1")
      INDEX(@"SEL$1" "D"@"SEL$1" ("DEPT"."DEPTNO"))
      INDEX(@"SEL$1" "E"@"SEL$1" ("EMP"."SAL"))
      OUTLINE_LEAF(@"SEL$1")
      ALL_ROWS
      OPTIMIZER_FEATURES_ENABLE('10.2.0.1')
      IGNORE_OPTIM_EMBEDDED_HINTS
      END_OUTLINE_DATA
  */
```

아래는 all과 outline을 함께 사용한 것과 같다.

```
select * from table(dbms_xplan.display('PLAN_TABLE', 'SQL1', 'ADVANCED'));
```

(2) 캐싱된 커서의 실제 실행계획 출력

커서가 무엇인지는 4장에서 자세히 다루지만 여기서 간단히 정의해 보면, 하드 파싱 과정을 거쳐 메모리에 적재된 SQL과 Parse Tree, 실행계획, 그리고 그것을 실행하는데 필요한 정보를 담은 SQL Area를 말한다. 오라클은 라이브러리 캐시에 캐싱돼 있는 각 커서에 대한 수행통계를 볼 수 있도록 v$sql 뷰를 제공한다. 이 뷰의 활용방안에 대해서는 뒤쪽에서 다시 설명한다. 이것과 함께 sql_id 값으로 조인해서 사용할 수 있도록 제공되는 뷰가 몇 가지 더 있는데, 그 중 활용도가 가장 높은 것이 v$sql_plan과 v$sql_plan_statistics다. 그리고 이 두 뷰를 합쳐서 보여주는 것이 v$sql_plan_statistics_all이다.

v$sql_plan 뷰의 활용방법부터 살펴보자.

```
SQL> set serveroutput off
SQL> select *
  2  from   emp e, dept d
  3  where  d.deptno = e.deptno
  4  and    e.sal >= 1000 ;
...

12 개의 행이 선택되었습니다.
```

위와 같이 쿼리를 수행하고 나면 캐싱된 커서 정보를 v$sql에서 조회할 수 있고, v$sql_plan을 통해 실제 수행하면서 사용했던 실행계획까지 확인해 볼 수 있다. v$sql_plan를 조회하려면 마지막 수행한 SQL의 sql_id와 child_number 값을 알아야 하는데, 아래 쿼리를 이용해 쉽게 찾을 수 있다. 위에서 쿼리 수행 전에 serveroutput을 off 시키는 것을 잊지 말자. 안 그러면 dbms_output.disable 프로시저를 호출하는 커서의 sql_id를 찾게 된다.

```
SQL> column prev_sql_id       new_value  sql_id
SQL> column prev_child_number new_value  child_no
SQL> select prev_sql_id, prev_child_number
```

```
  2  from   v$session
  3  where  sid=userenv('sid')
  4  and    username is not null
  5  and    prev_hash_value <> 0 ;

PREV_SQL_ID    PREV_CHILD_NUMBER
------------- -----------------
7f5y19ywtkwgt                 0

1 개의 행이 선택되었습니다.
```

v$sql_plan 뷰를 일반 plan table처럼 쿼리해서 원하는 방식으로 포맷팅할 수 있지만 dbms_xplan.display_cursor 함수를 이용하면 편하다.

```
select * from table(dbms_xplan.display_cursor('[ sql_id] ',[ child_no] ,'[ format] '));
```

이 함수는 라이브러리 캐시에 현재 캐싱돼 있는 SQL 커서의 실제 실행계획과, 실행계획을 만들면서 예상했던 Rows, Bytes, Cost, Time 정보를 보여준다. sql_id와 child_number를 매번 찾는 게 귀찮다면(당연히 귀찮다.) 첫 번째, 두 번째 인자에 NULL 값을 넣어주면 된다. 맨 우측 format 인자에는 앞에서 dbms_xplan.display 함수에 사용했던 옵션들을 그대로 사용할 수 있고 출력 포맷도 같다.

```
SQL> select * from table(dbms_xplan.display_cursor
  2    ('&sgl_id', &child_no,'BASIC ROWS BYTES COST PREDICATE'));
-------------------------------------------------------------------------------
| Id  | Operation                       | Name        | Rows  | Bytes | Cost (%CPU)|
-------------------------------------------------------------------------------
|   0 | SELECT STATEMENT                |             |       |       |     3 (100)|
|   1 |  TABLE ACCESS BY INDEX ROWID    | DEPT        |     1 |    18 |     1   (0)|
|   2 |   NESTED LOOPS                  |             |    12 |   660 |     3   (0)|
|   3 |    TABLE ACCESS BY INDEX ROWID| EMP         |    12 |   444 |     2   (0)|
|*  4 |     INDEX RANGE SCAN            | EMP_SAL_IDX |    12 |       |     1   (0)|
|*  5 |    INDEX RANGE SCAN             | DEPT_PK     |     1 |       |     0   (0)|
-------------------------------------------------------------------------------

Predicate Information (identified by operation id):
---------------------------------------------------

   4 - access("E"."SAL">=1000)
   5 - access("D"."DEPTNO"="E"."DEPTNO")
```

참고로, dbms_xplan.display_awr 함수를 이용하면 AWR에 수집된 과거 수행됐던

SQL에 대해서도 같은 분석작업을 진행할 수 있다.

(3) 캐싱된 커서의 Row Source별 수행 통계 출력

SQL문에 gather_plan_statistics 힌트를 사용하거나, 시스템 또는 세션 레벨에서 statistics_level 파라미터를 all로 설정하면[27], 오라클은 실제 SQL을 수행하는 동안의 실행계획 각 오퍼레이션 단계(Row Source)별로 수행 통계를 수집한다. 참고로, '_rowsource_execution_statistics' 파라미터를 true로 설정하거나, SQL 트레이스를 걸어도 Row Source별 수행 통계가 수집된다.

조회할 때는 v$sql_plan_statistics 또는 v$sql_plan_statistics_all 뷰를 이용하면 된다. 예제를 보면서 어떻게 활용할 수 있는지 확인해 보자.

```
SQL> set serveroutput off
SQL> select /*+ gather_plan_statistics */ *
  2  from   emp e, dept d
  3  where  d.deptno = e.deptno
  4  and    e.sal >= 1000 ;
...

12 개의 행이 선택되었습니다.
```

이제 Row Source별 수행 통계가 수집되었다. v$sql_plan_statistics를 조회하려면 마지막 수행한 SQL의 sql_id와 child_number 값을 알아야 하며, 방법은 앞에서 이미 살펴보았다. 아래처럼 쿼리하면 SQL 트레이스를 통해 볼 수 있는 Row Source Operation과 같은 정보가 출력된다. select-list가 길고 복잡해 다 보여주지 못하는 것에 대해 미안하게 생각하지만 case문을 적절히 사용하면 아래처럼 출력되도록 쉽게 구현할 수 있다.

---

[27] 개발 DB에서는 유용하지만 운영 DB의 시스템 레벨에서 all로 설정하는 것은 삼가야 한다.

```
SQL> select last_output_rows "Rows", ......
  2  from   v$sql_plan_statistics_all
  3  where  sql_id = '&sql_id'
  4  and    child_number = &child_no
  5  order by id ;

Rows Row Source Operation
---- ------------------------------------------------------------------
  12  TABLE ACCESS BY INDEX ROWID DEPT (cr=9 pr=0 time=174 us)
  25   NESTED LOOPS (cr=7 pr=0 time=1835 us)
  12    TABLE ACCESS BY INDEX ROWID EMP (cr=4 pr=0 time=306 us)
  12     INDEX RANGE SCAN EMP_SAL_IDX (cr=2 pr=0 time=136 us)
  12    INDEX RANGE SCAN DEPT_PK (cr=3 pr=0 time=224 us)

5 개의 행이 선택되었습니다.
```

SQL 트레이스를 걸어도 같은 결과를 얻을 수 있으므로 TKProf를 이용하기 전에 먼저 Row Source Operation을 확인하고, Call 통계 정보는 필요할 때만 확인하는 식으로 이용할 수 있다.

v$sql_plan_statistics 뷰에는 모든 통계항목에 대해 마지막 수행 통계치와 누적 통계치를 조회할 수 있도록 컬럼이 두 개씩 제공된다. 아래와 같은 식이다.

- output_rows, last_output_rows
- cr_buffer_gets, last_cu_buffer_gets
- disk_reads, last_disk_reads,

따라서 마지막 수행통계나 누적 수행통계를 자유롭게 뽑아볼 수 있고, 위에서 예시한 과정을 스크립트로 만들어 두면 편리하게 사용할 수 있다. 아래는 필자가 만들어서 쓰고 있는 스크립트 활용 예시로서, 누적 값을 출력해 보이고 있다. 왼쪽 Execs는 수행횟수다.

```
SQL> @rsop

(1) Last  (2) Sum --> 2

Execs  Rows Row Source Operation
----- ----- -----------------------------------------------------------------
   23   276  TABLE ACCESS BY INDEX ROWID DEPT (cr=207 pr=4 time=49885 us)
```

```
   23   575   NESTED LOOPS (cr=161 pr=3 time=0912860 us)
   23   276    TABLE ACCESS BY INDEX ROWID EMP (cr=92 pr=2 time=30595 us)
   23   276     INDEX RANGE SCAN EMP_SAL_IDX (cr=46 pr=1 time=14853 us)
   23   276    INDEX RANGE SCAN DEPT_PK (cr=69 pr=1 time=17436 us)

5 개의 행이 선택되었습니다.
```

dbms_xplan.display_cursor 함수는 우리를 대신해 위 뷰를 읽어 깔끔하게 포맷팅해 주는 기능을 제공한다. 아래처럼 dbms_xplan.display 함수에는 없던 iostats, memstats, allstats 옵션을 사용하면 실제 수행 시 Row Source별 수행통계를 보여준다. 여기서도 가장 최근 수행한 SQL을 찾을 때는 첫 번째, 두 번째 인자에 NULL 값을 입력하면 된다.

```
select * from table(dbms_xplan.display_cursor('7f5y19ywtkwgt', 0, 'IOSTATS'));
select * from table(dbms_xplan.display_cursor('7f5y19ywtkwgt', 0, 'MEMSTATS'));
select * from table(dbms_xplan.display_cursor('7f5y19ywtkwgt', 0, 'IOSTATS
MEMSTATS'));
select * from table(dbms_xplan.display_cursor('7f5y19ywtkwgt', 0, 'ALLSTATS'));
```

아래는 출력된 결과 샘플인데, 여기서 E-Rows는 SQL을 수행하기 전 옵티마이저가 각 Row Source별로 예상했던 로우 수로서 v$sql_plan에서 읽어온 값이다. A-Rows는 실제 수행 시 읽었던 로우 수로서, v$sql_plan_statistics에서 읽어 온 항목이다. 이처럼 옵티마이저의 예상 로우 수와 수행 시 실제 로우 수를 비교해 보여주므로 옵티마이저의 행동을 관찰할 때 유용하게 사용할 수 있다.

```
------------------------------------------------------------------------------------
| Id  | Operation   | Name        | Starts | E-Rows | A-Rows |    A-Time    | Buffers |
------------------------------------------------------------------------------------
|   1 |  TABLE ACC  | DEPT        |      1 |      1 |     12 |00:00:00.01 |       9 |
|   2 |   NESTED L  |             |      1 |     12 |     25 |00:00:00.01 |       7 |
|   3 |    TABLE A  | EMP         |      1 |     12 |     12 |00:00:00.01 |       4 |
|*  4 |     INDEX   | EMP_SAL_ID  |      1 |     12 |     12 |00:00:00.01 |       2 |
|*  5 |    INDEX R  | DEPT_PK     |     12 |      1 |     12 |00:00:00.01 |       3 |
------------------------------------------------------------------------------------

Predicate Information (identified by operation id):
---------------------------------------------------
   4 - access("E"."SAL">=1000)
   5 - access("D"."DEPTNO"="E"."DEPTNO")
```

기본적으로 누적 값(last_ 접두사가 붙지 않은 컬럼)을 보여주며, 아래처럼 format 옵션에 last를 추가해주면 마지막 수행했을 때의 일량(last_ 접두사가 붙은 컬럼)을 보여준다.

```
select * from table(dbms_xplan.display_cursor
                   ('7f5y19ywtkwgt', 0, 'ALLSTATS LAST'));
```

05 V$SYSSTAT

오라클은 성능 측정 지표로서 활용 가능한 항목들을 선정하고, SQL이 수행되는 동안 지속적으로 그 항목들에 대한 누적 통계치를 저장한다. 인스턴스 기동 후 현재까지 누적된 수행 통계치를 시스템 레벨로 확인하고자 할 때 사용하는 뷰가 v$sysstat이고, 개별 세션별로 확인할 때 사용하는 뷰가 v$sesstat이다. 현재 접속해 있는 본인 세션에 대한 수행통계는 v$mystat을 통해 확인할 수 있다.

v$statname을 조회해 보면, 9i 기준 264개, 10g 기준 380개, 11g 기준 469개 측정항목을 볼 수 있다(같은 버전도 릴리즈에 따라 차이가 큼).

앞에서 AutoTrace의 Statistics 옵션을 활성화시켰을 때 별도의 세션을 내부적으로 띄워 sys.v_$sesstat(→ v$sesstat의 원본 뷰)를 조회하는 것을 보여주었는데, 그때 사용했던 통계 항목들을 시스템 레벨로 확인하려면 아래와 같이 v$sysstat을 조회해 보면 된다.

```
SQL> SELECT NAME, VALUE FROM V$SYSSTAT
  2  WHERE STATISTIC# IN (7, 47, 50, 54, 134, 335, 336, 337, 341, 342) ;

NAME                                                VALUE
-------------------------------------------- ----------
recursive calls                                   1724445
db block gets                                     1078359
```

```
consistent gets                                    5988183
physical reads                                      785223
redo size                                        228515284
bytes sent via SQL*Net to client                  21177654
bytes received via SQL*Net from client             1861668
SQL*Net roundtrips to/from client                    80069
sorts (memory)                                       53416
sorts (disk)                                            28

10 개의 행이 선택되었습니다.
```

본서를 모두 읽고 나면 최소한 여기 나열된 항목들에 대해서는 정확한 의미를 파악할 수 있다. 이 외에도 성능지표로서 꽤 의미 있는 항목들이 많지만, 일일이 나열해 가며 설명하지는 않을 것이다. 그것을 이해하는 데 필요한 수없이 많은 배경지식을 지면을 통해 모두 설명할 수 없기 때문이다. 정의만 나열하는 식의 설명이라면 오라클 공식 매뉴얼을 통해 쉽게 얻을 수 있다. 대신 각 장의 내용을 이해하는 데 필요한 항목들에 대해서는 자세히 설명한다.

(1) 시스템 수행 통계 수집 및 분석

v$sysstat이나 v$sesstat에 나타나는 값들은 인스턴스 기동 후 또는 세션 수립 후 현재까지 누적된 값이므로 그 값의 크고 작음만으로 의미 있는 정보를 얻기는 어렵다. 이를 제대로 활용하는 방법은, 두 구간 사이의 변화량(증분, delta)을 구해 SQL 수행 도중에 내부적으로 어떤 일들이 발생했는지를 판명하는 것이다.

작업을 수행할 세션과 별도로 세션을 하나 더 열어 아래 create문을 수행한다. 작업을 수행할 세션의 SID를 미리 알아놔야 하며, AutoTrace에서 설명했듯 별도의 세션을 이용하는 것은 v$sesstat를 조회해 insert 할 때의 통계치가 섞이는 것을 방지하기 위함이다.

```
create table sess_stat
as
select 1 no, statistic#, value
from   v$sesstat
where  sid = &SID;
```

이제 본래의 세션에서 SQL문이나 일련의 배치 Job을 수행한다. 작업이 완료되면 별도 세션에서 아래 insert문을 수행하고 커밋한다.

```
insert into sess_stat
select 2 no, statistic#, value
from   v$sesstat
where  sid = &SID;

commit;
```

이제 수집된 수행통계를 쿼리해 두 구간 사이의 증분을 구해보면 작업 수행 도중 오라클 내부적으로 어떤 일들이 일어났는지 알 수 있다.

```
select b.statistic# stat#, b.name, (b.value - a.value) delta_value
from (
        select n.statistic#, n.name, b.value
        from   v$statname n, sess_stat b
        where  b.statistic# = n.statistic#
        and    b.value > 0
        and    b.no = 2
     ) b, sess_stat a
where  a.no = 1
and    a.statistic# = b.statistic#
and    (b.value - a.value) > 0
order by delta_value desc

 STAT# NAME                                              DELTA_VALUE
------ ------------------------------------------------- -----------
   335 bytes sent via SQL*Net to client                         1675
   336 bytes received via SQL*Net from client                    573
   249 table scan rows gotten                                     14
     6 user calls                                                  7
   337 SQL*Net roundtrips to/from client                           5
    51 consistent gets from cache                                  4
    50 consistent gets                                             4
     9 session logical reads                                       4
   250 table scan blocks gotten                                    2
   334 execute count                                               2
   330 parse count (total)                                         2
   321 buffer is not pinned count                                  2
   279 session cursor cache hits                                   1
   244 table scans (short tables)                                  1
```

시스템 레벨로도 v$sysstat 정보를 주기적으로 수집해 저장해 두면 위와 같은 구간 분석을 통해 시스템 전반의 시간대별 Load Profiling이 가능하다. 그림 3-2는 *session logical reads* 항목을 이용해 RAC 3개 노드 각각에서 발생하는 하루 동안의 Logical Reads 발생량을 그래프로 비교해 보인 것이다.

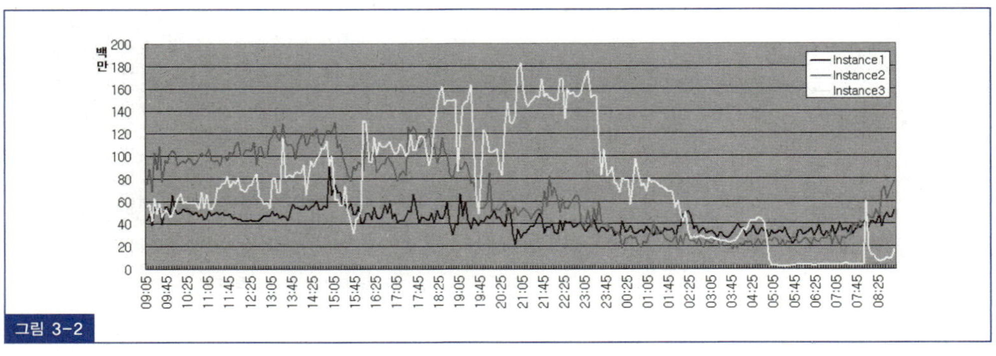

그림 3-2

v$sysstat을 읽어 지정된 테이블에 insert하는 간단한 프로시저를 하나 작성하고, 이를 주기적으로 수행하도록 dbms_scheduler를 이용해 job으로 등록하면 된다. v$sysstat을 읽는데 단 1초도 걸리지 않으므로 시스템에 주는 부하도 거의 없다.

(2) Ratio 기반 성능 분석

위에서 수집된 수행 통계 자료를 이용해 DB의 전반적인 건강상태를 체크할 수 있는 의미 있는 Ratio 값들을 구할 수 있다. 자주 분석되는 항목들은 아래와 같고, 주로 공유 리소스 사용빈도와 경합 발생 비율을 점검한다.

- Buffer Nowait %
- Redo NoWait %
- Buffer Hit %
- Latch Hit %
- In-memory Sort %
- Library Hit %

- Soft Parse %
- Execute to Parse %
- Parse CPU to Parse Elapsd %:
- % Non-Parse CPU
- Memory Usage %
- % SQL with executions〉1
- % Memory for SQL w/exec〉1

지금부터 이들 분석항목들에 대해 설명하는데, 각 Ratio를 구할 때 사용된 공식을 함께 기술하였으므로 더 쉽게 이해할 수 있다. 본서를 처음 읽는 독자라면 이하 내용을 이해하기가 결코 쉽지만은 않을 것이다. 그렇다면, 대략적인 의미만 파악하고 넘어가도 좋다. 그 대신, 본서 1권과 2권에서 설명하는 SQL 튜닝 원리, 그리고 간간이 다루어지는 아키텍처를 충분히 이해한 상태에서 다시 한번 내용을 읽어보기 바란다. 그때는 별 어려움 없이 잘 이해될 것이다.

Buffer Nowait % : 버퍼 블록을 읽으려 할 때 *buffer busy waits* 대기 없이 곧바로 읽기에 성공한 비율이다.

```
select round(100*(1-bfwt/gets),2) "Buffer Nowait %"
from
  ( select sum(count) bfwt from v$waitstat ),
  ( select value gets from v$sysstat where name = 'session logical reads' )
```

Redo NoWait % : Redo 로그를 기록할 공간을 요청하지 않고 곧바로 Redo 엔트리를 기록한 비율을 말한다. 이 비율이 낮다면, 로그 스위칭이 느리거나 너무 자주 발생함을 의미한다. 로그 스위칭 횟수가 문제라면 Redo 로그 파일 크기를 증가시킬 필요가 있다. 로그 스위칭이 자주 발생하지 않는데도 이 항목이 낮은 수치를 보인다면, I/O 서브시스템이 느린 것이 원인일 것이다. Redo 로그 파일을 덜 바쁜 디스크 또는 Redo 로그만을 위한 전용 디스크로 옮기는 것을 고려해야 한다. 비용이 허락된다면 더 빠른 디바이스로 교체하는 것도 방법이다.

```
select round(100*(1-rlsr/rent),2) "Redo NoWait %"
from
  ( select value rlsr from v$sysstat where name = 'redo log space requests' ) ,
  ( select value rent from v$sysstat where name = 'redo entries' )
```

LGWR write

1장 오라클 아키텍처에서 설명했듯이 LGWR 프로세스가 Redo 로그 버퍼를 Redo 로그에 기록하는 시점은 아래와 같다.

① 3초마다 DBWR 프로세스로부터 신호를 받을 때

② 로그 버퍼의 1/3이 차거나 기록된 Redo 레코드량이 1MB를 넘을 때

③ 사용자가 커밋 또는 롤백 명령을 날릴 때

①과 ②는 LGWR에 의해 비동기(async) 방식으로 진행되기 때문에 트랜잭션이 Redo 레코드를 기록하면서 작업을 계속 진행하는 데에 영향을 미치지 않는다. 즉, LGWR가 Redo 로그 버퍼를 로그에 기록하는 동안에도 서버 프로세스는 새로운 Redo 엔트리를 로그 버퍼에 기록할 수 있다. 로그 버퍼가 로그 블록 단위(※ 버퍼 캐시 블록 Size와는 다르며 OS의 최소 I/O 단위에 의해 결정됨)의 순환 방식으로 관리되기 때문에 가능한 일이다. 단, 이때도 LGWR 작업 속도보다 Redo 생성이 더 빨리 진행되면 Redo 엔트리를 기록할 공간이 부족하게 되므로 *log buffer space* 이벤트에서 대기하는 현상이 발생할 수 있다.

반면, ③은 Redo 레코드가 Redo 로그에 기록되었음이 보장되어야만 트랜잭션을 마칠 수 있기 때문에 동기(sync) 방식으로 진행된다(1장에서 설명한 Log Force at Commit 참조). 따라서 LGWR가 작업을 완료할 때까지 기다려야 하고, 이때 발생하는 것이 *log file sync* 대기 이벤트다. 커밋을 했는데 어떤 이유에서건 LGWR가 작업을 빨리 마치지 못하면 1초 간격으로 *log file sync* 이벤트를 발생시키면서 계속 대기하게 된다.

*redo log space requests*는 말 그대로, Redo 로그 공간(Redo 로그 버퍼가 아니라 Redo 로그 파일 공간을 말함)에 대한 요청이 발생하는 것을 말하며, 이는 로그 스위치(Log Switch)가 일어날 때 생기는 현상이다. 로그 스위치가 일어나면 짧은 순간이지만 서버 프로세스는 LGWR 프로세스가 현재(CURRENT) Redo 로그에 쓰기를 완료하고 새로운 Redo 로그를 오픈할 때까지 Redo를 생성하지 못하고 계속 기다려야 하기 때문이다. 그리고 이때 발생하는 대기 이벤트가 *log file switch completion* 이다. 참고로, 로그 스위치가 끝나면 그때까지 대기했던 서버 프로세스들이 동시에 Redo 레코드를 기록하므로 로그 버퍼가 금방 부족해져 *log buffer space* 대기 이벤트가 발생할 가능성이 높다.

Buffer Hit % : 디스크 읽기를 수반하지 않고 버퍼 캐시에서 블록 찾기에 성공한 비율이다. I/O를 최소화하고 버퍼 캐시 히트율(Buffer Cache Hit Ratio)을 높이는 원리에 대해서는 6장에서 다룬다.

```
select round(100*(1-(phyr-phyrd-nvl(phyrdl,0))/gets),2) "Buffer Hit %"
from
  ( select value phyr from v$sysstat where name = 'physical reads' ) ,
  ( select value phyrd from v$sysstat where name = 'physical reads direct' ),
  ( select value phyrdl from v$sysstat where name = 'physical reads direct (lob)' ),
  ( select value gets from v$sysstat where name = 'session logical reads' )
```

Latch Hit % : 래치 경합 없이 첫 번째 시도에서 곧바로 래치를 획득한 비율을 말한다. 래치에 대해서는 1장에서 대기 이벤트와 함께 자세히 설명했다.

```
select round(100*(1-sum(misses)/sum(gets)),2) "Latch Hit %"
from v$latch
```

Library Hit % : 이 항목부터 '% Non-Parse CPU' 까지는 파싱 부하와 관련 있는 측정 항목들이다. 라이브러리 캐시 히트율(Hit Ratio)은 Get 히트율과 Pin 히트율로 나눌 수 있는데, 여기서는 그 중 Pin 히트율을 표시하고 있다. Pin 히트율은 실행 단계와 관련 있다. 라이브러리 캐시에 이미 적재된 SQL 커서를 실행하거나 오브젝트 정보를 읽으려 할 때 해당 커서 또는 오브젝트 정보가 힙(Heap) 영역에서 찾아진다면 히트(Hit)에 성공한 것이다. 만약 캐시에서 밀려나 찾을 수 없는 경우가 빈번하게 발생한다면 히트율이 낮게 나타나고, 그만큼 다시 로드해야 하는 부하가 생기므로 라이브러리 캐시 효율이 좋지 않음을 뜻한다.

```
select round(100 * sum(pinhits)/sum(pins),2) "Library Cache Pin Hit %"
from   v$librarycache
```

참고로, Get 히트율은 Parse 단계와 관련 있다. 이 수치가 낮다면 해당 SQL 커서 또는 오브젝트에 대한 핸들을 찾을 수 없어 하드파싱 또는 최초 로드가 자주 발생하는 경우다.

```
select round(100 * sum(gethits)/sum(gets),2) " Library Cache Get Hit %"
from   v$librarycache
```

라이브러리 캐시 구조에 대한 사전지식이 없다면 이해하기 어려운 내용이지만 4장 라이브러리 캐시 최적화 원리를 공부한 후에 다시 본다면 어렵지 않다고 느낄 것이다.

Soft Parse % : 실행계획이 라이브러리 캐시에서 찾아져 하드파싱을 일으키지 않고 SQL을 수행한 비율을 말한다. 구하는 공식은 아래와 같다.

(전체 Parse Call 횟수 – 하드파싱 횟수) / (전체 Parse Call 횟수) * 100

이 비율이 낮다면 바인드 변수를 사용하도록 애플리케이션을 개선해야 한다.

```
select round(100*(1-hprs/prse),2)  "Soft Parse %"
from
  ( select value hprs from v$sysstat where name = 'parse count (hard)' ) ,
  ( select value prse from v$sysstat where name = 'parse count (total)' )
```

Execute to Parse % : Parse Call 없이 곧바로 SQL을 수행한 비율, 즉 커서를 애플리케이션에서 캐싱한 채 반복 수행한 비율을 말한다. 애플리케이션 커서 캐싱 기법은 라이브러리 캐시 최적화 원리를 설명하는 4장에서 다룬다. 그리고 n-Tier 아키텍처에서 일반적으로 이 값이 낮게 나타나는 이유, n-Tire 임에도 불구하고 높은 수치를 보일 수 있는 이유 등에 대해서도 4장에서 자세히 다룰 것이다.

```
select round((1-prse/exe)*100,2)  "Execute to Parse %"
from
  ( select value prse from v$sysstat where name = 'parse count (total)' ),
  ( select value exe from v$sysstat where name = 'execute count' )
```

Parse CPU to Parse Elapsd % : 파싱 총 소요 시간 중 CPU time이 차지한 비율이다. 파싱에 소요된 시간 중 실제 일을 수행한 시간 비율을 말하며, 이 값이 낮다면 파싱 도중 대기가 많이 발생했음을 의미한다.

```
select decode( prsela
             , 0, to_number(null)
             , round(prscpu/prsela*100,2)) "Parse CPU to Parse Elapsd %"
from
  ( select value prsela from v$sysstat where name = 'parse time elapsed' ),
  ( select value prscpu from v$sysstat where name = 'parse time cpu' )
```

이 수치가 낮다면 Shared Pool과 라이브러리 캐시에 경합이 많다는 것을 뜻한다. 대개 하드 파싱 부하 때문이다. Load Profile에서 초당 하드 파싱 횟수(Hard Parses)를 점검해 보라. 이 값이 5개 정도만 되더라도 그 영향력은 매우 크게 나타난다.

시스템 오픈을 앞두고 하드 파싱이 원인이라는 진단 리포트를 받게 되면 개발팀 입장에서는 매우 곤혹스럽다. 뒤늦게 바인드 변수를 사용하도록 프로그램을 개선하려면 상당히 많은 공수가 필요하기 때문이다. 따라서 개발팀은 하드 파싱 부하를 대개 인정하려 하지 않는다. 하드파싱 부하에 대한 또 다른 성능 지표인 Soft Parse%가 98%가 넘는다며 진단이 잘못됐다고 항변한다. 실제로 Parse CPU to Parse Elapsd %가 50% 안팎의 낮은 수치를 보이더라도 Library Hit %나 Soft Parse% 모두 99%에 가까운 수치를 보이는 경우가 대부분이다.

그런 결과가 나오는 이유가 무엇인지, 예를 통해 설명해 보자.

	executes	parse calls	hard parse	parse CPU	parse elapsed
SQL1	99	99	1	0.00098	0.00196
SQL2	1	1	1	0.10000	0.20000
TOTAL	100	100	2	0.10098	0.20196

위 표에서 SQL1이 99번 수행되었고, SQL2가 1번 수행되었다. 애플리케이션 커서 캐싱 기법을 사용하지 않는다면 SQL1과 SQL2 각각에 대한 Parse Call이 각각 99번과 1번이다. 하드파싱은 SQL1에서 한번, SQL2에서 한번 발생했을 것이다. 그러면 전체 Soft Parse %은 다음과 같이 구해지고, Library Hit %도 같은 값으로 계산된다.

Soft Parse % = (1−hard_parse/parse_calls) × 100
= (1−2/100) × 100 = 98%

CPU time과 Elapsed time을 계산해 보자. 소프트 파싱은 워낙 빠르므로 이 두 값이 매우 낮은 수치를 보인다. 오라클 타이머의 내부 측정 단위 때문에 둘 간에 차이가 거의 없게 나타날 때도 있다. 위에서 소프트 파싱이 98번 발생했고 그때마다 parse CPU time과 parse Elapsed time이 각각 0.00001초와 0.00002초였다고 하자. 그리고 하드 파싱할 때는 두 번 모두 parse CPU time과 parse Elapsed time이 각각 0.05초와 0.1초가 소요되었다고 하자. 그러면 총 CPU time과 Elapsed time은 아래와 같이 구해진다.

Total parse CPU time = 0.05 × 2 + 0.00001 × 98 = 0.10098

Total parse Elapsed time = 0.1 × 2 + 0.00002 × 98 = 0.20196

이제 위 공식에 따라 CPU to Parse Elapsd %를 구해보자.

CPU to Parse Elapsd % = 0.10098/0.20196×100 = 50%

CPU to Parse Elapsd%가 50%로 낮은 상태에서 Soft Parse%가 98%로 높게 나타날 수 있는 이유를 이해했을 것이다.

정리하면, 소프트 파싱은 하드 파싱에 비해 매우 빠르므로 CPU to Parse Elapsd % 값에 미치는 영향력이 작다. 반면, 하드 파싱은 발생 횟수가 적더라도 매우 느리므로 영향력이 크다. 수치가 커서 크게 영향을 미칠 뿐 아니라 Shared Pool과 라이브러리 캐시 관련 대기 이벤트가 소프트 파싱에 비해 더 많이 발생하므로 CPU time과 Elapsed time 간 격차를 더 키운다. 두 시스템 간 소프트 파싱 비율이 같더라도 라이브러리 캐시 부하가 더 심한 시스템은, 하드 파싱할 때 경합이 발생할 가능성이 크므로 CPU to Parse Elapsd % 값이 더 낮게 나타날 것이다.

초당 하드 파싱 횟수(Hard Parses)가 거의 나타나지 않는데도 이 Ratio가 낮은 수치를 기록한다면 Parse Call 자체가 많아 발생하는 경합이라고 이해하면 된다. 4장에서 설명하는 애플리케이션 커서 캐싱이나 세션 커서 캐싱 기능을 활용해 Parse Call 부하를 줄여주어야 한다.

% Non-Parse CPU : SQL을 수행하면서 사용한 전체 CPU time 중 파싱 이외의 작업이 차지한 비율이다. 이 비율이 낮다면 파싱 과정에서 소비되는 CPU time 비율이 높은 것이므로 파싱 부하를 줄이도록 애플리케이션을 개선해야 한다. 구체적인 개선방법에 대해서는 4장에서 설명한다.

```
select decode( tcpu
             , 0, to_number(null)
             , round(100*(1-(prscpu/tcpu)),2)) "% Non-Parse CPU"
from
  ( select value tcpu from v$sysstat where name = 'CPU used by this session' ),
  ( select value prscpu from v$sysstat where name = 'parse time cpu' )
```

In-memory Sort % : 전체 소트 수행 횟수에서 In-Memory 소트 방식으로 수행한 비율을 말한다. 오라클 내부적인 소트 수행 원리는 6장에서 간단히 다루고, 구체적인 소트 튜닝 기법에 대해서는 2권에서 다룬다.

```
select decode( (srtm+srtd)
             , 0, to_number(null)
             , round(100*srtm/(srtd+srtm),2)) "In-memory Sort %"
from
```

```
( select value srtm from v$sysstat where name = 'sorts (memory)' ) ,
( select value srtd from v$sysstat where name = 'sorts (disk)' )
```

Memory Usage % : Shared Pool 내에서 현재 사용 중인 메모리 비중을 말한다.

```
select 100*(1-sum(decode(name, 'free memory', bytes)) / sum(bytes))
from   v$sgastat
where  pool = 'shared pool'
```

% SQL with executions>1 : 전체 SQL 개수에서 두 번 이상 수행된 SQL이 차지하는 비중을 말한다. 이 값이 낮게 나타난다면 조건절에 바인드 변수를 사용하지 않고 Literal 상수 값을 이용하는 쿼리의 수행빈도가 높은 것을 의미한다.

% Memory for SQL w/exec>1 : 전체 SQL이 차지하는 메모리 중 두 번 이상 수행된 SQL이 차지하는 메모리 비중이다. 이 값이 낮게 나타난다면 조건절에 바인드 변수를 사용하지 않고 Literal 상수 값을 사용하는 쿼리에 의해 Shared Pool이 낭비되고 있음을 의미한다.

지금까지 살펴본 Ratio 기반 성능진단 항목들은 DB 전반의 건강상태를 체크하기 위해 오랫동안 사용돼 온 것들이고 아직까지도 매우 유용한 지표로서 활용되고 있다. 다만, 이 값들은 문제가 발견되었을 때 그 원인을 분석하는 데에 취약하다는 단점이 있다. 시스템 레벨에서 평균적 의미의 측정이 주로 이루어지므로 개별 세션이나 트랜잭션 레벨에서 느껴지는 속도감과 동떨어진 결과를 낼 수 있다는 것도 흠이다. 세션 레벨로도 측정할 수는 있지만 원인 분석에 큰 도움을 못 주므로 그렇게 하는 경우는 거의 없다.

06 V$SYSTEM_EVENT

오라클은 서버 프로세스와 백그라운드 프로세스들이 일을 처리하는 과정에서 발생하는 대기 현상들을 측정하려고 갖가지 대기 이벤트(Wait Event)를 정의하였다. 그리고 프로세스들이 일을 진행하다가 대기 이벤트가 발생할 때마다 그 횟수와 대기 시간을 내부에 저장한다. 대기 이벤트에 대해서는 1장에서 이미 설명하였다.

v$system_event는 인스턴스 기동 후 현재까지 누적된 이벤트 발생 현황을 시스템 레벨로 확인하고자 할 때 사용한다. 개별 세션별로 누적치를 확인하려면 v$session_event 뷰를 조회하면 된다. 그리고 세션 레벨에서 좀더 유용하게 사용할 수 있는 뷰가 v$session_wait인데, 이는 세션별로 현재 진행 중이거나 바로 직전에 발생했던 이벤트 정보만을 보여준다.

대기 이벤트는 v$system_event, v$session_event, v$session_wait 등 뷰를 통해 확인할 수 있을 뿐 아니라 각 세션별로 이벤트 발생 상황을 로깅하는 기능도 제공한다. 앞에서(3절) 설명한 10046 이벤트 트레이스에서 레벨을 8 또는 12로 설정하면 SQL 수행 도중 대기 이벤트가 발생할 때마다 트레이스 파일에 기록을 남긴다고 했는데, 그것을 말하는 것이다.

10046 이벤트 트레이스 레벨을 8로 설정하고 소요시간이 오래 걸리는 쿼리를 수행해 보라. 쿼리가 다 끝나 TKProf를 돌려 보기 전에라도 유닉스 쉘(Shell) 프롬프트 상에서 tail 명령을 통해 트레이스 파일 뒤쪽에 어떤 이벤트 정보들이 쌓이는지 확인해 볼 수 있다. 그리고 그 정보를 통해 쿼리 성능이 느린 1차적인 원인(디스크 I/O, Lock · 래치 경합, RAC 병목, 네트워크 트래픽 등)을 판단할 수 있다.

```
$ tail -20f /usr/local/oracle/admin/ORA10g/udump/ora10g_ora_19678.trc
```

이벤트 트레이스를 걸지 않았더라도 v$session_wait을 조회해 보면 아래처럼 해당 세션에서 현재 어떤 이벤트가 발생하고 있는지 곧바로 확인해 볼 수 있다.

```
SQL> column wait_time heading 'WAIT|TIME'
SQL> column seconds_in_wait heading 'SECONDS|IN WAIT'
SQL> select event
  2       , wait_time
  3       , seconds_in_wait
  4       , state
  5       , p1text || '->' || p1 || ',' || p2text || '->' || p2
  6         || ',' || p3text || '->' || p3 param
  7  from   v$session_wait
  8  where  sid = 145
  9  order by inst_id ;

                                WAIT SECONDS
EVENT                           TIME IN WAIT STATE    PARAM
------------------------------ ----- ------- -------- ------------------------------
enq: TX - row lock contention      0      84 WAITING name|mode->1415053318,usn<<16
                                                      | slot->196621,sequence->1820
```

쿼리 결과는 WAIT_TIME 값에 따라 해석이 달라진다.

- WAIT_TIME > 0 : 마지막 대기이벤트를 대기한 시간
- WAIT_TIME = 0 : 이 이벤트를 현재 대기 중
- WAIT_TIME = -1 : 마지막 대기 이벤트를 대기한 시간이 10ms 미만
- WAIT_TIME = -2 : 타이밍이 활성화되지 않음

위 사례는 WAIT_TIME = 0이므로 현재 대기가 진행 중이고, 로우 Lock 때문에 트랜잭션이 84초간 블로킹 돼 있었음을 알 수 있다.

앞 절에서 v$sysstat를 주기적으로 수집해 저장해 둠으로써 시스템 레벨로 시간대별 Load Profiling하는 사례를 보여주었는데, v$system_event까지 저장하도록 프로시저에 추가해 주면 대기 이벤트 발생 현황도 함께 분석할 수 있다. v$system_event도 읽는데 1초가 채 걸리지 않으므로 초 단위로 너무 자주 수집하지만 않는다면 시스템에 주는 부하도 미미하다고 볼 수 있다.

그림 3-3은 v$system_event를 5분 주기로 수집해 하루 동안의 이벤트 발생 현황을 그래프로 그린 것이다. 오후 1시 20분부터 50분 가량 Application 관련 대기 이벤트가 지속적으로 발생했는데, Application 관련 대기 이벤트가 발생하는 것은 대부분 Lock이 원인이다. 새벽 1시부터 과도하게 발생한 User_IO 대기 이벤트는 오브젝트 통계 정보를 수집하는 Job이 수행되었기 때문이었다. v$sysstat을 통해 수집된 자료에서 그림 3-3 분석 내용과 관련 있는 항목을 같이 그래프로 그려 대비해 보이면 더 의미 있는 분석이 가능하다.

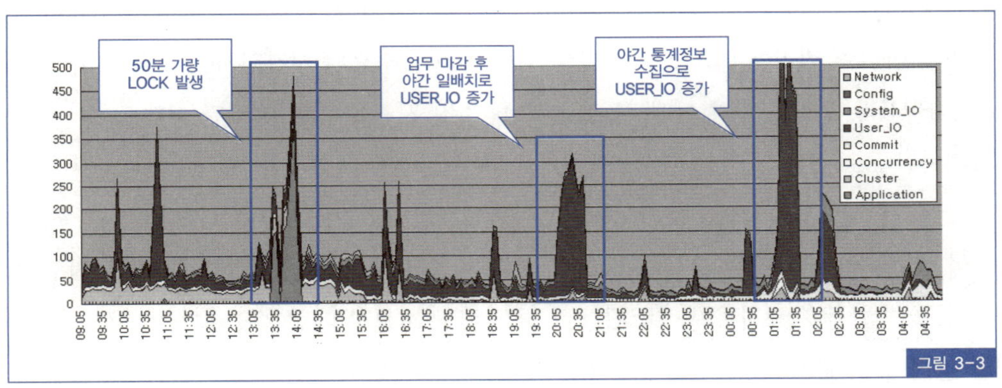

그림 3-3

07 Response Time Analysis 방법론과 OWI

앞서 본 것처럼 대기 이벤트를 기반으로 세션 또는 시스템 전체에 발생하는 병목 현상과 그 원인을 찾아 문제를 해결하는 방법 · 과정을 '대기 이벤트(Wait Event) 기반' 또는 'Response Time Analysis' 성능관리 방법론이라고 한다. Response Time Analysis 방법론은 1999년 6월에 'Yet Another Performance Profiling Method(Or YAPP-Method)'라는 제목의 오라클 기술백서가 발표되면서 주목 받기 시작했다.

```
Response Time = Service Time  +  Wait Time
              = CPU Time      +  Queue Time
```

이 보고서는 오라클 서버의 응답 시간을 서비스 시간과 대기 시간의 합으로 정의하고 있다. 서비스 시간(Service Time)은 프로세스가 정상적으로 동작하며 일을 수행한 시간을 말한다. CPU time과 같은 의미다. 대기 시간(Wait Time)은 대기 이벤트가 발생해 수행을 잠시 멈추고 대기한 시간을 말한다. 다른 말로 'Queue time' 이라고도 한다.

Response Time을 위와 같이 정의하고, CPU time과 Wait time을 각각 break down 하면서 서버의 일량과 대기 시간을 분석해 나간다. CPU time은 파싱 작업에 소요된 시간인지 아니면 쿼리 본연의 오퍼레이션 수행을 위해 소요된 시간인지를 분석한다. Wait time은 각각 발생한 대기 이벤트들을 분석해 가장 시간을 많이 빼앗긴 이벤트 중심으로 해결방안을 모색한다.

이 방법론이 제시된 후에 많은 오라클 전문가 그룹에서 이에 착안한 새로운 분석 기법과 활용 방법들을 제시하기 시작했다. 물론 YAPP 보고서 이전에도 대기 이벤트를 이용한 분석이 행해졌지만 이벤트 종류가 더 다양화, 세분화되면서 새로운 활용방법들을 모색하게 된 것이다. OWI[28)]는 Response Time Analysis 방법론을 지원하려고 오라클이 제공하는 기능과 인터페이스를 통칭하는 말로서, 'Oracle Wait Interface' 의 준말이다.

Response Time Analysis 방법론에 기반한 튜닝은 병목해소 과정이라고 요약할 수 있다. 예를 들어 보자. 아래 쿼리를 수행하는 20개 프로세스가 동시에 떠서 작업을 수행 중이라고 가정하자. 하루 저녁에 1억 건을 처리해야 하는 배치 프로그램이어서 속도를 향상시키려고 서로 읽는 범위를 달리하여 프로그램 Parallel 방식으로 수행되도록 한 것이다.

```
insert into t1
select /*+ ordered use_nl(t3) */ seq.nextval, t2.*, t3.*
from   t2, t3
where  t2.key = t3.key
and    t2.col between :range1 and :range2 ;
```

28) OWI가 오라클 공식 용어는 아닌 것 같다. 오라클 매뉴얼이나 메타링크 등을 아무리 뒤져 봐도 관련 용어를 찾을 수 없기 때문이다.

20개를 동시에 수행시켰는데도 생각처럼 속도가 나질 않아 이벤트 분석을 해 보니 *db file scattered read* 대기 이벤트가 Wait time의 대부분을 차지하고 있었다. 이 이벤트의 발생 원인은 Full Table Scan이다. 그림 3-4는 2차선 일방통행로에서 병목 때문에 차들이 한 대씩만 진행하고 있는 모습을 표현한 것이다.

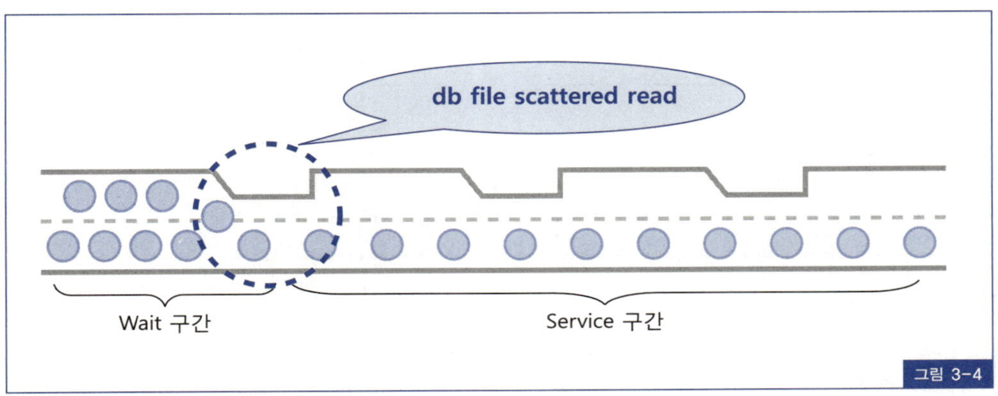

그림 3-4

분석 결과, t2 테이블 기준으로 NL 조인을 수행하면서 반복 액세스가 일어나는 t3 테이블 조인 컬럼에 인덱스가 없어 매번 Full Table Scan으로 처리되고 있었다. 인덱스를 추가해 정상적인 Index Scan으로 처리되도록 튜닝을 실시하였다.

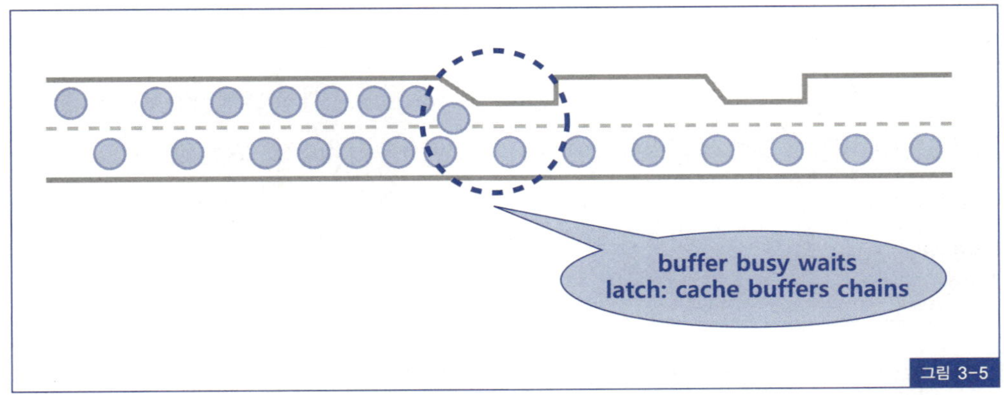

그림 3-5

그랬더니 이번에는 *buffer busy waits*과 *latch: cache buffers chains* 이벤트가 새롭게 발생하기 시작했다(그림3-5). 앞에서는 디스크 I/O 때문에 서버 프로세스의 처리속도가 매우 느렸었는데, 이제 많은 처리를 버퍼 캐시 내에서 할 수 있게 됨으로 인해 서버 프로세스의 처리 속도가 크게 향상되었고 그 때문에 버퍼 블록에 대한 동시 액세스가 증가하면서 메모리 경합이 발생하기 시작한 것이다.

캐싱된 버퍼 블록에 대한 읽기 요청이 많아 생기는 문제이므로 블록 요청 횟수를 줄여야 한다. NL 조인을 해시 조인 방식으로 바꿔 보았다.

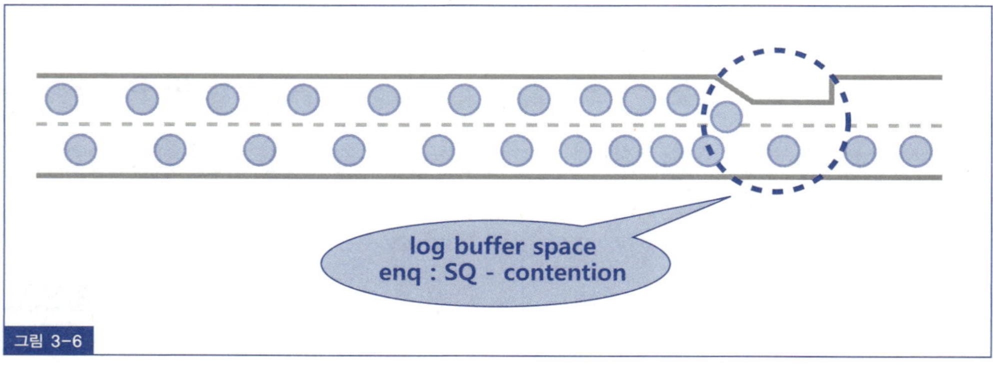

그림 3-6

이제 버퍼 캐시에서 발생하던 경합이 해소됨으로 인해 또 다른 문제가 발생하였다(그림 3-6). select 경합이 해소되니까 이번에는 insert 처리부분에서 경합이 발생하기 시작한 것이다. insert에 의한 Redo 레코드 생성 속도가 증가하니까 Redo 로그 버퍼 공간이 부족할 때 발생하는 *log buffer space* 대기 이벤트가 새롭게 발생하기 시작했다. 또한 Sequence 테이블에 대한 경합으로 *enq: SQ – contention* 까지 발생하기 시작했다. 내재돼 있던 문제들이 앞에서 처리속도가 개선되면서 속속 드러나고 있는 것이다.

Redo 로그 버퍼 크기를 약간 늘려주고, Sequence 캐시 사이즈를 10에서 20으로 늘려주었다.

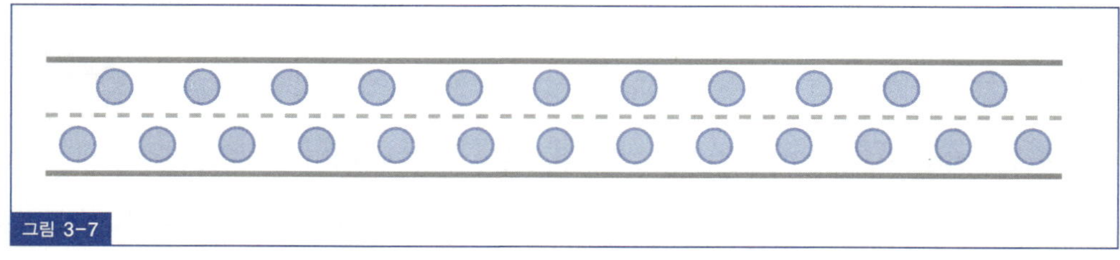

그림 3-7

이제 그림 3-7에서 보듯 병목구간이 모두 제거돼 차량 소통이 원활한 2차선 도로가 되었다. OWI 기반 튜닝 방법론의 효과성을 여실히 보여주는 사례라고 하겠다. 가공된 것이라고 생각할지 모르지만 실제로 튜닝했던 두 개의 사례를 합쳤을 뿐이다.

이처럼 OWI에 기반한 튜닝은 모니터링과 튜닝을 반복하면서 병목을 해소해 나가는 방법론이다. 오라클 사용자 그룹을 통해 소개된 방법론이 이제는 오라클의 적극적인 지원에 힘입어 10g 기준으로 890여 개, 11g 기준 960여 개의 방대한 대기 이벤트가 정의돼 사용되고 있고, 점차 세분화되고 있다.

버전이 올라갈수록 사용할 수 있는 유용한 동적 성능 뷰도 계속 증가해 왔는데, 특히 10g부터는 쿼리를 이용하지 않고 직접 SGA 메모리를 액세스하기 때문에 더 많은 정보수집이 이루어지고 있다. 바로 다음 절에서 설명하는 Statspack, AWR은 Response Time Analysis 방법론을 지원하는 오라클의 표준도구라고 할 수 있다.

이 방법론에 기반을 둔 성능관리 툴(Tool)도 많이 개발되었고 이미 보편화 돼 있는 실정이다. 이들 툴은 대기 이벤트 발생현황을 지속적으로 수집하면서 실시간으로 병목 발생 상황을 체크해 주고, 과거 시점에 대한 리포팅 기능도 제공한다. 또한 인터넷을 통해 무수히 많은 OWI 관련 자료들이 쏟아져 나오고 있고, 관련 서적들도 잇달아 출간되고 있다.

컨설팅을 다니다 보면 이미 많은 고객사 DBA들이 이 개념에 기반을 두고 성능관리를 하는 것을 보게 된다. OWI를 이용해 성능관리를 함으로써 예전에는 생각할 수 없었던 많은 변화가 생기고 있다. 예전에는 튜닝 프로젝트를 나가면 시스템 레벨로 SQL 트레이스를 걸고 수 기가 바이트에 이르는 트레이스 파일을 머지(Merge)하고 분석해 튜닝 대상 SQL을 뽑곤 했다. 그런데 이제는 고객사에서 이런 모니터링 툴을 활용해 튜닝 대상 SQL들을 미리 뽑아서 가져오는 경우가 많다. 그런 툴을 활용하지 않더라도 오라클 내부적으로 시스템에 부하를 주지 않는 가장 효율적인 방법으로 성능관련 자료들을 수집해 놓기 때문에 AWR, v$sql 관련 뷰들을 분석해서 손쉽게 문제점을 도출하고 튜닝대상을 선정할 수 있게 되었다.

그리고 OWI 분석을 통해 DBMS 내부 Internal 아키텍처와 원리들을 더 깊이 있게 파악할 수 있게 된 것도 큰 변화 중 하나다. 예를 들어, 예전에는 Enqueue Lock이 발생하면 애플리케이션에서 발생시키는 사용자 Lock이 원인이라고 주로 생각했었다. 하지만 이제는 대기 이벤트명과 파라미터를 통해 사용자 Lock이 원인인지, Unique Key 중복 또는 인덱스 분할(Split)에 의한 것인지, ITL 부족인지, 그것도 아니면 Sequence 경합에 의한 것인지 원인을 분명하게 식별해 낼 수 있게 되었다. 문제를 빨리 찾기 때문에 해결 속도도 빨라졌다.

이제 OWI는 DB 성능관련 커뮤니케이션 프로토콜로서 확실히 자리매김했다. 본서가 OWI를 주제로 한 책이 아님에도 불구하고 OWI 개념을 이만큼 상세하게 설명할 수 밖에 없는 이유도 그 때문이다.

08 Statspack / AWR

앞에서 v$sysstat과 v$system_event를 주기적으로 수집해 성능관리에 활용하는 사례를 보여 주었는데, 8i부터 사용하던 Statspack과 10g 이후 사용하게 된 AWR(Automatic Workload Repository)도 같은 원리를 적용해 표준화된 방식으로 성능관리를 지원하려고 오라클이 제공하는 패키지다[29]. 이들 패키지는 앞에서 설명한 Ratio 기반 성능진단과 Wait Event 기반 성능진단 방법론을 둘 다 가지고 있다. 아래 나열한 동적 성능 뷰(Dynamic Performance View)를 주기적으로 특정 Repository에 저장하고, 이를 분석해 오라클 데이터베이스 전반의 건강 상태를 체크하고 병목원인과 튜닝 대상을 식별해 내는 데 사용한다.

- v$segstat
- v$undostat

---

29) 오라클 8 이전에도 utlbstat/utlestat 스크립트를 이용해 비슷한 리포트를 뽑아볼 수 있었다.

- v$latch
- v$latch_children
- v$sgastat
- v$pgastat
- v$sysstat
- v$system_event
- v$waitstat
- v$sql
- v$sql_plan
- v$sqlstats(10g 이후)
- v$active_session_history(10g 이후)
- v$osstat(10g 이후)
- 기타 등등

Statspack과 AWR은 거의 같은 내용을 담고 있으며, 다른 점이 있다면 정보를 수집하는 방식에 있다. Statspack은 SQL을 이용한 딕셔너리 조회 방식인데 반해 AWR은 DMA(Direct Memory Access) 방식으로 SGA를 직접 액세스하기 때문에 좀 더 빠르게 정보를 수집할 수 있다. 부하가 적기 때문에 AWR은 Statspack 보다 더 많은 정보를 수집하고 제공할 수 있게 되었다.

오라클 9i에서는 Statspack의 정보를 수집하는 데 따른 부하 때문에 스냅샷을 자주 수행하기 어려웠다. 그래서 사용자가 수동으로 statspack.snap 명령을 날리거나 정해진 기간 동안만 JOB에 등록해 DB 성능 정보를 수집했었다. 하지만 10g AWR부터는 'Automatic'이 의미하는 것처럼 자동으로 성능 자료를 수집해 일정기간 보관한다. 오라클이 10g를 출시할 즈음 대규모 컨퍼런스를 개최했는데, 그 자리에서 AWR을 소개하면서 "DB 속에 내장된 DataWarehouse"라고 표현했던 기억이 난다. 실제 AWR에 수집된 자료를 활용하다 보면 틀린 말이 아니라는 생각이 든다. 기본 설정을 변경하지 않았을 때 스냅샷 주기는 1시간이고, 일주일 간 보관된다. 특별한 진단을 요할 때는 더 짧은 주기로 수집하고, 더 오래 보관하도록 설정을 변경할 수 있다. 물론 이 기능을 사용하고 싶지 않다면 멈추게 할 수 있지만 그대로 두고 잘 활용하는 편이 낫다.

(1) Statspack / AWR 기본 사용법

Statspack에서는 PERFSTAT 계정 밑에 'stats$'로 시작하는 뷰를 통해 수집된 성능 정보들을 조회한다. AWR에서는 SYS 계정 밑에 'dba_hist_'로 시작하는 뷰를 이용한다. 이들 뷰를 이용해 다양한 성능 분석자료를 보고서 형태로 뽑아 볼 수 있는데, 직접 작성한 쿼리를 이용할 수도 있지만 아래 스크립트를 이용하면 표준화된 보고서를 출력해 준다.

```
SQL> @?/rdbms/admin/awrrpt
```

참고로, Statspack을 이용한다면 아래와 같이 하면 된다.

```
SQL> @?/rdbms/admin/spreport
```

성능 진단 보고서를 출력할 때는 측정 구간(interval), 즉 시작 스냅샷 ID와 종료 스냅샷 ID를 어떻게 입력하느냐가 가장 중요하다. 만약 매일매일 시스템의 Load Profile이 어떻게 변하는지 비교할 목적이라면 9~18시까지 하루 업무 시간을 기준으로 뽑아도 상관없다. 어느 요일에 SQL 수행과 트랜잭션이 가장 많은지, 어느 요일에 I/O가 많이 발생하는지 등을 비교해 자신이 관리하는 시스템의 사용패턴을 파악하는 것도 의미 있는 정보가 될 수 있다.

하지만 문제점을 찾아 성능 이슈를 해결할 목적이라면 peak 시간대 또는 장애가 발생한 시점을 전후해 가능한 한 짧은 구간을 선택해야 한다. 그러지 않으면, 실상 peak 시간대에 시스템 정상 가동이 어려운 상황이었는데도 보고서상으로는 전혀 문제가 없다는 진단이 내려질 수도 있다. 따라서 사용자 인터뷰를 통해 성능 저하 현상을 경험했던 시간대를 파악하거나 sar, topas, vmstat, osstat 등 OS 모니터링 도구를 이용해 CPU, 메모리, I/O 사용량 정보를 수집하고 이를 통해 peak 시간대를 파악해야 한다. 중대형급 이상 시스템 관리자(SA)라면 대개 그런 정보들을 매일 수집해 보관하고 있기 때문에 업무 협조 요청을 통해 쉽게 관련 자료들을 받아볼 수 있다. 그림 3-8은 sar 명령어를 통해 하루 동안 수집한 CPU 사용량을 그래프로 그려본 것이다.

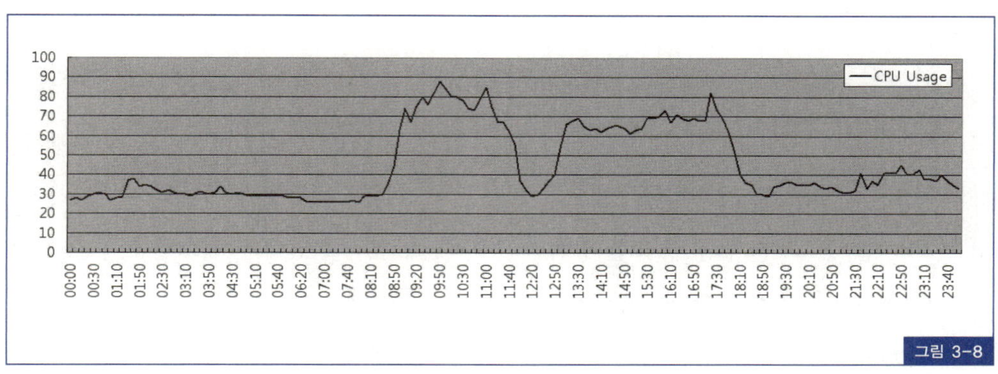

그림 3-8

9~10시, 17시가 peak 시간대이므로 이 구간 동안의 AWR 리포트를 출력한다면 의미 있는 분석이 가능하다.

앞에서 v$sysstat과 v$system_event 활용사례에서 보았듯 AWR 뷰(dba_hist_)를 직접 쿼리해 하루 동안의 각 통계항목별 성능추이와 이벤트 발생 현황을 표와 그래프로 그려 볼 수 있다. 아래는 정해진 기간 동안 각 구간별로 SQL 수행횟수(execute count)를 뽑아보는 쿼리 예시다.

```
select to_char(min(s.begin_interval_time), 'hh24:mi') begin
     , to_char(min(s.end_interval_time), 'hh24:mi') end
     , sum(b.value-a.value) "execute count"
from   dba_hist_sysstat a, dba_hist_sysstat b, dba_hist_snapshot s
where  s.instance_number = &instance_number
and    s.snap_id between &begin_snap and &end_snap
and    a.stat_name = 'execute count'
and    b.stat_id = a.stat_id
and    b.snap_id = s.snap_id
and    a.snap_id = b.snap_id - 1
and    a.instance_number = s.instance_number
and    b.instance_number = s.instance_number
group by s.snap_id
order by s.snap_id
```

(2) Statspack / AWR 리포트 분석

AWR 뷰를 잘 활용하면 상용 모니터링 툴 도움 없이도 DBA, 개발자 누구나 다양한 성능 진단 보고서를 만들어 낼 수 있다. 문제는, 그렇게 만들어진 보고서를 가지고 병목 원인을 파악하고 해결방안을 마련할 수 있어야 하는데, 보고서 내용을 해석하는 것부터 쉽지 않다.

하지만 어렵다고 성급하게 포기하지 말기 바란다. 관심을 갖고 조금만 파고들다 보면 의외로 쉽다는 것을 느낄 것이다. 10g AWR을 기준으로 80여 페이지에 달하는 방대한 분량의 보고서가 출력돼 나오지만, 그 모든 내용을 완벽하게 해석해야 한다는 부담감을 가질 필요는 없다. 그 중 일부 중요한 항목만 정확히 해석할 줄 안다면 시스템 성능을 진단하고 AWR을 효과적으로 활용하는 데에 큰 지장이 없기 때문이다.

Statspack과 AWR은 우리 현대인이 1~2년에 한 번씩 정기적으로 받는 건강검진과 같다. 건강검진을 받고 며칠 기다리면 '종합건강진단결과표'를 받게 되는데, 거기서 맨 앞장 또는 맨 뒷장을 펼쳐보면 전체 진단결과를 요약한 '종합의견서'가 포함돼 있다. 마찬가지로 Statspack과 AWR 리포트에도 맨 첫 장을 보면 오라클 데이터베이스의 건강상태를 한눈에 파악해 볼 수 있는 요약보고서가 나온다. 그 한 장의 보고서를 정확히 해석할 수만 있다면 이미 AWR을 효과적으로 활용할 수 있는 만반의 준비를 갖춘 셈이다. 의사가 아닌 한 건진결과표에 나오는 모든 내용을 이해하기 어렵지만 간호사쯤 되면 '종합의견서' 정도는 이해하고 당사자에게 건강상태를 설명해 줄 수 있는 것과 마찬가지다. 사실 의학지식에 문외한인 우리에게는 그 내용조차도 완벽히 이해하기 어렵다.

지금부터 AWR 리포트 첫 장에 나오는 DB 건강상태 '종합의견서'를 해석하는 방법을 설명할 것이고 일부는 이미 앞에서 설명되었다. 맨 위에 나오는 Cache Sizes 항목들은 버퍼 캐시, Shared Pool, 로그 버퍼 등 SGA를 이루는 주요 캐시 영역에 대한 크기 정보를, 참고삼아 보여주는 것이므로 따로 설명하지 않겠다. 그 아래쪽에 있는 Load Profile부터 살펴보자.

```
Load Profile
~~~~~~~~~~~~                            Per Second       Per Transaction
                                   ---------------       ---------------
```

```
            Redo size:            140,839.60              5,345.24
        Logical reads:             47,768.26              1,812.93
        Block changes:                711.34                 27.00
       Physical reads:                736.69                 27.96
      Physical writes:                 84.69                  3.21
           User calls:              2,401.63                 91.15
               Parses:                412.66                 15.66
         Hard parses:                   1.49                  0.06
                Sorts:                138.94                  5.27
               Logons:                  0.79                  0.03
             Executes:              1,187.18                 45.06
         Transactions:                 26.35
```

Per Second는 각 측정 지표 값들을 측정 시간(Snapshot Interval, 초)으로 나눈 것이다. 따라서 초당 부하(Load) 발생량을 의미한다.

Per Transaction은 각 측정 지표 값들을 트랜잭션 개수로 나눈 것이다. 한 트랜잭션 내에서 평균적으로 얼만큼의 부하(Load)가 발생하는지를 나타내는 것인데, 사실 트랜잭션 개수(Transactions)가 commit 또는 rollback 수행 횟수를 단순히 더한 값이어서 의미 없는 수치로 받아들여질 때가 종종 있다. 예를 들어, 조회 위주의 시스템이라면 I/O 수치는 계속 누적되는 반면 commit 발생 횟수는 적기 때문에 트랜잭션당 Logical reads와 Physical reads 항목이 매우 높게 나타난다. 실제 업무적인 의미에서의 트랜잭션과 괴리가 있다는 사실과, 본인이 관리하는 시스템의 특성을 이해한 상태에서 수치를 해석할 필요가 있다.

AWR에서 보여지는 위 항목들은 dba_hist_sysstat 뷰에서 얻은 결과이므로 각각 어떤 통계항목을 조회했는지를 안다면 각각의 의미를 어렵지 않게 이해할 수 있다. 그런데 dba_hist_sysstat를 이용하려면 여러 조인과 필터 조건 때문에 쿼리가 복잡해지므로 v$sysstat 뷰를 이용해 설명하려고 한다. 순서대로 쿼리를 나열해 보면 아래와 같다.

```
select value rsiz from v$sysstat where name = 'redo size'
;
select value gets from v$sysstat where name = 'session logical reads'
;
select value chng from v$sysstat where name = 'db block changes'
;
select value phyr from v$sysstat where name = 'physical reads'
;
```

```
select value phyw from v$sysstat where name = 'physical writes'
;
select value ucal from v$sysstat where name = 'user calls'
;
select value prse from v$sysstat where name = 'parse count (total)'
;
select value hprse from v$sysstat where name = 'parse count (hard)'
;
select srtm + srtd from
  ( select value srtm from v$sysstat where name = 'sorts (memory)' ),
  ( select value srtd from v$sysstat where name = 'sorts (disk)' )
;
select value logc from v$sysstat where name = 'logons cumulative'
;
select value exe from v$sysstat where name = 'execute count'
;
select ucom + urol from
  ( select value ucom from v$sysstat where name = 'user calls' ),
  ( select value urol from v$sysstat where name = 'user rollbacks' )
;
```

Load Profile 바로 아래에는 다음 항목들이 나온다.

```
% Blocks changed per Read:     1.49    Recursive Call %:     35.33
 Rollback per transaction %:     3.81        Rows per Sort:    274.24
```

각각 의미를 공식을 보면서 이해해 보자. 여기서도 AWR 뷰 대신 v$sysstat을 이용했다. 따라서 쿼리를 직접 수행한다면 인스턴스 기동 후 현재까지의 누적치를 기준한 통계치가 구해진다.

% Blocks changed per Read : 읽은 블록 중 갱신이 발생하는 비중을 나타낸다.

```
select round(100*chng/gets,2) '% Blocks changed per Read'
from
  ( select value chng from v$sysstat where name = 'db block changes' ),
  ( select value gets from v$sysstat where name = 'session logical reads' )
```

Rollback per transaction % : 최종적으로 커밋되지 못하고 롤백된 트랜잭션 비중을 나타낸다.

```
select round(100*urol/(ucom+urol),2) "Rollback per transaction %"
from
  ( select value ucom from v$sysstat where name = 'user calls' ) ,
  ( select value urol from v$sysstat where name = 'user rollbacks' )
```

Recursive Call % : 전체 Call 발생 횟수에서 Recursive Call이 차지하는 비중을 나타낸다. 사용자 정의 함수/프로시저를 많이 사용하면 이 수치가 높아지며, 하드파싱에 의해서도 영향을 받는다.

```
select round(100*recr/(recr+ucal),2) "Recursive Call %"
from
  ( select value recr
    from v$sysstat
    where name = 'recursive calls' ),
  ( select value ucal
    from v$sysstat
    where name = 'user calls' )
```

Rows per Sort : 소트 수행 시 평균 몇 건씩 처리했는지를 나타낸다.

```
select decode((srtm+srtd), 0,to_number(null),round(srtr/(srtm+srtd),2))
from
  ( select value srtm from v$sysstat where name = 'sorts (memory)' ),
  ( select value srtd from v$sysstat where name = 'sorts (disk)' ),
  ( select value srtr from v$sysstat where name = 'sorts (rows)' )
```

이어서 인스턴스 효율성에 관한 리포트가 나오며, 매우 중요한 성능 지표들이다.

```
Instance Efficiency Percentages (Target 100%)
~~~~~~~~~~~~~~~~~~~~~~~~~~~~~~~~~~~~~~~~~~~~~
            Buffer Nowait %:   99.99       Redo NoWait %:  100.00
            Buffer  Hit   %:   98.71    In-memory Sort %:  100.00
            Library Hit   %:   99.67        Soft Parse %:   99.64
         Execute to Parse %:   65.24         Latch Hit %:   99.89
Parse CPU to Parse Elapsd %:    0.85     % Non-Parse CPU:   97.96
```

각 항목에 대한 설명은 v$sysstat을 다룰 때 이미 했으므로 생략하겠다. 여기 Ratio 기반 분석항목들은 Execute to Parse % 항목을 제외하면 모두 100%에 가까운 수치를 보여야 정상이다. 위에서 Parse CPU to Parse Elapsd % 항목이 0.85%로 비정상적으로 낮은 수치를 보인 것은, Active 프로세스가 동시에 폭증하면서 과도한 Parse Call이 발생한 장애 상황에서 측정했기 때문이다. 뒤에서 설명하는 Top 5 대기 이벤트 상황을 보면 당시 어떤 일이 발생했는지 짐작할 수 있다.

인스턴스 효율성에 이어, Top 5 Timed Events로 넘어가기 전에 Shared Pool 사용통계가 나온다.

```
Shared Pool Statistics        Begin    End
                              ------  ------
             Memory Usage %:   69.20   93.96
    % SQL with executions>1:   93.40   98.29
  % Memory for SQL w/exec>1:   73.36   98.99
```

Shared Pool 사용통계는 AWR 리포트 구간 시작 시점의 Shared Pool 메모리 상황과 종료 시점에서의 메모리 상황을 보여준다. 이에 대해서도 앞에서 이미 설명했으므로 생략한다.

```
Top 5 Timed Events                                         Avg %Total
~~~~~~~~~~~~~~~~~~                                        wait   Call
Event                                Waits    Time (s)    (ms)   Time Wait Class
------------------------------ ------------ ----------- ------ ------ ----------
latch free                        2,169,850     596,104    275   70.2      Other
latch: shared pool                1,050,870     262,298    250   30.9 Concurrenc
latch: library cache                868,920     219,076    252   25.8 Concurrenc
db file sequential read          18,869,172     108,189      6   12.7   User I/O
CPU time                                         48,991           5.8
```

Top 5 Timed Events는 AWR 리포트 구간 동안 누적 대기 시간이 가장 컸던 대기 이벤트 5개를 보여준다(Idle 이벤트 제외). 우리 몸에서 혈액순환을 방해하는 요소가 어떤 것들이 있는지 상위 5개를 뽑아서 보여주는 것과 같다.

위 리포트는 Active 프로세스가 동시에 폭증하면서 과도한 Parse Call을 일으키고 OS 레벨에서 Paging까지 심하게 발생했던 장애 상황에서 측정한 것이다.

CPU time은 대기 이벤트가 아니며 원활하게 일을 수행했던 Service time이지만, 가장 오래 대기를 발생시켰던 이벤트와의 점유율을 서로 비교해 볼 수 있도록 Top 5 대기 이벤트에 포함해 보여주고 있다.

```
  * Total Call(=Response) Time = Service Time + Queue Time
                               = CPU time     + Wait Time
```

위 공식에 의하면 CPU time %와 Wait time %를 더한 값이 100을 넘을 수 없지만 위 사례는 비정상적인 장애 상황이어서 그런지 100%를 넘었다.

CPU time이 Total Call Time에서 차지하는 비중이 가장 높아 Top 1에 위치한다면 일단 DB의 건강상태가 양호하다는 청신호인 셈이다. 반대로 CPU time 비중이 아래쪽으로 밀려날수록 어딘가 이상이 발생했다는 적신호로 받아들여야 한다.

서비스가 정상적으로 수행된 시간대에 AWR 리포트를 뽑더라도 CPU time을 제외하고 항상 4개의 대기 이벤트가 나열된다. 따라서 실제 시스템에 악영향을 주었는지에 대한 세부적인 분석 없이 대기 이벤트 순위가 상위로 매겨졌다는 이유만으로 이상 징후로 해석하는 우를 범해서는 안 된다. 예를 들어, 래치나 Lock 관련 대기 이벤트 순위가 상위로 매겨졌다면, 문제가 발생했음을 나타내는 위험 신호일 가능성이 높지만 래치의 경우는, CPU 사용률까지 같이 분석해 봐야 한다. 래치 경합은 CPU 사용률을 높이는 주원인이므로, 그 당시 CPU 사용률이 높지 않았다면 다른 이벤트보다 상대적으로 많이 발생한 것에 불과할 수 있다.

그리고 트랜잭션 처리 위주의 시스템이라면 *log file sync* 대기 이벤트가 Top 5 내에 포함되었다고 무조건 이상 징후로 보기 어렵다. 이벤트가 많이 발생한 것만으로 불필요한 커밋을 자주 날렸다고 판단해서는 안 되는 것이다.

I/O 관련 대기 이벤트가 상위로 올라오는 것은, 상황에 따라 다르게 해석해야 한다. 데이터베이스는 I/O 집약적인 시스템이므로 *db file sequential read, db file scattered read* 대기 이벤트가 상위에 매겨지는 게 정상이다. OLTP 시스템이냐 DW, OLAP 시스템이냐에 따라 둘 간의 순서가 바뀔 수는 있지만, I/O 대기 이벤트가 높게 나타나는 것은

대개 정상이라는 뜻이다. 다만, 이 두 대기 이벤트가 CPU time 보다 높은 점유율을 차지하고, OS 모니터링 결과 CPU 사용률도 매우 높은 상황이 지속된다면 I/O 튜닝이 필요한 시스템일 가능성이 높다. 결론적으로, 이 두 대기 이벤트는 I/O 효율화 튜닝이 필요한 시스템에도 순위가 높게 매겨지지만 튜닝이 잘된 시스템에서도 마찬가지 결과가 나오므로 상세한 분석을 통해 결론을 도출해야 한다.

반대로, 대기 이벤트 발생 현황만을 놓고 보면 별 문제가 없어 보이지만 실제 사용자가 느끼는 시스템 성능은 매우 느린 경우가 많다. 아무리 peak time 전후로 리포트 구간을 짧게 가져가더라도 시스템 레벨로 측정한 값이기 때문에 그렇다. Top-N 대기 이벤트 분석에 의한 성능 진단이 갖는 한계가 바로 여기에 있으며, 앞에서 설명한 Ratio에 기반한 인스턴스 효율성 분석이 갖는 한계점과 같다고 할 수 있다. 분석한 결과를 바탕으로 실제 성능 문제를 해결할 수 있으려면 세션 레벨의 상세한 분석이 추가로 이루어져야 한다. 그런 의미에서 ASH 기능을 바로 이어서 설명하고자 한다.

09 ASH(Active Session History)

Ratio 기반 분석 방법론의 한계점은, 시스템에 문제가 있는 것으로 진단되었을 때 그 원인을 찾아 실제 문제를 해결하는 데까지 많은 시간이 걸리는 데 있다고 했다. 이것은 대기 이벤트 기반 분석 방법론을 사용하더라도 마찬가지다. 대기 이벤트 발생량과 대기 시간을 통해 문제의 원인을 금방 알 수는 있지만, 실제 문제를 해결하려면 구체적으로 어떤 프로그램에서 문제를 일으켰고, 어떤 세션에서 성능 때문에 고생했는지를 확인할 수 있어야 한다. 물론 시스템 레벨에서 분석하고 해결할 수 있는, 구조적인 문제들[30)]도 있기는 하다. 하지만 그런 구조적인 문제가 흔히 발생하는 것은 아니므로 대개는 세션 레벨의 성능 분석을 요한다.

그런데 오라클이 기존에 제공하는 세션 레벨 동적 성능 뷰만으로는 문제를 빨리 찾기 어렵거나 아예 불가능한 경우가 대부분이었다. SQL 트레이스를 통해 가장 상세한 세션 레벨 분석이 가능하지만 시스템에 주는 부하가 크고, 파일 단위로 정보가 수집되기 때문에 통계적 접근이 어려우며, 분석을 완료하는 데까지 시간이 오래 걸린다. 게다가 수동으로 활성화해야 하기 때문에 SQL 트레이스를 걸어 확인하려는 순간 이미 상황이 종료돼 버리는 경험을 DB 관리자라면 누구나 했을 것이다. 그리고 문제가 발생하기 직전 상황에 대한 분석은 아예 불가능하다.

이런 DB 성능 관리자들의 고충을 잘 이해한 오라클이 10g에서 ASH 기능을 탄생시켰다. 10g AWR은 데이터 수집을 아주 빠르게, 좀 더 많이 한다는 것 외에는 외형적으로 Statspack과 크게 달라진 것이 없다고 느낄 것이다. 하지만 ASH를 보는 순간 생각이 달라진다. 10g에서 개선되고 추가된 기능 중 가장 유용한 것을 하나 꼽으라면 단연 ASH를 들 수 있다.

이것은 별도의 Third Party 모니터링 도구 없이 오라클 내에서 세션 레벨 실시간 모니터링을 가능케 하는 강력한 기능으로서, OWI의 활용성을 극대화해준다.

```
SQL> select * from v$sgastat where name = 'ASH buffers';

POOL         NAME                      BYTES
------------ -------------------- ----------
shared pool  ASH buffers            65011712

1 개의 행이 선택되었습니다.
```

오라클은 현재 접속해서 활동 중인 Active 세션 정보를 1초에 한번씩 샘플링해서 ASH 버퍼에 저장한다. SGA Shared Pool에서 CPU당 2MB의 버퍼를 할당 받아 세션 정보를

30) 예를 들어, 최근에 급하게 방문 요청을 받아 진단했던 모 보험회사 시스템 분석 결과 gc cr block lost 와 gc current block lost 이벤트에 의한 대기 시간이 가장 높게 나타나고 있었다. 이는 네트워크 설정이 잘못 됐거나 물리적인 이상이 발생했을 때 생기는 현상이다.

기록하며, 1시간 혹은 버퍼의 2/3가 찰 때마다 디스크로 기록한다. 즉, AWR에 저장하는 것이다.

v$active_session_history 뷰를 이용해 ASH 버퍼에 저장된 세션 히스토리 정보를 조회할 수 있다. 우선 이 뷰에서 어떤 정보들이 열람 가능한지부터 살펴보자.

```
select
    sample_id, sample_time  ...........................................①
  , session_id, session_serial#, user_id, xid..........................②
  , sql_id, sql_child_number, sql_plan_hash_value......................③
  , session_state  ....................................................④
  , qc_instance_id , qc_session_id  ...................................⑤
  , blocking_session, blocking_session_serial#, blocking_session_status .....⑥
  , event, event#, seq#, wait_class, wait_time, time_waited ...........⑦
  , p1text, p1, p2text, p2, p3text, p3  ...............................⑧
  , current_obj#, current_file#, current_block#  ......................⑨
  , program, module, action, client_id ................................⑩
from V$ACTIVE_SESSION_HISTORY
```

① 샘플링이 일어난 시간과 샘플 ID

② 세션정보, User명, 트랜잭션ID

③ 수행 중 SQL정보

④ 현재 세션의 상태 정보. 'ON CPU' 또는 'WAITING'

⑤ 병렬 Slave 세션일 때, 쿼리 코디네이터(QC) 정보를 찾을 수 있게 함

⑥ 현재 세션의 진행을 막고 있는(=블로킹) 세션 정보

⑦ 현재 발생 중인 대기 이벤트 정보

⑧ 현재 발생 중인 대기 이벤트의 파라미터 정보

⑨ 해당 세션이 현재 참조하고 있는 오브젝트 정보. v$session 뷰에 있는 row_wait_obj#, row_wait_file#, row_wait_block# 컬럼을 가져온 것임

⑩ 애플리케이션 정보

⑦과 ⑧번 '대기 이벤트' 정보는 두말할 것도 없고, ⑥번 '블로킹 세션' 정보와 ⑨번 '현재 액세스 중인 오브젝트' 정보도 매우 유용하다. 블로킹 세션 정보를 통해 현재

Lock을 발생시킨 세션을 빨리 찾아 해소할 수 있게 도와준다.

오브젝트 정보도 더할 나위 없이 유용하지만 현재 발생 중인 대기 이벤트의 Wait Class가 Application, Concurrency, Cluster, User I/O일 때만 의미 있는 값임을 알아야 한다. 예를 들어, ITL 슬롯 부족 때문에 발생하는 *enq: TX - allocate ITL entry* 대기 이벤트는 Configuration에 속하므로, v$active_session_history 뷰를 조회할 때 함께 출력되는 오브젝트에 Lock이 걸렸다고 판단해서는 안 된다. 대개 그럴 때는 오브젝트 번호가 -1로 출력되지만 직전에 발생한 이벤트의 오브젝트 정보가 계속 남아서 보이는 경우가 있으므로 잘못 해석하지 않도록 주의해야 한다. 아래 예시에도 파일번호와 블록번호가 그대로 남아있는 것을 볼 수 있다.

```
SQL> column current_obj#   format 99999 heading 'CUR_|OBJ#'
SQL> column current_file#  format 999   heading 'CUR_|FIL#'
SQL> column current_block# format 999   heading 'CUR_|BLK#'
SQL> select to_char(sample_time, 'hh24:mi:ss') sample_tm, session_state
  2       , event, wait_class, current_obj#, current_file#, current_block#
  3  from   v$active_session_history
  4  where  session_id = 143
  5  and    session_serial# = 9
  6  order by sample_time ;

                                                                  CUR_  CUR_ CUR_
SAMPLE_T SESSION EVENT                          WAIT_CLASS        OBJ#  FIL# BLK#
-------- ------- ------------------------------ -------------- ------ ---- ----
15:00:44 WAITING enq: TX - row lock contention  Application     55765    4  476
15:00:45 WAITING enq: TX - row lock contention  Application     55765    4  476
15:00:46 WAITING enq: TX - row lock contention  Application     55765    4  476
15:00:47 WAITING enq: TX - row lock contention  Application     55765    4  476
15:01:36 WAITING enq: TX - allocate ITL entry   Configuration      -1    4  476
15:01:37 WAITING enq: TX - allocate ITL entry   Configuration      -1    4  476
15:01:38 WAITING enq: TX - allocate ITL entry   Configuration      -1    4  476
15:01:39 WAITING enq: TX - allocate ITL entry   Configuration      -1    4  476
```

초 단위로 쓰기가 발생하는 ASH 버퍼를 읽을 때 래치를 사용한다면 경합이 생길 수 있다. 따라서 오라클은 ASH 버퍼를 읽는 세션에 대해서는 래치를 요구하지 않으며, 그 때문에 간혹 일관성 없는 잘못된 정보가 나타날 수도 있다.

ASH 기능을 이용하면 현재뿐 아니라 과거시점에 발생한 장애 및 성능 저하 원인까지 세션 레벨로 분석할 수 있게 도와준다. Statspack을 이용할 때는 이튿날 아침에 분석 보고서를 생성해 문제점을 발견하더라도 이를 좀 더 세밀하게 분석해 볼 방법이 없었다. 이미 문제의 세션은 종료되고 없기 때문이다.

오라클 10g부터는 v$active_session_history 정보를 AWR 내에 보관하므로 과거치에 대한 세션 레벨 분석이 가능해졌다. 이것도 SGA를 DMA 방식으로 액세스하기 때문에 가능해진 일이라고 생각한다. 그렇더라도 그 방대한 정보를 다 저장하는 것은 무리가 되므로 1/10만 샘플링해서 저장한다. 문제가 되는 대기 이벤트는 일정간격을 두고 지속적으로 발생하기 때문에 샘플링된 자료만으로도 원인을 찾는데 큰 지장은 없다.

v$active_session_history를 조회했을 때 정보가 찾아지지 않는다면 이미 AWR에 쓰여진 것이므로 dba_hist_active_sess_history 뷰를 조회하면 된다. AWR과 ASH를 활용하면 별도의 OWI 기반 모니터링 툴 없이도 아래와 같은 분석이 가능하다.

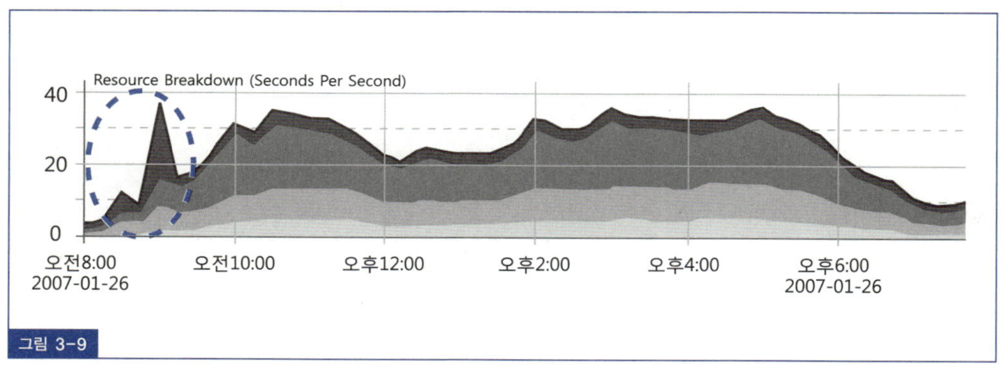

그림 3-9

1. AWR 뷰를 이용해 하루 동안의 이벤트 발생현황을 조회해 본다. 그림 3-9의 그래프는 dba_hist_system_event를 이용해 그린 것인데, 08:15~09:15 구간에서 *enq: TM - contention* 이벤트가 다량 발생한 것이 확인되었다.
2. dba_hist_active_sess_history를 조회해서 해당 이벤트를 많이 대기한 세션을 확인한다.
3. 블로킹 세션 정보를 통해 dba_hist_active_sess_history를 다시 조회한다. 블로킹 세션이 찾아지면 해당 세션이 그 시점에 어떤 작업을 수행 중이었는지 확인한다.

sql_id를 이용해 그 당시 SQL과 실행계획까지 확인할 수 있다. v$sql과 v$sql_plan까지 AWR에 저장되기 때문이다. 위 사례에서는 블로킹 세션이 Append Mode Insert를 수행하면서 Exclusive 모드 TM Lock에 의한 경합이 발생하고 있었다.

4. program, module, action, client_id 등 애플리케이션 정보를 이용해 관련 프로그램을 찾아 Append 힌트를 제거한다. 그러고 나서, 다른 트랜잭션과 동시 DML이 발생할 수 있는 상황에서는 insert문에 Append 힌트를 사용해서는 안 된다는 사실을 개발팀 전체에 공지한다.

이처럼 부하를 최소화하면서, 세션 레벨의 상세한 분석이 가능하도록 오라클이 성능자료를 수집해 주므로 이제 AWR과 ASH를 잘 이용하면 전문 성능관리 툴의 도움 없이도 효과적으로 성능 분석을 할 수 있게 되었다.

10 V$SQL

모든 업무가 그렇듯 정해진 시간 내에 가장 효율적인 방법으로 효과성을 높이려면 전략적 접근 방법이 필요하다. 튜닝 프로젝트에 나갈 때마다 시스템에서 사용 중인 SQL 개수를 세어 보면, 최소한 수천 개가 넘고, 가장 많을 때 20,000여 개에 이르는 것을 본 적도 있다. 아무리 뛰어난 튜닝팀이라 하더라도 그 많은 SQL을 모두 튜닝할 수는 없다. 이런 상황에서 최소 인력으로 튜닝의 효과성을 극대화하려면 어떻게 해야 할까?

그림 3-10은 모 통신회사에서 자체 조사한 자료인데, 다른 시스템도 이와 크게 다르지 않을 것이다. 조사 결과에 의하면, 전체 애플리케이션 물량 중 상위 2%에 해당하는 프로그램이 전체 시스템 부하의 70%를 차지한다. 그리고 상위 14%가 전체 부하량의 90%를 차지하는 것을 볼 수 있다.

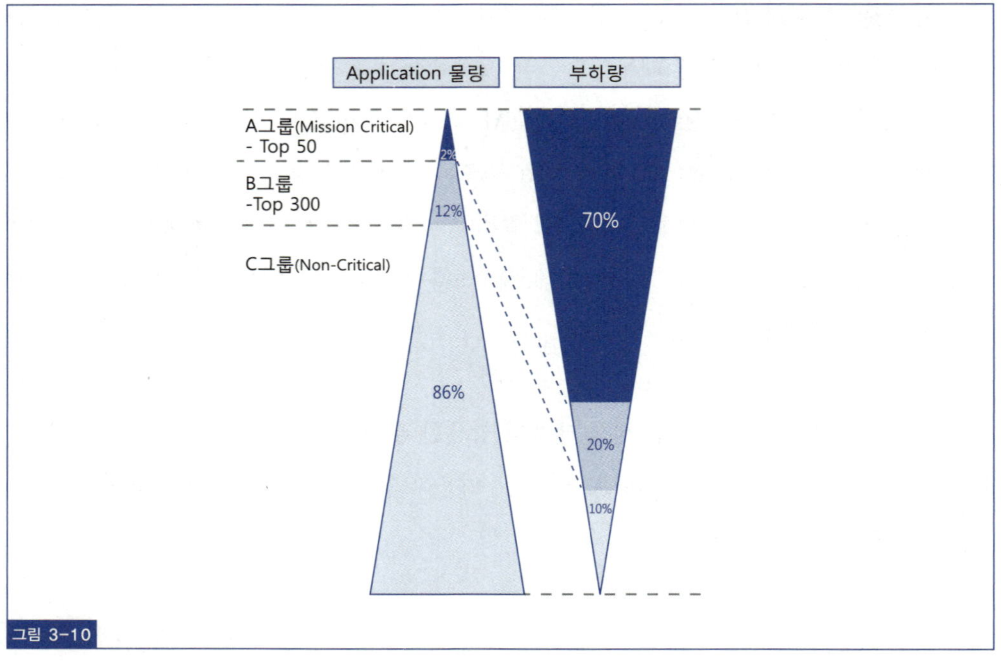

그림 3-10

잘 알려진 파레토 최적의 법칙(Pareto's Law) 또는 리처드 코치의 80/20 법칙은 튜닝 대상을 선정하는 데 있어서도 똑같이 적용할 수 있다. 수천, 수만 개의 SQL이 있더라도 그 중 대부분은 사용되지 않거나 가끔 사용되는 것들이다. 주기적으로 사용되는 상위 10% 이내의 프로그램만 집중적으로 튜닝하더라도 시스템 안정화 및 고도화를 이룰 수 있는 이유가 여기에 있다.

본 절에서 설명하려는 v$sql은 개별 SQL 커서의 수행 통계를 분석할 목적으로도 많이 활용되지만, 집중 튜닝이 필요한 대상 SQL을 선정하는 데 활용할 수 있는 매우 유용한 도구다. 그뿐만 아니라 튜닝 전후 성능 향상도를 비교할 목적으로 통계를 내는 데도 활용할 수 있다.

v$sql은 라이브러리 캐시에 캐싱돼 있는 각 Child 커서에 대한 수행통계를 보여준다. 그리고 v$sqlarea는 Parent 커서에 대한 수행통계를 나타내며, 많은 컬럼이 v$sql을 group by 해 구한 값이다. Parent 커서와 Child 커서에 대한 개념은 4장에서 자세히 설

명한다. v$sql은 쿼리가 수행을 마칠 때마다 갱신되며, 오랫동안 수행되는 쿼리는 5초마다 갱신이 이루어진다.

```
select sql_id, child_number, sql_text, sql_fulltext, parsing_schema_name       -- ①
     , sharable_mem, persistent_mem, runtime_mem                              -- ②
     , loads, invalidations, parse_calls, executions, fetches, rows_processed -- ③
     , cpu_time, elapsed_time                                                 -- ④
     , buffer_gets, disk_reads, sorts                                         -- ⑤
     , application_wait_time, concurrency_wait_time                           -- ⑥
     , cluster_wait_time, user_io_wait_time                                   -- ⑥
     , first_load_time, last_active_time                                      -- ⑦
from   v$sql
```

① 라이브러리 캐시에 적재된 SQL 커서 자체에 대한 정보

② SQL 커서에 의해 사용되는 메모리 사용량

③ 하드파싱 및 무효화 발생횟수, Parse, Execute, Fetch Call 발생 횟수, Execute 또는 Fetch Call 시점에 처리한 로우 건수 등

④ SQL을 수행하면서 사용된 CPU time과 소요시간(microsecond)

⑤ SQL을 수행하면서 발생한 논리적 블록 읽기와 디스크 읽기, 그리고 소트 발생 횟수

⑥ SQL 수행 도중 대기 이벤트 때문에 지연이 발생한 시간(microsecond)

⑦ 커서가 라이브러리 캐시에 처음 적재된 시점, 가장 마지막에 수행된 시점

v$sql에 보이는 통계치들도 다른 동적 성능 뷰처럼 누적값이다. 따라서 보이는 수치를 그대로 놓고 판단하는 것은 별 의미가 없다. SQL 수행횟수로 나눈 평균값, 즉 SQL 한번 수행당 얼만큼의 일량과 시간을 소비하는지를 계산해야 의미 있는 분석이 가능하다. 아래 쿼리를 참조하기 바란다.

```
select parsing_schema_name
     , count(*) sql_cnt
     , count(distinct substr(sql_text, 1, 100)) sql_cnt2
     , sum(executions) executions
     , round(avg(buffer_gets/executions)) buffer_gets
     , round(avg(disk_reads/executions)) disk_reads
     , round(avg(rows_processed/executions)) rows_processed
```

```
     , round(avg(elapsed_time/executions/1000000),2) "ELAPSED_TIME(AVG)"
     , count(case when elapsed_time/executions/1000000 >= 10 then 1 end) "BAD SQL"
     , round(max(elapsed_time/executions/1000000),2) "ELAPSED_TIME(MAX)"
from   v$sql
where  parsing_schema_name in ( '원무', '공통', '진료', '사업/행정', '진료지원')
and    last_active_time >= to_date('20090315', 'yyyymmdd')
and    executions > 0
group by parsing_schema_name
```

그림 3-11은 어떤 병원 관련 기관에서 위 쿼리 수행 결과를 그대로 표로 옮겨서 분석한 내용이다.

업무	SQL 개수	SQL 개수 (Unique)	수행횟수	논리적 I/O	디스크 I/O	처리건수	평균소요시간	악성SQL (10초 이상)	최대 소요시간
원무	360	246	21,111,011	624	6	16	0.02	0	2.93
공통	83	51	26,542,028	11,688	1,236	1,665	2.93	14	18.93
진료	142	14	846,818	19	1	1	0.01	0	0.71
사업/행정	2,027	1,647	4,399,019	320	128	1	0.05	3	48.79
진료지원	8,680	1,822	12,064,156	3,228	216	2	0.56	94	273.35

SQL이 공유될 수 있도록 바인드 변수 사용 필요함

집중 튜닝 대상 업무

그림 3-11

세 번째 컬럼 'SQL개수(Unique)'는 SQL 문자열 중 선행 100개 문자가 같으면 동일 SQL인 것으로 간주하고 집계한 것이다. 같은 SQL인데도 바인드 변수를 사용하지 않으면 Literal 상수값 별로 오라클이 다른 sql_id를 부여해 SQL 개수가 무수히 많은 것으로 집계되는 오류를 보완하려는 것이다. 프로젝트마다 대개 SQL을 식별할 목적으로 select, insert, update, delete 키워드 바로 뒤에 주석으로 고유한 SQL 식별자를 적어 놓기 때문에 선행 100개 문자가 같으면 동일 SQL로 간주하는 데에 큰 무리가 없다.

위 통계 수치에 한 번 수행되었다가 금방 캐시에서 밀려난 쿼리들은 제외되므로 100% 정확하다고 할 수는 없지만 튜닝을 위한 의사결정 시 매우 유용하고 활용가치가 높은 정보를 제공한다. 예를 들어, 위 표에 집계된 결과를 보면 '진료지원' 업무에서 라이브러리 캐시에 로드된 총 SQL 개수가 8,680개인데, Unique하게는 1,822개이므로 바인드 변수를 사용하지 않아 각각 하드파싱을 발생시키며 캐시에 로드된 SQL 비중이 매우 높은 것을 알 수 있다. SQL이 공유될 수 있도록 바인드 변수를 사용하는 방식으로 프로그램을 수정할 필요가 있다.

그리고 '공통' 업무를 보면, 한번 수행할 때의 평균 논리적 I/O가 11,688개로 다른 업무에 대해 매우 높게 나타나고 있다. 논리적 I/O가 많다 보니 디스크 I/O도 많고 당연히 쿼리 평균 소요시간도 가장 높게 나타나고 있다. 게다가 SQL 개수는 가장 적지만 수행횟수는 가장 많다. 따라서 가장 먼저 시급하게 튜닝해야 할 대상 업무로 판단할 수 있다.

v$sql의 또 다른 활용 예로서, 그림 3-12는 1년 6개월 간의 개발기간을 거쳐 오픈을 맞은 어떤 시스템에서 4개 서브 업무 시스템별로 SQL 수행통계를 구해 본 것이다.

구분		업무1		업무2		업무3		홈페이지		전체	
		누적수량	누적분포	누적수량	누적분포	누적수량	누적분포	누적수량	누적분포	누적수량	누적분포
총수량		721	100%	10225	100%	663	100%	36299	100%	47908	100%
시간	0.1초 이하	366	51%	8430	82%	379	57%	6703	18%	15878	33%
	1초 이하	516	72%	9981	98%	560	84%	23430	65%	34487	72%
	3초 이하	574	80%	10169	99%	604	91%	24064	66%	35411	74%
	10초 이하	635	88%	10211	100%	630	95%	30880	85%	42356	88%
	30초 이하	675	94%	10219	100%	653	98%	36290	100%	47837	100%
	60초 이하	688	95%	10224	100%	660	100%	36295	100%	47867	100%
I/O	100블럭 이하	217	30%	4598	45%	227	34%	3664	10%	8760	18%
	1,000블럭 이하	391	54%	7174	70%	353	53%	5339	15%	13249	28%
	10,000블럭 이하	529	73%	9488	93%	509	77%	23236	64%	33791	71%
	100,000블럭 이하	637	88%	10177	100%	624	94%	23907	66%	35376	74%
	1,000,000블럭 이하	688	95%	10218	100%	653	98%	30959	85%	42539	89%

그림 3-12

3초 이내 수행되는 SQL 비중을 보면, 업무1은 80%, 업무2는 99%, 업무3은 91%인데 반해, 홈페이지 시스템은 66%로 가장 낮은 것으로 나타났다. 특히, 홈페이지는 인터넷으로 오픈된 시스템이므로 가장 시급하게 튜닝이 필요하다고 판단해 오픈 후 2주간 집중 튜닝을 실시하였다.

그림 3-13은 2주 후에 다시 SQL 수행 통계를 집계한 결과다. 홈페이지에서 3초 이내 수행된 SQL 비중이, 위 표에서 66%이던 것이 99.71%로 크게 늘어난 것을 확인할 수 있다.

구분		업무1		업무2		업무3		홈페이지		전체	
		누적수량	누적분포	누적수량	누적분포	누적수량	누적분포	누적수량	누적분포	누적수량	누적분포
총수량		1406	100.00%	13359	100.00%	816	100.00%	47243	100.00%	62824	100.00%
시간	0.1초 이하	587	41.75%	10649	79.71%	419	51.35%	13415	28.40%	25070	39.91%
	1초 이하	957	68.07%	13056	97.73%	667	81.74%	46665	98.78%	61345	97.65%
	3초 이하	1106	78.66%	13266	99.30%	723	88.60%	47105	99.71%	62200	99.01%
	10초 이하	1248	88.76%	13337	99.84%	762	93.38%	47206	99.92%	62553	99.57%
	30초 이하	1323	94.10%	13348	99.92%	788	96.57%	47231	99.97%	62690	99.79%
	60초 이하	1354	96.30%	13354	99.96%	802	98.28%	47242	100.00%	62752	99.89%
I/O	100블럭 이하	217	15.43%	4658	34.87%	237	29.04%	7404	15.67%	12710	20.23%
	1,000블럭 이하	391	27.81%	8428	63.09%	396	48.53%	10571	22.38%	20039	31.90%
	10,000블럭 이하	529	37.62%	12202	91.34%	595	72.92%	46117	97.62%	59938	95.41%
	100,000블럭 이하	637	45.31%	13231	99.04%	754	92.40%	46974	99.43%	62230	99.05%
	1,000,000블럭 이하	688	48.93%	13351	99.94%	803	98.41%	47231	99.97%	62763	99.90%

그림 3-13

v$sql과 조인해서 추가 정보를 얻을 수 있는 유용한 뷰들이 제공되는데, 그 중 v$sql_plan을 통해 실행계획을 확인하고 v$sql_plan_statistics를 통해 각 Row Source별 수행 통계를 확인할 수 있음을 4절에서 보았다.

v$sql_bind_capture 뷰도 유용한데, 이를 조회하면 전체는 아니더라도 정해진 기간에 한번씩 샘플링한 바인드 변수 값을 확인할 수 있다. 더 자주 샘플링하도록 하려면 *_cursor_bind_capture_interval* 파라미터 값을 줄이면 되고, 기본 설정 값은 900초다.

v$sql을 포함해 오라클은 SQL 커서와 관련된 각종 수행 통계를 주기적으로 AWR에 저장하며, 아래와 같은 뷰를 통해 조회 가능하다.

```
SQL> select * from dict
  2  where  table_name like 'DBA_HIST_SQL%' ;

TABLE_NAME                     COMMENTS
------------------------------ ---------------------------------------------
DBA_HIST_SQLSTAT               SQL Historical Statistics Information
DBA_HIST_SQLTEXT               SQL Text
DBA_HIST_SQL_SUMMARY           Summary of SQL Statistics
DBA_HIST_SQL_PLAN              SQL Plan Information
DBA_HIST_SQL_BIND_METADATA     SQL Bind Metadata Information
DBA_HIST_SQLBIND               SQL Bind Information
DBA_HIST_SQL_WORKAREA_HSTGRM   SQL Workarea Histogram History
```

물론 스냅샷 시점에 캐시에 남아있던 커서의 수행 통계만 저장된다. 또한, 캐시에 남아있더라도 그 방대한 양의 SQL 수행 통계를 스냅샷 시점별로 모두 저장할 수는 없으므로 아래와 같은 기준에 따라 Top SQL만 수집한다.

- Parse Calls
- Executions
- Buffer Gets
- Disk Reads
- Elapsed Time
- CPU Time
- Wait Time
- Version Count
- Sharable Memory

이와 관련해 11g에 추가된 유용한 기능이 있다. 'Colored SQL' 이라고 명명된 기능으로서, 위 기준에 의해 Top SQL에 포함되지 않더라도 사용자가 명시적으로 지정한 커서의 수행통계가 AWR에 주기적으로 수집되도록 마크하는 기능이다. 마치 책을 읽다가 중요한 부분에 형광펜으로 칠해두는 것과 같다. Colored SQL로 지정하는 방법은 다음과 같다.

```
SQL> begin
  2    dbms_workload_repository.add_colored_sql(sql_id => '803b7z0t84sq7')
  3  end;
  4  /
```

Colored SQL 목록은 dba_hist_colored_sql 또는 wrm$_colored_sql 뷰를 통해 조회 가능하다.

```
SQL> select * from dba_hist_colored_sql ;

      DBID SQL_ID          CREATE_TIME
---------- --------------- -----------------
3982370468 803b7z0t84sq7   09/03/25 12:57:36
```

이처럼 sql_id에 색깔 표시를 해 두면 오라클이 AWR 정보를 수집할 때마다 Top SQL 선정기준과 상관없이 해당 SQL의 수행 통계를 저장한다. 단, 이 기능을 사용하더라도 스냅샷 시점에 캐시에서 밀려나고 없는 SQL 정보까지 저장할 수는 없다. 아쉬운 것은, Module과 Action 설정 값을 기준으로 색깔 표시하는 기능이 아직 제공되지 않는다는 점이며, 앞으로 추가될 것으로 기대해 본다.

Colored SQL 목록에서 제거할 때는 remove_colored_sql 프로시저를 이용하며, 이 명령을 수행하더라도 Top SQL 기준에 포함된 SQL은 AWR에 수집된다.

```
SQL> begin
  2    dbms_workload_repository.remove_colored_sql( '803b7z0t84sq7' )
  3  end;
  4  /
```

참고로, 앞에서 dbms_xplan 패키지를 소개하면서 언급했듯이 AWR에 저장된 SQL 실행계획은 다음과 같이 display_awr 프로시저를 통해 쉽게 출력해 볼 수 있다.

```
SQL> select * from table(dbms_xplan.display_awr(
  2                      '803b7z0t84sq7', NULL, NULL, 'basic rows bytes cost'));
```

11 End-To-End 성능관리

지금까지 설명한 방법들은 모두 오라클 내부에서 발생하는 일량과 시간, 병목 현상만을 측정한다. Elapsed Time으로 대변되는 Response Time도 데이터베이스에 던져진 Call 내에서의 소요시간만을 측정해 이를 더하는 방식이므로 사용자가 느끼는 Response Time과는 동떨어질 수 있다.

하지만 시스템은 점차 3-Tier 이상 n-Tier 환경으로 새롭게 구축돼 가는 실정이어서 DB 구간에 대한 분석만으로는 문제를 신속하게 해결하기 어려워졌다. 물론 DB 관리자 입장에서는 DB 문제가 아니라는 사실만 객관적으로 증명해 낼 수 있으면 되므로 앞에서 설명한 방법만으로도 충분하다고 느낄 수 있다. 하지만 시스템 전체를 관장하는 입장에서는 전체적인 시각에서 시스템을 바라볼 수 있는 도구가 필요하다.

이런 요구사항에 발맞춰 End-To-End 방식의 애플리케이션 성능 관리(APM, Application Performance Management) 툴이 많이 도입되고 있는 추세다. 이들 툴을 사용하면 Web, AP, DB Zone으로 나눠 어느 구간에서 병목이 발생하는지를 실시간으로 모니터링할 수 있다. 이미 대규모 SI 프로젝트를 통해 몇몇 툴들이 그 효용성을 검증 받았고 점점 활용 범위를 넓혀 가고 있다.

데이터베이스 튜닝을 전문으로 하는 컨설턴트 입장에서도 이들 툴을 잘 활용해 업무 효과를 높일 수 있는데, 특히 튜닝 대상 서비스와 SQL 목록을 식별하는 데에 매우 유용하게 사용할 수 있다.

예를 들어, Web, AP, DB 구간을 분석해 성능 저하 요인이 DB로 판명되면, 그림 3-14처럼 시간이 오래 걸린 트랜잭션을 확인하고 해당 트랜잭션에서 수행된 서비스들을 상세 분석한다. 서비스별 수행시간과 서비스 내에서 수행된 SQL의 수행시간, 그리고 각각이 전체에서 차지하는 점유율을 함께 보여 주기 때문에 성능 저하를 유발한 SQL을 쉽게 찾아낼 수가 있다. 그림 3-14 우측 상단 패널에 하이라이트된 DBIO를 보면 전체 일량의

99%를 차지함을 보여주고 있다.

그뿐만 아니라 수집된 성능자료들이 DB화 돼 있기 때문에 쿼리를 통해 수행통계를 내고, 집중 튜닝이 필요한 업무영역과 튜닝 대상 프로그램을 선정하는 데 유용하게 활용할 수 있다.

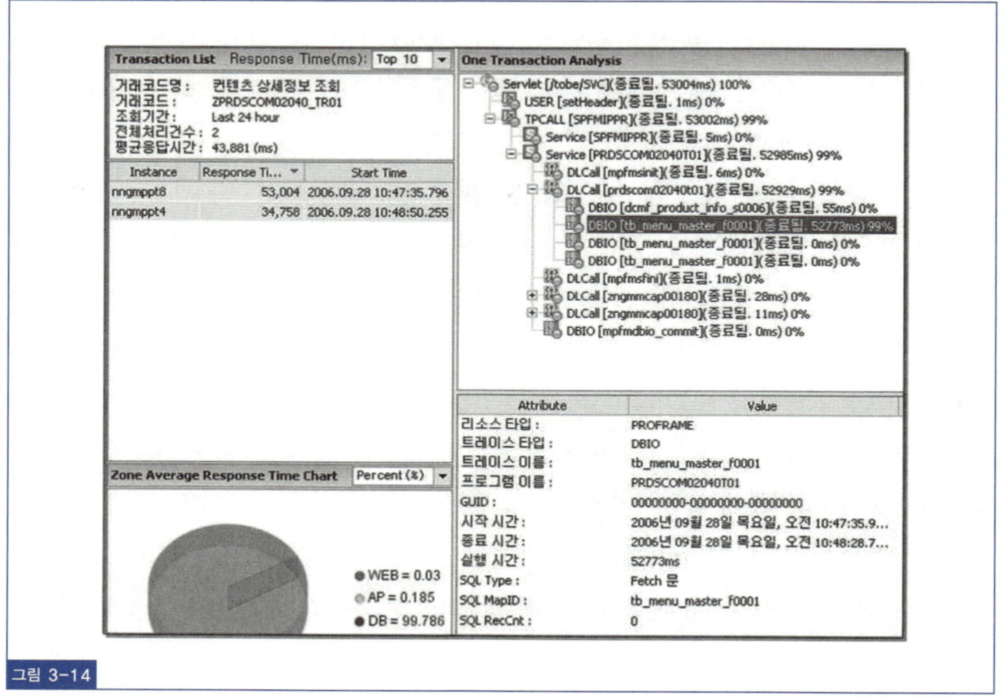

그림 3-14

12 데이터베이스 성능 고도화 정석 해법

모든 문제 해결 프로세스가 그렇듯 데이터베이스도 그림 3-15와 같은 절차에 따라 문제를 해결해 나간다.

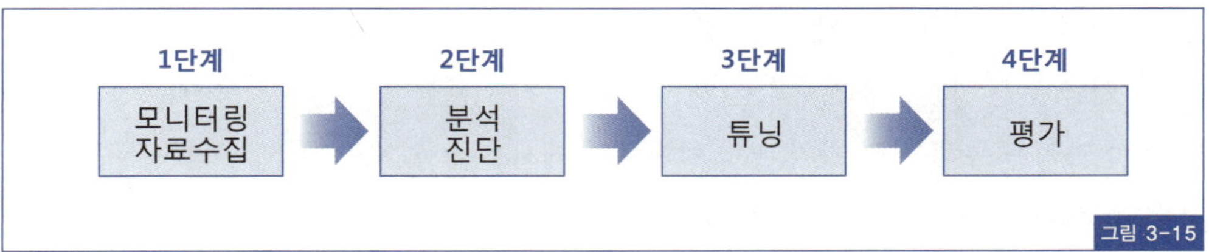

그림 3-15

지금까지 설명한 내용을 통해 성능 튜닝에 필요한 자료를 수집하고, 분석 및 진단하는 방법에 대해 어느 정도 배경지식을 갖게 되었을 것이다. 특히, OWI에 기반한 대기 이벤트 분석을 통해 얼만큼 쉽고 빠르게 문제의 발생 원인을 찾아낼 수 있는지 알 수 있었다.

4단계, 성능 평가도 1~2단계와 같은 방법으로 시행할 수 있다. 직접 해 보면, 이 부분에서도 OWI의 가치를 충분히 느낄 수 있다. 대기 이벤트 발생 정보를 포함해 AWR에 저장된 수많은 성능 통계자료를 분석해 정량적으로 튜닝 전후를 비교해 보일 수 있기 때문이다. 그림 3-16은 인덱스 설계 및 SQL 튜닝 결과를 일요일 야간에 운영 서버에 일괄 반영하고, 그 결과를 평가하기 위해 반영 전후 일주일간 대기 이벤트 발생 상황을 도표화한 것이다.

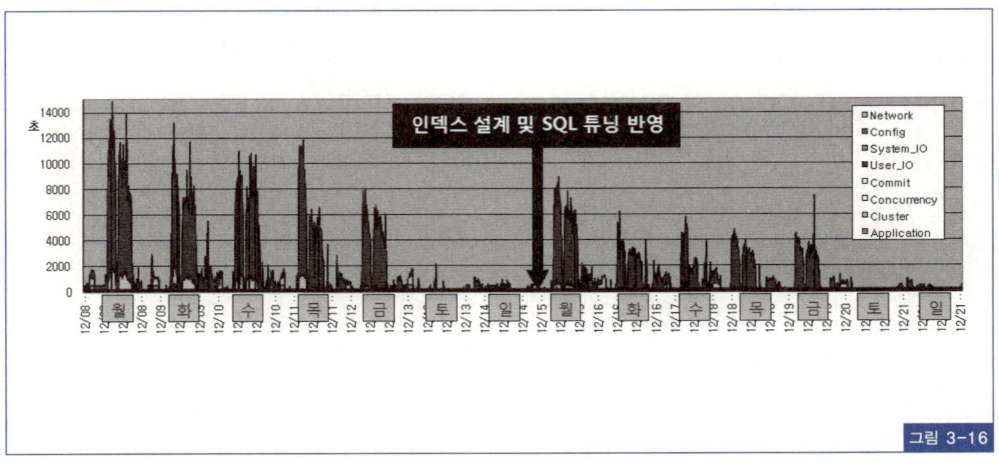

그림 3-16

본 장을 마치고 4장부터 3단계, '튜닝'에 대한 설명을 본격적으로 진행하려고 한다. 개별적이고 사후적 조치 성격이 강한 '튜닝' 개념을 넘어서 시스템 전반의 성능 고도화를 이루는 데 필요한 핵심 원리에 대해 설명한다.

분석기법이 좋아졌다고 해서 튜닝의 핵심적인 정석 원리까지 바뀌는 것은 아니다. Ratio 기반 분석 방법론을 사용하든 대기 이벤트 기반 분석 방법론을 사용하든 성능 진단과 분석 과정을 통해 여러 가지 튜닝 방안들이 제시될 수 있지만, 실제 튜닝 업무를 수행하는 성능 관리자들이 공통으로 느끼는 것은, 대부분 데이터베이스 성능 문제가 애플리케이션 튜닝으로 귀결된다는 사실이다. SQL을 한 번만 수행해도 같은 결과를 얻을 수 있는데 불필요하게 많은 SQL을 수행하거나, 파싱을 많이 일으키거나, 많은 데이터를 Fetch하거나, 많은 I/O를 일으키도록 구현하는 것이 성능 문제를 일으키는 90%, 아니 99% 요인을 차지한다. 따라서 데이터베이스 성능 튜닝의 3대 핵심 요소로서 아래 세 가지를 꼽을 수 있다.

- 라이브러리 캐시 최적화
- 데이터베이스 Call 최소화
- I/O 효율화 및 버퍼캐시 최적화

물론, 고성능 데이터베이스를 구축하는 데 있어 더 근원적인 요소는 데이터 모델 및 DB 설계에 있다. 다만, 데이터 모델과 DB 설계 부분은 이 책의 범위를 벗어나므로 논의에서 제외한 것뿐이다. 위 세 가지 튜닝 요소는 주로 애플리케이션 튜닝 관점에서 바라본 것이다. 그리고 I/O 효율화 및 버퍼캐시 최적화에는 인덱스와 조인 원리, 옵티마이저 원리를 기반으로 한 SQL 튜닝을 포함한다.

그림 3-17은 데이터 모델 및 DB 설계, 그리고 세 가지 튜닝 영역이 데이터베이스 성능에 미치는 영향도를 보여준다[31].

---

31) 정량적인 측정 결과는 아니며, 필자의 경험과 생각을 그래프로 그려본 것이다.

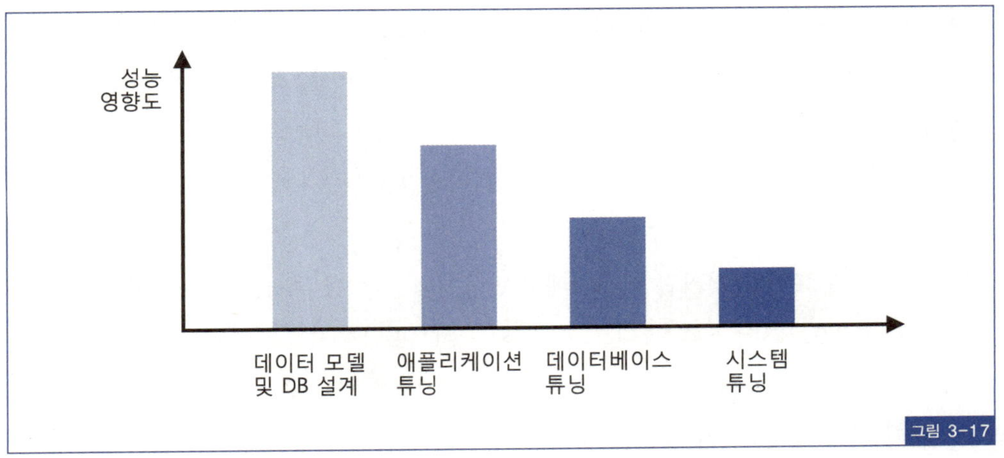

그림 3-17

- 데이터 모델 및 DB 설계 : 데이터 모델과 DB 설계의 개념은 보는 시각에 따라 다를 수 있는데, 여기서는 업무적 특성을 반영한 정규화된 데이터 모델을 바탕으로, DBMS의 물리적 특성과 성능을 고려한 설계 변경, 그리고 DBMS 요소에 대한 설계를 실시하는 것을 말한다[32].
  - 논리 데이터 모델 : DBMS의 물리적 특성은 배제하고 데이터의 업무적 특성만을 반영한 논리 설계(엔티티, 속성, 릴레이션십 정의). 개념모델과 (상세)논리모델로 구분하기도 함.
  - 물리 데이터 모델 : DBMS의 물리적 특성과 성능을 고려한 설계 변경 (예를 들어, 엔티티 통합/분할, 인조식별자 정의, 이력관리, 반정규화, 집계 테이블 설계 등), 테이블 정의, 컬럼 정의, PK/FK 정의 등
  - DB 설계 : 파티션 설계, 클러스터 및 IOT 구성, 기초 인덱스 설계, 뷰 설계, 시퀀스 설계 등
- 애플리케이션 튜닝 : Lock 경합, 파싱 부하, 데이터베이스 Call 발생량을 최소화하고, 인덱스 설계 조정 및 SQL 변경을 통해 I/O 효율을 높이는 등의 튜닝 요소를 말한다.

---

32) 개념설계(DBMS와 독립적인 설계), 논리설계(목표 DBMS에 맞는 스키마 설계), 물리설계(목표 DBMS에 맞는 물리적 구조 설계)로 나누도 함.

- 데이터베이스 튜닝 : 초기화 파라미터 설정, SGA/PGA 메모리 구성, Redo 파일 구성, 테이블스페이스 및 데이터파일 구성 등에 관한 전략을 조정하는 것을 말한다.
- 시스템 튜닝 : OS 레벨에서의 CPU와 메모리 구성, I/O 서브시스템 구성(파일시스템, 디스크 스트라이핑 등), 네트워크 설정 같은 하드웨어적인 튜닝을 말한다.

그림 3-17에 표현한 것처럼 데이터베이스 튜닝과 시스템 튜닝은 성능에 미치는 영향력이 상대적으로 낮다. 심각한 디스크 I/O와 RAC 관련 부하, 그리고 하드파싱 때문에 고생하는 시스템에 더 빠른 디스크를 도입하고, 인터커넥트(InterConnect)를 더 빠른 장비로 교체하고, 버퍼 캐시와 Shared Pool 공간을 늘리는 등의 작업은 근본적인 처방이 되질 못한다.

데이터베이스 성능을 좌우하는 열쇠는, 고품질 데이터 모델과 효과적으로 구현된 애플리케이션에 있다. 잘못된 데이터 모델은 비효율적인 액세스 유형을 야기한다. 이 때문에 생기는 SQL 성능 문제를 해결하려고 과도한(또는 무규칙적인) 반정규화를 실시하게 되고, 이는 궁극적으로 데이터의 일관성과 품질 저하로 연결된다. 이는 다시 기존 데이터에 대한 신뢰성을 떨어뜨려 새로운 데이터 요건으로 표출되고, 중복 데이터를 계속 양산하는 결과를 낳는다. 이런 악순환의 고리 때문에 데이터 모델 및 DB 설계가 고성능 데이터베이스 구축을 위한 핵심적인 요소로 파악되어야 한다.

그리고 애플리케이션에서 근본적으로 발생하는 일량을 최소화해야만 한다. 비유컨대, 어떤 학생은 교과서 1권만 읽고 100점을 맞는 반면 어떤 학생은 교과서 외에 참고서까지 총 10권을 읽고서야 100점을 맞는다. 산만하게 공부하기 때문인데, 비효율적으로 공부하는 학생에게 효율적으로 집중력 있게 공부할 수 있는 요령을 가르쳐야지 의자 · 책상을 새 것으로 바꿔주고 책 10권을 빨리 읽을 수 있도록 속독법을 가르치는 등의 방법이 과연 효과적일까 고민해 봐야 한다. 물론 효과가 없지는 않다. 하지만 장기적인 관점에서의 근본적인 처방이 필요하다. 데이터베이스 성능 튜닝도 마찬가지다. 이를 위해서는 다음 장부터 설명하는 원리들을 십분 이해하고 활용할 수 있어야만 한다.

그림 3-18은 1장에서 보았던 그림에, 앞서 제시한 3가지 주요 튜닝 포인트를 각 요소

별로 표시한 것이다. 4장부터 이 세 가지 주제를 놓고 본격적으로 튜닝 원리를 설명한다.

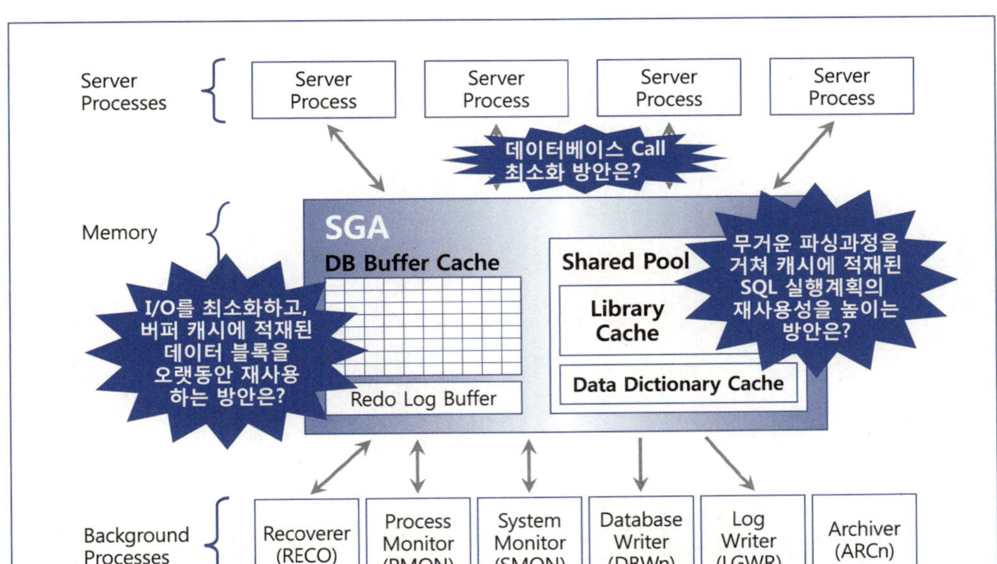

그림 3-18

4장에서는 라이브러리 캐시 최적화 원리를 다루고, 5장에서는 데이터베이스 Call 최소화 원리를 다룬다. 마지막으로, I/O 효율화 및 버퍼 캐시 최적화 원리는 6장에서 다룬다. 그리고 I/O 발생량을 최소화함으로써 버퍼 캐시 부하를 최소화하기 위한 세부 원리로서 인덱스와 조인 원리, 옵티마이저 원리 그리고 기타 고급 SQL 활용방안에 대해서는 2권에서 더 상세히 다룬다.

Chapter 04

라이브러리 캐시 최적화 원리

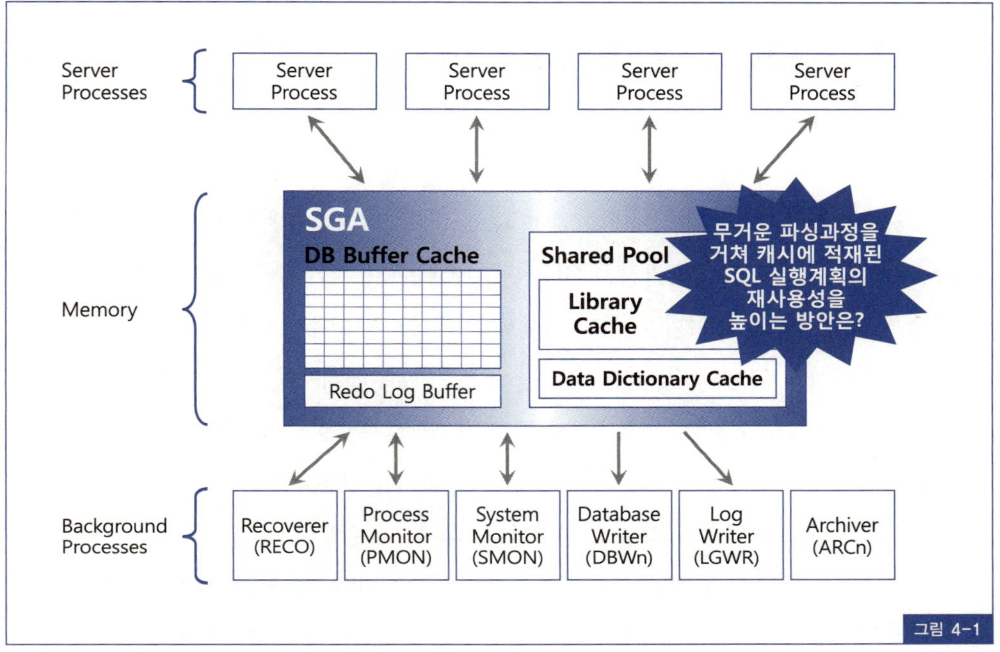

그림 4-1

본 장에서는 DBMS가 SQL을 처리하는 과정을 설명하고, 특히 SQL 파싱과 최적화 단계에서 부하가 발생하는 원리에 대해 자세히 다룬다. 아무리 강조해도 지나치지 않은 바인드 변수 사용의 중요성을 역설하고, 바인드 변수를 사용했을 때 생길 수 있는 부작용과 해법에 대해서도 알아본다.

바인드 변수를 사용하더라도 과도한 Parse Call 때문에 생기는 부하는 피하기 어려운데, 커서를 세션에 캐싱함으로써 부하를 줄이거나 애플리케이션에 캐싱함으로써 Parse Call을 일으키지 않고 SQL을 처리하는 방법에 대해서도 설명한다.

마지막으로, Static SQL과 Dynamic SQL의 의미를 명확히 하고, 라이브러리 캐시에 부하를 주지 않는 선에서 꼭 필요한 때에만 Dynamic SQL을 사용할 수 있도록 사용기준을 제시하려고 한다. 그리고 Static SQL로 구현하는 데에 도움을 주고자 몇 가지 기법들을 설명한다.

01 SQL과 옵티마이저

SQL(Structured Query Language)을 4세대 언어(4GL)라고 말한다. 4세대 언어라고 하면, Visual Basic, Delphi, PowerBuilder 같은 GUI 환경의 비쥬얼 개발 툴을 일컫는 말인데, SQL이 왜 4세대 언어인지 의아할 것이다. 4세대 언어에서는 버튼을 만들 때 마우스 드래그 한번이면 충분하고 그 버튼을 만들기 위한 코딩은 내부에서 자동으로 이루어진다. 우리가 DBMS에 명령을 날릴 때도 SQL이라고 하는 구조화된 질의언어를 통해 원하는 결과집합을 요구할 뿐 그 결과집합을 얻기 위한 처리절차를 개발자가 직접 기술하지는 않기 때문에 SQL도 4세대 언어라고 부르는 것이다.

개발 업무를 시작하면서 처음부터 범용 RDBMS만을 사용해 온 독자라면 당연한 것 아닌가라고 여기겠지만 파일 시스템이나 dBaseⅢ+, FoxPro, Clipper 같은 xBase 계열에서 데이터베이스 프로그래밍을 해 본 독자라면 무엇을 말하려는지 눈치챘을 것이다. 예전에는 두 개 테이블을 조인해 사용자가 원하는 결과집합을 얻으려면, 기준 테이블을 select 하고 한 건씩 fetch하면서 반대편 테이블로부터 조인 레코드를 seek하는 과정을 루핑을 통해 반복 수행하는 프로시저를 개발자가 직접 코딩해야 했다.

하지만 옵티마이저가 내장된 DBMS를 사용한다면 그럴 필요가 없다. 예컨대, EMP와 DEPT 테이블을 조인하는 아래(그림 4-2) SQL문 하나만 작성하면 결과집합을 얻기 위해 필요한 프로시저는 내부에서 자동으로 생성되기 때문이다.

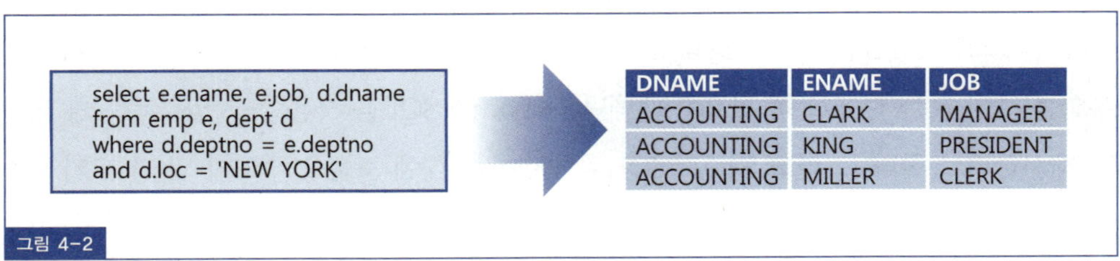

그림 4-2

우리를 대신해 프로그래밍 해 주는 존재가 DBMS에 내장돼 있는 것인데, 바로 SQL 옵티마이저가 그것이다. 따라서 옵티마이저가 내장된 DBMS에서 개발하고 있다면 진정한 프로그래머는 옵티마이저인 셈이다.

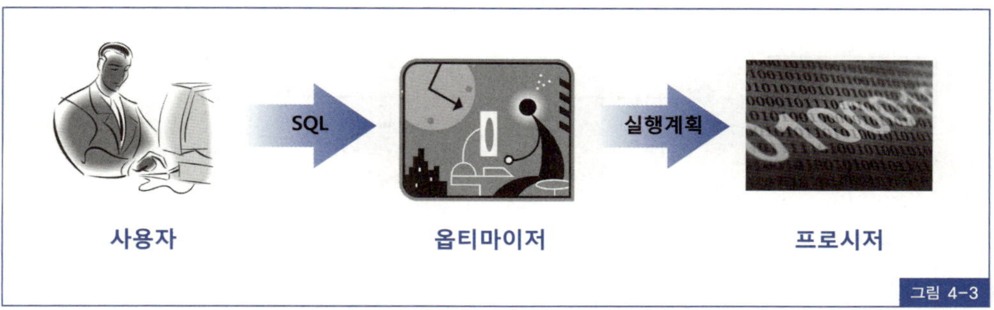

그림 4-3

그림 4-3과 같은 과정을 거쳐 옵티마이저에 의해 생성된 처리절차를 사용자가 확인할 수 있도록 트리 구조로 표현한 것이 실행계획(Execution Plan)이다.

```
Execution Plan
----------------------------------------------------------
0      SELECT STATEMENT Optimizer=CHOOSE (Cost=209 Card=5 Bytes=175)
1   0   TABLE ACCESS (BY INDEX ROWID) OF 'EMP' (Cost=2 Card=5 Bytes=85)
2   1    NESTED LOOPS (Cost=209 Card=5 Bytes=175)
3   2      TABLE ACCESS (BY INDEX ROWID) OF 'DEPT' (Cost=207 Card=1 Bytes=18)
4   3        INDEX (RANGE SCAN) OF 'DEPT_LOC_IDX'(NON-UNIQUE) (Cost=7 Card=1)
5   2    INDEX (RANGE SCAN) OF 'EMP_DEPTNO_IDX'(NON-UNIQUE) (Cost=1 Card=5)
```

SQL 옵티마이저는 최소비용, 최적의 경로를 선택해서 사용자가 원하는 작업을 가장 효율적으로 수행할 수 있는 프로시저를 자동으로 생성해 주는 DBMS의 핵심기능이라고 이해하면 된다. 옵티마이저의 최적화 수행단계를 요약하면 아래와 같다(그림 4-4 참조).

1. 사용자가 던진 쿼리수행을 위해, 후보군이 될만한 실행계획들을 찾아낸다.
2. 데이터 딕셔너리(Data Dictionary)에 미리 수집해 놓은(Dynamic Sampling 기능은 논외로 함) 오브젝트 통계 및 시스템 통계정보를 이용해 각 실행계획의 예상비용을 산정한다.
3. 각 실행계획의 비용을 비교해서 최소비용을 갖는 하나를 선택한다.

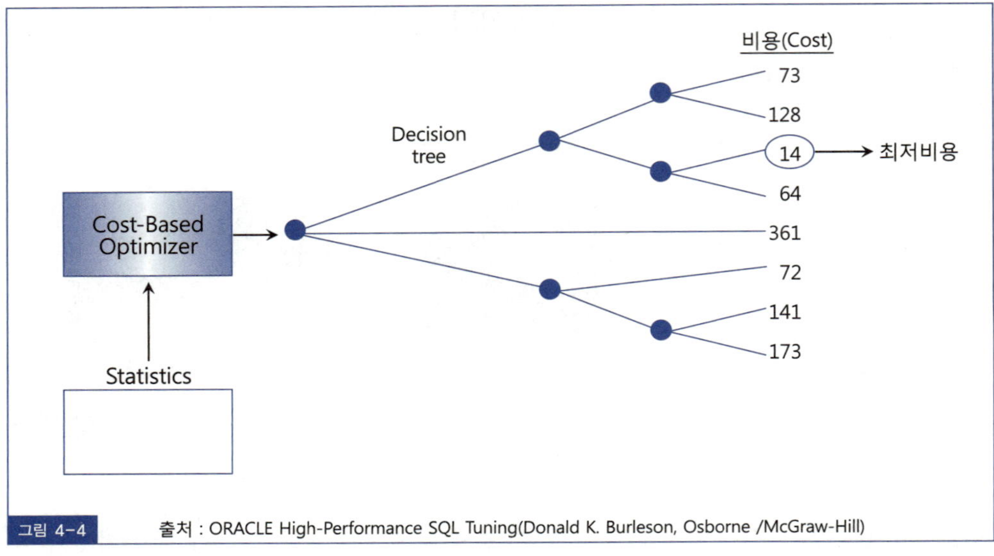

그림 4-4 출처 : ORACLE High-Performance SQL Tuning(Donald K. Burleson, Osborne /McGraw-Hill)

참고로, 옵티마이저를 설명하고 나면 SQL 파싱과 최적화를 담당하는 별도의 백그라운드 프로세스가 떠 있냐는 질문을 가끔 받는데, 그렇지 않다. 1장 오라클 아키텍처에서 이미 설명했듯이, SQL을 파싱하고, 필요하면 최적화를 수행하며, 커서를 열어 SQL을 실행하면서 블록을 읽고, 읽은 데이터를 정렬해서 클라이언트가 요청한 결과집합을 만들어 네트워크를 통해 전송하는 일련의 작업들을 모두 서버 프로세스가 처리해 준다.

02 SQL 처리 과정

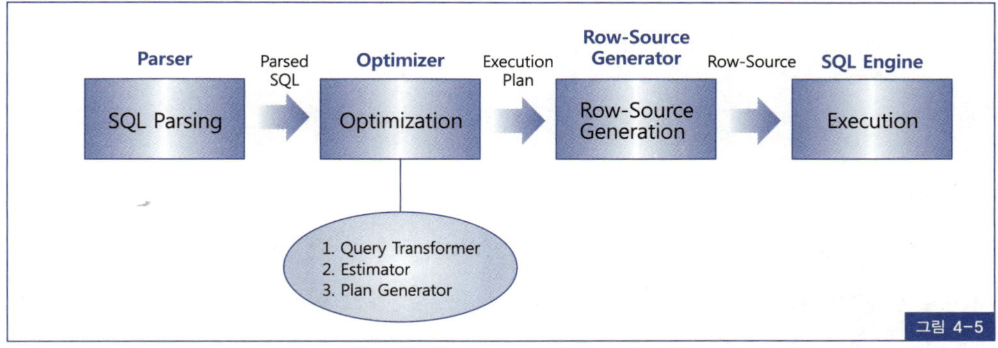

그림 4-5

그림 4-5는 SQL 처리과정을 요약한 것이다. 사용자가 SQL문을 던지면 오라클은 SQL 파싱을 거친 후 해당 SQL이 메모리에 캐싱 돼 있는지를 먼저 확인한다. 만약 메모리에서 찾으면 곧바로 실행할 수 있지만, 찾지 못했을 때는 최적화(Optimization) 단계를 거치게 된다. 파싱 단계에서 SQL 커서를 메모리에서 찾아 곧바로 실행단계로 넘어가는 것을 **소프트 파싱**(Soft Parsing)이라 하고, 찾는데 실패해(라이브러리 캐시 Miss) 최적화 및 Row-Source 생성 단계를 거치는 것을 **하드 파싱**(Hard Parsing)이라고 한다.

아래는 같은 SQL을 5,000번 반복 수행하는 동안 수집한 SQL 트레이스 결과다.

```
select cust_nm, birthday from customer where cust_id = :cust_id

call     count    cpu    elapsed    disk    query   current      rows
------- ------  ------ ---------- ------- --------- ---------  --------
Parse     5000   0.06       0.05       0        0         0         0
Execute   5000   0.18       0.22       0        0         0         0
Fetch     5000   0.21       0.25       0    20000         0     50000
------- ------  ------ ---------- ------- --------- ---------  --------
total    15000   0.45       0.52       0    20000         0     50000

Misses in library cache during parse: 1
```

맨 아래쪽 *Misses in library cache during parse*가 1이고, Parse Call이 5,000이므로 5,000번 수행하는 동안 첫 번째 시점에는 SQL 커서를 찾지 못해 하드 파싱을 했고,

나머지 4,999번은 라이브러리 캐시에 공유된 커서를 반복 재사용했음을 알 수 있다. *Misses in library cache during parse*가 0이었다면 최초 수행할 때부터 이미 다른 세션에 의해 커서가 캐싱돼 있던 경우다.

하드 파싱이 '하드(Hard)한' 이유는, 최적화(Optimization)가 그만큼 무거운 처리과정을 거치기 때문인데, SQL을 수행할 때 어떤 절차를 거치는지 단계별로 좀 더 자세히 살펴보자.

(1) SQL 파싱

사용자가 던진 SQL을 가장 먼저 받아서 처리하는 엔진이 SQL 파서(Parser)다. SQL 파서는 우선 SQL 문장을 이루는 개별 구성요소를 분석하고 파싱(tokenize)해서 파싱 트리를 만든다. 그 과정에서 사용자가 던진 SQL에 문법적 오류가 없는지 Syntax 체크가 이루어진다. 예를 들어, 사용할 수 없는 키워드를 사용했거나 순서가 바르지 않거나 누락된 키워드가 있는지 등을 체크하는 것이다.

파싱 트리가 만들어지고 나면 Semantic 체크를 통해 의미상 오류가 없는지 확인한다. 존재하지 않거나 권한 없는 오브젝트를 사용했을 때, 또는 존재하지 않는 컬럼을 참조했다면 이 단계에서 에러 메시지를 만나게 된다.

문법적으로 완전하고 의미상 오류가 없다면 해싱 알고리즘을 이용해 해당 SQL 커서가 Shared Pool에 캐싱돼 있는지를 확인한다. 그러기 위해 먼저 SQL ASCII 텍스트에 대한 숫자 값을 계산하고 이를 다시 해시 값으로 변환한다.

Shared Pool에서 찾은 SQL 문장이 현재 수행하려는 SQL문과 100% 일치하더라도 파싱을 요청한 사용자가 다르거나 옵티마이저 관련 파라미터 설정이 다르다면 새로운 SQL 커서를 생성해야 한다. 예를 들어, EMP 테이블이 SCOTT과 HR 스키마에 각각 생성돼 있다면 아래 쿼리를 수행함에 있어 SCOTT으로 로그인 했을 때와 HR로 로그인 했을 때 각각 다른 테이블을 액세스해야 하고 실행계획도 달라져야만 한다.

```
select count(*) from emp
```

SQL 파서의 역할은 여기까지다. Shared Pool에서 정확히 일치하는 SQL 커서를 찾았다면 바로 실행단계로 넘어가면 되지만 매칭되는 SQL문을 못 찾거나, 찾더라도 새로운 SQL 커서를 생성해야만 하는 상황이라면 최적화를 수행해야 하므로 이제 공은 옵티마이저에게 넘어간다.

(2) SQL 최적화

옵티마이저는 앞에서도 설명했듯이 시스템 통계 및 오브젝트 통계정보를 판단기준으로 삼아 다양한 액세스 경로(Access Path)를 비교하고 그 중 가장 효율적인 실행계획을 선택해주는 DBMS의 핵심 엔진이다. 옵티마이저가 최적화를 수행할 때 세부적으로 아래 3개의 서브 엔진을 사용한다.

- Query Transformer : 사용자가 던진 SQL을 그대로 둔 채 최적화하는 게 아니라 우선 최적화하기 쉬운 형태로 변환을 시도한다. 물론 쿼리 변환 전후 결과가 동일함이 보장될 때만 그렇게 한다.
- Plan Generator : 하나의 쿼리를 수행하는 데 있어, 후보군이 될만한 실행계획들을 생성해 내는 역할을 한다.
- Estimator : 쿼리 오퍼레이션 각 단계의 선택도(Selectivity), 카디널리티(Cardinality), 비용(Cost)을 계산하고, 궁극적으로는 실행계획 전체에 대한 총 비용을 계산해 낸다. 이는 어디까지나 예상치다. 각 단계를 수행하는데 필요한 I/O, CPU, 메모리 사용량 등을 예측하기 위해 데이터베이스 오브젝트(테이블, 인덱스 등) 통계정보와 하드웨어적인 시스템 성능 통계정보(CPU 속도, Single Block Read Time, Multiblock Read Time 등)를 이용한다. 이들 오브젝트 통계와 시스템 통계정보는 오라클이 자동으로 수집하거나 DB관리자의 정책에 따라 주기적으로 수집된다.

이 세 가지 엔진 중 최적의 실행계획을 만드는 데 있어 어느 것 하나 중요하지 않은 것이 없다. Query Transformer는 워낙 중요하므로 2권에서 별도의 챕터를 할애해 거기서 집중적으로 다룬다.

Plan Generator와 Estimator도 Query Transformer 못지 않게 중요하다. 최적의 실행계획을 선택하려면 그만큼 선택의 폭이 넓어야 한다. 그러려면 옵티마이저가 많은 실행계획들을 고려대상으로 삼을 수 있도록 짧은 시간 내에 실행계획들을 많이 만들고 이에 대한 비용을 평가할 수 있어야만 한다. 그런데 하나의 쿼리를 수행하는 데 있어 너무 다양한 액세스 경로(Access Path)와 조인 방식(Join Method), 조인 순서(Join Order)가 존재하므로 쉽지 않은 문제다.

예를 들어, 5개의 테이블을 조인하려면 조인 순서만을 고려하더라도 5!(=120)개의 실행계획을 평가해야 한다. 그리고 120개 실행계획에 포함된 각 조인 오퍼레이션에 대해 NL 조인, 소트 머지 조인, 해시 조인 등 다양한 조인 방식(Join Method)까지 고려해야 한다. 게다가 각 테이블을 액세스하는 데 있어 테이블 전체를 스캔할지 아니면 인덱스를 이용할지, 그리고 인덱스를 이용한다면 Index Range Scan, Index Unique Scan, Index Full Scan, Index Fast Full Scan, Index Skip Scan 등 다양한 액세스 방식 중 어느 것을 사용할지 결정해야 한다.

이 모든 요소들을 고려한다면 불과 5개 테이블을 조인하는 데에만 수천, 수만 개의 실행계획을 생성해야 하고, 각각에 대한 비용을 산정하고 평가해야만 한다. 현실적으로 모든 실행계획을 평가하는 것은 불가능하므로 최적화에 걸리는 총 소요시간을 단축시킬 목적으로 오라클은 몇 가지 지능적인 테크닉을 사용한다.

우선, 쿼리 수행 시 예상되는 총 수행시간에 비해 쿼리 최적화에 걸리는 시간이 일정비율을 넘지 않도록 적응적 탐색 전략을 사용하는데, 이를 'Adaptive search strategy' 라고 한다. 두 번째 테크닉은 'Multiple Initial orderings heuristic' 인데, 이것은 조인 순서를 무순위로 평가하는 게 아니라 최적의 실행계획을 발견할 가능성이 높은 순서대로 비용을 평가하는 것을 말한다. 그렇게 함으로써 실행계획을 평가하는 도중에 멈추더라도 그중에서 선택된 실행계획이 거의 최적이거나, 최적은 아니더라도 최소한 만족할 만한 수준의 좋은 실행계획에 속할 가능성을 높인다. 이 두 테크닉에 대한 좀더 자세한 설명을 원한다면, 2002년 2월에 발표된 오라클 백서(White Paper) 'Query Optimization in Oracle9i' 또는 2005년 6월에 발표된 'Query Optimization in Oracle Database10g Release 2' 를 참조하기 바란다.

(3) Row-Source Generation

옵티마이저의 최적화 과정을 거치면 아래와 같이 SQL 처리과정을 표현한 실행계획이 만들어진다[32].

```
Execution Plan
----------------------------------------------------------
0       SELECT STATEMENT Optimizer=ALL_ROWS
1    0    NESTED LOOPS
2    1      TABLE ACCESS (BY INDEX ROWID) OF 'DEPT'
3    2        INDEX (RANGE SCAN) OF 'DEPT_X01' (NON-UNIQUE)
4    1      TABLE ACCESS (BY INDEX ROWID) OF 'EMP'
5    4        INDEX (RANGE SCAN) OF 'EMP_X01' (NON-UNIQUE)
```

이것은 개념 수준의 실행계획이지 실제 실행 가능한 형태는 아니다. 따라서 이것을 실행 가능한 코드 또는 프로시저 형태로 포맷팅하는 작업이 필요하며, 이 역할을 Row-Source Generator가 담당한다. Row-Source는 레코드 집합을 반복 처리하면서 사용자가 요구한 최종 결과집합을 실제적으로 생성하는데 사용되는 제어 구조를 말한다. 이를테면 아래와 같은 모습일 것이다.

```
<<outer_loop>>
LOOP
  outer_rid := index_range_scan('DEPT_X01', search_key);
  outer_rec := table_access_by_index_rowid('DEPT', outer_rid);
  EXIT outer_loop WHEN outer_rec IS NULL;
  <<inner_loop>>
  LOOP
    inner_rid := index_range_scan('EMP_X01', outer_rec.deptno);
    inner_rec := table_access_by_index_rowid('EMP', inner_rid);
    EXIT inner_loop WHEN inner_rec IS NULL;
    add_into_resultset(outer_rec, inner_rec);
    selected_rows := selected_rows + 1;
  END LOOP inner_loop;
END LOOP outer_loop;
DBMS_OUTPUT.PUT_LINE(selected_rows || ' rows selected.');
```

사실 지금까지 설명한 옵티마이저의 내부 처리과정을 모두 이해할 필요는 없다. 다만, 최적화를 수반한 하드파싱이 얼마나 '무거운' 작업인지를 설명하고 싶었을 따름이다. 데

---

32) 물론 이것은 옵티마이저에 의해 생성된 실행계획을 사용자가 볼 수 있는 형태로 포맷팅한 것일 뿐 실제 모습은 아니다.

이터베이스에서 이루어지는 처리 과정은 대부분 I/O 작업에 집중되는 반면 하드 파싱은 CPU를 많이 소비하는 몇 안 되는 작업 중 하나에 속한다. 하드 파싱 과정에서 Shared Pool과 라이브러리 캐시에 대해 발생하는 래치 경합도 CPU를 많이 소비하게 만드는 요인으로 작용한다. 그리고 한번 수행될 때마다 내부적으로 많은 데이터 딕셔너리(Data Dictionary) 조회를 수반하므로 하드 파싱은 우리가 생각하는 것 이상으로 그 비용이 매우 크다고 하겠다. 지금껏 설명한 SQL 수행절차를 보고 느끼겠지만 DB 프로그램을 작성하면서 SQL문을 도스나 유닉스 프롬프트 상에서 날리는 단순한 커맨드(Command) 정도로 여겨서는 곤란하다.

이렇게 무거운 작업을 거쳐 얻은 결과물(SQL 실행계획)을 한 번만 사용하고 버린다면 이만저만한 낭비가 아니다. 그래서 파싱 과정을 거친 SQL 커서를 재사용할 수 있도록 캐싱해 두는 메모리 공간이 바로 라이브러리 캐시다. 지금부터 라이브러리 캐시의 내부 구조를 살펴봄으로써 이를 최적화할 수 있는 원리가 어디에 숨어있는지 찾아 보기로 하자.

03 라이브러리 캐시 구조

라이브러리 캐시는 Shared Pool 내에 위치하며, SQL 공유 커서 및 데이터베이스 오브젝트(테이블, 인덱스 등)에 대한 정보를 관리한다. 그리고 여기에 저장되는 정보의 단위를 라이브러리 캐시 오브젝트(이하 LCO)라고 부른다.

SQL 커서[33] 뿐 아니라 컴파일을 거친 프로시저, 함수, 패키지, 트리거 등 PL/SQL 프래그램을 담는 PL/SQL Area도 라이브러리 캐시에 저장한다. SQL 커서와 PL/SQL 오

---

33) SQL 커서에 대해서는 뒤에서 자세히 다루지만 여기서 간단히 정의해 보자. 커서는, 하드 파싱 과정을 거쳐 메모리에 적재된 SQL과 Parse Tree, 실행계획, 그리고 그것을 실행하는데 필요한 정보를 담은 SQL Area를 말한다.

브젝트처럼 실행 가능한 오브젝트를 '실행가능 LCO' 라 부르기로 하자.

라이브러리 캐시에는 실행가능 오브젝트뿐 아니라 거기서 참조하는 테이블, 인덱스, 클러스터 같은 데이터베이스 오브젝트 정보들도 동등하게 하나의 오브젝트로서 관리되는데, 이들을 지금부터 '오브젝트 LCO' 라고 부르자. 스키마 오브젝트 정보는 데이터 딕셔너리 캐시에도 캐싱돼 있는데 이를 읽어 라이브러리 캐시에 중복 저장(물론 저장 포맷은 다름)하는 이유가 궁금할 수 있다. 라이브러리 캐시에 스키마 오브젝트 정보를 캐싱하는 것은 LCO간 의존성(dependency)을 관리하려는 데에 목적이 있다. LCO 각각에는 자신을 참조하는 다른 실행가능 LCO(커서, 함수, 프로시저, 패키지 등) 목록을 갖는다.

아래는 라이브러리 캐시에 어떤 유형의 오브젝트들이 적재되는지를 보여준다.

```
SQL> select namespace, gets, pins, reloads, invalidations
  2  from   v$librarycache;

NAMESPACE              GETS        PINS     RELOADS INVALIDATIONS
--------------- ----------- ----------- ----------- -------------
SQL AREA            6126396   716191317      739528        688859
TABLE/PROCEDURE     2015873   125261551       30259             0
BODY                1208578     1848356          16             0
TRIGGER               42233      225074           4             0
INDEX                107905      778612        3163             0
CLUSTER                8463       21602           9             0
OBJECT                    0           0           0             0
PIPE                      0           0           0             0
JAVA SOURCE               0           0           0             0
JAVA RESOURCE             0           0           0             0
JAVA DATA                 0           0           0             0

11 개의 행이 선택되었습니다.
```

라이브러리 캐시에 캐싱되는 정보를 또 다른 측면에서 다음 두 가지로 나누어 볼 수 있다. 첫째는, 생성 후 Drop 하기 전까지 데이터베이스에 영구적으로 보관되는 오브젝트(이하 Stored Object) 정보이고, 테이블, 인덱스, 클러스터, 뷰, 트리거, 패키지, 사용자 정의 함수/프로시저 등이 여기에 해당한다. 이들 오브젝트는 생성될 때부터 이름을 갖는 것이 특징이다.

둘째는, 실행시점에 생성돼서 인스턴스가 떠있는 동안에만 존재하는 일시적인 오브젝트(이하 Transient Object) 정보가 그것이다. 커서와 Anonymous PL/SQL문이 대표적인데, 이들은 이름을 따로 지정하지 않으며 문장을 구성하는 전체 문자열 그대로가 이름 역할을 한다.

라이브러리 캐시는 데이터 딕셔너리 캐시와 함께 Shared Pool에 할당된 메모리 공간을 사용한다. Shared Pool도 DB 버퍼 캐시처럼 LRU 알고리즘에 의해 관리되며, 재사용 빈도가 낮은 SQL은 캐시에서 밀어냄으로써 새로운 SQL을 캐싱할 수 있도록 공간을 확보한다.

Shared Pool에서 특정 오브젝트 정보 또는 SQL 커서를 위한 Free Chunk를 할당 받으려 할 때 필요한 래치가 *shared pool* 래치다. 예전에는 하나의 *shared pool* 래치로 전체를 관리하였으나 9i부터 Shared Pool을 여러 개 Sub Pool로 나누어 관리할 수 있게 되면서 래치도 7개까지 사용할 수 있게 되었다. 아래 쿼리는 7개의 래치 중 4개만 사용되고 있는 것을 보여주고 있다.

```
SQL> select child#, gets, misses, sleeps, immediate_gets, immediate_misses
  2  from   v$latch_children
  3  where  name = 'shared pool'
  4  order by child# ;

CHILD#        GETS     MISSES     SLEEPS IMMEDIATE_GETS IMMEDIATE_MISSES
---------- ---------- ---------- ---------- -------------- ----------------
         1  138262307   63312457    9548443              0                0
         2  719357035   59141182    8095889              0                0
         3 3291526431   30387267    5959055              0                0
         4 4179793977   42975979    6776474              0                0
         5          0          0          0              0                0
         6          0          0          0              0                0
         7          0          0          0              0                0

7 개의 행이 선택되었습니다.
```

Shared Pool을 관리하는 내부 메커니즘까지 깊이 알 필요는 없으며, 여기서 독자에게 보이고자 한 것은, 예전보다 늘긴 했지만 사용할 수 있는 래치 개수가 7개뿐이라는 사실이다. 만약 그 이상의 동시 사용자가 순간적으로 과도한 하드 파싱 부하를 일으킨다면 *shared pool* 래치에 대한 경합 현상이 나타날 수 있는 것이다.

라이브러리 캐시도 DB 버퍼 캐시처럼 해시구조로 관리된다(그림 4-6 참조). 즉, 해시 버킷에 LCO 핸들(→ LCO를 식별하고 힙을 포인팅하는 데 사용)이 체인으로 연결돼 있고, 핸들을 통해 LCO 힙(Heap)을 찾아가는 구조다. DB 버퍼 캐시와 마찬가지로 해시 함수를 통해 리턴된 해시 값을 가지고 해시 버킷을 할당한다.

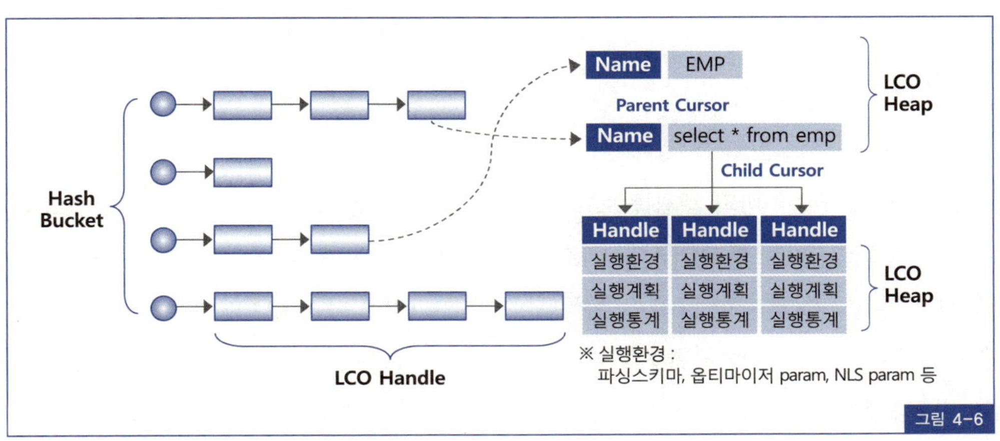

그림 4-6

그림 4-6을 보면, 오브젝트 LCO인 EMP 테이블 정보와 실행가능 LCO에 해당하는 SQL 커서가 라이브러리 캐시에 함께 적재돼 있다. 그리고 그림에서 보듯 커서는 Parent 커서 밑에 Child 커서가 연결되는 구조를 갖는다. SQL 문장이 100% 동일한대도 커서를 공유하지 못하고 커서를 별도로 생성해야 할 때가 있는데, 오라클은 그럴 때 다중 Child 커서를 사용한다.

DB 버퍼 캐시에서 체인에 연결된 리스트 구조를 보호하기 위해 *cache buffers chains* 래치를 사용하는 것처럼 라이브러리 캐시 체인을 탐색하고 변경하려면 먼저 *library cache* 래치를 획득해야 한다. 이에 대한 경합이 발생할 때 *latch: library cache* 대기 이벤트가 발생한다. 아래 쿼리에서 보는 것처럼 *library cache* 래치 개수도 몇 개(CPU 개수에 근접)에 불과하므로 하드 파싱은 물론이고 소프트 파싱이 많이 발생해도 래치에 대한 경합이 증가하게 된다.

```
SQL> select child#, gets, misses, sleeps, immediate_gets, immediate_misses
  2  from   v$latch_children
  3  where  name = 'library cache'
  4  order by child# ;
```

```
CHILD#       GETS   MISSES   SLEEPS IMMEDIATE_GETS IMMEDIATE_MISSES
------ ---------- -------- -------- -------------- ----------------
     1    7844011       10        2           1700               21
     2    4605381       13        0           1634                1
     3    9969261       98       53           1775                5
     4   10375566       46        9           1758                0
     5   12656460       61        8           1750                1

5 개의 행이 선택되었습니다.
```

DB 버퍼 캐시에서 버퍼 자체를 보호하려고 버퍼 Lock을 사용한 것처럼 LCO를 보호하려고 오라클은 라이브러리 캐시 Lock과 라이브러리 캐시 Pin을 사용한다. LCO에 접근할 때는 먼저 핸들에 대한 Lock을 획득해야 한다. 그러고 나서 LCO의 실제 내용이 담긴 힙(heap)에서 정보를 읽거나 변경할 때는 Pin을 걸어 두어야 한다. 그럼으로써 LCO를 읽고, 쓰고, 실행하는 동안 다른 프로세스에 의해 정보가 변경되거나 캐시에서 밀려나는 것을 방지한다.

shared pool 래치와 *library cache* 래치 경합은 소프트/하드 파싱을 동시에 심하게 일으킬 때 발생하고, *library cache lock*과 *library cache pin* 대기이벤트는 주로 SQL 수행 도중 DDL을 날릴 때 발생한다. 트랜잭션이 활발한 주간에 DDL문을 날려 데이터베이스 오브젝트 정의를 변경하면 라이브러리 캐시에 심한 부하를 유발하게 되므로 주의해야 한다.

라이브러리 캐시 Lock과 라이브러리 캐시 Pin에 대한 좀 더 자세한 설명을 원한다면 부록을 참조하기 바란다. 부록에는 LCO 접근을 위해 Lock과 Pin, 두 개의 직렬화 장치를 따로 두는 이유까지 설명하고 있다.

라이브러리 캐시 최적화를 위한 데이터베이스 관리자 측면에서의 튜닝 기법들이 몇 가지 있지만, 그보다 중요하고 효과가 큰 것은 개발 측면에서의 노력이며 아래 3가지로 요약할 수 있다.

- 커서를 공유할 수 있는 형태로 SQL을 작성한다. 특히 바인드 변수를 사용해 같은

형태의 SQL에 대한 반복적인 하드파싱이 일어나지 않도록 해야 한다.

- 세션 커서 캐싱 기능을 이용해 라이브러리 캐시에서 SQL 찾는 비용을 줄인다.
- 애플리케이션 커서 캐싱을 이용해 Parse Call 발생량을 줄인다.

지금부터 이들 원리와 활용 기법에 대해 설명하고자 한다.

04 커서 공유

(1) 커서란?

커서(Cursor)는 상황에 따라 여러 가지 의미로 사용되므로 커서 공유를 설명하기에 앞서 커서가 무엇인지 그 의미부터 명확히 할 필요가 있다. 결론부터 말하면, 우리가 흔히 말하는 커서는 아래 3가지를 모두 일컫는 말이다.

- 공유 커서(shared cursor) : 라이브러리 캐시에 공유돼 있는 Shared SQL Area
- 세션 커서(session cursor) : Private SQL Area에 저장된 커서
- 애플리케이션 커서(application cursor) : 세션 커서를 가리키는 핸들

공유 커서(shared cursor)

JAVA, VB, Pro*C, PL/SQL 등에서 SQL을 수행하면, 서버 프로세스는 해당 SQL이 라이브러리 캐시에 공유돼 있는지를 먼저 확인한다. 없으면, 최적화 과정을 통해 실행계획을 만들고, 라이브러리 캐시에 공유한다. 그렇게 라이브러리 캐시에 공유돼 있는 Shared SQL Area를 '커서' 라고 부른다.

세션 커서(session cursor)

라이브러리 캐시에 공유돼 있는 커서를 실행할 때는 우선 PGA 영역에 메모리를 할당한다. 이를 'Private SQL Area' 라고 하는데, Persistent Area[34] 와 Runtime Area[35] 로 나뉜다. Shared SQL Area를 읽어 커서를 실행하는 데 필요한 정보들을 Private SQL Area에 담고, 공유 커서를 가리키는 포인터를 유지한다. 그리고 커서의 상태(open, bound, execute, close 등) 정보도 관리한다. 커서를 실행하기 위한 이런 준비과정을 "커서를 오픈한다"고 표현하고, PGA에 저장된 커서 정보(즉, 파싱된 SQL문과 문장을 수행하는데 필요한 기타 정보)를 또한 '커서' 라고 부른다.

오래 전에 C++와 JAVA 프로그래밍을 시작하면서 객체지향프로그래밍(OOP, Object-Oriented Programming) 개념을 공부했던 기억이 난다. OOP에서 절대 빠질 수 없는 클래스(Class)와 객체(Object)를 논할 때, 대개 아래와 같이 설명한다.

- 클래스를 인스턴스화(Instantiate)한 것이 객체다.
- 클래스는 디자인이고, 그것을 실체화한 것이 객체다.
- 클래스는 붕어빵을 만드는 틀(template)이고, 객체는 그 틀로써 만들어낸 붕어빵이다.

라이브러리 캐시에 공유돼 있는 커서는 SQL을 수행하는 데 필요한 루틴(routine)을 정의한 것이다. 즉, 클래스 상태다. 물론 그 루틴을 정의하고 클래스를 디자인한 것은 옵티마이저다. 커서 오픈, 즉 라이브러리 캐시에 공유돼 있는 커서를 PGA로 인스턴스화하는 것을 JAVA 스타일로 표현하면 아래와 같다.

```
Cursor c = new Cursor();
```

자바 런타임이 이 부분을 만나면 메모리를 할당하고 클래스를 객체로 인스턴스화함으

---

34) 바인드 변수 등을 저장함. 실행이 종료된 후 커서가 닫힐 때 해제됨

35) select문은 모든 레코드를 Fetch 완료하거나 실행을 취소할 때 해제되지만 insert, update, delete는 실행이 종료됨과 동시에 해제됨

로써 실제 처리 루틴을 실행할 수 있는 상태로 만든다. 마찬가지로 오라클에서도 커서를 오픈하면 라이브러리 캐시에 공유돼 있는 커서를 인스턴스화함으로써 PGA에 커서를 위한 메모리 공간(Persistent Area, Runtime Area)을 할당하고, 실제 데이터 추출을 시작할 수 있도록 준비작업을 한다. 이제 '세션 커서'와 '커서 오픈'에 대한 개념이 명확해졌을 것이다.

애플리케이션 커서(application cursor)

마지막으로, PGA에 있는 커서를 핸들링하려면 JAVA, VB, Pro*C, PL/SQL 같은 클라이언트 애플리케이션에도 리소스를 할당해야 하는데, 이 또한 커서라는 용어를 사용한다.

그림 4-7은 지금까지 설명한 공유 커서, 세션 커서, 애플리케이션 커서 개념을 이해하기 쉽게 그림으로 표현한 것이다.

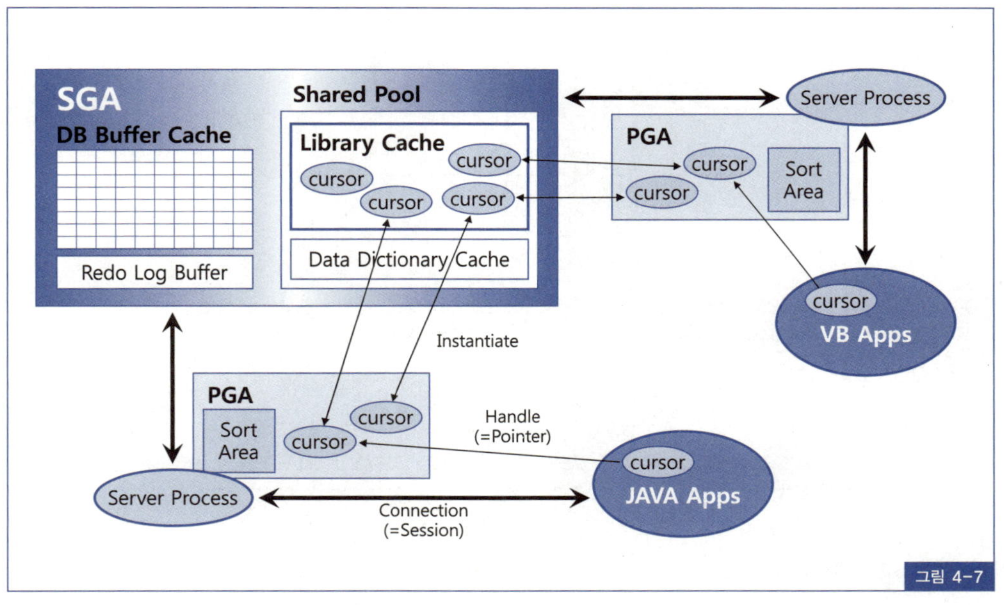

그림 4-7

(2) 커서 공유

오라클에서 "커서를 공유한다"는 표현을 자주 사용하는데, 여기서 말하는 커서는 라이브러리 캐시의 공유 커서를 일컫는다. 세션 커서, 애플리케이션 커서를 다른 프로세스와 공유할 수 없음은 자명하다. 그림 4-7에서 라이브러리 캐시에 4개의 커서가 공유돼 있는 것을 볼 수 있고, 특히 우측 하단에 있는 커서는 현재 두 개의 서버 프로세스에 의해 참조되고 있음을 표현하고 있다.

라이브러리 캐시에 공유돼 있는 커서의 수행 통계를 v$sql을 통해 조회해 볼 수 있다. v$sql을 조회하면서 실제 공유된 커서가 어떻게 반복 재사용되는지 확인해 보자. (참고로 아래 테스트는 10gR2에서 수행한 것이며, 버전에 따라 조금씩 다르게 출력될 수 있다. 커서를 공유하고 무효화시키는 메커니즘, 그리고 Shared SQL Area 상태를 v$sql 뷰로써 표출하는 방식이 버전마다 조금씩 다르기 때문이다. 버전 간 차이를 밝히는 일은 나중으로 미루고 여기서는 커서 공유 개념을 이해하는 데에 집중하기 바란다.)

```
SQL> alter system flush shared_pool;

시스템이 변경되었습니다.

SQL> select /* cursor_test */ empno, ename, job, sal, deptno
  2  from   emp
  3  where  empno = 7788 ;

     EMPNO ENAME      JOB              SAL     DEPTNO
---------- ---------- --------- ---------- ----------
      7788 SCOTT      ANALYST         3000         20

1 개의 행이 선택되었습니다.

SQL> select sql_id, parse_calls, loads, executions, invalidations
  2  , decode(sign(invalidations), 1, (loads-invalidations), 0) reloads
  3  from   v$sql
  4  where  sql_text like '%cursor_test%'
  5  and    sql_text not like '%v$sql%' ;

SQL_ID        PARSE_CALLS      LOADS EXECUTIONS INVALIDATIONS    RELOADS
------------- ----------- ---------- ---------- ------------- ----------
73sc1t0zhj2q2           1          1          1             0          0

1 개의 행이 선택되었습니다.

SQL> select /* cursor_test */ empno, ename, job, sal, deptno
  2  from   emp
  3  where  empno = 7788 ;
```

```
     EMPNO ENAME      JOB              SAL     DEPTNO
---------- ---------- --------- ---------- ----------
      7788 SCOTT      ANALYST         3000         20

1 개의 행이 선택되었습니다.

SQL> select /* cursor_test */ empno, ename, job, sal, deptno
  2  from   emp
  3  where  empno = 7788 ;

     EMPNO ENAME      JOB              SAL     DEPTNO
---------- ---------- --------- ---------- ----------
      7788 SCOTT      ANALYST         3000         20

1 개의 행이 선택되었습니다.

SQL> select sql_id, parse_calls, loads, executions, invalidations
  2  , decode(sign(invalidations), 1, (loads-invalidations), 0) reloads
  3  from   v$sql
  4  where  sql_text like '%cursor_test%'
  5  and    sql_text not like '%v$sql%' ;

SQL_ID        PARSE_CALLS      LOADS EXECUTIONS INVALIDATIONS    RELOADS
------------- ----------- ---------- ---------- ------------- ----------
73sc1t0zhj2q2           3          1          3             0          0

1 개의 행이 선택되었습니다.
```

이미 의미를 파악했겠지만 v$sql에서 조회한 항목들을 간단히 설명해 보자.

- parse_calls: 라이브러리 캐시에서 SQL 커서를 찾으려는 요청 횟수
- loads : 하드파싱을 거친 SQL 실행계획을 라이브러리 캐시에 적재한 횟수
- executions : SQL을 수행한 횟수
- invalidations : 커서가 무효화된 횟수. 커서가 참조하고 있는 오브젝트에 중요한 변화가 일어났음을 의미함

같은 SQL을 3번 수행하는 동안 라이브러리 캐시에서 SQL을 찾는 Parse Call이 세 번 발생했고, 하드파싱(loads)은 단 한 번 일어났다. Shared Pool을 모두 비우고 테스트를 시작했으므로 SQL을 첫 번째 수행할 때 하드파싱이 일어났을 것이다. 위 테스트를 통해 공유된 하나의 커서를 세 번 재사용했음을 알 수 있다.

이제 다른 세션끼리도 같은 커서를 공유해서 재사용할 수 있는지 확인해 보자. 아래처럼 세션을 닫고 새로운 세션을 맺거나 다른 세션에서 테스트를 계속 해 보자.

```
SQL> disconnect
Oracle Database 10g Enterprise Edition Release 10.2.0.1.0 - Production
With the Partitioning, OLAP and Data Mining options에서 분리되었습니다.
SQL> connect scott@ora10g
암호 입력:
연결되었습니다.

SQL> select /* cursor_test */ empno, ename, job, sal, deptno
  2 from   emp
  3 where  empno = 7788 ;

     EMPNO ENAME      JOB              SAL     DEPTNO
---------- ---------- --------- ---------- ----------
      7788 SCOTT      ANALYST         3000         20

1 개의 행이 선택되었습니다.

SQL> select sql_id, parse_calls, loads, executions, invalidations
  2 , decode(sign(invalidations), 1, (loads-invalidations), 0) reloads
  3 from   v$sql
  4 where  sql_text like '%cursor_test%'
  5 and    sql_text not like '%v$sql%' ;

SQL_ID        PARSE_CALLS      LOADS EXECUTIONS INVALIDATIONS    RELOADS
------------- ----------- ---------- ---------- ------------- ----------
73sc1t0zhj2q2           4          1          4             0          0

1 개의 행이 선택되었습니다.
```

다른 세션에서 같은 SQL을 수행할 때도 이전 세션에서 적재한 커서를 재사용했음을 알 수 있다.

이렇게 공유돼 있던 커서가 어떤 이유에서건 무효화될 수 있다. 예를 들면, 커서가 참조하고 있던 오브젝트에 컬럼이 추가/삭제되거나 새로운 인덱스가 만들어지거나 또는 오브젝트 통계를 새로 수집하는 등의 DDL문이 수행되는 경우다. 컬럼이 삭제되면 이전 커서가 잘못된 컬럼 참조를 할 수 있기 때문에 무효화되어야 하고, 오브젝트 통계를 재수집하면 이전에 수립된 실행계획이 더 이상 최적이 아닐 수 있으므로 해당 커서는 무효화되어야만 하는 것이다. EMP 테이블 통계정보를 재수집해 보자.

```
SQL> BEGIN
  2    DBMS_STATS.GATHER_TABLE_STATS
  3    ( ownname          => USER
  4    , tabname          => 'EMP'
  5    , no_invalidate    => FALSE
  6    );
  7  END;
  8  /

PL/SQL 처리가 정상적으로 완료되었습니다.
```

쿼리를 다시 수행한 후에 v$sql을 다시 조회해 보면, 적재 횟수가 아래처럼 2로 증가한 것을 볼 수 있다.

```
SQL_ID        PARSE_CALLS      LOADS EXECUTIONS INVALIDATIONS    RELOADS
------------- ----------- ---------- ---------- ------------- ----------
73sc1t0zhj2q2           1          2          1             1          1
```

라이브러리 캐시에 있는 커서들이 여러 세션에 의해 공유되면서 반복 재사용되는 것을 직접 확인해 보았다. 공유된 커서를 사용할 때는 최적화 및 Row-Source Generation 단계를 생략하고 곧바로 실행 단계로 넘어가므로 보다 효율적이고 빠르게 SQL을 수행한다고 설명했다.

커서가 공유되려면 커서를 식별하는 키 값이 같아야 하는데, 라이브러리 캐시에서 커서를 식별하기 위해 사용되는 키 값은 'SQL 문장 그 자체' 다. SQL문을 구성하는 전체 문자열이 이름 역할을 한다는 뜻이다. 이 사실은 라이브러리 캐시 최적화 원리를 설명하는 데 있어 매우 중요한 의미를 갖는다. 물론 오라클 10g부터 v$sql을 조회해 보면, sql_id라는 별도의 식별자 컬럼을 두고 있지만 이것은 고객 테이블에서 고객번호(PK)의 대체키로서 주민등록번호를 사용할 수 있는 것과 같다. 즉, 고객번호와 주민등록번호가 서로 1:1 대응 관계를 갖는 것처럼 sql_id와 sql_fulltext는 1:1로 대응된다. 따라서 SQL문 중간에 작은 공백문자 하나만 추가하더라도 서로 다른 SQL 문장으로 인식해 새로운 sql_id를 발급받게 된다. 즉, 커서가 공유되지 않는다.

가끔 소스 프로그램에는 주석이 있는데, 오라클 서버에서 확인해 보면 주석이 제거된 채 SQL이 실행되는 것을 발견하게 된다. 또는 아래와 같이 포맷팅되는 것을 보고 SQL 옵티마이저가 먼저 SQL문을 정규화한다고 생각할 수 있다.

≫ 클라이언트에서 발행한 SQL

select * from emp where ename like 'S%' and deptno = 20 and sal 〉 2500

≫ 서버에서 수집된 SQL

select * from emp where (((ename like 'S%') and deptno = 20) and sal 〉 2500)

하지만 오라클은 절대 이런 일을 자행(?)하지 않는다. 사용자가 던진 SQL 그대로 최적화를 수행하며, SQL문 그 자체를 식별자로서 사용할 뿐이다. 그럼에도 위와 같은 현상이 발생하는 것은 PreCompiler의 소행 때문이다.

또는 10g부터 PL/SQL로 작성된 SQL에 주석이 있다면 컴파일 과정에서 없애버린다. 따라서 최종적으로 던진 SQL문에는 주석이 사라진다. 10g 버전 PL/SQL 엔진은 주석을 제거할 뿐 아니라 소문자를 대문자로 바꾸기도 한다.

(3) Child 커서를 공유하지 못하는 경우

SQL 문장이 100% 동일한대도 SQL 커서를 공유하지 못하고 별도의 SQL 커서를 생성해야 할 때도 있다(그림 4-6 참조). 앞에서 이미 예로 들었듯이, EMP 테이블이 SCOTT과 HR 스키마에 각각 생성돼 있다면 이를 참조하는 동일 쿼리를 SCOTT으로 로그인해서 수행할 때와 HR로 로그인해서 수행할 때 각각 다른 테이블을 액세스해야 하고 실행계획도 달라져야만 한다. 이럴 때 오라클은 별도의 Child 커서를 생성한다. Drop 하기 전까지 영구적으로 보관되는 Stored Object(테이블, 인덱스, 함수, 프로시저, 패키지 등)는 생성될 때부터 유일하게 식별 가능한 이름이 부여되므로 Child 오브젝트를 사용할 필요가 없다. 하지만 SQL 커서처럼 실행시점에 생성돼서 인스턴스가 떠있는 동안에만 존재하는 Transient

Object는 이름을 따로 지정하지 않고 문장을 구성하는 전체 문자열 그대로가 LCO를 식별하는 이름 역할을 한다. 그래서 전체 문자열은 같지만 다른 방식으로 실행해야 하거나, 파싱 스키마에 따라 다른 오브젝트를 참조하는 상황에서 Child 커서가 필요해진다.

정리하면, SQL마다 하나의 Parent 커서를 가지며, Child 커서는 여러 개일 수 있다. 실제 수행에 필요한 정보는 Child 커서에 담기므로 적어도 한 개의 Child 커서를 갖는다.

v$sqlarea는 Parent 커서 정보를 보여주고[36], v$sql은 Child 커서 정보를 보여준다. 아래는 SCOTT과 HR 스키마 각각에 EMP 테이블을 만들고 각 계정으로 로그인 해서 select * from emp 쿼리를 수행한 후에 v$sqlarea와 v$sql을 쿼리했을 때의 결과를 보이고 있다. (버전마다 조금씩 다르게 표시되며, 아래는 10gR1에서 수행했을 때의 결과다.)

```
SQL> select sql_id, version_count, optimizer_mode, address, hash_value
  2  from   v$sqlarea
  3  where  sql_text like '%select * from emp%'
  4  and    sql_text not like '%v$sql%' ;

SQL_ID        VERSION_COUNT OPTIMIZER_MODE             ADDRESS  HASH_VALUE
------------- ------------- -------------------------- -------- ----------
a2dk8bdn0ujx7             2 MULTIPLE CHILDREN PRESENT  690C7B10 1745700775

1 row selected.

SQL> select sql_id, child_number, optimizer_mode, address, hash_value
  2       , parsing_user_id
  3  from   v$sql
  4  where  sql_text like '%select * from emp%'
  5  and    sql_text not like '%v$sql%' ;

SQL_ID        CHILD_NUMBER OPTIMIZER_ ADDRESS  HASH_VALUE PARSING_USER_ID
------------- ------------ ---------- -------- ---------- ---------------
a2dk8bdn0ujx7            0 ALL_ROWS   690C7B10 1745700775              64
a2dk8bdn0ujx7            1 ALL_ROWS   690C7B10 1745700775              57

2 rows selected.
```

36) 오라클 매뉴얼에서 v$sqlarea을 찾아보면, 'SQL마다 하나의 로우(one row per SQL string)를 출력한다'고 돼 있어 Parent 커서 정보라고 간주해도 무방하지만 사실 대부분 값들이 v$sql을 group by 해서 집계한 것이다. 간혹 같은 SQL 문장에 대해 두 개 로우가 출력되는 경우가 있어 Parent 커서가 두 개인 것처럼 착각할 수 있지만 집계된 값들을 잘 분석해 보면 v$sql에서 볼 수 있는 Child 커서 정보와 일치한다. 따라서 group by 하는 과정에서 Child 커서가 하나의 로우로 Merge되지 않아 두 개 로우로 표현되었을 뿐 같은 Parent 커서를 가리키고 있음(Hash Value와 Address가 동일)을 알 수 있다.

SQL 하나당 여러 개의 Child 커서를 갖는 것이 바람직한 현상은 아니다. AWR 리포트에서 Version Count가 20개 이상인 SQL 목록을 따로 보여주는 이유도 그 때문이다. 아래는 Version Count가 가장 높은 SQL문을 찾는 쿼리다.

```
select * from v$sqlarea
order by version_count desc
```

Version Count 수치가 높은 SQL 일수록 커서를 탐색하는 데 더 많은 시간을 소비하므로 *library cache* 래치에 대한 경합 발생 가능성을 증가시킨다. 예를 들어, ASP(Application Service Provider) 서비스를 하면서 테이블을 하나로 통합하지 않고 각 고객사마다 별도의 사용자 계정을 발급하는 방식으로 설계했다고 가정하자. 그러면 각 사용자 계정마다 같은 테이블을 생성해 두고, 로그인할 때 각자의 계정을 사용함으로써 '같은 SQL문을 사용'하면서도 각기 자신의 테이블을 액세스하도록 구현할 것이다. 같은 SQL문을 사용하므로 Parent 커서는 공유하겠지만 Child 커서는 개별적으로 생성될 것이고, 모든 SQL문에 대해 많은 Child 커서를 갖는 구조이므로 당연히 라이브러리 캐시 효율은 나빠진다.

하나의 SQL 문장이 여러 개 Child 커서를 갖게 되는 이유는 여러 가지가 있다.

① SQL에서 참조하는 오브젝트명이 같지만 SQL을 실행한 사용자에 따라 다른 오브젝트를 가리킬 때
② 참조 오브젝트가 변경돼 커서가 무효화되면 이후 그 커서를 처음 사용하려는 세션에 의해 다시 하드파싱돼야 하는데, 특정 세션이 아직 기존 커서를 사용 중(Pin)일 때
③ 옵티마이저 모드를 비롯해 옵티마이저 관련 파라미터가 다를 때
④ 입력된 바인드 값의 길이가 크게 다를 때
⑤ NLS 파라미터를 다르게 설정했을 때
⑥ SQL 트레이스를 활성화했을 때

v$sql_shared_cursor 다이나믹 뷰는 새로운 Child 커서가 왜 기존 Child 커서와 공유

되지 못했는지 이유를 설명해 준다.

```
SQL> desc V$SQL_SHARED_CURSOR
 Name                                      Null?    Type
 ----------------------------------------- -------- ----------------
 SQL_ID                                             VARCHAR2(13)
 ADDRESS                                            RAW(4)
 CHILD_ADDRESS                                      RAW(4)
 CHILD_NUMBER                                       NUMBER
 UNBOUND_CURSOR                                     VARCHAR2(1)
 SQL_TYPE_MISMATCH                                  VARCHAR2(1)
 OPTIMIZER_MISMATCH                                 VARCHAR2(1)
 OUTLINE_MISMATCH                                   VARCHAR2(1)
 STATS_ROW_MISMATCH                                 VARCHAR2(1)
 LITERAL_MISMATCH                                   VARCHAR2(1)
 SEC_DEPTH_MISMATCH                                 VARCHAR2(1)
 EXPLAIN_PLAN_CURSOR                                VARCHAR2(1)
 BUFFERED_DML_MISMATCH                              VARCHAR2(1)
 PDML_ENV_MISMATCH                                  VARCHAR2(1)
 INST_DRTLD_MISMATCH                                VARCHAR2(1)
 SLAVE_QC_MISMATCH                                  VARCHAR2(1)
 TYPECHECK_MISMATCH                                 VARCHAR2(1)
 AUTH_CHECK_MISMATCH                                VARCHAR2(1)
 BIND_MISMATCH                                      VARCHAR2(1)
 DESCRIBE_MISMATCH                                  VARCHAR2(1)
 LANGUAGE_MISMATCH                                  VARCHAR2(1)
 TRANSLATION_MISMATCH                               VARCHAR2(1)
 ROW_LEVEL_SEC_MISMATCH                             VARCHAR2(1)
 INSUFF_PRIVS                                       VARCHAR2(1)
 INSUFF_PRIVS_REM                                   VARCHAR2(1)
 REMOTE_TRANS_MISMATCH                              VARCHAR2(1)
 LOGMINER_SESSION_MISMATCH                          VARCHAR2(1)
 INCOMP_LTRL_MISMATCH                               VARCHAR2(1)
 OVERLAP_TIME_MISMATCH                              VARCHAR2(1)
 SQL_REDIRECT_MISMATCH                              VARCHAR2(1)
 MV_QUERY_GEN_MISMATCH                              VARCHAR2(1)
 USER_BIND_PEEK_MISMATCH                            VARCHAR2(1)
 TYPCHK_DEP_MISMATCH                                VARCHAR2(1)
 NO_TRIGGER_MISMATCH                                VARCHAR2(1)
 FLASHBACK_CURSOR                                   VARCHAR2(1)
 ANYDATA_TRANSFORMATION                             VARCHAR2(1)
 INCOMPLETE_CURSOR                                  VARCHAR2(1)
 TOP_LEVEL_RPI_CURSOR                               VARCHAR2(1)
 DIFFERENT_LONG_LENGTH                              VARCHAR2(1)
 LOGICAL_STANDBY_APPLY                              VARCHAR2(1)
 DIFF_CALL_DURN                                     VARCHAR2(1)
 BIND_UACS_DIFF                                     VARCHAR2(1)
 PLSQL_CMP_SWITCHS_DIFF                             VARCHAR2(1)
```

같은 쿼리를 두 번 수행하는데, 한번은 옵티마이저 모드를 FIRST_ROWS로, 다른 한번은 ALL_ROWS로 설정한 상태에서 수행하고 v$sql_shared_cursor를 조회해 보았다.

```
SQL> select sql_id, child_number, address, optimizer_mode
  2  from   v$sql
  3  where  sql_text like '%select * from emp%'
  4  and    sql_text not like '%v$sql%' ;

SQL_ID        CHILD_NUMBER ADDRESS  OPTIMIZER_
------------- ------------ -------- ----------
3154rqzb8xudy            0 68B827E8 FIRST_ROWS
3154rqzb8xudy            1 68B827E8 ALL_ROWS

2 rows selected.

SQL> select child_number, child_address, optimizer_mode_mismatch, optimizer_mismatch
  2  from   v$sql_shared_cursor
  3  where  sql_id = '3154rqzb8xudy'
  4  and    address = '68B827E8' ;

CHILD_NUMBER CHILD_AD O
------------ -------- -
           0 68B822B8 N
           1 68B7D894 Y

2 rows selected.
```

위 쿼리 결과를 통해, 두 번째 Child 커서가 새로 생성된 이유가 옵티마이저 모드 불일치(optimizer_mode_mismatch) 때문인 것을 알 수 있다. 옵티마이저 모드를 제외한 다른 옵티마이저 관련 파라미터 불일치가 원인일 때는 optimizer_mismatch 컬럼에 표시되며, 10gR1까지는 이를 구분하지 않고 optimizer_mismatch 하나로 보여준다.

아래 테스트 결과는, 입력된 바인드 값이 32, 128, 2000 바이트를 넘을 때마다 새로운 Child 커서가 생성됨을 보여준다.

```
SQL> create table t ( c varchar2(4000) );

테이블이 생성되었습니다.

SQL> alter system flush shared_pool;

시스템이 변경되었습니다.

SQL> declare
  2    l_cnt number;
  3    l_child_cnt number;
  4    l_prev_child_cnt number;
```

```
  l_bind_value varchar2(4000);
  l_sql_id varchar2(13);
begin

  l_prev_child_cnt := 0;

  for c in 1..4000
  loop
    l_bind_value := lpad('A', c, '0');
    select count(*) into l_cnt from t where c = l_bind_value;

    if c = 1 then
      select prev_sql_id into l_sql_id  -- sql_id를 찾는다.
      from   v$session
      where  sid=userenv('sid')
      and    username is not null
      and    prev_hash_value <> 0;
      dbms_output.put_line('sql_id --> ' || l_sql_id);
    end if;

    select count(*) into l_child_cnt from v$sql where sql_id = l_sql_id;

    if l_prev_child_cnt < l_child_cnt then  -- 새 Child 커서가 생길 때마다
      dbms_output.put_line(c);
      l_prev_child_cnt := l_child_cnt;
    end if;

  end loop;
end;
/
sql_id --> f6qwn8zavty07
1
33
129
2001

PL/SQL 처리가 정상적으로 완료되었습니다.

SQL> select child_number, bind_mismatch
     from   v$sql_shared_cursor
     where  sql_id = 'f6qwn8zavty07'
     order by child_number ;

CHILD_NUMBER B
------------ -
           0 N
           1 Y
           2 Y
           3 Y

4 개의 행이 선택되었습니다.
```

(4) Parent 커서를 공유하지 못하는 경우

지금까지는 SQL 문장이 동일한데도 커서를 공유하지 못해 하나의 Parent 커서에 Child 커서가 여러 개 달리는 경우를 살펴보았다. SQL 문장 자체는 같더라도 의미적으로 다른 오브젝트를 참조하거나, 실행환경이 달라 다른 실행계획을 고려해야 하는 상황에서 발생하는 현상임을 이해했을 것이다.

이제 의미적으로 같고 실행환경이 같은데도 커서를 공유하지 못해 Parent 커서 자체가 여러 개 생성되는 경우를 살펴보자.

1. 공백 문자 또는 줄바꿈

```
SELECT * FROM CUSTOMER;
SELECT *     FROM CUSTOMER;
```

2. 대소문자 구분

```
SELECT * FROM CUSTOMER;
SELECT * FROM Customer;
```

3. 테이블 Owner 명시

```
SELECT * FROM CUSTOMER;
SELECT * FROM HR.CUSTOMER;
```

4. 주석(Comment)

```
SELECT * FROM CUSTOMER;
SELECT /* 주석문 */ * FROM CUSTOMER;
```

5. 옵티마이저 힌트 사용

```
SELECT * FROM CUSTOMER;
SELECT /*+ all_rows */ * FROM CUSTOMER;
```

6. 조건절 비교 값

```
SELECT * FROM CUSTOMER WHERE CUST_ID = '0000001';
SELECT * FROM CUSTOMER WHERE CUST_ID = '0000002';
```

이 외에도 더 다양한 케이스가 있을 것이다. 1, 2, 4번은 그 실행계획이 100% 같다. 3

번도 OWNER를 명시했는지 여부만 다를 뿐 같은 테이블을 참조한 것이라면 실행계획은 같다. 그럼에도 문자열을 조금 다르게 기술했다는 이유 때문에 서로 다른 SQL로서 각각 하드파싱을 일으키고 서로 다른 공간을 차지하면서 Shared Pool을 낭비하게 된다. 이런 비효율을 줄이고 공유 가능한 형태로 SQL을 작성하려면 개발 초기에 SQL 작성 표준을 정해 이를 준수하도록 해야 한다.

하지만 1~4번처럼 SQL을 작성한다고 해서 라이브러리 캐시 효율이 우려할 만큼 크게 나빠지지는 않는다. 마침 둘 이상의 개발자가 100% 같은 내용의 SQL을 각각 다르게 작성할 가능성은 매우 작기 때문이다. 쿼리 툴에서 수행되는 임의질의(Ad-Hoc Query)는 그럴 가능성은 크더라도 수행빈도가 매우 낮아 문제될 것이 없다.

5번은 의도적으로 실행계획을 달리 가져가려는 것이므로 논외로 하고 라이브러리 캐시 효율과 직접 관련이 큰 것은 6번 같은 패턴이다. 즉, 조건절에 바인드 변수를 사용하지 않고 서로 다른 Literal 값으로 문자열을 대체하는 경우다.

만약 OLTP성 업무를 처리하는 애플리케이션에서 6번과 같은 패턴으로 SQL을 개발한다면 결코 좋은 성능을 보장받을 수 없다. 개별 쿼리 성능으로 보면 잘 느끼지 못하지만 동시 트랜잭션이 몰리는 peak 시간대에 시스템을 장애 상황으로 몰고 가는 주범이다.

어떤 회사에서는 SQL문을 아래와 같은 모습으로 테이블에 저장해 놓고, 프로그램이 수행될 때마다 '쿼리 테이블을 쿼리' 해서 '#' 기호가 붙은 문자열을 사용자 입력 값으로 변환한 후 최종 쿼리를 날리도록 한 것을 본 적이 있다. 본 장에서 설명하는 라이브러리 캐시 최적화 원리를 미리 알았더라면 이런 식으로 개발하지는 않았을 것이다.

```
SELECT * FROM TABLE1
WHERE  기관코드 = #기관코드
AND    주문일자 BETWEEN #시작일자 AND #종료일자
```

지금부터 아무리 강조해도 지나치지 않은 바인드 변수의 중요성에 대해 설명하려고 한다.

05 바인드 변수의 중요성

바인드 변수의 중요성을 설명하기에 앞서 간단한 테스트를 먼저 수행해 보자. 눈으로만 보고 지나치지 말고 반드시 직접 테스트 해 보기 바란다.

```
SQL> create table t
  2  as
  3  select * from all_objects;

테이블이 생성되었습니다.

SQL> update t set object_id = rownum;

49840 행이 갱신되었습니다.

SQL> create unique index t_idx on t(object_id);

인덱스가 생성되었습니다.

SQL> analyze table t compute statistics;

테이블이 분석되었습니다.

SQL> set autotrace traceonly explain
SQL> select object_name from t where object_id = 1000;

Execution Plan
----------------------------------------------------------
   0      SELECT STATEMENT Optimizer=CHOOSE (Cost=2 Card=1 Bytes=27)
   1    0   TABLE ACCESS (BY INDEX ROWID) OF 'T' (Cost=2 Card=1 Bytes=27)
   2    1     INDEX (UNIQUE SCAN) OF 'T_IDX' (UNIQUE) (Cost=1 Card=31189)

SQL> set autotrace off
SQL> alter system flush shared_pool;

시스템이 변경되었습니다.
```

인덱스를 만들고, 통계정보를 만든 다음에 정상적으로 인덱스를 잘 타는지 실행계획까지 확인해 보았다. 이제 바인드 변수를 사용한 경우와 그렇지 않은 경우를 비교할 준비가 다 되었다. 먼저 바인드 변수를 사용하는 경우부터 테스트 해 보자.

```
SQL> set timing on
SQL> declare
    type rc is ref cursor;
    l_rc rc;
    l_object_name t.object_name%type;
  begin
    for i in 1..20000
    loop
      open l_rc for
        'select /* test1 */ object_name
         from   t
         where  object_id = :x' using i;
      fetch l_rc into l_object_name;
      close l_rc;
    end loop;
  end;
  /

PL/SQL 처리가 정상적으로 완료되었습니다.

경  과: 00:00:01.23
SQL> select sql_text, loads, parse_calls, executions, fetches from v$sql
  where  sql_text like '%test1%'
  and    sql_text not like '%v$sql%'
  and    sql_text not like 'declare%' ;

SQL_TEXT                              LOADS PARSE_CALLS EXECUTIONS  FETCHES
------------------------------ ---------- ----------- ---------- --------
select …  where object_id = :x          1       20000      20000    20000

1 개의 행이 선택되었습니다.
```

20,000번 SQL을 수행하는데 불과 1.23초가 소요되었다. v$sql을 통해 커서의 수행통계를 확인해 보니 20,000번 수행하면서 20,000번 Parse Call이 발생했지만[37] 하드파싱을 통해 Shared Pool에 적재하는 작업은 단 한번 수행한 것을 알 수 있다. Unique Scan이므로 Fetch 횟수는 Execute 횟수와 동일하다. 아래 SQL 트레이스를 통해 생성한 리포트에서도 같은 결과를 확인할 수 있다.

---

37) 뒤이은 테스트에서 Literal 상수값을 이용할 때 같은 횟수의 Parse Call이 발생하도록 하려고 의도적으로 Dynamic SQL을 사용했다. 만약 Static SQL을 사용했다면 Parse Call이 1번만 발생하므로 더 빠른 수행 속도를 보일 것이다. 이 원리(애플리케이션 커서 캐싱)에 대해서는 뒤에서 다룬다.

```
call     count       cpu    elapsed       disk      query    current        rows
------- ------  -------- ---------- ---------- ---------- ----------  ----------
Parse    20000      0.16       0.17          0          0          0           0
Execute  20000      0.22       0.42          0          0          0           0
Fetch    20000      0.45       0.47          0      60000          0       20000
------- ------  -------- ---------- ---------- ---------- ----------  ----------
total    60000      1.23       1.07          0      60000          0       20000

Misses in library cache during parse: 1
```

이번에는 바인드 변수를 사용하지 않고 SQL 조건절에서 Literal 상수값이 동적으로 바뀌도록 변경한 후에 테스트 해 보자.

```
SQL> declare
      type rc is ref cursor;
      l_rc rc;
      l_object_name t.object_name%type;
    begin
      for i in 1..20000
      loop
        open l_rc for
          'select /* test2 */ object_name
           from   t
           where  object_id = ' || i;
        fetch l_rc into l_object_name;
        close l_rc;
      end loop;
    end;
    /

PL/SQL 처리가 정상적으로 완료되었습니다.

경   과: 00:00:09.03
```

무려 9.03초가 소요되었다. 앞에서 1.23초였던 건에 비하면 7.3배 높은 수치다. 수행속도도 문제지만 아래 v$sql을 조회한 결과를 보면 더 놀라운 사실을 발견하게 된다.

```
SQL> select substr(sql_text, 61), loads, parse_calls, executions, fetches
    from   v$sql
    where  sql_text like '%test2%'
    and    sql_text not like '%v$sql%'
    and    sql_text not like 'declare%'
    order by 1 ;

substr(sql_text, 61)          LOADS PARSE_CALLS EXECUTIONS    FETCHES
```

```
------------------------ -------- ----------- ---------- ---------
where  object_id = 17758        1           1          1         1
where  object_id = 17759        1           1          1         1
where  object_id = 17760        1           1          1         1
where  object_id = 17761        1           1          1         1
where  object_id = 17762        1           1          1         1

......
......

where  object_id = 19996        1           1          1         1
where  object_id = 19997        1           1          1         1
where  object_id = 19998        1           1          1         1
where  object_id = 19999        1           1          1         1
where  object_id = 20000        1           1          1         1

2319 개의 행이 선택되었습니다.
```

for loop를 통해 수행된 SQL 각각에 대해 커서가 따로 생성된 것을 볼 수 있다. Parse Call과 Execute Call은 당연히 20,000번 발생했을 것이고, 하드파싱까지 같은 횟수만큼 반복한 사실에 주목하기 바란다. SQL을 수행할 때마다 매번 하드파싱을 일으킨 것이고, 이것이 7.3배 더 느려지게 만든 원인임을 알 수 있다. 그리고 v$sql을 조회한 결과 건수가 2,319개인 것을 보면 무거운 하드파싱을 거쳐 캐시에 적재된 SQL Area 중 17,681개는 이미 캐시에서 밀려나고 없는 상태다.

옵티마이저 힌트를 사용하거나 로직을 수정하지 않고 단지 프로그램 작성 패턴만 조금 바꿨을 뿐인데 성능은 물론 시스템 리소스 사용측면에서 실로 엄청난 차이가 발생한 것이다. 시스템 사양에 따라 수행속도는 조금씩 차이가 나겠지만 독자 스스로 테스트 해 봄으로써 위와 같은 결과가 결코 조작된 것이 아님을 직접 확인하기 바란다.

아래는 앞에서 이미 본 그림 4-3을 다시 그린 것인데, 가운데 놓인 옵티마이저가 하는 역할을 다시 한번 상기하기 바란다.

```
SELECT * FROM 거래 WHERE 종목 = '삼성전자';
SELECT * FROM 거래 WHERE 종목 = '국민은행';
SELECT * FROM 거래 WHERE 종목 = '롯데쇼핑';
SELECT * FROM 거래 WHERE 종목 = '유한양행';
SELECT * FROM 거래 WHERE 종목 = '동국제강';
SELECT * FROM 거래 WHERE 종목 = '대우조선';
     .
     .
     .
```

종목별 거래 데이터를 조회하려고 위와 같은 식으로 SQL을 작성하면, 아래처럼 프로시저(=커서)가 종목마다 하나씩 만들어지게 된다. 이들 프로시저를 만들어주는 역할을 옵티마이저와 Row-Source Generator가 담당한다고 했다.

```
procedure 삼성전자_거래() {   …  }
procedure 국민은행_거래() {   …  }
procedure 롯데쇼핑_거래() {   …  }
procedure 유한양행_거래() {   …  }
procedure 동국제강_거래() {   …  }
procedure 대우조선_거래() {   …  }
     .
     .
     .
```

종목별 거래 데이터의 분포가 편중되지 않았다면 위 프로시저의 내부 처리 루틴은 모두 같을 것이며, 여기에 가장 큰 문제가 있다. 모든 프로시저의 처리 루틴이 같다면 여러 개 생성하기보다 아래처럼 종목을 파라미터로 받아 하나의 프로시저로 처리하도록 하는 것이 마땅하다.

```
procedure 거래(종목 in varchar2) {   …  }
```

이처럼 파라미터 Driven 방식으로 SQL을 작성하는 방법이 제공되는데, 그것이 곧 바인드 변수를 사용하는 것이다. 그러면 하나의 프로시저를 공유하면서 반복 재사용할 수 있게 된다.

```
SELECT * FROM 거래 WHERE 종목 = :종목
```

이미 테스트 결과를 통해 증명해 보였듯이 바인드 변수 사용에 따른 효과는 아주 분명하다. 커서를 많이 생성하지 않고 하나를 반복 재사용하므로 메모리 사용량과 파싱 소요 시간을 줄여준다. 궁극적으로, 시스템 전반의 메모리와 CPU 사용률을 낮춰 데이터베이스 성능과 확장성을 높이는데 기여하고, 특히 동시 사용자 접속이 많을 때는 그 영향력이 절대적이다.

바인드 변수 사용 원칙을 잘 지키지 않으면 라이브러리 캐시 경합 때문에 시스템 정상 가동이 어려운 상황에 직면할 수 있다. 그럴 때 *cursor_sharing* 파라미터를 변경하는 것을 고려해 볼 수 있는데, 이 기능은 응급처방으로 사용해야지 절대 영구 적용할 목적으로 사용해서는 안 된다. 잘 사용하지 않는 기능이므로 본문에서 제외시켰지만 혹시 필요한 독자를 위해 부록에 그 활용법을 소개하였다. 혹시 필요하다면 그 특징과 주의사항을 잘 숙지하고 적용하기 바란다.

06 바인드 변수의 부작용과 해법

바인드 변수 사용과 관련해서 꼭 알아 두어야 할 중요한 사실이 있다. 앞선 그림 4-5에서 본 SQL 수행 절차를 다시 상기해 보자.

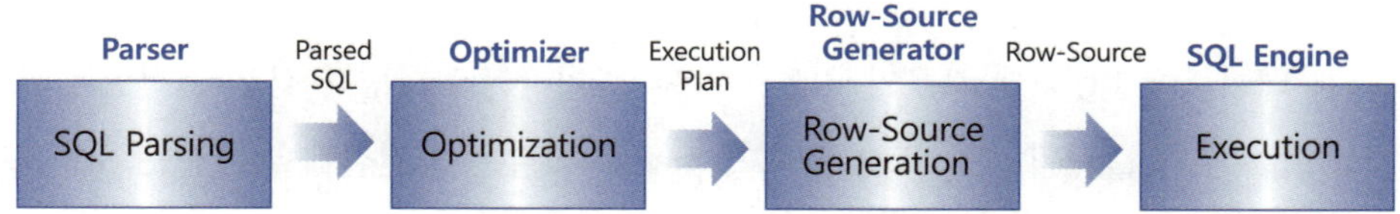

바인드 변수를 사용하면 최초 수행할 때 최적화를 거친 실행계획을 캐시에 적재하고, 실행시점에는 그것을 그대로 가져와 값을 다르게 바인딩하면서 반복 재사용하게 된다. 여기서, 변수를 바인딩하는 시점이 (최적화 시점보다 나중인) 실행시점이라는 사실을 아는 것이 중요하다. 즉, SQL을 최적화하는 시점에 조건절 컬럼의 데이터 분포도를 활용하지 못하는 문제점을 갖는다. (바인드 변수를 사용하면 통계정보를 사용하지 못한다고 흔히 말하는데, 정확히 표현하면 컬럼 히스토그램 정보를 사용하지 못하는 것이다. 히스토그램을 제외한 다른 통계정보들은 충분히 활용한다.)

따라서 바인드 변수를 사용할 때 옵티마이저는 평균 분포를 가정한 실행계획을 생성한다. 컬럼 분포가 균일할 때는 문제될 것이 없지만 그렇지 않을 때는 실행 시점에 바인딩되는 값에 따라 최적이 아닌 실행계획일 수 있어 문제다.

특히, 등치(=) 조건이 아닌 부등호나 Between 같은 범위 기반 검색조건일 때는 고정된 규칙을 사용하므로 더 부정확한 예측에 기반한 실행계획이 만들어진다. 좀 더 구체적으로 말해, 아래 1~4번은 선택도(Selectivity)를 5%로 계산하고, 5~8번까지는 0.25%로 계산한다.

1	번호 > :NO	5	번호 between :NO1 and :NO2
2	번호 < :NO	6	번호 > :NO1 and 번호 <= :NO2
3	번호 >= :NO	7	번호 >= :NO1 and 번호 < :NO2
4	번호 <= :NO	8	번호 > :NO1 and 번호 < :NO2

2권에서 설명하겠지만 비용 계산에 기초가 되는 카디널리티(Cardinality, 특정 액세스 단계를 거치고 나서 출력될 것으로 예상되는 결과 건수)는 전체 레코드 수에 선택도를 곱해서 구한다.

카디널리티(Cardinality) = 선택도(Selectivity) × 전체 레코드 수

따라서 테이블에 1,000개 로우가 있을 때 옵티마이저는 1~4번과 같은 조건절에 대해서는 50개 로우가 출력될 것으로 예상하고, 5~8번과 같은 조건절에 대해서는 3개 로우가 출력될 것으로 예상한다. 아래 테스트 결과에서 이런 사실을 쉽게 확인할 수 있다.

```
SQL> create table t
  2  as
  3  select rownum no from dual connect by level <= 1000;

테이블이 생성되었습니다.

SQL> analyze table t compute statistics for table for all columns;

테이블이 분석되었습니다.

SQL> explain plan for select * from t where no <= :no ;

해석되었습니다.

SQL> select * from table(dbms_xplan.display(null, null, 'basic rows'));

-------------------------------------------
| Id  | Operation          | Name | Rows  |
-------------------------------------------
|   0 | SELECT STATEMENT   |      |    50 |
|*  1 |  TABLE ACCESS FULL| T    |    50 |
-------------------------------------------

8 개의 행이 선택되었습니다.

SQL> explain plan for select * from t where no between :no1 and :no2 ;

해석되었습니다.

SQL> select * from table(dbms_xplan.display(null, null, 'basic rows')) ;

--------------------------------------------
| Id  | Operation           | Name | Rows  |
--------------------------------------------
|   0 | SELECT STATEMENT    |      |     3 |
|*  1 |  FILTER             |      |       |
|*  2 |   TABLE ACCESS FULL| T    |     3 |
--------------------------------------------

9 개의 행이 선택되었습니다.
```

바인드 변수를 사용했을 때 옵티마이저는 각각 50개와 3개의 카디널리티(rows)를 예상하였다. 사용자가 실제 입력한 값에 따라 전혀 결과가 달라질 수 있지만 옵티마이저로서는 어쩔 수 없는 선택을 한 것이다.

반면, 아래처럼 상수 조건식(no <= 100, no between 500 and 600)을 사용했을 때는 거의 정확한 카디널리티를 계산해 낸다.

```
SQL> explain plan for select * from t where no <= 100 ;

해석되었습니다.

SQL> select * from table(dbms_xplan.display(null, null, 'basic rows'));

-------------------------------------------
| Id  | Operation          | Name | Rows  |
-------------------------------------------
|   0 | SELECT STATEMENT   |      |    99 |
|   1 |  TABLE ACCESS FULL| T    |    99 |
-------------------------------------------

8 개의 행이 선택되었습니다.

SQL> explain plan for select * from t where no between 500 and 600 ;

해석되었습니다.

SQL> select * from table(dbms_xplan.display(null, null, 'basic rows'));

-------------------------------------------
| Id  | Operation          | Name | Rows  |
-------------------------------------------
|   0 | SELECT STATEMENT   |      |    99 |
|   1 |  TABLE ACCESS FULL| T    |    99 |
-------------------------------------------

8 개의 행이 선택되었습니다.
```

이처럼 바인드 변수를 사용할 때는 정확한 컬럼 히스토그램에 근거하지 않고 카디널리티를 구하는 정해진 계산식에 기초해 비용을 계산하므로 최적이 아닌 실행계획을 수립할 가능성이 높다.

바인드 변수를 사용하면 컬럼 히스토그램을 제대로 활용하지 못할 뿐만 아니라 파티션 테이블을 쿼리할 때 파티션 레벨 통계 정보를 이용하지 못하게 되는 것도 바인드 변수의 대표적인 부작용 중 하나다. 파티션 레벨 통계보다 다소 부정확한 테이블 레벨 통계를 이용함으로써 옵티마이저가 가끔 악성 실행계획을 수립한다.

(1) 바인드 변수 Peeking

바인드 변수의 부작용을 극복하려고 오라클은 9i부터 바인드 변수 Peeking 기능을 도입하였다. 'Peeking' 이라는 단어가 의미하듯이 이 기능은 SQL이 첫 번째 수행되면서 하드파싱될 때 함께 딸려 온 바인드 변수 값을 살짝 훔쳐 보고, 그 값에 대한 컬럼 분포를 이용해 실행계획을 결정하는 것이다. 다른 DBMS도 같은 기능을 제공하는데, 예를 들어 SQL Server에서는 'Parameter Sniffing' 이라고 부른다[38].

그런데 이것은 매우 위험한 기능이 아닐 수 없다. 어제까지 잘 돌던 프로그램이 어느 날 갑자기 느려지는 현상이 발생할 수 있기 때문이다. 예를 들어, 아파트 매물 분포가 그림 4-8과 같다고 하자.

아직 인덱스 원리에 대해 설명하지 않았지만 서울시와 경기도처럼 선택도(Selectivity)[39]가 높은 데이터를 인덱스를 경유해 액세스할 때면 성능이 오히려 더 느려진다는 사실만큼은 잘 알고 있을 것이다.

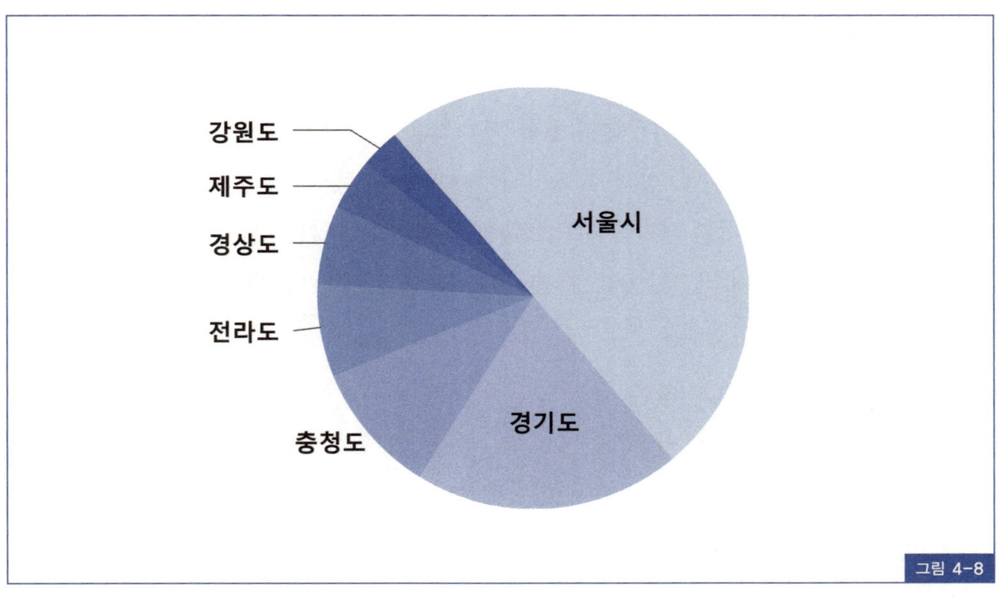

그림 4-8

```
select * from 아파트매물 where 도시 = :CITY ;
```

38) sniff : 냄새를 맡다. 냄새로 알아채다.

39) 전체 데이터 중 조회 조건으로 입력된 값에 의해 선택되는 비율을 말한다.

아파트 매물을 검색하는 위 쿼리가 처음 수행되는 시점에 사용자가 '서울시' 또는 '경기도'를 입력했다면 옵티마이저는 아마 테이블을 Full Scan하는 실행계획을 수립할 것이다. 그러면 이 실행계획이 캐시에서 밀려나기 전까지는 '제주도'가 입력되든 '강원도'가 입력되든 항상 테이블을 Full Scan하게 된다. (참고로, Bind 변수 Peeking에 사용된 값보다 아주 긴 값이 입력되면 실행계획을 다시 수립하는 기회를 얻게 된다. 하지만 이 사례에서는 해당사항이 없는 것 같다. 4절 '커서 공유' 중 '(3) 커서를 공유하지 못하는 경우'를 참조하기 바란다.)

그 다음날 쿼리가 처음 수행될 때는 사용자가 우연히 '제주도'를 입력했다. 그러면 Index Range Scan을 통해 테이블을 액세스하는 실행계획을 수립하게 되고, 그 이후에는 계속해서 같은 방식으로 수행된다. 서울시와 경기도 매물이 많다면 검색이 이루어지는 비중도 그럴 텐데, 실행계획이 캐시에서 밀려나기 전까지 이 애플리케이션에서 서울시와 경기도 매물을 검색하는 사용자는 예전보다 느려진 성능 때문에 짜증을 느끼게 된다.

그리고 이 쿼리의 수행빈도가 낮아 캐시에서 자주 밀려난다면 하루 중에도 실행계획이 수시로 바뀔 수 있으니 이 또한 문제가 아닐 수 없다.

사실 9i까지 대부분 DB 관리자들이 컬럼 히스토그램을 거의 생성하지 않은 채 오라클을 운영했었는데, DB 운영 정책에 따랐다기보다는 통계정보를 수집할 때 사용하는 dbms_stats 패키지의 기본 설정이 히스토그램을 생성하지 않는 것이었기 때문이라고 보는 게 맞다. 그러다 보니 바인드 변수 Peeking이 처음 도입된 9i에서는 이 기능이 그다지 문제를 일으키지는 않았었다.

그런데 10g부터 dbms_stats의 기본 설정이, 히스토그램을 생성할지 여부를 오라클이 판단하는 쪽으로 바뀌었다. 이전에는 히스토그램을 전혀 생성하지 않거나 몇몇 개만 생성하던 것이 10g부터 더 많은 컬럼에 히스토그램이 생성됨으로 말미암아 바인드 변수 Peeking에 의한 폐해가 더 도드라져 보이게 되었다.

잘못 수립된 실행계획 때문에 느린 애플리케이션도 문제지만 시스템 운영자 입장에서는 자주 실행계획이 바뀌어 어제와 오늘의 수행속도가 급격히 달라지는 현상을 더 민감하게 받아들일 수 밖에 없다. 차라리 항상 느린 애플리케이션이라면 튜닝을 통해 해결할 수 있어 더 낫다.

또 한가지, 바인드 변수 Peeking 기능이 활성화되었어도 Explain Plan 명령을 통해 확인하는 사전 실행계획은 이 기능이 적용되지 않은 실행계획임을 주지할 필요가 있다. Explain Plan 명령을 통해 실행계획을 확인할 때는 바인드 값을 제공하지 않으므로 옵티마이저는 바인드 값을 Peeking 할 수 없다. 당연히 이때의 실행계획은 평균 분포를 가정한 실행계획일 테고, 그 실행계획을 확인하고 배포한 SQL이 실제 실행시점에는 바인드 변수 Peeking을 일으켜 다른 방식으로 수행될 수 있다.

이런 저런 연유로, 바인드 변수 Peeking 기능을 개발한 오라클 개발팀 입장에서는 안타까운 일이지만 현재 대부분 운영 시스템에서는 아래처럼 이 기능을 비활성화시킨 상태에서 운영 중이다.

```
alter system set "_optim_peek_user_binds" = FALSE ;
```

(2) 적응적 커서 공유

바인드 변수의 부작용을 해결하려고 10g에서 도입된 Peeking 기능이 또 다른 부작용을 일으키자 11g에서 한번 더 개선된 기능을 소개하고 있다. '적응적 커서 공유(Adaptive Cursor Sharing)' 라고 하는 기능인데, 입력된 바인드 변수 값의 분포에 따라 다른 실행계획이 사용되도록 하는 것이다. 앞에서 예로 든 아파트 매물 사례(그림 4-8)를 가지고 설명해보자.

1. 쿼리가 처음 수행되는 시점에 선택도가 매우 높은 '서울시' 가 입력되면 테이블을 Full Scan 하는 실행계획을 수립한다. 이를 1번 커서라고 하자. 이후 '서울시' 가 입력되면 1번 커서를 반복 재사용한다.
2. 선택도가 매우 낮은 '제주도' 가 입력되면 컬럼 히스토그램을 확인해 본 후 인덱스를 이용하는 새로운 실행계획을 만든다. 이제 캐시에는 두 개의 Child 커서가 동시에 캐싱돼 있다. 새로 만든 실행계획을 2번 커서라고 하자.
3. '서울시' 만큼 선택도가 높은 '경기도' 가 입력되면 히스토그램을 확인해 본 후 1번 커서를 사용하기로 결정한다.

4. '제주도'와 비슷한 선택도를 갖는 '강원도'가 입력되면 히스토그램을 확인해 본 후 2번 커서를 사용하기로 결정한다.

오라클은 적응적 커서 공유(Adaptive Cursor Sharing)와 관련한 수행 통계를 관찰할 수 있도록 아래 세 가지 뷰를 제공한다.

- v$sql_cs_statistics
- v$sql_cs_histogram
- v$sql_cs_selectivity

이 기능이 작동하려면 기본적으로 조건절 컬럼에 히스토그램이 생성돼 있어야 한다. 그 상태에서, 옵티마이저가 바인드 변수 값에 따라 실행계획을 달리 가져갈 필요가 있다고 판단되는 SQL 커서에 대해서 이 기능이 활성화된다. 그런 커서를 'Bind Sensitive 커서[40]'라고 부르며, v$sql을 조회해 보면 is_bind_sensitive 컬럼이 'Y'로 표시돼 있다.

하지만 Bind Sensitive 모드에서는 아직 바인드 값에 따라 실행계획이 바뀌지는 않으며, 우선 Bind Aware 모드로의 전환이 필요하다. 오라클은 Bind Sensitive 커서에 대해 내부적으로 별도의 히스토그램과 수행 통계를 관리하며, 특정 값으로 실행했을 때 이전에 비해 많은 일량을 처리한 것으로 판단되는 순간 해당 커서를 Bind Aware 모드로 전환한다.

이때부터 기존 커서는 사용이 중지되고 새로운 커서가 생성되기 시작한다. 커서가 바인드 값 별로 따로 만들어지는 것은 아니며, 선택도(Selectivity)가 비슷한 것끼리는 같은 커서를 공유한다. Bind Aware 모드에서 생성된 커서를 'Bind Aware 커서'라고 부르며,

40) Optimizer Development Group 블로그(http://optimizermagic.blogspot.com)에 올라온 글을 보면, 이 기능을 제공하기 시작한 첫 번째 버전에서는 (1) 히스토그램을 가진 컬럼이 등치(=) 조건으로 사용됐을 때, 그리고 (2) 히스토그램 유무와 상관없이 범위 검색조건으로 사용됐을 때만 Bind Sensitive 커서라고 설명하고 있다. 첫 번째 버전에서 Like 조건만으로는 Bind Sensitive 커서가 아니지만 향후에 가장 먼저 구현할 계획이라고도 설명돼 있다. 참고로, 필자의 테스트 결과에 의하면 범위 검색조건일 때도 히스토그램이 있어야 작동한다.

v$sql에서 is_bind_aware 컬럼이 'Y' 로 표시된다.

위에서 아파트 매물 사례를 가지고 간단하게 기본개념 위주로 설명했는데, 방금 설명한 메커니즘을 적용해 다시 설명해 보자. 앞서 설명할 때, 2번에서 '제주도' 가 처음 입력되는 시점에 곧바로 새로운 실행계획을 만든다고 했는데, 처음에는 '서울시' 를 위해 최적화된 기존 실행계획을 그대로 사용해 본다. 수행 결과, 이전보다 많은 일량을 처리한 것으로 판단되면 Bind Aware 모드로 전환된다.

그 상태에서 한번 더 '제주도' 가 입력되는 순간, '제주도' 를 위해 최적화된 커서가 새로 만들어진다. 만약 두 번째 '제주도' 를 입력하지 않고 '서울시' 를 입력해도 기존 것을 버리고 새로운 실행계획을 만든다. 이미 Bind Aware 모드로 전환했기 때문이다. 기존에 사용되던 커서는 v$sql에서 is_shareable 컬럼이 'N' 로 설정되며, 이후 라이브러리 캐시에 공간이 필요할 때 가장 먼저 밀려난다.

이 기능을 사용하려면 조건절 컬럼에 히스토그램이 생성돼 있어야 한다. 데이터 딕셔너리에 저장되는 히스토그램에는 여러 버킷이 존재하고, 옵티마이저가 실행계획을 수립할 때 이 정보를 이용해 입력 값에 대한 선택도를 산정한다. 각 Bind Aware 커서는 히스토그램상 자신이 처리해야 할 버킷이 내부적으로 결정된다. 따라서 이 모드에서 SQL을 실행하면, 현재 입력된 바인드 값을 처리할 커서가 캐싱돼 있는지를 먼저 찾는다. 만약 적당한 커서를 찾지 못하면 하드파싱을 통해 새로운 실행계획을 생성한다. 이때, 새로 생성된 커서의 실행계획이 기존에 캐싱돼 있던 커서의 실행계획과 결과적으로 같다면, 그 중 하나만 사용하고 나머지는 버린다. 그럼으로써 같은 실행계획을 가진 커서가 불필요하게 많이 만들어지는 것을 방지한다.

본서를 집필하는 시점에 오라클 11g가 이미 런칭되었지만 실제 운영 환경에서 직접 사용해 보지 못했다. 늘 그렇듯이 새로운 기능이 나오면, 특히 적응적 커서 공유처럼 영향력이 큰 기능일 때는 그것을 사용하기가 늘 조심스럽다. 매뉴얼에 설명된 기능과 테스트 결과를 통해서는 분명 개선효과가 기대되는데, 미처 생각지 못한 부작용이 항상 뒤따르기 마련이다.

이미 예상되는 부작용이 한가지 있다. 위에서 '제주도' 가 처음 입력되는 시점에 곧바로 새로운 실행계획을 만들지 않는다는 대목이다. 일단 '서울시' 를 위해 만들어진 기존 커서의 실행계획을 그대로 사용해 보고 성능이 나쁘다고 판단되면 그때부터 Bind Aware 모드로 전환한다는 것이다. 스스로 학습하는 옵티마이저(Self-Learning Optimizer) 개념이 도입된 또 하나의 사례라고 할 수 있는데, '제주도'가 첫 번째 실행되는 시점에는 한번은 인내심을 갖고 Full Scan을 참아내야 한다. "일단 실행해 보고 안 좋으면 바꾼다"는 식의 접근 방법은 안정적 운영을 최고의 가치로 여기는 시스템 운영자 입장에서는 불만족스러운 기능으로 여겨질 소지가 있다.

(3) 입력 값에 따라 SQL 분리

바인드 변수가 시스템 성능과 확장성을 위해 워낙 중요하기 때문에 어떤 식으로든 그 부작용을 없애려는 DBMS 차원의 노력은 계속 이어질 것이다. DBMS 벤더가 부작용 없이 문제를 완전히 해소할 때까지는 개발자 입장에서의 노력이 필요하고, 이처럼 어려운 문제들을 해결하는 것이 개발하는 사람의 본분이고 보람이다.

인덱스 액세스 경로(Access Path)로서 중요하고 조건절 컬럼의 데이터 분포가 균일하지 않은 상황에서 바인드 변수 사용에 따른 부작용을 피하려면 바인딩 되는 값에 따라 실행계획을 아래와 같이 분리하는 방안을 고려해야 한다.

```
select /*+ FULL(a) */ *
from   아파트매물 a
where  :CITY in ('서울시', '경기도')
and 도시 = :CITY
union all
select /*+ INDEX(a IDX01) */ *
from   아파트매물 a
where  :CITY not in ('서울시', '경기도')
and 도시 = :CITY;
```

여기서도 주의할 사항이 한가지 있는데, OLTP 시스템에서 union all을 이용해 SQL을 지나치게 길게 작성하면 오히려 라이브러리 캐시 효율을 떨어뜨리게 된다는 사실이다. 예를 들어, union all을 사용해 10개의 SQL을 결합(Concatenate)했다고 가정하자. 그러면 하드파싱 시점에 옵티마이저는 10개 SQL을 최적화해야 한다. 그리고 그만큼 Shared Pool에서 많은 공간을 차지하게 된다. 10개가 항상 골고루 사용된다면 모르지만 그 중 한 두 개만 주로 사용된다면 나머지는 불필요하게 공간만 낭비하는 결과를 초래한다. 더욱이 매번 수행할 때마다 긴 텍스트를 파싱하면서 Syntax를 체크하고 파싱트리를 만들어 Semantic 체크하는 과정을 반복한다고 생각해 보라. Parse 단계에서 CPU를 과도하게 소비할 것임은 불 보듯 뻔하다.

아래는 union all을 이용해 매우 길게 작성된 어떤 SQL의 트레이스 결과다. 159번 수행되면서 Elapsed Time을 기준으로 총 9.22초가 소요되었는데 그 중 5.87초를 Parse 단계에서 소비하고 있음을 알 수 있다. CPU Time 기준으로 보더라도 78%를 Parse 단계에서 소비하고 있다. 배보다 배꼽이 더 크다는 표현이 딱 어울린다.

```
call     count       cpu    elapsed       disk      query    current        rows
------- ------  -------- ---------- ---------- ---------- ----------  ----------
Parse      159      5.70       5.87          0          0          0           0
Execute    159      0.05       0.06          0          0          0           0
Fetch      256      1.54       3.29        256      15073          0          97
------- ------  -------- ---------- ---------- ---------- ----------  ----------
total      574      7.29       9.22        256      15073          0          97

Misses in library cache during parse: 1
```

이처럼 union all을 이용해 SQL을 길게 작성하면, 라이브러리 캐시 효율을 떨어뜨리고 Parse 단계의 CPU 사용률을 높일 뿐 아니라 Execute 단계에서도 CPU 사용률을 높이는 결과를 초래한다. 실행계획 분기 조건에 의해 제외되는 부분은 실행되지 않는다고 생각하겠지만 I/O를 일으키지 않을 뿐 실제 실행은 일어나기 때문이다. 아래 Row Source Operation에서, 리턴된 결과 집합이 0이고 블록 I/O도 발생하지 않은 위쪽 부분에서도 time 항목이 0보다 큰 값(9 us)임을 확인하기 바란다.

```
select /*+ full(emp) */ * from emp
where  :deptno = '30'
and    deptno = :deptno
union all
select /*+ index(emp emp_deptno_idx) */ * from emp
where  :deptno <> '30'
and    deptno = :deptno

Rows     Row Source Operation
-------  ---------------------------------------------------
      0  STATEMENT
      3   UNION-ALL  (cr=4 pr=0 pw=0 time=151 us)
```

```
     0     FILTER  (cr=0 pr=0 pw=0 time=9 us)
     0      TABLE ACCESS FULL EMP (cr=0 pr=0 pw=0 time=0 us)
     3     FILTER  (cr=4 pr=0 pw=0 time=85 us)
     3      TABLE ACCESS BY INDEX ROWID EMP (cr=4 pr=0 pw=0 time=47 us)
     3       INDEX RANGE SCAN EMP_DEPTNO_IDX (cr=2 pr=0 pw=0 time=49 us)
```

이처럼 union all을 사용해 SQL을 길게 작성하는 패턴을 많이 사용하면 시스템 전반의 CPU 사용률을 높이고 라이브러리 캐시 부하를 가중시킨다. 어디 그뿐인가? 네트워크를 통한 메시지 전송량도 증가하므로 좋을 게 없다.

따라서 배치 프로그램이나 DSS 시스템이라면 상관없겠지만 OLTP 시스템이라면 union all을 이용하는 것보다 아래처럼 애플리케이션 단에서 조건에 따라 SQL을 분기하는 것이 바람직하다.

```
IF  :CITY in ('서울시', '경기도') THEN
  select /*+ FULL(a) */ *
  from   아파트매물 a
  where  도시 = :CITY;
ELSE
  select /*+ INDEX(a IDX01) */ *
  from   아파트매물 a
  where  도시 = :CITY;
END IF;
```

(4) 예외적으로, Literal 상수값 사용

입력 값에 따라 SQL을 분리하는 방법이 모든 경우에 적용될 수 있는 해법은 못 된다. 값의 종류가 의외로 많을 수 있고, 값의 종류가 늘거나 줄 때 소스를 일일이 변경해 줘야 하는 관리상 부담도 존재한다.

우리가 그런 기법들을 동원해야만 하는 근본 원리와 취지를 다시 생각해 보면, 조건절 컬럼의 값 종류(Distinct Value)가 소수일 때는 바인드 변수보다 오히려 Literal 상수를 사용하는 게 나은 선택일 수 있다. 왜냐하면, 입력 값 종류가 몇 개에 불과하다면 하드파싱 부하가 미미할 테고, Literal 상수를 사용함으로써 옵티마이저가 더 나은 선택을 할 가능성이 커지기 때문이다.

부등호나 Between 같은 범위 검색조건일 때도 Literal 상수를 사용하는 것이 최적화 측면에서 유리함을 앞서 설명하였다. 특히 배치 프로그램이나 DW, OLAP 등 정보계 시스템에서는 일자 조건이 빠지지 않고, 거의 대부분 범위 검색조건이므로 Literal 상수 값을 사용할 때 더 나은 실행계획이 수립된다.

게다가 배치 프로그램이나 정보계 시스템에서 수행되는 SQL은 대부분 Long Running 쿼리이므로 파싱 소요시간이 쿼리 총 소요시간에서 차지하는 비중에 매우 낮고, 사용빈도도 낮아 하드파싱에 의한 라이브러리 캐시 부하를 크게 염려할 필요가 없다.

OLTP성 애플리케이션이더라도 사용빈도가 아주 낮아 하드파싱에 의한 라이브러리 캐시 부하를 유발할 가능성이 없다면, 예외적으로 Literal 상수 값을 사용하는 것도 고려해 볼 수 있다. 예외적으로 적용해야지, 단순히 바인드 변수 정의하는 게 귀찮다고 그렇게 해서는 안 된다. 다시 강조하지만, OLTP 환경이라면 특별한 몇몇 경우를 제외하고는 반드시 바인드 변수를 사용해야만 한다.

07 세션 커서 캐싱

지금까지 설명한 것처럼 커서를 공유할 수 있는 형태로 SQL을 작성하면 하드파싱을 최소화해 궁극적으로 시스템 확장성을 높일 수 있다. 그런데 하드파싱을 하지 않더라도 SQL 구문을 분석해서 해시 값을 계산하고, *library cache* 래치를 획득한 후 라이브러리 캐시에서 커서를 탐색하는 과정 자체도 부담스러운 작업이다. 특히, SQL 동시 수행이 많을 때는 경합까지 발생하므로 시스템에 부하를 주게 된다.

그림 4-9는 초당 SQL 수행 횟수를 하루 동안 측정한 그래프다.

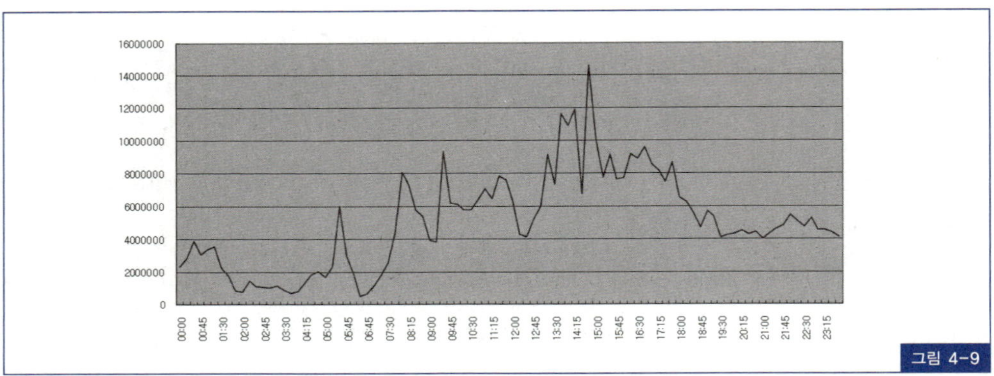

그림 4-9

그리고 그림 4-10은 하루 동안의 파싱관련 경합 발생 추이를 그린 것이다.

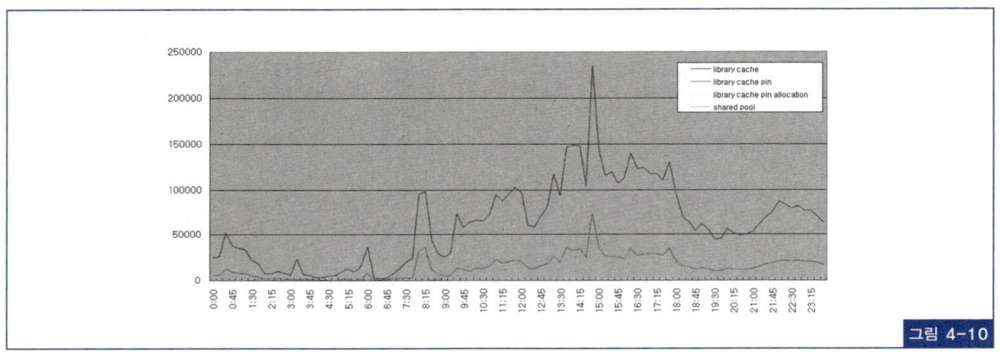

그림 4-10

당연한 얘기일 수 있지만 SQL 수행횟수가 높을 때 파싱관련 경합도 함께 증가하는 것을 알 수 있다. 그러면 파싱경합을 줄여 라이브러리 캐시 효율을 높이겠다고 SQL 수행횟수를 제한해야 할까? 이것은 구더기 무서워 장 못 담그는 격이며, 고가의 DBMS를 사다 놓고 부하가 될 수 있으니 조금만 일을 시키라는 것과 다름없다. 물론 하나의 SQL로 처리할 수 있는데 불필요하게 커서를 열어 루프를 돌면서 또 다른 SQL을 반복 수행하도록 개발하는 경우가 있기는 하다. 그런 경우가 아니라면 SQL 수행횟수를 줄일 수는 없는 것이다.

이에 SQL 수행횟수를 줄이지 않고도 Parse Call에 따른 부하를 가볍게 하려는 노력과 시도가 DBMS 벤더 차원에서 계속 이루어지고 있다. 따라서 개발자 및 DBA는 그런 기능들을 잘 활용할 필요가 있다.

앞에서 커서를 정의하면서, Shared Pool에 위치한 공유 커서(shared cursor)를 실행하려고 PGA로 인스턴스화한 것이 세션 커서(session cursor)라고 설명했다. 쿼리를 수행한 후에 커서를 닫으면 세션 커서를 위해 할당된 메모리는 물론 공유 커서를 가리키는 포인터까지 바로 해제된다. 그 다음에 같은 SQL을 수행하면 커서를 오픈하기 위한 라이브러리 캐시 탐색작업을 다시 해야 한다. 이에 오라클은 자주 수행하는 SQL에 대한 세션 커서를 세션 커서 캐시(Session Cursor Cache)에 저장할 수 있는 기능을 제공하는데, 이를 '세션 커서 캐싱(Session Cursor Caching)' 이라고 한다.

이 기능을 활성화하면, 커서를 닫는 순간 해당 커서의 Parse Call 횟수를 확인해 보고 그 값이 3보다 크거나 같으면 세션 커서를 세션 커서 캐시로 옮긴다. 세션 커서 캐시에는 SQL 텍스트와 함께 공유 커서를 가리키는 포인터를 저장한다. 커서는 닫힌 상태지만 공유 커서에 대한 참조를 유지하기 때문에 다음 수행 시 더 빨리 커서를 오픈할 수 있다. 따라서 자주 수행되는 SQL문에 의해 발생하는 라이브러리 캐시 부하를 경감시킬 수 있다. 즉, SQL문을 파싱해서 구문을 분석하고 라이브러리 캐시에서 커서를 찾는 과정에서 소모되는 CPU 사용량을 줄일 수 있음은 물론, 소프트 파싱 과정에 발생하는 래치 요청 횟수를 감소시키는 효과를 가져온다. 세션 커서 캐시 내에서도 LRU 알고리즘을 사용함으로써 새로운 엔트리를 위한 공간이 필요할 때마다 기존 세션 커서 중 사용 빈도가 낮은 것부터 밀어낸다.

*session_cached_cursors*는 얼마나 많은 세션 커서를 캐싱할지를 지정하는 파라미터로서, 이 값을 0보다 크게 설정하면 Parse Call이 발생할 때마다 라이브러리 캐시를 탐색하기 전에 세션 커서 캐시를 먼저 살펴본다. 거기서 커서를 찾으면 라이브러리를 탐색하지 않고도 곧바로 공유 커서를 찾아 커서를 오픈할 수 있다. 참고로, 탐색을 위한 래치 획득은 피할 수 있지만, 찾은 커서에 Pin을 설정하고 나중에 다시 해제하는 과정에서 발생할 수 있는 충돌을 막아야 하므로 *library cache* 래치를 완전히 회피하지는 못한다.

v$sql을 보면 users_opening과 users_executing 두 컬럼이 있는데, 세션 커서 캐싱 기능을 계속 설명하기에 앞서 이 두 값의 의미를 먼저 살펴보자.

- users_opening : 공유 커서를 참조하고 있는 세션 커서의 수를 보여준다. 수행을 마쳐 커서를 닫았더라도 참조를 버리지 않은 채 세션 커서 캐시로 옮겨진다면 여기에 집계된다.
- users_executing : 해당 SQL을 현재 실행 중인, 즉 커서가 열려있는 세션 커서의 수를 보여준다. DML일 때는 수행을 마칠 때 커서가 자동으로 닫히지만 select문은 EOF(End Of Fetch)에 도달했을 때 커서가 닫힌다[41]. 따라서 토드나 오렌지 같은 쿼리 툴에서 대량의 데이터를 Array 단위로 Fetch 하는 도중에 이 값을 조회해 보면 1 이상의 값을 보인다. 데이터를 끝까지 Fetch 하고 나면 이 값은 1만큼 줄어든다. 참고로, SQL을 수행 중일 때는 공유 커서에 대한 참조를 유지한 상태이어야 하므로 이 값은 users_opening 보다 항상 작거나 같다.

방금 설명했듯이, 커서를 닫더라도 세션 커서 캐시에서 공유 커서를 참조하고 있을 때는 users_opening에 계수된다. 따라서 이 두 값의 변화를 관찰함으로써 세션 커서 캐싱의 작동 원리를 파악할 수 있다.

```
SQL> alter session set session_cached_cursors = 10;

세션이 변경되었습니다.

SQL> alter system flush shared_pool;

시스템이 변경되었습니다.

SQL> select * from emp where empno = 7788;

 EMPNO ENAME      JOB              MGR HIREDATE                 SAL      COMM    DEPTNO
------ ---------- --------- ------- ----------------- ------- ------ --------
  7788 SCOTT      ANALYST         7566 87/04/19 00:00:00     3000                   20

1 개의 행이 선택되었습니다.

SQL> select parse_calls, users_opening, users_executing from v$sql
  2  where  sql_text = 'select * from emp where empno = 7788';

PARSE_CALLS USERS_OPENING USERS_EXECUTING
----------- ------------- ---------------
          1             0               0

1 개의 행이 선택되었습니다.
```

```
SQL> select * from emp where empno = 7788;
......

SQL> select parse_calls, users_opening, users_executing from v$sql
  2  where  sql_text = 'select * from emp where empno = 7788';

PARSE_CALLS USERS_OPENING USERS_EXECUTING
----------- ------------- ---------------
          2             0               0

1 개의 행이 선택되었습니다.

SQL> select * from emp where empno = 7788;
......

SQL> select parse_calls, users_opening, users_executing from v$sql
  2  where  sql_text = 'select * from emp where empno = 7788';

PARSE_CALLS USERS_OPENING USERS_EXECUTING
----------- ------------- ---------------
          3             1               0

1 개의 행이 선택되었습니다.
```

세션 커서 캐싱 기능을 활성화한 상태에서 같은 SQL에 대한 Parse Call이 반복해서 세 번 일어나는 순간 users_opening 값이 0에서 1로 바뀐 것을 볼 수 있다. users_executing은 계속 0이므로 수행을 마치자마자 커서는 바로 닫히는 것을 알 수 있다. 그리고 세 번째 수행되기 전까지는 users_opening 값이 0인 것을 통해, 커서를 닫자마자 공유 커서에 대한 참조까지 곧바로 해제하는 것을 알 수 있다.

users_opening에서 'open'의 의미가 실제 커서가 열려 있음을 의미하는 것이 아님을 기억할 필요가 있다. 커서는 닫힌 상태지만 공유 커서에 대한 참조를 유지하기 때문에 다음 수행 시 더 빨리 커서를 오픈할 수 있는 것이다.

톰 카이트(Thomas Kyte)는 자신의 저서인 'Effetive Oracle By Design'에서 세션 커서 캐싱 기능을 'Softer Soft Parses'라고 표현한 바 있다. 같은 SQL문을 매번 하드파싱하지

---

41) 물론 EOF에 도달하기 전이라도 커서를 닫을 수는 있다. 또한, EOF에 도달하더라도 다음 절에서 설명하는 것처럼 커서를 닫지 않고 재사용할 수도 있다.

않고 라이브러리 캐시에 공유된 커서를 반복 재사용하는 소프트 파스(Soft Parse)보다 더 소프트(Soft)하다는 것을 잘 표현해 주고 있다.

이 기능의 활용빈도는 *session cursor cache hits* 항목을 통해 측정할 수 있는데, 아래 테스트 결과를 통해 살펴보자.

```
SQL> create table t ( x number );

테이블이 생성되었습니다.

SQL> select a.name, b.value
  2  from   v$statname a, v$mystat b
  3  where  a.name in ( 'session cursor cache hits', 'parse count (total)' )
  4  and    b.statistic# = a.statistic# ;

NAME                                       VALUE
------------------------------------- ----------
session cursor cache hits                   1228
parse count (total)                          751

2 개의 행이 선택되었습니다.
```

현재까지의 *session cursor cache hits, parse count (total)* 두 항목에 대한 값을 기억하자.

```
SQL> alter session set session_cached_cursors = 0;

세션이 변경되었습니다.

SQL> declare
  2    i number;
  3  begin
  4    for i in 1..10000
  5    loop
  6      execute immediate 'insert into t values(' || mod(i, 100) || ')';
  7    end loop;
  8
  9    commit;
 10  end;
 11  /

PL/SQL 처리가 정상적으로 완료되었습니다.
```

```
SQL> select a.name, b.value
     from   v$statname a, v$mystat b
     where  a.name in ( 'session cursor cache hits', 'parse count (total)' )
     and    b.statistic# = a.statistic#
     ;

NAME                                          VALUE
-------------------------------------- ----------
session cursor cache hits                      1228
parse count (total)                           10763

2 개의 행이 선택되었습니다.
```

parse count(total) 항목의 증가량을 통해, PL/SQL문에서 100개의 다른 insert문을 10,000번 수행하는 동안 10,000번가량 Parse Call이 발생한 것을 알 수 있다. *session_cached_cursors* 파라미터를 0으로 설정했으므로, *session cursor cache hits* 항목은 전혀 값이 증가하지 않았다.

이제 *session_cached_cursors* 파라미터를 100으로 설정하고 같은 테스트를 진행해 보자.

```
SQL> alter session set session_cached_cursors = 100;

세션이 변경되었습니다.

SQL> declare
       i number;
     begin
       for i in 1..10000
       loop
         execute immediate 'insert into t values(' || mod(i, 100) || ')';
       end loop;

       commit;
     end;
     /

PL/SQL 처리가 정상적으로 완료되었습니다.

SQL> select a.name, b.value
     from   v$statname a, v$mystat b
     where  a.name in ( 'session cursor cache hits', 'parse count (total)' )
     and    b.statistic# = a.statistic# ;
```

```
NAME                                          VALUE
-------------------------------------- ----------
session cursor cache hits                     10930
parse count (total)                           20774

2 개의 행이 선택되었습니다.
```

session_cached_cursors 파라미터를 100으로 설정하니까 100개의 다른 insert문을 10,000번 수행하는 동안 *session cursor cache hits* 항목도 10,000번 가까이 증가한 것을 볼 수 있다. 여기서 Parse Call도 여전히 10,000번가량 증가한 것을 볼 수 있다. 이를 통해, 커서를 세션 커서에 캐싱한다고 Parse Call까지 줄지는 않는 것을 알 수 있다. 다시 얘기하지만, 세션 커서 캐싱 기능은 Parse Call을 대체하기보다 Parse Call 부하를 감소시키는 기능으로 이해해야 한다.

세션 커서에서 커서를 찾은 비율, 즉 세션 커서 캐시 히트율(Hit Ratio)을 다음과 같이 구해볼 수 있다.

```
SQL> select a.value "session cursor cache hits"
  2       , b.value "total parse call count"
  3       , round(a.value/b.value*100, 2) "session cursor cache hits%"
  4  from   v$sysstat a, v$sysstat b
  5  where  a.name = 'session cursor cache hits'
  6  and    b.name = 'parse count (total)'
  7  /

session cursor cache hits total parse call count session cursor cache hits%
------------------------- ---------------------- --------------------------
                  1568972                3594947                      43.64

1 개의 행이 선택되었습니다.
```

만약 애플리케이션 특성상 세션 커서 캐싱 기능이 효과를 발휘할 수 있는 구조라면, DBA와 협의하여 시스템 레벨에서 *session_cached_cursors* 파라미터를 조정하는 것을 고려해 볼 필요가 있다. 그리고 이 파라미터는 세션 레벨에서도 변경이 가능하므로, 정해진 개수의 SQL을 반복 수행하는 프로그램 모듈에만 설정 값을 늘려주더라도 라이브러리 캐시 부하를 줄이는 데에 도움이 된다.

다음 절에서 설명하겠지만 PL/SQL에서는 SQL 커서를 자동으로 캐싱해 주는데, 10g

부터는 이 기능이 *session_cached_cursors* 파라미터를 0보다 크게 설정할 때만 작동한다. 따라서 10g 이후 버전에서는 세션 커서 캐싱 기능을 반드시 활성화해야 한다.

08 애플리케이션 커서 캐싱

세션 커서를 캐싱하면 SGA의 공유 커서를 빠르게 찾아서 커서를 오픈할 수 있다. 하지만 세션 커서 캐시에 있는 SQL을 수행하더라도 공유 커서 힙을 Pin하고 실행에 필요한 메모리 공간을 PGA에 할당하는 등의 작업은 반복하게 된다. 이 과정마저 생략하고 빠르게 SQL을 수행하는 방법이 있는데, 이를 '애플리케이션 커서 캐싱[42](Application Cursor Caching)'이라고 한다. 개발 언어마다 구현방법이 다르므로 이 기능을 활용하려면 API를 잘 살펴봐야 한다.

Pro*C에서는 SQL을 수행하는 부분을 아래처럼 두 개 옵션으로 감싸면 커서를 놓지 않고 반복 재사용한다.

```
for(;;) {
  EXEC ORACLE OPTION (HOLD_CURSOR=YES);
  EXEC ORACLE OPTION (RELEASE_CURSOR=NO);
  EXEC SQL INSERT …… ;          // SQL 수행
  EXEC ORACLE OPTION (RELEASE_CURSOR=YES);
}
```

HOLD_CURSOR 옵션은 애플리케이션 커서와 세션 커서와의 관계를 다루는 반면 RELEASE_CURSOR 옵션은 공유커서와 세션 커서와의 관계를 다룬다.

일반적으로는 Execute Call 횟수만큼 Parse Call이 반복되지만 애플리케이션 커서 캐

42) 오라클 공식 용어는 아니며, Parse Call을 발생시키지 않고 SQL을 반복 수행하는 기능에 대해 필자가 붙인 이름이다.

싱 기능을 이용하면 공유 커서를 Pin한 채 반복 수행하므로 Parse Call이 최초 한번만 발생하고 이후로는 발생하지 않는다. 아래는 애플리케이션에서 커서를 캐싱한 채 같은 SQL을 5,000번 반복 수행했을 때의 SQL 트레이스 결과다.

```
call      count     cpu    elapsed    disk    query    current    rows
------- ------  ------- ---------- ------- --------- ---------- ------
Parse         1    0.00       0.00       0        0          0       0
Execute    5000    0.18       0.14       0        0          0       0
Fetch      5000    0.17       0.23       0    10000          0    5000
------- ------  ------- ---------- ------- --------- ---------- ------
total     10001    0.35       0.37       0    10000          0    5000

Misses in library cache during parse: 1
```

Parse Call이 한번만 발생했고, 이후 4,999번 수행할 때는 Parse Call이 전혀 발생하지 않았음을 알 수 있다. (최초 Parse Call이 발생한 시점에 라이브러리 캐시에서 커서를 찾지 못해 하드 파싱을 수행한 사실도 라이브러리 캐시 Miss 항목을 통해 읽을 수 있어야 한다.)

JAVA에서 이를 구현하려면 묵시적 캐싱(Implicit Caching) 옵션을 사용하거나 Statement를 닫지 않고 재사용하면 된다. 구체적인 사용법을 익혀 보자. SQL을 아래 4가지 패턴으로 작성하고, 각각에 대한 수행속도를 비교해 볼 것이다.

- 패턴 1 : 바인드 변수를 사용하지 않을 때
- 패턴 2 : 바인드 변수를 사용하지만, 커서를 캐싱하지 않을 때
- 패턴 3 : 커서를 닫지 않고 재사용할 때
- 패턴 4 : 묵시적 캐싱 기능을 사용할 때

(1) 바인드 변수를 사용하지 않을 때

```
public class ParseCall
{
  public static void NoBinding(Connection conn, int count)
```

```
throws Exception{
  PreparedStatement stmt;
  ResultSet rs;

  for (int i = 1; i <= count; i++) {

      stmt= conn.prepareStatement(
        "SELECT /* no_binding */ " + i + "," + i + ",'test', a.* " +
        "FROM emp a WHERE a.ename LIKE 'W%'");
      rs=stmt.executeQuery();

      rs.close();
      stmt.close();
  }
}
```

바인드 변수를 사용하지 않았으므로 매번 하드 파싱을 반복 수행하게 된다. 아래는 SQL 트레이스에서 맨 마지막 것만을 추출한 것이다.

```
********************************************************************************

SELECT /* no_binding */ 5000,5000,'test', a.*
FROM
 emp a WHERE a.ename LIKE 'W%'

call     count       cpu    elapsed       disk      query    current        rows
------- ------  -------- ---------- ---------- ---------- ----------  ----------
Parse        1      0.00       0.00          0          0          0           0
Execute      1      0.00       0.00          0          0          0           0
Fetch        1      0.00       0.00          0          2          0           1
------- ------  -------- ---------- ---------- ---------- ----------  ----------
total        3      0.00       0.00          0          2          0           1

Misses in library cache during parse: 1

********************************************************************************
```

(2) 바인드 변수를 사용하지만, 커서를 캐싱하지 않을 때

아래는 바인드 변수를 사용했지만 본 절에서 설명하고 있는 애플리케이션 커서 캐싱 기법은 사용하지 않았다.

```
public static void NoCaching(Connection conn, int count)
  throws Exception{
    PreparedStatement stmt;
    ResultSet rs;

    for (int i = 1; i <= count; i++) {

       stmt= conn.prepareStatement(
         "SELECT /* no_caching */ ?,?,?,a.* " +
         "FROM emp a WHERE a.ename LIKE 'W%'");
       stmt.setInt(1,i);
       stmt.setInt(2,i);
       stmt.setString(3,"test");
       rs=stmt.executeQuery();

       rs.close();
       stmt.close();
     }
  }
```

따라서 Parse Call이 Execute Call 횟수만큼 발생하게 된다. 하지만 하드파싱은 전혀 발생하지 않거나 한번쯤 발생한다. 아래 트레이스 결과가 이를 증명한다.

```
*************************************************************************

SELECT /* no_caching */ :1,:2,:3,a.*
FROM
 emp a WHERE a.ename LIKE 'W%'

call     count       cpu    elapsed       disk      query    current        rows
------- ------  -------- ---------- ---------- ---------- ----------  ----------
Parse     5000      0.06       0.05          0          0          0           0
Execute   5000      0.14       0.13          0          0          0           0
Fetch     5000      0.20       0.24          0      10000          0        5000
------- ------  -------- ---------- ---------- ---------- ----------  ----------
total    15000      0.40       0.42          0      10000          0        5000

Misses in library cache during parse: 1

*************************************************************************
```

(3) 커서를 닫지 않고 재사용할 때

이번에는 아래처럼 PreparedStatement를 루프문 바깥에 선언하고 루프 내에서 반복

사용하다가 루프를 빠져 나왔을 때 닫는다. JAVA PreparedStatement 객체가 앞에서 설명했던 '애플리케이션 커서' 에 해당한다.

```
public static void CursorHolding(Connection conn, int count)
  throws Exception{

    // PreparedStatement를 루프문 바깥에 선언
    PreparedStatement stmt = conn.prepareStatement(
      "SELECT /* cursor_holding */ ?,?,?,a.* " +
      "FROM emp a WHERE a.ename LIKE 'W%'");
    ResultSet rs;

    for (int i = 1; i <= count; i++) {

       stmt.setInt(1,i);
       stmt.setInt(2,i);
       stmt.setString(3,"test");
       rs=stmt.executeQuery();
       rs.close();

     }

     // 루프를 빠져 나왔을 때 커서를 닫는다.
     stmt.close();
  }
```

아래 트레이스 결과를 보면, 앞에서 HOLD_CURSOR와 RELEASE_CURSOR 옵션을 사용한 Pro*C 사례에서 보았듯이 Parse Call이 한번만 발생했다.

```
************************************************************************

SELECT /* cursor_holding */ :1,:2,:3,a.*
FROM
 emp a WHERE a.ename LIKE 'W%'

call     count       cpu    elapsed       disk      query    current        rows
------- ------  -------- ---------- ---------- ---------- ----------  ----------
Parse        1      0.00       0.00          0          0          0           0
Execute   5000      0.18       0.14          0          0          0           0
Fetch     5000      0.17       0.23          0      10000          0        5000
------- ------  -------- ---------- ---------- ---------- ----------  ----------
total    10001      0.35       0.37          0      10000          0        5000

Misses in library cache during parse: 1

************************************************************************
```

(4) 묵시적 캐싱 기능을 사용할 때

마지막으로, PreparedStatement를 루프문 안쪽에 선언하고 루프 내에서 쿼리를 수행하자마자 곧바로 닫는다. 하지만 setStatementCacheSize를 0보다 크게 설정하고, setImplicitCachingEnabled 메소드를 true로 설정하였다.

```
public static void CursorCaching(Connection conn, int count)
  throws Exception{

    // 캐시 사이즈를 1로 지정
    ((OracleConnection)conn).setStatementCacheSize(1);

    // 묵시적 캐싱 기능을 활성화
    ((OracleConnection)conn).setImplicitCachingEnabled(true);

    for (int i = 1; i <= count; i++) {

       // PreparedStatement를 루프문 안쪽에 선언
       PreparedStatement stmt = conn.prepareStatement(
         "SELECT /* implicit_caching */ ?,?,?,a.* " +
         "FROM emp a WHERE a.ename LIKE 'W%'");
       stmt.setInt(1,i);
       stmt.setInt(2,i);
       stmt.setString(3,"test");
       ResultSet rs=stmt.executeQuery();

       rs.close();

       // 커서를 닫지만 내부적으로는 닫히지 않은 채 캐시에 보관
       stmt.close();
    }
  }
```

루프 내에서 PreparedStatement를 매번 닫았지만 아래 트레이스 결과에서 보듯 Parse Call은 단 한번만 발생했다. 묵시적 캐싱(Implicit Caching) 옵션을 활성화했기 때문이다.

```
********************************************************************************

SELECT /* implicit_caching */ :1,:2,:3,a.*
FROM
 emp a WHERE a.ename LIKE 'W%'

call     count       cpu    elapsed       disk      query    current        rows
------- ------  -------- ---------- ---------- ---------- ----------  ----------
Parse        1      0.01       0.00          0          0          0           0
```

```
Execute    5000    0.23      0.14      0      0          0    0
Fetch      5000    0.23      0.22      0  10000          0 5000
------- ------  ------- ---------- ------- -------- ---------- ------
total     10001    0.48      0.36      0  10000          0 5000

Misses in library cache during parse: 1

**************************************************************************
```

```
  public static void main(String[] args) throws Exception{
    // Bind 변수를 사용하지 않았을 때
    NoBinding(conn, 5000);

    ......

    // Bind 변수를 사용하지만 Caching 옵션을 사용하지 않을 때
    NoCaching(conn, 5000);

    ......

    // Cursor를 닫지 않고 반복적으로 재사용할 때
    CursorHolding(conn, 5000);

    ......

    // Caching 옵션을 사용할 때
    CursorCaching(conn, 5000);
  }

}
```

아래는 위 프로그램을 실제 수행했을 때의 화면을 캡처한 것이다.

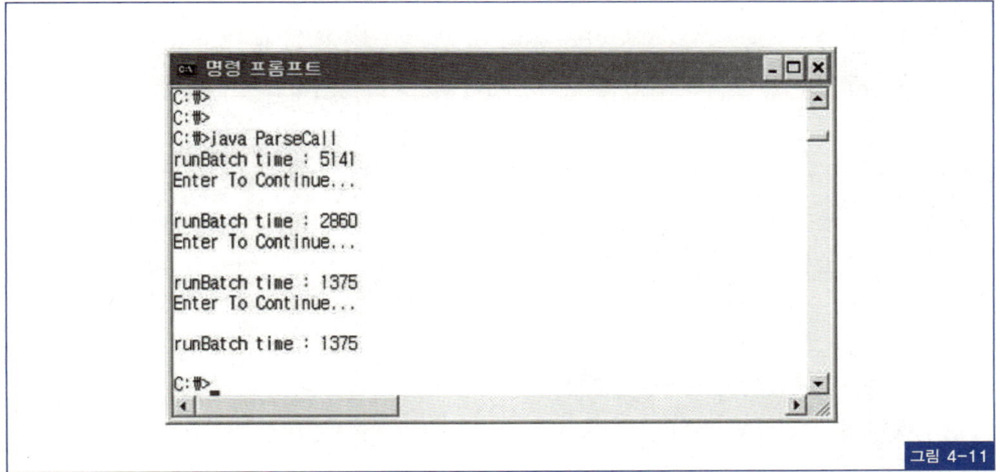

그림 4-11

단지 프로그램 개발 패턴만 바꿨을 뿐인데 뚜렷한 성능차이를 보이고 있다. JAVA 프로그램으로 테스트했기 때문에 네트워크를 통한 Roundtrip 영향이 커, 파싱에 의한 부하는 상대적으로 작게 나타난 점을 감안해야 한다. 같은 테스트를 PL/SQL에서 수행한다면 성능 차이는 더 확연히 드러난다.

PL/SQL에서는 위와 같은 옵션을 별도로 적용하지 않더라도 자동적으로 커서를 캐싱한다. 단, Static SQL을 사용할 때만 그렇다. Dynamic SQL을 사용하거나 Cursor Variable(=Ref Cursor)을 사용할 때는 커서를 자동으로 캐싱하는 효과가 사라진다는 사실을 명심하기 바란다.

그렇다면, PL/SQL에서는 최대 몇 개 SQL을 내부적으로 캐싱할까? 오라클 9i까지는 *open_cursors* 파라미터에 의해 결정되었지만, 10g부터는 앞 절에서 설명한 *session_cached_cursors* 파라미터에 의해 결정된다. 따라서 세션 커서 캐싱 기능을 비활성화하면(session_cached_cursors=0) PL/SQL의 자동 커서 캐싱 기능까지 비활성화되므로 주의해야 한다.

Dynamic SQL 사용 시, 커서 캐싱(10g 이후)

10g 이후부터 같은 SQL문을 연속적으로 실행하면, Dynamic SQL이더라도 바로 직전 커서를 캐싱한다(Ref Cursor일 때는 제외). Static SQL과 마찬가지로, 이 기능도 *session_cached_cursors* 파라미터가 0보다 클 때만 작동한다. 테스트를 통해 확인해 보자.

```
SQL> alter session set session_cached_cursors = 100;
세션이 변경되었습니다.
SQL> create table t ( x number );
테이블이 생성되었습니다.
SQL> alter system flush shared_pool;
시스템이 변경되었습니다.
```

```
SQL> declare
       i number;
     begin
        for i in 1..100
        loop
          execute immediate 'insert into t values(' || mod(i, 10) || ')';
        end loop;

        commit;
     end;
     /

PL/SQL 처리가 정상적으로 완료되었습니다.

SQL> select count(distinct sql_text) sql_cnt
          , sum(parse_calls) parse_calls
          , sum(executions) executions
     from   v$sql
     where  sql_text like 'insert into t values%' ;

   SQL_CNT PARSE_CALLS EXECUTIONS
---------- ----------- ----------
        10         100        100

1 개의 행이 선택되었습니다.

→ 0부터 9까지의 값을 입력하는 10개 SQL을 불연속적으로 실행했더니 Parse
Call이 SQL 수행횟수만큼 발생했다.

SQL> alter system flush shared_pool;

시스템이 변경되었습니다.

SQL> declare
       i number;
     begin
        for i in 1..100
        loop
          execute immediate 'insert into t values(' || ceil(i/10) || ')';
        end loop;

        commit;
     end;
     /

PL/SQL 처리가 정상적으로 완료되었습니다.

SQL> select count(distinct sql_text) sql_cnt
          , sum(parse_calls) parse_calls
          , sum(executions) executions
     from   v$sql
```

```
where   sql_text like 'insert into t values%' ;

   SQL_CNT PARSE_CALLS EXECUTIONS
---------- ----------- ----------
        10          10        100

1 개의 행이 선택되었습니다.
```

→ 1부터 10까지의 값을 입력하는 10개 SQL을 연속적으로 입력했더니 Parse Call 이 SQL 개수만큼만 발생했다.

```
SQL> alter session set session_cached_cursors = 0;

세션이 변경되었습니다.

SQL> alter system flush shared_pool;

시스템이 변경되었습니다.

SQL> declare
       i number;
     begin
       for i in 1..100
       loop
         execute immediate 'insert into t values(' || ceil(i/10) || ')';
       end loop;

       commit;
     end;
     /

PL/SQL 처리가 정상적으로 완료되었습니다.

SQL> select count(distinct sql_text) sql_cnt
          , sum(parse_calls) parse_calls
          , sum(executions) executions
     from   v$sql
     where  sql_text like 'insert into t values%' ;

   SQL_CNT PARSE_CALLS EXECUTIONS
---------- ----------- ----------
        10         100        100

1 개의 행이 선택되었습니다.
```

→ 1부터 10까지의 값을 입력하는 10개 SQL을 연속적으로 입력했지만 세션 커서 캐싱 기능을 비활성화시켰더니 Parse Call이 SQL 수행횟수만큼 발생했다.

아래는 어떤 회사에서 수집한 AWR 리포트 중 Instance Efficiency 부분만을 발췌한 것이다.

```
Instance Efficiency Percentages (Target 100%)
~~~~~~~~~~~~~~~~~~~~~~~~~~~~~~~~~~~~~~~~~~~~~
            Buffer Nowait %:   99.98       Redo NoWait %:  100.00
            Buffer  Hit   %:   97.93    In-memory Sort %:  100.00
            Library Hit   %:   99.55        Soft Parse %:   98.34
         Execute to Parse %:   89.31         Latch Hit %:   98.67
Parse CPU to Parse Elapsd %:   61.11     % Non-Parse CPU:   97.58
```

이 중 Execute to Parse 항목을 주목하기 바란다. 이는 아래 공식으로 구해진 값이다. (3장에서 이미 다룬 바 있다.)

```
Execute to Parse = (1 - parse/execute)*100
```

즉, Parse Call 없이 SQL을 수행한 횟수를 의미한다. 그런데 n-Tier 환경에서는 DB Connection을 사용하고 나서 곧바로 커넥션 풀에 반환하므로 애플리케이션에 커서 캐싱 기법을 제대로 활용하기가 쉽지 않다. 따라서 요즘 같은 웹 애플리케이션 환경에서는 대개 이 항목이 50% 미만의 낮은 수치를 보이기 마련이다. 그런데도 위처럼 89.31%로 비교적 높게 나타난 이유는 무엇일까?

이는 PL/SQL로 작성한 함수/프로시저를 적극적으로 많이 사용한 시스템에서 자주 나타나는 현상이다. 이처럼 애플리케이션 커서 캐싱 기법을 잘 활용하면 라이브러리 캐시 효율에 매우 긍정적인 효과를 가져다 준다.

09 Static vs. Dynamic SQL

하드 파싱 부하를 최소화하기 위해 Dynamic SQL 대신 Static SQL을 사용하라는 표현을 흔히 사용하는데, 용어를 제대로 사용하고 있는지 확인해 볼 필요가 있다. 그런 뜻에서 라이브러리 캐시 최적화를 위한 Static SQL 작성 기법들을 소개하기 전에 Static과 Dynamic SQL 용어를 명확히 정의하고자 한다.

먼저 그림 4-12의 두 쿼리 툴에서 작성한 SQL문이 Static SQL인지, 아니면 Dynamic SQL인지에 생각해 보기 바란다.

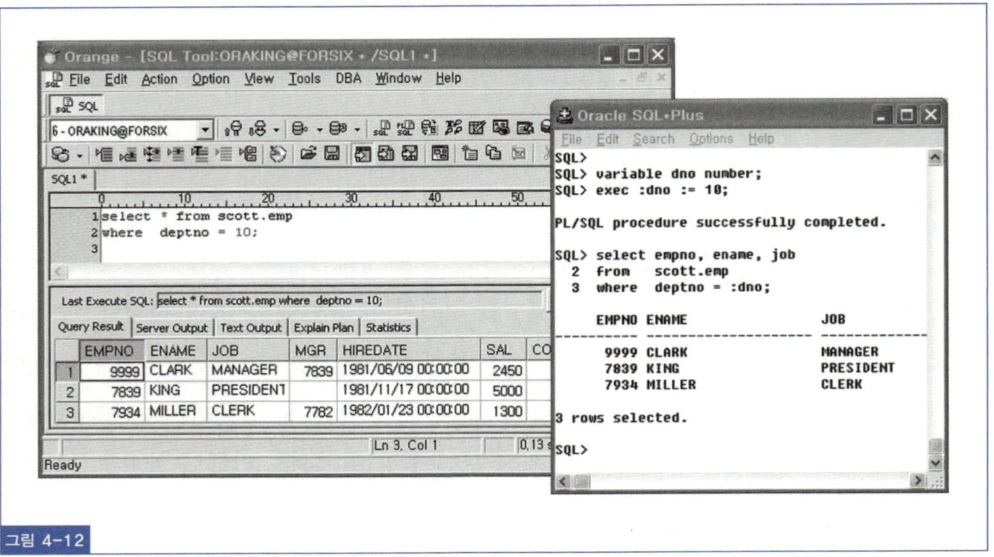

그림 4-12

왼쪽은 Dynamic이고 오른쪽은 Static이라고 답했다면 지금부터 설명하는 내용을 대충 읽고 넘어가서는 안 된다.

한 가지 예를 더 살펴보자. 아래는 JAVA에서 SQL문을 수행하는 예제인데, 이에 대해서는 이견 없이 Dynamic SQL이라고 답할 것이다.

```
SQLState = "select count(*) from emp where deptno = " + p_deptno;
stmt= conn.prepareStatement(SQLState);
rs = stmt.executeQuery();
```

그렇다면, 아래는 어떤가?

```
if (p_deptno == 10) {
  SQLState = "select count(*) from emp where deptno = 10";
} else if (p_deptno == 20) {
  SQLState = "select count(*) from emp where deptno = 20";
```

```
} else if (p_deptno == 30) {
  SQLState = "select count(*) from emp where deptno = 30";
} else if (p_deptno == 40) {
  SQLState = "select count(*) from emp where deptno = 40";
}
stmt= conn.prepareStatement(SQLState);
rs = stmt.executeQuery();
```

Static인가? 아니면 Dynamic인가? 튜닝 교육할 때 직접 질문을 던져보면 수강생마다 각기 다르게 대답한다. 그런데 대부분 개발 프로젝트에 가서 SQL 작성 표준 가이드 문서를 보면 Dynamic SQL을 사용하지 말라는 문구는 반드시 들어가 있다. 용어의 의미조차 명확하지 않은데, 이 표준이 잘 지켜질 리가 만무하다. 조건절에 바인드 변수를 사용하면 Static SQL, Literal 상수 값을 사용하면 Dynamic SQL로 분류하는 튜닝 교재들이 있어 이런 혼선이 빚어졌다고 생각한다.

(1) Static SQL

Static SQL이란, String형 변수에 담지 않고 코드 사이에 직접 기술한 SQL문을 말한다. 다른 말로 'Embedded SQL' 이라고도 한다. 아래는 Pro*C 구문으로 Static SQL을 작성한 예시다.

```
int main()
{
   printf("사번을 입력하십시오 : ");
   scanf("%d", &empno);
   EXEC SQL WHENEVER NOT FOUND GOTO notfound;
   EXEC SQL SELECT ENAME INTO :ename
            FROM   EMP
            WHERE  EMPNO = :empno;
   printf("사원명 : %s.\n", ename);

notfound:
   printf("%d는 존재하지 않는 사번입니다. \n", empno);
}
```

여기서 보듯이 SQL문을 String 변수에 담지 않고 마치 예약된 키워드처럼 C/C++ 코드 사이에 섞어서 기술하고 있다.

Pro*C, SQLJ와 같은 PreCompile 언어를 잘 모르는 독자를 위해 간단히 설명하면, 예를 들어 Pro*C에서 소스 프로그램(.pc)을 작성해서 PreCompiler로 PreCompile하면 순수 C/C++ 코드가 만들어진다. 이를 다시 C/C++ Compiler로 Compile하면 실행파일이 만들어지고, 이것을 실행하게 된다.

PreCompiler가 PreCompile 과정에서 Static(=Embedded) SQL을 발견하면 이를 SQL 런타임 라이브러리에 포함된 함수를 호출하는 코드로 변환한다. 이 과정에서 결국은 String형 변수에 담긴다. Static SQL이든 Dynamic SQL이든 PreCompile 단계를 거치고 나면 String 변수에 담기기는 마찬가지지만 Static SQL은 런타임 시에 절대 변하지 않으므로 PreCompile 단계에서 구문 분석, 유효 오브젝트 여부, 오브젝트 액세스 권한 등을 체크하는 것이 가능하다

아래는 에디터로 작성한 .pc 파일을 각각 syntax, symantics 옵션을 주고 Pro*C로 PreCompile하는 예시다.

test.pc

```
EXEC SQL INCLUDE SQLCA.H;

int main()
{
  EXEC SQL
    UPDATE EMP SET SAL = SAL * 1.1
    WHER   EMPNO = 7900;
  return 0;
}
```

$ proc test.pc **sqlcheck=syntax**

위와 같이 sqlcheck=syntax 옵션을 주고 PreCompile하면 사전에 구문 분석을 실시한다. 여기서는 WHERE 키워드에 오타가 있으므로 Syntax 에러가 발생한다.

test.pc

```
EXEC SQL INCLUDE SQLCA.H;

int main()
{
  EXEC SQL
    UPDATE EMPs SET SAL = SAL * 1.1
    WHERE  EMPNO = 7900;
  return 0;
}
```

$ proc test.pc **sqlcheck=syntax** → *Success !!*

$ proc test.pc **sqlcheck=full** userid=scott/tiger → *Error !!*

sqlcheck = full 옵션은 sqlcheck = semantics과 동일한 의미를 갖는다. 즉, 구문 분석 뿐 아니라 오브젝트가 유효한 것인지, 액세스 권한은 있는지까지 체크한다. 여기서는 SCOTT 계정에 없는 EMPs 테이블을 참조하였으므로 Semantic 에러가 발생한다.

(2) Dynamic SQL

Dynamic SQL이란, String형 변수에 담아서 기술하는 SQL문을 말한다. String 변수를 사용하므로 조건에 따라 SQL문을 동적으로 바꿀 수 있고, 또는 런타임 시에 사용자로부터 SQL문의 일부 또는 전부를 입력 받아서 실행할 수도 있다. 따라서 PreCompile 시 Syntax, Semantics 체크가 불가능하다.

Dynamic SQL을 만나면 PreCompiler는 그 내용을 확인하지 않고 그대로 통과시킨다. Pro*C 환경에서 개발해 본 독자라면 스칼라 서브쿼리, 분석 함수, ANSI 조인문 등을 사용했을 때 PreComile 과정에서 에러가 나는 경험을 했을 것이다. Semantic 체크는 DB 접속을 통해 이루어지지만 Syntax 체크만큼은 PreCompiler에 내장된 SQL 파서(Parser)를 이용하는데, 위 구문들을 사용하면 현재 사용 중인 PreCompiler가 그것들을 인식하지 못해 에러를 던지는 것이다. 해결방법은? Dynamic SQL을 사용하면 된다.

아래는 Pro*C에서 Dynamic SQL을 작성한 사례다. SQL을 String형 변수에 담아 실행하는 것에 주목하기 바란다. 바로 아래 주석 처리한 부분은 SQL을 런타임 시 입력 받는 방법을 예시한다.

```
int main()
{
   char select_stmt[ 50] = "SELECT ENAME FROM EMP WHERE EMPNO = :empno";
   // scanf("%c", &select_stmt); --> SQL문을 동적으로 입력 받을 수도 있음

   EXEC SQL PREPARE sql_stmt FROM :select_stmt;

   EXEC SQL DECLARE emp_cursor CURSOR FOR sql_stmt;

   EXEC SQL OPEN emp_cursor USING :empno;

   EXEC SQL FETCH emp_cursor INTO :ename;

   EXEC SQL CLOSE emp_cursor;

   printf("사원명 : %s.\n", ename);
}
```

Pro*C에서 제공하는 Dynamic Method에는 4가지가 있고, 간단히 요약하면 아래와 같다.

Method 1 : 입력 Host 변수 없는 Non-Query[43]
'DELETE FROM EMP WHERE DEPTNO = 20'
'GRANT SELECT ON EMP TO scott'
Method 2 : 입력 Host 변수 개수가 고정적인 Non-Query
'INSERT INTO EMP (ENAME, JOB) VALUES (:ename, :job)'
'DELETE FROM EMP WHERE EMPNO = :empno'
Method 3 : select-list 컬럼 개수와 입력 Host 변수 개수가 고정적인 Query
'SELECT DEPTNO, MAX(SAL) FROM EMP GROUP BY DEPTNO'
'SELECT DNAME, LOC FROM DEPT WHERE DEPTNO = 20'
'SELECT ENAME, EMPNO FROM EMP WHERE DEPTNO = :deptno'

Method 4 : select-list 컬럼 개수와 입력 Host 변수 개수가 가변적인 Query

'INSERT INTO EMP (〈unknown〉) values (〈unknown〉)'

'SELECT 〈unknown〉 FROM EMP WHERE DEPTNO = :deptno'

(3) 일반 프로그램 언어에서 SQL 작성법

지금까지 Pro*C 위주로 Static과 Dynamic SQL을 설명했는데, 가장 인기있는 개발언어 중 하나인 JAVA에서는 SQL을 어떻게 작성하는지 살펴보자.

```
PreparedStatement stmt;
ResultSet rs;
StringBuffer SQLStmt = new StringBuffer();
SQLStmt.append("SELECT ENAME, SAL FROM EMP ");
SQLStmt.append("WHERE EMPNO = ?");

stmt= conn.prepareStatement(SQLStmt.toString());
stmt.setLong(1,txtEmpno.value);
rs = stmt.executeQuery();

// do anything

rs.close();
stmt.close();
```

그 다음은 Delphi에서 SQL을 작성하는 예시다.

```
begin
  Query1.Close;
  Query1.Sql.Clear;
  Query1.Sql.Add('SELECT ENAME, SAL FROM EMP ');
  Query1.Sql.Add('WHERE EMPNO = :empno');
  Query1.ParamByName('empno').AsString := txtEmpno.Text;
  Query1.Open;
end;
```

마지막으로, Visual Basic에서의 SQL문 작성 예시를 보자.

---

43) Non-Query는 SELECT 이외 명령어를 말함

```
Dim comm As New ADODB.Command
Dim rs As ADODB.Recordset
Dim SQLStmt as String

SQLStmt = "SELECT ENAME, SAL FROM EMP "
SQLStmt = SQLStmt & "WHERE EMPNO = ?"
comm.CommandText = SQLStmt
comm.Parameters.Append comm.CreateParameter("empno", adNumeric, adParamInput)
comm.Parameters("empno").Value = txtEmpno.Text
Set rs = comm.Execute

' do anything

rs.Close
Set rs = Nothing
Set comm = Nothing
```

여기 3가지 사례에서 보듯이 Static SQL을 작성할 수 있는 방법이 제공되지 않는다. 모두 String 변수에 담아서 실행하는 것이다. 따라서 이들 언어에서 작성된 SQL은 모두 Dynamic SQL이다. 그런데도 Dynamic SQL로 작성하지 말라고 한다면 어불성설이다.

그리고 Toad, Orange, SQL*Plus과 같은 Ad-hoc 쿼리 툴에서 작성하는 SQL도 모두 Dynamic SQL이라고 보면 틀림없다. 이들 툴이 컴파일되는 시점에 SQL이 확정되지 않았으며, 사용자가 던지는 SQL을 런타임 시에 받아서 그대로 DBMS에 던지는 역할만 할 뿐이다.

Static(=Embedded) SQL[44]을 지원하는 개발 언어로는 PowerBuilder, PL/SQL, Pro*C, SQLJ 정도가 있다.

(4) 문제의 본질은 바인드 변수 사용 여부

지금까지 설명한 Static, Dynamic SQL은 애플리케이션 개발 측면에서의 구분일 뿐이며, 데이터베이스 입장에서는 차이가 없다. Static SQL를 사용하든 Dynamic SQL를 사용하든 오라클 입장에서는 던져진 SQL문 그 자체만 인식할 뿐이며, PL/SQL, Pro*C 등

---

44) Static Embedded SQL과 Dynamic Embedded SQL로 분류하는 문서도 있음

에서 애플리케이션 커서 캐싱 기능[45]을 활용하고자 하는 경우 외에는 성능에도 전혀 영향이 없다. 애플리케이션 커서 캐싱 기능을 사용하지 않는다면 Dynamic, Static 구분은 라이브러리 캐시 효율과도 전혀 무관하다.

그러므로 라이브러리 캐시 효율을 논할 때 초점은 바인드 변수 사용 여부에 맞춰져야 한다. Dynamic SQL을 사용해 문제가 되는 것이 아니라 바인드 변수를 사용하지 않았을 때 문제가 되는 것이다. 바인드 변수를 사용하지 않고 Literal 값을 SQL 문자열에 결합하는 방식으로 개발했을 때, 반복적인 하드파싱으로 성능이 얼마나 저하되는지, 그리고 그 때문에 라이브러리 캐시에 얼마나 심한 경합이 발생하는지, 그 원리에 대해서는 앞에서 충분히 설명했다.

다시 한번 강조하지만, 바인드 변수 사용 여부로 Static과 Dynamic을 구분하는 것은 잘못된 것이므로 용어 사용에 주의하자.

10 Dynamic SQL 사용 기준

(1) Dynamic SQL 사용에 관한 기본 원칙

지금까지 설명한 라이브러리 캐시 최적화 원리와 Static, Dynamic SQL 정의에 비추어 Dynamic SQL 사용에 관한 기본 원칙을 다음과 같이 정리할 수 있다.

1. Static SQL을 지원하는 개발환경이라면 Static SQL로 작성하는 것을 원칙으로 한다. Static SQL은 PreCompile을 과정을 거치므로 런타임 시 안정적인 프로그램 Build가 가능하다는 장점이 있다. 그리고 Dynamic SQL을 사용하면 애플리케이션

[45] PL/SQL, Pro*C등에서는 Static SQL일 때만 애플리케이션 커서 캐싱이 작동함

커서 캐싱 기능이 작동하지 않는 경우가 있는데, 이 기능이 필요한 상황(예를 들어, 루프 내에서 반복 수행되는 쿼리)에서 Dynamic SQL을 사용하면 성능이 나빠지기 때문이다.

2. 아래 경우에는 Dynamic SQL를 사용해도 무방하다.
   ① PreCompile 과정에서 컴파일 에러가 나는 구문을 사용할 때. 예를 들어, Pro*C에서 스칼라 서브쿼리, 분석함수, ANSI 조인 등
   ② 상황과 조건에 따라 생성될 수 있는 SQL 최대 개수가 많아 Static SQL로 일일이 나눠서 작성하려면 개발 생산성이 저하되고 유지보수 비용이 매우 커질 때
3. 2번 경우에 해당해서 Dynamic SQL를 사용하더라도 조건절에는 바인드 변수를 사용하는 것을 원칙으로 한다. 특히, 사용빈도가 높고 조건절 컬럼의 값 종류가 매우 많을 때(예를 들어, 계좌번호, 상품번호, 회원번호 등)는 반드시 준수한다.
4. 3번 바인드 변수 사용원칙을 준수하되 아래 경우는 예외적으로 인정한다.
   ① 배치 프로그램이나 DW, OLAP 등 정보계 시스템에서 사용되는 Long Running 쿼리. 이들 쿼리는 파싱 소요시간이 쿼리 총 소요시간에서 차지하는 비중이 매우 낮고, 수행빈도가 낮아 하드파싱에 의한 라이브러리 캐시 부하를 유발할 가능성이 적음
   ② OLTP성 애플리케이션이더라도 사용빈도가 매우 낮아 하드파싱에 의한 라이브러리 캐시 부하를 유발할 가능성이 없을 때. 예외적으로 인정하는 것이므로 단순히 바인드 변수 정의하는 게 귀찮다고 그렇게 해서는 안됨
   ③ 조건절 컬럼의 값 종류(Distinct Value)가 소수일 때. 특히 값 분포가 균일하지 않아 옵티마이저가 컬럼 히스토그램 정보를 활용하도록 유도하고자 할 때.
   예) 증권시장구분코드 = { '유가', '코스닥', '주식파생', '상품파생' }

Static(=Embedded) SQL을 지원하지 않는 개발 환경이라면 모든 SQL이 Dynamic SQL이지만 런타임 시 SQL이 동적으로 바뀌도록 개발하는 것만큼은 삼가야 한다. 그런 환경에서는 Static과 Dynamic SQL을 편의상 아래와 같이 재정의하고, 위에서 제시한 기본 원칙을 동일하게 적용할 것을 권고한다.

- **Static SQL** : SQL Repository[46)]에 완성된 형태로 저장한 SQL

- **Dynamic SQL** : SQL Repository에 불완전한 형태로 저장한 후 런타임 시 상황과 조건에 따라 동적으로 생성되도록 작성한 SQL

(2) 기본 원칙이 잘 지켜지지 않는 첫 번째 이유, 선택적 검색 조건

이렇게 Dynamic SQL 사용 원칙을 정하고 개발을 시작해도, 중간에 점검해 보면 여전히 잘 지켜지지 않는다. Static SQL을 지원하는 개발 환경에서조차 자주 Dynamic SQL를 사용해 조건절을 동적으로 구성한다. 그 원인을 개발팀에 물어 보면, 가장 많은 비중을 차지하는 것이 그림 4-13처럼 검색 조건이 다양해 사용자 선택에 따라 조건절이 동적으로 바뀌는 경우다.

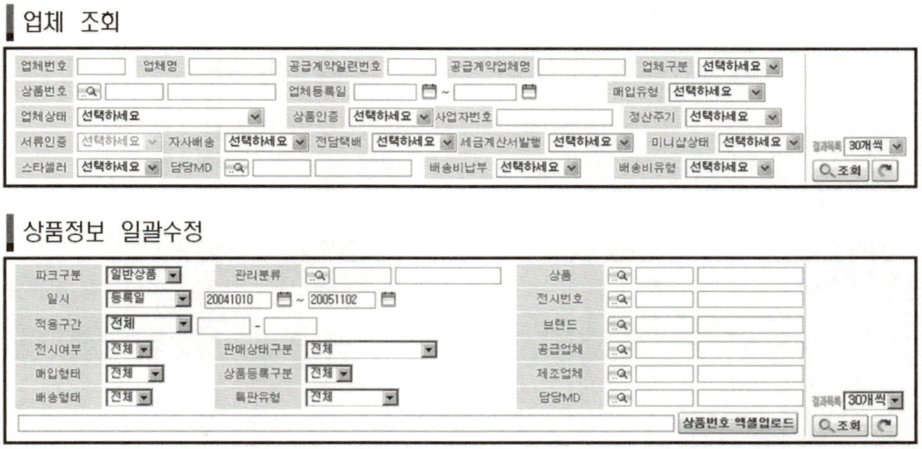

그림 4-13

크기가 작은 테이블이라면 상관없겠지만 대상 테이블이 대용량인데도 화면을 이처럼 설계하는 것은 참 무책임하다는 생각을 하게 된다. 이렇게 다양한 검색 조건을 한 화면에서 처리해 준다고 하면 업무 담당자 입장에서는 싫다고 마다할 리 없다. 심지어는 필수입

---

46) 주로 XML 파일 형태로 관리함

력 항목도 전혀 없고, 검색기간도 무제한이다. 그런데 성능은 누가 담보할 것인가? 조회 버튼을 누를 때마다 10분씩 소요된다면 기능이 좋다고 해서 만족할 사용자는 아마 없을 것이다. 항상 개발 막바지에 가서 이런 화면들 때문에 성능 이슈가 불거지는 것을 많이 목격했다.

대용량 테이블에 대한 조회 요건이 이렇게 복잡하다면 적어도 현업과의 협의를 통해 필수입력 항목을 수렴해서 프로그램에 반영해야 한다. 또한 기간 조건(Between, <, >, <=, >= 등)에 대해서는 입력 값 범위를 가능한 짧게 제한하려는 노력을 반드시 해야 한다. 업무 담당자를 만나서 인터뷰해 보면 의외로 문제가 쉽게 풀리는 경우가 많다. 설계 단계에서부터 성능을 고려한 업무 요건 도출이 필요한 이유가 여기에 있다.

현업과의 협의를 거쳐 필수항목 위주로 화면을 구성하더라도 업무요건 상 조회 조건이 다양한 경우는 있기 마련이다. 그럴 때 SQL을 효과적으로 작성하려면 어떻게 접근해야 하는지 같이 고민해 보자. 그림 4-14처럼 조금은 단순화시킨 사례를 가지고 얘기를 진행하려고 한다.

거래일자 2008.01.01 ~ 2008.01.31 종목코드 KR123456

투자자유형 모두 ▼ 주문매체 모두 ▼ 조 회

거래일자	종목코드	투자자유형	주문매체	체결건수	체결수량	거래대금
2008.01.04	KR123456	개인	유선단말	......	......	......
2008.01.04	KR123456	개인	유선단말	......	......	......
2008.01.04	KR123456	개인	홈트레이딩	......	......	......
2008.01.04	KR123456	개인	홈트레이딩	......	......	......
2008.01.04	KR123456	은행	영업단말	......	......	......
2008.01.04	KR123456	은행	영업단말	......	......	......
2008.01.04	KR123456	증권	유선단말	......	......	......
2008.01.05	KR123456	개인	홈트레이딩	......	......	......
2008.01.05	KR123456	개인	홈트레이딩	......	......	......
2008.01.05	KR123456	개인	무선단말	......	......	......

그림 4-14

거래일자만 필수입력 조건이고, 나머지는 모두 선택적 입력 조건이라고 가정하자.

SQL 작성에 대한 가이드가 없는 상황에서 위와 같은 조회 프로그램을 구현할 때면 개발자는 십중팔구 아래와 같이 SQL을 작성한다.

```
select 거래일자, 종목코드, 투자자유형코드, 주문매체코드
     , 체결건수, 체결수량, 거래대금
from   일별종목거래
where  거래일자 between :시작일자 and :종료일자
%option
```

그러고 나서 사용자의 선택이나 입력 값에 따라 %option 부분에 조건절을 아래와 같이 동적으로 붙여나간다.

```
%option = " and 종목코드 = 'KR123456' and 투자자유형코드 = '1000' "
```

SQL 작성 표준이 존재하는 대형 개발 프로젝트라면 당연히 Dynamic SQL 사용을 제한하므로 표준을 준수하려고 아래와 같은 방법을 사용하게 된다. 참고로, NVL을 사용하는 것 외에 몇 가지 방법이 더 있는데, 각각의 장단점에 대해서는 뒤에서 다시 다루기로 하겠다.

```
select 거래일자, 종목코드, 투자자유형코드, 주문매체코드
     , 체결건수, 체결수량, 거래대금
from   일별종목거래
where  거래일자 between :시작일자 and :종료일자
and    종목코드 = nvl(:종목코드, 종목코드)
and    투자자유형코드 = nvl(:투자자유형코드, 투자자유형코드)
and    주문매체구분코드 = nvl(:주문매체구분코드, 주문매체구분코드)
```

이렇게 코딩하면 사용자가 어떻게 값을 입력하더라도 단 한 개의 실행계획을 공유하면서 반복 재사용하게 되므로 라이브러리 캐시 효율 측면에서는 최상의 선택이다. 하지만 쿼리 수행 속도 측면에서는 어떤가? 인덱스를 이용한 액세스가 효과적인 상황에서 낭패를 보게 된다. 인덱스를 전혀 사용 못하거나(거래일자가 인덱스 선두 컬럼이 아닐 때) 사용하더라도 비효율적으로 사용하기 때문이다.

라이브러리 캐시 효율과 I/O 효율을 모두 고려하면서 SQL을 개발하려면, 남아 있는 방법은 한 가지뿐이다. 종목코드, 투자자유형코드, 주문매체구분코드 입력여부에 따라 SQL을 모두 분리해서 개발하는 것이다. 그럴 경우 이 3가지 선택적 입력 조건을 처리하는 데에만 모두 8개의 SQL을 따로 작성해야 한다.

1. 거래일자 between
2. 거래일자 between, 종목코드 =
3. 거래일자 between, 종목코드 =, 투자자유형코드 =
4. 거래일자 between, 종목코드 =, 투자자유형코드 =, 주문매체구분코드 =
5. 거래일자 between, 종목코드 =, 주문매체구분코드 =
6. 거래일자 between, 투자자유형코드 =
7. 거래일자 between, 투자자유형코드 =, 주문매체구분코드 =
8. 거래일자 between, 주문매체구분코드 =

여기서는 SQL이 간단하므로 8개쯤 작성하는 게 대수롭지 않을 수 있지만 실무에서 작성되는 SQL은 대개 짧으면 수십 라인, 길면 수백 라인에 이른다. 몇 천 줄짜리 SQL도 가끔 본다. 빠듯한 개발 일정에 쫓기는 프로젝트에서 이렇게 개발하라고 하는 것은 현실성이 떨어지며 불가능에 가깝다.

인덱스 원리를 잘 아는 SQL 튜닝 전문가 시각에서 보면, 위 요건을 만족하려고 SQL을 8개나 만들 필요는 없다. 변별력이 좋지 않은 컬럼은 인덱스 액세스 효율에 도움이 되지 않으므로, 인덱스 구성을 고려해 변별력이 좋은 컬럼 중심으로 2~3개의 SQL로 분기하면 된다. 애플리케이션에서 IF문을 이용해 분기하거나 아래처럼 union all을 사용하는 방법이 있다.

```
< 인덱스 구성 >
INDEX01  :  종목코드 + 거래일자
INDEX02  :  투자자유형코드 + 거래일자 + 주문매체구분코드
INDEX03  :  거래일자 + 주문매체구분코드
```

```
select 거래일자, 투자자유형코드, 회원번호
     , 체결건수, 체결수량, 거래대금
from   일별종목거래
where  :종목코드 is not null
and    거래일자 between :시작일자 and :종료일자
and    종목코드 = :종목코드
and    투자자유형코드 = nvl(:투자자유형, 투자자유형코드)
and    주문매체구분코드 = nvl(:주문매체, 주문매체구분코드)
union all
select 거래일자, 투자자유형코드, 회원번호
     , 체결건수, 체결수량, 거래대금
from   일별종목거래
where  :종목코드 is null and :투자자유형 is not null
and    거래일자 between  :시작일자 and :종료일자
and    투자자유형코드 = :투자자유형
and    주문매체구분코드 = nvl(:주문매체, 주문매체구분코드)
union all
select 거래일자, 투자자유형코드, 회원번호
     , 체결건수, 체결수량, 거래대금
from   일별종목거래
where  :종목코드 is null and :투자자유형 is null
and    거래일자 between :시작일자 and :종료일자
and    주문매체구분코드 = nvl(:주문매체, 주문매체구분코드)
```

하지만 개발 기간 내내 SQL마다 이런 식으로 최적의 인덱스 구성전략을 고민하면서 개발한다는 게 결코 쉬운 일은 아니다. 그리고 데이터 분포와 인덱스 구성 등을 고려해 이와 같은 형태로 SQL을 최적화할 수 있는 고급 개발자가 그리 많지 않다는 현실도 인정해야 한다.

위와 같이 union all로 분기하는 기법은, 일반적인 SQL 작성 표준보다는 튜닝차원에서 접근하고 필요에 따라 적절히 활용하도록 하는 것이 타당하다.

(3) 선택적 검색 조건에 대한 현실적인 대안

그렇다면 현실적인 대안은? 앞 절에서 이미 정리했듯이 Static SQL 사용을 원칙으로 하되 사용자 입력 조건에 따라 생성될 수 있는 SQL 최대 개수가 너무 많을 때는 Dynamic SQL 사용을 허용하는 것이다. 조건절에 따른 SQL 개수가 많더라도 그 중 일부만 주로 사용되므로 실질적인 하드 파싱 부하는 거의 없다. 다만, 라이브러리 캐시 효율화의 핵심인 바인드 변수 사용 원칙만큼은 준수하도록 해야 한다.

개발 언어나 툴에서 Dynamic Method를 제공하는 목적에 맞게, 부하를 최소화하는 수준에서 잘 활용하는 것이 최선이라고 생각한다. 아래는 PL/SQL에서 조건절을 동적으로 구성하되 바인드 변수를 사용하도록 코딩한 예제다. JAVA, Pro*C 등에서도 활용 가능한 패턴이다. (JAVA에서 아래와 같은 패턴을 사용하지 않으면 if...else 구문을 두 번씩 작성하게 된다. SQL문을 위해 한 번, 바인드 변수를 위해 한 번)

```
SQLStmt := 'SELECT 거래일자, 종목코드, 투자자유형코드, '
        || '주문매체코드, 체결건수, 체결수량, 거래대금 '
        || 'FROM 일별종목거래 '
        || 'WHERE 거래일자 BETWEEN :1 AND :2 ' ;

If :종목코드 IS NULL Then
  SQLStmt := SQLStmt || 'AND :3 IS NULL ' ;
Else
  SQLStmt := SQLStmt || 'AND 종목코드 = :3 ' ;
End If;

If :투자자유형 IS NULL Then
  SQLStmt := SQLStmt || 'AND :4 IS NULL ' ;
Else
  SQLStmt := SQLStmt || 'AND 투자자유형코드 = :4 ' ;
End If;

EXECUTE IMMEDIATE SQLStmt
  INTO :A, :B, :C, :D, :E, :F, :G
  USING :시작일자, :종료일자, :종목코드, :투자자유형코드;
```

아래는 Visual Basic 스타일로 변환한 것으로서, Delphi 등에서도 활용 가능한 패턴이다.

```
SQLStmt = "SELECT 거래일자, 종목코드, 투자자유형코드 " & _
          "      , 주문매체코드, 체결건수, 체결수량, 거래대금 " & _
          "FROM 일별종목거래 WHERE 거래일자 BETWEEN ? AND ? "

comm.Parameters.Append _
    comm.CreateParameter("시작일자",adVarchar,adParamInput,8,시작일자.Text)

comm.Parameters.Append _
    comm.CreateParameter("시작일자",adVarchar,adParamInput,8,종료일자.Text)

If 종목.Text <> "" Then
  SQLStmt = SQLStmt & "AND 종목코드 = ? "
  comm.Parameters.Append _
  comm.CreateParameter("종목코드", adVarchar, adParamInput, 8, 종목.Text)
End If
```

```
If 투자자유형.Text <> "" Then
  SQLStmt = SQLStmt & "AND 투자자유형코드 = ? "
  comm.Parameters.Append _
  comm.CreateParameter("종목코드", adVarchar, adParamInput, 2, 투자자유형.Text)
End If

comm.CommandText = SQLStmt
Set rs = comm.Execute
```

이처럼 SQL을 Dynamic하게 구성하면, 인덱스를 설계할 때 다소 불편하다는 단점이 있다. SQL Repository에서 SQL을 수집해 테이블별 액세스 유형을 분석하면서 인덱스 설계를 해야 하는데, 조건절이 프로그램 수행 도중에 동적으로 바뀌기 때문이다. 그리고 옵티마이저 힌트를 사용해 튜닝하기도 곤란하다.

이런 단점이 있긴 하지만 개발 생산성도 무시할 수 없으므로 Dynamic SQL을 적재적소에 잘 활용하라고 권고 아닌 권고(?)를 하는 것이다. 튜닝은 말 그대로 튜닝이다. 개발이 어느 정도 진행된 시점에 성능 요건을 만족하기 어려운 대상을 추출해서 튜닝하고, 그때 튜닝 관점에서 필요한 조치들을 취하면 된다고 생각한다. (안타까운 것은, 최근 국내에서 가장 빠르게 시장 점유율을 높여가고 있는 개발 프레임워크에서 조건절을 동적으로 붙여 나가는 방식으로 SQL을 작성하면 바인드 변수를 사용할 수 없다는 제약을 갖는다. 빨리 개선되기를 기대해 본다.)

인덱스 설계 문제에 대해 얘기하자면, 완성된 형태의 SQL들은 SQL Repository에 저장된 것을 참조하고 그렇지 않은 것들은 수행된 최종 SQL들을 수집(SQL 트레이스 또는 v$sql 등 활용)해서 자주 나타나는 액세스 유형을 기준으로 인덱스 설계를 진행하면 된다.(솔직히 인덱스 설계를 위해 SQL Repository나 프로그램 소스를 직접 열어가며 작업하는 경우는 거의 없으며, 대부분 후자의 방식을 따른다.)

Pro*C, PL/SQL, Visual Basic, Delphi, 어떤 프로그램에서 수행했든 위와 같이 Dynamic 패턴으로 SQL을 던지면 오라클 서버를 통해 수집되는 최종 SQL은 아래와 같은 형태다.

```
SELECT 거래일자, 종목코드, 투자자유형코드, 주문매체코드
     , 체결건수, 체결수량, 거래대금
FROM   일별종목거래
WHERE  거래일자 BETWEEN ? AND ?

SELECT 거래일자, 종목코드, 투자자유형코드, 주문매체코드
     , 체결건수, 체결수량, 거래대금
```

```
FROM    일별종목거래
WHERE   거래일자 BETWEEN ? AND ?
AND     종목코드 = ?

SELECT 거래일자, 종목코드, 투자자유형코드, 주문매체코드
     , 체결건수, 체결수량, 거래대금
FROM    일별종목거래
WHERE   거래일자 BETWEEN ? AND ?
AND     투자자유형코드 = ?

SELECT 거래일자, 종목코드, 투자자유형코드, 주문매체코드
     , 체결건수, 체결수량, 거래대금
FROM    일별종목거래
WHERE   거래일자 BETWEEN ? AND ?
AND     종목코드 = ?
AND     투자자유형코드 = ?
```

Static SQL로 작성했을 때와 차이가 없다. 따라서 이들 액세스 경로(Access Path) 기준으로 인덱스 설계를 하면 되고, 이것을 Static SQL로 작성했다고 해서 인덱스 구성전략이 달라지지는 않는다.

인덱스 구성전략만으로 튜닝이 되지 않을 때는 옵티마이저 힌트를 사용해야 하는데, 조건절이 위와 같이 동적으로 바뀐다면 힌트를 함부로 사용할 수 없다. 그때는 할 수 없이 Static SQL을 사용해야 하며, 인덱스 구성과 컬럼 분포, 자주 사용되는 액세스 유형들을 고려해 SQL을 통합하고 힌트를 기술할 수 있는 형태로 재작성해야만 한다.

이렇게 설명해 놓고 한가지 걱정이 생기는데, 여기 설명한 내용을 근거로 Dynamic SQL를 무분별하게 사용하려는 개발자가 생겨나지 않을까 싶다. 다시 한번 강조하지만, 원칙은 Static SQL로 작성하는 것이며, 방법이 없거나 SQL이 너무 복잡할 때만 Dynamic SQL을 꺼내 들려고 노력해야 한다. 그런 뜻에서 Dynamic SQL을 Static SQL로 바꿔서 구현한 사례들을 다음 절에서 소개하려고 한다.

그전에, 선택적 입력 조건을 처리할 때 NVL 대신 사용할 수 있는 몇 가지 방법들이 있다고 했는데, 여기서 각각의 특징을 살펴보고 넘어가자.

(4) 선택적 검색 조건에 사용할 수 있는 기법 성능 비교

A. OR 조건을 사용하는 경우

```
select * from 일별종목거래
where (:isu_cd is null or isu_cd = :isu_cd)

Execution Plan
------------------------------------------------------------
0     SELECT STATEMENT Optimizer=ALL_ROWS
1  0   TABLE ACCESS (FULL) OF '일별종목거래' (TABLE)
```

항상 Table Full Scan으로 처리되므로 인덱스 활용이 필요할 때는 이 방식을 사용해선 안 된다.

B. LIKE 연산자를 사용하는 경우

```
select * from 일별종목거래
where  isu_cd like :isu_cd || '%'

Execution Plan
------------------------------------------------------------------
0     SELECT STATEMENT Optimizer=ALL_ROWS
1  0   TABLE ACCESS (BY LOCAL INDEX ROWID) OF '일별종목거래' (TABLE)
2  1    INDEX (RANGE SCAN) OF '일별종목거래_PK' (INDEX (UNIQUE))
```

인덱스 사용이 가능하지만 사용자가 :isu_cd 값을 입력하지 않았을 때 Table Full Scan이 유리한데도 인덱스를 사용하게 되므로 성능이 나빠질 수 있다. 또 주의할 점은, null 허용 컬럼일 때 결과집합이 달라질 수 있으므로 반드시 not null 컬럼일 때만 사용해야 한다는 것이다.

C. NVL 함수를 사용하는 경우

```
select * from 일별종목거래
where  isu_cd = nvl(:isu_cd, isu_cd)

Execution Plan
------------------------------------------------------------
0     SELECT STATEMENT Optimizer=ALL_ROWS
1  0   CONCATENATION
2  1    FILTER
3  2     TABLE ACCESS (FULL) OF '일별종목거래' (TABLE)
```

```
4  1    FILTER
5  4     TABLE ACCESS (BY LOCAL INDEX ROWID) OF '일별종목거래' (TABLE)
6  5      INDEX (RANGE SCAN) OF '일별종목거래_PK' (INDEX (UNIQUE))
```

D. DECODE 함수를 사용하는 경우

```
select * from 일별종목거래
where  isu_cd = decode(:isu_cd, null, isu_cd, :isu_cd)

Execution Plan
--------------------------------------------------------------
0      SELECT STATEMENT Optimizer=ALL_ROWS
1  0   CONCATENATION
2  1    FILTER
3  2     TABLE ACCESS (FULL) OF '일별종목거래' (TABLE)
4  1    FILTER
5  4     TABLE ACCESS (BY LOCAL INDEX ROWID) OF '일별종목거래' (TABLE)
6  5      INDEX (RANGE SCAN) OF '일별종목거래_PK' (INDEX (UNIQUE))
```

C와 D 방식은, 사용자의 :isu_cd 입력 여부에 따라 Full Table Scan과 Index Scan으로 실행계획이 자동 분기된다. 단, 앞서 설명한 like 연산자처럼 nvl 또는 decode 함수를 사용할 때도 해당 컬럼이 not null 컬럼이어야 하며, null 허용 컬럼일 때는 결과집합이 달라지므로 주의해야 한다. 사용자가 :isu_cd 값을 입력하지 않았을 때는 조건절이 isu_cd = isu_cd가 되는데, isu_cd 컬럼 값이 null일 때 오라클은 false를 리턴하기 때문이다. 참고로, null = null 비교가 가능한 DBMS도 있기는 하다. 잘 이해가 되지 않는다면 아래 결과를 참고하시라.

```
SQL> select * from dual
  2  where NULL = NULL ;

선택된 레코드가 없습니다.

SQL> select * from dual
  2  where NULL IS NULL ;

DU
--
X

1 개의 행이 선택되었습니다.
```

nvl 또는 decode를 여러 컬럼에 대해 사용했을 때는 그 중 변별력이 가장 좋은 컬럼 기준으로 한번만 분기가 일어난다는 사실도 기억할 필요가 있고, 복잡한 옵션 조건을 처리할 때 이 방식에만 의존하기 어려운 이유가 여기에 있다.

E. UNION ALL을 사용하는 경우

```
select * from 일별종목거래
where  :isu_cd is null
union all
select * from 일별종목거래
where  :isu_cd is not null
and    isu_cd = :isu_cd

Execution Plan
-----------------------------------------------------------------------
0     SELECT STATEMENT Optimizer=ALL_ROWS
1  0   UNION-ALL
2  1    FILTER
3  2     TABLE ACCESS (FULL) OF '일별종목거래' (TABLE)
4  1    FILTER
5  4     TABLE ACCESS (BY LOCAL INDEX ROWID) OF '일별종목거래' (TABLE)
6  5      INDEX (RANGE SCAN) OF '일별종목거래_PK' (INDEX (UNIQUE))
```

이 방식에 대해서는 따로 설명이 필요 없을 것 같다. 5가지 방식에 대한 선택 기준을 정리해 보면 아래와 같다.

① not null 컬럼일 때는 nvl, decode를 사용(C와 D)하는 것이 편하다.

② null 값을 허용하고 인덱스 액세스 조건으로 의미있는 컬럼이라면 union all을 사용(E)해 명시적으로 분기해야 한다.

③ 인덱스 액세스 조건으로 참여하지 않는 경우, 즉 인덱스 필터 또는 테이블 필터 조건으로만 사용되는 컬럼이라면 (:c is null or col = :c) 또는 (c like :c || '%') 어떤 방식을 사용(A와 B)해도 무방하다.

11 Static SQL 구현을 위한 기법들

Dynamic SQL를 자주 사용하게 되는 첫 번째 이유를 앞에서 살펴 보았다. 개발팀에 문의했을 때 두 번째로 많이 나온 사례는 조건절에 IN-List 항목이 가변적으로 변할 때였다. 이를 포함해 Dynamic SQL을 Static SQL로 바꾸는 기법을 몇 가지 소개하려고 한다.

미리 얘기하면, 여기서 소개하는 사례들은 Dynamic SQL로 작성하더라도 생성될 수 있는 최대 SQL 개수가 그다지 많지 않기 때문에 라이브러리 캐시에 그렇게 많은 부하를 주지는 않는다. 앞에서 보았던, 사용자가 선택적으로 입력한 검색조건에 따라 SQL이 다양하게 바뀌는 사례도 마찬가지였다.

문제는, 이런저런 이유로 Dynamic SQL을 사용하는 순간 조건절 비교 값까지 습관적으로 Literal 상수 값을 사용하도록 개발한다는 데에 있다. 그런 뜻에서, 꼭 필요한 경우가 아니라면 가급적 Static SQL로 작성하는 습관과 능력을 기를 수 있도록 몇 가지 사례를 독자와 공유하려는 것이다. 누구나 쉽게 생각해 낼 수 있는 단순한 방법들이지만 이런 사례들을 접함으로써 SQL을 Static하게 구현하는 것이 결코 어려운 일이 아님을 전달하고자 한다.

(1) IN-List 항목이 가변적이지만 최대 경우 수가 적은 경우

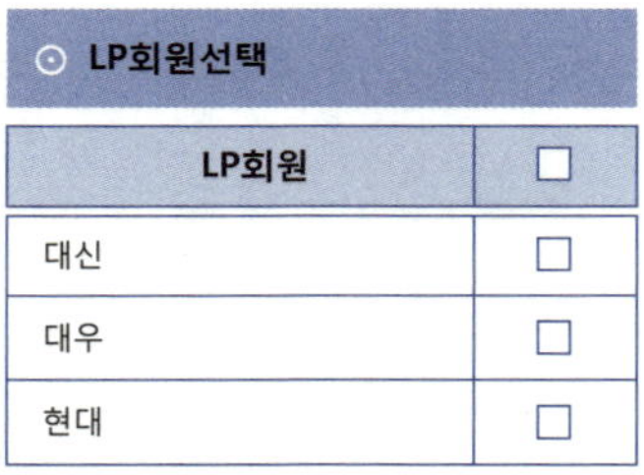

⊙ LP회원선택

LP회원	☐
대신	☐
대우	☐
현대	☐

그림 4-15

LP회원을 선택하는 그림 4-15 팝업 창에서 사용자가 선택한 LP회원 목록을 선택하고자 할 때, Static 방식으로 SQL을 작성하려면 아래 7개 SQL을 미리 작성해 두어야 한다.

```
select * from LP회원 where 회원번호 in ('01')
select * from LP회원 where 회원번호 in ('01', '02')
select * from LP회원 where 회원번호 in ('01', '03')
select * from LP회원 where 회원번호 in ('01', '02', '03')
select * from LP회원 where 회원번호 in ('02')
select * from LP회원 where 회원번호 in ('02', '03')
select * from LP회원 where 회원번호 in ('03')
```

선택 가능한 회원수가 4개로 늘어나면 15개, 5개면 31개의 SQL이 필요하다. SQL을 미리 작성해 두고 경우에 따라 그 중 하나를 선택하도록 프로그래밍하는 것은 귀찮은 일이므로 Dynamic SQL을 사용하는 손쉬운 방법을 선택하게 된다.

하지만 이를 Static SQL로 구현하기 위한 해법은 허무하게도 아래와 같이 간단하다.

```
select * from LP회원 where 회원번호 in ( :a, :b, :c )
```

사용자가 입력하지 않은 항목에 null 값을 입력하면 자동으로 결과집합에서 제외된다. 그런데도 IN-List를 동적으로 생성하도록 Dynamic SQL을 사용하는 경우를 종종 보게 되므로 여기서 언급하는 것이다.

상황에 따라 아래처럼 decode문을 사용해야 할 때도 있다. 그림 4-15에서 4개의 체크박스에 각각 내부적으로 'all', '01', '02', '03' 값이 부여돼 있다고 가정하고 작성한 것이다.

```
select * from LP회원
where 회원번호 in ( decode(:a, 'all', '01', :b)
                  ,decode(:a, 'all', '02', :c)
                  ,decode(:a, 'all', '03', :d)
                  )
```

(2) IN-List 항목이 가변적이고 최대 경우 수가 아주 많은 경우

→ 전체선택 → 전체해제 × 창닫기

☑ 반기검토/감시/사업보고서	☐ 거래처와 거래중단	☐ 유형자산취득/처분
☐ 공개매수	☐ 공시책임자등신고서	☐ 기업설명회
☑ 사외이사/감사 등	☐ 기타안내공시	☐ 기타주요경영사항
☐ 단일판매/공급계약	☑ 담보제공/채무보증	☐ 대표이사변경
☐ 배당	☐ 벌금/과징금/행정조치	☐ 본점소재지변경
☐ 부도/은행거래중지	☐ 부동산투자회사	☐ 사업목적
☐ 주식관련사채	☐ 상장폐지결정	☐ 상호저축은행
☐ 선박투자회사	☐ 소송	☐ 손익구조변경
☐ 시설투자/자원개발	☐ 주식분할/병합	☐ 영업양수도/분할/합병
☐ 영업임대/경영위임/손익공유	☐ 영업정지/조업중단	☐ 은행/공동관리
☐ 이익소각	☐ 임원현황총괄표	☐ 임직원횡령등
☐ 자기주식(신탁포함)	☐ 기술도입	☐ 자율공시
☐ 장래계획	☐ 재해발생	☐ 제품수거/파기
☐ 조회공시답변	☐ 조회공시요구	☐ 주식매수선택권
☐ 주주총회관련	☐ 증여/수증	☐ 증자/감자
☐ 지주회사관련	☐ 차입	☐ 채무인수/면제
☐ 최대/주요주주/계열사변경	☐ 최대주주등과의 거래	☐ 출자/피보증법인
☐ 타법인출자/처분	☐ 특별손익	☐ 특허
☐ 파생상품	☐ 해산/파산	☐ 해외주권상장

그림 4-16

그림 4-16을 보면, IN-List 항목이 가변적이고 최대 개수도 고정적인 것은 앞 사례와 동일하다. 하지만 가능한 경우 수가 너무 많아 Static SQL로 일일이 작성해 두는 것은 불가능해 보인다. 그렇다고 바인드 변수를 사용하는 것도 쉬운 일은 아니다. 실행 시 바인드 변수에 값을 입력하는 코딩을 그만큼 많이 해야 하기 때문이다. 그림 4-16은 화면에 보이는 부분만 표시했는데도 항목 개수가 이미 60여 개에 이른다. 좀 더 쉽게 구현하는 방법이 없을까?

문제를 풀려면 발상의 전환이 필요하다. SQL 조건절에는 대개 좌변에 컬럼을 두고 우변에는 그것과 비교할 상수 또는 변수를 위치시킨다. 하지만 여기서는 생각을 바꿔 컬럼과 변수 위치를 서로 바꿔보자.

```
select * from 수시공시내역
where  공시일자 = :일자
and    :inlist like '%' || 분류코드 || '%'
```

조건절을 위와 같이 작성하고 사용자가 선택한 분류코드를 ',(comma)' 등 구분자로 연결해 아래처럼 String형 변수에 담아서 바인딩하고 실행시키면 된다.

```
:inlist := '01,03,08,14,17,24,33,46,48,53'
```

의외로 문제가 쉽게 풀린 느낌이다. 참고로, 문자열을 처리하는 오라클 내부 알고리즘상 like 연산자보다 instr 함수를 사용하면 더 빠르므로 아래와 같이 작성할 것을 권고한다.

```
select * from 수시공시내역
where  공시일자 = :일자
and    INSTR(:inlist, 분류코드) > 0
```

인덱스 원리에 익숙한 독자라면 like, instr 둘 다 컬럼을 가공한 형태이므로 분류코드를 인덱스 액세스 조건으로 사용 못해 성능상 문제가 될 수 있음을 직감했을 것이다. 이는 인덱스 구성에 따라 얘기가 달라진다.

```
1. IN-List를 사용할 때
select * from 수시공시내역
where 공시일자 = :일자
and   분류코드 in ( … )

2. like 또는 instr 함수를 사용할 때
select * from 수시공시내역
where 공시일자 = :일자
and   INSTR(:inlist, 분류코드) > 0
```

인덱스 구성이 [분류코드 + 공시일자]일 때는 당연히 1번이 유리하다. 2번 SQL문은 이 인덱스를 사용하지 못하거나 Index Full Scan 해야만 한다.

하지만 인덱스 구성이 [공시일자 + 분류코드]일 때는 상황에 따라 다르다. 사용자가 선택한 항목 개수가 소수일 때는 1번이 유리하지만 다수일 때는 인덱스를 그만큼 여러 번 탐침해야 하므로 2번이 유리할 수도 있다. 2번 SQL의 유·불리는 인덱스 깊이(루트에서 리프 블록에 도달하기까지 거치는 블록 수)와 데이터 분포에 따라 결정될 것이다. 하루치 데이터가 수십만 건 이상 되는 경우가 아니라면 대개는 2번처럼 분류코드가 인덱스 필터 조건으로 사용되는 것만으로도 과도한 테이블 랜덤 액세스를 제거할 수 있어 만족할만한 성능을 얻을 수 있다.

어쨌든, 사용자가 대개 소수 항목만으로 조회하거나 인덱스 구성이 [분류코드 + 공시일자]일 때는 인덱스를 좀더 효율적으로 액세스할 수 있는 방법을 강구해야 한다. 어떤 방법이 있는지 살펴보자.

〈 방법1 〉

```
select /*+ ordered use_nl(B) */ B.*
from ( select 분류코드
       from   수시공시분류
       where  INSTR(:inlist, 분류코드) > 0 ) A
     , 수시공시내역 B
where B.분류코드 = A.분류코드
```

위 체크항목들을 화면에 뿌리기 위해 사용한 수시공시분류 테이블은 100개 이내의 작은 테이블일 것이므로 Full Scan으로 읽더라도 비효율이 없다. 작은 테이블을 Full Scan으로 읽으면서 NL 조인 방식으로 분류코드 값을 수시공시내역 테이블에 던져 준다. 그러면 수시공시내역 테이블에 있는 인덱스를 정상적으로 이용하면서 원하는 결과집합을 빠르게 얻을 수 있다.

〈 방법2 〉

```
select /*+ ordered use_nl(B) */ B.*
from (select substr(:inlist, (rownum-1)*2+1, 2)
      from   수시공시분류
      where  rownum <= length(:inlist) / 2) A
    , 수시공시내역 B
where B.분류코드 = A.분류코드
```

여기서도 드라이빙 집합으로서 수시공시분류 테이블을 사용했지만, 화면에 뿌려진 항목 개수 이상의 레코드를 갖는다면 어떤 테이블을 사용해도 무방하다.

이 SQL을 실행할 때는 사용자가 선택한 분류코드를 아래처럼 구분자 없이 연결해 String형 변수에 담아서 바인딩한다.

```
:inlist := '01030814172433464853'
```

인라인뷰 A만 먼저 실행시켜 보면, 아래 10개 레코드를 갖는 집합이 된다. 코드값은 대개 고정길이를 사용한다는 데에 착안한 것이며, 여기서는 2자리라고 가정하고 있다. 코드값 길이가 3자리면, 위 SQL문에서 숫자2를 모두 3으로 바꿔주기만 하면 된다.

01
03
08
14
17
24
33
46
48
53

이를 드라이빙 집합으로 삼아 수시공시내역 테이블을 NL 방식으로 조인한다면 〈방법1〉과 마찬가지로 수시공시내역 테이블에 있는 인덱스를 정상적으로 이용할 수 있다.

〈 방법3 〉

```
select /*+ ordered use_nl(B) */ B.*
from (select substr(:inlist, (level-1)*2+1, 2)
      from  dual
      connect by level <= length(:inlist) / 2) A
   , 수시공시내역 B
where B.분류코드 = A.분류코드
```

〈방법2〉와 같은 방식이라고 할 수 있다. 다만, dual 테이블을 이용해 집합을 동적으로 생성한다는 점만 다르다.

(3) 체크 조건 적용이 가변적인 경우

```
select 회원번호, SUM(체결건수), SUM(체결수량), SUM(거래대금)
from   일별거래실적 e
where  거래일자 = :trd_dd
and    시장구분 = '유가'
and exists (
   select 'x'
   from 종목
   where 종목코드 = e.종목코드
   and   코스피종목편입여부 = 'Y'
)
group by 회원번호
```

주식종목에 대한 회원사(=증권사)별 거래실적을 집계하는 쿼리다. 굵게 표시한 Exists 서브쿼리는 코스피(KOSPI)에 편입된 종목만을 대상으로 거래실적을 집계하고자 할 때만 동적으로 추가된다.

사실 이 케이스는 라이브러리 캐시 최적화와는 그다지 상관이 없다. 나올 수 있는 경우의 수가 두 개뿐이기 때문이다. 그럼에도 Static SQL로 구현해 보려는 노력 속에 SQL을 아래와 같이 작성한 경우를 보았다. 문제는, 아이디어는 괜찮은데 성능이 오히려 이전보다 나빠진다는 데에 있다.

```
select 회원번호, SUM(체결건수), SUM(체결수량), SUM(거래대금)
from   일별거래실적 e
where  거래일자 = :trd_dd
and    시장구분 = '유가'
and exists (
   select 'x'
   from 종목
   where 종목코드 = e.종목코드
   and   코스피종목편입여부 = decode(:check_yn, 'Y', 'Y', 코스피종목편입여부)
)
group by 회원번호
```

사용자가 코스피 종목 편입 여부와 상관없이 전 종목을 대상으로 집계하려고 할 때는 서브쿼리를 수행할 필요가 없다. 그럼에도 위와 같이 무리하게 SQL을 통합함으로써 항상 서브쿼리를 수행해야만 하는 비효율을 안게 된 것이다. SQL 트레이스 결과를 통해 확인해 보자.

[전 종목을 대상으로 집계하고자 할 때]

아래에서 블록 I/O가 8,518개 발생한 것을 볼 수 있다. 지면관계상 Exists절을 빼고 쿼리했을 때의 트레이스 결과를 보여주진 않았지만 600여 개에 불과했었다. 불필요한 서브쿼리를 수행함으로써 이전보다 성능이 더 떨어진 것이다.

```
:trd_dd := '20071228'
:check_yn := 'N'

Call     Count CPU Time Elapsed Time   Disk  Query  Current     Rows
------- ------ -------- ------------ ------ ------ --------- --------
Parse        1    0.000        0.000      0      0         0        0
Execute      1    0.000        0.000      0      0         0        0
Fetch      264    0.000        0.058      0   8518         0     2623
------- ------ -------- ------------ ------ ------ --------- --------
Total      266    0.000        0.058      0   8518         0     2623

Rows  Row Source Operation
----  ---------------------------------------------------
   0  STATEMENT
2623   FILTER  (cr=8518 pr=0 pw=0 time=36781 us)
2627    PARTITION RANGE SINGLE PARTITION: 20 20 (cr=641 pr=0 pw=0 time=10547 us)
2627     TABLE ACCESS BY LOCAL INDEX ROWID 일별거래실적 PARTITION: 20 20 (cr=641 ...)
2627      INDEX RANGE SCAN 일별거래실적_X01 PARTITION: 20 20 (cr=274 pr=0 ... )
2623    TABLE ACCESS BY INDEX ROWID 종목 (cr=7877 pr=0 pw=0 time=25166 us)
2623     INDEX RANGE SCAN 종목_PK (cr=5254 pr=0 pw=0 time=16450 us)(Object ID 79702)
```

[사용자가 코스피 편입 종목만으로 집계하고자 할 때]

이 경우에는 쿼리를 통합했다고 손해를 보지는 않는다. 통합하기 전과 블록 I/O가 같다.

```
:trd_dd := '20071228'
:check_yn := 'Y'

Call     Count CPU Time Elapsed Time   Disk  Query  Current     Rows
------- ------ -------- ------------ ------ ------ --------- --------
Parse        1    0.000        0.000      0      0         0        0
Execute      1    0.000        0.000      0      0         0        0
Fetch       85    0.020        0.045      0   8208         0      839
------- ------ -------- ------------ ------ ------ --------- --------
Total       87    0.020        0.045      0   8208         0      839
```

```
Rows     Row Source Operation
----  ---------------------------------------------------
   0  STATEMENT
 839   FILTER  (cr=8208 pr=0 pw=0 time=13410 us)
2627    PARTITION RANGE SINGLE PARTITION: 20 20 (cr=293 pr=0 pw=0 time=5296 us)
2627     TABLE ACCESS BY LOCAL INDEX ROWID 일별거래실적 PARTITION: 20 20 (cr=293 ...)
2627      INDEX RANGE SCAN 일별거래실적_X01 PARTITION: 20 20 (cr=97 pr=0 pw=0 ... )
 839    TABLE ACCESS BY INDEX ROWID 종목 (cr=7915 pr=0 pw=0 time=27118 us)
2623     INDEX RANGE SCAN 종목_PK (cr=5292 pr=0 pw=0 time=18069 us)(Object ID 79702)
```

위 수행 결과를 볼 때, 2개 SQL로 분리하는 편이 낫다.

Static SQL 구현 능력을 향상시키는 차원에서 굳이 하나의 SQL로 통합하고 싶다면, 아래와 같이 함으로써 두 마리 토끼를 다 잡을 수 있다. 즉, I/O 효율과 라이브러리 캐시 효율을 모두 달성 가능하다.

```
select 회원번호, SUM(체결건수), SUM(체결수량), SUM(거래대금)
from   일별거래실적 e
where  거래일자 = :trd_dd
and    시장구분 = '유가'
and exists (
   select 'x' from dual where :check_yn = 'N'
   union all
   select 'x'
   from 종목
   where 종목코드 = e.종목코드
   and   코스피종목편입여부 = 'Y'
   and   :check_yn = 'Y'
)
group by 회원번호
```

Exists 서브쿼리는 존재여부만 체크하는 것이므로 그 안에 union all을 사용하면 조인에 성공하는 첫 번째 레코드를 만나는 순간 더는 진행하지 않고 true를 리턴한다. SQL 트레이스를 통해 앞에서 수행했던 결과와 비교해 보자.

[전 종목을 대상으로 집계하고자 할 때]

위 쿼리가 실행될 때 :check_yn 변수에 'N' 값이 들어오면, 즉 코스피에 편입되지 않은 종목까지 모두 읽고자 한다면 union all 아래쪽 종목 테이블과는 조인을 시도하지 않고 곧바로 Exists 서브쿼리를 빠져 나온다. 10g부터 DUAL 테이블은 FAST DUAL 방식으로 수행되기 때문에 블록 I/O는 발생하지 않는다.

따라서 위처럼 SQL을 통합하면 아래 트레이스 결과에서 보듯이 블록 I/O가 통합하기 이전과 똑같고, 개발자가 작성한 것보다는 7.5% 수준으로 감소했다. (차이를 느낄 수 없을 정도로 미미하긴 하지만 통합하기 전보다 필터링을 위해 CPU를 약간 더 소모한다는 사실은 알고 있자.)

```
:trd_dd := '20071228'
:check_yn := 'N'

Call     Count CPU Time Elapsed Time   Disk  Query  Current    Rows
------- ------ -------- ------------ ------ ------ --------- -------
Parse        1    0.000        0.000      0      0         0       0
Execute      1    0.000        0.000      0      0         0       0
Fetch      264    0.000        0.035      0    641         0    2627
------- ------ -------- ------------ ------ ------ --------- -------
Total      266    0.000        0.035      0    641         0    2627

Rows   Row Source Operation
----   ---------------------------------------------------
   0   STATEMENT
2627    FILTER   (cr=641 pr=0 pw=0 time=18443 us)
2627     PARTITION RANGE SINGLE PARTITION: 20 20 (cr=641 pr=0 pw=0 time=7924 us)
2627      TABLE ACCESS BY LOCAL INDEX ROWID 일별거래실적 PARTITION: 20 20 (cr=641 ...)
2627       INDEX RANGE SCAN 일별거래실적_X01 PARTITION: 20 20 (cr=274 pr=0 ... )
2627     UNION-ALL   (cr=0 pr=0 pw=0 time=9061 us)
2627      FILTER   (cr=0 pr=0 pw=0 time=4659 us)
2627       FAST DUAL   (cr=0 pr=0 pw=0 time=1874 us)
   0      TABLE ACCESS BY INDEX ROWID 종목 (cr=0 pr=0 pw=0 time=0 us)
   0       INDEX RANGE SCAN 종목_PK (cr=0 pr=0 pw=0 time=0 us)(Object ID 79702)
```

참고로, 9i 이전 버전이었다면 차라리 두 개 SQL로 분리하는 게 나을 수도 있다. 필터 처리 시 캐싱 효과가 있긴 하지만 최소한 해당 일자에 거래가 있었던 종목코드 개수만큼 DUAL 테이블을 반복적으로 읽어야 하기 때문이다. DUAL 테이블을 Full Scan 방식으로 읽게 되므로 건건이 세그먼트 헤더를 포함해서 보통 2~4개 정도의 블록 I/O를 추가로 일으키게 된다.

[사용자가 코스피 편입 종목만으로 집계하고자 할 때]

이 경우는 통합 전에도 어차피 서브쿼리를 수행했어야 하므로 동일한 성능을 보인다.

```
:trd_dd := '20071228'
:check_yn := 'Y'

Call      Count CPU Time Elapsed Time   Disk  Query  Current    Rows
-------- ------ -------- ------------ ------ ------ -------- --------
Parse         1    0.000        0.000      0      0        0        0
Execute       1    0.000        0.000      0      0        0        0
Fetch        85    0.040        0.053      0   8208        0      839
-------- ------ -------- ------------ ------ ------ -------- --------
Total        87    0.040        0.053      0   8208        0      839

Rows  Row Source Operation
----  ---------------------------------------------------
   0  STATEMENT
 839   FILTER  (cr=8208 pr=0 pw=0 time=15177 us)
2627    PARTITION RANGE SINGLE PARTITION: 20 20 (cr=293 pr=0 pw=0 time=7919 us)
2627     TABLE ACCESS BY LOCAL INDEX ROWID 일별거래실적 PARTITION: 20 20 (cr=293 ...)
2627      INDEX RANGE SCAN 일별거래실적_X01 PARTITION: 20 20 (cr=97 pr=0 pw=0 ... )
 839    UNION-ALL  (cr=7915 pr=0 pw=0 time=36922 us)
   0     FILTER  (cr=0 pr=0 pw=0 time=1817 us)
   0      FAST DUAL  (cr=0 pr=0 pw=0 time=0 us)
 839     TABLE ACCESS BY INDEX ROWID 종목 (cr=7915 pr=0 pw=0 time=26760 us)
2623      INDEX RANGE SCAN 종목_PK (cr=5292 pr=0 pw=0 time=17769 us)
```

(4) select-list가 동적으로 바뀌는 경우

사용자 선택에 따라 화면에 출력해야 할 항목이 달라지는 경우가 종종 있다. 그림 4-17은, 그런 요건 때문에 SQL을 동적으로 구성할 수 밖에 없었다면서 어떤 개발팀에서 가져온 사례다.

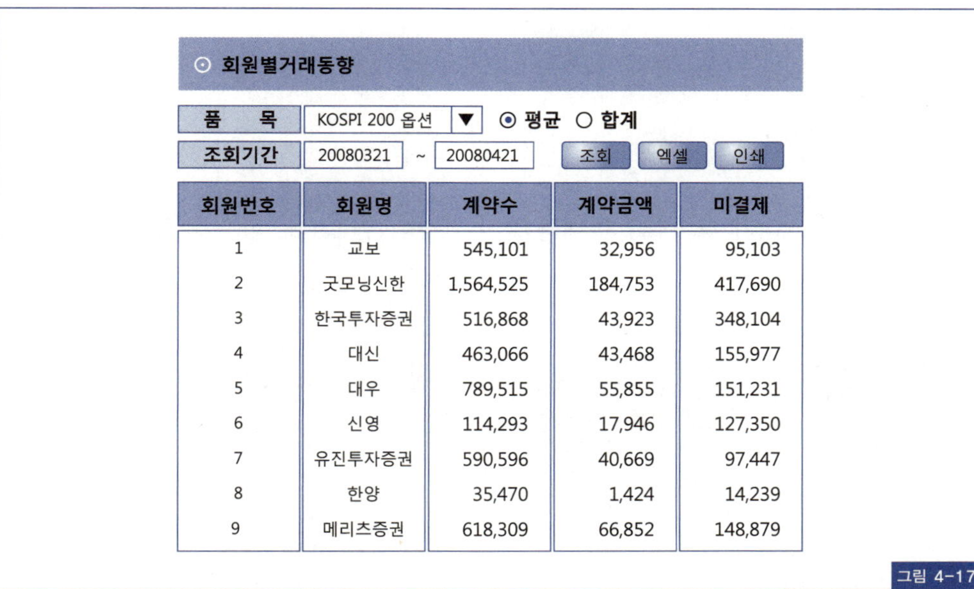

⊙ 회원별거래동향

품 목: KOSPI 200 옵션 ▼ ⊙ 평균 ○ 합계

조회기간: 20080321 ~ 20080421 [조회] [엑셀] [인쇄]

회원번호	회원명	계약수	계약금액	미결제
1	교보	545,101	32,956	95,103
2	굿모닝신한	1,564,525	184,753	417,690
3	한국투자증권	516,868	43,923	348,104
4	대신	463,066	43,468	155,977
5	대우	789,515	55,855	151,231
6	신영	114,293	17,946	127,350
7	유진투자증권	590,596	40,669	97,447
8	한양	35,470	1,424	14,239
9	메리츠증권	618,309	66,852	148,879

그림 4-17

```
/* 1 : 평균 2: 합계 */
if ( pfmStrCmpTrim(INPUT->inData.gubun,"1",1) == 0 ){
  snprintf(..., " avg(계약수), avg(계약금액), avg(미결제약정금액) ");
} else {
  snprintf(..., " sum(계약수), sum(계약금액), sum(미결제약정금액) ");
}
```

이것을 Static SQL로 바꾸는 것은 너무 쉽다. decode 함수 또는 case 구문을 활용하면 된다.

```
/* 1 : 평균 2: 합계 */
decode(:gubun, '1', avg(계약수), sum(계약수)),
decode(:gubun, '1', avg(계약금액), sum(계약금액)),
decode(:gubun, '1', avg(미결제약정금액), sum(미결제약정금액)),
```

아래는 또 다른 개발팀에서 가져온 사례인데, 위의 것과 동일하다.

```
/*1:개별 2: 누적*/
if ( pfmStrCmpTrim(INPUT->inData.gubun,"1",1) == 0 ){
  snprintf(..., "sum(거래량) 거래량, sum(거래대금) 거래대금");
} else {
  snprintf(..., "sum(누적거래량) 거래량, sum(누적거래대금) 거래대금");
```

아래처럼 Static SQL로 바꾸면 된다.

```
/*1:개별 2: 누적*/
decode(:gubun, '1', sum(거래량), sum(누적거래량)) 거래량,
decode(:gubun, '1', sum(거래대금), sum(누적거래대금)) 거래대금
```

주의할 것은, 결과가 같더라도 아래와 같이 작성하면 decode 함수를 집계대상 건수만큼 반복 수행하게 되므로 성능이 더 나빠질 수 있다는 사실이다.

```
/*1:개별 2: 누적*/
sum(decode(:gubun, '1', 거래량, 누적거래량)) 거래량,
sum(decode(:gubun, '1', 거래대금, 누적거래대금)) 거래대금
```

(5) 연산자가 바뀌는 경우

조건절에 사용되는 입력항목이나 출력항목이 바뀌는 게 아니라 그림 4-18처럼 비교 연산자가 그때그때 달라지는 경우는 어떻게 Static SQL로 구현할 수 있을까?

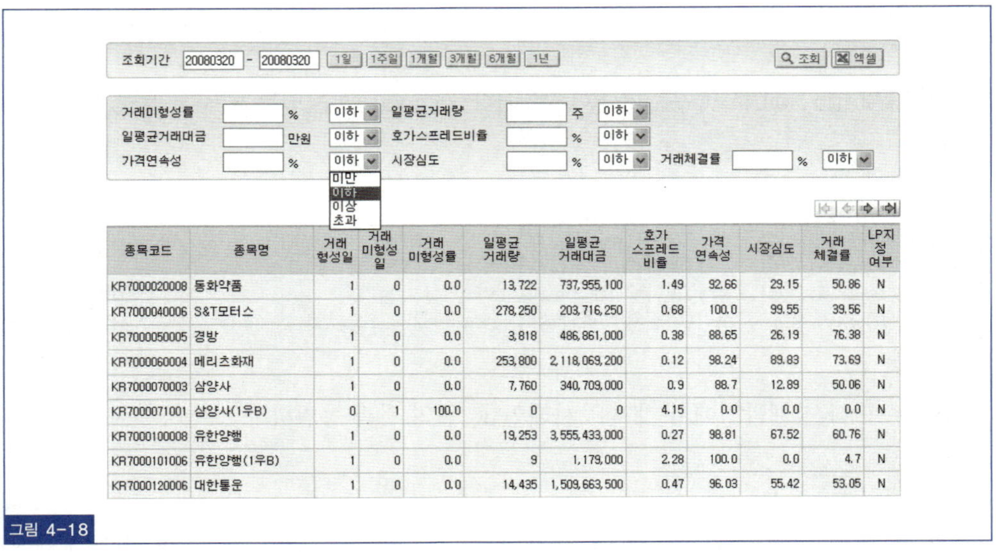

종목코드	종목명	거래 형성일	거래 미형성일	거래 미형성률	일평균 거래량	일평균 거래대금	호가 스프레드 비율	가격 연속성	시장심도	거래 체결률	LP지정 여부
KR7000020008	동화약품	1	0	0.0	13,722	737,955,100	1.49	92.66	29.15	50.86	N
KR7000040006	S&T모터스	1	0	0.0	278,250	203,716,250	0.68	100.0	99.55	39.56	N
KR7000050005	경방	1	0	0.0	3,818	486,861,000	0.38	88.65	26.19	76.38	N
KR7000060004	메리츠화재	1	0	0.0	253,800	2,118,069,200	0.12	98.24	89.83	73.69	N
KR7000070003	삼양사	1	0	0.0	7,760	340,709,000	0.9	88.7	12.89	50.06	N
KR7000071001	삼양사(1우B)	0	1	100.0	0	0	4.15	0.0	0.0	0.0	N
KR7000100008	유한양행	1	0	0.0	19,253	3,555,433,000	0.27	98.81	67.52	60.76	N
KR7000101006	유한양행(1우B)	1	0	0.0	9	1,179,000	2.28	100.0	0.0	4.7	N
KR7000120006	대한통운	1	0	0.0	14,435	1,509,663,500	0.47	96.03	55.42	53.05	N

그림 4-18

미만, 이하, 이상, 초과 중 사용자가 선택하는 항목이 무엇이냐에 따라 〈, 〈=, 〉, 〉= 4

가지 중 하나의 연산자로 바꿔야 하므로 Dynamic SQL이 불가피하다고 생각할 수 있다. 하지만 누구나 조금만 고민해 보면 쉽게 해법을 찾을 수 있다. 아래처럼 SQL을 작성하고 바인딩하는 값을 바꾸면 된다.

```
where 거래미형성률     between :min1 and :max1
and   일평균거래량     between :min2 and :max2
and   일평균거래대금   between :min3 and :max3
and   호가스프레드비율 between :min4 and :max4
and   가격연속성       between :min5 and :max5
and   시장심도         between :min6 and :max6
and   거래체결률       between :min7 and :max7
```

각 컬럼은 아래와 같은 도메인에 따라 표준화된 데이터 타입과 자릿수를 할당받는다.

도메인	데이터 타입
거래량	NUMBER(9)
거래대금	NUMBER(15)
가격연속성	NUMBER(5, 2)
……	……

일평균거래량을 예로 들면, 거래량 도메인은 9자리 숫자형이고 정수 값만 허용하므로 입력 가능한 최소값은 0, 최대값은 999,999,999이다. 따라서 사용자가 1000주를 입력하면 사용자가 선택한 비교 연산자에 따라 아래와 같이 Between 시작값과 종료값을 바인딩하면 된다.

구분	between 시작값(:min3)	between 종료값(:max3)
이하	0	1000
미만	0	999
이상	1000	999999999
초과	1001	999999999

정수형이 아닌 가격연속성을 하나 더 예로 들면, 가격연속성 도메인은 소수점 이하 2자리를 갖는 총 5자리 숫자형이므로 입력 가능한 최소값은 0.00, 최대값은 999.99이다. 따라서 사용자가 50%를 입력하면 사용자가 선택한 비교 연산자에 따라 아래와 같이 Between 시작값과 종료값을 바인딩하면 된다.

구분	between 시작값(:min5)	between 종료값(:max5)
이하	0.00	50.00
미만	0.00	49.99
이상	50.00	999.99
초과	50.01	999.99

Chapter 05

데이터베이스 Call 최소화 원리

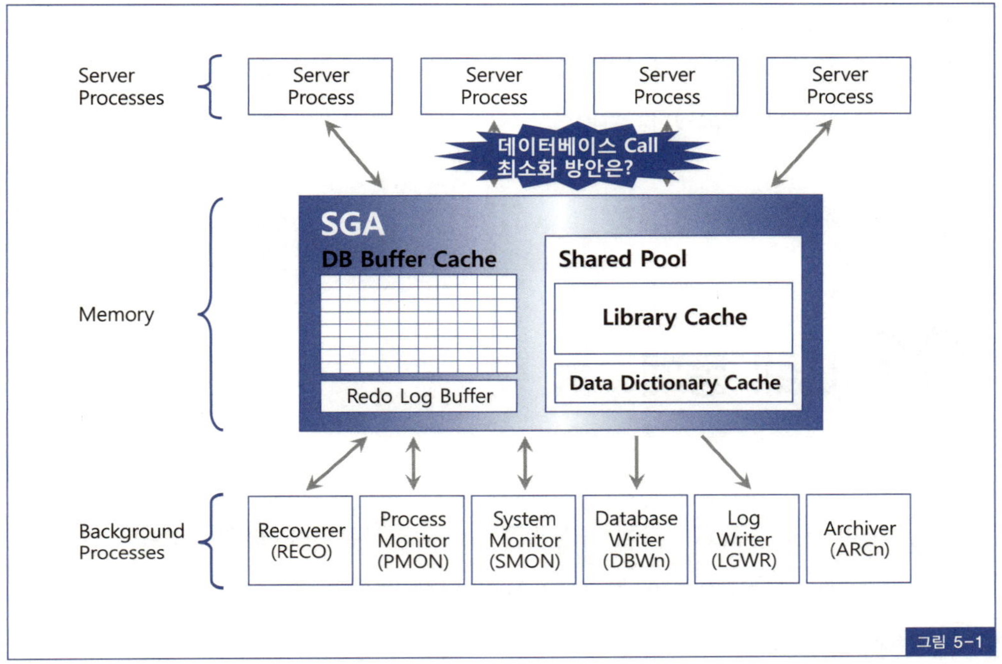

그림 5-1

모든 소프트웨어가 그렇듯 데이터베이스도 사용자로부터 일정한 명령을 전달받아 사용자 요구사항에 따라 충실히 일을 수행하고 그 결과를 리턴한다. DB 관리자를 위한 명령어도 매우 다양하지만 이들 명령어는 정형화된 DB 작업만을 처리하므로 오라클 개발팀에 의해 이미 최적화된 상태로 컴파일돼 있다. 반면 일반 사용자의 데이터에 대한 요구사항은 너무 다양해 미리 최적화해서 컴파일해 놓는 것은 불가능하다. 따라서 SQL이라는 구조화된 질의언어를 이용해 DB에 요구사항을 전달하면 그것을 위한 처리 루틴을 동적으로 생성해서 최적화하고, 이를 처리하는 실제적인 프로시저(Row-Source)를 내부적으로 생성해서 컴파일한다. 그 과정에서 발생하는 비효율을 최소화하는 원리를 4장에서 깊이 있게 다루었고, 그 중 과도한 Parse Call을 해소하는 원리도 포함하였다.

본 장에서는 Parse Call을 제외하고 SQL 수행 중에 발생하는 Execute Call, Fetch Call을 줄이는 방법에 대해 설명하고, 데이터베이스 Call을 User Call과 Recursive Call로 나누어 각각을 최소화하는 원리와 방안에 대해서도 집중적으로 설명한다. DBA로부터의 관리적 명령어든 사용자로부터의 데이터 조작 명령어든 모두 데이터베이스 Call을 통해 서버 프로세스에 전달되며, 불필요하고 반복적인 Call 수행횟수를 최소화하는 것은 데이터베이스 수행속도를 향상시키고 확장성을 높이는 매우 중요한, 어떻게 보면 가장 핵심적인 튜닝 요소라고 하겠다.

01 Call 통계

아래는 SQL 트레이스 레포트에서 Call 통계(Statistics) 부분만을 발췌한 것이다. 이 레포트는 커서의 활동상태를 Parse, Execute, Fetch 세 단계로 나누어 각각에 대한 수행통계를 보여준다.

```
select cust_nm, birthday from customer where cust_id = :cust_id

call     count       cpu    elapsed       disk      query    current        rows
------- ------  -------- ---------- ---------- ---------- ----------  ----------
Parse        1      0.00       0.00          0          0          0           0
Execute   5000      0.18       0.14          0          0          0           0
Fetch     5000      0.21       0.25          0      20000          0       50000
------- ------  -------- ---------- ---------- ---------- ----------  ----------
total    10001      0.39       0.40          0      20000          0       50000

Misses in library cache during parse: 1
```

Parse Call은 커서를 파싱하는 과정에 대한 통계로서, 실행계획을 생성하거나 찾는 과정에 관한 정보를 포함한다. **Execute Call**은 말 그대로 커서를 실행하는 단계에 대한 통계를 보여준다. **Fetch Call**은 select문에서 실제 레코드를 읽어 사용자가 요구한 결과집합을 반환하는 과정에 대한 통계를 보여준다.

Parse Call 최소화 및 최적화 원리에 대해서는 앞 장에서 자세히 살펴보았다. 바인드 변수를 사용해서 Parse Call을 가볍게 하는 방법, 세션 커서 캐싱을 통해 Parse Call을 더 가볍게 하는 방법, 애플리케이션 커서 캐싱을 통해 Parse Call이 아예 발생하지 않게 하는 방법 등을 기억할 것이다. 위 트레이스 결과에서도 애플리케이션 커서 캐싱 기법을 사용했음을 알 수 있다(Parse Call = 1).

insert, update, delete, merge 등 DML문은 Execute Call 시점에 모든 처리과정을 서버 내에서 완료하고 처리결과만 리턴하므로 Fetch Call이 전혀 발생하지 않는다. insert … select문도 마찬가지다. 클라이언트로부터 명시적인 Fetch Call을 받지 않으며 서버 내에서 묵시적으로 Fetch가 이루어진다.

```
insert into MEMBER_BACKUP
select * from MEMBER

call     count       cpu    elapsed       disk      query    current        rows
------- ------  -------- ---------- ---------- ---------- ----------  ----------
Parse        1      0.07       0.15          0          3          0           0
Execute      1      6.27      43.08      13001      18410     481251      449604
Fetch        0      0.00       0.00          0          0          0           0
------- ------  -------- ---------- ---------- ---------- ----------  ----------
total        2      6.34      43.23      13001      18413     481251      449604

Misses in library cache during parse: 1
Optimizer mode: ALL_ROWS
Parsing user id: 64

Rows     Row Source Operation
-------  ---------------------------------------------------
 449604  TABLE ACCESS FULL MEMBER (cr=14443 pr=13001 pw=0 time=64765167 us)
```

select문일 때 Execute Call 단계에서는 커서만 오픈하고, 실제 데이터를 처리하는 과정은 모두 Fetch 단계에서 일어난다. 예를 들어, 아래는 100만 건짜리 CUST 테이블을 group by하는 쿼리인데, sort group by는 Execute 단계에서 처리할 것으로 예상되지만 실제로는 Fetch 시점에 모든 처리가 일어났다. 실제 데이터를 액세스하면서 일을 시작하는 시점은 첫 번째 Fetch Call 인 것을 짐작할 수 있다.

```
select REGION, count(*)
from   CUST
group by REGION

call     count       cpu    elapsed       disk      query    current        rows
------- ------  -------- ---------- ---------- ---------- ----------  ----------
Parse        1      0.06       0.16          0          3          0           0
Execute      1      0.00       0.00          0          0          0           0
Fetch        3      2.26      41.20      14427      14443          0          26
------- ------  -------- ---------- ---------- ---------- ----------  ----------
total        5      2.32      41.37      14427      14446          0          26

Misses in library cache during parse: 1
Optimizer mode: ALL_ROWS
Parsing user id: 64

Rows     Row Source Operation
-------  ---------------------------------------------------
     26  SORT GROUP BY (cr=14443 pr=14427 pw=0 time=41208794 us)
1000000   TABLE ACCESS FULL CUST (cr=14443 pr=14427 pw=0 time=34065961 us)
```

for update 구문을 사용하면 Execute Call 단계에서 모든 레코드를 읽어 Lock을 설정한다. 아래는 10,000개 레코드를 갖는 테이블을 for update 구문을 사용해 쿼리한 결과인데, 사용자는 11번의 Fetch Call을 통해 101개 레코드만 Fetch 하고 멈췄지만 Execute 단계에서 이미 Current 모드로 읽어 10,000개 레코드 전체에 대해 Lock을 설정했음을 알 수 있다.

```
select *
from   SUPPLIER for update

call     count       cpu    elapsed       disk      query    current        rows
------- ------  -------- ---------- ---------- ---------- ----------  ----------
Parse        1      0.00       0.00          0          0          0           0
Execute      1      0.20       0.24          0         74      10178           0
Fetch       11      0.00       0.00          0         14          0         101
------- ------  -------- ---------- ---------- ---------- ----------  ----------
total       13      0.20       0.24          0         88      10178         101

Misses in library cache during parse: 0
Optimizer mode: ALL_ROWS
Parsing user id: 61

Rows     Row Source Operation
-------  ---------------------------------------------------
    101  FOR UPDATE  (cr=92 pr=0 pw=0 time=246704 us)
  10101   TABLE ACCESS FULL SUPPLIER (cr=87 pr=0 pw=0 time=70852 us)
```

02 User Call vs. Recursive Call

앞에서는 데이터베이스 Call을 커서의 활동상태에 따라 Parse, Execute, Fetch로 나누었는데, Call이 어디서 발생하느냐에 따라 User Call과 Recursive Call로 나눌 수도 있다.

SQL 트레이스 파일을 TKProf 유틸리티로 포맷팅하면 맨 아래쪽에 아래와 같은 Overall Total 통계가 나온다. 이 중 NON-RECURSIVE 통계가 User Call에 해당하며, 그 아래쪽 RECURSIVE 통계가 Recursive Call에 해당한다.

```
OVERALL TOTALS FOR ALL NON-RECURSIVE STATEMENTS

call     count       cpu    elapsed       disk       query    current        rows
------- -------  --------- ---------- ---------- ---------- ----------  ----------
Parse     90872     168.94     352.19          1        150         71           0
Execute  176628    2793.18    3084.44      20929  182492646     721270      241853
Fetch    267612    1088.07    7229.70    6020601   73918515          3     1423357
------- -------  --------- ---------- ---------- ---------- ----------  ----------
total    535112    4050.19   10666.34    6041531  256411311     721344     1665210

Misses in library cache during parse: 62590
Misses in library cache during execute: 1980


OVERALL TOTALS FOR ALL RECURSIVE STATEMENTS

call     count       cpu    elapsed       disk       query    current        rows
------- -------  --------- ---------- ---------- ---------- ----------  ----------
Parse     36153       0.88       1.78          2          2        380           0
Execute 3118796     152.34     684.24     479003    6884676     450267      144495
Fetch   3012681     143.35     316.24      41707   18561627         37     3221497
------- -------  --------- ---------- ---------- ---------- ----------  ----------
total   6167630     296.57    1002.27     520712   25446305     450684     3365992

Misses in library cache during parse: 1076
Misses in library cache during execute: 1022
```

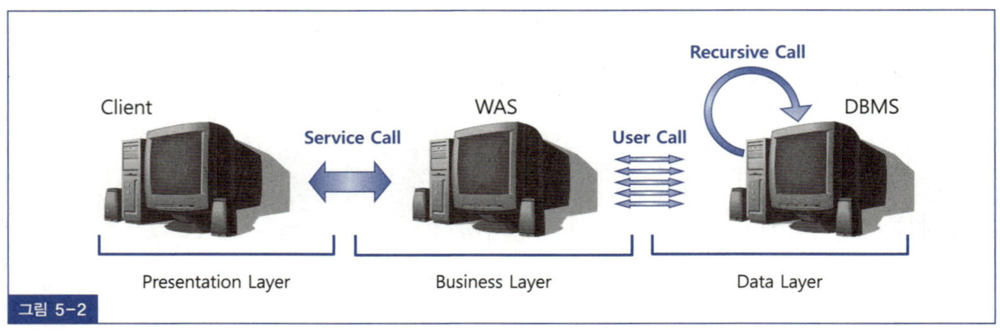

그림 5-2

User Call은 OCI(Oracle Call Interface)를 통해 오라클 외부로부터 들어오는 Call을 말한다. 그림 5-2에서 User Call이 클라이언트가 아닌 WAS에서 발생하는 이유는, 실제 시스템 사용자가 어디에 위치하느냐와는 별개로 DBMS 입장에서의 사용자는 WAS이기 때문이다. 그리고 위 그림 5-2는 개념적인 것으로서 실제 WAS가 DBMS와 같은 하드웨어 머신에 있을 수도 있다.

동시 접속자 수가 적을 때는 잘 드러나지 않지만 Peak 시간대에 시스템 장애를 발생시키는 가장 큰 주범은 뭐니뭐니해도 User Call이다. User Call이 많이 발생하도록 개발된 애플리케이션은 결코 좋은 성능을 낼 수 없으며, 이는 개발자의 기술력에 의해서도 좌우되지만 많은 경우 애플리케이션 설계와 프레임워크 기술구조에 기인한다. 이를테면, Array Processing을 제대로 지원하지 않는 프레임워크, 화면 페이지 처리에 대한 잘못 설계된 표준가이드, 사용자 정의 함수/프로시저에 대한 무조건적인 제약 등이 그것이다. 그리고 프로시저 단위 모듈을 지나치게 잘게 쪼개서 SQL을 건건이 호출하도록 설계하는 것도 대표적이다.

DBMS 성능과 확장성(Scalability)을 높이려면 User Call을 최소화하려는 노력이 무엇보다 중요하며, 이를 위해 아래와 같은 기능과 기술을 적극적으로 활용해야만 한다.

① Loop 쿼리를 해소하고 집합적 사고를 통해 One-SQL로 구현
② Array Processing : Array 단위 Fetch, Bulk Insert/Update/Delete
③ 부분범위처리 원리 활용
④ 효과적인 화면 페이지 처리

⑤ 사용자 정의 함수/프로시저/트리거의 적절한 활용

Recursive Call은 오라클 내부에서 발생하는 Call을 말한다. SQL 파싱과 최적화 과정에서 발생하는 Data Dictionary 조회, PL/SQL로 작성된 사용자 정의 함수/프로시저/트리거 내에서의 SQL 수행이 여기에 해당한다. Recursive Call을 최소화하려면, 바인드 변수를 적극적으로 사용해 하드파싱 발생횟수를 줄여야 한다. 그리고 PL/SQL로 작성한 프로그램이 어떤 특징을 가지며 내부적으로 어떻게 수행되는지를 잘 이해하고 시의 적절하게 사용해야만 한다. 무조건 사용하지 못하도록 제약하거나 무분별하게 사용하지 말아야 한다는 뜻이다.

아래는 SQL 트레이스 결과에서 발췌한 것인데, recursive depth가 2로 표시돼 있다. 특정 프로시저를 호출했는데 거기서 또 다른 프로시저를 호출한 경우이며, 그 마지막 프로시저에서 사용된 SQL에 대한 수행통계인 것이다. 이처럼 Recursive Depth가 깊어지도록 프로그래밍하는 것은 바람직하지 않다. PL/SQL은 가상머신(Virtual Machin) 상에서 수행되는 인터프리터(Interpreter) 언어[47]이므로 빈번한 호출 시 컨텍스트 스위칭(Context Switching) 때문에 성능이 매우 나빠진다. 성능을 위해서라면 PL/SQL 프로그램에 대한 지나친 모듈화는 지양해야 한다.

```
SELECT BIRTHDAY , ……
FROM ……

call     count     cpu   elapsed   disk    query    current     rows
------- ------  ------ --------- ------ -------- ----------  -------
Parse        1    0.00      0.00      0        0          2        0
Execute    486    0.05      0.01      0        0          0        0
Fetch      486    0.00      0.00      0     1944          0      486
------- ------  ------ --------- ------ -------- ----------  -------
total      973    0.05      0.02      0     1944          2      486

Misses in library cache during parse: 1
Misses in library cache during execute: 1
Optimizer mode: ALL_ROWS
Parsing user id: 296      (recursive depth: 2)

Rows     Row Source Operation
-------  ---------------------------------------------------
    486  ………
```

또한, 대용량 데이터 조회 쿼리에서 함수를 잘못 사용하면 건건이 함수 호출이 발생해 성능이 극도로 저하되는 경험을 많이 했을 것이다. 대용량 데이터를 조회할 때는 함수를 부분범위처리가 가능한 상황에서 제한적으로 사용해야 하며, 될 수 있으면 조인 또는 스칼라 서브쿼리 형태로 변환하려는 노력이 필요하다. 여기까지만 설명하고, 함수 호출에 의한 부하 해소 원리에 대해서는 7절 이하에서 자세히 다루기로 하겠다.

지금까지 설명한 데이터베이스 Call 종류와 앞으로 설명할 튜닝 원리를 간단히 요약하면 아래 표와 같다.

Call구분	User	Recursive
Parse	● Parse Call 최소화 → 애플리케이션 커서 캐싱 기법 (사용자 정의 함수/프로시저에서는 자동으로 기능함)	
Execute	● Array Processing ● One-SQL로 구현 ● AP 설계 및 표준 가이드	● Array Processing ● 함수 반복 호출 최소화 → 조인 · 스칼라 서브쿼리 활용
Fetch	● Array 단위 Fetch ● 부분범위처리 활용 ● 페이지 처리	● Cursor FOR Loop문 사용 (10g 이후부터 적용)

03 데이터베이스 Call이 성능에 미치는 영향

그림 5-3에 두 테이블이 있다. 데이터 모델을 보고 쉽게 짐작할 수 있듯이 '월요금납부실적' 테이블은 고객별 납입방법별 납입요금을 컬럼 값으로 입력하고, '납입방법별_월요금집계' 테이블은 납입요금을 납입방법코드별로 하나의 레코드로 입력하도록 하고 있다.

---

[47] 7절에서 자세히 설명한다

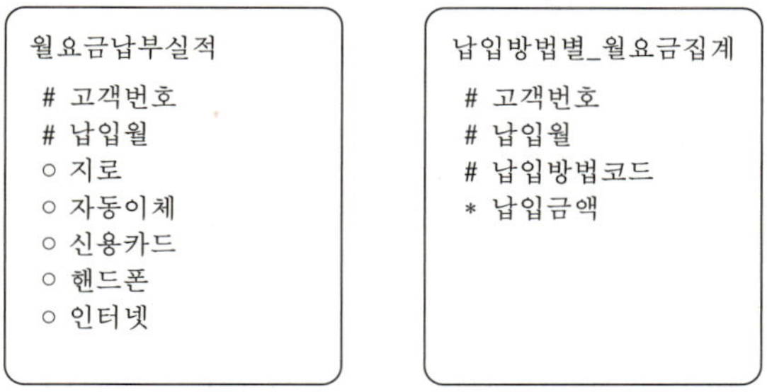

월요금납부실적	납입방법별_월요금집계
# 고객번호	# 고객번호
# 납입월	# 납입월
○ 지로	# 납입방법코드
○ 자동이체	* 납입금액
○ 신용카드	
○ 핸드폰	
○ 인터넷	

그림 5-3

기간계 시스템에서는 요금납부실적을 주로 고객별로 조회하므로 흔히 좌측과 같이 모델링하는 반면(그렇게 하는 게 낫다는 뜻은 아님), 정보계 시스템에서는 다차원 분석을 많이 하므로 우측과 같이 납입방법코드를 PK로 끌어올리는 것이 일반적이다. 이처럼 기간계와 정보계 시스템이 서로 다른 데이터 모델을 사용하기 때문에 발생하는 데이터 가공 요건은 매우 흔하며, 여기서는 '월요금납부실적' 테이블을 이용해 '납입방법별_월요금집계' 테이블 형태로 가공하는 ETL 배치 프로그램이 필요하다고 가정하자.

대용량 데이터를 가공해 본 경험이 많지 않은 개발자들은 위와 같은 업무요건을 만나면 흔히 아래 같은 패턴으로 프로그램을 작성한다.

```
DECLARE
  CURSOR C(INPUT_MONTH VARCHAR2) IS
    SELECT 고객번호, 납입월, 지로, 자동이체, 신용카드, 핸드폰, 인터넷
    FROM   월요금납부실적
    WHERE  납입월 = INPUT_MONTH;

  REC C%ROWTYPE;
  LTYPE VARCHAR2(1);
BEGIN
  OPEN C('200903');

  LOOP
    FETCH C INTO REC;

    EXIT WHEN C%NOTFOUND;

    IF REC.지로 > 0 THEN
      LTYPE := 'A';
      INSERT INTO 납입방법별_월요금집계 (고객번호, 납입월, 납입방법코드, 납입금액)
```

```
      VALUES (REC.고객번호, REC.납입월, LTYPE, REC.지로);
    END IF;

    IF REC.자동이체 > 0 THEN
      LTYPE := 'B';
      INSERT INTO 납입방법별_월요금집계 (고객번호, 납입월, 납입방법코드, 납입금액)
      VALUES (REC.고객번호, REC.납입월, LTYPE, REC.자동이체);
    END IF;

    IF REC.신용카드 > 0 THEN
      LTYPE := 'C';
      INSERT INTO 납입방법별_월요금집계 (고객번호, 납입월, 납입방법코드, 납입금액)
      VALUES (REC.고객번호, REC.납입월, LTYPE, REC.신용카드);
    END IF;

    IF REC.핸드폰 > 0 THEN
      LTYPE := 'D';
      INSERT INTO 납입방법별_월요금집계 (고객번호, 납입월, 납입방법코드, 납입금액)
      VALUES (REC.고객번호, REC.납입월, LTYPE, REC.핸드폰);
    END IF;

    IF REC.인터넷 > 0 THEN
      LTYPE := 'E';
      INSERT INTO 납입방법별_월요금집계 (고객번호, 납입월, 납입방법코드, 납입금액)
      VALUES (REC.고객번호, REC.납입월, LTYPE, REC.인터넷);
    END IF;

  END LOOP;

  COMMIT;

  CLOSE C;

END;
```

개발 초기에는 소량의 테스트용 데이터만으로 프로그램을 수행하므로 무리 없이 돌아가지만 프로젝트가 통합 테스트 단계로 접어들어 실 데이터들이 이관되기 시작하면 갑자기 문제가 심각해진다. 밤새 돌고도 아침까지 끝나지 않는 프로그램들이 부지기수다. 무엇이 문제인가? 문제는 과도한 데이터베이스 Call에 있다.

만약 처리해야 할 월요금납부실적이 100만 건이면 이 테이블에 대한 Fetch Call이 100만 번(Array 단위 Fetch가 작동하지 않을 때), 납입방법별_월요금집계 테이블로의 insert를 위한 Execute Call이 최대 500만 번, 따라서 최대 600만 번의 데이터베이스 Call이 발생하게 된다. (4장에서 설명했듯이, PL/SQL에서는 커서를 자동으로 캐싱하므로 insert를 위한 Parse Call은 소량만 발생한다.)

그나마 위처럼 PL/SQL문으로 코딩하면 네트워크 트래픽 없는 Recursive Call이므로 제법 빠르게 수행된다. 하지만 C, JAVA, VB, Delphi 등으로 개발된 애플리케이션에서 네트워크를 경유해 수행할 때는 문제가 아주 심각해진다. 아래는 JAVA 프로그램으로 작성한 예제다.

```
public class JavaLoopQuery{
  public static void insertData( Connection con
                               , String param1
                               , String param2
                               , String param3
                               , long param4) throws Exception{
    String SQLStmt = "INSERT INTO 납입방법별_월요금집계  "
            + "(고객번호, 납입월, 납입방법코드, 납입금액) "
            + "VALUES(?, ?, ?, ?)";
    PreparedStatement st = con.prepareStatement(SQLStmt);
    st.setString(1, param1);
    st.setString(2, param2);
    st.setString(3, param3);
    st.setLong(4, param4);
    st.execute();
    st.close();
  }

  public static void execute(Connection con, String input_month)
  throws Exception {
    String SQLStmt = "SELECT 고객번호, 납입월"
                   + ", 지로, 자동이체, 신용카드, 핸드폰, 인터넷 "
                   + "FROM   월요금납부실적 "
                   + "WHERE  납입월 = ?";
    PreparedStatement stmt = con.prepareStatement(SQLStmt);
    stmt.setString(1, input_month);
    ResultSet rs = stmt.executeQuery();
    while(rs.next()){
      String 고객번호 = rs.getString(1);
      String 납입월   = rs.getString(2);
      long 지로       = rs.getLong(3);
      long 자동이체   = rs.getLong(4);
      long 신용카드   = rs.getLong(5);
      long 핸드폰     = rs.getLong(6);
      long 인터넷     = rs.getLong(7);
      if(지로 > 0)     insertData (con, 고객번호, 납입월, "A", 지로);
      if(자동이체 > 0) insertData (con, 고객번호, 납입월, "B", 자동이체);
      if(신용카드 > 0) insertData (con, 고객번호, 납입월, "C", 신용카드);
      if(핸드폰 > 0)   insertData (con, 고객번호, 납입월, "D", 핸드폰);
      if(인터넷 > 0)   insertData (con, 고객번호, 납입월, "E", 인터넷);
    }
    rs.close();
    stmt.close();
  }
```

```
  static Connection getConnection() throws Exception { …… }
  static void releaseConnection(Connection con) throws Exception { …… }

  public static void main(String[] args) throws Exception{
    Connection con = getConnection();
    execute(con, "200903");
    releaseConnection(con);
  }
}
```

아래 CREATE 문으로 월요금납부실적 테이블에 30,000건을 넣고 실제 얼마나 소요되는지 테스트해 보자.

```
CREATE TABLE 월요금납부실적
AS
SELECT TO_CHAR(OBJECT_ID) 고객번호
     , '200903' 납입월
     , round(dbms_random.value(1000, 10000), -2) 지로
     , round(dbms_random.value(1000, 10000), -2) 자동이체
     , round(dbms_random.value(1000, 10000), -2) 신용카드
     , round(dbms_random.value(1000, 10000), -2) 핸드폰
     , round(dbms_random.value(1000, 10000), -2) 인터넷
FROM   ALL_OBJECTS
WHERE  ROWNUM <= 30000 ;

CREATE TABLE 납입방법별_월요금집계 (
  고객번호        NUMBER
, 납입월          VARCHAR2(6)
, 납입방법코드    VARCHAR2(1)
, 납입금액        NUMBER
) ;
```

필자의 로컬 PC에서 앞서 본 PL/SQL문으로 수행했을 때, 7.26초가 소요되었다. 아래는 그때의 SQL 트레이스 결과이고, select와 insert를 합쳐 총 18만 번가량의 데이터베이스 Call이 발생한 것을 알 수 있다.

```
SELECT 고객번호, 납입월, 지로, 자동이체, 신용카드, 핸드폰, 인터넷
FROM
 월요금납부실적 WHERE 납입월 = :B1

call     count       cpu    elapsed       disk      query    current        rows
------- ------  -------- ---------- ---------- ---------- ----------  ----------
Parse        1      0.00       0.00          0          0          0           0
```

```
Execute       1   0.00       0.00       0        0          0        0
Fetch     30001   0.23       0.17       0    30004          0    30000
------- ------  ------ ---------- ------- -------- ----------  -------
total     30003   0.23       0.17       0    30004          0    30000

Misses in library cache during parse: 0
Optimizer mode: ALL_ROWS
Parsing user id: 54     (recursive depth: 1)

Rows     Row Source Operation
-------  ---------------------------------------------------
30000  TABLE ACCESS FULL 월요금납부실적 (cr=30004 pr=0 pw=0 time=151055 us)

**************************************************************************

INSERT INTO 납입방법별_월요금집계
(고객번호, 납입월, 납입방법코드, 납입금액)
VALUES (:B4 , :B3 , :B2 , :B1 )

call     count     cpu    elapsed    disk    query    current     rows
------- ------  ------ ---------- ------- -------- ----------  -------
Parse        5    0.00       0.00       0        0          0        0
Execute 150000    2.62       2.47       2     2476     162171   150000
Fetch        0    0.00       0.00       0        0          0        0
------- ------  ------ ---------- ------- -------- ----------  -------
total   150005    2.62       2.47       2     2476     162171   150000

Misses in library cache during parse: 1
Misses in library cache during execute: 1
Optimizer mode: ALL_ROWS
Parsing user id: 54     (recursive depth: 1)
```

반면, JAVA 프로그램을 수행할 때는 무려 126.82초가 소요되었다. 아래는 그때의 SQL 트레이스 결과이고, 총 303,000번 가량의 데이터베이스 Call이 발생한 것을 알 수 있다.

```
SELECT 고객번호, 납입월, 지로, 자동이체, 신용카드, 핸드폰, 인터넷
FROM
  월요금납부실적 WHERE  납입월 = :1

call     count     cpu    elapsed    disk    query    current     rows
------- ------  ------ ---------- ------- -------- ----------  -------
Parse        1    0.00       0.00       0        0          0        0
Execute      1    0.00       0.02       2        2          0        0
Fetch     3001    0.14       0.18       9     3135          0    30000
------- ------  ------ ---------- ------- -------- ----------  -------
total     3003    0.14       0.20      11     3137          0    30000
```

```
Misses in library cache during parse: 1
Misses in library cache during execute: 1
Optimizer mode: ALL_ROWS
Parsing user id: 54

Rows     Row Source Operation
-------  ---------------------------------------------------
30000  TABLE ACCESS FULL 월요금납부실적 (cr=3135 pr=9 pw=0 time=165106 us)

*************************************************************************

INSERT INTO 납입방법별_월요금집계
(고객번호, 납입월, 납입방법코드, 납입금액)
VALUES (:1, :2, :3, :4)

call     count       cpu    elapsed       disk      query    current        rows
------- ------  -------- ---------- ---------- ---------- ----------  ----------
Parse   150000      1.98       2.00          0          0          0           0
Execute 150000      8.75       9.20         27     150143     606212      150000
Fetch        0      0.00       0.00          0          0          0           0
------- ------  -------- ---------- ---------- ---------- ----------  ----------
total   300000     10.73      11.20         27     150143     606212      150000

Misses in library cache during parse: 1
Misses in library cache during execute: 1
Optimizer mode: ALL_ROWS
Parsing user id: 54
```

select문에서 Fetch Call이 앞에서보다 1/10 수준으로 준 것은 JAVA에서 FetchSize 기본 설정이 10이기 때문이다. Array 단위 Fetch에 대해서는 뒤에서 다룬다. 그리고 JAVA에서 insert문은 애플리케이션 커서 캐싱 기법을 사용하지 않았으므로 Execute Call과 같은 횟수만큼 Parse Call이 발생했다. PL/SQL에서는 자동으로 커서를 캐싱하므로 Parse Call이 5번에 그쳤다.

주목할 것은, JAVA에서 총 소요시간이 126.82초인데 반해 서버에서의 일량은 그에 훨씬 못 미친다는 사실이다. 순수하게 서버에서 처리한 시간은 10여 초에 불과하고 나머지는 네트워크 구간에서 소비한 시간, 그리고 데이터베이스 Call이 발생할 때마다 매번 OS로부터 CPU와 메모리 리소스를 할당받으려고 소비한 시간이다. User Call이 Recursive Call에 비해 더 심각한 부하를 일으키는 이유가 바로 여기에 있다.

아래와 같이 One-SQL로 통합하고 수행해 보면 1초가 채 걸리지 않는다.

```
INSERT INTO 납입방법별_월요금집계(납입월,고객번호,납입방법코드,납입금액)
SELECT x.납입월, x.고객번호
     , CHR(64 + Y.NO) 납입방법코드
     , DECODE(Y.NO, 1, 지로, 2, 자동이체, 3, 신용카드, 4, 핸드폰, 5, 인터넷)
FROM   월요금납부실적 x
     ,(SELECT LEVEL NO FROM DUAL CONNECT BY LEVEL <= 5) y
WHERE x.납입월 = '200903'
AND   y.NO IN (
         DECODE(지로, 0, NULL, 1)
       , DECODE(자동이체, 0, NULL, 2)
       , DECODE(신용카드, 0, NULL, 3)
       , DECODE(핸드폰, 0, NULL, 4)
       , DECODE(인터넷, 0, NULL, 5)
       )

call     count       cpu    elapsed       disk      query    current        rows
------- ------  -------- ---------- ---------- ---------- ----------  ----------
Parse        1      0.01       0.02          0          1          0           0
Execute      1      0.45       0.66          2       1062       5079      150000
Fetch        0      0.00       0.00          0          0          0           0
------- ------  -------- ---------- ---------- ---------- ----------  ----------
total        2      0.46       0.68          2       1063       5079      150000

Misses in library cache during parse: 1
Optimizer mode: ALL_ROWS
Parsing user id: 54
```

데이터양이 많을 때는 위 쿼리도 소트 머지 조인 또는 해시 조인으로 유도하기 위한 약간의 튜닝이 필요하다.

```
INSERT INTO 납입방법별_월요금집계(납입월,고객번호,납입방법코드,납입금액)
SELECT /*+ USE_MERGE(X Y) NO_EXPAND NO_MERGE(X) */ x.납입월, x.고객번호
     , CHR(64 + Y.NO) 납입방법코드
     , DECODE(Y.NO, 1, 지로, 2, 자동이체, 3, 신용카드, 4, 핸드폰, 5, 인터넷)
FROM   (SELECT 1 DUMMY,납입월,고객번호,지로,자동이체,신용카드,핸드폰,인터넷
        FROM   월요금납부실적
        WHERE  납입월 = '200903') x
     ,(SELECT 1 DUMMY, LEVEL NO FROM DUAL CONNECT BY LEVEL <= 5) y
WHERE x.DUMMY = y.DUMMY
AND   y.NO IN (
         DECODE(지로, 0, NULL, 1)
       , DECODE(자동이체, 0, NULL, 2)
       , DECODE(신용카드, 0, NULL, 3)
       , DECODE(핸드폰, 0, NULL, 4)
       , DECODE(인터넷, 0, NULL, 5)
) ;
```

다음 절에서 설명하는 Array Processing 기법을 활용하면, DBMS 외부에서 수행되는

JAVA 같은 프로그램에서도 네트워크 트래픽을 획기적으로 줄여 줘 굳이 One-SQL로 작성하지 않더라도 같은 수준의 성능개선 효과를 얻을 수 있다. 이 사실은, One-SQL로 로직을 통합했을 때 극적으로 성능 개선이 이루어지는 원리가 데이터베이스 Call 횟수를 줄이는 데에 있음을 반증한다.

'납입방법별_월요금집계' 테이블을 읽어 '월요금납부실적'을 가공하고자 할 때는 어떻게 하면 될까? 혹시 아래와 같이 쿼리를 작성하는 개발자가 있을까 싶지만 뜻밖에 아주 많다.

```
INSERT INTO 월요금납부실적
(고객번호, 납입월, 지로, 자동이체, 신용카드, 핸드폰, 인터넷)
SELECT K.고객번호, '200903' 납입월
     , A.납입금액 지로
     , B.납입금액 자동이체
     , C.납입금액 신용카드
     , D.납입금액 핸드폰
     , E.납입금액 인터넷
FROM   고객 K
      ,(SELECT 고객번호, 납입금액 FROM 납입방법별_월요금집계
        WHERE  납입월 = '200903'
        AND    납입방법코드 = 'A') A
      ,(SELECT 고객번호, 납입금액 FROM 납입방법별_월요금집계
        WHERE  납입월 = '200903'
        AND    납입방법코드 = 'B') B
      ,(SELECT 고객번호, 납입금액 FROM 납입방법별_월요금집계
        WHERE  납입월 = '200903'
        AND    납입방법코드 = 'C') C
      ,(SELECT 고객번호, 납입금액 FROM 납입방법별_월요금집계
        WHERE  납입월 = '200903'
        AND    납입방법코드 = 'D') D
      ,(SELECT 고객번호, 납입금액 FROM 납입방법별_월요금집계
        WHERE  납입월 = '200903'
        AND    납입방법코드 = 'E') E
WHERE  A.고객번호(+) = K.고객번호
AND    B.고객번호(+) = K.고객번호
AND    C.고객번호(+) = K.고객번호
AND    D.고객번호(+) = K.고객번호
AND    E.고객번호(+) = K.고객번호 ;
```

SQL을 이처럼 작성해서는 고성능 DB 애플리케이션을 구축하기 어렵다. 데이터베이스 Call 횟수를 줄이려고 One-SQL로 구현하는 하는 것도 중요하지만 어떻게 I/O 효율을

달성할지도 중요하다는 사실을 깨달아야 한다. 효율을 고려하지 않은 One-SQL은 누구나 작성할 수 있으며, I/O 효율의 핵심은 동일 레코드를 반복 액세스하지 않고 얼마만큼 블록 액세스 양을 최소화할 수 있느냐에 달렸다.

I/O 효율을 달성하려면 쿼리를 아래와 같이 작성해야 한다. Cross-Table(또는 Pivot)을 만드는 아래 쿼리는 워낙 잘 알려진 패턴이므로 여기서 따로 설명하지는 않겠다.

```
INSERT INTO 월요금납부실적
(고객번호, 납입월, 지로, 자동이체, 신용카드, 핸드폰, 인터넷)
SELECT 고객번호, 납입월
     , NVL(SUM(DECODE(납입방법코드, 'A', 납입금액)), 0) 지로
     , NVL(SUM(DECODE(납입방법코드, 'B', 납입금액)), 0) 자동이체
     , NVL(SUM(DECODE(납입방법코드, 'C', 납입금액)), 0) 신용카드
     , NVL(SUM(DECODE(납입방법코드, 'D', 납입금액)), 0) 핸드폰
     , NVL(SUM(DECODE(납입방법코드, 'E', 납입금액)), 0) 인터넷
FROM   납입방법별_월요금집계
WHERE  납입월 = '200903'
GROUP BY 고객번호, 납입월 ;
```

데이터베이스 Call이 많이 발생하도록 개발하는 또 다른 사례를 들어보자. 그림 5-4는 인터넷 쇼핑몰에서 카트에 담아둔 상품 중 일부를 선택한 후 곧바로 주문하거나 위시리스트(WishList)에 등록하는 화면이다.

그림 5-4

그림 5-4처럼 5개 상품을 선택하고 '위시리스트' 버튼을 클릭했다고 가정하자.

위시리스트에 담는 메서드(method)를 아래처럼 구현했다면 5개 상품을 등록하려 할 때, 5번 Parse Call과 5번 Execute Call 이 발생한다.

```
void insertWishList ( String p_custid , String p_goods_no ) {
  SQLStmt = "insert into wishlist "
          + "select custid, goods_no "
          + "from cart "
          + "where custid = ? "
          + "and goods_no = ? " ;
  stmt = con.preparedStatement(SQLStmt);
  stmt.setString(1, p_custid);
  stmt.setString(2, p_goods_no);
  stmt.execute();
}
```

아래와 같이 구현했다면 Parse Call과 Execute Call이 각각 한 번씩만 발생한다. 단편적으로 말해, 24시간 내내 이 프로그램만 수행된다면 5배의 확장성을 갖는 것이며, AP 설계가 DBMS 성능을 좌우하는 중요한 요인임을 보여주는 사례라고 하겠다.

```
void insertWishList ( String p_custid , String[] p_goods_no ) {
  SQLStmt = "insert into wishlist "
          + "select custid, goods_no "
          + "from cart "
          + "where custid = ? "
          + "and goods_no in ( ?, ?, ?, ?, ? )" ;
  stmt = con.preparedStatement(SQLStmt);
  stmt.setString(1, p_custid);
  for(int i=0; i < 5; i++){
    stmt.setString(i+2, p_goods_no[i]);
  }
  stmt.execute();
}
```

04 Array Processing 활용

Array Processing 기능을 활용하면 한 번의 SQL 수행으로 다량의 로우를 동시에 insert/update/delete 할 수 있다. 이는 네트워크를 통한 데이터베이스 Call을 감소시켜 주고, 궁극적으로 SQL 수행시간과 CPU 사용량을 획기적으로 줄여준다.

앞 절에서 '납입방법별_월요금집계' 테이블을 가공하는 사례를 보았는데, 이를 Java 프로그램에서 Array Processing을 이용하는 방식으로 바꾸어 보자.

```
public class JavaArrayProcessing{
  public static void insertData( Connection con
                               , PreparedStatement st
                               , String param1
                               , String param2
                               , String param3
                               , long param4) throws Exception{
    st.setString(1, param1);
    st.setString(2, param2);
    st.setString(3, param3);
    st.setLong(4, param4);
    st.addBatch();
  }

  public static void execute(Connection con, String input_month)
  throws Exception {
    long rows = 0;
    String SQLStmt1 = "SELECT 고객번호, 납입월"
                    + ", 지로, 자동이체, 신용카드, 핸드폰, 인터넷 "
                    + "FROM   월요금납부실적 "
                    + "WHERE  납입월 = ?";

    String SQLStmt2 = "INSERT INTO 납입방법별_월요금집계  "
            + "(고객번호, 납입월, 납입방법코드, 납입금액) "
            + "VALUES(?, ?, ?, ?)";

    con.setAutoCommit(false);

    PreparedStatement stmt1 = con.prepareStatement(SQLStmt1);
    PreparedStatement stmt2 = con.prepareStatement(SQLStmt2);
    stmt1.setFetchSize(1000);
    stmt1.setString(1, input_month);
    ResultSet rs = stmt1.executeQuery();
    while(rs.next()){
```

```
      String 고객번호 = rs.getString(1);
      String 납입월 = rs.getString(2);
      long 지로 = rs.getLong(3);
      long 자동이체 = rs.getLong(4);
      long 신용카드 = rs.getLong(5);
      long 핸드폰 = rs.getLong(6);
      long 인터넷 = rs.getLong(7);

      if(지로 > 0)
        insertData (con, stmt2, 고객번호, 납입월, "A", 지로);

      if(자동이체 > 0)
        insertData (con, stmt2, 고객번호, 납입월, "B", 자동이체);

      if(신용카드 > 0)
        insertData (con, stmt2, 고객번호, 납입월, "C", 신용카드);

      if(핸드폰 > 0)
        insertData (con, stmt2, 고객번호, 납입월, "D", 핸드폰);

      if(인터넷 > 0)
        insertData (con, stmt2, 고객번호, 납입월, "E", 인터넷);

      if(++rows%1000 == 0) stmt2.executeBatch();

    }

    rs.close();
    stmt1.close();

    stmt2.executeBatch();
    stmt2.close();

    con.commit();
    con.setAutoCommit(true);
  }

  static Connection getConnection() throws Exception { …… }
  static void releaseConnection(Connection con) throws Exception { …… }

  public static void main(String[] args) throws Exception{
    Connection con = getConnection();
    execute(con, "200903");
    releaseConnection(con);
  }
}
```

필자의 로컬 PC에서 테스트해 본 결과, 150,000(=30,000×5)건을 insert 하는데 단 1.21초 만에 수행을 완료하였다. 아래는 SQL 트레이스 결과인데, insert문에 대한 Execute Call이 30회만 발생한 것에 주목하자.

```
SELECT 고객번호, 납입월, 지로, 자동이체, 신용카드, 핸드폰, 인터넷
FROM   월요금납부실적 WHERE  납입월 = :1

call     count       cpu    elapsed       disk      query    current        rows
------- ------  -------- ---------- ---------- ---------- ----------  ----------
Parse        1      0.00       0.00          0          0          0           0
Execute      1      0.01       0.00          0         71          0           0
Fetch       31      0.00       0.04          0        169          0       30000
------- ------  -------- ---------- ---------- ---------- ----------  ----------
total       33      0.01       0.04          0        240          0       30000

Misses in library cache during parse: 1
Misses in library cache during execute: 1
Optimizer mode: ALL_ROWS
Parsing user id: 54

Rows     Row Source Operation
-------  ---------------------------------------------------
  30000  TABLE ACCESS FULL 월요금납부실적 (cr=169 pr=0 pw=0 time=90083 us)

********************************************************************************

INSERT INTO 납입방법별_월요금집계
(고객번호, 납입월, 납입방법코드, 납입금액)
VALUES (:1, :2, :3, :4)

call     count       cpu    elapsed       disk      query    current        rows
------- ------  -------- ---------- ---------- ---------- ----------  ----------
Parse        1      0.00       0.00          0          0          0           0
Execute     30      0.18       0.27          2        923       5094      150000
Fetch        0      0.00       0.00          0          0          0           0
------- ------  -------- ---------- ---------- ---------- ----------  ----------
total       31      0.18       0.27          2        923       5094      150000

Misses in library cache during parse: 1
Misses in library cache during execute: 1
Optimizer mode: ALL_ROWS
Parsing user id: 54
```

insert된 로우 수가 150,000건이므로 매번 5,000건씩 Array Processing한 것을 알 수 있다. 커서에서 Fetch되는 각 로우마다 5번씩 insert를 수행하는데, 1,000 로우마다 한 번씩 executeBatch를 수행하기 때문에 얻게 된 결과다.

참고로, select 결과를 Fetch 할 때도 1,000개 단위로 Array Fetch 하도록 조정하였다. 30,000건을 읽는데 Fetch Call 이 31회만 발생한 것을 확인하기 바란다. JAVA에서 FetchSize를 조정하지 않으면 기본적으로 10개 단위로 Array Fetch를 수행한다. Fetch

Call 최소화 원리는 다음 절에서 다룬다.

아래 표는 앞 절에서 수행한 3가지 테스트와 방금 확인한 Array Processing 결과를 쉽게 비교할 수 있도록 정리한 것이다. 네트워크를 경유해 발생하는 데이터베이스 Call이 얼마만큼 심각한 성능부하를 일으키는지 알 수 있다. 그뿐만 아니라 One-SQL로 통합하지 않더라도 Array Processing 만으로 그에 버금가는 성능개선 효과를 얻을 수 있음을 잘 보여준다.

	PL/SQL (Recursive)	JAVA	JAVA (Array 처리)	One-SQL
Parse Call	5	150,000	1	1
Execute Call	150,000	150,000	30	1
총 소요시간	7.26초	126.82초	1.21초	0.9초

(※ Parse Call과 Execute Call은 insert문에 대한 것만 집계한 것임)

Array Processing의 효과를 극대화하려면 연속된 일련의 처리과정이 모두 Array 단위로 진행돼야 한다. 이를테면, 앞선 단계에서 Array 단위로 수천 건씩 아무리 빠르게 Fetch 하더라도 다음 단계에서 수행할 insert가 건건이 처리된다면 그 효과가 크게 반감되며, 반대의 경우도 마찬가지다. 이것은 병렬 프로세싱에서 '병렬로부터 직렬(P→S)' 또는 '직렬로부터 병렬(S→P)' 로 처리되는 부분이 병목을 일으키는 것과 같은 이치다.

이해를 돕기 위해 PL/SQL을 이용해 데이터를 Bulk로 1,000건씩 Fetch 해서 Bulk로 insert하는 예제 프로그램을 작성해 보았다.

```
-- 데이터를 Bulk로 읽을 Source 테이블
create table emp
as
select object_id empno, object_name ename, object_type job
     , round(dbms_random.value(1000, 5000), -2) sal
     , owner deptno, created hiredate
from   all_objects
where  rownum <= 10000;
```

```
-- 데이터를 Bulk로 넣을 Target 테이블
create table emp2
as
select * from emp where 1 = 2
;

DECLARE
  l_fetch_size NUMBER DEFAULT 1000;  -- 1,000건씩 Array 처리

  CURSOR c IS
    SELECT empno, ename, job, sal, deptno, hiredate
    FROM   emp;

  TYPE array_empno      IS TABLE OF emp.empno%type;
  TYPE array_ename      IS TABLE OF emp.ename%type;
  TYPE array_job        IS TABLE OF emp.job%type;
  TYPE array_sal        IS TABLE OF emp.sal%type;
  TYPE array_deptno     IS TABLE OF emp.deptno%type;
  TYPE array_hiredate   IS TABLE OF emp.hiredate%type;

  l_empno     array_empno     := array_empno    ();
  l_ename     array_ename     := array_ename    ();
  l_job       array_job       := array_job      ();
  l_sal       array_sal       := array_sal      ();
  l_deptno    array_deptno    := array_deptno   ();
  l_hiredate  array_hiredate  := array_hiredate();

  PROCEDURE insert_t( p_empno     IN array_empno
                    , p_ename     IN array_ename
                    , p_job       IN array_job
                    , p_sal       IN array_sal
                    , p_deptno    IN array_deptno
                    , p_hiredate  IN array_hiredate ) IS

  BEGIN
    FORALL i IN p_empno.first..p_empno.last
      INSERT INTO emp2
      VALUES ( p_empno    (i)
             , p_ename    (i)
             , p_job      (i)
             , p_sal      (i)
             , p_deptno   (i)
             , p_hiredate(i) );

  EXCEPTION
    WHEN others THEN
      DBMS_OUTPUT.PUT_LINE(SQLERRM);
      RAISE;
  END insert_t;

BEGIN

  OPEN c;
```

```
  LOOP

    FETCH c BULK COLLECT
    INTO l_empno, l_ename, l_job, l_sal, l_deptno, l_hiredate
    LIMIT l_fetch_size;

    insert_t( l_empno, l_ename, l_job, l_sal, l_deptno, l_hiredate );

    EXIT WHEN c%NOTFOUND;
  END LOOP;

  CLOSE c;

  COMMIT;

EXCEPTION
  WHEN OTHERS THEN
    ROLLBACK;
END;
/
```

아래 SQL 트레이스 결과를 보면, 10,000건을 처리하는데 select문의 Fetch Call과 insert문의 Execute Call이 각각 10번씩만 발생한 것을 알 수 있다. (※ Fetch Call이 1번 더 발생한 것은 데이터가 더 있는지 확인하기 위한 것임)

```
SELECT EMPNO, ENAME, JOB, SAL, DEPTNO, HIREDATE
FROM EMP

call     count       cpu    elapsed       disk      query    current        rows
------- ------  -------- ---------- ---------- ---------- ----------  ----------
Parse        1      0.01       0.00          0          1          0           0
Execute      1      0.00       0.00          0          0          0           0
Fetch       11      0.01       0.01          0         82          0       10000
------- ------  -------- ---------- ---------- ---------- ----------  ----------
total       13      0.03       0.02          0         83          0       10000

********************************************************************************

INSERT INTO EMP2
VALUES ( :B1 , :B2 , :B3 , :B4 , :B5 , :B6 )

call     count       cpu    elapsed       disk      query    current        rows
------- ------  -------- ---------- ---------- ---------- ----------  ----------
Parse        1      0.00       0.00          0          0          0           0
Execute     10      0.03       0.09          0        142        972       10000
Fetch        0      0.00       0.00          0          0          0           0
------- ------  -------- ---------- ---------- ---------- ----------  ----------
```

```
total        11    0.03     0.09       0     142       972     10000
```

참고로, EXP, IMP 명령을 통해 데이터를 Export, Import 할 때도 내부적으로 Array Processing 이 활용되며, 그만큼 대용량 데이터를 처리하는 데 있어 Array Processing 은 필수적인 요소다. Array Processing을 지원하는 인터페이스가 프로그램 언어별로 각기 다르므로 API를 통해 확인하고 이를 잘 활용해서 성능개선 효과가 얼마나 극적인지 직접 확인해 보기 바란다.

05 Fetch Call 최소화

지금부터 설명할 Fetch Call 최소화 원리 내용을 요약하면 다음과 같다.

- 부분범위처리 원리
- OLTP 환경에서 부분범위처리에 의한 성능개선 원리
- ArraySize 조정에 의한 Fetch Call 감소 및 블록 I/O 감소 효과
- 프로그램 언어에서 Array 단위 Fetch 기능 활용

(1) 부분범위처리 원리

클릭했을 때 아래 JAVA Method를 호출하는 실행 버튼이 있다고 하자. SQL문에 사용된 BIG_TABLE이 1억 건에 이르는 대용량 테이블인데도 실제 테스트해 보면 버튼을 클릭하자마자 곧바로 결과를 리턴한다. 1억 건의 테이블을 그렇게 빨리 읽을 수 있는 원리는 무엇일까?

```
private void execute(Connection con) throws Exception {
    Statement stmt = con.createStatement();
    ResultSet rs = stmt.executeQuery("select name from big_table");

    if( rs.next() ) {
       System.out.println(rs.getString(1));
    }

    rs.close();
    stmt.close();
}
```

한가지 테스트를 더 해 보자.

```
SQL> create table t (
  2    x NUMBER   not null
  3  , y NUMBER   not null ) ;

테이블이 생성되었습니다.

SQL> insert into t
  2  select *
  3  from (
  4    select rownum x, rownum y
  5    from   dual
  6    connect by level <= 5000000
  7  )
  8  order by dbms_random.value  --> 테이블과 인덱스 정렬 순서를 다르게 함
  9  ;

5000000 개의 행이 만들어졌습니다.

SQL> alter table t add
  2  constraint t_pk primary key (x);

테이블이 변경되었습니다.

SQL> alter system flush buffer_cache;

시스템이 변경되었습니다.

SQL> set arraysize 5
SQL> set timing on
SQL> select /*+ index(t t_pk) */ x, y
  2  from   t
  3  where  x >  0
  4  and    y <= 6 ;

         X          Y
------------ ----------
```

```
         1          1
         2          2
         3          3
         4          4
         5          5  --> 엔터를 치자마자 여기까지 출력하고 멈춤
         6          6  --> 33초 경과한 후에 이 라인을 출력하고 수행 종료

6 개의 행이 선택되었습니다.

경   과: 00:00:33.25
```

x, y 두 컬럼에는 같은 값을 입력했고, x 컬럼으로만 구성된 인덱스가 생성돼 있다.

x 〉 0 조건으로 인덱스를 스캔하도록 했는데, 모든 레코드가 0보다 크기 때문에 5백만 건을 스캔하면서 테이블을 5백만 번 액세스하게 된다. 테이블 필터 조건으로는 y 〈= 6 을 사용했고, 전체 레코드 중 여기에 해당하는 것은 6개뿐이므로 최종 결과 집합은 6건이다. 이런 상황에서 쿼리를 수행해보면, 엔터를 입력하자마자 5건을 출력하고 잠시 멈춘 듯하다가 33초가 경과한 후에 마지막 6번째 레코드를 출력하고 수행을 종료한다. 왜 이런 현상이 발생하는 걸까?

ArraySize를 5로 설정한 데서 해답을 찾을 수 있는데, 그림 5-5를 보면서 이해해 보자.

그림 5-5

공사장에서 미장공이 시멘트를 이용해 벽돌을 쌓는 동안 운반공이 벽돌을 실어 나르고 있다. 아마 집을 짓는 듯하다. 쌓여 있는 벽돌을 한 번에 모두 실어 나를 수 없기 때문에 수레를 이용해 일정량씩 나누어 운반하는 모습을 볼 수 있다. 운반공은 미장공이 벽돌을 더 가져오라는 요청(→ Fetch Call)이 있을 때만 벽돌을 실어 나른다. 추가 요청이 없으면 운

반작업은 거기서 멈춘다.

DBMS도 이처럼 데이터를 클라이언트에게 전송할 때 일정량씩 나누어 전송하며, 오라클의 경우 ArraySize(또는 FetchSize) 설정을 통해 운반단위를 조절한다. 그리고 전체 결과집합 중 아직 전송하지 않은 분량이 많이 남아있어도 클라이언트로부터 추가 Fetch Call을 받기 전까지는 그대로 멈춰 서서 기다린다. 여기에 OLTP 환경에서 대용량 데이터를 빠르게 핸들링할 수 있는 아주 중요한 원리가 숨어있다.

앞에서 1억 건짜리 BIG_TABLE을 쿼리하는 데 1초가 채 걸리지 않는다고 했는데, 그것도 Array 단위 Fetch 때문에 나타나는 효과다. 물론 1억 건 전체를 읽고 처리한 것은 아니며, rs.next()를 한 번만 호출하고 곧바로 ResultSet과 Statement를 닫아 버렸다. rs.next()를 호출하는 순간 오라클은 FetchSize(자바에서 기본값은 10)만큼을 전송했고, 클라이언트는 그 중 한 건만 콘솔에 출력하고는 곧바로 커서를 닫은 것이다. 추가 요청 없이 그대로 커서를 닫아버리면 오라클은 데이터를 더는 전송하지 않고 바로 일을 마친다. 이처럼 쿼리 결과집합을 전송할 때, 전체 데이터를 쉼 없이 연속적으로 처리하지 않고 사용자로부터 Fetch Call이 있을 때마다 일정량씩 나누어서 전송하는 것을 이른바 '부분범위처리[48]' 라고 한다. (어떤 오라클 튜닝 서적을 보면, 쿼리 수행 시 그 결과 집합을 버퍼 캐시에 모두 적재하고 나서 사용자에게 전송한다고 설명하고 있다. 그 책을 보고 지금까지 그렇게 이해하고 있는 독자가 있다면 여기서 개념을 다시 정립하기 바란다.)

그러면 적정한 데이터 운반단위는 얼마일까? 항상 결론은 '적당한 게 좋다' 이다. 공사장을 다시 예로 들어 보자. 힘을 적게 들이면서 한 번에 실어 나를 수 있는 적당량을 운반단위로 정하고 그만큼씩만 실어 나르는 것이 가장 효과적인데, 적당량이라고 하는 게 공사장 성격에 따라 다르다. 작은 집 담장을 쌓고 있다면 작은 수레를 이용해 소량씩 나르다가 멈춰야 할 시점에 멈추는 것이 유리하고, 아파트를 짓고 있다면 가능한 한 큰 수레를 이용해 한 번에 많은 양을 실어 나르는 것이 유리하다. 만약 담장을 쌓는 정도의 공사인데 10,000개씩 실어 나르면 그 중 1,000개만 쓰고 나머지 9,000개는 버리는 일이 생길

48) 오라클 공식 용어는 아니지만 '대용량데이터베이스 솔루션', '대용량 데이터베이스를 위한 오라클 SQL 튜닝' 등 국내 유명서적을 통해 이미 오래전부터 통용되고 있는 용어이므로 본서에서도 그대로 사용하기로 하겠다.

지도 모른다. 그럼, 한 개씩 실어 나르는 것이 효과적일까? 아마 어깨, 팔은 멀쩡한데 다리만 아프고 작업 속도는 훨씬 늦어질 것이다.

지금까지 설명한 부분범위처리 원리를 이해했다면, 네트워크를 통해 전송해야 할 데이터양에 따라 ArraySize를 조절할 필요가 있음을 직감했을 것이다. 예를 들어, 대량 데이터를 파일로 내려받는다면 어차피 전체 데이터를 전송해야 하므로 가급적 그 값을 크게 설정해야 한다. ArraySize를 조정한다고 해서 전송해야 할 총량이 변하지는 않지만, Fetch Call 횟수를 그만큼 줄일 수 있다. 반대로 앞쪽 일부 데이터만 Fetch하다가 멈추는 프로그램이라면 ArraySize를 작게 설정하는 것이 유리하다. 불필요하게 많은 데이터를 전송하고 버리는 비효율을 줄일 수 있기 때문이다.

ArraySize를 5로 설정하면, 서버 측에서는 Oracle Net으로 데이터를 내려 보내다가 5건당 한 번씩 전송 명령을 날리고는 클라이언트로부터 다시 Fetch Call이 올 때까지 대기한다. 클라이언트 측에는 서버로부터 전송받은 5개 레코드를 담을 Array 버퍼가 할당되며, 그곳에 서버로부터 받은 데이터를 담았다가 한 건씩 꺼내 화면에 출력하거나 다른 작업들을 수행한다.

SDU, TDU

흔히 Array Fetch를 얘기할 때, Array 버퍼가 서버 측(Server Side)에 할당된다고 생각한다. 서버 측 Array 버퍼에 데이터가 차면 전송한다는 설명이다. 하지만 필자가 아는 한 Array 버퍼는 클라이언트 측(Client Side)에 위치하며, 서버 측에서는 SDU에 버퍼링이 이루어진다. Array Fetch를 수행하는 내부 메커니즘에 대해 자세히 알아보자.

오라클에서 데이터를 전송하는 단위는 ArraySize에 의해 결정된다. 하지만 내부적으로 데이터는 네트워크 패킷 단위로 단편화되어 여러 번에 걸쳐 나누어 전송된다. 부분범위처리 내에 또 다른 부분범위처리가 작동하는 것이다. 이것은 네트워크 프로그램을 해 보았다면 너무 상식적인 얘기다. 예를 들어, ArraySize가 100이고 한 레코드당 1MB를 차지한다면 한번 Fetch 할 때마다 100MB를 전송해야 하는데, 이를 하나의 패킷으로 묶어 한 번에 전송하지는 않는다. 네트워크를 통해 큰 데이터를 전송할 때는 작은 패킷들로 단편화해야 하며, 그래야 유실이나 에러가 발생했을 때 부분 재전송을 통해 복구할 수 있다.

IT에 종사하면서 OSI 7 레이어를 모르는 독자는 아마 없을 것이다. 이것은 Application, Presentation, Session, Transport, Network, Data Link, Physical 이렇게 7개 레이어로 이루어진다. 오라클 서버와 클라이언트는 Application 레이어에 위치하며, 그 아래에 있는 레이어를 통해 서로 데이터를 주고받는다.

SDU(Session Data Unit)는 Session 레이어 데이터 버퍼에 대한 규격으로서, 네트워크를 통해 전송하기 전에 Oracle Net이 데이터를 담아 두려고 사용하는 버퍼다. 예컨대, ArraySize를 5로 설정하면 클라이언트 측에는 서버로부터 전송받은 5개 레코드를 담을 Array 버퍼를 할당한다. 서버 측에서는 Oracle Net으로 데이터를 내려보내다가 5건당 한 번씩 전송 명령을 날리고는 매번 클라이언트로부터 다음 Fetch Call을 기다리는데, Oracle Net이 서버 프로세스로부터 전송명령을 받을 때까지 데이터를 버퍼링하는 곳이 SDU다. Oracle Net은 서버 프로세스로부터 전송요청을 받기 전에라도 SDU가 다 차면 버퍼에 쌓인 데이터를 전송하는데, 이때는 클라이언트로부터 Fetch Call을 기다리지 않고 곧이어 데이터를 받아 SDU를 계속 채워 나간다.

TDU(Transport Data Unit)는 Transport 레이어 데이터 버퍼에 대한 규격이다. 물리적인 하부 레이어로 내려보내기 전에 데이터를 잘게 쪼개어 클라이언트에게 전송되는 도중에 유실이나 에러가 없도록 제어하는 역할을 한다.

SDU와 TDU 사이즈는 TNSNAMES.ORA, LISTENER.ORA 파일에서 아래와 같이 설정 가능하며, 이들의 기본 설정 값은 2KB다.

```
(SDU=2048)(TDU=2048)
```

예를 들어, 결과집합이 18건이고 각 로우당 900바이트를 차지한다고 가정하자. 그러면 총 16,200바이트를 전송해야 하는데, 만약 ArraySize를 5로 설정하면 한번 Fetch 할 때마다 4,500(=900×5)바이트씩 3번을 전송하고 4번째는 2,700(=900×3) 바이트를 전송하게 된다.

```
fetch1 : 900 × 5 = 4,500
```

fetch2 : 900 × 5 = 4,500

fetch3 : 900 × 5 = 4,500

fetch4 : 900 × 3 = 2,700

이때, SDU를 2,048로 설정하면 총 11개 패킷으로 단편화되어서 Transport 레이어로 전달된다.

fetch1 : 2,048 + 2,048 + 404 = 4,500 (→ 3개 패킷)

fetch2 : 2,048 + 2,048 + 404 = 4,500 (→ 3개 패킷)

fetch3 : 2,048 + 2,048 + 404 = 4,500 (→ 3개 패킷)

fetch4 : 2,048 + 652 = 2,700 (→ 2개 패킷)

TDU는 1,024로 설정했다고 가정하자. 그러면 총 18개 패킷으로 단편화되어 클라이언트에게 전송이 이루어진다.

fetch1 : (1,024 + 1,024) + (1,024 + 1,024) + 404 = 4,500 (→ 5개 패킷)

fetch2 : (1,024 + 1,024) + (1,024 + 1,024) + 404 = 4,500 (→ 5개 패킷)

fetch3 : (1,024 + 1,024) + (1,024 + 1,024) + 404 = 4,500 (→ 5개 패킷)

fetch4 : (1,024 + 1,024) + 652 = 2,700 (→ 3개 패킷)

참고로, 각 패킷은 헤더 정보를 포함하므로 패킷 단편화를 줄이면 네트워크 트래픽도 줄어들게 된다.

(2) OLTP 환경에서 부분범위처리에 의한 성능개선 원리

이제 부분범위처리 원리에 대해 이해했으므로 직전에 수행한 테스트에서 왜 5건만 출력하고 한동안 멈춰 서 있었는지 설명할 수 있다. 이미 원리를 충분히 설명했지만 좀 더 직관적으로 이해할 수 있도록 그림 5-6을 그려보았다.

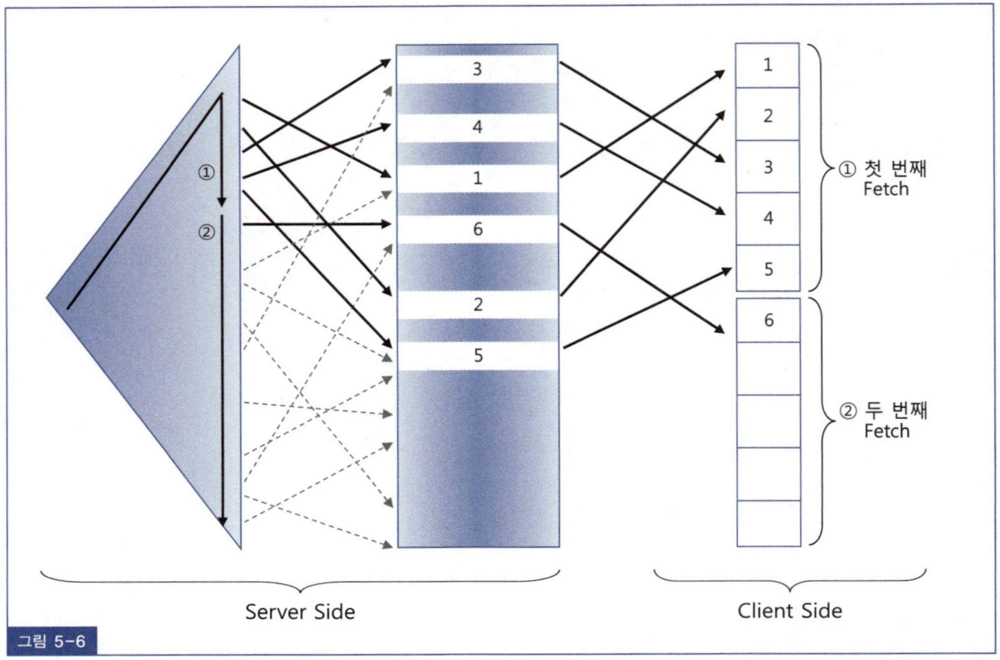

그림 5-6

'x > 0 and y <= 6' 조건으로 쿼리를 수행하면, 첫 번째 Fetch Call(①)에서는 인덱스를 따라 x 컬럼 값이 1~5인 5개 레코드를 전송받아 Array 버퍼에 담는다. x와 y 컬럼 값을 같게 입력해 놓았으므로 이들 5개 레코드는 테이블 필터 조건인 y <= 6 조건도 만족한다. 오라클 서버는 이 5개 레코드를 아주 빠르게 찾았으므로 지체 없이 전송 명령을 통해 클라이언트에게 전송하고, 클라이언트는 Array 버퍼에 담긴 5개 레코드를 곧바로 화면에 출력한다.

문제는 두 번째 Fetch Call(②)에서 발생한다. 사용자로부터 두 번째 Fetch Call 명령을 받자마자 x = y = 6인 레코드를 찾아 Oracle Net으로 내려보낸다. 이제 'x > 0 and y <= 6' 조건을 만족하는 레코드가 더 없다는 사실을 오라클은 모르기 때문에 계속 인덱스를 스캔하면서 테이블을 액세스해 본다. 끝까지 가 본 후에야 더는 전송할 데이터가 없음을 인식하고 그대로 한 건만 전송하도록 Oracle Net에 명령을 보낸다. Oracle Net은 한 건만 담은 패킷을 클라이언트에게 전송한다. 클라이언트는 Array 버퍼가 다시 채워지기를

기다리면서 30여 초 이상을 허비했지만 결국 한 건밖에 없다는 신호를 받고 이를 출력한 후에 커서를 닫는다.

조건절을 아래처럼 바꿔서 다시 수행해 보면 화면에 아무것도 출력하지 않은 채 30초 이상을 대기하다가 한 건밖에 없다는 메시지를 그제야 출력하고 수행을 마친다. 지금까지 설명한 부분범위처리 원리를 이해했다면 아래 현상에 대해서는 굳이 설명이 필요 없으리라고 믿는다.

```
SQL> alter system flush buffer_cache;

시스템이 변경되었습니다.

경   과: 00:00:06.65
SQL> select /*+ index(t t_pk) */ x, y
  2  from   t
  3  where  x >  0
  4  and    y <= 1 ;

         X          Y
---------- ----------
         1          1  --> 37초 후에 이 라인을 출력하고 곧바로 수행 종료

1 개의 행이 선택되었습니다.

경   과: 00:00:37.59
```

앞에서 6건을 Fetch 할 때는 엔터를 치자마자 결과가 뿌려지기 시작했지만 방금 쿼리에서는 1건 Fetch 하려고 30초 이상 경과한 후에 처음 결과가 뿌려졌다. 이런 부분범위처리 원리 때문에 OLTP 환경에서는 결과집합이 많을수록 오히려 성능이 더 좋아진다.

이 말의 의미를 좀 더 이해하기 쉽게 설명해 주는 테스트를 한 가지 더 수행해 보자. 앞서 만들어 놓은 데이터를 이용해 SQL*Plus에서 아래 ①번 쿼리를 수행해 보면 처음부터 끝까지 쉬지 않고 결과를 출력하는 반면, ②번 쿼리는 화면에 레코드를 뿌리는 도중에 잠깐씩 멈칫하는 현상을 보인다.

① select /*+ index(t t_pk) */ * from t where x 〉 0 and mod(y, 50) = 0

② select /*+ index(t t_pk) */ * from t where x 〉 0 and mod(y, 50000) = 0

ArraySize가 10일 때, ①번 쿼리는 500건을 스캔할 때마다 한 번씩 전송 명령을 날리지만 ②번 쿼리는 500,000건당 한 번씩이므로 그만큼 클라이언트 측 Array 버퍼를 채우는 데 시간이 많이 소요되어 출력 도중 끊기는 현상이 생기는 것이다.

여기에 한 가지를 더해, OLTP성 업무에서는 쿼리 결과 집합이 아주 많더라도 그 중 일부만 Fetch하고 멈출 때가 자주 있다. 따라서 출력 대상 건이 많을수록 Array를 빨리 채울 수 있어 쿼리 응답 속도도 그만큼 빨라진다. 인덱스와 부분범위처리 원리를 잘 활용하면 OLTP 환경에서 극적인 성능개선 효과를 얻을 수 있는 원리가 여기에 숨어 있다.

어부가 배를 타고 바다에 나가 낚시를 하는 것에 비유하면, 물 반 고기 반인 황금어장에서는 배를 금방 채워 몇 시간 되지 않아 집으로 돌아갈 수 있지만 고기가 얼마 없는 어장에서는 온종일 낚시를 하고도 배를 다 채우지 못한 채 귀가하는 것과 같은 이치다.

데이터가 많을수록 더 빨라진다는 의미는 부분범위처리가 가능한 업무에 한하며, 서버 가공 프로그램이나 DW성 쿼리처럼 결과 집합 전체를 Fetch 해야 한다면 결과 집합이 많을수록 더 빨라지는 일은 있을 수 없다.

One-Row Fetch

사실 위에서 정확히 설명하지 않고 넘어간 부분이 있다. 지금까지 설명한 원리만 잘 전달됐다면 굳이 밝힐 필요가 없지만 일일이 테스트 해 보는 독자들이 시행착오를 겪지 않도록 하려고 설명하는 것이다. SQL*Plus를 잘 사용하지 않는다면, 그리고 지금껏 설명한 내용을 직접 테스트해 볼 요량이 아니라면 넘어가도 무방하다.

SQL*Plus에서 ArraySize를 5로 설정하고 'x > 0 and y <= 6' 조건으로 쿼리를 수행했을 때, 첫 번째 Fetch Call 에서 5개를 빠르게 전송 받기 때문에 대기 없이 곧바로 출력이 이루어진다고 설명했다. 그렇다면 'x > 0 and y <= 5' 조건을 사용했을 때도 Array 버퍼가 첫 번째 Fetch Call에서 금방 채워지므로 쿼리를 시작하자마다 5건이 바로 출력되어야 한다. 그런데 SQL*Plus에서 테스트 해 보면 'x > 0 and y <= 1' 조건을 사용했을 때처럼 한참 후에야 5건을 출력하고 수행을 마친다.

이것은 오라클 서버와는 무관하게 SQL*Plus에서 나타나는 특징인데, SQL*Plus에서 쿼리를 수행하면 첫 번째 Fetch에서는 항상 한 건만 요청(이하 One-Row Fetch)하고, 두 번째부터 ArraySize 만큼을 요청하기 때문에 생기는 현상이다. 'x > 0 and y <= 5' 조건일 때, 결과건수는 총 5건이므로 첫 번째 Fetch에서 1건을 우선 가져왔지만 두 번째 Fetch에서 4건 밖에 찾을 수 없어 끝까지 대기하느라고 오래 걸리는 것이다. 첫 번째 Fetch에서 1건을 빠르게 리턴 받지만 곧바로 출력하지 않은 이유는, Fetch 해 오는 방식과는 무관하게 Array 버퍼로는 5개를 할당하기 때문이며 클라이언트는 이 버퍼가 다 채워져야 출력을 시작한다.

같은 이치로, 'x > 0 and y <= 1' 조건으로 수행할 때는 첫 번째 Fetch Call에서 대기할 것 같지만 실상은 두 번째 Fetch Call에서 대기한다. 첫 번째 Fetch에서 이미 1건을 가져왔지만 클라이언트 쪽 Array 버퍼 크기가 5이므로 나머지 4개를 마저 채우려고 두 번째 Fetch Call을 날리고 기다리는 것이다. 아래 SQL 트레이스에서 1건만 가져오는데도 불구하고 2번의 Fetch Call이 발생한 것을 확인할 수 있다. SQL*Plus가 아닌 다른 쿼리 툴에서는 One-Row Fetch가 없으므로 Fetch Count가 1로 나타난다(참고로, Orange 같은 쿼리 툴은 SQL*Plus처럼 작동함).

```
call     count       cpu    elapsed       disk      query    current        rows
------- ------  -------- ---------- ---------- ---------- ----------  ----------
Parse        1      0.00       0.02          2          2          0           0
Execute      1      0.00       0.00          0          0          0           0
Fetch        2     13.23      37.24      22048    5010564          0           1
------- ------  -------- ---------- ---------- ---------- ----------  ----------
total        4     13.23      37.27      22050    5010566          0           1
```

아래는 TKProf를 돌리기 전 원시 trc 파일에서 발췌한 것인데, 이를 통해 더 분명하게 One-Row Fetch의 정체를 확인할 수 있다.

```
PARSE #11:c=31250,e=734963,p=750,cr=83,cu=0,mis=1,r=0,dep=0,og=1,tim=17270212161
EXEC #11:c=0,e=83,p=0,cr=0,cu=0,mis=0,r=0,dep=0,og=1,tim=17270212425
FETCH #11:c=0,e=25231,p=13,cr=4,cu=0,mis=0,r=1,dep=0,og=1,tim=17270237752
FETCH #11:c=13234375,e=37220332,p=22035,cr=5010560,cu=0,mis=0,r=0,dep=0,og=1, ...
```

첫 번째 Fetch에서 분명 1건(r=1)을 가져왔고, 두 번째 Fetch에서는 0건(r=0)을 가져왔다.

SQL*Plus가 아닌 다른 쿼리 툴에서 트레이스를 걸어보면, 아래처럼 1건 Fetch를 위해 한번만 Call이 발생한다.

```
PARSE #4:c=46875,e=52061,p=0,cr=83,cu=0,mis=1,r=0,dep=0,og=1,tim=24109588612
EXEC #4:c=0,e=36,p=0,cr=0,cu=0,mis=0,r=0,dep=0,og=1,tim=24109595053
FETCH #4:c=8640625,e=8699849,p=0,cr=5010563,cu=0,mis=0,r=1,dep=0,og=1, ...
```

'x > 0 and y <= 6' 조건일 때는 어떤가? 첫 번째 Fetch Call에서 5건을 가져오고 두 번째 Fetch에서 1건을 얻은 다음 대기할 것으로 예상된다. 그러나 실제로는 첫 번째 Fetch에서는 1건만 가져오고, 두 번째 Fetch에서 5건을 가져와 클라이언트 측 Array 버퍼를 채운다. 5개가 채워졌으므로 일단 화면에 출력하고, 남은 1건 외에 4건을 더 가져와 Array 버퍼를 채우려고 세 번째 Fetch를 수행하는데, 이 때 지연이 발생하게 된다. 아래 트레이스 결과를 통해 6건을 가져오려고 3번 Fetch Call이 발생했음을 알 수 있다.

```
call     count       cpu    elapsed       disk      query    current        rows
------- ------  -------- ---------- ---------- ---------- ----------  ----------
Parse        1      0.00       0.00          0          0          0           0
Execute      1      0.00       0.00          0          0          0           0
Fetch        3     11.42      33.59      22796    5010565          0           6
------- ------  -------- ---------- ---------- ---------- ----------  ----------
total        5     11.42      33.59      22796    5010565          0           6
```

아래 트레이스 원시파일 내용을 통해 각각 1, 5, 0건을 Fetch 했음을 확인할 수 있다.

```
PARSE #3:c=0,e=81,p=0,cr=0,cu=0,mis=0,r=0,dep=0,og=1,tim=29655520663
EXEC #3:c=0,e=95,p=0,cr=0,cu=0,mis=0,r=0,dep=0,og=1,tim=29655541041
FETCH #3:c=0,e=57507,p=24,cr=4,cu=0,mis=0,r=1,dep=0,og=1,tim=29655601091
FETCH #3:c=0,e=63588,p=40,cr=6,cu=0,mis=0,r=5,dep=0,og=1,tim=29655667566
FETCH #3:c=11421875,e=33477896,p=22732,cr=5010555,cu=0,mis=0,r=0,dep=0,og=1, ...
```

SQL*Plus가 아닌 다른 쿼리 툴에서 트레이스를 걸어보면, 아래처럼 Fetch Call이 두 번만 발생하며, 첫 번째 Fetch에서 5건, 두 번째 Fetch에서 1건을 가져온다.

```
PARSE #2:c=109375,e=154193,p=0,cr=83,cu=0,mis=1,r=0,dep=0,og=1,tim=24086976950
EXEC #2:c=0,e=73,p=0,cr=0,cu=0,mis=0,r=0,dep=0,og=1,tim=24086997667
FETCH #2:c=0,e=149,p=0,cr=8,cu=0,mis=0,r=5,dep=0,og=1,tim=24087000985
FETCH #2:c=8593750,e=8598242,p=0,cr=5010556,cu=0,mis=0,r=1,dep=0,og=1, ...
```

독자 스스로 Fetch 관련된 테스트를 진행하고자 할 때, 쿼리 툴마다 이처럼 다른 방식으로 데이터를 Fetch 한다는 사실을 알 필요가 있다. Array 단위로 멈추지 않고 모든 데이터를 다 Fetch하는 쿼리 툴도 있다. 하지만 어떤 클라이언트 툴을 사용하든 서버 측에서는 항상 Array 단위로 전송한다는 사실만큼은 변함이 없다.

(3) ArraySize 조정에 의한 Fetch Call 감소 및 블록 I/O 감소 효과

대량 데이터를 내려받을 때 ArraySize를 크게 설정할수록 그만큼 Fetch Call 횟수가 줄어 네트워크 부하가 감소하고, 쿼리 성능이 향상된다. 그뿐만이 아니다. 서버 프로세스가 읽어야 할 블록 개수까지 줄어드는 일거양득의 효과를 얻게 된다. ArraySize를 조정하는데 왜 블록 I/O가 줄어드는 것일까? 직접 테스트를 통해 ArraySize 조정에 따른 효과를 확인해 보자. (아래 테스트 스크립트는 Thomas Kyte가 저술한 Effective Oracle by Design에도 있는 것임을 밝힌다. 전달하려는 내용은 심오하지만, 스크립트 자체는 너무 단순한 것이어서 다르게 표현할 방법을 찾지 못했다.)

```
SQL> create table test as select * from all_objects;

테이블이 생성되었습니다.

SQL> set autotrace traceonly statistics;

세션이 변경되었습니다.

SQL> set arraysize 2
SQL> select * from test;

49839 개의 행이 선택되었습니다.

Statistics
----------------------------------------------------------
          0  recursive calls
          0  db block gets
      25366  consistent gets
       1382  physical reads
          0  redo size
    5155080  bytes sent via SQL*Net to client
```

```
   274494  bytes received via SQL*Net from client
    24921  SQL*Net roundtrips to/from client
        0  sorts (memory)
        0  sorts (disk)
    49839  rows processed
```

ArraySize를 2로 설정한 상태에서 49,839 로우를 가져오려고 읽은 블록 개수는 25,366개다. 그리고 Fetch 횟수는 24,921번이므로 한번 Fetch 할 때마다 2개 로우씩 (49,839/24,921 = 1.9998796) 읽은 것을 알 수 있다.

SQL 트레이스를 이용해도 같은 테스트를 진행할 수 있는데, 각 항목을 매칭시켜보면 아래와 같다.

```
call     count       cpu    elapsed       disk      query    current        rows
------- ------  -------- ---------- ---------- ---------- ----------  ----------
Parse        1      0.00       0.00          0          0          0           0
Execute      1      0.00       0.00          0          0          0           0
Fetch    24921      0.46       0.33       1382      25366          0       49839
------- ------  -------- ---------- ---------- ---------- ----------  ----------
total    24923      0.46       0.33       1382      25366          0       49839
```

```
* db block gets                         =  current
* consistent gets                       =  query
* physical reads                        =  disk
* SQL*Net roundtrips to/from client     =  fetch count
* rows processed                        =  fetch rows
```

ArraySize를 늘리면서 테스트를 계속해 보자.

```
SQL> set arraysize 5
SQL> select * from test;
...
    10509  consistent gets
     9969  SQL*Net roundtrips to/from client
    49839  rows processed

SQL> set arraysize 10
SQL> select * from test;
...
     5613  consistent gets
     4985  SQL*Net roundtrips to/from client
    49839  rows processed
```

```
SQL> set arraysize 100
SQL> select * from test;
...
       1184  consistent gets
        500  SQL*Net roundtrips to/from client
      49839  rows processed

SQL> set arraysize 1000
SQL> select * from test;
...
        740  consistent gets
         51  SQL*Net roundtrips to/from client
      49839  rows processed

SQL> set arraysize 5000
SQL> select * from test;
...
        700  consistent gets
         11  SQL*Net roundtrips to/from client
      49839  rows processed
```

ArraySize를 키울수록 Fetch Count 횟수가 줄고 더불어 Block I/O까지 주는 것을 볼 수 있다. 즉, 반비례 관계다. 보기 쉽게 표와 그래프로써 정리해 보았다.

ArraySize	Fetch Count (SQL*Net roundtrips)	Block I/O
2	24,921	25,366
5	9,969	10,509
10	4,985	5,613
20	2,493	3,153
50	998	1,677
100	500	1,184
200	251	939
500	101	789
1,000	51	740
2,000	26	715
5,000	11	700

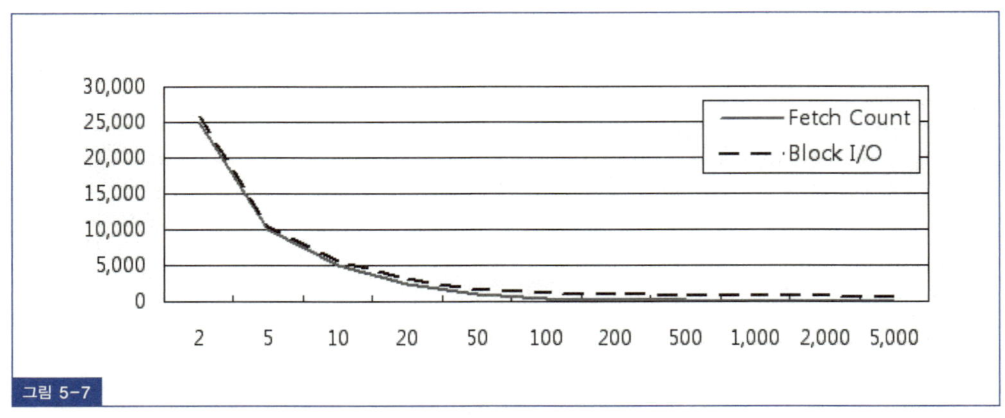

그림 5-7

그림 5-7에서 눈에 띄는 것은, ArraySize를 키운다고 해서 같은 비율로 Fetch Count와 Block I/O가 줄지는 않는다는 점이다. 따라서 무작정 크게 설정한다고 좋은 것만은 아니며 일정 크기 이상이면 오히려 리소스만 낭비하게 된다. 데이터 크기에 따라 다를 텐데, 위 데이터 상황에서는 100 정도로 설정하는 게 적당해 보인다.

ArraySize가 늘면서 블록 I/O까지 감소하는 원리를 설명해 보자.

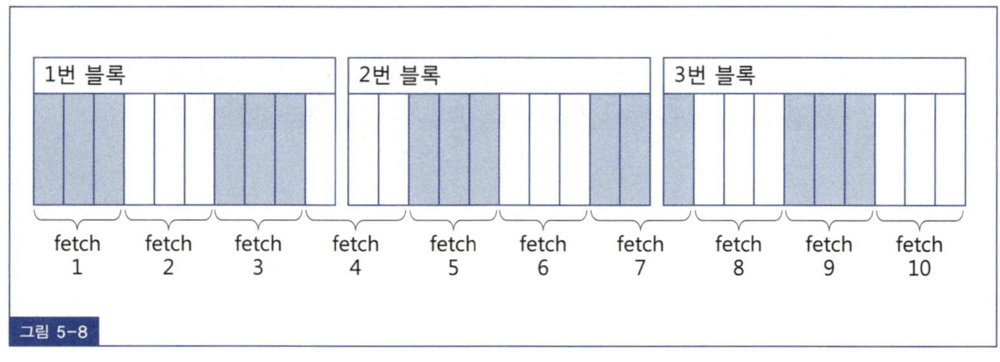

그림 5-8

그림 5-8처럼 10개 행으로 구성된 3개의 Block이 있다고 하자. 총 30개 레코드이므로 ArraySize를 3으로 설정하면 Fetch 횟수는 10이고, 이때 Block I/O는 12번이나 발생하게 된다. 왜냐하면, 10개 레코드가 담긴 블록들을 각각 4번에 걸쳐 반복 액세스해야 하기 때문이다. 그림에서 보듯, 첫 번째 Fetch에서 읽은 1번 블록을 2~4번째 Fetch에서도 반

복 액세스하게 된다. 2번 블록은 4~7번째 Fetch, 3번 블록은 7~10번 Fetch에 의해 반복적으로 읽힌다. 만약 ArraySize를 10으로 설정한다면 3번의 Fetch와 3번 블록 I/O로 줄일 수 있다. 그리고 ArraySize를 30으로 설정하면 Fetch 횟수는 1로 줄어든다.

(4) 프로그램 언어에서 Array 단위 Fetch 기능 활용

지금까지 SQL*Plus 중심으로만 설명했는데, PL/SQL을 포함한 프로그램 언어에서 어떻게 ArraySize를 제어하는지 확인해 보자.

PL/SQL에서 커서를 열고 레코드를 Fetch 하면, (4절 Array Processing에서 보았던 Bulk Collect 구문을 사용하지 않는 한) 9i까지는 한 번에 한 로우씩만 처리(Single-Row Fetch)했었다. 10g부터는 자동으로 100개씩 Array Fetch가 일어난다. 단, 아래처럼 Cursor FOR Loop 구문을 이용할 때만 작동한다.

```
for item in cursor
loop
  ......
end loop;
```

Cursor FOR Loop 문은 커서의 Open, Fetch, Close가 내부적으로 이루어지는 것이 특징이며, Implicit Cursor FOR Loop와 Explicit Cursor FOR Loop 두 가지 형태가 있다. 둘 다 Array Fetch 효과를 얻을 수 있으며, 아래 예제를 통해 구문의 차이점을 확인하자.

```
# Implicit Cursor FOR Loop

declare
  l_object_name big_table.object_name%type;
begin
  for item in ( select object_name from big_table where rownum <= 1000 )
  loop
```

```
    l_object_name := item.object_name;
    dbms_output.put_line(l_object_name);
  end loop;
end;
/

# Explicit Cursor FOR Loop

declare
  l_object_name big_table.object_name%type;
  cursor c is select object_name from big_table where rownum <= 1000;
begin
  for item in c
  loop
    l_object_name := item.object_name;
    dbms_output.put_line(l_object_name);
  end loop;
end;
/
```

SQL 트레이스 결과는 둘 다 아래와 같이 동일하다.

```
SELECT OBJECT_NAME
FROM BIG_TABLE WHERE ROWNUM <= 1000

call     count       cpu    elapsed       disk      query    current        rows
------- ------  -------- ---------- ---------- ---------- ----------  ----------
Parse        1      0.00       0.00          0          0          0           0
Execute      1      0.00       0.00          0          0          0           0
Fetch       11      0.00       0.00          0         25          0        1000
------- ------  -------- ---------- ---------- ---------- ----------  ----------
total       13      0.00       0.00          0         25          0        1000

Misses in library cache during parse: 1
Optimizer mode: ALL_ROWS
Parsing user id: 64     (recursive depth: 1)

Rows     Row Source Operation
-------  ---------------------------------------------------
   1000  COUNT STOPKEY (cr=25 pr=0 pw=0 time=1049 us)
   1000   TABLE ACCESS FULL BIG_TABLE (cr=25 pr=0 pw=0 time=1045 us)
```

아래는 Cursor FOR Loop가 아닌 일반 커서를 이용하는 예제와 그때의 SQL 트레이스 결과다. 위에서 11이던 Fetch 횟수가 1,001로 늘어난 것을 통해 Array 단위 Fetch가 작동하지 않았음을 알 수 있고, 이는 sys_refcursor를 사용해도 마찬가지 결과가 나타난다.

Array 단위 Fetch가 작동하지 못함으로 인해 블록 I/O까지 25에서 1,003으로 40배가량 늘어났다.

```
declare
cursor c is
  select object_name
  from big_table where rownum <= 1000;
  l_object_name big_table.object_name%type;
begin
  open c;
  loop
    fetch c into l_object_name;
    exit when c%notfound;
    dbms_output.put_line(l_object_name);
  end loop;
  close c;
end;
/
***************************************************************************

SELECT OBJECT_NAME
FROM BIG_TABLE WHERE ROWNUM <= 1000

call     count       cpu    elapsed       disk      query    current        rows
------- ------  -------- ---------- ---------- ---------- ----------  ----------
Parse        1      0.00       0.00          0          0          0           0
Execute      1      0.00       0.00          0          0          0           0
Fetch     1001      0.01       0.00          0       1003          0        1000
------- ------  -------- ---------- ---------- ---------- ----------  ----------
total     1003      0.01       0.00          0       1003          0        1000

Misses in library cache during parse: 1
Optimizer mode: ALL_ROWS
Parsing user id: 64     (recursive depth: 1)

Rows     Row Source Operation
-------  ---------------------------------------------------
   1000  COUNT STOPKEY (cr=1003 pr=0 pw=0 time=4058 us)
   1000   TABLE ACCESS FULL BIG_TABLE (cr=1003 pr=0 pw=0 time=2049 us)
```

일반 프로그램 언어에서는 어떻게 ArraySize를 조정하는지 JAVA 예를 통해 확인해 보자.

```
String sql = "select custid, name from customer";
PreparedStatement stmt = conn.prepareStatement(sql);
stmt.setFetchSize(100);     -- Statement에서 조정
```

```
ResultSet rs = stmt.executeQuery();
// rs.setFetchSize(100);    -- ResultSet에서 조정할 수도 있다.


while( rs.next() ) {
    int empno = rs.getInt(1);
    String ename = rs.getString(2);
    System.out.println(empno + ":" + ename);
}

rs.close();
stmt.close();
```

setFetchSize 메서드를 이용해 FetchSize를 조정하는 예는 앞 절에서 잠깐 본 적이 있다. JAVA에서 FetchSize 기본 값은 10이다. 대량 데이터를 Fetch 할 때 이 값을 100~500 정도로 늘려 주면 기본 값을 사용할 때보다 데이터베이스 Call 부하를 1/10 ~ 1/50로 줄일 수 있다. 예를 들어, FetchSize를 100으로 설정했을 때 데이터를 Fetch 해 오는 메커니즘은 아래와 같다.

1. 최초 rs.next() 호출 시 한꺼번에 100건을 가져와서 클라이언트 Array 버퍼에 캐싱한다.
2. 이후 rs.next() 호출할 때는 데이터베이스 Call을 발생시키지 않고 Array 버퍼에서 읽는다.
3. 버퍼에 캐싱 돼 있던 데이터를 모두 소진한 후 101번째 rs.next() 호출 시 다시 100건을 가져온다.
4. 모든 결과집합을 다 읽을 때까지 2~3번 과정을 반복한다.

06 페이지 처리의 중요성

클라이언트/서버 환경에서 대용량 데이터를 조회할 때는 커서를 닫지 않은 채 사용자 이벤트(스크롤 바를 내리거나 '다음' 버튼을 클릭하는 등)가 발생할 때마다 결과 집합을 Fetch 하도록 구현할 수 있었다. 하지만 웹 애플리케이션 환경에서는 커서를 계속 오픈한 채로 결과집합을 핸들링할 수 없다. 즉, 데이터베이스와의 연결을 지속하지 않는 웹 환경이기 때문에 사용자가 다음 페이지를 요청하거나 스크롤 바를 내릴 때마다 개별적인 SQL 문을 수행하는 방식으로 페이지 처리를 구현해야 한다. 그러다 보니 페이지 처리 구현 방식이 자주 이슈가 되곤 한다.

거짓말 같지만 화면 페이지 처리를 아래와 같이 구현한 개발팀을 본 적이 있다. 국내에 잘 알려진 그룹웨어를 개발하는 회사였다.

```
void pagination(ResultSet rs, long pageNo, int pageSize) throws Exception {
   int i = 0 ;
   while( rs.next() ) {
      if(++i > (pageNo-1)*pageSize) printRow(rs);
      if(i == pageNo * pageSize) break;
   }
}
```

데이터를 계속 Fetch 하다가 출력해야 할 페이지(pageNo)에 도달하면 그때부터 printRow를 호출해 pageSize 개수만큼 로우를 출력하고, 그제야 Fetch를 멈춘다. C, JAVA 문법에 익숙지 않은 독자들을 위해 PL/SQL로 변환하면 아래와 같다.

```
i := 0 ;
loop
   fetch c into l_record;
   exit when (c%notfound or (i = pageNo * pageSize));
   i := i + 1;
   if i > (pageNo-1)*pageSize then
      printRow(l_record);
```

```
   end if;
end loop;
```

뒤 페이지로 이동할수록 엄청나게 많은 Fetch Call을 유발하게 될 것이고, 전반적으로 이런 스타일로 구현했다면 시스템에 얼마나 악영향을 끼칠지는 어렵지 않게 짐작할 수 있다.

FetchSize를 늘리면 도움이 될까? 뒤 페이지를 클릭할 때 발생하는 불필요한 Fetch Count는 줄일 수 있겠지만 Array 버퍼에 쌓인 다량의 로우를 읽으면서 발생하는 CPU 리소스 낭비는 여전하고 메모리 사용량은 늘어날 것이며, 앞쪽 페이지를 출력할 때는 서버로부터 불필요하게 많은 로우를 가져와야 하므로 서버 및 네트워크 부하를 가중시켜 상황이 더 안 좋아질지도 모른다.

유일한 해결책은, 페이지 처리를 서버 단에서 완료하고 최종적으로 출력할 레코드만 Fetch 하도록 프로그램을 고치는 것이다.

위와 같이 비효율적인 방식으로 페이지 처리를 구현하는 경우가 있는가 하면 시스템 전체적으로 아예 페이지 처리 없이 개발하는 예도 종종 볼 수 있다. 업무 요건 또는 짧은 개발 기간 때문이라고 하지만 대량의 결과 집합을 페이지 처리 없이 모두 출력하도록 구현했을 때 시스템 전반에 일으키는 부하는 실로 엄청나다. 페이지 처리를 하지 않았을 때 발생하는 부하요인을 요약하면 아래와 같다.

1. 다량의 Fetch Call 발생(SQL*Net roundtrips to/from client)
2. 대량의 결과 집합을 클라이언트로 전송하면서 발생하는 네트워크 부하
   (bytes sent via SQL*Net to client)
3. 대량의 데이터 블록을 읽으면서 발생하는 I/O 부하
4. AP 서버 및 웹 서버 리소스 사용량 증가

이렇게 여러 가지 부하를 일으키지만 정작 사용자는 앞쪽 일부 데이터만 읽고 업무처리를 완료하는 경우가 대부분이며, 쿼리 자체 성능도 문제지만 시스템 전반에 걸쳐 불필

요한 리소스를 낭비하게 되는 것이 더 큰 문제다. 이들 부하를 해소하는 열쇠는 페이지 처리에 있다.

1. 페이지 단위로, 화면에서 필요한 만큼씩 Fetch Call
2. 페이지 단위로, 화면에서 필요한 만큼씩 네트워크를 통해 전송
3. 인덱스와 부분범위처리 원리를 이용해 각 페이지에 필요한 최소량만 I/O
4. 데이터를 소량씩 나누어 전송하므로 AP · 웹 서버 리소스 사용량 최소화

결론적으로 말해, 조회할 데이터가 일정량 이상이고 수행빈도가 높다면 필수적으로 페이지 처리를 구현해야 한다.

페이지 처리를 하지 않는 이유를 물으면 대개 현업의 업무 요건 때문이라는 답변을 듣게 되는데, 수만~수십만 건에 이르는 데이터를 화면에서 스크롤해 가며 분석하는 경우는 거의 없다. 대부분 엑셀로 저장하고 거기서 추가 가공 및 분석하려는 경우이므로 일반 조회 시에는 페이지 처리를 하고, 사용자가 필요할 때만 '전체 조회' 또는 '다운로드 받기' 버튼을 클릭할 수 있도록 기능을 제공하는 것이 바람직하다.

페이지 처리를 하는 목적은, 1차적으로 데이터베이스 Call 횟수를 줄이고 네트워크를 통한 데이터 전송량을 최소화하는 데에 있지만, 서버 내에서의 처리 일량을 줄이는 데(위에서 열거한 부하 요인 중 3번)에도 있다. 따라서 그 목적에 맞게 구현해야 한다. 이를테면, 조회 조건에 부합하는 100만 건 중 화면 출력에 필요한 최소한의 레코드만 액세스하도록 I/O 효율을 고려해 구현해야 하는 것이다. 업무 특성에 따라 여러 가지 방식이 있는데, 성능을 고려한 효과적인 페이지 처리 기법에 대해서는 2권에서 자세히 다룬다.

07 PL/SQL 함수의 특징과 성능 부하

(1) PL/SQL 함수의 특징

오라클은 PL/SQL로 작성된 함수/프로시저의 이식성을 고려해 오라클 서버가 아닌 Oracle Forms, Oracle Reports 같은 제품에서도 수행될 수 있도록 설계하였다. 그래서 PL/SQL로 작성한 함수와 프로시저를 컴파일하면 JAVA 언어처럼 바이트코드(bytecode, machine-readable code)가 생성되며, 이를 해석하고 실행할 수 있는 PL/SQL 엔진(가상머신, Virtual Machine)만 있다면 어디서든 실행될 수 있다. 바이트코드는 데이터 딕셔너리에 저장되었다가 런타임 시 해석된다.

지금은 가장 인기 있는 개발언어가 된 JAVA가 초기에 고전했던 이유는 바로 속도 때문이었는데, PL/SQL도 JAVA처럼 인터프리터(Interpreter) 언어이기 때문에 Native 코드로 완전 컴파일된 내장(Built-In) 함수에 비해 많이 느리다. 이 문제를 극복하려고 오라클 9i부터 해당 플랫폼 Native 코드로 컴파일할 수 있는 기능을 제공하기 시작했지만 사용상 복잡성 때문에 잘 사용되지 않고 있는 실정이다.

그리고 연산 위주의 작업을 주로 수행한다면 큰 효과를 보겠지만, 뒤에서 설명하는 것처럼 함수/프로시저 성능이 나빠지는 이유가 대부분 그 안에서 Recursive SQL을 수행하기 때문이므로 Native 코드로 컴파일하더라도 큰 도움이 되지 못할 때가 많다.

```
oraking@ORA10G> show parameter PLSQL

NAME                                 TYPE        VALUE
------------------------------------ ----------- ------------------------
plsql_ccflags                        string
plsql_code_type                      string      INTERPRETED
plsql_compiler_flags                 string      INTERPRETED, NON_DEBUG
plsql_debug                          boolean     FALSE
plsql_native_library_dir             string
plsql_native_library_subdir_count    integer     0
plsql_optimize_level                 integer     2
plsql_v2_compatibility               boolean     FALSE
plsql_warnings                       string      DISABLE:ALL
```

어쨌든 대부분 위와 같은 Interpreted 실행 환경에서 개발하므로 이를 기준으로 설명을 진행하겠다.

PL/SQL은 인터프리터 언어이므로 그것으로 작성한 함수 실행 시 매번 SQL 실행엔진과 PL/SQL 가상머신(Virtual Machin) 사이에 컨텍스트 스위칭(Context Switching)이 일어난다. SQL에서 함수를 호출할 때마다 SQL 실행엔진이 사용하던 레지스터 정보들을 백업했다가 PL/SQL 엔진이 실행을 마치면 다시 복원하는 작업을 반복하게 되므로 느려질 수 밖에 없다. C++, JAVA, VB와 같은 일반 프로그래밍 언어에서는 될 수 있으면 함수/프로시저를 이용해 잘게 모듈화 · 공용화하는 것이 권장사항이지만 PL/SQL 함수와 프로시저를 그런 식으로 활용하면 안 되는 이유가 여기에 있다.

원리를 잘 알고 사용하면 PL/SQL 함수와 프로시저를 이용해 성능을 높일 수 있는 요소가 많지만, 잘못 사용하면 심각한 성능 부하를 일으킬 수 있다. 간단한 테스트를 통해 그 부하의 심각성을 살펴보자.

(2) Recursive Call를 포함하지 않는 함수의 성능 부하

아래는 가장 흔히 볼 수 있는 사용자 정의 함수 남용 사례인데, 날짜형 데이터를 공통 문자열 포맷으로 변환하려고 함수를 정의하는 경우다.

```
SQL> create or replace function date_to_char(p_dt date) return varchar2
as
begin
  return to_char(p_dt, 'yyyy/mm/dd hh24:mi:ss');
end;
/

함수가 생성되었습니다.

SQL> create table t ( no number, char_time varchar2(21) ) ;

테이블이 생성되었습니다.

SQL> set timing on
SQL> insert into t
select rownum no
     , to_char(sysdate + rownum, 'yyyy/mm/dd hh24:mi:ss') char_time
from   dual
```

```
connect by level <= 1000000 ;

1000000 개의 행이 만들어졌습니다.

경   과: 00:00:02.45

SQL> insert into t
select rownum no
     , date_to_char(sysdate + rownum) char_time
from   dual
connect by level <= 1000000 ;

1000000 개의 행이 만들어졌습니다.

경   과: 00:00:15.57
```

오라클 내장(Built-In) 함수 to_char와 사용자 정의 함수를 사용할 때의 수행시간을 비교했더니, 2.45초 만에 수행되던 것이 15.57초 소요된 것을 볼 수 있다. 서버 사양에 따라 다른데, Recursive Call 없이 컨텍스트 스위칭 효과만으로 보통 5~10배 정도 느려진다. 0.1초 미만으로 수행되는 쿼리가 5~10배 정도 느려지면 별거 아니라고 생각할지 모르지만 1시간 걸리던 배치 프로그램이 함수 하나 때문에 5시간 넘게 걸린다고 생각해 보라.

(3) Recursive Call를 포함하는 함수의 성능 부하

5배쯤 느려지는 위 테스트 결과가 사소하게 느껴질 수 있다. 그런데 대개의 사용자 정의 함수에는 Recursive Call을 포함한다. 네트워크 트래픽을 발생시키는 User Call에 비하면 그 비용이 훨씬 적지만 Recursive Call도 매번 Execute Call과 Fetch Call을 발생시키기 때문에 대량의 데이터를 조회하면서 레코드 단위로 함수를 호출하도록 쿼리를 작성하면 성능이 극도로 나빠진다. 위에서 사용했던 date_to_char 함수에 DUAL 테이블을 읽는 간단한 select문 하나를 삽입하고 다시 테스트해 보자.

```
SQL> create or replace function date_to_char(p_dt date) return varchar2
as
  l_empno number;
begin

  select 1 into n from dual;
```

```

      return to_char(p_dt, 'yyyy/mm/dd hh24:mi:ss');

    end;
    /

함수가 생성되었습니다.

경   과: 00:00:00.37
SQL> insert into t
    select rownum no
         , date_to_char(sysdate + rownum) char_time
    from   dual
    connect by level <= 1000000
    /

1000000 개의 행이 만들어졌습니다.

경   과: 00:01:04.57
```

1분 5초가량 소요되었다. I/O가 전혀 발생하지 않는 가벼운 쿼리[49]를 삽입했을 뿐인데, Recursive Call 없는 함수와 비교하면 4배, 함수를 사용하지 않았을 때와 비교하면 23배가량 더 느려졌다. 15초가 1분 5초 걸린 걸 보고 4배 느려지는 정도는 참을 수 있다고 생각할지 모르지만, 1시간 걸리는 쿼리가 4시간 걸릴 수도 있는 것이다. 23배라면? 23시간이다.

아래 SQL 트레이스 결과를 보고 나면 쿼리 성능이 급격히 저하된 원인을 쉽게 확인할 수 있다.

```
SELECT 1
FROM DUAL

call     count       cpu    elapsed       disk      query    current        rows
------- ------  -------- ---------- ---------- ---------- ----------  ----------
Parse        1      0.00       0.00          0          0          0           0
Execute 1000000    15.18      14.21          0          0          0           0
Fetch   1000000    15.35      13.79          0          0          0     1000000
------- ------  -------- ---------- ---------- ---------- ----------  ----------
total   2000001    30.54      28.00          0          0          0     1000000

Misses in library cache during parse: 1
Optimizer mode: ALL_ROWS
Parsing user id: 61     (recursive depth: 1)
```

```
Rows     Row Source Operation
-------  ---------------------------------------------------
1000000  FAST DUAL  (cr=0 pr=0 pw=0 time=10983723 us)
```

지금까지 강조하고 또 강조한 데이터베이스 Call이 200만 번이나 추가로 더 발생했다. 쿼리 하나를 수행하는 데 말이다. 다행히 Parse Call은 한 번뿐이다. 함수가 커서를 캐싱한 채로 라이브러리 캐시에 캐싱 돼 있었기 때문이다. 여기서는 최초 테스트(Recursive Call이 없는 경우)와의 공정한 비교를 위해 추가 I/O가 발생하지 않도록 DUAL 테이블을 사용했지만 실제 상황이라면 함수에서 발생하는 Recursive Call은 대부분 I/O를 수반하므로 실제 훨씬 큰 성능저하를 일으킨다.

이처럼 대용량 조회 쿼리에서 함수를 남용하면 읽는 레코드 수만큼 건건이 함수 호출이 발생해 성능이 극도로 나빠진다. 따라서 사용자 정의 함수는 소량의 데이터 조회 시에만 사용하거나, 대용량 조회 시에는 부분범위처리가 가능한 상황에서 제한적으로 사용해야 한다. 그리고 성능을 위해서라면 가급적 조인 또는 스칼라 서브쿼리 형태로 변환하려고 노력해야 한다.

(4) 함수를 필터 조건으로 사용할 때 주의 사항

함수를 where절에서 필터 조건으로 사용할 때도 각별한 주의가 필요하다. 조건절과 인덱스 상황에 따라 함수 호출 횟수가 달라지기 때문이다. 테스트를 위해 emp 테이블을 읽어 평균 급여를 리턴하는 함수를 만들고, 컬럼 구성을 달리하는 인덱스 4개를 만들어 보자.

---

49) 오라클 10g 이후부터 DUAL 테이블을 쿼리하면 FAST DAUL 방식으로 수행되므로 I/O가 전혀 발생하지 않는다.

```
create or replace function emp_avg_sal return number
is
  l_avg_sal number;
begin
  select avg(sal) into l_avg_sal from emp;
  return l_avg_sal;
end;
/
create index EMP_X01 on emp(sal);
create index EMP_X02 on emp(deptno);
create index EMP_X03 on emp(deptno, sal);
create index EMP_X04 on emp(deptno, ename, sal);
```

〈 케이스 1 〉

아래처럼 인덱스를 사용하지 않고 Full Scan 할 때는, 스캔하면서 읽은 전체 건수만큼 함수 호출이 일어난다. 함수 내에서 수행된 SQL의 수행횟수(→ Call 통계에서 Execute 횟수)를 체크해 보면 알 수 있다. 잘 알다시피, 오라클 설치 시 테스트용으로 scott 계정에 자동 생성되는 emp 테이블에는 레코드가 14건 있다.

```
select /*+ full(emp) */ * from emp
where  sal >= emp_avg_sal

********************************************************************************
SELECT AVG(SAL) FROM EMP

call     count       cpu    elapsed       disk      query    current        rows
------- ------  -------- ---------- ---------- ---------- ----------  ----------
Parse        1      0.00       0.00          0          0          0           0
Execute     14      0.00       0.00          0          0          0           0
Fetch       14      0.00       0.00          0         42          0          14
------- ------  -------- ---------- ---------- ---------- ----------  ----------
total       29      0.00       0.00          0         42          0          14
```

〈 케이스 2 〉

아래처럼 sal 컬럼을 선두로 갖는 인덱스를 이용하도록 하면 함수 호출이 단 한번만 일어난다. 함수를 먼저 실행하고, 거기서 리턴된 값으로 EMP_X01 인덱스를 액세스하는 상수 조건으로 사용하기 때문이다.

```
select /*+ index(emp (sal)) */ * from emp
where  sal >= emp_avg_sal
```

〈 케이스 3 〉

조건절에 'deptno = 20' 조건을 하나 더 추가하고, deptno 컬럼 하나만으로 구성된 EMP_X02 인덱스를 이용하도록 해 보자. 'deptno = 20' 조건만을 만족하는 레코드는 5건이고, 'sal >= emp_avg_sal' 조건 필터링을 거친 최종 건수는 3건이다.

```
select /*+ index(emp, EMP_X02) */ * from emp
where  sal >= emp_avg_sal
and    deptno = 20

Predicate Information (identified by operation id):
---------------------------------------------------
   1 - filter("SAL">="EMP_AVG_SAL"())
   2 - access("DEPTNO"=20)
```

'deptno = 20' 조건은 인덱스 액세스 조건으로 사용되지만 'sal >=' 조건은 테이블 필터 조건으로 사용되므로 테이블을 액세스하는 횟수만큼 5번의 함수 호출이 일어난다. Predicate 정보를 함께 표시했으니 참고하기 바란다.

〈 케이스 4 〉

이번에는 deptno + sal 순으로 구성된 EMP_X03 인덱스를 이용하도록 해 보자.

그러면, 'sal >=' 조건까지 인덱스 액세스 조건으로 사용되므로 함수 호출이 1번만 일어난다. Predicate 정보를 확인하기 바란다.

```
select /*+ index(emp (deptno, sal)) */ * from emp
where  sal >= emp_avg_sal
and    deptno = 20

Predicate Information (identified by operation id):
---------------------------------------------------
   2 - access("DEPTNO"=20 AND "SAL">="EMP_AVG_SAL"() AND "SAL" IS NOT NULL)
```

〈 케이스 5 〉

조건절은 같은데, deptno와 sal 컬럼 중간에 ename 컬럼이 낀 EMP_X04 인덱스를 사용해 보자. 그러면 함수 호출이 6번 일어난다. 아래 Predicate 정보를 보면, 'sal >=' 조건이 인덱스 액세스 조건으로 사용되지만 ename 조건이 없는 상황이어서 필터 조건으로도 사용되는 것을 볼 수 있다. 따라서 인덱스를 스캔할 첫 번째 레코드 액세스 단계에서 1번, 필터 단계에서 나머지 4건을 찾는 동안 4번, 'deptno = 20' 범위를 넘어 더 이상 조건을 만족하는 레코드가 없음을 확인하는 one-plus 스캔 과정에서 1번, 그래서 총 6번의 함수 호출이 일어난다.

```
select /*+ index(emp (deptno, ename, sal)) */ *
from   emp
where  sal >= emp_avg_sal
and    deptno = 20

   2 - access("DEPTNO"=20 AND "SAL">="EMP_AVG_SAL"())
       filter("SAL">="EMP_AVG_SAL"())
```

〈 케이스 6 〉

앞에서는 선행 컬럼이 누락된 경우를 보았고, 케이스 6은 '=' 조건이 아닌 경우다. 인덱스 컬럼 구성상 선행 컬럼이 조건절에 누락되거나 '=' 조건이 아닌 경우 그 컬럼은 필터 조건으로 사용된다. 따라서 함수 호출이, 인덱스를 스캔할 첫 번째 레코드를 액세스하는 단계에서 1번, 'deptno >= 10' 조건을 만족하는 나머지 13건을 스캔하는 동안 13번, 그래서 총 14번 발생한다. 여기서는 맨 마지막 레코드에 도달하였으므로 one-plus 스캔에 의한 함수 호출은 없다.

```
select /*+ index(emp (deptno, sal)) */ * from emp
where  sal >= emp_avg_sal
and    deptno >= 10

   2 - access("DEPTNO">=10 AND "SAL">="EMP_AVG_SAL"() AND "DEPTNO" IS NOT NULL)
       filter("SAL">="EMP_AVG_SAL"())
```

테스트 결과를 표로써 요약해 보자.

조건절	사용 인덱스	함수 호출 횟수
sal >= emp_avg_sal	Full Table Scan	14
sal >= emp_avg_sal	emp_x01 : sal	1
sal >= emp_avg_sal deptno = 20	emp_x02 : deptno	5
sal >= emp_avg_sal deptno = 20	emp_x03 : deptno, sal	1
sal >= emp_avg_sal deptno = 20	emp_x04 : deptno, ename, sal	6
sal >= emp_avg_sal deptno >= 10	emp_x03 : deptno, sal	14

여기서는 작은 테이블을 사용했으므로 직접 테스트해 보더라도 성능차이를 느낄 수 없겠지만, 실제 사용하는 대용량 테이블에서는 조건절과 인덱스 구성에 따라 성능 차이가 매우 크게 나타날 수 있음을 이해할 것이다.

(5) 함수와 읽기 일관성

성능 문제 외에도 사용자 정의 함수를 사용할 때 꼭 알아 두어야 할 주의사항이 있다. 1장에서 설명한 읽기 일관성과 관련 있는데, 테스트를 위해 LookupTable과 이를 액세스하는 함수를 정의해 보자.

```
SQL> create table LookupTable ( key number, value varchar2(100) ) ;

테이블이 생성되었습니다.

SQL> insert into LookupTable values( 1, 'YAMAHA' );

1 개의 행이 선택되었습니다.

SQL> commit;

커밋이 완료되었습니다.

SQL> create or replace function lookup(l_input number) return varchar2
  2  as
  3    l_output LookupTable.value%TYPE;
  4  begin
```

```
  select value into l_output from LookupTable where key = l_input;
  return l_output;
end;
/

함수가 생성되었습니다.
```

여기서 생성한 lookup 함수를 참조하는 쿼리가 있다고 하자. 그 쿼리를 수행하고 결과 집합을 Fetch 하는 동안 다른 세션에서 LookupTable로부터 value 값을 변경한다면 어떤 일이 발생할까? 레코드를 Fetch 하면서 lookup 함수가 반복 호출되는데, 중간부터 다른 결과 값을 리턴하게 된다. 가장 기본적인 문장수준 읽기일관성(Statement-level consistency)이 보장되지 않는 것으로서, 함수 내에서 수행되는 Recursive 쿼리는 메인 쿼리의 시작 시점과 무관하게 그 쿼리가 수행되는 시점을 기준으로 블록을 읽기 때문에 생기는 현상이다.

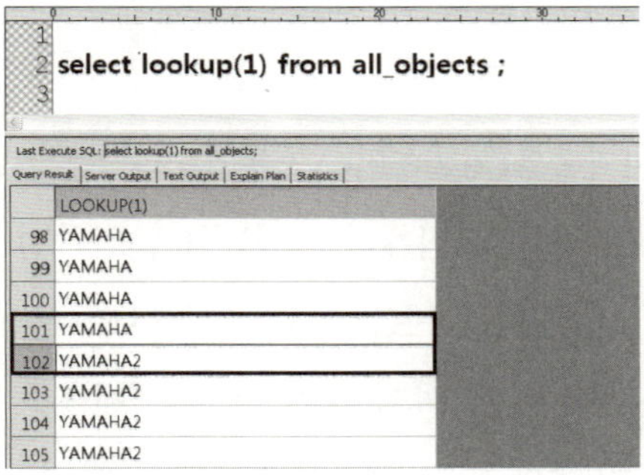

그림 5-9

토드나 오렌지 같은 쿼리 툴에서 그림 5-9처럼 큰 테이블(또는 뷰)을 이용해 lookup 함수를 호출하도록 select 문을 수행시켜 보라. 그리고 결과집합을 스크롤하는 도중에 다른 세션에서 LookupTable의 value를 변경하고 커밋해 보라. 그런 후 계속 스크롤을 진행하다 보면 그림 5-9처럼 입력 값이 같은데도 중간부터 다른 값을 출력하는 것을 발견할 것이다.

함수를 잘못 사용해 실제 읽기 일관성이 깨질 수 있는 또 다른 사례를 들어보자.

```
create or replace SF_현재가(p_종목코드 varchar2) return number
as
  rValue number;
begin
  select 현재가 into rValue from 종목별시세 where 종목코드 = p_종목코드;
  return rValue;
end;
/
create or replace SF_시가총액(p_종목코드 varchar2) return number
as
  rValue number;
begin
  select 현재가 * 발행주식수 into rValue
  from 종목별시세 where 종목코드 = p_종목코드;
  return rValue;
end;
/

select a.지수업종코드
     , min(a.지수업종명) 지수업종명
     , avg(SF_현재가(b.종목코드)) 평균주식가격
     , sum(SF_시가총액(b.종목코드)) 시가총액
from   지수업종 a, 지수업종구성종목 b
where  a.지수업종유형코드 = '001'
and    b.지수업종코드 = a.지수업종코드
group by a.지수업종코드 ;
```

주식 종목별 현재가와 시가총액(=현재가*발행주식수)은 수시로 변한다. 이런 상황에서 위와 같은 함수를 만들고, 이를 이용해 값을 집계하는 쿼리를 날린다면 일관성 없는 결과를 내기 쉽다. '지수업종구성종목' 테이블의 PK는 '지수업종코드+종목코드'다. 즉, 한 종목이 여러 지수업종에 속할 수 있다. 이때, 예를 들어 '코스피 대형주' 지수업종에 속한 삼성전자 주가와 '전기전자' 지수업종에 속한 삼성전자 주가를 쿼리 도중에 다르게 리턴한다면 최종 결과집합은 일관성 없는 상태에 놓이게 될 것이다. 뒤에서 설명하겠지만 캐싱효과를 위해 Deterministic 함수로 선언하거나 아래처럼 함수에 스칼라 서브쿼리를 덧씌우더라도 이 문제를 완전히 해소할 수는 없다.

```
…
     ,(select avg(SF_현재가(b.종목코드)) from dual) 평균주식가격
     ,(select sum(SF_시가총액(b.종목코드)) from dual) 시가총액
…
```

아래처럼 일반 조인문 또는 스칼라 서브쿼리를 사용할 때만 완벽한 문장수준 읽기 일

관성이 보장된다.

```
# 일반 조인문
select a.지수업종코드
     , min(a.지수업종명) 지수업종명
     , avg(c.현재가) 평균주식가격
     , sum(c.현재가 * c.발행주식수) 시가총액
from   지수업종 a, 지수업종구성종목 b, 종목별시세 c
where  a.지수업종유형코드 = '001'
and    b.지수업종코드 = a.지수업종코드
and    c.종목코드 = b.종목코드
group by a.지수업종코드 ;

# 스칼라 서브쿼리
select a.지수업종코드
     , min(a.지수업종명) 지수업종명
     , avg(select 현재가 from 종목별시세
           where 종목코드 = b.종목코드) 평균주식가격
     , sum(select c.현재가 * c.발행주식수 from 종목별시세
           where 종목코드 = b.종목코드) 시가총액
from   지수업종 a, 지수업종구성종목 b
where  a.지수업종유형코드 = '001'
and    b.지수업종코드 = a.지수업종코드
group by a.지수업종코드 ;
```

이런 읽기 일관성 문제는 프로시저, 패키지, 트리거를 사용할 때도 공통적으로 나타나는 현상이다. 오라클에서 트리거를 사용하면 데이터 정합성이 깨진다는 얘기를 자주 듣는데, 사실은 오라클만의 독특한 읽기 일관성 모델을 정확히 이해하지 못한 상태에서 개발하기 때문에 생기는 현상이라고 봐야 한다. 함수/프로시저를 잘못 사용하면 성능을 떨어뜨릴 뿐 아니라 데이터 정합성까지 해칠 수 있으므로 주의해야 한다.

(6) 함수의 올바른 사용 기준

지금까지의 설명을 듣고 나면 함수를 쓰지 말라는 얘기처럼 들릴 수 있다. 실제 오라클 함수/프로시저를 절대 사용하지 못하도록 프로젝트 개발표준이 정해지는 경우가 종종 있다. 최근 모 통신사 프로젝트가 그랬다. 필자가 거기서 데이터베이스 튜닝업무를 맡았는데, 반드시 함수를 써야만 성능문제를 해결할 수 있는 상황에 직면해 그 개발 표준을 타파해 보려고 노력했던 기억이 난다. 하지만 결국 실패하고 말았는데, 예외를 인정할 수 없다는 것이었다. 재미있는 것은 그 개발표준이 제정된 이유도 바로 성능 때문이었다. 애플리케이션 아키텍처 팀의 개발표준 담당자가 과거에 함수를 사용하다 낭패를 본 경험이

있었던 것 같다.

위에서 언급한 주의사항들은 함수를 가급적 쓰지 말라는 의미로 설명한 것이 아니다. 함수를 사용했을 때 성능이 느려지는 원리를 이해하고 잘 활용하라는 뜻이다. 함수를 써서 오히려 성능을 향상시키는 사례도 많다. 2장에서 설명했던 채번 함수(seq_nextval)가 대표적인 케이스다. 오라클 Sequence 오브젝트를 사용하지 않는 한, Lock 경합을 최소화하면서 이보다 더 빠르게 채번하는 방법은 없다. 채번을 위해 PL/SQL 함수를 사용하지 않았다면 애플리케이션 단에서 select, insert, update를 날리면서 채번했을 텐데, 이는 User Call을 발생시키는 것이므로 Recursive Call보다 현저히 느리고, Lock 경합 시 대기시간도 더 길어지기 마련이다.

그리고 테이블에 트리거를 정의하면 DML 속도가 느려진다고 흔히 얘기하지만 트리거를 통해 처리하려 했던 그 목적을 트리거보다 더 빠르게 달성할 수 있는 방법이 있던가? 배치(Batch)로 처리하면 모를까, 실시간 요건을 만족하면서 애플리케이션 단에서 트리거보다 더 빠르게 처리하는 방법은 없다.

앞에서 Recursive Call 부하를 강조한 것은, 조금 더 고민하면 조인으로 처리할 수 있는데 개발 생산성만을 고려해 무분별하게 함수를 남용했을 때 생기는 부작용을 지적하고자 했을 따름이다. 함수/프로시저를 사용하지 않았을 때 결국 User Call을 발생시키도록 구현해야 한다면, 오라클 함수/프로시저를 사용하는 편이 더 나은 선택이다.

읽기 일관성 문제도 마찬가지다. 오라클 함수를 사용하지 않고 애플리케이션 단에서 구현하더라도 같은 문제가 발생하므로 함수 사용에 따른 폐단으로 규정하는 것은 문제가 있다. 대부분 개발자들이 모르고 있는 사실이므로 주의를 당부한 것이고, 애플리케이션 단에서 구현할 때와 마찬가지로 데이터 일관성이 깨지지 않도록 설계하고 개발해야 한다는 뜻에서 설명한 것이다.

반대로, 모든 프로그램을 PL/SQL 함수와 프로시저로 구현하려 하는 것도 문제가 될 수 있다. 라이브러리 캐시에서 관리해야 할 오브젝트 개수와 크기가 늘어나면 아무래도 히트율(Hit Ratio)이 떨어지고, 경합이 증가해 효율성이 저하되기 마련이다. 그리고 특정 데이터베이스 오브젝트 정의를 변경하면, 라이브러리 캐시 오브젝트간 Dependency 체인을 따라 순간적으로 동시 컴파일을 유발해 시스템 장애로 연결될 가능성도 있다. 참고로, Dependency 체인에 의한 라이브러리 캐시 부하를 최소화하려면 가급적 함수/프로시저보다 패키지를 사용하는 것이 유리하다.

참 어려운 얘기인데, 정해진 Shared Pool 크기 내에서 소화할 수 있는 적정 개수의 SQL(→ 바인드 변수의 사용이 이를 가능케 함)과 PL/SQL 단위 프로그램을 유지하도록 노력해야 한다. 그러려면 역할을 분담해 연산 위주의 작업은 애플리케이션 서버 단에서 주로 처리하고, SQL 수행을 많이 요하는 작업은 오라클 함수/프로시저를 이용하도록 설계할 필요가 있다.

08 PL/SQL 함수 호출 부하 해소 방안

다시 강조하지만, 사용자 정의 함수는 ① 소량의 데이터 조회 시에만 사용하는 것이 좋다. ② 대용량 데이터를 조회할 때는 부분범위처리가 가능한 상황에서 제한적으로 사용해야 하며, 될 수 있으면 ③ 조인 또는 스칼라 서브쿼리 형태로 변환하려는 노력이 필요하다. 그런데, 구현상 복잡성으로 인해 함수를 도저히 풀 수 없는 경우가 자주 있다. ④ 어쩔 수 없을 때는 함수를 쓰되 호출 횟수를 최소화할 수 있는 방법을 강구해야 한다.

지금부터 설명할 함수 호출 부하 해소 방안을 요약하면 다음과 같다.

- 페이지 처리 또는 부분범위처리 활용
- Decode 함수 또는 Case문으로 변환
- 뷰 머지(View Merge) 방지를 통한 함수 호출 최소화
- 스칼라 서브쿼리 캐싱 효과를 이용한 함수 호출 최소화
- Deterministic 함수의 캐싱 효과 활용

● 복잡한 함수 로직을 풀어 SQL로 구현

(1) 페이지 처리 또는 부분범위처리 활용

튜닝 컨설팅을 다니면서 함수 부하 때문에 개발팀에 가장 많이 가이드하는 튜닝 사례는 아래와 같은 경우다.

```
select *
from (
  select rownum no, a.*
  from (
      select memb_nm(매도회원번호) 매도회원명
           , memb_nm(매수회원번호) 매수회원명
           , code_nm('446', 매도투자자구분코드) 매도투자자구분명
           , code_nm('446', 매수투자자구분코드) 매수투자자구분명
           , code_nm('418', 체결유형코드) 체결유형명
           , 매도계좌번호, 매수계좌번호
           , 체결시각
           , 체결수량
           , 체결가
           , 체결수량 * 체결가 체결금액
      from   체결
      where  종목코드 = :종목코드
      and    체결일자 = :체결일자
      and    체결시각 between sysdate-10/24/60  and sysdate
      order by 체결시각 desc
    ) a
    where rownum <= 30
  )
  where no between 21 and 30
)
```

사실 위 케이스는 함수를 꼭 사용해야만 하는 경우는 아니다. 그런데도 개발 초기에 정해진 표준 규칙에 따라, 코드명을 가져올 때는 함수를 써야만 하는 상황이었다고 가정하자. (가정이라지만 실제 이런 상황에 자주 직면하게 된다.)

위처럼 쿼리를 작성하면 최종 결과 건수가 얼마건 간에 조건절에 부합하는 전체 레코드 건수만큼 함수 호출을 일으키고[50], 그 결과집합을 Sort Area 또는 Temp 테이블 스페

[50] 2권에서 설명하지만, 조건절과 order by절에 딱 맞게 인덱스가 구성돼 있으면 Sort가 발생하지 않는다. 그럴 때는 부분범위처리 방식으로 수행 가능하다.

이스에 저장한다. 그리고 최종 결과집합 10건만을 사용자에게 전송하게 된다.

아래처럼 쿼리를 바꾸면, order by와 rownum에 의한 필터 처리 후 사용자에게 전송하는 최종 결과집합에 대해서만 함수 호출이 일어난다. 요즘 같은 n-Tier 환경에서는 페이지 처리가 필수다 보니 가장 흔히 접하게 되는 튜닝 사례이므로 반드시 숙지해서 실무에 적용하기 바란다.

```
select memb_nm(매도회원번호) 매도회원명
     , memb_nm(매수회원번호) 매수회원명
     , code_nm('446', 매도투자자구분코드) 매도투자자구분명
     , code_nm('446', 매수투자자구분코드) 매수투자자구분명
     , code_nm('418', 체결유형코드) 체결유형명
     , 체결시각
     , 체결수량
     , 체결가
     , 체결수량 * 체결가 체결금액
from (
  select rownum no, a.*
  from (
    select 매도회원번호, 매수회원번호
         , 매도투자자구분코드, 매수투자자구분코드
         , 매도계좌번호, 매수계좌번호
         , 체결유형코드
         , 체결시각
         , 체결수량
         , 체결가
    from   체결
    where  종목코드 = :종목코드
    and    체결일자 = :체결일자
    and    체결시각 between sysdate-10/24/60  and sysdate
    order by 체결시각 desc
    ) a
    where rownum <= 30
  )
  where no between 21 and 30
)
```

페이지 처리를 하지 않더라도 부분범위처리가 가능한 상황이라면 클라이언트에게 데이터를 전송하는 맨 마지막 단계에 함수 호출이 일어나도록 함(→ 위와 같이 맨 바깥 쪽 select-list에 함수를 기술하면 됨)으로써 큰 성능 개선을 이룰 수 있다.

(2) Decode 함수 또는 Case문으로 변환

함수가 안쪽 인라인 뷰에서 order by 절에 사용된다든가, 전체 결과집합을 모두 출력하거나, insert…select문에서 사용된다면 다량의 함수 호출을 피할 수 없다. 그럴 때는 함수 로직을 풀어서 decode, case문으로 전환하거나 조인문으로 구현할 수 있는지 먼저 확인해야 한다. 함수 로직이 복잡하거나 프로젝트 규칙상 함수를 사용해야만 한다면 함수에 입력되는 값의 종류가 얼마나 되는지 확인해 보기 바란다. 만약 값의 종류가 많지 않다면 함수를 그대로 둔 채 스칼라 서브쿼리의 캐싱 효과를 이용하는 것만으로도 큰 효과를 볼 수 있기 때문이다. 지금부터 그런 튜닝 기법들이 어떤 성능개선 효과를 나타내는지 직접 테스트를 통해 확인해보자.

테스트를 위해 가상의 '체결' 테이블을 생성해 보자.

```
SQL> CREATE TABLE 체결
(체결일자, 체결번호, 시장코드, 증권그룹코드, 체결수량, 체결금액)
AS
SELECT '20090315', ROWNUM
, DECODE(SIGN(ROWNUM-100000), 1,'ST','KQ')     -- 유가증권, 코스닥
, DECODE(MOD(ROWNUM, 8), 0,'SS',1,'EF',2,'EW' -- 주식, ETF, ELW
                       , 3,'DR',4,'SW',5,'RT' -- DR, 신주인수권, 리츠
                       , 6,'BC',7,'MF')       -- 수익증권, 투자회사
, ROUND(DBMS_RANDOM.VALUE(10, 1000), -1)
, ROUND(DBMS_RANDOM.VALUE(10000, 1000000), -2)
FROM   DUAL
CONNECT BY LEVEL <= 500000
UNION ALL
SELECT '20090315', ROWNUM + 300000
,(CASE WHEN MOD(ROWNUM, 4) < 2 THEN 'SD' ELSE 'GD' END)-- 주식파생, 상품파생
,(CASE WHEN MOD(ROWNUM, 4) IN (0, 2) THEN 'FU' ELSE 'OP' END)-- 선물, 옵션
, ROUND(DBMS_RANDOM.VALUE(10, 1000), -1)
, ROUND(DBMS_RANDOM.VALUE(10000, 1000000), -2)
FROM   DUAL
CONNECT BY LEVEL <= 500000 ;

테이블이 생성되었습니다.
```

체결 테이블을 쿼리해서 주식 종목에 대한 체결건수, 체결수량, 체결금액을 집계하려고 한다. 일반적으로 시장, 증권그룹별 데이터 분석이 이루어지므로 이들 컬럼 기준으로 집계할 수 있도록 모델링하였지만, 업무에 따라서는 주식 상품을 다르게 분류하고 집계

하기도 한다. 예를 들자면, ETF, ELW 종목은 유가증권시장에서 일반주식처럼 거래되지만 파생시장에서 거래되는 선물, 옵션과 상품 특성이 비슷해 파생으로 분류되기도 한다.

집계용 쿼리를 작성할 때마다 그런 분류기준을 적용하려니 복잡해서 아래와 같은 함수를 정의했다고 하자.

```
SQL> CREATE OR REPLACE FUNCTION SF_상품분류
(시장코드 VARCHAR2, 증권그룹코드 VARCHAR2) RETURN VARCHAR2
IS
  L_분류 VARCHAR2(20);
BEGIN
  IF 시장코드 IN ('ST', 'KQ') THEN  -- 유가증권, 코스닥
    IF 증권그룹코드 = 'SS' THEN
      L_분류 := '주식 현물';
    ELSIF 증권그룹코드 IN ('EF', 'EW') THEN  -- ETF, ELW
      L_분류 := '파생';
    ELSE
      L_분류 := '주식외 현물';
    END IF;
  ELSE
     L_분류 := '파생';
  END IF;

  --SELECT 순서 || '. ' || L_분류 INTO L_분류
  --FROM   분류순서
  --WHERE  분류명 = L_분류;

  RETURN L_분류;
END;
/

함수가 생성되었습니다.
```

편하긴 한데, 문제는 쿼리 수행시간이 오래 걸리는 데에 있다. 이 함수를 이용해 상품분류별 집계를 구해보니 아래에서 보듯 7초가 소요되었다.

```
SQL> SET TIMING ON
SQL> SELECT SF_상품분류(시장코드, 증권그룹코드) 상품분류
       , COUNT(*) 체결건수
       , SUM(체결수량) 체결수량
       , SUM(체결금액) 체결금액
FROM   체결
WHERE  체결일자 = '20090315'
GROUP BY SF_상품분류(시장코드, 증권그룹코드)
ORDER BY 1 ;
```

```
상품분류           체결건수     체결수량        체결금액
--------------- --------- ----------- --------------
주식 현물             62500    31464360    31652748300
주식외 현물          312500   157950730   158249047700
파생                 625000   315760760   315581037000

3 개의 행이 선택되었습니다.

경   과: 00:00:07.31
```

조금 복잡하더라도 아래처럼 case문 또는 decode 함수를 이용하면 훨씬 빠르게 수행된다. 필자의 PC에서 0.6~0.8초 가량 소요되었다.

```
SQL> SELECT CASE
       WHEN 시장코드 IN ('ST', 'KQ') AND 증권그룹코드  = 'SS' THEN '주식 현물'
       WHEN 시장코드 IN ('ST', 'KQ') AND
            증권그룹코드 NOT IN ('SS', 'EF', 'EW') THEN '주식외 현물'
       WHEN 시장코드 IN ('SD', 'GD') OR 증권그룹코드 IN ('EF', 'EW') THEN '파생'
       END 상품분류
         , COUNT(*) 체결건수
         , SUM(체결수량) 체결수량
         , SUM(체결금액) 체결금액
    FROM   체결
    WHERE  체결일자 = '20090315'
    GROUP BY
       CASE
       WHEN 시장코드 IN ('ST', 'KQ') AND 증권그룹코드  = 'SS' THEN '주식 현물'
       WHEN 시장코드 IN ('ST', 'KQ') AND
            증권그룹코드 NOT IN ('SS', 'EF', 'EW') THEN '주식외 현물'
       WHEN 시장코드 IN ('SD', 'GD') OR 증권그룹코드 IN ('EF', 'EW') THEN '파생'
       END
    ORDER BY 1 ;

상품분류           체결건수     체결수량        체결금액
--------------- --------- ----------- --------------
주식 현물             62500    31464360    31652748300
주식외 현물          312500   157950730   158249047700
파생                 625000   315760760   315581037000

3 개의 행이 선택되었습니다.

경   과: 00:00:00.68
SQL> SELECT DECODE( 시장코드||증권그룹코드
                  , 'STSS', '주식 현물'
                  , 'KQSS', '주식 현물'
                  , 'SDFU', '파생'
                  , 'SDOP', '파생'
                  , 'GDFU', '파생'
                  , 'GDOP', '파생'
```

```
                 , 'STEF', '파생'
                 , 'STEW', '파생'
                 , 'KQEF', '파생'
                 , 'KQEW', '파생'
                 , '주식외 현물' ) 상품분류
        , COUNT(*) 체결건수
        , SUM(체결수량) 체결수량
        , SUM(체결금액) 체결금액
FROM    체결
WHERE   체결일자 = '20090315'
GROUP BY
        DECODE( 시장코드||증권그룹코드
                 , 'STSS', '주식 현물'
                 , 'KQSS', '주식 현물'
                 , 'SDFU', '파생'
                 , 'SDOP', '파생'
                 , 'GDFU', '파생'
                 , 'GDOP', '파생'
                 , 'STEF', '파생'
                 , 'STEW', '파생'
                 , 'KQEF', '파생'
                 , 'KQEW', '파생'
                 , '주식외 현물' )
ORDER BY 1 ;

상품분류               체결건수      체결수량          체결금액
--------------- --------- ----------- --------------
주식 현물              62500     31464360      31652748300
주식외 현물            312500    157950730     158249047700
파생                  625000    315760760     315581037000

3 개의 행이 선택되었습니다.

경   과: 00:00:00.87
```

100만 건을 집계하는데 7초 정도 소요되는 것은 견딜만하다고 생각되는가? 위 함수는 Recursive Call이 전혀 없는 상태였는데, Recursive Call을 포함하도록 바꿔서 테스트해 보면 생각이 달라질 것이다.

상품분류를 사용자가 원하는 순서대로 출력되도록 하려고 아래와 같은 메타정보를 관리한다고 가정하자.

```
SQL> CREATE TABLE 분류순서(분류명, 순서)
  AS
  SELECT '주식 현물', 1 FROM DUAL UNION ALL
  SELECT '주식외 현물', 2 FROM DUAL UNION ALL
```

```
SELECT '파생', 3 FROM DUAL ;

테이블이 생성되었습니다.
```

그리고 SF_상품분류 함수 내에서 이 테이블을 조회해 출력순서를 위한 숫자값을 앞에 붙여 리턴하도록 구현해 보자. (18~20 라인의 주석을 제거하면 된다.)

```
SQL> CREATE OR REPLACE FUNCTION SF_상품분류
 ...
 18     SELECT 순서 || '. ' || L_분류 INTO L_분류
 19     FROM   분류순서
 20     WHERE  분류명 = L_분류;
 ...

함수가 생성되었습니다.
```

이제 쿼리 수행 속도는 7초 걸리던 것이 아래처럼 45초 이상 소요된다. SQL 트레이스를 걸어 확인하지 않더라도 분류순서 테이블을 쿼리하는 Recursive Call 이 100만 번 수행됐음을 짐작할 수 있다.

```
SQL> SELECT SF_상품분류(시장코드, 증권그룹코드) 상품분류
  ...
  GROUP BY SF_상품분류(시장코드, 증권그룹코드)
  ORDER BY 1 ;

상품분류              체결건수     체결수량          체결금액
--------------- --------- ----------- --------------
1. 주식 현물           62500    31464360    31652748300
2. 주식외 현물        312500   157950730   158249047700
3. 파생               625000   315760760   315581037000

3 개의 행이 선택되었습니다.

경   과: 00:00:45.42
```

case문 또는 decode 함수를 사용한 쿼리도 같은 결과가 나오도록 아래처럼 넘버링하는 부분만 고쳐 수행해 보면, 여전히 0.6~0.8초의 수행 속도를 보인다.

```
SQL> SELECT DECODE( 시장코드||증권그룹코드
                    , 'STSS', '1. 주식 현물'
                    , 'KQSS', '1. 주식 현물'
                    , 'SDFU', '3. 파생'
                    , 'SDOP', '3. 파생'
                    , 'GDFU', '3. 파생'
                    , 'GDOP', '3. 파생'
                    , 'STEF', '3. 파생'
                    , 'STEW', '3. 파생'
                    , 'KQEF', '3. 파생'
                    , 'KQEW', '3. 파생'
                    , '2. 주식외 현물' ) 분류명
           , COUNT(*) 체결건수
           , SUM(체결수량) 체결수량
           , SUM(체결금액) 체결금액
     FROM   체결
     WHERE  체결일자 = '20090315'
     GROUP BY
            DECODE( 시장코드||증권그룹코드
                    , 'STSS', '1. 주식 현물'
                    , 'KQSS', '1. 주식 현물'
                    , 'SDFU', '3. 파생'
                    , 'SDOP', '3. 파생'
                    , 'GDFU', '3. 파생'
                    , 'GDOP', '3. 파생'
                    , 'STEF', '3. 파생'
                    , 'STEW', '3. 파생'
                    , 'KQEF', '3. 파생'
                    , 'KQEW', '3. 파생'
                    , '2. 주식외 현물' )
     ORDER BY 1 ;
...

경   과: 00:00:00.81
```

물론 함수를 사용하는데 따른 장점도 있다. 함수를 사용하면 분류체계가 바뀌더라도 SQL들을 찾아 일일이 바꾸지 않아도 된다. 함수 내용만 바꿔주면 되기 때문이다. 하지만 굳이 함수를 이용하지 않더라도 정보 분류 및 업무 규칙 · 규정들을 테이블화해서 관리한다면 매번 쿼리를 바꾸지 않고도 함수가 갖는 장점들을 그대로 가져올 수 있다. 지금 보고 있는 사례에서 상품분류가 바뀔 수 있다면 아래처럼 시장코드와 증권그룹코드별 분류명을 메타정보로써 관리하는 테이블을 만들어 사용하면 된다.

```
SQL> CREATE TABLE 상품분류(시장코드, 증권그룹코드, 분류명)
  AS
  SELECT 'ST', 'SS', '주식 현물'     FROM DUAL UNION ALL
  SELECT 'ST', 'EF', '파생'          FROM DUAL UNION ALL
  SELECT 'ST', 'EW', '파생'          FROM DUAL UNION ALL
  SELECT 'ST', 'DR', '주식외 현물'   FROM DUAL UNION ALL
  SELECT 'ST', 'SW', '주식외 현물'   FROM DUAL UNION ALL
  SELECT 'ST', 'RT', '주식외 현물'   FROM DUAL UNION ALL
  SELECT 'ST', 'BC', '주식외 현물'   FROM DUAL UNION ALL
  SELECT 'ST', 'MF', '주식외 현물'   FROM DUAL UNION ALL
  SELECT 'KQ', 'SS', '주식 현물'     FROM DUAL UNION ALL
  SELECT 'KQ', 'EF', '파생'          FROM DUAL UNION ALL
  SELECT 'KQ', 'EW', '파생'          FROM DUAL UNION ALL
  SELECT 'KQ', 'DR', '주식외 현물'   FROM DUAL UNION ALL
  SELECT 'KQ', 'SW', '주식외 현물'   FROM DUAL UNION ALL
  SELECT 'KQ', 'RT', '주식외 현물'   FROM DUAL UNION ALL
  SELECT 'KQ', 'BC', '주식외 현물'   FROM DUAL UNION ALL
  SELECT 'KQ', 'MF', '주식외 현물'   FROM DUAL UNION ALL
  SELECT 'SD', 'FU', '파생'          FROM DUAL UNION ALL
  SELECT 'SD', 'OP', '파생'          FROM DUAL UNION ALL
  SELECT 'GD', 'FU', '파생'          FROM DUAL UNION ALL
  SELECT 'GD', 'OP', '파생'          FROM DUAL ;

테이블이 생성되었습니다.

SQL> ALTER TABLE 상품분류 ADD
  CONSTRAINT 상품분류_PK PRIMARY KEY(시장코드, 증권그룹코드);

테이블이 변경되었습니다.

SQL> SELECT C.순서 || '. ' || B.분류명 상품분류
         , SUM(체결건수) 체결건수
         , SUM(체결수량) 체결수량
         , SUM(체결금액) 체결금액
  FROM (SELECT 시장코드, 증권그룹코드
               , COUNT(*) 체결건수
               , SUM(체결수량) 체결수량
               , SUM(체결금액) 체결금액
          FROM   체결
          WHERE  체결일자 = '20090315'
          GROUP BY 시장코드, 증권그룹코드) A, 상품분류 B, 분류순서 C
  WHERE A.시장코드 = B.시장코드
  AND   A.증권그룹코드 = B.증권그룹코드
  AND   C.분류명 = B.분류명
  GROUP BY C.순서 || '. ' || B.분류명
  ORDER BY 1 ;

...

경  과: 00:00:00.68
```

분류순서 테이블과의 조인 때문에 성능이 느려질 것이라고 생각했을지 모르지만 전혀

그렇지 않았다. 0.68초 만에 수행된 것을 볼 수 있다. 100만 건 그대로 조인을 실시하면 당연히 느려지겠지만(이 역시도 해시 조인으로 처리하면 빠르게 수행된다.) group by를 먼저 수행해 20건으로 압축된 결과집합을 가지고 조인하므로 성능을 전혀 떨어뜨리지 않는다.

(3) 뷰 머지(View Merge) 방지를 통한 함수 호출 최소화

어떤 이유에서건 함수를 풀어 조인문으로 변경하기 곤란한 경우가 분명히 있다. 그럴 때는 함수를 그대로 둔 채 함수 호출 횟수를 줄이려는 노력을 해야 하는데, 어떤 방법들이 있는지 살펴보자.

```
SQL> SELECT SUM(DECODE( SF_상품분류(시장코드, 증권그룹코드)
                      , '1. 주식 현물', 체결수량))     "주식현물_체결수량"
          , SUM(DECODE( SF_상품분류(시장코드, 증권그룹코드)
                      , '2. 주식외 현물', 체결수량))  "주식외현물_체결수량"
          , SUM(DECODE( SF_상품분류(시장코드, 증권그룹코드)
                      , '3. 파생', 체결수량))          "파생_체결수량"
     FROM   체결
     WHERE  체결일자 = '20090315' ;

  주식현물_체결수량  주식외현물_체결수량  파생_체결수량
----------------- -------------------- -------------
         31464360            157950730     315760760

1 개의 행이 선택되었습니다.

경  과: 00:02:13.51
```

위 쿼리는 100만 건을 스캔하면서 SF_상품분류 함수를 3번씩 반복 수행하므로 총 300만 번 함수 호출이 일어난다. 대부분 일량이 함수 호출에 있음을 쉽게 짐작할 수 있는데, 앞에서 함수를 100만 번 호출할 때 45초가 소요되던 것이 여기서 2분 13초, 거의 3배 늦은 속도를 보이고 있다.

이 결과를 본 순간, 아래처럼 하면 함수호출 횟수를 1/3로 줄일 수 있다고 생각하기 마련이다.

```
SQL> SELECT SUM(DECODE(상품분류, '1. 주식 현물'  , 체결수량)) "주식현물_체결수량"
          , SUM(DECODE(상품분류, '2. 주식외 현물', 체결수량)) "주식외현물_체결수량"
          , SUM(DECODE(상품분류, '3. 파생'       , 체결수량)) "파생_체결수량"
     FROM (
       SELECT SF_상품분류(시장코드, 증권그룹코드) 상품분류, 체결수량
       FROM   체결
       WHERE  체결일자 = '20090315'
     ) ;

 주식현물_체결수량  주식외현물_체결수량  파생_체결수량
----------------- ------------------- -------------
         31464360           157950730     315760760

1 개의 행이 선택되었습니다.

경   과: 00:02:13.64
```

하지만 수행해 보면 속도가 전혀 줄지 않았다. 옵티마이저, 그 중에서도 Query Transformer에 의해 뷰 머지(View Merge)가 발생했기 때문이다. 즉 뷰 머지 때문에 인라인 뷰로 묶기 이전 상태로 되돌아간 것이다. 아래처럼 뷰 머지가 발생하지 못하도록 no_merge 힌트를 사용하면 기대했던 효과가 나타난다. 수행속도가 1/3로 줄어 든 것을 볼 수 있다.

```
SQL> SELECT SUM(DECODE(상품분류, '1. 주식 현물'  , 체결수량)) "주식현물_체결수량"
          , SUM(DECODE(상품분류, '2. 주식외 현물', 체결수량)) "주식외현물_체결수량"
          , SUM(DECODE(상품분류, '3. 파생'       , 체결수량)) "파생_체결수량"
     FROM (
       SELECT /*+ NO_MERGE */ SF_상품분류(시장코드, 증권그룹코드) 상품분류
            , 체결수량
       FROM   체결
       WHERE  체결일자 = '20090315'
     ) ;

 주식현물_체결수량  주식외현물_체결수량  파생_체결수량
----------------- ------------------- -------------
         31464360           157950730     315760760

1 개의 행이 선택되었습니다.

경   과: 00:00:45.34
```

no_merge 힌트를 사용하지 않더라도 뷰 내에 rownum을 사용하면 옵티마이저는 절대 뷰 머지를 시도하지 않는다. rownum을 포함하는 뷰를 메인 쿼리와 merge 하면 결과

가 틀릴 수 있기 때문이다.

```
SQL> …
  4  FROM (
  5    SELECT ROWNUM, SF_상품분류(시장코드, 증권그룹코드) 상품분류
  …

경   과: 00:00:45.29
SQL> …
  8    WHERE   체결일자 = '20090315'
  9    AND     ROWNUM > 0
  …

경   과: 00:00:46.50
```

1/3로 줄긴 했지만 여전히 46초나 소요되고 있다. 더 빠르게 수행되도록 튜닝할 방법은 없는 걸까? 스칼라 서브쿼리의 캐싱 효과를 이용하는 방법이 있다.

(4) 스칼라 서브쿼리의 캐싱효과를 이용한 함수 호출 최소화

2권 조인 원리을 설명하는 장에서 다룰 내용이지만 간단히 설명하자면 스칼라 서브쿼리를 사용하면 오라클은 그 수행횟수를 최소화하려고 입력 값과 출력 값을 내부 캐시(Query Execution Cache)에 저장해 둔다. 스칼라 서브쿼리에 있어 입력 값은, 거기서 참조하는 메인 쿼리의 컬럼 값을 말한다.

```
select (
          select d.dname              → 출력 값 : d.dname
          from   dept d
          where  d.deptno = e.empno   → 입력 값 : e.empno
       )
from   emp e
```

서브쿼리가 수행될 때마다 입력 값을 캐시에서 찾아보고 거기 있으면 저장된 출력 값을 리턴하고, 없으면 쿼리를 수행한 후 입력 값과 출력 값을 캐시에 저장해 두는 원리다. 이 기능을 함수 호출 횟수를 줄이는 데 사용할 수 있는데, 함수를 Dual 테이블을 이용해 스칼라 서브쿼리로 한번 감싸는 것이다. 특히, 함수 입력 값의 종류가 적을 때 이 기법을

활용하면 함수 호출횟수를 획기적으로 줄일 수 있다. 시장코드와 증권그룹코드로 만들어질 수 있는 값의 조합이 20개이므로 SF_상품분류 함수에 대한 입력 값 종류도 20개다(앞에서 생성한 상품분류 테이블 참조). 20개에 대한 입력 값과 출력 값을 캐싱한다면 함수 호출횟수를 20번으로 줄일 수 있다. 직접 시도해 보자.

```
SQL> …
  4  FROM (
  5    SELECT /*+ NO_MERGE */
  6           (SELECT SF_상품분류(시장코드, 증권그룹코드) FROM DUAL) 상품분류
  …

경   과: 00:00:34.42
```

실망스럽게도 45초보다 조금 줄긴 했지만 여전히 34초나 걸렸다. SQL 트레이스를 걸어보면, 아래에서 보듯 1,000,000번보다는 적지만 함수호출이 여전히 725,010번 발생한 것을 확인할 수 있다.

```
********************************************************************************
SELECT 순서 || '. ' || :B1
FROM
 분류순서 WHERE 분류명 = :B1

call       count      cpu    elapsed      disk      query    current       rows
------- -------- -------- ---------- --------- ---------- ---------- ----------
Parse          1     0.00       0.00         0          0          0          0
Execute   725010    11.37      10.39         0          1          0          0
Fetch     725010    17.57      17.63         0    2175030          0     725010
------- -------- -------- ---------- --------- ---------- ---------- ----------
total    1450021    28.95      28.03         0    2175031          0     725010
********************************************************************************
```

함수 호출 횟수를 20번으로 예상했는데, 왜 이처럼 터무니 없게 많이 수행된 것일까? 해시 충돌이 발생했기 때문이다. 해시 충돌이 발생하면 기존 엔트리를 밀어내고 새로 수행한 입력 값과 출력 값으로 대체할 것 같지만, 오라클은 기존 캐시 엔트리를 그대로 둔 채 스칼라 서브쿼리만 한 번 더 수행하고 만다. 따라서 해시 충돌이 발생한 입력 값이 반복적으로 입력되면 스칼라 서브쿼리를 사용하기 전처럼 여전히 쿼리가 반복 수행되기 때문에 위와 같은 현상이 발생하는 것이다. 그나마 27만 번 정도 수행횟수가 줄어 조금 빨

라지긴 했지만 이마저도 없었다면 건건이 캐시를 검색하는 부하 때문에 아마 더 느려졌을 것이다.

필자가 공동 번역한 '비용기반의 오라클 원리(원제 : Cost-Based Oracle Fundamentals)' 저자인 조나단 루이스 설명에 의하면 8i, 9i에서는 256개 엔트리를 캐싱하고, 10g에서는 입력과 출력 값 크기, *_query_execution_cach_max_size* 파라미터에 의해 캐시 사이즈가 결정된다고 한다. 이 Hidden 파라미터 값을 증가시킨 후 테스트 해 보자.

```
SQL> ALTER SESSION SET "_query_execution_cache_max_size" = 2097152;

세션이 변경되었습니다.

경  과: 00:00:00.00
SQL> …
  4  FROM (
  5    SELECT /*+ NO_MERGE */
  6           (SELECT SF_상품분류(시장코드, 증권그룹코드) FROM DUAL) 상품분류
  …

경  과: 00:00:00.79
```

불과 0.79초 만에 수행을 완료했다. 아래 SQL 트레이스 결과를 보면 해시 충돌 없이 단 20번만 함수 호출이 발생한 것을 알 수 있다. 8i, 9i에서 테스트해 보면 기본적으로 256개를 캐싱하므로 파라미터 조정 없이도 이와 같은 성능 개선 효과를 얻을 수 있다.

```
********************************************************************************
SELECT 순서 || '. ' || :B1
FROM
 분류순서 WHERE 분류명 = :B1

call     count       cpu    elapsed       disk      query    current        rows
------- ------  -------- ---------- ---------- ---------- ----------  ----------
Parse        1      0.00       0.00          0          0          0           0
Execute     20      0.00       0.00          0          0          0           0
Fetch       20      0.00       0.00          0         60          0          20
------- ------  -------- ---------- ---------- ---------- ----------  ----------
total       41      0.00       0.00          0         60          0          20
********************************************************************************
```

이처럼 insert … select문이거나 부분범위처리 활용 없이 전체 데이터를 출력해야 하는 상황에서 함수 호출 때문에 성능이 크게 떨어진다면 스칼라 서브쿼리를 활용함으로써

성능을 획기적으로 개선할 수 있다.

아래는 '(1) 페이저 처리 또는 부분범위 처리 활용'에서 보았던 쿼리의 함수 호출 부분을 스칼라 서브쿼리로 덧씌운 것이다. 앞에서는 함수 호출 부분을 맨 바깥쪽 select-list에 기술함으로써 성능을 개선할 수 있음을 설명했지만, 페이지 처리 또는 부분범위처리가 불가능한 상황에서는 효과가 전혀 없다. 그럴 때 아래처럼 스칼라 서브쿼리를 활용함으로써 큰 효과를 얻을 수 있다.

```
select (select memb_nm(매도회원번호) from dual) 매도회원명
     , (select memb_nm(매수회원번호) from dual) 매수회원명
     , (select code_nm('446', 매도투자자구분코드) from dual) 매도투자자구분명
     , (select code_nm('446', 매수투자자구분코드) from dual) 매수투자자구분명
     , (select code_nm('418', 체결유형코드) from dual) 체결유형명
     , 매도계좌번호, 매수계좌번호
     , 체결시각
     , 체결수량
     , 체결가
     , 체결수량 * 체결가 체결금액
from   체결
where  종목코드 = :종목코드
and    체결일자 = :체결일자
and    체결시각 between sysdate-10/24/60  and sysdate
```

이 기법은 입력 값의 종류가 소수여서 해시 충돌 가능성이 적은 함수에만 적용해야 하며, 그러지 않을 경우 도리어 CPU 사용률만 높이게 되므로 먼저 원리를 충분히 이해하고 나서 효과가 확실한 경우에만 사용하기 바란다.

(5) Deterministic 함수의 캐싱 효과 활용

10gR2에서 함수를 선언할 때 Deterministic 키워드를 넣어 주면 스칼라 서브쿼리를 덧입히지 않아도 캐싱 효과가 나타난다. 함수의 입력 값과 출력 값은 CGA(Call Global Area)에 캐싱된다. CGA에 할당된 값은 데이터베이스 Call 내에서만 유효하므로 Fetch Call이 완료되면 그 값들은 모두 해제된다. 따라서 Deterministic 함수의 캐싱 효과는 데이터베이스 Call 내에서만 유효하다. 반면, 스칼라 서브쿼리에서의 입력, 출력 값은 UGA에 저장

되므로 Fetch Call에 상관없이 그 효과가, 캐싱되는 순간부터 끝까지 유지된다.

테스트를 통해 Deterministic 함수의 성능 효과를 확인해 보자.

```
SQL> create or replace function ACCUM (p_input number) return number
DETERMINISTIC
as
  rValue number := 0 ;
  call_cnt number := 0;
begin
  dbms_application_info.read_client_info(call_cnt);
  if call_cnt is null then
    call_cnt := 0;
  end if;

  dbms_application_info.set_client_info(call_cnt + 1);

  for i in 1..p_input loop
    rValue := rValue + i ;
  end loop;
  return rValue ;
end;
/

함수가 생성되었습니다.
```

위처럼 1부터 함수 입력(Input) 값까지의 누적 합을 구하는 함수를 Determinitic으로 선언하고 컴파일하였다. 나중에 함수 호출 횟수를 확인할 목적으로 세션 client_info 값을 매번 변경하는 코드(dbms_application_info 패키지 부분)를 중간에 삽입하였다.

아래 쿼리를 이용해 1,000,000번 함수 호출이 일어나도록 해 보자.

```
SQL> set timing on
SQL> select sum(accum_num)
from (
  select accum(mod(rownum, 50)) accum_num
  from dual
  connect by level <= 1000000
) ;

SUM(ACCUM_NUM)
--------------
     416500000

1 개의 행이 선택되었습니다.

경   과: 00:00:01.54
```

```
sql> select sys_context('userenv', 'client_info') from dual;

SYS_CONTEXT('USERENV','CLIENT_INFO')
------------------------------------------------------------------------
50
```

쿼리에서 함수를 1,000,000번 호출했지만 실제 호출 횟수는 50번에 불과한 것을 client_info 값을 보고 알 수 있다. 입력 값이 1부터 50까지, 총 50개뿐이므로 Deterministic으로 선언했을 때 함수 호출은 50번만 발생했고, 그 때문에 수행시간은 1.54초에 그쳤다. SUM을 구하는 쿼리이므로 한 번의 Fetch Call 내에 캐시 상태를 유지하며 처리를 완료한 것에도 주목하기 바란다.

이제 함수에서 Deterministic 키워드를 제거하고 컴파일 한 후 다시 쿼리를 수행해 보자. 먼저 client_info 값을 null로 초기화하고 테스트를 진행해야 한다.

```
SQL> exec dbms_application_info.set_client_info( NULL );
SQL> select sum(accum_num)
  2  from (
  3    select accum(mod(rownum, 50)) accum_num
  4    from dual
  5    connect by level <= 1000000
  6  ) ;

SUM(ACCUM_NUM)
--------------
     416500000

1 개의 행이 선택되었습니다.

경  과: 00:00:13.56

SQL> select client_info
  2  from   v$session
  3  where  sid = sys_context('userenv', 'sid');

CLIENT_INFO
----------------------------------------------------------------
1000000
```

함수가 1,000,000번 호출되면서 13.56초나 걸린 것을 볼 수 있다. client_info는 v$session[51]을 통해서도 확인할 수 있다.

과도한 함수 호출 때문에 성능 이슈를 경험하고 있다면, 위 사실을 접하는 순간 전광석화처럼 떠오르는 생각이 있다. 함수 호출 횟수를 줄일 목적으로 함수를 Deterministic으로 선언하면 되겠다고 생각할 것이다. 하지만 앞에서 PL/SQL 함수의 특징을 설명했듯이, 함수 안에 쿼리 문장을 포함하고 있다면 그 함수는 일관성이 보장되지 않는다. 즉, 같은 입력 값에 대해 언제라도 다른 출력 값을 낼 수 있다는 뜻이다.

이것은 Deterministic 함수일 때도 마찬가지다. Deterministic 키워드는 그 함수가 일관성 있는 결과를 리턴함을 선언하는 것일 뿐, 그것을 넣었다고 해서 일관성이 보장되는 것은 아니다. 단지, 함수를 구현한 개발자가 그 함수의 일관성 있는 결과 출력을 책임진다는 선언적 의미만을 갖는다. 오라클이 Deterministic 함수일 때만 캐싱 기능이 작동하도록 구현한 것도 그 때문이다[52].

결론적으로 말해, 앞에서 본 ACCUM 함수는 시점과 무관하게 항상 일관성 있는 결과를 출력하므로 캐싱효과를 위한 Deterministic 함수의 올바른 활용 사례지만, 함수가 쿼리문을 포함할 때는 캐싱효과를 위해 함부로 Deterministic으로 선언해선 안 된다. 만약 select문을 포함한 함수를 Deterministic으로 선언하면 일관성 측면에서 뜻하지 않은 결과를 초래할 수 있으므로 주의해야 한다. 데이터베이스 Call 성능 문제를 다루면서 이 부분을 더 깊이 설명하는 것은 적절치 않은 것 같아 부록에서 자세히 설명하였으므로 참고하기 바란다.

(6) 복잡한 함수 로직을 풀어 SQL로 구현

복잡한 함수 로직을 풀어 SQL만으로 해결한 사례를 소개하면서 본 장을 마치려고 한다. 증권회사에서 튜닝한 사례인데, 먼저 '수정주가'에 대한 개념을 살펴보자. 어떤 주식에 대해 유 · 무상 증자에 의한 권리락, 배당에 의한 배당락, 액면변경 등이 발생하면 전

---

51) SID만 알면 v$session을 통해 다른 세션의 client_info 값을 확인할 수도 있다. 배치 프로그램 내에서 단위 작업별로 이 값을 변경해 주면 프로그램 진행 상황을 모니터링할 수 있어 유용하다.

52) 캐싱 기능 작동 여부에 따라 쿼리 결과가 달라지면 안 되므로, 쿼리 수행 도중 값이 달라질 가능성이 없을 때만 캐싱 기능을 동작시킨다는 뜻이다.

일 주가와 당일 주가 사이에 단층이 생겨 주가의 연속성을 잃게 된다. 따라서 현재와 과거 주가를 비교할 때는 수정주가를 자주 사용한다. 즉, 조회 시점 기준으로 과거 주가를 수정하는 것이다. 그런 이벤트가 발생했을 때 전일 종가를 그대로 당일 기준가로 사용하면 거래가 시작되자마자 바로 상한가 또는 하한가를 기록해 주가 등락 정보를 왜곡하게 되므로 당일 기준가를 조정하는 시장조치를 실시한다. 그때의 당일 주가와 전일 주가의 수정비율을 구하고, 이 비율을 주가에 반영함으로써 수정주가를 구한다.

수정주가는, 거래일 이후에 발생했던 주가 수정비율을 모두 곱해서 구한다. 예를 들어, 그림 5-10 좌측에 있는 표에서 12월14일 수정주가는 24일의 수정비율 0.5(=10,000/20,000)와 27일의 수정비율 0.1(=1,000/10,000)을 곱한 0.05를 적용해서 구한다(18,000 × 0.05 = 900).

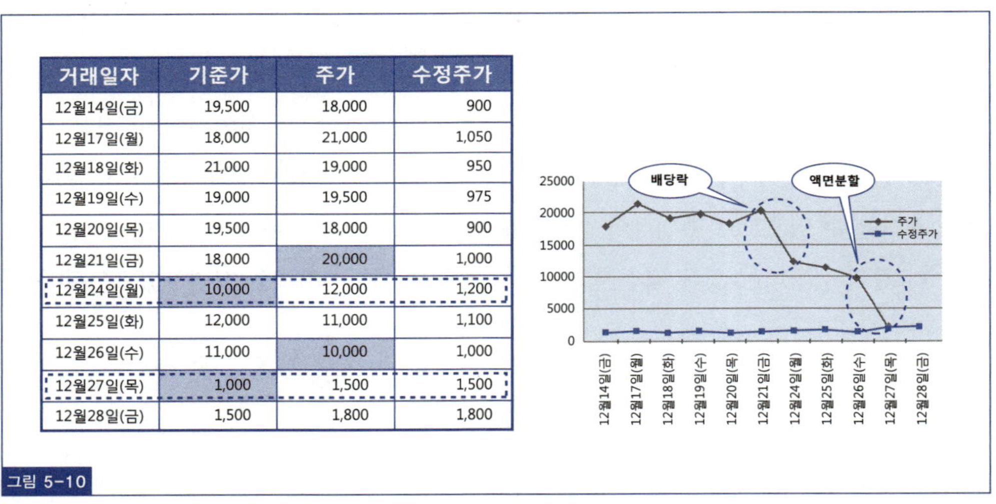

거래일자	기준가	주가	수정주가
12월14일(금)	19,500	18,000	900
12월17일(월)	18,000	21,000	1,050
12월18일(화)	21,000	19,000	950
12월19일(수)	19,000	19,500	975
12월20일(목)	19,500	18,000	900
12월21일(금)	18,000	20,000	1,000
12월24일(월)	10,000	12,000	1,200
12월25일(화)	12,000	11,000	1,100
12월26일(수)	11,000	10,000	1,000
12월27일(목)	1,000	1,500	1,500
12월28일(금)	1,500	1,800	1,800

그림 5-10

업무가 복잡하다 보니 이 회사에서는 수정주가를 구하는 함수를 사용하고 있었다. 당연히 넓은 검색기간과 많은 종목을 대상으로 조회하면 성능이 급격히 저하된다. 그래서 성능 문제를 해결하려고 매일 야간 배치로 수정주가를 미리 구해 저장해 두고 있었다. 과거 10년치를 보관하는 많은 집계 테이블 중 주가를 속성으로 갖는 테이블들을 매일 업데이트하는 것이다.

또 다른 문제는, 그렇게 미리 구해둔 수정주가는 가장 마지막 이벤트가 발생한 이후 시점으로 조회할 때만 유효하다는 사실이다. 조회 범위 종료일자가 가장 마지막 이벤트 발생보다 앞선 시점이면 여전히 함수를 사용할 수 밖에 없다. 예를 들어, 그림 5-11은 12월 25일(화) 시점으로 조회하는 경우인데, 앞 표에서 12월 27일에 발생한 수정비율은 수정주가에 반영되지 않아야 하므로 미리 구해 둔 수정주가는 의미 없게 된다.

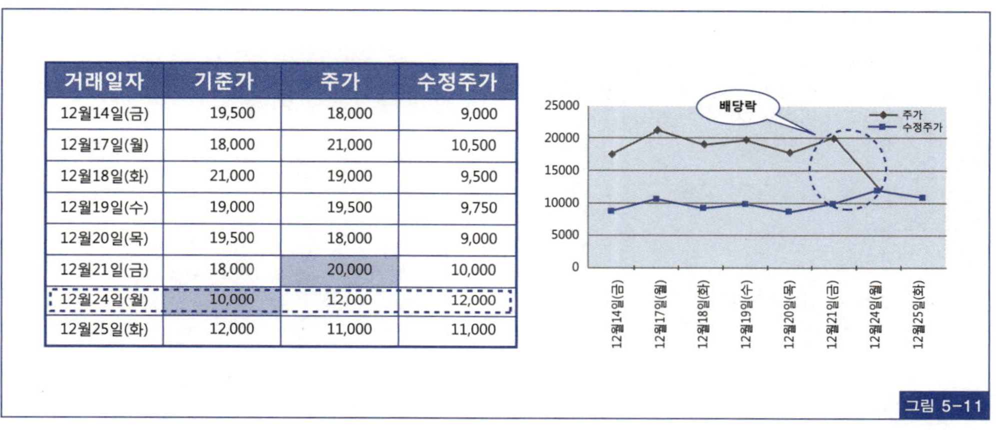

거래일자	기준가	주가	수정주가
12월14일(금)	19,500	18,000	9,000
12월17일(월)	18,000	21,000	10,500
12월18일(화)	21,000	19,000	9,500
12월19일(수)	19,000	19,500	9,750
12월20일(목)	19,500	18,000	9,000
12월21일(금)	18,000	20,000	10,000
12월24일(월)	10,000	12,000	12,000
12월25일(화)	12,000	11,000	11,000

그림 5-11

주가에 영향을 미치는 이벤트가 발생할 때마다 기준가변경이력을 관리하는 테이블과 사례 데이터는 그림 5-12와 같다.

기준가변경이력

- # 종목코드
- # 변경일자
- * 전일종가
- * 기준가
- * 수정비율

종목코드	변경일자	전일종가	기준가	수정비율
…	…	…	…	…
ISU0001	10월19일(금)	18,000	12,600	0.7
ISU0001	12월24일(월)	20,000	10,000	0.5
ISU0001	12월27일(목)	10,000	1,000	0.1

그림 5-12

그리고 위 테이블을 이용해 수정주가를 구하는 함수는 다음과 같다.

```
CREATE OR REPLACE FUNCTION 수정주가
( P_종목코드 in varchar2
, P_조회일자 in varchar2
, P_거래일자 in varchar2
, P_수정전주가 in number) return number
IS
   V_수정주가     number;
   V_수정비율     number;
   CURSOR C IS
      SELECT 수정비율
      FROM   기준가변경이력
      WHERE  종목코드 = P_종목코드
      AND    변경일자 <= P_조회일자
      AND    변경일자 > P_거래일자
      ORDER BY 변경일자;
BEGIN
  V_수정주가 := P_수정전주가;
  OPEN C;
  LOOP

     FETCH C INTO V_수정비율;
     EXIT WHEN C%NOTFOUND;

     V_수정주가 := V_수정주가 * V_수정비율;

  END LOOP;
  RETURN V_수정주가;
  CLOSE C;
END;
```

함수 내용을 분석해 보면 알 수 있듯이 거래일자 다음날부터 조회일자 이전까지의 수정비율을 모두 곱하는 로직이다. 즉, 누적곱을 구하고자 하는 것이다. 누적합은 분석함수를 이용해 쉽게 구할 수 있으나 누적곱을 구하는 방법을 찾지 못해 위와 같은 함수를 구현했던 것이다. 함수를 사용하지 않고 수정주가를 구하는 방법을 찾아야만 한다. 그러지 않고는 성능을 개선하기 어렵다.

아래는 특정 종목에 대한 2008년 1년치 거래데이터를 조회하면서 위 함수를 이용해 수정주가를 확인하는 쿼리다.

```
SELECT 거래일자, 종가, 수정주가(종목코드, '20081231', 거래일자, 종가)
FROM   일별종목주가
WHERE  거래일자 BETWEEN '20080101' AND '20081231'
AND    종목코드 = :종목코드
ORDER BY 거래일자 ;
```

쿼리에 사용된 일별종목주가는 [종목코드+거래일자]를 PK로 갖는 테이블로서, 일자별로 모든 종목에 대한 당일종가가 구해져 있다. 그림 5-13에서 표현한 선분이력처럼 각 일자구간(시작일~종료일)별로 누적수정비율을 갖는 중간집합을 생성할 수만 있다면 일별종목주가 테이블과의 조인을 통해 의외로 쉽게 문제를 풀 수 있다.

종목코드	시작일	종료일	누적 수정비율
...	...	...	...
ISU0001	20080613	20081018	0.035
ISU0001	20081019	20081223	0.05
ISU0001	20081224	20081226	0.1

그림 5-13

아래 쿼리가 최종 튜닝된 결과인데, 중간에 EXP(지수, Exponential)와 LN(자연로그, Natural Log) 함수를 포함하는 인라인 뷰가 그림 5-13과 같은 형태의 중간집합을 가공해 내는 부분이다. 즉, 누적곱을 구하는 쿼리다. 나머지는 이 중간집합과 일별종목주가 테이블을 조인하는 것에 불과하다.

```
SELECT a.거래일자, a.종가
     , ROUND(a.종가 * NVL(b.누적수정비율, 1)) 수정종가
FROM   일별종목주가 a
     ,(SELECT 변경일자
        , 종목코드
        , NVL(LAG(변경일자) OVER (ORDER BY 변경일자), '00000000') 시작일
        , TO_CHAR(TO_DATE(변경일자, 'yyyymmdd')-1, 'yyyymmdd') 종료일
        , EXP(SUM(LN(수정비율)) OVER (ORDER BY 변경일자 DESC)) 누적수정비율
       FROM   기준가변경이력
       WHERE  종목코드 = :종목코드
       AND     변경일자 BETWEEN '20080101' AND '20081231'
       ) b
WHERE  a.종목코드 = :종목코드
AND    a.거래일자 BETWEEN  '20080101' AND '20081231'
AND    a.거래일자 BETWEEN b.시작일(+) AND b.종료일(+)
AND    b.종목코드(+) = a.종목코드
ORDER BY a.거래일자 ;
```

이 방식을 적용함으로써 실시간 쿼리의 함수 호출 부하를 해소했음은 물론, 수정주가

를 미리 구해 저장해 두려고 매일 과거 10년치 데이터를 갱신하는 배치 프로그램을 더는 수행할 필요가 없게 되었다.

사실 위 튜닝사례를 정확히 이해하려면 주식에 대한 사전지식이 필요하다. 주식투자를 하지 않는 독자라면 다소 어려울 수 있는 내용이지만 굳이 이해하려고 노력할 필요는 없다. 다만, 함수호출에 의한 부하가 얼마나 심각한 것인지, 그리고 이를 풀어냄으로써 얼마만큼 획기적인 성능개선을 이룰 수 있는지, 그 원리를 이해했다면 성공이다. 이 원리를 각자 처한 개발 업무에 적용함으로써 많은 성능 문제들을 해결할 수 있기를 바란다.

Chapter 06

I/O 효율화 원리

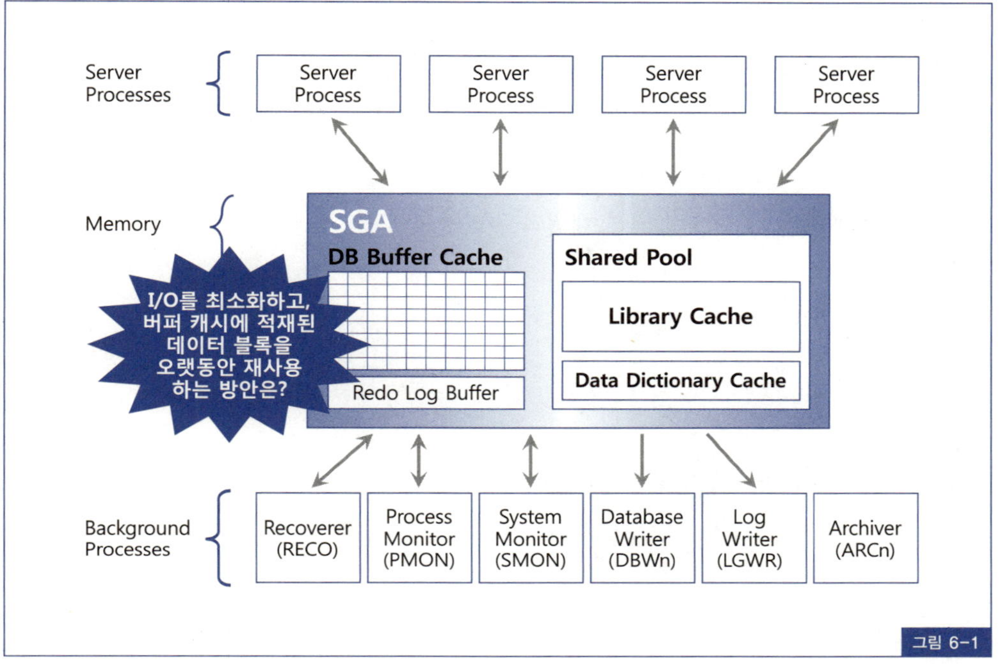

그림 6-1

3장 후반부에 밝혔듯이 데이터베이스 성능 튜닝의 3대 핵심 요소는 다음과 같다.

- 라이브러리 캐시 최적화
- 데이터베이스 Call 최소화
- I/O 효율화 및 버퍼캐시 최적화

지금까지 4장과 5장에서 라이브러리 캐시 최적화와 데이터베이스 Call 최소화 원리에 대해 설명했다. 이제 I/O 효율화 및 버퍼캐시 최적화 원리에 대해 설명할 차례다.

세 가지 다 중요하지만 그 중 가장 중요한 것을 꼽으라면 세 번째라고 말할 수 있다. 4장과 5장을 꼼꼼하게 읽은 독자라면 느꼈겠지만 앞쪽 두 가지 튜닝 요소는, 핵심 원리만 이해하고 몇 가지 튜닝 기법만 잘 숙지하면 누구나 쉽게 적용할 수 있는 것들이다. 그러나 I/O 효율화를 달성하기는 쉽지 않은데다 장기간 훈련이 필요하다. I/O 효율화 튜닝을 잘하려면 인덱스 원리, 조인 원리, 옵티마이저 원리에 대한 이해가 필수적이다. 그리고 이를 바탕으로 실전에서 고급 SQL 활용을 통해 문제 해결 경험을 많이 쌓아야만 한다. 어려운 만큼 효과가 가장 극적이기 때문에 튜닝하는 보람도 크다.

이제 본서의 마지막 장에 이르러서야 I/O 효율화 원리를 설명하려 하는데, 여기서 모든 내용을 깊이 있게 다룰 수는 없다. 세부적인 내용은 2권에서 다루며, 여기서는 I/O 효율화 원리를 이해하는 데 필요한 기본 개념과 원리만을 설명한다.

01 블록 단위 I/O

오라클을 포함한 모든 DBMS에서 I/O는 블록(Block)[53] 단위로 이루어진다. 블록 단위로 I/O 한다는 것은, 하나의 레코드에서 하나의 컬럼만을 읽으려 할 때도 레코드가 속한 블록 전체를 읽게 됨을 뜻한다. 이는 데이터베이스 I/O 성능과 튜닝 원리를 이해하는 데 있어 매우 중요한 의미를 갖는다. 하나의 블록을 액세스해 그 안에 저장돼 있는 모든 레코드를 순차적으로 읽어들인다면 설령 무거운 디스크 I/O를 수반하더라도 비효율은 없다. 하지만 레코드 하나를 읽으려고 블록을 통째로 액세스한다면 그것은 메모리 버퍼에서 읽더라도 비효율이 존재한다. 전자를 'Sequential 액세스', 후자를 'Random 액세스' 라고 한다.

블록 단위 I/O 원리 때문에 아래 두 쿼리를 처리할 때 서버에서 발생하는 I/O 측면에서의 일량은 같다. (이렇게 얘기하면 꼭 오해하는 독자들이 생기는 데, 일량이 같다는 것은 실행계획이 같을 때 얘기고, 실행계획이 같더라도 네트워크를 통해 클라이언트에 전송되는 일량에는 차이가 나므로 쿼리 2처럼 코딩해서는 곤란하다.)

---

53) 다른 DBMS에서는 주로 페이지(page)라는 용어를 사용함

쿼리1) select ename from emp where sal >= 2000;

쿼리2) select * from emp where sal >= 2000;

컬럼 단위 I/O를 지원하는 DBMS도 있어 DW 분야에서 각광을 받고 있는데, 아래처럼 일부 컬럼만 읽어 집계할 때 I/O 측면에서 성능을 극대화한다.

```
select deptno, avg(sal) from emp group by deptno;
```

SQL 성능을 좌우하는 가장 중요한 성능지표는 액세스하는 블록 개수이며, 옵티마이저의 판단에 가장 큰 영향을 미치는 것도 액세스해야 할 블록 개수다. 예를 들어, 옵티마이저가 인덱스를 이용해 테이블을 액세스할지 아니면 Full Table Scan 할지를 결정하는 데 있어 가장 중요한 판단 기준은 읽어야 할 레코드 수가 아니라 읽어야 하는 블록 개수다.

블록 단위 I/O는 버퍼 캐시와 데이터파일 I/O 모두에 적용된다.

- 메모리 버퍼 캐시에서 블록을 읽고 쓸 때
- 데이터파일에 저장된 데이터 블록을 직접 읽거나 쓸 때(Direct Path I/O)
- 데이터파일에서 DB 버퍼 캐시로 블록을 적재할 때 : Single Block Read 또는 Multiblock Read 방식을 사용
- 버퍼 캐시에서 변경된 블록을 다시 데이터파일에 저장할 때 : Dirty 버퍼를 주기적으로 데이터파일에 기록하는 것을 말하며, DBWR 프로세스에 의해 수행된다. 성능향상을 위해 한 번에 여러 블록씩 처리한다.

참고로, 오라클 딕셔너리 정보를 저장하는 딕셔너리 캐시는 로우 단위로 I/O를 수행한다. 딕셔너리 캐시를 '로우 캐시' 라고도 부르는 이유가 여기에 있다.

오라클에서 허용하는 블록 크기는 2K, 4K, 8K, 16K, 32K, 64K이다. 데이터베이스를

생성할 때 표준 블록 크기(db_block_size)를 지정하며, 다른 크기의 블록을 동시에 사용하려면 각각 별도의 테이블스페이스와 버퍼 Pool을 구성해 주어야 한다.

(1) Sequential vs. Random 액세스

앞에서 Random 액세스와 Sequential 액세스를 잠시 언급했는데, 그 의미를 좀 더 자세히 살펴보자.

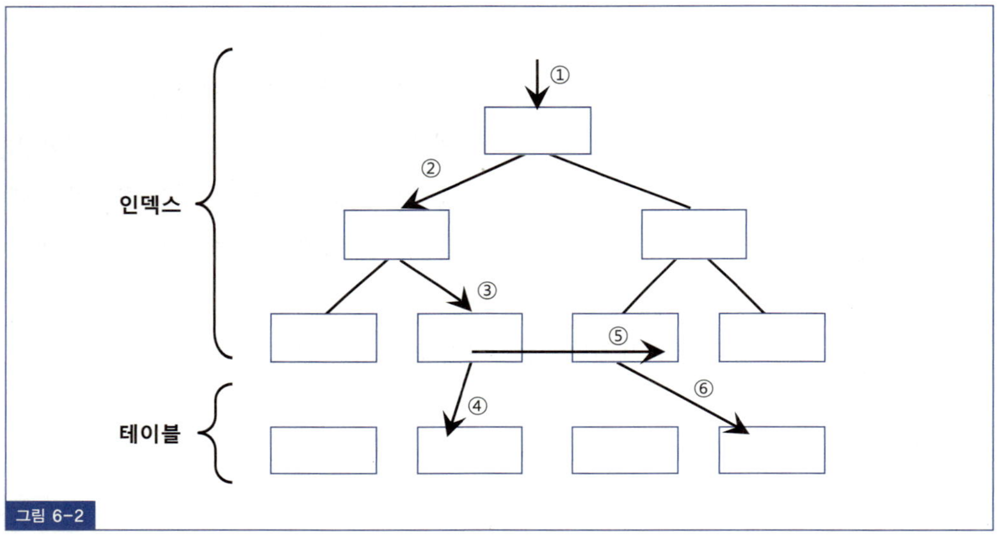

그림 6-2

Sequential 액세스는 레코드간 논리적 또는 물리적인 순서를 따라 차례대로 읽어 나가는 방식을 말한다. 인덱스 리프 블록에 위치한 모든 레코드는 포인터를 따라 논리적으로 연결돼 있고[54], 이 포인터를 따라 스캔하는 것은 Sequential 액세스 방식이다. 그림 6-2에서 ⑤번이 여기에 해당한다. 테이블 레코드 간에는 포인터로 연결되지 않지만 테이블

54) 인덱스 키 값 순서에 따라 포인터로 서로 연결되는 구조를 '논리적' 이라고 표현했다. 그런데 포인터를 이용한 연결구조 자체를 '물리적' 인 것으로 표현하기도 하므로 문맥에 따라 이해할 필요가 있다. 인덱스 레코드 간의 포인터 연결은 블록 내에서만 이루어지며, 다른 블록과는 블록 헤더에 있는 포인터를 통해 논리적 연결구조를 이어간다.

을 스캔할 때는 물리적으로 저장된 순서대로 읽어 나가므로 이것 또한 Sequential 액세스 방식이다. Sequential 액세스 성능을 향상시키려고 오라클 내부적으로 Multiblock I/O, 인덱스 Prefetch 같은 기능을 사용한다.

Random 액세스는 레코드간 논리적, 물리적인 순서를 따르지 않고, 한 건을 읽기 위해 한 블록씩 접근(=touch)하는 방식을 말한다. 그림 6-2에서 ①,②,③,④,⑥이 여기에 해당한다. ①,②,③번 액세스는 인덱스 깊이에 따라 1~3 블록 정도 읽는 것이므로 대개 성능에 영향을 미치지 않고, 주로 ④,⑥번 액세스가 성능 저하를 일으킨다. NL 조인에서 Inner 테이블[55] 액세스를 위해 사용되는 인덱스에서는 ①,②,③번까지도 성능에 지대한 영향을 미칠 수 있다. Random 액세스 성능을 향상시키려고 오라클 내부적으로 버퍼 Pinning, 테이블 Prefetch 같은 기능을 사용한다.

블록 단위 I/O를 하더라도 한번 액세스할 때 Sequential 방식으로 그 안에 저장된 모든 레코드를 읽는다면 비효율이 없다고 할 수 있다. 반면, 하나의 레코드를 읽으려고 한 블록씩 읽는다면 매우 비효율적이다.

Sequential 액세스 효율이 더 좋다는 의미로 받아들일 수 있는데, 그렇지 않다. 이 방식으로 읽은 레코드 중 결과 집합으로 선택되는 비중이 얼마큼 되느냐가 관건이다. 100개를 읽었는데 그 중 99개를 버리고 1개만 취한다면 Random 액세스보다 나을 게 없다. 총 읽은 레코드에서 결과 집합으로 선택되는 비중을 선택도(Selectivity)라고 한다. 결국, Sequential 액세스 효율은 선택도에 의해 결정된다. 달리 표현하면, 같은 결과 건수를 내면서 얼마나 적은 레코드를 읽느냐로 효율성을 판단할 수 있다.

여기서 I/O 튜닝의 핵심 원리 두 가지를 발견할 수 있다.

- Sequential 액세스의 선택도를 높인다.
- Random 액세스 발생량을 줄인다.

---

55) NL 조인은 기준 테이블을 읽으면서 두 번째 테이블을 건건이 액세스하는 방식으로 수행되는데, 이 때의 두 번째 테이블을 'Inner 테이블' 이라고 한다. 기준 테이블은 'Outer 테이블' 또는 'Driving 테이블' 이라고 한다.

둘 다 비효율을 줄이는 것을 목표로 하고 있는데, Sequential 액세스의 선택도를 높이는 방법부터 살펴보자.

(2) Sequential 액세스 선택도 높이기

먼저 간단한 테스트용 테이블을 만들어 보자.

```
SQL> create table t
  2  as
  3  select * from all_objects
  4  order by dbms_random.value;

테이블이 생성되었습니다.

SQL> select count(*) from t;

  COUNT(*)
----------
     49906
```

T 테이블에는 49,906건의 레코드가 저장돼 있다.

```
select count(*) from t
where  owner like 'SYS%'

Rows     Row Source Operation
-------  ---------------------------------------------------
      0  STATEMENT
      1   SORT AGGREGATE (cr=691 pr=0 pw=0 time=13037 us)
  24613    TABLE ACCESS FULL T (cr=691 pr=0 pw=0 time=98473 us)
```

위 쿼리는 24,613개 레코드를 선택하려고 49,906개 레코드를 스캔했으므로 선택도는 49%다. Full Scan 선택도가 이 정도면 나쁘지 않아 보인다. 읽은 블록 수는 691개였다.

```
select count(*) from t
where  owner like 'SYS%'
and    object_name = 'ALL_OBJECTS'

Rows     Row Source Operation
-------  ---------------------------------------------------
```

```
      0  STATEMENT
      1   SORT AGGREGATE (cr=691 pr=0 pw=0 time=7191 us)
      1    TABLE ACCESS FULL T (cr=691 pr=0 pw=0 time=7150 us)
```

위 쿼리는 1개 레코드를 선택하려고 49,906개 레코드를 스캔했으므로 선택도는 0.002%다. 선택도가 매우 낮으므로 테이블 Full Scan 비효율이 크다. 여기서도 읽은 블록 수는 똑같이 691개다. 이처럼 테이블을 스캔하면서 읽은 레코드 중 대부분 필터링되고 일부만 선택된다면 아래처럼 인덱스를 이용하는 게 효과적이다.

```
create index t_idx on t(owner, object_name);

select /*+ index(t t_idx) */ count(*) from t
where  owner like 'SYS%'
and    object_name = 'ALL_OBJECTS'

Rows     Row Source Operation
-------  ---------------------------------------------------
      0  STATEMENT
      1   SORT AGGREGATE (cr=76 pr=0 pw=0 time=7009 us)
      1    INDEX RANGE SCAN T_IDX (cr=76 pr=0 pw=0 time=6972 us)(Object ID 55337)
```

위 쿼리에서 참조하는 컬럼이 모두 인덱스에 있으므로 인덱스만 스캔하고 결과를 낼 수 있었다. 인덱스를 스캔하면서 76개 블록을 읽고 1개 레코드를 얻었다. 1개 레코드를 얻으려고 실제 스캔한 레코드 수를 세려면 아래 쿼리를 이용하면 된다. (인덱스 선두 컬럼이 '=' 조건이 아니므로 owner like 'SYS%' 조건에 해당하는 로우가 읽어야 할 대상 범위지만, 다행히 스캔 시작 지점은 owner = 'SYS' 조건과 object_name >= 'ALL_OBJECTS' 조건에 의해 결정된다.)

```
SQL> select /*+ index(t t_idx) */ count(*) from t
  2  where owner like 'SYS%'
  3  and  ((owner = 'SYS' and object_name >= 'ALL_OBJECTS') or (owner > 'SYS'));

  COUNT(*)
----------
     14587
```

1 / 14587 × 100 = 0.007%의 선택도다. 테이블뿐만 아니라 인덱스를 Sequential 액

세스 방식으로 스캔할 때도 비효율이 있는 것을 알 수 있다. 인덱스는 테이블과 달리 정렬된 순서를 유지하므로 일정 범위를 읽다가 멈출 수 있다는 점만 다르다. 인덱스 스캔의 효율은 조건절에 사용된 컬럼과 연산자 형태, 인덱스 구성에 의해 영향을 받는다. 인덱스 컬럼 순서를 변경하고 같은 쿼리를 수행해 보자.

```
drop index t_idx;
create index t_idx on t(object_name, owner);

select /*+ index(t t_idx) */ count(*) from t
where  owner like 'SYS%'
and    object_name = 'ALL_OBJECTS'

Rows     Row Source Operation
-------  ---------------------------------------------------
      0  STATEMENT
      1   SORT AGGREGATE (cr=2 pr=0 pw=0 time=44 us)
      1    INDEX RANGE SCAN T_IDX (cr=2 pr=0 pw=0 time=23 us)(Object ID 55338)
```

두 개의 CR 블록 읽기가 발생했다. 인덱스 루트 블록과 하나의 리프 블록만 읽었기 때문이다. 한 건을 얻으려고 스캔한 건수도 한 건(정확히 얘기하면, one-plus 스캔까지 두 건)일 것이다. 선택도가 100%이므로 가장 효율적인 방식으로 Sequential 액세스를 수행했다.

(3) Random 액세스 발생량 줄이기

Random 액세스 발생량을 낮추는 방법을 살펴보자. 인덱스에 속하지 않는 컬럼(object_id)을 참조하도록 쿼리를 변경함으로써 테이블 액세스가 발생하도록 할 것이다.

```
drop index t_idx;

create index t_idx on t(owner);

select object_id from t
where  owner = 'SYS'
and    object_name = 'ALL_OBJECTS'

Rows     Row Source Operation
-------  ---------------------------------------------------
      0  STATEMENT
      1   TABLE ACCESS BY INDEX ROWID T (cr=739 pr=0 pw=0 time=38822 us)
```

```
  22934    INDEX RANGE SCAN T_IDX (cr=51 pr=0 pw=0 time=115672 us)(Object ID 55339)
```

3장에서 설명했듯이 왼쪽에 보이는 Rows는 각 수행 단계에서 출력(Flow-Out)된 로우 수를 의미한다. 인덱스로부터 22,934건을 출력했으므로 테이블을 그 횟수만큼 방문하게 된다. 그 과정에서 688(=739-51)개 블록을 Random 액세스했다. 내부적으로 블록을 22,934번 방문했지만 Random 액세스 횟수가 688번에 머무는 것은 1장에서 설명한 버퍼 Pinning 효과 때문이다. 클러스터링 팩터[56]가 좋을수록 버퍼 Pinning에 의한 블록 I/O 감소 효과는 더 커진다.

최종 한 건을 선택하려고 너무 많은 Random 액세스가 발생했다. object_name을 필터링하려고 테이블을 많이 방문한 것이므로 인덱스 액세스 단계에서 필터링할 수 있도록 object_name을 추가해보자.

```
drop index t_idx;
create index t_idx on t(owner, object_name);

select object_id from t
where  owner = 'SYS'
and    object_name = 'ALL_OBJECTS'

Rows     Row Source Operation
-------  ---------------------------------------------------
      0  STATEMENT
      1   TABLE ACCESS BY INDEX ROWID T (cr=4 pr=0 pw=0 time=67 us)
      1    INDEX RANGE SCAN T_IDX (cr=3 pr=0 pw=0 time=51 us)(Object ID 55340)
```

인덱스로부터 1건을 출력했으므로 테이블을 1번 방문한다. 실제 발생한 테이블 Random 액세스도 1(=4-3)번이다. 같은 쿼리를 수행했는데 인덱스 구성이 바뀌자 테이블 Random 액세스가 대폭 감소한 것이다.

인덱스 원리를 아직 공부하지 않았으므로 지금까지의 테스트 결과가 쉽게 이해되지 않

56) 인덱스 레코드가 가리키는 테이블 rowid 정렬 순서가 인덱스 키 값 정렬 순서와 일치하는 정도를 말한다. 2권에서 자세히 설명한다.

을 수도 있다. 인덱스 원리를 이용해 I/O 효율을 높이고 성능을 향상시키는 세부 원리는 2권에서 다루게 되며, 본 장에서는 그런 원리를 이해하는 데 필요한 개념 위주로만 설명한다.

02 Memory vs. Disk I/O

(1) I/O 효율화 튜닝의 중요성

디스크를 경유한 입출력은 물리적으로 액세스 암(Arm)이 움직이면서 헤드를 통해 데이터를 읽고 쓰기 때문에 느리다. 반면, 메모리를 통한 입출력은 전기적 신호에 불과하기 때문에 디스크 I/O에 비해 비교할 수 없을 정도로 빠르다. 그래서 모든 DBMS는 버퍼 캐시를 경유해 I/O를 수행한다. DB 버퍼 캐시를 경유한다는 것은, 읽고자 하는 블록을 먼저 버퍼 캐시에서 찾아보고, 찾지 못할 때만 디스크에서 읽는 것을 말한다. 메모리로부터 블록이 찾아진다면 디스크 상의 데이터파일에서 읽는 것보다 평균적으로 10,000배 이상 나은 성능을 보인다.

물리적인 디스크 I/O가 필요할 때면 서버 프로세스는 I/O 서브시스템에 I/O Call을 발생시키고 잠시 대기하게 되므로 비용이 큰 것이다. 디스크에 발생하는 경합이 심할수록 대기 시간도 길어진다(그림 6-3). 독자의 PC에서 바이러스 검사, 디스크 오류 검사, 디스크 조각 모음 등을 동시에 수행하는 상황을 연상해 보라.

만약 모든 데이터와 인덱스 블록을 DB 버퍼 캐시에 올려놓고 읽고 쓸 수 있다면 좋겠지만 비용과 기술적 측면에 한계가 있다. 메모리 가격이 저렴해지는 것 이상으로 데이터 증가 속도가 항상 더 빠르게 진행되고 있으며, 비용뿐 아니라 기술 측면에서도 메모리는 지금껏 항상 유한한 자원이었다. 그런 유한한 메모리 자원을 좀 더 효율적으로 사용해야

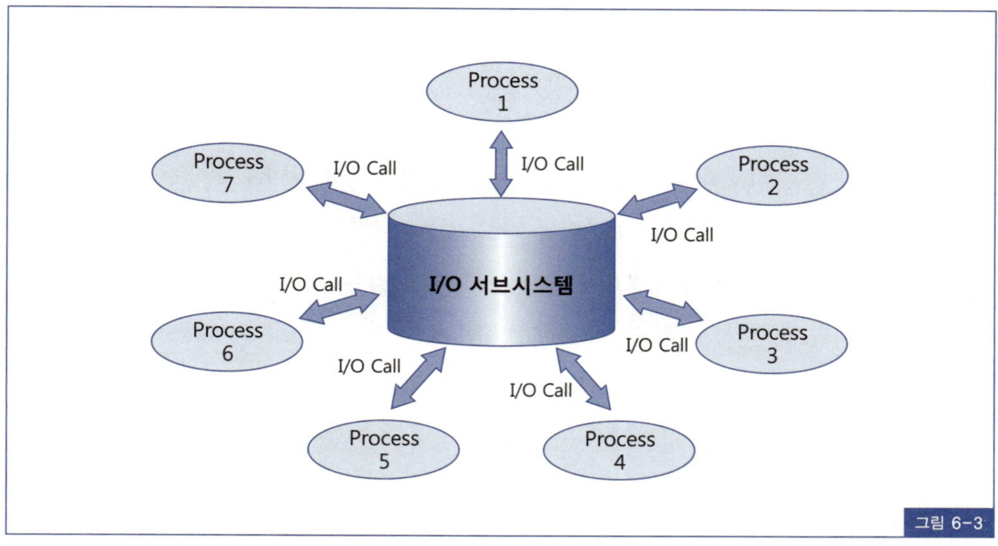

그림 6-3

하므로 자주 액세스하는 블록들이 캐시에 더 오래 남아 있도록 LRU 알고리즘을 사용한다고 1장에서 설명했다. 결국 디스크 I/O를 최소화하고, 대부분 처리를 메모리에서 할 수 있도록 버퍼 캐시 효율성을 높이는 것이 데이터베이스 성능을 좌우하는 열쇠라고 하겠다.

(2) 버퍼 캐시 히트율(Buffer Cache Hit Ratio)

버퍼 캐시 효율을 측정하는 지표로서 전통적으로 가장 많이 사용돼 온 것은 버퍼 캐시 히트율(이하 BCHR)다. 전체 읽은 블록 중에서 얼만큼을 메모리 버퍼 캐시에서 찾았는지를 나타내는 것으로서, 구하는 공식은 아래와 같다.

```
BCHR = ( 캐시에서 곧바로 찾은 블록 수 / 총 읽은 블록 수 ) × 100
     = ( (논리적 블록읽기 - 물리적 블록읽기) / 논리적 블록읽기 ) ×100
     = ( 1 - (물리적 블록읽기) / (논리적 블록읽기) ) × 100
```

- '논리적 블록읽기' = '총 읽은 블록 수'
- '캐시에서 곧바로 찾은 블록 수' = '논리적 블록읽기' - '물리적 블록읽기'

공식에서 알 수 있듯 BCHR는 물리적인 디스크 읽기를 수반하지 않고 곧바로 메모리에서 블록을 찾은 비율을 말한다.

Direct Path Read 방식[57]으로 읽는 경우를 제외하면 모든 블록 읽기는 버퍼 캐시를 통해 이루어진다. 즉, 읽고자 하는 블록을 먼저 버퍼 캐시에서 찾아보고 없을 때 디스크로부터 읽어들이며, 이때도 디스크로부터 곧바로 읽는 게 아니라 먼저 버퍼 캐시에 적재한 후에 읽는다. 따라서 SQL을 수행하는 동안 캐시에서 읽은 총 블록 수를 '논리적 블록읽기(Logical Reads)' 라고 한다. 그리고 '캐시에서 곧바로 찾은 블록 수' 는 디스크를 경유하지 않고 버퍼 캐시에서 찾은 블록 수를 말하므로 '총 읽은 블록 수(=논리적 블록읽기)' 에서 '물리적 블록읽기(Physical Reads)' 를 차감해서 구한다.

애플리케이션 성격에 따라 차이가 있지만 BCHR는, 온라인 트랜잭션을 주로 처리하는 시스템이라면 99% 달성을 목표로 삼아야 한다. BCHR를 주로 시스템 전체적인 관점에서 바라보지만, 개별 SQL 측면에서 구해볼 수도 있는데 이 비율이 낮은 것이 쿼리 성능을 떨어뜨리는 주된 원인이다.

```
Call     Count CPU Time Elapsed Time       Disk      Query    Current       Rows
------- ------ -------- ------------ ---------- ---------- ---------- ----------
Parse        1    0.000        0.001          0          0          0          0
Execute      1    0.010        0.006          0          0          0          0
Fetch        2  138.680     1746.630     601458    1351677          0          1
------- ------ -------- ------------ ---------- ---------- ---------- ----------
Total        4  138.690     1746.637     601458    1351677          0          1
```

위에서 Disk 항목(다섯 번째 열)이 '물리적 블록읽기' 에 해당한다. '논리적 블록읽기' 는 Query와 Current 항목을 더해서 구하며, Direct Path Read 방식으로 읽은 블록이 없다면 이 두 값을 더한 것이 '총 읽은 블록 수' 가 된다. 총 1,351,677개 블록을 읽었는데, 그 중 601,458개는 디스크에서 버퍼캐시로 적재한 후에 읽었다. 따라서 위 샘플에서 BCHR는 56%다.

---

57) Disk Sort 과정에서 Sort Runs로부터 블록을 읽거나 병렬 쿼리로 Full Scan을 수행할 때 Direct Path Read 방식이 사용된다.

```
BCHR = (1 - (Disk / (Query + Current))) × 100
     = (1 - (601,458 / (1,351,677 + 0))) × 100
     = 55.5 %
```

논리적으로 100개 블록 읽기를 요청하면 56개는 메모리에서 찾고, 44개는 메모리에 없어 디스크 I/O를 발생시켰다는 의미가 된다. 다른 대기 이벤트가 없었다면 CPU time과 Elapsed time 간에 발생한 시간차는 대부분 디스크 I/O 때문이라고 이해하면 된다.

BCHR를 구하는 공식을 통해 알 수 있는 것처럼 '논리적 블록 읽기'를 '메모리 블록 읽기'로 이해하기 보다 '블록 요청횟수' 또는 '총 읽은 블록 수'로 이해하는 것이 정확하다. 모든 블록을 메모리를 경유해 읽기 때문에 결과적으로 같은 것일 수 있지만 '논리적'을 '메모리로부터'로 해석해 Call 통계를 잘못 해석하는 경우를 자주 보기 때문에 의미를 명확히 하고자 하는 것이다. 즉, 많은 분들이 위 Call 통계를 보고 디스크에서 601,458개, 메모리에서 1,351,677개 블록을 읽어 총 1,953,135개 블록을 읽었다고 잘못 해석한다.

아래는 위 Call 통계의 원본 SQL을 튜닝한 결과다.

```
Call     Count CPU Time Elapsed Time       Disk      Query    Current       Rows
------- ------ -------- ------------ ---------- ---------- ---------- ----------
Parse        1    0.000        0.000          0          0          0          0
Execute      1    0.000        0.000          0          0          0          0
Fetch        2    0.000        0.001          0         27          0          1
------- ------ -------- ------------ ---------- ---------- ---------- ----------
Total        4    0.000        0.001          0         27          0          1
```

튜닝 전후 SQL이 서로 어떻게 달라졌는지 제시하지 않았으므로 조작된 것이라고 생각할 수 있지만 실제 튜닝을 통해 얻은 결과가 맞다. (SQL이 매우 길다는 이유도 있지만, 여기서는 BCHR 의미와 I/O 튜닝의 중요성을 강조하는 데에 목적이 있기 때문에 굳이 튜닝 전후 SQL을 제시하지 않았다.) 튜닝 전에는 논리적으로 1,351,677개의 블록을 요청했고, 많은 블록을 읽다 보니 디스크 블록 읽기도 601,458번이나 발생했었다. 하지만 튜닝을 통해 논리적인 블록 요청 횟수가 27번만 발생하니까 메모리에서 읽은 블록 수도 27개에 그치고, 설령 BCHR가 0%여서 27개를 모두 디스크에서 읽더라도 쿼리는 항상 빠르게 수행될 것이다.

이처럼 논리적인 블록 요청 횟수를 줄이고, 그럼으로써 물리적으로 디스크에서 읽어야 할 블록 수를 줄이는 것이 I/O 효율화 튜닝의 핵심 원리다.

같은 블록을 반복적으로 액세스하는 형태의 애플리케이션이라면 논리적인 I/O 요청이 비효율적으로 많이 발생하는데도 BCHR는 매우 높게 나타난다. BCHR가 성능지표로서 갖는 한계점이 바로 여기에 있다. 작은 테이블을 자주 액세스하면 모든 블록이 메모리에서 찾아지므로 BCHR는 높겠지만 블록을 찾는 과정에서 래치를 얻어야 하므로 의외로 큰 비용을 수반한다.

특히, 같은 블록을 여러 세션이 동시에 액세스함으로 인해 래치 경합과 버퍼 Lock 경합까지 발생한다면 메모리 I/O 비용이 오히려 디스크 I/O 이상으로 커질 수 있다[58]. 따라서 BCHR가 100%라고 하더라도 논리적으로 읽어야 할 블록 수의 절대량이 많다면 반드시 SQL 튜닝을 실시해서 논리적인 블록 읽기를 최소화해야 한다. 대량의 데이터를 기준으로 NL 조인 방식을 사용해 작은 테이블을 반복적으로 Lookup 하는 경우가 대표적이다.

(3) 네트워크, 파일시스템 캐시가 I/O 효율에 미치는 영향

메모리 I/O, 디스크 I/O 발생량뿐 아니라 최근에는 네트워크 속도가 I/O 성능에 지대한 영향을 미치고 있다. 예전에는 서버에 전용 케이블로 직접 연결된 외장형 저장 장치를 사용했지만 이제는 데이터베이스 서버와 스토리지 간에 NAS 서버나 SAN을 통해 연결되는 아키텍처를 사용한다. 대용량 데이터 저장과 관리 기법에 이런 네트워크 기술이 사용되기 시작한지 이미 오래고, 따라서 디스크 속도뿐 아니라 네트워크 속도까지 맞물려 I/O 튜닝은 더 복잡해진 느낌이다.

이처럼 네트워크를 이용한 I/O 기법이 일반화되다 보니 I/O 성능 개선도 네트워크를 통한 전송량을 최소화하려는 쪽에 기술이 모아지고 있다. 우선, 서버와 스토리지 간에 더 크고 많은 파이프를 연결하려고 시도한다. 그리고 앞서 컬럼 기반(또는 컬럼 스토어) 데이터베

---

[58] 1장 2절과 3절에서 버퍼 캐시 구조와 함께 자세히 설명하였다.

이스가 DW 시장에서 각광을 받고 있다고 했는데[59], 오라클은 현재의 I/O 방식을 고수하는 대신 네트워크를 통한 데이터 전송량을 최소화하는 쪽으로 기술을 발전시켜 나가고 있다.

최근 오라클은, 데이터베이스 서버와는 독립적으로 스토리지 자체에 CPU와 RAM을 탑재하는 하드웨어적인 솔루션을 도입했다. 그럼으로써 쿼리 프로세싱 중 일부를 스토리지가 처리하게끔 하는 지능형 스토리지 서버 개념이다. DW 시스템에 특화된 이 기술의 핵심은, 스마트 스캔이라는 기술을 이용해 쿼리에서 필요로 하는 컬럼과 로우만을 네트워크를 통해 전송하도록 하는 데에 있다. 이 기술을 이용하면 스토리지에서 데이터베이스 서버로 보내지는 데이터양을 획기적으로 줄여주고, 서버의 CPU 부하를 감소시킨다.

그리고 오라클이 스토리지 서버를 도입하기 전에 이미 오래전부터 CPU, RAM, 디스크를 일체형으로 개발한 MPP 방식의 어플라이언스 제품들이 많이 소개되어 왔다. 즉, 데이터를 여러 개 디스크에 분산 저장하고, 읽을 때도 동시에 '독립적으로' 읽어 병렬 I/O 효과를 극대화한 제품들이다. 그리고 그런 기술들이 대부분 대용량 데이터 처리 속도를 극대화해야 하는 DW 시장에서 주목받는 것을 보더라도 데이터베이스 성능에 있어 I/O 효율이 얼마나 핵심적인 요소인지 알 수 있다.

오라클 RAC에서는 인스턴스끼리 네트워크를 통해 캐시된 블록들을 서로 공유하므로 메모리 I/O 성능에도 네트워크 속도가 지대한 영향을 미치게 되었다. 통계적으로는 논리적 블록 읽기로 계수되지만 그 중 일부는 다른 RAC 노드에서 네트워크를 통해 전송 받은 것일 수 있기 때문이다. 기가비트(Gigabit) 단위의 초고속 인터커넥트(InterConnect) 전용 네트워크를 사용하지만 그것이 로컬 캐시에서 읽는 것보다 빠를 수는 없다. 그렇다 보니 전량 메모리에서 블록을 읽은 것으로 나타나는데도 성능이 느린 경우가 종종 있다.

같은 양의 디스크 I/O가 발생하더라도 I/O 대기 시간이 크게 차이 날 때가 있다. 디스크 경합 때문일 수 있지만, OS에서 지원하는 파일 시스템 버퍼 캐시와 SAN 캐시 때문에

[59] 주로 레코드 단위로 트랜잭션을 처리하는 OLTP성 애플리케이션에서는 컬럼 단위 I/O가 더 불리함

생기는 현상일 때가 많다. SAN 캐시는 마다할 이유가 없겠지만 데이터베이스를 사용하는 데 있어 파일 시스템 버퍼 캐시는 최소화해야 한다. 데이터베이스 자체적으로 캐시 영역을 갖고 있으므로 이를 위한 공간을 크게 할당하는 것이 더 효과적이다.

아무튼, 디스크 속도가 문제이든, SAN이 문제이든, 아니면 RAC 인터커넥트가 문제이든 I/O 성능에 관한 가장 확실하고 근본적인 해결책은 논리적인 블록 요청 횟수를 최소화하는 것임을 잊지 말자. 방법은, SQL 튜닝에 있다.

03 Single Block vs. Multiblock I/O

```
call     count       cpu    elapsed       disk      query    current        rows
------- ------  -------- ---------- ---------- ---------- ----------  ----------
Parse        1      0.00       0.00          0          0          0           0
Execute      1      0.00       0.00          0          0          0           0
Fetch        2      0.26       0.26         64         69          0           1
------- ------  -------- ---------- ---------- ---------- ----------  ----------
total        4      0.26       0.26         64         69          0           1
```

I/O Call 수행 원리에 대해 살펴보자. 위 Call 통계를 보면, 버퍼 캐시에서 69개 블록을 읽으면서 그 중 64개는 디스크에서 읽었다. 버퍼 캐시 히트율은 7.24%다. 디스크에서 읽은 블록 수가 64개라고 I/O Call까지 64번 발생했음을 의미하지는 않는다. 64번일 수도 있고, 그보다 작을 수도 있다.

읽고자 하는 블록을 버퍼 캐시에서 찾지 못했을 때, I/O Call을 통해 데이터파일로부터 버퍼 캐시에 적재하는 방식에는 크게 두 가지가 있다.

- Single Block I/O
- Multiblock I/O

Single Block I/O는 말 그대로 한번의 I/O Call에 하나의 데이터 블록만 읽어 메모리에 적재하는 것을 말한다. 인덱스를 통해 테이블을 액세스할 때는, 기본적으로 인덱스와 테이블 블록 모두 이 방식을 사용한다.

Multiblock I/O는 I/O Call이 필요한 시점에 인접한 블록들을 같이 읽어 메모리에 적재하는 것을 말한다. 오라클 블록 사이즈가 얼마건 간에 OS 단에서는 보통 1MB(=1,024KB) 단위로 I/O를 수행한다(OS마다 다름). 한번 I/O 할 때 1MB 크기의 '그릇' 을 사용하는 것이므로 테이블 Full Scan처럼 물리적으로 저장된 순서에 따라 읽을 때는 그릇이 허용하는 범위 내에서 인접한 블록들을 같이 읽는 것이 유리하다. '인접한 블록' 이란, 한 익스텐트 내에 속한 블록들을 말한다. 달리 말하면, Multiblock I/O 방식으로 읽더라도 익스텐트 범위를 넘지 못한다는 뜻이기도 하다.

Multiblock I/O 단위는 *db_file_multiblock_read_count* 파라미터에 의해 결정된다. 이 파라미터가 16이면 한 번에 최대 16개 블록을 버퍼 캐시에 적재한다. 만약 *db_block_size*가 8,192 바이트면 한 번에 최대 131,072 바이트를 읽는 셈이 된다. 파라미터를 128로 바꾸면 1,048,576 바이트씩 읽는다. 대개 OS 레벨에서 I/O 단위가 1MB 이므로 *db_block_size*가 8,192 일 때는 최대 설정할 수 있는 값은 128이 된다. 이 파라미터를 128 이상으로 설정하더라도 OS가 허용하는 I/O 단위가 1MB면 1MB씩만 읽는다.

디스크 I/O는 비용이 크므로 I/O Call 한번에 한 블록씩 읽는 것보다 여러 블록을 읽는 게 성능 향상에 도움이 되는데, 인덱스를 스캔할 때는 왜 한 블록씩 읽는 것일까? 인덱스 블록간 논리적 순서는 물리적으로 데이터파일에 저장된 순서와 다르다. 인덱스 블록간 논리적 순서란, 인덱스 리프 블록끼리 이중 연결 리스트(Double Linked List) 구조로 연결된 순서를 말한다. 물리적으로 한 익스텐트에 속한 블록들을 I/O Call 발생 시점에 같이 적재해 올렸는데, 그 블록들이 논리적 순서로는 한참 뒤쪽에 위치할 수 있다. 그러면 그 블록들은 실제 사용되지 못한 채 버퍼 상에서 밀려나는 일이 생길 수 있다. 하나의 블록을 캐싱하려면 다른 블록을 밀어내야 하는데, 이런 현상이 자주 발생한다면 버퍼 캐시 효율만 떨어뜨린다. 따라서 인덱스 스캔 시에는 Single Block I/O 방식으로 읽는 게 효율적이다.

Index Range Scan 뿐 아니라 Index Full Scan 시에도 논리적인 순서에 따라 Single Block I/O 방식으로 읽는다. 인덱스의 논리적 순서를 무시하고 물리적인 순서에 따라 읽는 스캔 방식이 있는데, 이를 'Index Fast Full Scan'이라고 한다. 이때는 Table Full Scan과 마찬가지로 Multiblock I/O 방식을 사용하며, 한 번에 읽을 수 있는 최대 블록 수도 똑같이 *db_file_multiblock_read_count* 파라미터에 의해 결정된다.

서버 프로세스는 디스크에서 블록을 읽어야 하는 시점마다 I/O 서브시스템에 I/O 요청을 하고 대기 상태에 빠진다. 이때 발생하는 대표적인 대기 이벤트로는 아래 두 가지를 들 수 있다.

- *db file sequential read* 대기 이벤트 : Single Block I/O 방식으로 I/O를 요청할 때 발생
- *db file scattered read* 대기 이벤트 : Multiblock I/O 방식으로 I/O를 요청할 때 발생

대량의 데이터를 Multiblock I/O 방식으로 읽을 때 Single Block I/O 보다 성능상 유리한 것은 I/O Call 발생횟수를 그만큼 줄여주기 때문이다. 직접 테스트하면서 그 의미를 살펴보자.

```
create table t
as
select * from all_objects;

alter table t add
constraint t_pk primary key(object_id);
```

테스트용 테이블 T와 PK 인덱스를 만들었다. 테이블과 인덱스를 만들자마자 아래 쿼리를 수행한다면 대부분 디스크 I/O를 통해 읽게 될 것이다.

```
select /*+ index(t) */ count(*)
from   t where object_id > 0

call     count       cpu    elapsed       disk      query    current        rows
------- ------  -------- ---------- ---------- ---------- ----------  ----------
Parse        1      0.00       0.00          0          0          0           0
Execute      1      0.00       0.00          0          0          0           0
Fetch        2      0.26       0.25         64         65          0           1
------- ------  -------- ---------- ---------- ---------- ----------  ----------
total        4      0.26       0.25         64         65          0           1

Rows     Row Source Operation
-------  ---------------------------------------------------
      1  SORT AGGREGATE (cr=65 r=64 w=0 time=256400 us)
  31192   INDEX RANGE SCAN T_PK (cr=65 r=64 w=0 time=134613 us)

Elapsed times include waiting on following events:
  Event waited on                             Times   Max. Wait  Total Waited
  ----------------------------------------   Waited  ----------  ------------
  SQL*Net message to client                       2        0.00          0.00
  db file sequential read                        64        0.00          0.00
  SQL*Net message from client                     2        0.05          0.05
```

위 트레이스 결과를 보면, 논리적으로 65개 블록을 읽는 동안 64개의 디스크 블록을 읽었다. 이벤트 발생 현황을 보면 *db file sequential read* 대기 이벤트가 64번 발생했다. 즉, 64개 인덱스 블록을 Disk에서 읽으면서 64번의 I/O Call이 발생한 것이다.

이제 Multiblock I/O 방식으로 읽는 경우를 살펴볼 텐데, 그전에 *db_block_size*와 Multiblock I/O 단위를 확인한다.

```
SQL> show parameter db_block_size

NAME                                  TYPE                   VALUE
------------------------------------ ---------------------- -----------
db_block_size                         integer                8192

SQL> show parameter db_file_multiblock_read_count

NAME                                  TYPE                   VALUE
------------------------------------ ---------------------- -----------
db_file_multiblock_read_count         integer                16
```

*db_block_size*는 8,192이고, Multiblock I/O 단위는 16이다. 앞에서와 같은 양의 인덱스 블록을 Multiblock I/O 방식으로 읽도록 하기 위해 인덱스를 index fast full scan 방식으로 읽도록 유도해 보자. index_ffs 힌트를 사용하면 된다. Multiblock I/O 단위가 16이

므로 데이터파일에서 똑같이 64개 블록을 읽었을 때 4(=64/16)번의 I/O Call이 발생할 것으로 예상된다. 디스크 I/O가 발생하도록 하려면 먼저 테이블과 인덱스를 Drop 했다가 다시 생성해야 한다.

```
select /*+ index_ffs(t) */ count(*)
from   t where object_id > 0

call     count       cpu    elapsed       disk      query    current        rows
------- ------  -------- ---------- ---------- ---------- ----------  ----------
Parse        1      0.00       0.00          0          0          0           0
Execute      1      0.00       0.00          0          0          0           0
Fetch        2      0.26       0.26         64         69          0           1
------- ------  -------- ---------- ---------- ---------- ----------  ----------
total        4      0.26       0.26         64         69          0           1

Rows     Row Source Operation
-------  ---------------------------------------------------
      1  SORT AGGREGATE (cr=69 r=64 w=0 time=267453 us)
  31192   INDEX FAST FULL SCAN T_PK (cr=69 r=64 w=0 time=143781 us)

Elapsed times include waiting on following events:
  Event waited on                             Times   Max. Wait  Total Waited
  ----------------------------------------   Waited  ----------  ------------
  SQL*Net message to client                       2        0.00          0.00
  db file scattered read                          9        0.00          0.00
  SQL*Net message from client                     2        0.35          0.36
```

똑같이 64개 블록을 디스크에서 읽었는데, I/O Call이 9번에 그쳤다. Single Block I/O 할 때보다는 크게 줄었지만 우리가 예상했던 4보다는 두 배 많은 수치다. 64/9 = 7.11 이므로 평균 7~8개씩 읽은 셈이다. OS에서의 I/O 단위가 65,536 (=8,192×8) 바이트인 것일까? 트레이스 파일을 열어 확인해 보자.

```
EXEC #1:c=0,e=58,p=0,cr=0,cu=0,mis=0,r=0,dep=0,og=4,tim=1207457668427947
WAIT #1: nam='SQL*Net message to client' ela= 7 p1=1413697536 p2=1 p3=0
WAIT #1: nam='db file scattered read' ela= 73 p1=9 p2=80997 p3=4
WAIT #1: nam='db file scattered read' ela= 73 p1=9 p2=81001 p3=8
WAIT #1: nam='db file scattered read' ela= 72 p1=9 p2=81010 p3=7
WAIT #1: nam='db file scattered read' ela= 77 p1=9 p2=81017 p3=8
WAIT #1: nam='db file scattered read' ela= 70 p1=9 p2=81026 p3=7
WAIT #1: nam='db file scattered read' ela= 77 p1=9 p2=81033 p3=8
WAIT #1: nam='db file scattered read' ela= 74 p1=9 p2=81042 p3=7
WAIT #1: nam='db file scattered read' ela= 77 p1=9 p2=81049 p3=8
WAIT #1: nam='db file scattered read' ela= 74 p1=9 p2=81058 p3=7
```

```
FETCH
#1:c=262961,e=267473,p=64,cr=69,cu=0,mis=0,r=1,dep=0,og=4,tim=1207457668695516
WAIT #1: nam='SQL*Net message from client' ela= 4073 p1=1413697536 p2=1 p3=0
FETCH #1:c=0,e=4,p=0,cr=0,cu=0,mis=0,r=0,dep=0,og=0,tim=1207457668699756
WAIT #1: nam='SQL*Net message to client' ela= 6 p1=1413697536 p2=1 p3=0
WAIT #1: nam='SQL*Net message from client' ela= 356905 p1=1413697536 p2=1 p3=0
=====================
```

db file scattered read 대기 이벤트가 실제 9번 발생한 것을 볼 수 있고, 세 번째 파라미터(p3)를 보면 처음 것만 빼고 매번 7개 또는 8개씩을 읽었다. 테이블스페이스에 할당된 익스텐트 크기를 확인해 보면 그 이유를 쉽게 찾을 수 있다.

```
SQL> select extent_id, block_id, bytes, blocks
  2  from   dba_extents
  3  where  owner = USER
  4  and    segment_name = 'T_PK'
  5  and    tablespace_name = 'USERS'
  6  order by extent_id ;

 EXTENT_ID   BLOCK_ID      BYTES     BLOCKS
---------- ---------- ---------- ----------
         0      80993      65536          8
         1      81001      65536          8
         2      81009      65536          8
         3      81017      65536          8
         4      81025      65536          8
         5      81033      65536          8
         6      81041      65536          8
         7      81049      65536          8
         8      81057      65536          8

9 개의 행이 선택되었습니다.
```

모든 익스텐트가 8개 블록으로 구성돼 있는 것이 원인이었다. Multiblock I/O 방식으로 읽더라도 익스텐트 범위를 넘지는 못한다고 앞에서 설명했다. 예를 들어, 모든 익스텐트에 20개 블록이 있고 *db_file_multiblock_read_count*가 8이면, 익스텐트마다 8, 8, 4개씩 세 번에 걸쳐 읽는다.

익스텐트 크기 때문에 예상보다 조금 더 많은 I/O Call이 발생하긴 했지만, Single Block I/O 때보다 훨씬 적은 양의 I/O Call이 발생하는 것을 알 수 있었다.

참고로, 위 테스트는 9i에서 수행한 것이다. 10g부터는 Index Range Scan 또는 Index Full Scan 일 때도 Multiblock I/O 방식으로 읽는 경우가 있는데, 위처럼 테이블 액세스 없이 인덱스만 읽고 처리할 때가 그렇다. 인덱스를 스캔하면서 테이블을 Random 액세스할 때는 9i 이전과 동일하게 테이블과 인덱스 블록을 모두 Single Block I/O 방식으로 읽는다.

Single block I/O 방식으로 읽은 블록들은 LRU 리스트 상 MRU 쪽(end)[60]으로 연결되므로 한번 적재되면 버퍼 캐시에 비교적 오래 머문다. 반면, Multiblock I/O 방식으로 읽은 블록들은 LRU 리스트에서 LRU 쪽(end)에 연결되므로 적재되고 얼마 지나지 않아 버퍼 캐시에서 밀려난다. 따라서 대량의 데이터를 Full Scan 했다고 해서 사용빈도가 높은 블록들이 버퍼 캐시에서 모두 밀려날 것을 우려하지 않아도 된다.

04 Prefetch

Prefetch라는 용어는 오라클에서 여러 가지 의미로 쓰인다. 예를 들어, 한번의 Fetch Call로 Array 크기만큼 여러 개 레코드를 가져오는 것을 'Row Prefetch' 라는 용어로서 설명하는 문서들도 있다. 본 절에서 설명하는 Prefetch는 테이블 Prefetch와 인덱스 Prefetch를 지칭하는 것임을 먼저 밝힌다.

오라클을 포함한 모든 DBMS는 디스크 블록을 읽을 때 곧이어 읽을 가능성이 높은 블록을 미리 읽어오는 Prefetch 기능을 제공한다. 디스크 I/O가 비용이 크기 때문에 한번의 I/O Call을 통해 다량의 블록을 퍼 올릴 수 있다면 그만큼 성능향상에 도움이 되기 때

60) 버전마다 다르다. 예전에는 MRU end에 연결되었으나 최근 버전에서는 중간 정도에 위치한다고 이해하자.

문이다. 앞 절에서 설명한 Multiblock I/O도 Prefetch 기능 중 하나라고 할 수 있다. 지금부터 설명할 테이블 Prefetch, 인덱스 Prefetch와 다른 점은 한 익스텐트에 속한 인접한 블록들을 Prefetch 한다는 점이다.

Prefetch는 한번에 여러 개 Single Block I/O를 동시 수행하는 것을 말한다. 앞에서 설명한 Multiblock I/O는 한번의 I/O Call로써 서로 인접한(contiguous) 블록들을 같이 읽어 적재하는 것이라고 했는데, 지금 설명하는 테이블 Prefetch와 인덱스 Prefetch는 인접하지 않은(noncontiguous) 블록, 즉 서로 다른 익스텐트에 위치한 블록을 배치(Batch) 방식으로 미리 적재하는 것을 말한다. I/O Call을 병렬 방식으로 동시에 여러 개 수행하는 것이므로 읽어야 할 블록들이 서로 다른 디스크 드라이브에 위치한다면 Prefetch에 의한 성능 향상은 더욱 배가된다.

이 기능은 곧 읽을 가능성이 높은 블록들을 미리 적재했을 때만 성능 향상에 도움을 준다. 미리 적재했는데 실제 사용으로 연결되지 못하면 버퍼 캐시 효율만 나빠진다. 오라클은 미리 적재했을 때 효과를 얻을 수 있는 오퍼레이션에만 이 기능을 적용하지만, 그럼에도 Prefetch한 블록들이 실제 액세스로 연결되지 못한 채 캐시에서 밀려나는 비율이 높다면 더는 이 기능이 작동되지 못하도록 정지시켜 버린다. Prefetch된 블록들을 모니터링하는 기능은 CKPT 프로세스가 맡는다(SYS.X$KCBKPFS 뷰 참조). 아래 쿼리 결과를 참고하기 바란다.

```
SQL> select name, value from v$sysstat
  2  where  name in ( 'physical reads cache prefetch'
  3                 , 'prefetched blocks aged out before use' ) ;

NAME                                                          VALUE
---------------------------------------------------- ----------
physical reads cache prefetch                                 51094
prefetched blocks aged out before use                            38
```

앞으로 읽어야 할 블록들을 미리 적재하는 기능이므로 시스템 전반의 디스크 경합을 줄여주기보다, I/O를 위한 시스템 Call을 줄이고 개별 쿼리의 수행 속도를 향상시키는 데 주로 도움을 준다. 데이터 블록을 읽는 도중에 물리적인 디스크 I/O가 필요할 때면 서버 프로세스는 I/O 서브시스템에 I/O Call을 발생시키고 잠시 대기 상태에 빠진다. 어차피 대기 상태에서 잠시 쉬어야 하므로, 곧이어 읽을 가능성이 높은 블록들을 버퍼 캐시에 미리 적재해 놓는다면 대기 이벤트 발생횟수를 그만큼 줄일 수 있다.

Prefetch는 *db file parallel read* 대기 이벤트로 측정된다. 아래는 Prefetch가 작동하는 상황을 10046 이벤트 트레이스로 모니터링한 것이다.

```
WAIT #2: nam='db file scattered read' ela= 16809 file#=511 block#=46077 blocks=4
obj#=79955 tim=245420303473
WAIT #2: nam='db file parallel read' ela= 1166 files=1 blocks=5 requests=5
obj#=79955 tim=245422093812
WAIT #2: nam='db file parallel read' ela= 14151 files=1 blocks=2 requests=2
obj#=79955 tim=245429134621
WAIT #2: nam='db file sequential read' ela= 9371 file#=580 block#=45357 blocks=1
obj#=79955 tim=245440385315
WAIT #2: nam='db file parallel read' ela= 13349 files=1 blocks=4 requests=4
obj#=79955 tim=245447176624
WAIT #2: nam='db file parallel read' ela= 13180 files=1 blocks=4 requests=4
obj#=79955 tim=245454432524
```

(1) 인덱스 Prefetch

오라클 7.2 버전부터 사용돼 온 기능이다. 브랜치 블록에서 앞으로 읽게 될 리프 블록 주소를 미리 얻을 수 있으므로 I/O Call이 필요한 시점에 미리 캐싱해 두는 것이 가능하다.

예를 들어, 그림 6-4처럼 ①→②→③→④ 순으로 Index Range Scan을 진행한다고 하자. 2번 브랜치 블록을 읽고 5번 리프 블록을 읽으려는 시점에 5번 블록이 버퍼 캐시에 없으면 물리적인 디스크 I/O가 필요하다. 이때 6번과 7번 블록까지 같이 적재해 놓는다면, ④번 리프 블록 스캔이 진행하는 동안 디스크 I/O 때문에 대기할 가능성을 줄일 수 있다. 그림을 간단히 그렸지만 대개 하나의 브랜치 블록이 수십~수백 개의 리프 블록을 가리킨다. Sequential 액세스 성능을 향상시키려고 Multiblock I/O와 인덱스 Prefetch 같은 기능을 사용한다고 설명한 것을 상기하기 바란다.

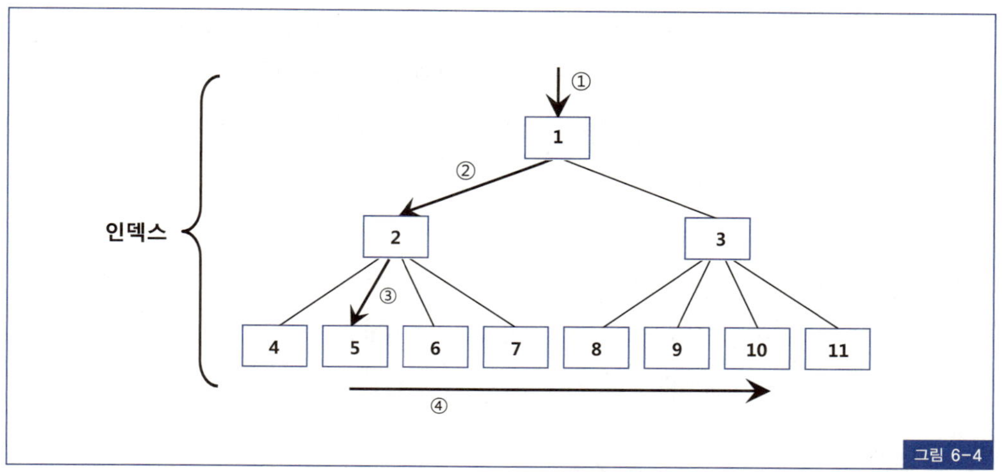

그림 6-4

인덱스 Prefetch 기능이 가장 효과적일 수 있는 상황은 Index Full Scan이 일어날 때다. 부분범위처리 방식으로 중간에 멈추지만 않는다면 모든 인덱스 리프 블록을 읽게 되기 때문이다. 그런데 Index Full Scan시 Prefetch 방식으로 I/O하려면 리프 블록 위쪽에 있는 브랜치 블록들을 추가로 읽어야 하기 때문에 Prefetch 하지 않을 때보다 I/O가 약간 더 발생한다. (일반적인 Index Full Scan 시에는 가장 왼쪽 브랜치 블록만 읽는다.)

아래는 인덱스 Prefetch를 제어하는 파라미터다.

- *_index_prefetch_factor* : 기본 값은 100이며, 이 값을 더 작게 설정할수록 옵티마이저는 인덱스 Prefetch를 더 선호하게 된다.
- *_db_file_noncontig_mblock_read_count* : 한 번에 최대 몇 개 블록을 Prefetch 할지를 지정한다. 1로 지정하면 Prefetch 기능이 정지된다.

(2) 테이블 Prefetch

'테이블 Lookup Prefetch' 또는 '데이터 블록 Prefetch' 라고도 한다. 인덱스를 경유해 테이블 레코드를 액세스하는 도중 디스크에서 캐시로 블록을 적재해야 하는 상황이 발생할 수 있는데, 그때 다른 테이블 블록까지 미리 적재해 두는 기능이다.

리프 블록에 있는 인덱스 레코드는 논리적인 순서를 따라 읽는다. 읽는 도중에 디스크 I/O가 필요해지면 현재 읽던 리프 블록 내에서 앞으로 액세스해야 할 테이블 블록 주소 목록을 미리 취합할 수 있다. 예를 들어, 그림 6-5처럼 인덱스를 스캔하면서 테이블 블록을 Random 액세스한다. 진행 순서는 ① → ② → ③ → ④ → ⑤ → ⑥ → ⑦ 이다. 5번 인덱스 리프 블록을 읽고 12번 테이블 블록을 읽으려는 시점에 12번 블록이 버퍼 캐시에 없으면 물리적인 디스크 I/O가 필요하다. 이때 13, 15, 18번 블록까지 같이 적재해 놓는다면 ⑤,⑥,⑦번 액세스 시에 디스크 I/O 때문에 대기하지 않아도 된다. 그림을 간단히 그렸지만 하나의 리프 블록이 수십~수백 개의 테이블 레코드를 가리키고 있다.

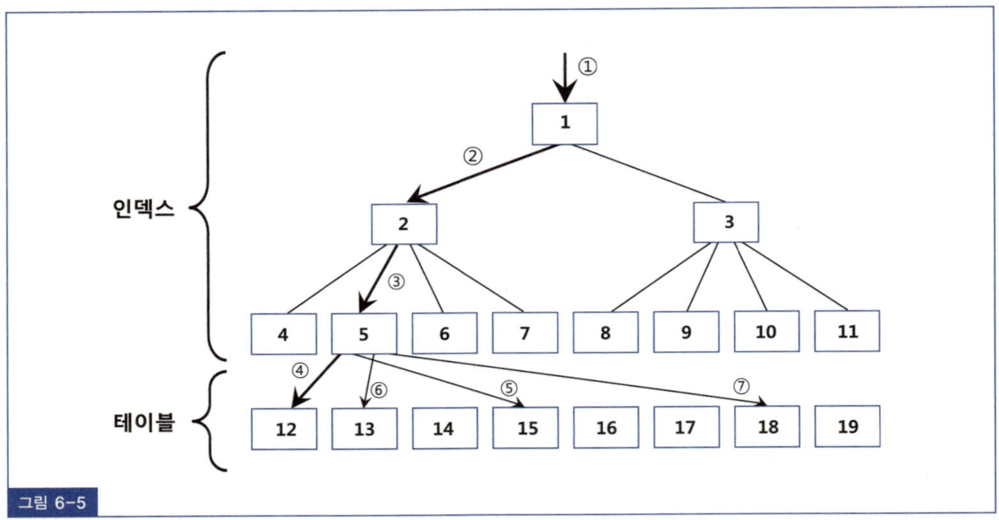

그림 6-5

Random 액세스 성능을 향상시키려고 버퍼 Pinning과 테이블 Prefetch 같은 기능을 사용한다고 설명한 것을 상기하기 바란다. 버퍼 Pinning은 Random 액세스에 의한 논리적 블록 요청 횟수를 감소시키고, 테이블 Prefetch는 디스크 I/O에 의한 대기 횟수를 감소시킨다.

이 기능은 인덱스 클러스터링 팩터가 나쁠 때 특히 효과를 발휘한다. 클러스터링 팩터가 나쁘면 논리적 I/O가 증가할 뿐 아니라 디스크 I/O도 많이 발생하기 때문이다.

아래는 테이블 Prefetch를 제어하는 파라미터다.

- *_table_lookup_prefetch_size* : 기본 값은 40
- *_table_lookup_prefetch_thresh* : 기본 값은 2
- *_multi_join_key_table_lookup* : 기본 값은 TRUE

DB2, SQL Server 등도 데이터 블록 Prefech 기능을 갖지만 작동 방식은 조금씩 다르다. DB2를 예로 들면, 그림 6-5에서 4~11번까지 리프 블록을 먼저 스캔하고 거기서 얻은 결과 집합을 rowid 순으로 정렬한 후에 테이블을 액세스한다. 앞으로 액세스하게 될 테이블 블록 순으로 정렬한 상태에서 액세스하기 때문에 각 테이블 블록을 한 번씩만 액세스하게 된다. 오라클에서 클러스터링 팩터가 높은 인덱스를 이용할 때 테이블 Random 액세스를 최소화할 수 있다고 했는데, 그 원리를 이용한 액세스 방식이라고 할 수 있다. 즉, 인덱스에서 읽은 집합을 실시간으로 정렬해 클러스터링 팩터를 좋게 만든 상태에서 테이블을 액세스하는 것으로 이해하면 된다. 한 번 액세스해 그곳에 저장된 레코드를 모두 읽어들이므로 Random 액세스의 비효율을 완전히 제거할 수 있다.

05 Direct Path I/O

일반적인 블록 I/O는 DB 버퍼 캐시를 경유한다. 즉, 읽고자 하는 블록을 먼저 버퍼 캐시에서 찾아보고, 찾지 못할 때만 디스크에서 읽는다. 데이터 변경도 버퍼 캐시에 적재된 블록에서 이루어지며, DBWR 프로세스가 주기적으로 변경된 블록(Dirty 버퍼 블록)들을 데이터파일에 기록한다.

시스템 전반의 I/O 성능을 향상시키려고 버퍼 캐시를 이용하지만 개별 프로세스 입장에서 대용량 데이터를 읽고 쓸 때 건건이 버퍼 캐시를 경유한다면 오히려 성능이 나빠질 수 있다. 재사용 가능성이 없는 임시 세그먼트 블록들을 읽고 쓸 때도 버퍼 캐시를 경유하지 않는 것이 유리하다. 오라클은 이럴 때 버퍼 캐시를 경유하지 않고 곧바로 데이터 블록을 읽고 쓸 수 있는 Direct Path I/O 기능을 제공한다. 아래는 Direct Path I/O가 작동하는 경우다.

- Temp 세그먼트 블록들을 읽고 쓸 때
- 병렬 쿼리로 Full Scan을 수행할 때
- nocache 옵션을 지정한 LOB 컬럼을 읽을 때
- direct 옵션을 지정하고 export를 수행할 때
- parallel DML을 수행할 때
- Direct Path Insert를 수행할 때

(1) Direct Path Read/Write Temp

데이터를 정렬할 때는, PGA 메모리에 할당되는 Sort Area를 이용한다. 정렬할 데이터가 많아 Sort Area가 부족해지면 Temp 테이블스페이스를 이용하는데, Sort Area에 정렬된 데이터를 Temp 테이블스페이스에 쓰고 이를 다시 읽을 때 Direct Path I/O 방식을 사용한다(그림 6-6). 이 과정에서 I/O Call이 완료될 때까지 대기가 발생하는데, *direct path write temp*와 *direct path read temp* 이벤트로 측정된다.

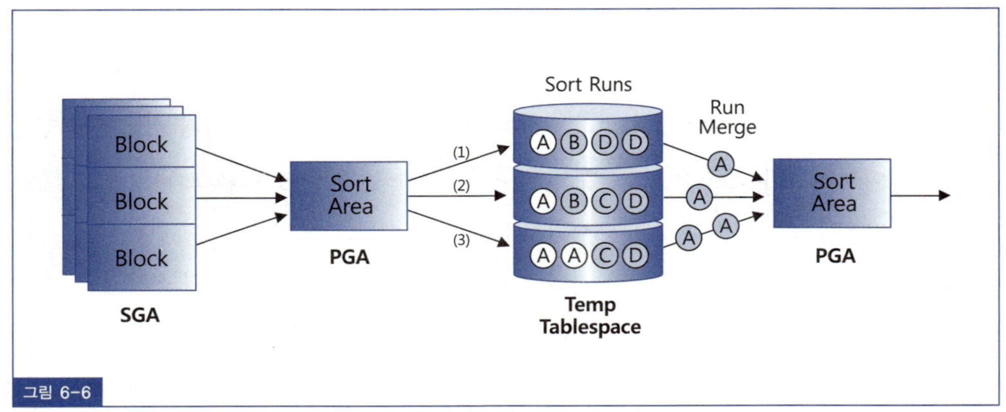

그림 6-6

```
create table t as select * from all_objects;

alter session set workarea_size_policy = manual;

alter session set sort_area_size = 524288;

select *
from (
  select a.*, rownum no
  from ( select * from t order by object_name ) a
)
where no <= 10

call     count       cpu    elapsed       disk      query    current        rows
------- ------  -------- ---------- ---------- ---------- ----------  ----------
Parse        1      0.00       0.00          0          0          0           0
Execute      1      0.00       0.00          0          0          0           0
Fetch        2      0.34       0.74        698        691         14          10
------- ------  -------- ---------- ---------- ---------- ----------  ----------
total        4      0.34       0.74        698        691         14          10

Rows     Row Source Operation
-------  ---------------------------------------------------
     10  VIEW  (cr=691 pr=698 pw=698 time=281516 us)
  49867   COUNT  (cr=691 pr=698 pw=698 time=1727596 us)
  49867    VIEW  (cr=691 pr=698 pw=698 time=1328642 us)
  49867     SORT ORDER BY (cr=691 pr=698 pw=698 time=879823 us)
  49867      TABLE ACCESS FULL T (cr=691 pr=0 pw=0 time=249381 us)

Elapsed times include waiting on following events:
  Event waited on                             Times   Max. Wait  Total Waited
  ----------------------------------------   Waited  ----------  ------------
  SQL*Net message to client                       2        0.00          0.00
  direct path write temp                        384        0.01          0.02
  direct path read temp                         486        0.03          0.36
  SQL*Net message from client                     2        0.27          0.27
```

(2) Direct Path Read

병렬 쿼리로 Full Scan을 수행할 때도 Direct Path Read 방식을 사용한다. 병렬도(DOP)를 2로 주고 병렬쿼리를 수행하면 쿼리 수행 속도가 2배만 빨라지는 게 아니라 그 이상의 빠른 수행속도를 보이는 이유가 바로 여기에 있다. 따라서 대용량 데이터를 읽을 때는 Full Scan과 병렬 옵션을 적절히 사용함으로써 시스템 리소스를 적게 사용하도록 하는 것이 좋다. Direct Path Read 과정에서 읽기 Call이 완료될 때까지 대기가 발생하는데, *direct path read* 이벤트로 측정된다.

버퍼 캐시에만 기록된 변경사항이 아직 데이터파일에 기록되지 않은 상태에서 데이터파일을 직접 읽으면 정합성에 문제가 생긴다. 따라서 병렬로 Direct Path Read를 수행하려면 메모리와 디스크간 동기화를 먼저 수행함으로써 Dirty 버퍼를 해소해야 한다. 예전에는 병렬 쿼리 수행 시 체크포인트를 통해 버퍼 캐시 전체를 데이터파일에 기록했지만 10gR2부터는 병렬 쿼리와 관련된 세그먼트만 동기화를 수행한다.

Adaptive Direct Path Reads

사실 병렬 쿼리가 아니더라도 오라클 8.1.5 이후 버전부터는 Hidden 파라미터 *_serial_direct_read*를 true로 변경해 Direct Path Read 방식으로 읽도록 할 수 있다.

게다가 11g부터는 이 파라미터가 false인 상태에서도 Serial Direct Path Read 방식이 작동할 수 있으며, 이미 캐싱돼 있는 블록 개수, 디스크에 기록해야 할 Dirty 블록 개수(→ 세그먼트 단위 체크포인트 일량을 결정) 등에 따라 오라클이 결정한다.

(3) Direct Path Write

Direct Path Write에 대해서도 간단히 살펴보자. Direct Path Write는 병렬로 DML을 수행하거나 Direct Path Insert 방식으로 데이터를 insert 할 때 사용된다. 이 과정에서 I/O Call이 발생할 때마다 *direct path write* 이벤트가 나타난다.

아래는 Direct Path Insert 방식으로 데이터를 입력하는 방법이다.

- insert … select 문장에 /*+ append */ 힌트 사용
- 병렬 모드로 insert
- direct 옵션을 지정하고 SQL*Loader(sqlldr)로 데이터를 로드
- CTAS(create table … as select) 문장을 수행

일반적인(conventional) insert 시에는 Freelist를 통해 데이터를 삽입할 블록을 할당받는다. Freelist를 조회하면서 Random 액세스 방식으로 버퍼 캐시에서 해당 블록을 찾고,

없으면 데이터파일에서 읽어 캐시에 적재한 후에 데이터를 삽입하므로 대량의 데이터를 insert 할 때 매우 느리다.

Direct Path Insert 시에는 Freelist를 참조하지 않고 테이블 세그먼트 또는 각 파티션 세그먼트의 HWM(High-Water Mark) 바깥 영역에 데이터를 순차적으로 입력한다. Freelist로부터 블록을 할당받는 작업이 생략될 뿐 아니라 insert 할 블록을 버퍼 캐시에 적재하지 않고 데이터파일에 직접 insert 하므로 일반적인 insert와는 비교할 수 없을 정도로 빠르다. HWM 바깥 영역에 데이터를 입력하므로 Undo 발생량도 최소화된다(HWM 뒤쪽에 입력한 데이터는 커밋하기 전까지 다른 세션에 읽히지 않으므로 Undo 데이터를 제공하지 않아도 되고, 롤백할 때는 할당된 익스텐트에 대한 딕셔너리 정보만 롤백하면 되기 때문).

게다가 Direct Path Insert에서는 Redo 로그까지 최소화(데이터 딕셔너리 변경사항만 로깅)하도록 옵션을 줄 수도 있어 더 빠른 insert가 가능하다. 이 기능을 활성화하려면 테이블 속성을 nologging으로 바꿔주면 된다.

```
alter table t NOLOGGING;
```

가끔 아래처럼 코딩하는 개발자를 볼 수 있는데, 여기서 nologging은 T 테이블에 대한 별칭(Alias)일 뿐 nologging 기능과는 무관하다.

```
insert into t NOLOGGING select * from test;
```

참고로, Direct Path Insert가 아닌 일반 insert문을 로깅하지 않도록 하는 방법은 없다.

주의할 것은, Direct Path Insert 방식으로 데이터를 입력하면 Exclusive 모드 테이블 Lock이 걸린다는 사실이다. 아래처럼 병렬 방식으로 DML을 수행할 때도 마찬가지다.

```
alter session enable parallel dml;
delete /*+ parallel(b 4) */ from big_table b ;  → Exclusive 모드 TM Lock !!
```

성능은 비교할 수 없을 정도로 빨라지겠지만 Exclusive 모드 테이블 Lock을 사용하면 해당 테이블에 다른 트랜잭션이 DML을 수행하지 못하도록 막는다. (일반적인 DML 수행 시에는 Row Exclusive 모드 테이블 Lock을 사용하므로 다른 트랜잭션의 DML을 막지 않는다. 테이블 Lock이 생소한 독자라면 2장을 참조하기 바란다.) 따라서 트랜잭션이 빈번한 주간에 이 옵션을 사용하는 것은 절대 금물이다.

06 RAC 캐시 퓨전

데이터베이스 동시 사용자가 많을 때 부하를 분산할 목적으로 시스템마다 다양한 데이터 분산 전략을 사용한다.

1. 데이터베이스 서버 간 복제
2. 업무별 수직 분할
3. 데이터 구분에 따른 수평 분할

1번은 여러 대의 데이터베이스 서버를 두고 각 서버에서 발생한 트랜잭션 데이터를 상호 복제하는 방식으로서, 실시간 동기화가 필요할 때는 복제 과정에서 발생하는 부하 때문에 실제 부하 분산 효과를 얻기 힘들다.

2번은 업무영역별(공통/접수/작업/AS, 공통/고객/청구 · 수납/상담 등)로 데이터베이스를 따로 두고 각각 다른 테이블을 관리하며, 다른 영역의 데이터는 분산(Remote) 쿼리를 이용해 조회하는 방식이다. 분산 쿼리로 자주 액세스되는 공통 영역의 범위에 따라 성패가 좌우된다.

3번은 스키마는 같지만 데이터 구분에 따라 데이터베이스를 따로 가져가는 방식을 말한다. 예를 들어, 전국 중 · 고등학생의 수험정보를 관리한다고 할 때, 테이블 구조는 같지만 서버를 분할해서 각 시도별로 학생들의 수험정보를 관리하는 것이다. 분할된 데이터 간 의존성이 낮을 때(→ 같이 조회되는 일이 거의 없고, 릴레이션십을 갖는 테이블들도 같은 기준으로 분할 가능할 때) 성공적인 모델이지만 서버 간 데이터 이동이 발생할 때 어떻게 처리할지에 대한 모델 관점에서의 방안 마련이 필요하다. 예를 들어, 부산 수험생이 서울로 이주하는 경우 데이터적으로 어떻게 처리할지에 대한 고민이 필요하다는 뜻이다.

물리적으로 분산시킨 데이터를 논리적으로 다시 통합해 하나의 뷰를 통해 액세스할 수 있도록 데이터베이스를 클러스터링 하는 기법도 몇 가지 형태로 발전을 거듭해 왔다. 몇

년 전부터는 데이터베이스를 다시 하나로 통합하고 이를 액세스하는 인스턴스를 여러 개 두는 공유 디스크(Shared Disk) 방식의 데이터베이스 클러스터링 기법이 도입되기 시작했다. 그 중 오라클 RAC 모델은 공유 디스크 방식에 기반을 두면서 인스턴스 간에 버퍼 캐시까지 공유(Shared Cache)하는 캐시 퓨전(Cache Fusion) 기술로 발전하였다. 하나의 데이터베이스를 여러 인스턴스가 공유하는 RAC 기본 아키텍처에 대해서는 1장에서 간단하게 살펴본 바 있다.

오라클 RAC는 캐시 퓨전 기술을 통해 현재 가장 진일보한 데이터베이스 클러스터링 기술로 평가 받고 있을 뿐 아니라 고가용성, 확장성, 부하 분산 측면에서 이미 성공적인 모델로서 자리를 굳혔다. 특히, 데이터를 하나의 데이터베이스에 통합 모델로 관리함으로써 높은 정합성을 유지할 수 있다는 것이 가장 큰 장점이라고 할 수 있다.

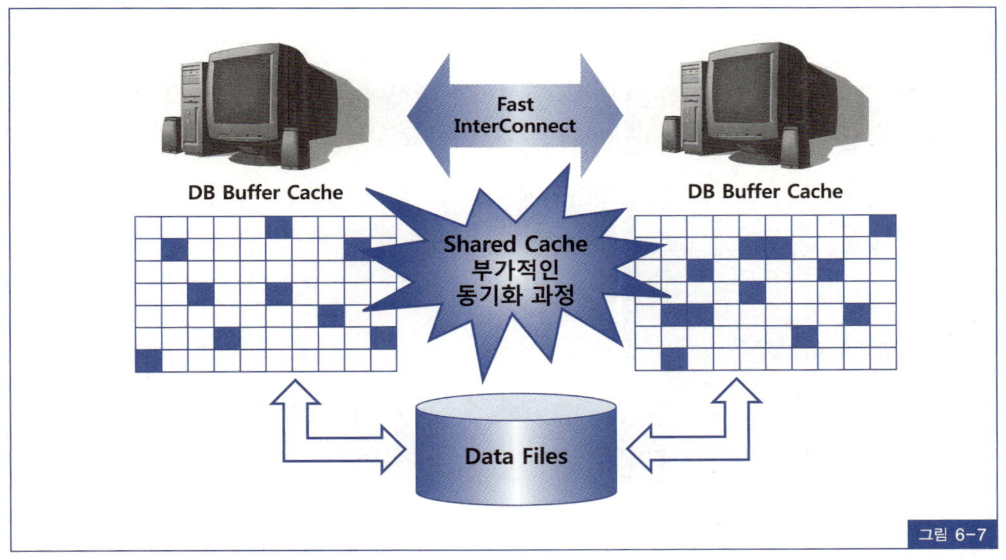

그림 6-7

하지만 장점만 있는 것은 아니다. 튜닝이 잘 되지 않아 많은 블록 I/O를 일으키는 애플리케이션에서 RAC를 도입한다면 부하 분산은커녕 단일 인스턴스 환경에서보다 더욱 심각한 성능저하 현상을 겪게 된다. 여러 인스턴스에 놓인 프로세스끼리 하나의 데이터를 동시에 읽고 쓰려는 경합이 심하게 발생하기 때문이다. 그런 동시 액세스를 직렬화하려면 추가적인 동기화 메커니즘이 필요하고, 이 때문에 새로운 성능 이슈들이 생긴다.(그림

6-7) 따라서 RAC 모델 특성상 발생하는 성능 문제들을 해결하려면 캐시 퓨전 프로세싱 원리를 이해할 필요가 있다.

RAC는 글로벌 캐시(Global Cache)라는 개념을 사용한다. 즉, 클러스터링 돼 있는 모든 인스턴스 노드의 버퍼 캐시를 하나의 버퍼 캐시로 간주한다. 따라서 필요한 데이터 블록이 로컬 캐시(Local Cache)에 없더라도 다른 노드에 캐싱돼 있다면 디스크 I/O를 일으키지 않고 그것을 가져와 읽거나 쓸 수 있다.

모든 데이터 블록에 대해 마스터 노드가 각각 정해져 있고, 그 노드를 통해 글로벌 캐시에 캐싱돼 있는 블록의 상태와 Lock 정보를 관리한다. 마스터 노드는 각 블록 주소(DBA)의 해시 값에 의해 인스턴스가 기동되는 시점에 동적으로 정해진다[61].

캐시 퓨전 원리를 간단히 설명하면, 읽고자 하는 블록이 로컬 캐시에 없을 때 마스터 노드에 전송 요청을 하고, 마스터 노드는 해당 블록을 캐싱하고 있는 노드에 메시지를 보내 그 블록을 요청했던 노드에 전송하도록 지시하는 방식이다. 만약 어느 노드에도 캐싱돼 있지 않다면 직접 디스크에서 읽도록 권한을 부여한다.

캐시 퓨전 메커니즘을 자세히 설명하기에 앞서 1장에서 설명한 Current 블록의 의미(아래)를 상기하기 바란다.

> Current 블록은 디스크로부터 읽혀진 후 사용자의 갱신사항이 반영된 최종 상태의 원본 블록을 말하며, CR 블록은 Current 블록에 대한 복사본이다. CR 블록은 여러 버전이 존재할 수 있지만 Current 블록은 오직 한 개뿐이다.

RAC 환경에서의 Current 블록은 Shared 모드 Current (이하 SCur)와 Exclusive 모드 Current(이하 XCur)로 나뉜다. <u>SCur 상태의 블록은 동시에 여러 노드에 캐싱될 수 있지만 XCur 상태의 블록은 단 하나의 노드에만 존재할 수 있다.</u> 이는 RAC 성능 문제를 이해하는 데 있어 매우 중요한 사실이다.

---

61) 오라클 버전에 따라 리소스 마스터 결정 알고리즘이 조금씩 바뀌고 있는데, 복잡한 세부 알고리즘을 일일이 이해할 필요는 없으며 기본 원리를 이해하는 것만으로 충분하다.

자주 읽히는 데이터 블록을 각 노드가 SCur 모드로 캐싱하고 있을 때 가장 효율적인 상태가 된다. 하지만 그 중 한 노드가 XCur 모드로 업그레이드(upgrade)를 요청하는 순간 다른 노드에 캐싱돼 있던 SCur 블록들은 모두 Null 모드로 다운그레이드(downgrade) 된다. 더는 쓸 수 없는 PI(Past Image) 블록이 되는 것이다.

캐시 퓨전 원리에 대해 좀 더 자세히 살펴보자. RAC 노드간 버퍼 캐시를 공유하면서 블록을 서로 주고받는 전송 메커니즘은 아래 5가지로 나누어 설명할 수 있다[62].

- 전송 없는 읽기 : Read with No Transfer
- 읽기/읽기 전송 : Read to Read Transfer
- 읽기/쓰기 전송 : Read to Write Transfer
- 쓰기/쓰기 전송 : Write to Write Transfer
- 쓰기/읽기 전송 : Write to Read Transfer

(1) 전송 없는 읽기 : Read with No Transfer

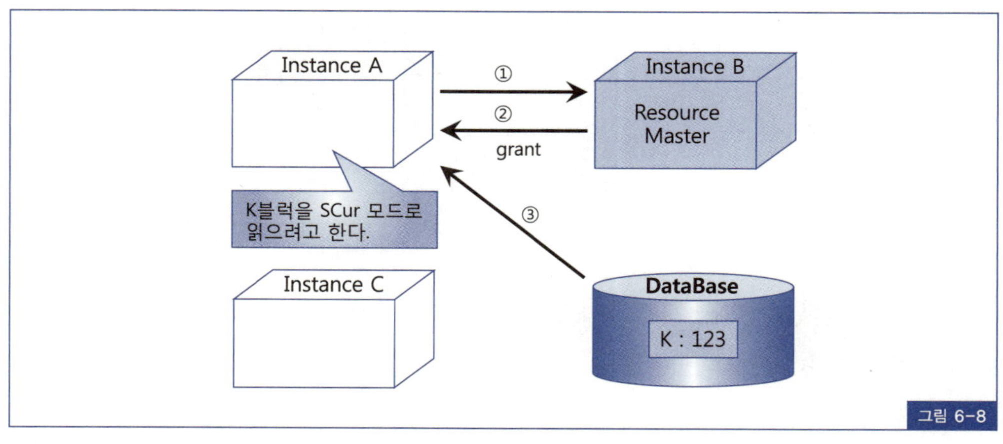

그림 6-8

62) Oracle9i Real Application Cluster – Cache Fusion의 작동원리와 활용(Oracle Korea megazine, 2003년 Spring, 이상범)에 설명된 내용을 재구성한 것임을 밝힌다.

A 노드에서 K 블록을 읽으려고 하는데, 현재 어떤 노드에도 캐싱돼 있지 않은 상태다. 현재 K 블록의 SCN은 123이라고 하자.

① K 블록을 읽으려고 하는 A 노드는 그 블록의 리소스 마스터인 B 노드에게 전송 요청을 보낸다. 이때, *gc cr request* 이벤트에서 대기한다.

② B 노드는 현재 어떤 노드에도 K 블록을 캐싱하고 있지 않음을 확인하고, A 노드에게 데이터파일에서 직접 블록을 SCur 모드로 읽도록 권한을 부여(Grant)한다.

③ A 노드는 디스크에서 블록을 읽어 로컬 캐시에 캐싱한다.

(2) 읽기/읽기 전송 : Read to Read Transfer

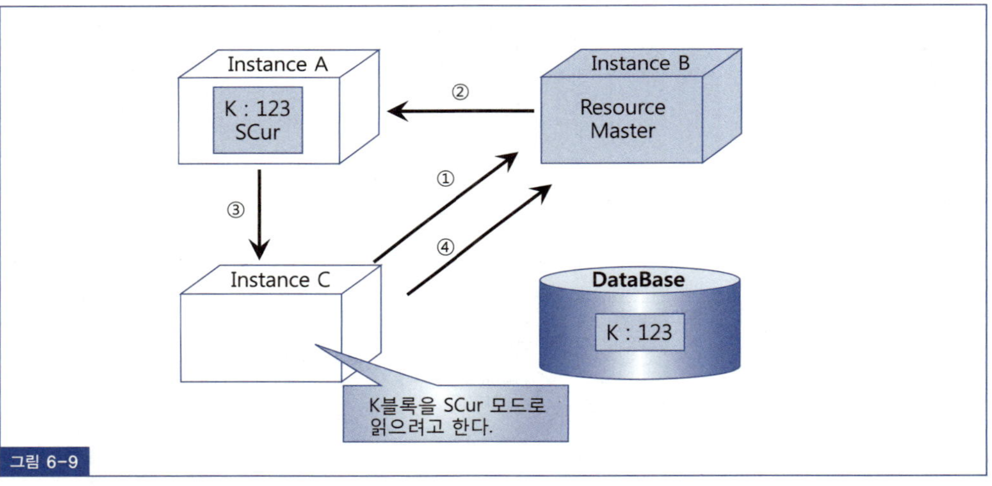

그림 6-9

A 노드만 K 블록을 SCur 모드로 캐싱한 상태에서 C 노드가 같은 K 블록을 SCur 모드로 읽으려고 한다.

① C 노드는 리소스 마스터인 B 노드에게 K 블록에 대한 전송요청을 보낸다. 이때, *gc cr request* 이벤트를 대기한다.

② B 노드는 현재 K 블록을 A 노드가 캐싱하고 있음을 확인하고, C 노드에 블록을 전송해 주도록 A 노드에게 지시한다.

③ A 노드는 C 노드에게 블록을 전송해 준다.

④ C 노드는 블록을 성공적으로 전송받아 SCur 모드로 캐싱하게 되었음을 알리려고 마스터 노드인 B에게 메시지를 보낸다.

(3) 읽기/쓰기 전송 : Read to Write Transfer

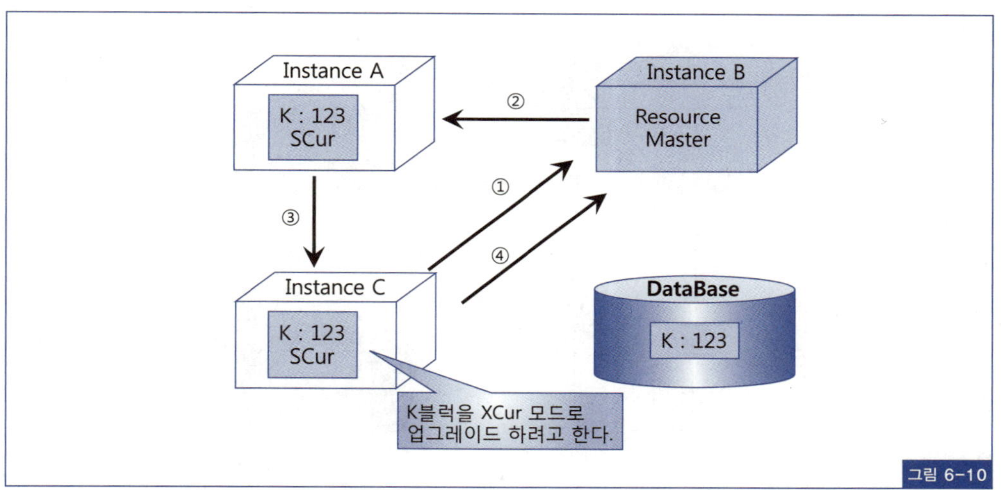

그림 6-10

A와 C 노드 모두 K 블록을 SCur 모드로 캐싱하고 있다. 이제 C 노드가 K 블록을 XCur 모드로 업그레이드(upgrade) 하려고 한다. 물론 해당 블록을 갱신하려는 것이다.

① 마스터 노드인 B 에게 K 블록을 XCur 모드로 업그레이드 하겠다고 요청한다.

② B 노드는 현재 K 블록을 A 노드도 캐싱하고 있음을 확인하고 Null 모드로 다운드레이드(downgrade) 하도록 지시한다.

③ A 노드는 C 노드에게 Null 모드로 다운그레이드 했음을 알려준다.

④ C 노드는 K 블록을 XCur 모드로 업그레이드하고 그 결과를 마스터 노드인 B에게

알려준다. 이때 A 노드에 캐싱돼 있던 블록이 Null 모드로 다운그레이드 된 사실까지 함께 알려준다.

이제 C 노드가 XCur 모드로 K 블록을 얻고 변경을 가하므로 블록 SCN은 증가하게 된다. 123에서 154로 증가했다고 하자.

(4) 쓰기/쓰기 전송 : Write to Write Transfer

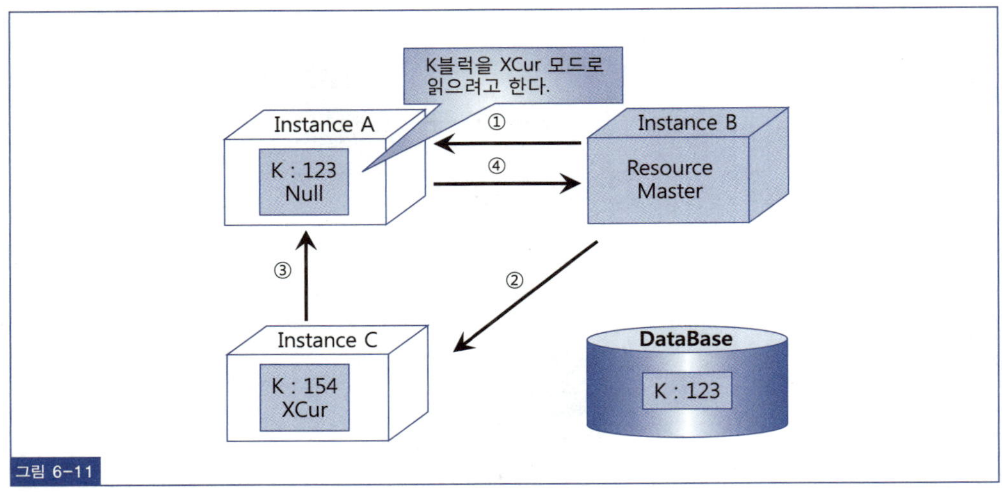

그림 6-11

현재 A 노드는 K 블록을 Null 모드로 갖고 있고, C 노드는 XCur 모드로 갖고 있다. C 노드가 갖고 있는 Current 버전의 SCN은 154로 증가되었고, 데이터파일에 있는 블록 SCN은 아직 123이므로 Dirty 버퍼 상태다. 이때, A 노드가 K 블록을 XCur 모드로 읽으려고 한다. 물론 해당 블록을 갱신하려는 것이다.

① 마스터 노드인 B에게 K 블록을 XCur 모드로 요청한다.

② B 노드는 현재 K 블록을 C 노드가 XCur 모드로 캐싱하고 있음을 확인하고, A 노드에게 보내 주도록 지시한다.

③ C 노드는 A 노드에게 블록을 전송하고 자신이 갖고 있던 블록은 Null 모드로 다운그레이드 한다. C 노드가 갖고 있던 XCur 블록은 아직 커밋되지 않아 로우 Lock이 걸린 상태일 수 있다.

④ A 노드는 K 블록을 XCur 모드로 캐싱하게 됐음을 B 노드에게 알려준다.

다른 인스턴스가 갱신 중인 블록을 읽고자 할 때 로우 Lock이 해제될 때까지 기다리지 않고 로우 Lock이 설정된 채 블록을 주고받는다는 것은 매우 중요한 사실이다. 게다가, 예전 OPS에서는 쓰기/쓰기 전송 상황에서 C 노드는 일단 블록을 디스크에 기록한다. 그러면 A 노드는 이를 디스크에서 읽는 방식을 사용했고 이처럼 디스크를 거쳐 블록을 주고받는 과정을 핑(ping)이라고 불렀다. RAC에서는 디스크 동기화 없이 로우 Lock이 설정된 채로 버퍼 캐시 간 블록 전송이 가능해진 것이다.

A 노드가 XCur 모드로 K 블록을 얻고 변경을 가하므로 블록 SCN은 증가하게 된다. 154에서 168로 증가했다고 하자.

(5) 쓰기/읽기 전송 : Write to Read Transfer

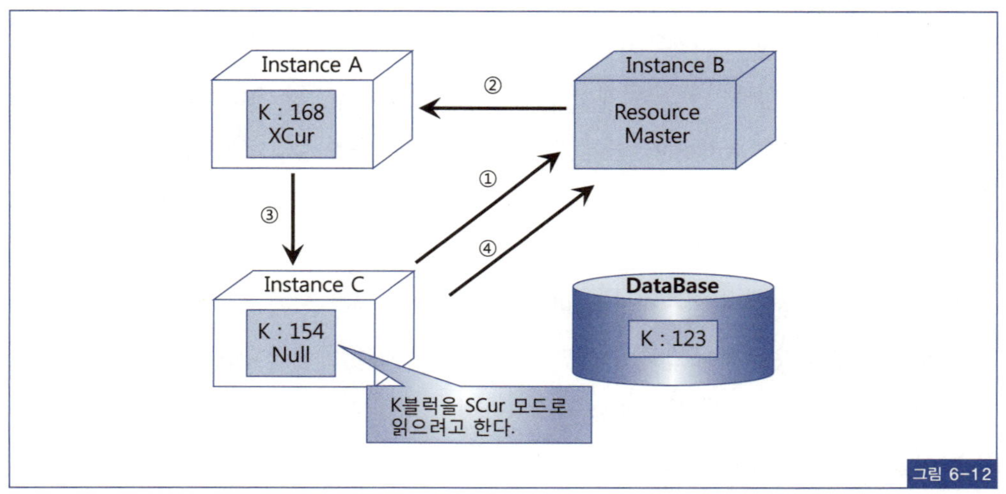

그림 6-12

현재 A 노드는 K 블록을 XCur 모드로 갖고 있고, C 노드는 Null 모드로 갖고 있다. A 노드가 갖고 있는 Current 버전의 SCN은 168로 증가되었고, 데이터파일에 있는 블록 SCN은 여전히 123이므로 Dirty 버퍼 상태다. 이때, C 노드가 K 블록을 SCur 모드로 읽으려고 한다.

① 마스터 노드인 B에게 K 블록을 SCur 모드로 요청한다.
② B 노드는 현재 K 블록을 A 노드가 XCur 모드로 캐싱하고 있음을 확인하고, C 노드에게 보내 주도록 지시한다.
③ A 노드는 C 노드에게 블록을 전송하고 자신이 갖고 있던 블록은 SCur 모드로 다운그레이드 한다.
④ C 노드는 K 블록을 SCur 모드로 캐싱하게 됐음을 B 노드에게 알려준다. 이때, A 노드에 캐싱돼 있던 블록이 SCur 모드로 다운그레이드 된 사실까지 함께 알려준다.

간단히 설명했지만 쓰기/읽기 캐시 퓨전에서는 ③번과 ④번 과정이 좀 더 복잡하다. K 블록의 커밋 여부에 따라 다른데, 아직 커밋되지 않았다면 Current 블록을 전송하지 않고 계속 CR Copy를 만들어 전송한다. C 노드는 읽기 작업을 원하는 것이므로 굳이 Current 블록을 보낼 필요는 없다. 현재 A 노드에서 갱신이 진행 중이므로 Current 블록을 보내면 언젠가 다시 가져와야 하는 부담 때문에 그렇게 처리하는 것이다.

K 블록이 커밋된 상태더라도 위에서 설명한 것처럼(③,④번) 바로 Current 블록을 보내지는 않는다. 처음에는 CR Copy만을 전송하다가 일정 횟수 이상 요청이 반복적으로 들어오면 그때 Current 블록을 보내준다. Current 블록을 보내 주려면 자신의 XCur 모드를 SCur로 다운그레이드 해야 하는데, 곧이어 갱신이 다시 발생한다면 XCur 모드로 또 다시 업그레이드 하는 일이 발생하게 된다. 그때는 SCur 블록을 가져갔던 다른 노드도 모두 Null 모드로 다운그레이드 해야 하므로 이런 일이 자주 발생한다면 RAC 부하가 증가하게 된다. 이런 부하 발생 가능성을 최소화하려고 일정 횟수만큼 CR Copy만을 보내주는 방식을 사용하는 것이다.

CR Copy를 보내주는 횟수는 *_fairness_threshold* 파라미터에 의해 결정되며, 기본 값은 4로 설정돼 있다. 커밋된 XCur 블록을 보유하고 있는 노드(그림 6-12에서는 A 노드)는 블록 전송 요청을 받을 때마다 CR Copy를 만들어 전송하고 fairness_count 값을 1씩 증가시킨다. fairness_count 값이 4에 도달하면 Redo 로그 버퍼를 비우고 XCur를 SCur로 다운그레이드 한다. 이제 SCur 상태이므로 이후에 읽기 요청을 보낸 노드는 곧바로 SCur 모드로 블록을 전송받게 된다.

주로 읽기 작업 위주로 수행한다면 *_fairness_threshold* 파라미터를 낮게 설정하는 것이 성능 향상에 도움이 될 수 있다. 만약 0으로 설정하면 CR Copy 전송 없이 곧바로 SCur 모드로 다운그레이드하고 Current 블록을 전송하게 된다. XCur 모드를 SCur로 다운그레이드 했다가 또 다시 XCur로 업그레이드 할 가능성이 적다면 읽기 요청이 반복되는 블록들을 가급적 빨리 SCur 모드로 보내주는 것이 좋다. 아래 쿼리를 수행했을 때 다운그레이드 Ratio가 높다면, 결국에는 Current 모드로 공유할 수 밖에 없음에도 CR을 만들어 보내주느라고 시스템이 고생하고 있음을 의미한다.

```
select data_requests, fairness_down_converts
     , round(fairness_down_converts / data_requests * 100) "DOWNGRADE RATIO(%)"
from   v$cr_block_server
```

쓰기/읽기 캐시 퓨전 원리를 이해한다면 RAC를 구성할 때 데이터를 가공하는 노드와 읽는 노드를 서로 분리하는 것이 성능에 얼마나 안 좋은 영향을 끼칠지 충분히 예상할 수 있다.

dynamic remastering

리소스 친화도(Resource Affinity)에 따라 마스터 노드가 동적으로 변경될 수 있다. 예를 들어, A 노드가 ownership을 갖는 리소스를 B 노드가 반복적으로 요청한다면 어느 순간부터 그 리소스에 대한 마스터 노드가 B로 바뀔 수 있는 것이다. 자주 사용하는 리소스에 대한 상태정보를 자신이 직접 관리하므로 RAC 성능 향상에 도움을 준다.

지금까지 RAC 캐시 퓨전 메커니즘에 대해 설명했다. 캐시 퓨전 과정에서 생기는 성능 부하는 I/O 관련 부하와 같은 시각에서 바라봐야 한다. 블록에 대한 읽기 요청 횟수가 많으면, 디스크 I/O 관련 대기 이벤트가 증가하는 만큼 RAC 관련 이벤트도 같이 증가하는 것을 관찰할 수 있다. 따라서 해법도 같다. 블록 읽기 요청횟수를 줄여 인터커넥트를 통한 데이터 전송량을 감소시키는 것이 가장 확실하고 근본적인 해결책이며, 이는 SQL 튜닝을 통해 달성할 수 있다.

필자가 최근 모 공공기관에서 SQL 튜닝을 했는데, 앞서 컨설팅했던 업체의 진단 내용은 인터커넥트 장비를 좀 더 빠른 것으로 교체하라는 것이었다. 그 조언에 따라 고객사도 장비교체 계획을 갖고 있었다. 하지만 인덱스 조정과 SQL 튜닝을 통해 전반적인 블록 I/O가 획기적으로 감소했고, RAC 관련 대기 이벤트도 현저히 감소함에 따라 인터커넥트 장비 교체 계획은 없던 일이 되어 버린 사례도 있었다.

07 Result 캐시

Result 캐시는 버퍼 캐시에 위치하지 않고 Shared Pool에 위치하지만 시스템 I/O 발생량을 최소화하는 데 도움이 되는 기능이므로 본 장에서 설명한다.

DB 버퍼 캐시는 쿼리에서 자주 사용되는 블록들을 캐싱해 두는 메모리 공간이다. DB 버퍼 캐시에 캐싱된 블록을 읽는 것도 때에 따라서는 고비용 구조임을 1장과 본 장에서 비교적 자세히 설명했다. 따라서 작은 테이블을 메모리 버퍼 캐시에서 읽더라도 반복 액세스가 많이 일어나면 좋은 성능을 기대하기 어렵다. 버퍼 캐시 히트율이 낮을 수밖에 없는 대용량 데이터 쿼리라면 더더욱 I/O 효율화를 위한 튜닝에 곤란을 겪게 되는데, 집계 테이블을 따로 설계하거나 Materialized View를 생성하는 것 외에 별다른 I/O 효율화 방안이 없는 경우가 종종 있다.

이에 오라클은, 한번 수행한 쿼리 또는 PL/SQL 함수의 결과값을 Result 캐시에 저장해 두는 기능을 11g 버전부터 제공하기 시작했다. ① DML이 거의 발생하지 않는 테이블을 참조하면서, ② 반복 수행 요청이 많은 쿼리에 이 기능을 사용하면 I/O 발생량을 현격히 감소시킬 수 있다.

Result 캐시 메모리는 다음 두 가지 캐시 영역으로 구성된다.

- SQL Query Result 캐시 : SQL 쿼리 결과를 저장
- PL/SQL 함수 Result 캐시 : PL/SQL 함수 결과값을 저장

자세한 사용법을 알아보기에 앞서 Result 캐시를 위해 추가된 파라미터들을 살펴보자.

구분	기본값	설명
result_cache_mode	manual	Result 캐시 등록 방식을 결정 ● manual : result_cache 힌트를 명시한 SQL만 등록 ● force : no_result_cache 힌트를 명시하지 않은 모든 SQL을 등록
result_cache_max_size	N/A	SGA 내에서 result_cache가 사용할 메모리 총량을 바이트로 지정. 0으로 설정하면 이 기능이 작동하지 않음
result_cache_max_result	5	하나의 SQL 결과집합이 전체 캐시 영역에서 차지할 수 있는 최대 크기를 %로 지정
result_cache_remote_expiration	0	remote 객체의 결과를 얼마 동안 보관할지를 분 단위로 지정. remote 객체는 result 캐시에 저장하지 않도록 하려면 0으로 설정.

*result_cache_max_size*를 DB 관리자가 직접 지정하지 않으면, 아래 규칙에 따라 오라클이 자동으로 값을 할당한다.

- SGA와 PGA를 통합 관리하는 11g 방식으로 SGA 메모리를 관리하면, *memory_target*으로 설정된 값의 0.25%를 Result 캐시를 위해 사용한다.

- *sga_target* 파라미터를 사용하는 10g 방식으로 SGA 메모리를 관리하면, 그 값의 0.5%를 Result 캐시를 위해 사용한다.
- 과거처럼 *shared_pool_size*를 수동으로 설정하면 그 값의 1%를 Result 캐시를 위해 사용한다.
- 어떤 방식을 사용하든 Result 캐시가 사용할 수 있는 최대 크기는 Shared Pool의 75%을 넘지 않도록 오라클이 관리한다.

Result 캐시는 SGA의 Shared Pool에 저장된다. SGA 영역이므로 모든 세션에서 공유할 수 있고, 인스턴스를 재기동하면 당연히 초기화 된다. 공유영역에 위치하므로 래치가 필요한데, 11g에서 아래 두 가지 래치가 추가된 것을 발견할 수 있다.

- Result Cache: Latch
- Result Cache: SO Latch

지금부터 이 유용한 기능을 실제 어떻게 사용하는지 알아보자. Force 모드일 때는 no_result_cache 힌트를 사용하지 않은 모든 SQL을 대상으로 캐싱을 시도하므로 따로 설명하지 않으며, Manual 모드 중심으로 설명하고자 한다.

Manual 모드에서 쿼리 결과를 캐싱하려면 다음과 같이 result_cache 힌트를 사용하면 된다.

```
SELECT /*+ RESULT_CACHE */ COL, COUNT(*)
FROM   R_CACHE_TEST
WHERE  GUBUN = 7
GROUP BY COL
```

이 힌트가 지정된 쿼리를 수행할 때 오라클 서버 프로세스[63] 는 Result 캐시 메모리를 먼저 찾아보고, 캐싱돼 있다면 그것을 가져다가 결과 집합을 리턴한다. 캐시에서 찾지 못

---

[63] 내부적으로는 서버 프로세스에 내장된 ResultCache Operator가 수행한다.

할 때만 쿼리를 수행해 결과를 리턴하고, Result 캐시에도 저장해 둔다.

Result 캐시에서 결과 집합을 찾았을 때는 실제 쿼리를 수행하지 않기 때문에 블록 I/O가 전혀 발생하지 않는다. 직접 수행한 결과를 통해 확인해 보자.

```
SELECT /*+ RESULT_CACHE */ COL, COUNT(*)
FROM   R_CACHE_TEST
WHERE  GUBUN = 7
GROUP BY COL

Call     Count CPU Time Elapsed Time       Disk      Query    Current       Rows
------- ------ -------- ------------ ---------- ---------- ---------- ----------
Parse        1    0.000        0.002          0          0          0          0
Execute      1    0.000        0.000          0          0          0          0
Fetch        4    1.000        4.989       9446     104332          0         24
------- ------ -------- ------------ ---------- ---------- ---------- ----------
Total        6    1.000        4.990       9446     104332          0         24

Rows    Row Source Operation
------  ---------------------------------------------------
     0  STATEMENT
    24   RESULT CACHE? c4spdfm6xq0r90fufzs49m2r1w (cr=104332 pr=9446 pw=9446 … )
    24    HASH GROUP BY (cr=104332 pr=9446 pw=9446 time=0 us cost=3 size=316 … )
100000     TABLE ACCESS BY INDEX ROWID SRC_TEST (cr=104332 pr=9446 pw=9446  … )
100000      INDEX RANGE SCAN SRC_TEST_X01 (cr=4351 pr=4351 pw=4351 time=14635 … )
```

처음 쿼리를 실행하자 104,332개의 블록 I/O가 발생했다. Result 캐시에 등록된 쿼리 목록과 사용 현황은 v$result_cache_objects를 통해서 확인해 볼 수 있다. 아래는 이 뷰를 통해 방금 수행한 쿼리의 캐싱 여부를 조회한 것이다.

```
                                                                            SCAN_
TYPE       STATUS     NAME                                      NAMESPACE  COUNT
---------- ---------- ----------------------------------------- ---------- -----
Dependency Published  ORAKING.R_CACHE_TEST                                     0
Result     Published  SELECT /*+ RESULT_CACHE */ COL, COUNT(*) … SQL           0
```

위 결과를 보고 Result 캐시에 등록됐음을 알 수 있다. 이제 쿼리를 다시 수행해 보자.

```
SELECT /*+ RESULT_CACHE */ COL, COUNT(*)
FROM   R_CACHE_TEST
WHERE  GUBUN = 7
GROUP BY COL

Call     Count CPU Time Elapsed Time       Disk      Query    Current       Rows
------- ------ -------- ------------ ---------- ---------- ---------- ----------
Parse        1    0.000        0.000          0          0          0          0
Execute      1    0.000        0.000          0          0          0          0
Fetch        4    0.000        0.000          0          0          0         24
------- ------ -------- ------------ ---------- ---------- ---------- ----------
Total        6    0.000        0.000          0          0          0         24

Rows     Row Source Operation
-------  ---------------------------------------------------
      0  STATEMENT
     24   RESULT CACHE  c4spdfm6xq0r90fufzs49m2r1w (cr=0 pr=0 pw=0 time=0 us)
      0    HASH GROUP BY (cr=0 pr=0 pw=0 time=0 us cost=3 size=316 card=1)
      0     TABLE ACCESS BY INDEX ROWID SRC_TEST (cr=0 pr=0 pw=0 time=0 us … )
      0      INDEX RANGE SCAN SRC_TEST_X01 (cr=0 pr=0 pw=0 time=0 us cost=1 … )
```

캐시에 있는 결과를 사용하니까 위와 같이 블록 I/O가 0으로 나타나는 것을 볼 수 있다. 이처럼 블록 I/O 발생 횟수를 줄여주기 때문에 같은 SQL을 반복 수행할 때 성능을 향상시켜 준다.

단, 아래 경우에는 쿼리 결과집합을 캐싱하지 못한다.

- Dictionary 오브젝트를 참조할 때
- Temporary 테이블을 참조할 때
- 시퀀스로부터 CURRVAL, NEXTVAL Pseudo 컬럼을 호출할 때
- 쿼리에서 아래 SQL 함수를 사용할 때
  - CURRENT_DATE
  - CURRENT_TIMESTAMP
  - LOCAL_TIMESTAMP
  - SYS_CONTEXT (with non-constant variables)
  - SYS_GUID
  - SYSDATE
  - SYSTIMESTAMP

- USERENV (with non-constant variables)

애플리케이션에서는 대부분 바인드 변수를 사용하는데, 이때는 어떻게 결과집합을 캐싱할까? 결론부터 말하면, 각 바인드 변수 값에 따라 개별적으로 캐싱이 이루어진다. 아래는 같은 바인드 변수에 다른 값을 입력하면서 SQL을 두 번 실행한 후 v$result_cache_objects 뷰를 조회한 결과다.

```
NAME                                                                  SCAN_COUNT
--------------------------------------------------------------------- ----------
select /*+ result_cache */ * from r_cache_test where key = :x                  1
select /*+ result_cache */ * from r_cache_test where key = :x                  1
```

만약 바인드 변수 값의 종류가 매우 다양하고 그 값들이 골고루 입력된다면 Result 캐시 영역이 특정 SQL로 가득 채워지는 일이 발생할지도 모른다. 하나의 쿼리 결과 집합을 캐싱하려면 다른 캐시 엔트리를 밀어내야 하므로 캐시에 등록되었다가 밀려나는 일이 빈번하게 발생할수록 캐시의 효율성은 떨어진다. 따라서 변수 값의 종류가 매우 다양하고 수행 빈도가 높은 쿼리(→ OLTP성 쿼리들의 특징이기도 함)를 Result 캐시에 등록하는 것은 삼가야 한다. 함수 Result 캐시 기능을 사용할 때도 마찬가지다.

그나마 위와 같은 상황에서 사용 빈도가 높은 캐시 엔트리들을 보호하고 Result 캐시의 효율성을 높일 목적으로 LRU 알고리즘을 사용해 관리한다.

오라클은 캐싱된 쿼리가 참조하는 테이블에 변경이 발생하면 해당 캐시 엔트리를 무효화시킴으로써 쿼리 결과에 대한 정합성을 보장한다. 만약 쿼리에서 두 테이블을 참조한다면, 둘 중 하나에 DML이 발생하는 순간 캐싱된 결과 집합이 무효화된다. 현재 발생한 DML이 캐싱된 결과 집합에 영향을 미치지 않더라도 예외 없이 캐시를 무효화시켜 버린다는 사실을 기억할 필요가 있다. 예를 들어, 아래 쿼리 결과가 캐싱되었다고 하자.

```
select /*+ result_cache */ * from emp where ename = 'SCOTT'
```

이때, 아래처럼 위 결과 집합과 무관한 레코드를 삽입하더라도 위에서 캐싱된 결과 집합은 무효화된다.

```
insert into emp (empno, ename, ……) values( 7935, 'EDWARD', …… );
commit;    ( → 이때 무효화된다.)
```

파티션 테이블에 DML이 발생할 때도, 변경이 발생한 파티션과 무관한 파티션을 참조하는 쿼리 결과집합까지 무효화시킨다. 즉, 2월 파티션에 DML이 발생하면 1월 파티션을 참조하는 쿼리의 캐시까지 무효화된다.

함수 Result 캐시도 함수에서 참조하는 테이블에 변경이 발생하면 무효화된다. 아래는 함수 결과를 캐싱하도록 하는 예제다.

```
create or replace function get_team_name (p_team_cd number)
return varchar2
RESULT_CACHE RELIES_ON (r_cache_function)
is
  l_team_name r_cache_function.team_name%type;
begin
  select team_name into l_team_name
  from   r_cache_function
  where  team_cd = p_team_cd;
  return l_team_name;
end;
```

result_cache 옵션을 사용하면 되고, relies_on절에 지정된 테이블에 변경이 발생할 때마다 캐싱된 함수 결과 값이 무효화된다. relies_on절에 지정하지 않은 테이블에 DML이 발생하면 함수가 무효화되지 않아 잘못된 결과를 리턴할 수 있으므로 주의가 필요하다. (의도적으로 그렇게 하고자 하는 경우가 아니라면 반드시 지정해야 한다.)

따라서 DML이 자주 발생하는 테이블을 참조하는 쿼리나 함수를 캐싱하도록 하는 것은 시스템 부하를 오히려 가중시킬 수도 있다. DML이 발생할 때마다 캐시를 관리하는 비용이 추가되고 그 과정에서 래치 경합도 많이 발생하기 때문이다. 그리고 result_cache 힌트를 사용한 쿼리를 수행할 때마다 Result 캐시를 탐색하는 비용이 추가로 발생하는데, 히트율(Hit Ratio)이 높다면 상관없지만 DML이 자주 발생해 히트율이 낮아진다면 쿼리 수행 비용을 더 높게 만드는 요인으로 작용한다.

여러 개 쿼리 블록을 서로 연결해 최종 결과 집합을 완성하는 복잡한 형태의 쿼리에서, 특정 쿼리 블록만 캐싱할 수 있다면 Result 캐시의 활용성은 매우 높아질 수 있다. 다행히 오라클이 그런 기능까지 제공한다. 몇 가지 패턴으로 나눠 살펴보자.

먼저, 아래처럼 인라인 뷰에만 result_cache 힌트를 사용하면 어떻게 될까?

```
select *
from   r_cache_test t1,
      ( SELECT /*+ RESULT_CACHE */ ID FROM R_CACHE_TEST2
        WHERE ID = 1 ) t2
where   t1.id = t2.id
```

인라인 뷰 쿼리만 독립적으로 캐싱이 된다. WITH 구문에서도 그럴까?

```
with wv_test
as (   SELECT /*+ RESULT_CACHE MATERIALIZE */ SUM(ID) RNUM,ID
       FROM   R_CACHE_TEST
       GROUP BY ID )
select *
from   r_cache_test t1,
       wv_test t2
where t1.id = t2.rnum
```

마찬가지로 독립적으로 캐싱이 가능하다. union all을 이용해 2개 쿼리의 합집합을 구하는 경우를 살펴보자.

```
select sum(val)
from ( select sum(c) val
       from ext_stat_test
       union all
       SELECT /*+ RESULT_CACHE */ SUM(ID+SUM_DATA)
       FROM   R_CACHE_TEST
     )
```

위 쿼리에서 대문자로 굵게 표시한 쿼리 부분만 별도로 캐싱된다. DML이 자주 발생하는 테이블을 참조하는 쿼리는 Result 캐시 대상으로 부적합하다고 했는데, 쿼리가 union all 형태라면 DML 발생 여부에 따라 각 집합별로 캐싱 여부를 선택해 줄 수 있다.

만약 전체 결과를 캐싱하고 싶다면 바깥쪽 select 절에 힌트를 사용하면 된다.

아래처럼 where절에 사용된 서브쿼리만 캐싱하는 기능은 제공되지 않는다.

```
select *
from  r_cache_test
where id = ( select /*+ result_cache */ id
             from  r_cache_test2
             where id = 1 )
```

Result 캐시는 DW 뿐 아니라 OLTP 환경에서도 잘 활용하면 반복적인 I/O 요청횟수를 줄이는 데에 기여할 것이다. 이 기능이 효과가 있으려면 기본적으로 쿼리 사용빈도가 높아야 하며, 더불어 아래와 같은 상황에서 효과가 배가될 것이다.

- 작은 결과 집합을 얻으려고 대용량 데이터를 읽어야 할 때
- 읽기 전용의 작은 테이블을 반복적으로 읽어야 할 때
- 읽기 전용 코드 테이블을 읽어 코드명칭을 반환하는 함수

아래 경우에는 Result 캐시 기능 사용을 자제해야 한다.

- 쿼리가 참조하는 테이블에 DML이 자주 발생할 때
- 함수 또는 바인드 변수를 가진 쿼리에서 입력되는 값의 종류가 많고, 그 값들이 골고루 입력될 때

지금까지 설명한 기능은 SGA에 결과 집합을 저장하는 '서버 측 Result 캐시' 기능이고, 클라이언트 메모리에 결과 집합을 저장하는 '클라이언트 측 Result 캐시' 기능도 11g에서 함께 제공된다. 본서는 앞으로 활용 가능성이 높을 것으로 예상되는 '서버 측 Result 캐시' 기능만 소개하였으므로 '클라이언트 측 Result 캐시' 기능에 관심 있는 독자라면 오라클 매뉴얼을 통해 따로 기능을 숙지하기 바란다.

08 I/O 효율화 원리

애플리케이션 측면에서 논리적인 I/O 요청 횟수를 최소화하는 것이 I/O 효율화 튜닝의 핵심 원리라고 했다.

I/O 때문에 시스템 성능이 낮게 측정될 때 하드웨어적인 방법을 통해 I/O 성능을 향상시킬 수도 있다. RAW 디바이스, 비동기 I/O를 사용하거나 스트라이핑 방식을 달리하거나, 고대역폭 인터커넥트를 사용하는 등의 방법이 있고, 이는 분명 I/O 효율을 높이는 데 도움이 된다. 하지만 그런 내용은 이 책의 범위를 벗어날 뿐 아니라 애플리케이션 측면의 노력만큼 효과가 크지도 않다. SQL 튜닝을 통해 I/O 발생 횟수 자체를 줄이는 것이 더 확실한 해결방법이다. 물론 하드웨어를 교체하는 것에 비해 수많은 개발자들의 노력이 수반돼야 하므로 몹시 힘든 작업이지만 그렇게 해야만 비효율을 근본적으로 개선할 수 있다.

애플리케이션 측면에서의 I/O 효율화 원리를 다음과 같이 요약할 수 있다.

- 필요한 최소 블록만 읽도록 쿼리를 작성한다.
- 최적의 옵티마이징 팩터를 제공한다.
- 필요하다면, 옵티마이저 힌트를 사용해 최적의 액세스 경로로 유도한다.

이를 위한 구체적인 방법은 2권에서 다루지만 기본 원리만큼은 여기서 설명하려고 한다.

(1) 필요한 최소 블록만 읽도록 쿼리 작성

지금까지 반복적으로 강조했듯이 데이터베이스 성능은 I/O 효율에 달려있고, 이를 달성하려면 동일한 레코드를 반복적으로 읽지 않고, 필요한 최소 블록만 읽도록 쿼리를 작성해야 한다.

쿼리 옵티마이저가 나름대로 지능적인 기법들을 동원해 쿼리 최적화를 수행하지만 사용자가 던진 SQL 명령의 기본 요구사항과 일량에서 크게 벗어나기는 어렵다. 따라서 SQL 명령을 던지는 사용자 스스로 최소 일량을 요구하는 형태로 논리적인 집합을 정의하고, 효율적인 처리가 가능하도록 쿼리를 작성하는 것이 무엇보다 중요하다. 구체적인 사례를 들어보자.

아래는 웹 게시판을 구현할 때 흔히 볼 수 있는 쿼리다.

```
SELECT *
FROM (
  SELECT ROWNUM NO, 등록일자, 번호, 제목
       , 회원명, 게시판유형명, 질문유형명, 아이콘, 댓글개수
  FROM (
    SELECT A.등록일자,A.번호,A.제목,B.회원명,C.게시판유형명,D.질문유형명
         , FUNC ICON(D.질문유형코드) 아이콘, ( SELECT … ) 댓글개수
    FROM   게시판 A, 회원 B, 게시판유형 C, 질문유형 D
    WHERE  A.게시판유형 = :TYPE
    AND    B.회원번호 = A.작성자번호
    AND    C.게시판유형 = A.게시판유형
    AND    D.질문유형 = A.질문유형
    ORDER BY A.등록일자 DESC, A.질문유형, A.번호
  )
  WHERE ROWNUM <= 30
)
WHERE NO BETWEEN 21 AND 30
```

아주 일반적인 쿼리이므로 그 내용을 설명할 필요는 없겠지만 성능 관점에서 꼭 짚고 넘어가야 할 불합리한 요소들이 숨어 있다. 먼저, 화면에 출력할 대상이 아닌 게시물에 대해서도 아이콘을 찾는 함수와 댓글개수를 세는 스칼라 서브쿼리를 수행하도록 했다는 점이다. 두 번째는, 회원, 게시판유형, 질문유형 테이블과 조인하는 부분이다. 데이터 모델을 확인해 봐야겠지만 의미적으로 판단했을 때, 출력 대상 집합을 확정 짓고 난 후에 조인해도 되는 테이블들이다.

아래처럼 쿼리를 바꾼다면 오라클 서버가 처리해야 할 일량을 획기적으로 줄일 수 있다.

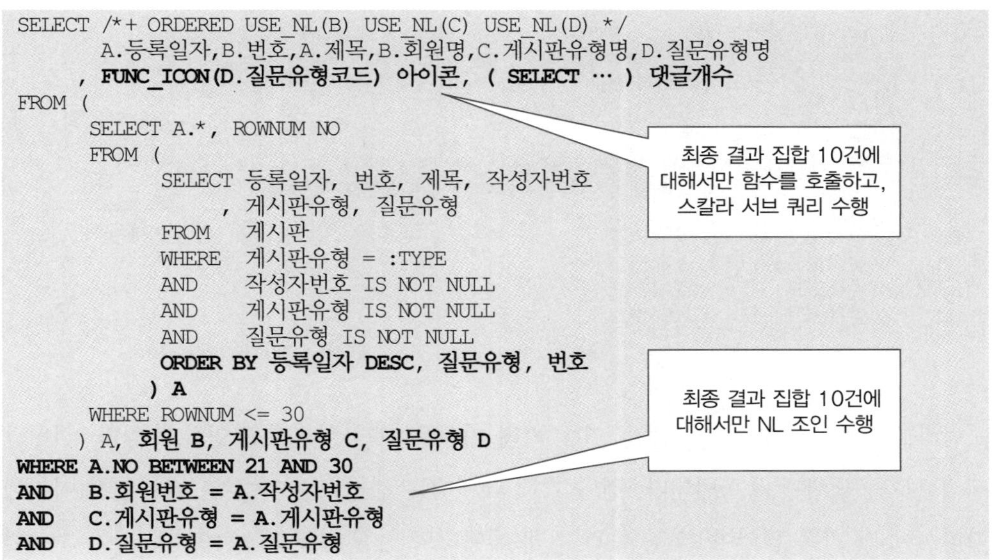

```
SELECT /*+ ORDERED USE_NL(B) USE_NL(C) USE_NL(D) */
       A.등록일자,B.번호,A.제목,B.회원명,C.게시판유형명,D.질문유형명
     , FUNC_ICON(D.질문유형코드) 아이콘, ( SELECT … ) 댓글개수
FROM (
      SELECT A.*, ROWNUM NO
      FROM (
            SELECT 등록일자, 번호, 제목, 작성자번호
                 , 게시판유형, 질문유형
            FROM   게시판
            WHERE  게시판유형 = :TYPE
            AND    작성자번호 IS NOT NULL
            AND    게시판유형 IS NOT NULL
            AND    질문유형 IS NOT NULL
            ORDER BY 등록일자 DESC, 질문유형, 번호
           ) A
      WHERE ROWNUM <= 30
     ) A, 회원 B, 게시판유형 C, 질문유형 D
WHERE A.NO BETWEEN 21 AND 30
AND   B.회원번호 = A.작성자번호
AND   C.게시판유형 = A.게시판유형
AND   D.질문유형 = A.질문유형
```


또 한가지 사례를 살펴보자. 아래는 '일별종목거래' 테이블을 이용해 종목별로 전일, 주간, 전월, 연중 거래 현황을 집계하는 쿼리다. '일별종목거래' 테이블의 PK는 종목코드와 거래일자 컬럼으로 구성된다.

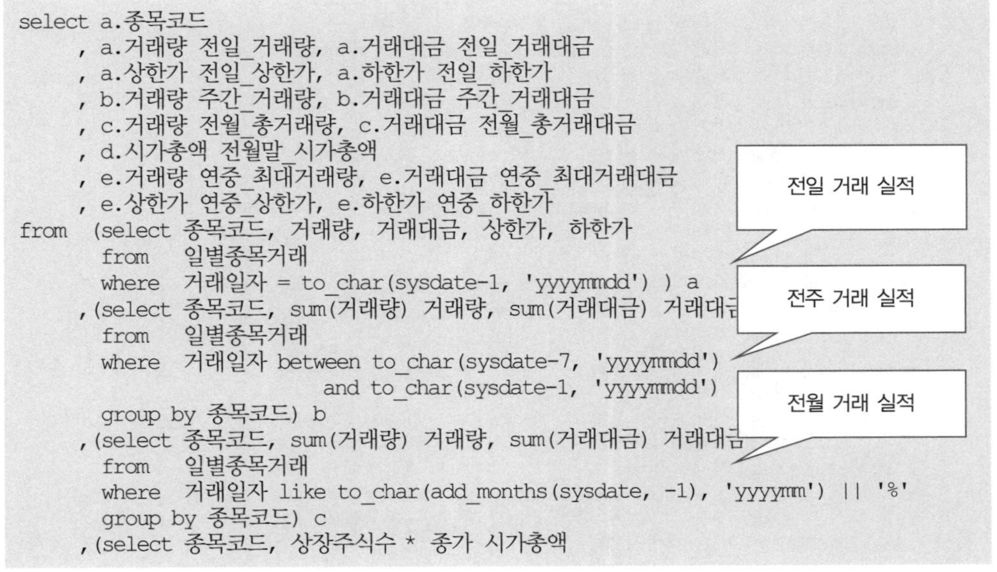

```
select a.종목코드
     , a.거래량 전일_거래량, a.거래대금 전일_거래대금
     , a.상한가 전일_상한가, a.하한가 전일_하한가
     , b.거래량 주간_거래량, b.거래대금 주간_거래대금
     , c.거래량 전월_총거래량, c.거래대금 전월_총거래대금
     , d.시가총액 전월말_시가총액
     , e.거래량 연중_최대거래량, e.거래대금 연중_최대거래대금
     , e.상한가 연중_상한가, e.하한가 연중_하한가
from  (select 종목코드, 거래량, 거래대금, 상한가, 하한가
       from   일별종목거래
       where  거래일자 = to_char(sysdate-1, 'yyyymmdd') ) a
     ,(select 종목코드, sum(거래량) 거래량, sum(거래대금) 거래대금
       from   일별종목거래
       where  거래일자 between to_char(sysdate-7, 'yyyymmdd')
                          and to_char(sysdate-1, 'yyyymmdd')
       group by 종목코드) b
     ,(select 종목코드, sum(거래량) 거래량, sum(거래대금) 거래대금
       from   일별종목거래
       where  거래일자 like to_char(add_months(sysdate, -1), 'yyyymm') || '%'
       group by 종목코드) c
     ,(select 종목코드, 상장주식수 * 종가 시가총액
```

```
        from    일별종목거래
        where   거래일자 = to_char(last_day(add_months(sysdate, -1)), 'yyyymmdd') ) d
      ,(select 종목코드, max(거래량) 거래량, max(거래대금) 거래대금
             , max(종가) 상한가, min(종가) 하한가
        from    일별종목거래
        where   거래일자 between to_char(add_months(sysdate, -12), 'yyyymmdd')
                        and to_char(sysdate-1, 'yyyymmdd')
        group by 종목코드) e
where   b.종목코드(+) = a.종목코드
and     c.종목코드(+) = a.종목코드
and     d.종목코드(+) = a.종목코드
and     e.종목코드(+) = a.종목코드
```

전월 말 현황

연중 거래 실적

쿼리를 보면, 전일, 주간, 전월, 연중 거래 내역을 각각 읽어서 조인하고 있다. 전월말 시점 시가총액까지 총 5번이다. 전일 거래 데이터는 전월 말일과 같은 날짜인지 여부에 따라 4~5번 반복 읽어야 한다. 주간 거래 데이터도 전월 말일 포함 여부에 따라 3~4번 반복 읽게 된다.

쿼리를 다음과 같이 작성한다면 1년치 데이터 한번만 읽고서도 전일, 주간, 전월, 전월 말일 거래 현황까지 모두 구할 수 있다.

```
select 종목코드
     , sum(case when 거래일자 = to_char(sysdate-1, 'yyyymmdd')
                then 거래량 end)   전일_거래량
     , sum(case when 거래일자 = to_char(sysdate-1, 'yyyymmdd')
                then 거래대금 end) 전일_거래대금
     , max(case when 거래일자 = to_char(sysdate-1, 'yyyymmdd')
                then 종가 end)     전일_상한가
     , min(case when 거래일자 = to_char(sysdate-1, 'yyyymmdd')
                then 종가 end)     전일_하한가
     , sum(case when 거래일자 between to_char(sysdate-7, 'yyyymmdd')
                             and to_char(sysdate-1, 'yyyymmdd')
                then 거래량 end)   주간_거래량
     , sum(case when 거래일자 between to_char(sysdate-7, 'yyyymmdd')
                             and to_char(sysdate-1, 'yyyymmdd')
                then 거래대금 end) 주간_거래대금
     , sum(case when 거래일자 like to_char(add_months(sysdate, -1), 'yyyymm')||'%'
                then 거래량 end)   전월_총거래량
     , sum(case when 거래일자 like to_char(add_months(sysdate, -1), 'yyyymm')||'%'
                then 거래대금 end) 전월_총거래대금
     , sum(case when 거래일자 =
                     to_char(last_day(add_months(sysdate, -1)), 'yyyymmdd')
                then 상장주식수 * 종가 end) 전월말_시가총액
     , max(거래량)    연중_최대거래량
```

```
     , max(거래대금) 연중_최대거래대금
     , max(종가)     연중_상한가
     , min(종가)     연중_하한가
from  일별종목거래
where  거래일자 between to_char(add_months(sysdate, -12), 'yyyymmdd')
                   and to_char(sysdate-1, 'yyyymmdd')
group by 종목코드
having sum(case when 거래일자 = to_char(sysdate-1,'yyyymmdd') then 거래량 end) > 0
```

(2) 최적의 옵티마이징 팩터 제공

앞에서 본 두 개의 사례는, 논리적인 집합 재구성을 통해 읽어야 할 데이터양을 최소화할 수 있음을 보여 주었다. 하지만 오라클이 그것을 처리하는 데 있어 사용자 의도대로 블록 액세스를 최소화하면서 효율적인 쿼리 프로세싱을 할 수 있도록 하려면 최적의 옵티마이징 팩터를 제공해 주어야 한다.

전략적인 인덱스 구성

옵티마이징(Optimizing)도 '최적화'의 뜻을 갖는데, 그 앞에 '최적의'라는 수식어가 또 붙었다. 최적화는 옵티마이저가 수행하지만 그렇게 할 수 있도록 적절한 수단을 제공하는 것은 사용자의 몫이라는 뜻이다. 전장에 나가는 병사에게 무기도 주지 않고 싸우라고 할 수는 없지 않은가? 인덱스도 없이 100만 건 중 1건을 0.001초 만에 찾아올 방법은 없다. 전략적인 인덱스 구성은 옵티마이저를 돕는 가장 기본적인 옵티마이징 팩터다.

DBMS가 제공하는 다양한 기능 활용

인덱스 외에도 DBMS가 제공하는 기능을 적극적으로 활용해야 한다. 적군은 탱크와 90mm 박격포로 밀고 들어오는데 소총 하나만 들고 싸운다면 백전백패다. 1억 건 중 조건절에 해당하는 100만 건을 읽어 집계된 결과를 출력해야 하는데, 인덱스만 제공해 주고 1분만에 결과가 나오기를 바란다면 옵티마이저에게 무리한 요구를 하는 것이다. 파티션, 클러스터, IOT, MV, FBI, 분석 함수 등 DBMS가 제공하는 기능들을 적극 활용한다면 옵티마이저에게 강력한 무기가 된다.

옵티마이저 모드 설정

아무리 강력한 무기를 갖추었더라도 전략과 목표가 명확하지 않으면 효과적으로 싸우기 어렵다. 중대장은 소대장에게 전쟁의 목적을 분명히 알려 줘야 한다. 기선만 제압하려 하는 것인지, 적군을 섬멸시키려 하는 것인지, 그것이 명확하지 않으면 싸우는 동안 소대장 또는 개개 병사 입장에서 스스로 최적의 판단을 내릴 수가 없다. 기선만 제압하는 게 목적이었는데, 목숨을 내걸고 무모하게 소대원들을 적진으로 돌격시키는 소대장이 나올 수도 있다. 또는 혼자 돌출 행동하는 병사 때문에 심각한 손실을 볼 수도 있다.

옵티마이저에게 작전 명령을 내릴 때도 전체 레코드를 다 읽을 생각인지, 아니면 10건만 읽고 멈출지 목적(Goal)을 분명히 밝혀야 한다. 예를 들어 살펴보자.

```
SQL> create table t
  2  as
  3  select * from all_objects
  4  order by dbms_random.value;

테이블이 생성되었습니다.

SQL> create index t_idx on t(owner, created);

인덱스가 생성되었습니다.

SQL> begin
  2    dbms_stats.gather_table_stats
  3    ( ownname          => USER
  4    , tabname          => 'T'
  5    , estimate_percent => 100
  6    , block_sample     => true
  7    , method_opt       => 'for all columns size auto'
  8    );
  9  end;
 10  /

PL/SQL 처리가 정상적으로 완료되었습니다.

SQL> set autotrace traceonly exp
SQL> alter session set optimizer_mode = 'ALL_ROWS' ;

세션이 변경되었습니다.

SQL> select * from t
  2  where owner = 'SYS'
  3  order by created ;

--------------------------------------------------------------------------
```

```
| Id  | Operation            | Name | Rows  | Bytes |TempSpc| Cost  (%CPU)|
-------------------------------------------------------------------------
|   0 | SELECT STATEMENT     |      |  1921 |  174K|       |   202   (2)|
|   1 |  SORT ORDER BY       |      |  1921 |  174K|   488K|   202   (2)|
|*  2 |   TABLE ACCESS FULL| T    |  1921 |  174K|       |   158   (2)|
-------------------------------------------------------------------------
```

사용자가 옵티마이저 모드를 all_rows로 지정했다. 정렬된 결과 집합 전체를 Fetch 할 것이므로 거기에 따라 최적화를 수행하도록 '목적'을 분명히 밝힌 것이다. 따라서 옵티마이저는 owner, created 순으로 정렬된 인덱스가 있더라도 그것을 사용하지 않고 테이블을 Full Scan 한 후에 정렬하는 방식을 택했다. 다량의 데이터를 인덱스를 경유해 Random 액세스하는 부하를 최소화하고자 함이다.

옵티마이저 모드를 first_rows로 바꾸고 다시 수행해 보자.

```
SQL> alter session set optimizer_mode = 'FIRST_ROWS' ;

세션이 변경되었습니다.

SQL> select * from t
  2  where owner = 'SYS'
  3  order by created ;

-------------------------------------------------------------------------
| Id  | Operation                    | Name  | Rows  | Bytes | Cost  (%CPU)|
-------------------------------------------------------------------------
|   0 | SELECT STATEMENT             |       |  1921 |  174K|  1870   (1)|
|   1 |  TABLE ACCESS BY INDEX ROWID| T     |  1921 |  174K|  1870   (1)|
|*  2 |   INDEX RANGE SCAN           | T_IDX |  1921 |      |     8   (0)|
-------------------------------------------------------------------------
```

같은 쿼리를 수행했는데, 옵티마이저 모드를 바꾸자 인덱스를 이용하는 방식으로 실행계획이 바뀌었다. first_rows 모드는 전체 결과 집합에서 처음 일부 레코드만 Fetch 하다가 멈출 것임을 옵티마이저에게 시사하는 것이다. 따라서 옵티마이저는 Random 액세스가 많지 않을 것으로 믿고 정렬 부하를 없애는 쪽으로 방향을 선회했다. owner, created 순으로 정렬된 인덱스를 이용하면 정렬 작업을 따로 수행하지 않아도 된다.

만약 이 상태에서 쿼리 결과를 끝까지 Fetch 한다면 Full Scan으로 처리할 때보다 더 느려지고 시스템 리소스도 낭비하는 결과를 초래한다. 하지만 옵티마이저에게는 잘못이 없으며 옵티마이저 모드를 잘못 설정한 사용자 실수다.

옵티마이저 모드 외에도 옵티마이저 행동에 영향을 미치는 파라미터들이 몇 가지 있다. 대개는 기본 값으로 놔둬도 상관없지만 몇몇 파라미터는 애플리케이션 특성에 따라 조정이 필요할 때가 있다.

통계정보의 중요성

마지막으로, 전쟁에서 효과적으로 싸우려면 정보력이 뒷받침되어야 한다. 전쟁의 목표가 분명하더라도 정보가 불충분하면 적군의 수효가 10만 명에 이르는데 불과 20~30명 소대원을 이끌고 무모하게 돌격 명령을 내리는 소대장이 또 나올 수 있다. 통계정보의 중요성이 여기에 있다.

바로 앞에서 dbms_stats.gather_table_stats 프로시저를 이용해 T 테이블에 대한 오브젝트 통계를 수집하는 것을 보았다. 오브젝트 통계 수집 전에 시스템 통계도 미리 수집돼 있어야 한다. 아래는 dbms_stats.gather_system_stats 프로시저를 이용해 시스템 통계를 수집했을 때 구해지는 통계 항목들이다.

- CPU 속도
- 평균적인 Single Block 읽기 속도
- 평균적인 Multiblock 읽기 속도
- 평균적인 Multiblock I/O 개수

정리하면, ① 옵티마이저 모드를 포함해 적절한 초기화 파라미터를 설정해 주고, 적절한 통계정보를 수집해 주는 것이 무엇보다 중요하다. 이것이 기본이 된 상태에서 ② 전략적인 인덱스 구성이 필수적으로 뒷받침되어야 한다. 그리고 ③ 기타 다양한 DBMS 기능들을 적극 활용해 옵티마이저가 최적의 선택을 할 수 있도록 수단을 제공해 주어야 한다.

(3) 필요하다면, 옵티마이저 힌트를 사용해 최적의 액세스 경로로 유도

최적의 옵티마이징 팩터를 제공했다면 가급적 옵티마이저 판단에 맡기는 것이 바람직하지만 옵티마이저가 생각만큼 최적의 실행계획을 수립하지 못하는 경우가 종종 있다. 그럴 때는 어쩔 수 없이 힌트를 사용해야 한다.

애플리케이션 특성에 따라서는 힌트 사용을 최소화하기보다 적극적으로 사용해야 할 때도 있다. 통계정보나 실행 환경 변화에 따라 실행계획이 동적으로 바뀌었을 때 매우 심각한 결과를 초래하는 시스템들이 있기 때문이다. 예를 들어, 주식시장에서 매도, 매수 주문을 받아 체결을 성사시키고 그 결과를 기준으로 현재의 주가 정보를 제공하는 거래소 시스템이라든지 전국 보건소 업무를 처리하는 중앙 집중화된 의료 시스템 등은 옵티마이저의 작은 실수가 치명적인 결과를 초래한다. 중요한 몇몇 테이블의 통계정보를 고정시키는 방법도 있지만 그것만으로는 안심할 수가 없다. 이들 시스템이 마비되는 상황을 상상해 보라. 실수가 있더라도 옵티마이저의 자율적 판단에 맡기자는 말을 감히 할 수가 없다.

아래는 옵티마이저 힌트를 이용해 실행계획을 제어하는 방법을 예시하고 있다.

```
select /*+ leading(d) use_nl(e) index(d dept_loc_idx) */ *
from   emp e, dept d
where  e.deptno = d.deptno
and    d.loc = 'CHICAGO'
```

또한, 옵티마이저 힌트를 쓰더라도 최적의 실행계획으로 처리되는지를 반드시 확인해야 한다.

CBO 기술이 고도로 발전하고 있긴 하지만 여러 가지 이유로 옵티마이저 힌트의 사용은 불가피하다. 따라서 데이터베이스 애플리케이션 개발자라면 인덱스, 조인, 옵티마이저의 기본 원리를 이해하고, 그것을 바탕으로 최적의 액세스 경로로 유도할 수 있는 능력을 필수적으로 갖추어야 한다. 2권에서 그런 원리들을 자세히 설명한다.

부록

01 라이브러리 캐시 Lock & Pin

(1) 라이브러리 캐시 Lock

라이브러리 캐시 Lock은 라이브러리 캐시 오브젝트(이하 LCO)에 대한 핸들을 보호하며, 아래 세 가지 모드를 사용한다.

- Shared 모드 : 읽기 작업 시
- Exclusive 모드 : 생성 또는 변경 작업 시
- Null 모드 : Lock을 장시간 유지하려 할 때 사용. 실제 대기를 발생시키지는 않으며, 오브젝트간 의존성(dependency)을 관리하는 데 사용

아래 표는 각 Lock 모드간 상호 호환성(compatibility)을 표시한 것이다.

Lock모드	Null	Shared	Exclusive
Null	O	O	O
Shared	O	O	X
Exclusive	O	X	X

Stored Object(테이블, 인덱스, 뷰, 트리거, 함수/프로시저, 패키지 등)는 상황에 따라 이 세 가지 중 하나를 Lock 모드로 사용한다. 예를 들어, 테이블 정의를 변경하거나 사용자 정의 함수/프로시저를 컴파일 할 때는 Exclusive 모드로 Lock을 설정하고, 읽을 때는 Shared 모드로 Lock을 설정한다. 직접 테스트 해 보자.

```
create table t ( id number, name char(10) );

insert into t
select rownum, lpad(rownum, 10, '0') from dual
connect by level <= 1000000;
```

```
commit;
alter table t modify name char(20) ;
```

맨 마지막 ALTER 문장은 100만 건을 갱신해야 하므로 T 테이블 LCO 핸들에 대한 Lock을 Exclusive 모드로 획득한 채 오랫동안 수행될 것이다. 그 동안 다른 세션에서 아래 COUNT 쿼리를 수행하면 SQL문을 파싱하려고 T 테이블 LCO 핸들에 대해 Shared 모드로 Lock을 요청한다.

```
select count(*) from t ;
```

Exclusive와 Shared 모드는 서로 호환이 되지 않아 결국 두 번째 세션은 라이브러리 캐시 Lock을 대기한다. select문을 수행하는 두 번째 세션의 SID를 미리 확인하고 v$session_wait을 조회해 보기 바란다.

Null 모드는 Lock을 장시간 유지하려 할 때 사용하며, 커서, 프로시저, 함수, 패키지처럼 실행 가능한 오브젝트에는 Lock을 Null 모드로 설정할 수 있다. 특히, 커서는 항상 Null 모드만을 사용된다. 오라클 매뉴얼에는 '라이브러리 캐시 Lock'을 **'Breakable Parse Lock'** 이라고 언급하고 있는데, 이는 Null 모드의 Parse Lock은 대기없이 언제든 해제(break)될 수 있기 때문에 붙여진 이름이다.

스키마 오브젝트가 변경되거나 Drop되면 그 오브젝트를 참조하는 실행가능 LCO(SQL 커서와 PL/SQL 단위 프로그램에 대한 LCO)는 무효화(invalidate)되어야 한다. 그럼으로써 이후 첫 번째 수행할 때 다시 하드 파싱되거나 재컴파일되도록 하는 것이다. 이를 위해 Shared Pool에 캐싱된 실행가능 LCO는 자신이 참조하는 각 스키마 오브젝트에 대해 하나의 Parse Lock을 보유한다. 오브젝트 정보가 변경되면 Parse Lock을 해제(break)함으로써 그것을 참조하는 실행가능 LCO를 무효화(invalidate)시킨다.

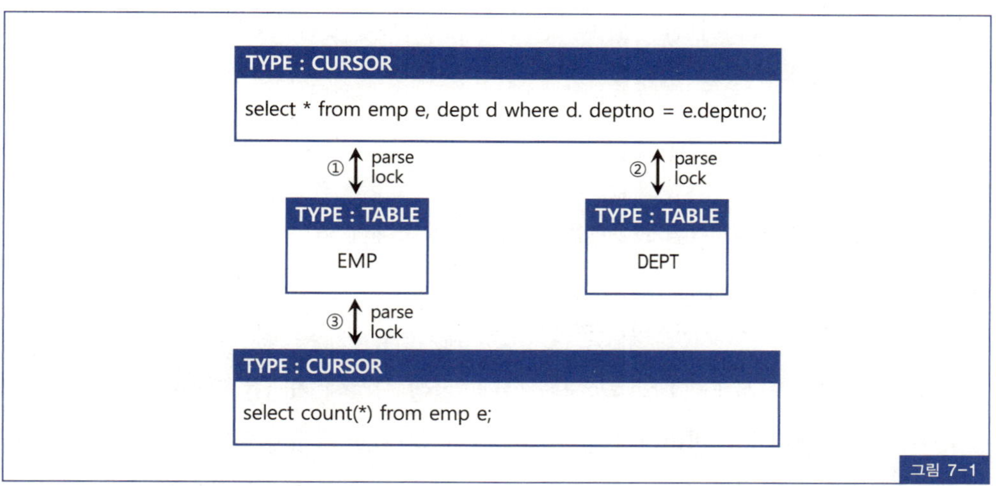

그림 7-1

예를 들어, alter table EMP 문장이 수행되면 그림 7-1에서 ①번과 ③번 Parse Lock을 해제(break)함으로써 이 오브젝트를 참조하던 두 SQL 커서는 무효화된다. 이처럼 Null 모드의 Parse Lock은, 그것을 해제(break)함으로써 해당 실행가능 LCO를 사용하려는 이후 세션에게 그 LCO가 더 이상 유효하지 않음을 알리는 메커니즘으로 사용되며, 대기 없이 언제든 해제할 수 있도록 하려고 Null 모드를 사용하는 것이다. Parse Lock은 SQL 또는 PL/SQL문이 처음 수행되면서 파싱되는 시점에 얻어지고 해당 SQL문을 위한 shared SQL area가 Shared Pool에 남아있는 한 계속 유지된다.

(2) 라이브러리 캐시 Pin

라이브러리 캐시 Pin은 LCO의 실제 내용이 담긴 힙(heap)을 보호한다. 라이브러리 캐시 Pin을 얻은 프로세스만이 해당 LCO의 실제 내용을 읽고, 변경하고, 실행할 수 있다. 파싱/컴파일하거나 정보를 새로 로드할 때도 Pin을 얻어야 한다. 그리고 라이브러리 캐시 힙(Heap)을 Pin 하려면 먼저 라이브러리 캐시 Lock을 얻어야 한다. 세션에 의해 얻어진 Null Lock이 해제(break)된 상태(즉, 무효화된 상태)라면 Pin 오퍼레이션은 실패하게 된다. 그리고 Lock을 얻고 Pin하려는 순간, 힙에 저장된 내용이 캐시에서 밀려나고 없다면 다시 적재해야만 한다.

Parse 단계에서 SQL 커서를 찾지 못해(라이브러리 캐시 Miss) 하드파싱을 하게 되면 SQL 트레이스에서 아래와 같은 항목을 발견할 수 있다.

```
Misses in library cache during parse: 1
```

가끔 라이브러리 캐시 Miss가 아래처럼 Execute 단계에 나타나는 경우가 있다.

```
Misses in library cache during parse: 0
Misses in library cache during execute: 1
```

Parse 단계에서 커서 LCO 핸들을 찾았는데, 실행 시점에 커서를 오픈하려고 LCO 힙을 확인해 보니 캐시에서 밀려나고 없어 실행단계에서 하드파싱을 하는 경우가 여기에 속한다. LCO 힙을 영구적으로 Pin 해 둘 수는 없으므로 언제든 이런 현상을 만날 수 있다.

가끔 파싱과 실행 단계 모두에서 라이브러리 캐시 Miss가 발생하는 경우도 있다.

```
Call      Count CPU Time Elapsed Time   Disk    Query    Current    Rows
------- ------ -------- ------------ ------ -------- ---------- -------
Parse       17    0.000        0.001      0        0          8       0
Execute     17    0.020        0.012      0      121          0       0
Fetch       17    0.000        0.000      0       34          0      17
------- ------ -------- ------------ ------ -------- ---------- -------
Total       51    0.020        0.013      0      155          8      17

Misses in library cache during parse: 1
Misses in library cache during execute: 1
```

시간 간격을 두고 17번을 수행한 것이라면 자연스럽게 이해되지만 루프문에서 17번을 연속 수행한 것이라면 그 짧은 순간에 커서 힙이 캐시에서 밀려나지는 않을 것이므로 이해하기 어려운 현상이다. 필자가 이해하는 한 이것은 실행계획이 내부적으로는 커서 LCO 힙과는 별도의 힙 영역에 저장되기 때문에 생기는 현상이다. 예를 들어, 아래 두 문장은 Text가 다르므로 각각 다른 Hash Value와 Address를 가지고 라이브러리 캐시에 캐싱된다. 하지만 실행계획은 아마 동일[64]할 것이다.

64) dept 테이블 액세스를 위해 사용된 인덱스 구성에 따라 다를 수는 있다.

```
select e.ename, d.dname
from emp e, dept d
where d.deptno = e.deptno;

select e.ename, d.dname, d.loc
from emp e, dept d
where d.deptno = e.deptno;
```

v$sql을 조회해 보면, SQL Hash Value와 Address는 다르더라도 Plan Hash Value는 동일한 것을 확인할 수 있다. 즉, 두 SQL 커서가 같은 실행계획을 공유하는 것이다.

이제 앞서 본 트레이스 결과를 해석하면, 우선 SQL 커서를 찾지 못해 Parse 단계에서 하드파싱을 한다. 하드파싱한 결과 같은 실행계획이 이미 라이브러리 캐시에 공유된 것이 확인되었다. 그래서 그 실행계획에 대한 포인터만 LCO에 담고 Parse 단계를 마친다. 이제 실행 단계로 넘어가서 커서를 오픈하려고 LCO 힙에 저장된 포인터로 실행계획을 찾아가 보니 그 실행계획에 대한 핸들은 캐싱돼 있는데, 그 실제 내용에 해당하는 힙 영역은 사라지고 없었던 것이다.

가끔 비정상적으로 쿼리가 오래 수행돼 트레이스를 확인해 보면, 아래처럼 실행단계에서의 라이브러리 캐시 Miss 항목이 1보다 크거나 같고 그 단계의 블록 읽기가 과도하게 나타나는 경우가 종종 발견된다.

```
Call     Count CPU Time Elapsed Time   Disk    Query    Current    Rows
-------- ------ -------- ------------ ------ -------- ---------- -------
Parse        1    0.010        0.011      0        0          0       0
Execute      1    5.520        5.406      0     8538         12       0
Fetch        2    0.060        0.050      0     2556          0      55
-------- ------ -------- ------------ ------ -------- ---------- -------
Total        4    5.590        5.466      0    11094         12      55

Misses in library cache during parse: 1
Misses in library cache during execute: 1
```

이런 현상이 자주 나타난다면 메모리 크기가 작거나 잦은 하드 파싱으로 인해 커서 힙 영역이 캐시에서 밀려나는 일이 자주 발생한다는 것을 의미일 것이다. 라이브러리 캐시 효율을 위해 무엇보다 중요한 것은 라이브러리 캐시 힙에 저장된 오브젝트가 새로 로딩되는 비율을 감소시키는 것이다.

```
select (pins-reloads)/pins * 100 "LCO HitRatio"
from v$librarycache
where  namespace = 'SQL AREA'
```

Pin 모드로는 Share, Exclusive 두 가지가 있고, Stored 오브젝트와 Transient 오브젝트[65] 둘 다 이 두 가지 모드 중 하나를 사용한다. 읽기 작업을 위해서라면 항상 Shared 모드로 Pin한다. LCO를 변경할 때는 에러와 보안 체크를 위해서 먼저 Shared 모드로 Pin한다. 그러고 나서 실제 변경작업을 위해서는 Exclusive 모드로 다시 Pin을 설정한다. 개념적으로 Pin은 힙에 설정되지만 Pin 소유자와 대기자 목록도 내부적으로는 LCO 핸들에서 관리된다.

(3) 라이브러리 캐시 Lock과 Pin, 두 개의 직렬화 장치를 따로 두는 이유

각 LCO 타입별로 작업유형에 따라 어떤 모드의 Lock과 Pin을 요구하는지 요약해 보자.

LCO 타입	Lock	Pin
테이블, 인덱스, 클러스터 등	생성/변경할 때, Exclusive 읽을 때, Share	생성/변경할 때, Exclusive 읽을 때, Share
함수, 프로시저, 패키지 등	컴파일 할 때, Exclusive 읽을 때, Share 실행할 때, Null	컴파일 할 때, Exclusive 실행할 때, Share
SQL 커서	항상 Null	하드파싱할 때, Exclusive 실행할 때, Share

SQL 커서를 하드파싱할 때, SQL이 '참조하는 오브젝트'에 대해서는 읽기 작업이므로 Shared 모드 Lock과 Shared 모드 Pin을 설정한다.

---

65) 4장에서 설명한 내용이지만 여기서 다시 설명하면, 실행시점에 생성돼서 인스턴스가 떠있는 동안에만 존재하는 일시적인 오브젝트를 말한다. SQL 커서와 Anonymous PL/SQL문이 대표적이다. 이들은 이름을 따로 지정하지 않으며 문장을 구성하는 전체 문자열 그대로가 이름 역할을 하는 것이 특징이다.

테이블, 인덱스 같은 오브젝트 LCO 핸들에 Lock을 걸고 또다시 LCO 힙에 Pin을 설정하는 이유는 무엇일까? LCO 핸들은 영구적인 Fixed Array 영역에 할당되는 반면 LCO 자체는 동적으로 관리되는 힙(Heap) 영역에 할당되는데, 힙에 할당된 전체 또는 일부 청크(Chunk)가 언제든 유실될 가능성이 있기 때문이다. 만약, 테이블 정보를 읽으려고 LCO 핸들에서 Lock과 Pin을 모두 Shared 모드로 설정하고 힙을 찾아갔는데, 힙 정보가 사라지고 없다면 Pin을 Exclusive 모드로 재설정한 후에 테이블 정보를 다시 로드하게 된다. 함수/프로시저도 마찬가지다. 예를 들어, SQL을 하드파싱할 때 거기서 참조하는 함수에 대해서는 Shared 모드로 Lock을 얻는다. 실행할 때는 함수에 대한 Lock과 Pin을 각각 Null과 Shared 모드로 설정하는데, 실제 힙을 찾아갔을 때 힙 정보가 사라지고 없다면 Pin을 Exclusive 모드로 재설정한 후 동적으로 컴파일한다.

지금까지 설명한 라이브러리 캐시 Lock과 Pin 메커니즘을 그림 7-2를 통해 살펴보자. LCO 정보가 변경되면 해당 LCO를 참조하고 있는 다른 실행가능 LCO의 Parse Lock을 연달아 모두 해제(break)한다.

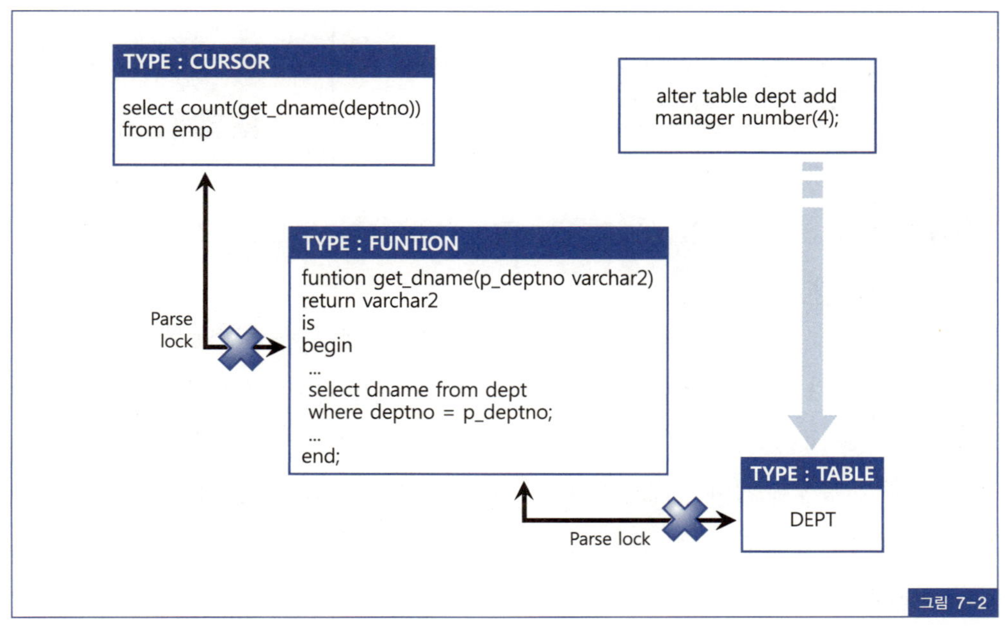

그림 7-2

현재 get_dname 함수를 사용 중인 세션이 없는 상황이다. DEPT 테이블에 변경이 가해지면 get_dname 함수에 설정된 Parse Lock은 해제(break)된다. dependency 체인을 따라 select문 커서에 대한 Parse Lock까지 해제된다. get_dname 함수를 Pin하고 있는 프로세스가 없으므로 이후에 이 함수를 컴파일(명시적으로 컴파일하거나 첫 번째 수행)하려는 세션은 정상적으로 작업을 진행할 수 있다.

이제 Parse Lock을 해제할 대상 LCO가 현재 사용 중인 경우를 보자.

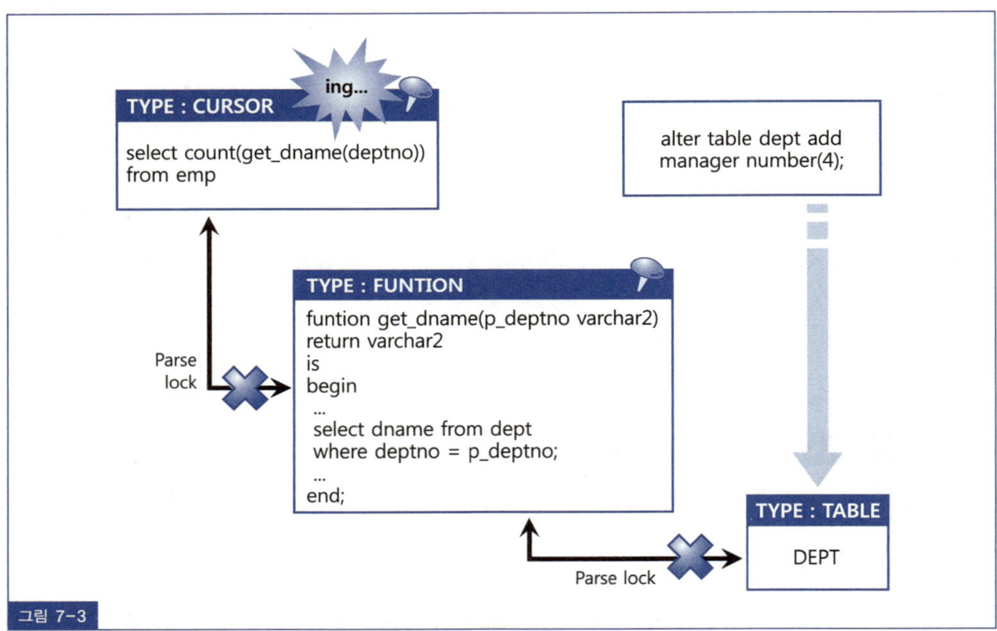

그림 7-3

그림 7-3 좌측 상단에 있는 select문이 수행 중이므로 해당 커서 힙에 Shared 모드로 Pin을 설정한다. 그리고 그 select문이 사용 중인 get_dname 함수에 대해서도 Call(Execute, Fetch Call 등)이 진행되는 동안은 Shared 모드로 Pin을 유지한다.

DEPT 테이블에 변경이 가해지면 get_dname 함수는 현재 Pin이 설정된 상태임에도 Parse Lock은 '지체 없이' 해제(break)된다. dependency 체인을 따라 select문 커서에 대한 Parse Lock도 해제된다. Parse Lock은 해제됐지만 select 커서가 수행되는 동안

get_dname 함수에 대한 Pin은 계속 유지되므로 Exclusive 모드로 get_dname을 컴파일(명시적으로 컴파일하거나 첫 번째 수행)하려는 또 다른 세션이 있다면 *library cache pin* 대기 이벤트를 만나게 된다.

select문이 수행 중인데도 dependency 체인을 따라 종속성을 갖는 DEPT 테이블에 변경을 가할 수 있는 것은, select 커서가 get_dname 함수를 PIN하고 있지만 그 순간 DEPT 테이블 정보를 담고 있는 LCO를 PIN하지는 않기 때문이다. DEPT 테이블 LCO는 함수를 컴파일 하는 동안에만 짧게 Pin을 얻었다가 곧바로 해제한다. LCO가 Pin되면 그 오브젝트가 참조하고 있는 모든 오브젝트에도 차례로 Pin이 적용된다고 설명된 문서들이 있는데, 그렇지 않다는 것을 보여주고 있다. 함수를 통하지 않고 SQL문이 직접 참조하는 테이블에 대해서도 SQL문 수행 도중 컬럼을 추가하거나 삭제할 수 있다. 하나의 LCO에 대해 Lock과 Pin, 두 개의 직렬화 장치를 따로 두는 이유가 바로 여기에 있다. 즉, 실제 LCO 컨텐츠의 정합성은 Pin을 통해 보장되고, 그것과 별도로 Lock을 둠으로써 동시성을 높이도록 하는 것이다.

02 Cursor_Sharing

바인드 변수 사용 원칙을 잘 지키지 않아 시스템 정상 가동이 어려운 경우가 있다. 그럴 때 라이브러리 캐시 경합을 일시적으로 해결하기 위해 *cursor_sharing* 파라미터를 변경하는 것을 고려해 볼 수 있다. (절대 권장하는 것은 아니므로 끝까지 읽기 바란다.) 테스트를 통해 이 기능의 작동원리를 파악해 보자.

```
SQL> create table emp
  2  as
  3  select * from scott.emp;

테이블이 생성되었습니다.

SQL> create index emp_empno_idx on emp(empno);

인덱스가 생성되었습니다.

SQL> analyze table emp compute statistics
  2  for table for all indexes for columns empno size 1;

테이블이 분석되었습니다.

SQL> show parameter cursor_sharing

NAME                                 TYPE        VALUE
------------------------------------ ----------- -------------
cursor_sharing                       string      EXACT

SQL> alter session set cursor_sharing = FORCE;

시스템이 변경되었습니다.

SQL> alter system flush shared_pool;

시스템이 변경되었습니다.

SQL> declare
  2    l_condition varchar2(20);
  3    l_ename emp.ename%type;
  4  begin
  5    for c in (select empno from emp)
  6    loop
  7      l_condition := 'empno = ' || c.empno;
```

```
      execute immediate
          'select ename ' ||
          'from emp where ' || l_condition
      into l_ename;

      dbms_output.put_line(l_condition || ' : ' || l_ename);
    end loop;
end;
/
empno = 7369 : SMITH
empno = 7499 : ALLEN
empno = 7521 : WARD
empno = 7566 : JONES
empno = 7654 : MARTIN
empno = 7698 : BLAKE
empno = 7782 : CLARK
empno = 7788 : SCOTT
empno = 7839 : KING
empno = 7844 : TURNER
empno = 7876 : ADAMS
empno = 7900 : JAMES
empno = 7902 : FORD
empno = 7934 : MILLER

PL/SQL 처리가 정상적으로 완료되었습니다.

SQL> select sql_id, sql_text, version_count
     from   v$sqlarea
     where  sql_text like 'select ename%' ;

SQL_ID        SQL_TEXT                                            VERSION_COUNT
------------- --------------------------------------------------- -------------
9cg6s7xg1xuac select ename from emp where empno = :"SYS_B_0"                  1

1 개의 행이 선택되었습니다.

SQL> select sql_id, child_number chld_no, plan_hash_value plan_hash
          , loads, parse_calls, executions, fetches
     from   v$sql
     where  sql_text like 'select ename%' ;

SQL_ID        CHLD_NO PLAN_HASH  LOADS PARSE_CALLS EXECUTIONS FETCHES
------------- ------- ---------- ----- ----------- ---------- -------
9cg6s7xg1xuac       0 4080710170     1          14         14      14

1 개의 행이 선택되었습니다.
```

EMP 테이블을 새로 만들고, 통계정보는 히스토그램이 생성되지 않게끔 수집했다. PL/SQL에서 루프를 돌면서 Dynamic SQL을 이용해 Literal 상수를 제공하며 조회했는데, v$sql을 조회해 보면 바인드 변수를 사용했을 때처럼 하나의 공유 커서가 반복 사용되었다. 세션 레벨에서 *cursor_sharing* 파라미터를 FORCE로 바꾸었기 때문이다. 이 파라미터의 기본값은 EXACT이고, 이때는 SQL문이 100% 같을 때만 커서를 공유할 수 있다. FORCE로 바꾸면, 다른 문자열은 모두 같고 일부 Literal 값만 다를 때 그 값들을 시스템이 자동 생성한(System-Generated) 바인드 변수로 대체함으로써 공유 가능한 SQL 커서를 만들고 그것을 사용한다.

FORCE로 설정하면 어떤 값으로 실행하든 항상 같은 실행계획을 사용한다. EXACT일 때보다 라이브러리 캐시 부하는 상당히 줄겠지만 컬럼 히스토그램을 사용하지 못하는 문제 때문에 성능이 더 나빠질 가능성이 있다. 이를테면, 어떤 값은 분포가 90%이고 다른 값들은 대개 1% 정도 분포를 보일 때 FORCE를 사용하면 항상 고정된 실행계획을 사용함으로써 EXACT일 때보다 개별 쿼리 성능은 더 나빠질 수 있다. 이 때문에 전에 없던 악성 SQL들이 여기저기서 속출하면 옵션을 바꾸기 전보다 전반적인 상황이 더 나빠질 수도 있는 것이다. 이는 바인드 변수를 사용할 때 나타나는 부작용이기도 하다. 이 단점을 회피할 목적으로 값을 SIMILAR로 설정할 수 있는데, 그러면 실행되는 Literal 값에 따라 별도의 커서를 생성함으로써 다른 실행계획을 사용할 수 있게 한다

```
SQL> alter system flush shared_pool;

시스템이 변경되었습니다.

SQL> alter session set cursor_sharing = SIMILAR;

세션이 변경되었습니다.

SQL> declare
  2    l_condition varchar2(20);
  ......
  ......
 15  end;
 16  /

PL/SQL 처리가 정상적으로 완료되었습니다.

SQL> select sql_id, sql_text, version_count
  2  from   v$sqlarea
  3  where  sql_text like 'select ename%' ;

SQL_ID        SQL_TEXT                                        VERSION_COUNT
------------- ----------------------------------------------- -------------
gw5wq5jc21zzg select ename from emp where empno = :"SYS_B_0"              1
```

```
1 개의 행이 선택되었습니다.

SQL> select select sql_id, child_number chld_no, plan_hash_value plan_hash
  2       , loads, parse_calls, executions, fetches
  3  from   v$sql
  4  where  sql_text like 'select ename%' ;

SQL_ID        CHLD_NO PLAN_HASH LOADS PARSE_CALLS EXECUTIONS FETCHES
------------- ------- --------- ----- ----------- ---------- -------
gw5wq5jc21zzg       04080710170     1          14         14      14

1 개의 행이 선택되었습니다.
```

SIMILAR로 설정했는데도 Literal 값에 따라 Child 커서를 생성하지 않았고 FORCE 일 때와 똑같이 하나의 공유 커서를 사용했다. empno 컬럼에 히스토그램이 없기 때문이며, 그럴 때는 SIMILAR로 설정해도 FORCE 일 때와 같은 방식으로 작동한다. 다르게 작동하도록 히스토그램을 만들어 보자. 그 전에, 입력되는 Literal 값에 따라 다른 실행계획이 생성되는지도 확인하기 위해 특정 값(empno = 7788)을 많이 입력하였다.

```
SQL> insert into emp(empno, ename, job, mgr, hiredate, sal, comm, deptno)
  2  select empno, ename, job, mgr, hiredate, sal, comm, deptno
  3  from   emp, (select * from dual connect by level <= 9999)
  4  where  emp.empno = 7788;

9999 개의 행이 만들어졌습니다.

SQL> commit;

커밋이 완료되었습니다.

SQL> analyze table emp compute statistics
  2  for table for all indexes for columns empno size 8;

테이블이 분석되었습니다.
```

이제 empno = 7788 레코드는 9,999건을 더해 10,000건이 되었다. 실행계획을 확인해 보면 empno = 7788일 때만 테이블을 Full Scan 한다.

```
SQL> set autotrace traceonly exp
SQL> select ename from emp where empno = 7788;

Execution Plan
----------------------------------------------------------
0      SELECT STATEMENT Optimizer=ALL_ROWS (Cost=33 Card=10000 Bytes=100000)
1    0   TABLE ACCESS (FULL) OF 'EMP' (TABLE) (Cost=33 Card=10000 Bytes=100000)

SQL> set autotrace off
```

SIMILAR 옵션을 주었을 때 Literal 값 별로 Child 커서를 따로 생성하는지, 그리고 값 분포에 따라 실행계획도 달라지는지 확인하기만 하면 되므로 empno = 7788 레코드를 원래 있던 한 건만 남기고 지우자. 10,000건을 그대로 두고 테스트하면 시간이 많이 걸릴 뿐 아니라 PL/SQL문에서 Fetch 할 때 결과가 한 건 이상이어서 에러가 난다. 데이터는 지우되 통계정보는 그대로 둠으로 실행계획은 우리가 의도한 대로 풀린다.

```
SQL> delete from emp where empno = 7788 and rownum <= 9999;

9999 행이 삭제되었습니다.

SQL> commit;

커밋이 완료되었습니다.

SQL> alter system flush shared_pool;

시스템이 변경되었습니다.

SQL> declare
  2     l_condition varchar2(20);
  ......
  ......
 15  end;
 16  /

PL/SQL 처리가 정상적으로 완료되었습니다.

SQL> select sql_id, sql_text, version_count
  2  from   v$sqlarea
  3  where  sql_text like 'select ename%' ;

SQL_ID        SQL_TEXT
------------- ----------------------------------------------
VERSION_COUNT LOADED_VERSIONS
------------- ---------------
```

```
gw5wq5jc21zzg select ename from emp where empno = :"SYS_B_0"
           14              13
gw5wq5jc21zzg select ename from emp where empno = :"SYS_B_0"
           14               1

2 개의 행이 선택되었습니다.

SQL> select sql_id, child_number chld_no, plan_hash_value plan_hash
  2        , loads, parse_calls, executions, fetches
  3  from   v$sql
  4  where  sql_text like 'select ename%' ;

SQL_ID        CHLD_NO PLAN_HASH  LOADS PARSE_CALLS EXECUTIONS FETCHES
------------- ------- ---------- ----- ----------- ---------- -------
gw5wq5jc21zzg       0  510346652     1           1          1       1
gw5wq5jc21zzg       1  510346652     1           1          1       1
gw5wq5jc21zzg       2  510346652     1           1          1       1
gw5wq5jc21zzg       3  510346652     1           1          1       1
gw5wq5jc21zzg       4  510346652     1           1          1       1
gw5wq5jc21zzg       5  510346652     1           1          1       1
gw5wq5jc21zzg       6  510346652     1           1          1       1
gw5wq5jc21zzg       7  510346652     1           1          1       1
gw5wq5jc21zzg       8  510346652     1           1          1       1
gw5wq5jc21zzg       9  510346652     1           1          1       1
gw5wq5jc21zzg      10  510346652     1           1          1       1
gw5wq5jc21zzg      11  510346652     1           1          1       1
gw5wq5jc21zzg      12  510346652     1           1          1       1
gw5wq5jc21zzg      13 4080710170     1           1          1       1

14 개의 행이 선택되었습니다.
```

입력된 Literal 값별로 Child 커서를 생성했고, empno = 7788일 때는 실행계획까지 달라졌다. (v$sqlarea에 두 개 행이 나타났다고 해서 Parent 커서까지 새로 생성된 것은 아니다. 이 뷰가 Parent 커서와 정확히 일치한 정보를 보이지 않을 때가 있는데, v$sql을 group by하는 과정에서 완전히 하나로 merge 되지 않아 생기는 현상일 뿐이다. sql_id가 같다면 Parent 커서는 같은 것이다.)

SIMILAR로 설정하면 히스토그램이 없을 때 FORCE와 똑같이 작동한다. 그러므로 값 분포가 균등한 컬럼은 히스토그램 없이 통계를 만들어 커서를 공유할 수 있게 하고, 값 분포가 균등하지 않은 컬럼에 대해서는 히스토그램을 만들어 옵티마이저가 좋은 실행계획을 만들도록 돕는다면 유용할 것이다. 하지만 후자는 라이브러리 캐시 효율에는 도움이 되지 않는다.

SIMILAR일 때, 히스토그램을 생성해 둔 컬럼에 값의 종류가 아주 많으면 어떤 일이 발생하는지 테스트해 보자.

```
SQL> drop table t purge;

테이블이 삭제되었습니다.

SQL> create table t
  2  nologging
  3  as
  4  select rownum no from all_objects
  5  where  rownum <= 10000
  6  ;

테이블이 생성되었습니다.

SQL> create index t_idx on t(no);

인덱스가 생성되었습니다.

SQL> analyze table t compute statistics
  2  for table for all indexes for all columns size 1;

테이블이 분석되었습니다.

SQL> alter system flush shared_pool;

시스템이 변경되었습니다.

SQL> alter session set cursor_sharing = SIMILAR;

세션이 변경되었습니다.

SQL> set timing on
SQL> declare
  2    l_cnt number;
  3  begin
  4    for i in 1 .. 10000
  5    loop
  6      execute immediate
  7        'select /* similar */ count(*) from t where no = ' || i
  8      into l_cnt ;
  9    end loop;
 10  end;
 11  /

PL/SQL 처리가 정상적으로 완료되었습니다.

경   과: 00:00:00.68
```

히스토그램을 만들지 않았으므로 10,000건을 아주 빠르게 처리했다. v$sql을 조회해 보지 않더라도 하나의 공유 커서가 사용됐음을 짐작할 수 있다. 이제 히스토그램을 만들고 테스트 해 보자.

```
SQL> analyze table t compute statistics
     for table for all indexes for all columns size 100;

테이블이 분석되었습니다.

경  과: 00:00:00.06
SQL> alter system flush shared_pool;

시스템이 변경되었습니다.

경  과: 00:00:00.14
SQL> declare
       l_cnt number;
     begin
       for i in 1 .. 10000
       loop
         execute immediate
            'select /* similar */ count(*) from t where no = ' || i
         into l_cnt ;
       end loop;
     end;
     /

PL/SQL 처리가 정상적으로 완료되었습니다.

경  과: 00:00:04.67
```

수행시간이 급격히 저하됐다. 히스토그램을 생성했으므로 각 입력값별로 Child 커서를 만들어야 했고, 이것은 아래처럼 매번 하드파싱할 때보다 더 나쁜 결과를 초래한다.

```
SQL> alter session set cursor_sharing = EXACT;

세션이 변경되었습니다.

경  과: 00:00:00.00
SQL> declare
       l_cnt number;
     begin
       for i in 1 .. 10000
       loop
         execute immediate
            'select /* exact */ count(*) from t where no = ' || i
         into l_cnt ;
       end loop;
```

```
end;
/

PL/SQL 처리가 정상적으로 완료되었습니다.

경   과: 00:00:04.12
```

아래는 정상적으로 바인드 변수를 사용했을 때의 결과다. 가장 최적으로 수행되었다. 지면 관계상 v$sql을 조회한 결과는 출력해 보이지 않았지만, 4가지 케이스별로 어떤 모습이었을지는 상상이 가능하다.

```
SQL> declare
  l_cnt number;
begin
  for i in 1 .. 10000
  loop
    execute immediate
       'select /* bind */ count(*) from t where no = :no'
    into l_cnt
    using i ;
  end loop;
end;
/

PL/SQL 처리가 정상적으로 완료되었습니다.

경   과: 00:00:00.35
```

바인드 변수를 제대로 사용하지 않아 시스템 오픈을 앞두고 성능 이슈에 직면했다면 이 기능을 접하는 순간 안도할 것이다. SQL 소스를 모두 뜯어고치려면 몇 날 밤을 지새워도 모자랄 것이므로 이 파라미터를 통해 문제를 한 방에 해결하려는 유혹에 빠지게 된다. 하지만 절대 이 옵션을 영구적으로 사용할 목적으로 적용해서는 안 된다. 이미 시스템을 오픈해 이전으로 되돌릴 수 없는 상황에서, 과도한 Shared Pool과 라이브러리 캐시 래치 경합 때문에 정상적인 서비스가 어려울 때 궁여지책으로 사용할 수 있는 옵션임을 명심하기 바란다. 이 옵션을 사용하면 Shared Pool과 라이브러리 캐시 경합을 줄이는 데는 분명 효과를 보겠지만 기존 실행계획이 틀어져 이전보다 더 느리게 수행되는 쿼리들이 여기저기 속출하게 될 가능성이 높다.

다른 팀은 전반적으로 바인드 변수를 잘 사용했지만 특정 업무를 담당한 팀만 표준을 준수하지 않아 문제를 일으키는 경우가 종종 있다. 그럴 때는 해당 업무 프로그램에 세션 레벨로 *cursor_sharing* 옵션을 변경하는 것을 생각해 볼 수 있다. 하지만 이 역시도 궁극적으로는 원칙에 따라 바인드 변수를 사용하도록 개선해야만 한다.

정상적으로 바인드 변수를 사용할 때도 히스토그램을 사용 못 하기는 마찬가지지만, 바인드 변수를 사용할 때는 4장에서 설명한 원리와 기법들을 사용해 데이터 분포에 따라 튜닝을 실시함을 전제로 한다. 단위, 통합 테스트 시점에 컬럼 분포 때문에 문제가 되는 쿼리들을 사전에 걸러 튜닝을 실시하면 된다. 반면, 오픈 전후 시점에 FORCE 옵션을 사용해 모든 쿼리의 Literal 값을 일괄적으로 바인드 변수화하는 것은 시스템 운명을 오라클 옵티마이저에게 내맡기는 셈이 된다. 다시 강조하지만, 우선 급한 불부터 끄려고 이 옵션을 사용할 수 있지만 불을 끈 후에는 문제를 근본적으로 해결하고 나서 다시 EXACT로 바꿔주어야 한다.

03 Deterministic 함수 사용 시 주의사항

Deterministic 키워드는, 함수의 입력 값이 같다면 출력 값도 항상(현재 뿐 아니라 미래에도) 같음을 선언하려는 데에 목적이 있다. 10gR2에 새롭게 추가된 캐싱 효과[66]를 제외한다면, 이런 선언적 의미 외에 아무런 기능이 없다고 하겠다. 그런데도 본래 의미를 무시하고 캐싱 효과를 얻을 목적으로 함부로 Deterministic 함수로 선언하면 안 된다. 성능도 중요하지만 잘못 사용했을 때 데이터 일관성을 해칠 수 있음을 간과해선 안 되기 때문이다. 가끔 오해하는 분들이 있는데, 이 키워드가 함수의 일관된 결과를 보장해 주는 역할을 하지는 않는다.

예를 들어 보자. 5장 7절에서 'PL/SQL 함수의 특징과 성능 부하'를 설명할 때 아래 함수를 보았다. 이 함수를 Deterministic으로 선언해도 될까? (함수의 입력 값이 같을 때 출력 값이 같음을 보장할 수 있는지 묻는 질문이다.)

```
SQL> create or replace function lookup(l_input number) return varchar2
DETERMINISTIC
as
  l_output LookupTable.value%TYPE;
begin
  select value into l_output from LookupTable where key = l_input;
  return l_output;
end;
/

함수가 생성되었습니다.
```

결론부터 말하면, 위 함수를 Deterministic으로 선언해선 안 된다. 과연 위 함수가 동일 입력 값에 대해 동일 출력 값을 보장할 수 있다고 생각하는가? 결코 보장할 수 없다.

LookupTable에서 value 값이 갱신될 수 있기 때문이다. 그리고 Deterministic 함수로 선언했는데 실제 내용이 Deterministic이 아니라면 문제가 생길 수 있다.

---

[66] Deterministic 함수의 캐싱 효과에 대해서는 5장에서 설명하였다.

LookupTable의 value 컬럼 값이 바뀐다면 위 함수를 사용하는 쿼리들이, 시점에 따라 서로 다른 값을 출력하게 될 뿐 아니라 5장에서 본 것처럼 심지어 쿼리 결과를 FETCH 하는 도중에도 다른 값을 출력하게 된다. 이 같은 현상은 함수를 사용하는 한, Deterministic 키워드를 쓰든 안 쓰든 상관없이 나타난다. Deterministic을 쓰더라도 캐싱 효과는 Fetch Call 내에서만 유효하므로 새로운 Fetch Call 시점에 다시 쿼리하면서 이런 현상이 발생하게 된다.

함수를 스칼라 서브쿼리에 덧입히더라도 읽기 일관성을 완전히 보장받을 수는 없다. 스칼라 서브쿼리의 캐싱 효과는 Fetch Call을 넘어서 커서가 닫힐 때까지 유효하지만, 첫 번째 호출이 일어나 캐싱될 때까지의 시간차 때문에 완벽한 문장수준 읽기 일관성을 보장하기 어려운 것이다.

LookupTable에 아래처럼 2개 레코드를 입력해 보자. lookup 함수에 입력 값으로 1을 사용하든 2를 사용하든 'YAMAHA'가 출력될 것이다.

```
create table LookupTable ( key number, value varchar2(100) ) ;
insert into LookupTable (key, value) values ( 1, 'YAMAHA');
insert into LookupTable (key, value) values ( 2, 'YAMAHA');
commit;
```

아래는 lookup 함수를 호출하는 쿼리다. 쿼리에 사용된 big_table에는 no = 1 인 레코드가 1,000개, no = 2인 레코드가 1,000개 있다고 가정하자. 함수 호출이 no 값 순서대로 일어나도록 하려고 no 컬럼이 선두에 위치한 인덱스를 이용하도록 했다. 그러면 캐시에는 최초 (1, 'YAMAHA')가 캐싱될 것이다.

```
select /*+ index(t t_no_idx) */ (select lookup(t.no) from dual)
from   big_table t
where  t.no > 0 ;
```

아직 no = 2 인 첫 번째 레코드에 도달하지 않은 상태에서 다른 세션에서 아래 쿼리를 수행하면 이 순간부터 lookup 함수의 출력 값은 'YAMAHA2'로 바뀐다.

```
update LookupTable set value = 'YAMAHA2';
commit;
```

이제 위 쿼리가 no = 2인 첫 번째 레코드에 도달하는 순간 lookup 함수가 수행되면서 캐시에는 아래 두 개 엔트리가 저장된다.

{(1, 'YAMAHA'), (2, 'YAMAHA2')}

이제 Query Execution Cache는 일관성 없는 상태에 놓이게 됐다. 쿼리 시작 시점을 기준으로 한다면 아래와 같은 값들이 캐싱되어야 한다.

{(1, 'YAMAHA'), (2, 'YAMAHA')}

만약, 쿼리가 진행 중인 Current 시점을 기준으로 한다면 아래와 같아야 한다.

{(1, 'YAMAHA2'), (2, 'YAMAHA2')}

그런데 실제 캐시에는 어느 쪽도 아닌, 일관성 없는 값을 갖게 된 것이다.

이런 일관성 없는 읽기는 사용자 정의 함수를 쓰는 한 완전히 피할 수 없는 현상이며, 아래처럼 Join문을 써야만 해결된다.

```
select l.value
from   big_table t, LookupTable l
where  l.key(+) = t.no ;

select (select value from LookupTable where key = t.no)
from   big_table t ;
```

얼핏 보기에 스칼라 서브쿼리는 별도의 SQL이 수행되는 것처럼 느껴지지만 스칼라 서브쿼리는 조인의 또 다른 형태일 뿐이므로 메인 쿼리가 시작되는 시점을 기준으로 블록을 읽기 때문에 읽기 일관성을 보장한다. 이처럼 오라클로 DB 애플리케이션을 작성한다면 오라클만의 독특한 읽기 일관성 모델(Read Consistency Model)을 이해하는 것이 무엇보다 중요하다고 하겠다.

그렇다면 사용자 정의 함수를 쓰는 한 Deterministic으로 선언하든 그렇지 않든, 스칼라 서브쿼리를 씌우든 그렇지 않든 일관성을 보장할 수 없다는 결론이므로 Deterministic 함수로 선언한다고 특별히 문제될 것이 없다고 여기는 독자가 있을 것 같다. 과연 그럴까?

필자가 아는 한 Deterministic 키워드는 FBI(Function-Based Index)와 태동을 같이 한다. FBI는 인덱스가 처음 만들어지거나 엔트리가 추가되는 시점의 함수 출력 값을 저장해 두는 원리다. 그리고 오라클은 Deterministic으로 선언하지 않은 함수에 대해서는 FBI 생성을 거부한다. 말하자면, FBI를 만들 때는 함수 작성자가 Deterministic을 선언하도록 강제함으로써, 혹시 함수가 일관성 없는 데이터를 출력해 그 인덱스를 사용한 쿼리가 잘못된 결과를 내는 일이 발생하더라도 오라클 책임이 아님을 도장 찍는 것과 다름없다. 심지어 ORA-30553 에러 메시지를 읽어 보면 다음과 같은 문장을 볼 수 있다.

> ORA-30553: The function is not deterministic
>
> Cause: The function on which the index is defined is not deterministic
>
> Action: If the function is deterministic, mark it DETERMINISTIC. If it is not deterministic (it depends on package state, database state, current time, or anything other than the function inputs) then do not create the index. The values returned by a deterministic function should not change even when the function is rewritten or recompiled.

함수를 재작성하더라도 출력 값에는 변함이 없어야 함을 말하고 있다. 하물며 앞에서 본 함수 사례는 쿼리 결과가 Fetch되는 도중에도 다른 값을 출력할 수 있으니 도저히 Deterministic 일 수 없음은 자명하다.

쿼리에서 Deterministic 함수가 아닌 일반 함수를 호출했다면 Fetch 도중에 결과가 다르게 출력되더라도 함수 개발자에게 책임이 없다. Deterministic으로 선언하지 않았다면 암묵적으로 그런 결과가 나올 수 있음을 가정하는 것이므로 그런 특성을 이해하지 못하고 함수를 가져다 쓴 사용자에게 책임이 있는 것이다. 반면, Deterministic 함수로 선언했는데 일관성 없는 결과가 출력된다면 그것은 함수 개발자에게 책임이 있다고 하겠다. 본질적으로는 Deterministic 일 수 없는 함수를 그렇게 선언한 것이니까 말이다.

아래 테스트 결과를 보고 나면 함부로 Deterministic으로 선언했을 때 생기는 부작용을 실감할 것이다. 앞에서 생성한 LookupTable과 lookup 함수를 그대로 사용해 테스트해 보자.

```
SQL> delete from LookupTable;

1 행이 삭제되었습니다.

SQL> insert into LookupTable values( 1, 'YAMAHA' );

1 개의 행이 선택되었습니다.

SQL> commit;

커밋이 완료되었습니다.

SQL> create table t
  2  as
  3  select 1 no from dual;

Table created.

SQL> select no, lookup(no) value from t;

        NO VALUE
---------- ----------
         1 YAMAHA

1 row selected.

SQL> create index t_idx on t( lookup(no) );    --> FBI 인덱스 생성

Index created.

SQL> select no, lookup(no) value, lookup(1) value2 from t
  2  where  lookup(no) = 'YAMAHA';
```

```
        NO VALUE       VALUE2
---------- ---------- ----------
         1 YAMAHA      YAMAHA

1 row selected.

SQL> update LookupTable set value = 'YAMAHA2' where key = 1;

1 row updated.

SQL> commit;

Commit complete.

SQL> select no, lookup(no) value, lookup(1) value2 from t
  2  where  lookup(no) = 'YAMAHA';

        NO VALUE       VALUE2
---------- ---------- ----------
         1 YAMAHA     YAMAHA2  --> FBI에 저장된 값이 corruption 상태에 놓임

1 row selected.
```

위 테스트는 함수의 실제 내용이 Deterministic이 아닌데 Deterministic으로 선언했을 때 일관성이 깨지는 사례를 보이고 있다. 실무적으로 사용되는 사용자정의 함수 대부분은 위처럼 쿼리문을 포함하는 형태이므로 오라클의 읽기 일관성 모델 특성상 Deterministic 함수일 수 없다. FBI를 만드는 경우 외에도, update문으로 반정규화 컬럼을 갱신하거나 insert문으로 가공 테이블에 레코드를 삽입할 때도 중간에 값이 변경되면 일관성 없는 상태로 값들이 영구 저장될 수 있다. 따라서 캐싱 효과를 얻으려고 함부로 Deterministic으로 선언하는 것은 위험한 일임을 주지하기 바란다.

찾아보기

통계 항목